KB175933

니콜라이 하르트만(1882~1950)

▲라트비아의 수도
리가 시청사 ...
르트만이 태어나...
리가는 발트해 ...
가만에 위치한 ...
구도시.

◀마르부르크대...
교(옛 건물) 190...
년(23세) 입학하...
언어학·철학을 ...
부하고, 1920년(...
세) 이 대학 교...
가 되었다.

벨베데레의 아폴론 바티칸 박물관. 이 대리석상에는 질료의 형성에서 볼 수 있는 것과는 또 다른 그 무엇, 즉 활을 쏘
는 동작과 심장이 고동치는 듯한 활기, 미와 조화, 균형감을 고루 갖추어 황금비율을 이루었고, 강렬한 자유가 표현되
어 있다.

ÄSTHETIK

VON

NICOLAI HARTMANN

WALTER DE GRUYTER & CO.

VORMALS G. J. GÖSCHEN'SCHE VERLAGSHANDLUNG · J. GUTTENTAG, VERLAGS-
BUCHHANDLUNG · GEORG REIMER · KARL J. TRÜBNER · VEIT & COMP.

BERLIN 1953

《미학》(1953) 초판 속표지

세계사상전집097
Nicolai Hartmann
ÄSTHETIK

미학이란 무엇인가

니콜라이 하르트만/김성윤 옮김

동서문화사

미학이란 무엇인가

차례

머리글

1. 미학과 그 관점

미학은 미를 창조하거나 감상하는 사람만이 아니라 어느 누구든 그 태도나 자세에 의문을 품고 생각하는 이의 것이다. 사상은 감상에 걸림돌이 될 수도 있고, 예술가의 마음을 언짢게 할 수도 있다. 그것은 예술가가 무슨 일을 하며, 또 그들의 대상이 무엇인가를 사상적으로 파악하려 할 때에 더 그렇다. 사상가는 아무리 예술가에게서 놀라움을 발견하고 또 예술가의 관점에 선다 하더라도 그의 환상적 자세를 옳게 파악하기는 어렵다. 그러나 예술가의 태도는 뚜렷하다. 그는 내면적 필연성을 가지고 있으므로 실패하지 않는다. 그는 이 내면적 필연을 하늘이 주는 선물인 듯 경건한 마음으로 받아들인다. 그것은 예술가의 자세에 있어서 중요한 점이다.

창작하거나 감상하는 이들은 자신이 겪는 놀라움을 깊이 잠재하는 무의식의 힘에 돌리고 말지만, 철학자는 이 놀라움을 탐색하며 분석한다. 그러나 분석하면 그들의 헌신적이고 환상적인 태도가 파괴되고 만다. 이것으로 보면 미학이란 오직 철학적 관점에 서 있는 이를 위해서만 있는 것이라 할 수 있다.

그 반면에 헌신과 환상의 관점은 철학적 관점을 탐색하거나 침해하는 것이다. 미학은 하나의 인식이며 더구나 과학화하는 경향이 있다. 따라서 이 인식의 대상이 바로 헌신과 환상의 자세인 것이다. 그뿐만이 아니라 그들이 그처럼 헌신하며 공상하는 미(美)까지도 미학적 인식의 대상이 된다. 그러므로 심미적 헌신은 이를 대상으로 하는 철학적 인식과는 근본적으로 다른 것이다. 심미적 태도는 미학자의 태도가 아니다. 앞은 예술적 관조와 창작의 태도이고, 뒤는 철학자의 태도이다.

이 둘은 서로 배척하므로 미학자의 사상적 활동이 불가능하게 된다. 그러므로 미학자도 예술가의 관점에서 바라볼 수 있어야 한다. 왜냐하면 자기 자신이 예술가보다 더 나은 위치에 서야만 그를 이해할 수 있기 때문이다. 이름난 사상가들 가운데에는 이와 반대의 생각을 하는 사람이 있다. 이를테면 셸링은 미적 직관이 철학의 기관이 되어야 한다고 주장했다. 독일의 낭만파는 '철학과 시'의 동일성을 몽상했는데 슐레겔과 노발리스가 그러했다. 노발리스는 철학자를 마술사로 생각했으며, 마술사는 '만능의 기관'을 자기 마음대로 활용하여 자기가 원하는 세계를 불러올 수 있는 자라고 했다. 이러한 사상은 시인의 활동에서 나온 것이 분명하다. 또 오직 예술적인 안목을 가진 자만이 자연과 정신생활의 비밀을 투시할 수 있다고 생각할 수도 있다. 왜냐하면 인간은 자기 내부에서 의식되는 것을, 모든 사물이 세계 전체 속에서 인식할 수 있다고 믿기 때문이다. 이러한 의인관적(擬人觀的) 세계관에서 서로 다른 두 관점의 동일성을 주장하는 사상이 나온 것이다. 그리고 이러한 의인관을 의식적으로 파괴함으로써 비로소 예술적 작용과 인식작용, 헌신적 관조와 분석적 사상과의 대립이 뚜렷하게 나타난다.

18세기에 미학이 시작된 뒤부터 이 철학적인 학문이 미의 관찰자나 예술작가에게도 중요한 그 무엇을 가르쳐 줄 수 있으리라는 것이 암묵적인 전제가 되어왔다. 따라서 오랫동안 미적 관조를, 물론 합리적인 인식과는 다르지만, 어떤 인식임에 틀림없다고 보아왔다. 논리학이 사고(思考)를 가르쳐 준다고 믿던 시대가 있었다. 논리학은 그릇된 사고의 그릇된 점을 지적하여 간접적으로 사고를 바로잡는 데 기여한다. 미학도 이와 비슷한 점이 있다. 정당한 사고의 법칙을 확립하고 나서야 논리학이 법칙의 체계에 다다르듯이 미학도 그러한 것이다.

미학은 미적 대상과 파악이나 관조나 가치감각 따위의 작용 내지 내면적 헌신을 전제로 하며 여러 가지 예술적 생산의 작용까지도 전제한다. 그러나 미학은 논리학이 사고연관의 법칙을 정비하는 것과 똑같은 방법으로 그 법칙성을 정비할 수 있다고 자부하지 못한다. 따라서 미학은 논리학이 사고를 위하여 이룬 것과 같은 업적을 미적 관조를 위해서는 이루지 못하는 것이다.

2. 미의 법칙과 그 인식

미학과 논리학과의 사이에는 또 이런 차이가 있다. 논리의 법칙은 보편적이며 대상영역에 따라서 큰 변동이 없다. 그러나 미의 법칙은 더할 나위 없이 특수적이며 저마다 대상에 따라서 근본적으로 다르다. 즉 미의 법칙은 개별적 법칙이라고 말할 수 있다. 물론 이러한 법칙 말고도 모든 미적 대상에서 발견되는 보편적 법칙도 있다. 미학은 이러한 법칙을 일정한 한계 내에서 파악하기 위해 애쓰고 있다. 그러나 그것이 얼마만큼 성공했는가는 서로 다른 문제이다. 그리고 우리는 이 점에 있어서 지나치게 큰 희망을 가져서는 안 된다. 그러나 이 보편적 법칙은 예비적 조건에 지나지 않는다. 왜냐하면 미의 본질은 보편적 법칙에 있는 것이 아니라 일회적인 대상의 특수한 법칙성에 있는 것이기 때문이다.

이 특수법칙은 원칙적으로 어떠한 철학적 분석도 허용하지 않는다. 즉 인식이라는 수단을 가지고서는 파악할 수 없다. 특수법칙은 그 본질에 있어서 숨어 있는 것이며, 다만 강요한다고 느껴질 뿐 대상적으로 파악되는 것이 아니다.

창작하는 예술가도 그것을 파악하지 못한다. 그는 이 특수법칙에 따라서 창작은 하지만 이 법칙을 들추어 내지도 못하며 말로 나타내지도 못한다. 왜냐하면 그는 이에 대하여 아무런 지식도 없기 때문이다.

본디 미의 법칙의 의식이란 없는 것이다. 미의 법칙은 그 본질에 있어서 의식의 표면에 나타나지 않는 것이며, 배경에 숨은 비밀에 속하는 것이다.

미학이 미가 무엇인가를 원리적으로는 말할 수 있어도 실제적으로 가르쳐 주지 못하는 이유가 여기에 있다. 미적 반성은 어느 경우에 있어서나 사후적인 것이다. 즉 그것은 미적 관조나 감동을 음미하고 난 뒤에 일어날 수 있다. 그렇다고 그 뒤에 반드시 일어나지는 않는다. 이를테면 그 뒤를 좇아서 미적 반성이 일어난다 하더라도 그것이 관조나 향수에 그 무엇을 보태주는 것은 아니다. 이 점에서 보면 미학은 예술학만도 못하다고 할 수 있다. 왜냐하면 예술학은 어떤 예술작품의 주목을 받지 못한 측면을 지적하여 이것을 충분히 받아들이지 못한 의식에 명시하는 것이기 때문이다. 미학은 또 생산적 예술가에게 표준을 제공하는 것도 아니다. 물론 미학은 일정한 한계 내에서 예술적으로 불가능한 것을 가르쳐 주기도 하고, 또 예술이 그릇된 길로 빠지는 것을 막아주기도 한다.

그러나 무엇이 그렇게 이루어져야 한다는 것을 적극적으로 나타내는 일은 미학의 힘으로는 불가능하다.

이러한 경향을 띠고 있는 모든 이론, 그리고 미학의 철학적 노력과 결부하기 쉬운 모든 무언의 희망은 허무하다고 증명된 지 오래이다. 만일 생활이나 예술에 있어서 미의 문제를 진심으로 추구하려는 사람이 있다면 그는 그런 생각을 버려야 한다.

예술과 철학과의 관계에 관한 또 하나의 근본적인 편견이 있다. 이에 의하면 예술적 이해는 지적·개념적 파악의 전(前) 단계에 지나지 않는다는 것이다. 헤겔의 철학은 '절대정신'의 계단적 순서에 따라서 이와 같은 견해를 말하고 있다. 즉 이념은 개념의 계단에 이르러서야 비로소 그 완전한 '대자적(對自的) 존재', 다시 말하면 진정한 자기인식에 다다른다는 것이다. 오늘날에는 이러한 정신의 형이상학을 주장하고 나오는 사람이 별로 없지만, 그래도 예술을 불완전한 파악(직관)의 한 형식으로 보는 사상은 널리 퍼져 있다.

예술에 있어서는 감성적 직관이 개념에 대하여 우월성을 가지고 있음에도 예술적 파악에 있어서는 이 감성적인 것이 근본적으로 오해를 받고 있다. 미적 파악(직관)을 인식적 파악과 같은 계열로 보는 데에 치명적인 결점이 있다. 여기서 미적 파악의 본질에 대한 근본적인 오해가 나오는 것이다. 초기의 미학에서는 이 결점이 떠나지 않았다. 바움가르텐의 미학에서는 어디까지나 어떤 종류의 인식이 문제가 되었고, 쇼펜하우어의 플라톤적인 이념의 미학 가운데서도 인식의 형식이 떠나지 않고 있었다.

물론 미적 관조에는 하나의 인식적 계기가 들어 있다. 미적 관조의 토대가 되는 감성지각 그 자체가 그러한 계기를 담고 있다. 왜냐하면 감성지각은 무엇보다도 먼저 대상파악의 한 단계이기 때문이다. 그러나 이 계기는 미적 관조의 특징이 아니라 그에 딸리는 한 계기에 지나지 않는다. 따라서 그것은 미적 관조의 특징과는 전혀 관계가 없다. 이 점은 좀더 철저하게 분석하면 뚜렷해질 것이다. 왜냐하면 여기서는 파악(인식)과는 전혀 성질이 다른 평가라든지 향수(享受)라든지 헌신이라든지 하는 여러 작용계기가 중요한 역할을 하고 있기 때문이다. 직관 그 자체도 여기서는 이론적 영역에서와는 전혀 다른 성격을 띠고 있다. 그것은 단순한 감성직관과는 거리가 멀다. 그리고 관조라는 더 높은 계단은 벌써 단순한 수동적인 파악(직관)이 아니라 인식관계와는 상관이 없는 생산적 창작의 측면을 띠고 있다. 따라서 예술은 인식의 계속이 아니다.

미학은 또한 예술의 계속이 아니다. 미학은 예술이 되어야 되는, 또 되어갈 수 있는 어떤 고차적인 계단이 아니다. 그것은 시의 목표가 심리학이 아니며 조각의 목표가 해부학이 아닌 것과 마찬가지다. 미학은 오히려 예술이 온갖 형식으로 보여주는 비밀을 알아내는 것이며, 관조의 작용을 분석하는 것이다. 한마디로 말하면 미학은 예술 그 자체를 대상으로 삼는 것이다. 따라서 예술의 대상은 미학의 대상과 다르며, 미학자의 자세는 심미적 자세가 아니다.

3. 미학의 일반적 대상

그렇다면 과연 미가 미학의 포괄적인 대상인가? 선이 모든 도덕적 가치를 포괄하는 보편적 가치가 되듯이, 미를 모든 미적 대상의 보편적 가치라고 말할 수 있는가? 대개는 이 두 가지 개념을 은연중에 내세우고 있다. 그러나 그것은 또한 논쟁거리가 된다. 그러므로 이 점을 고집하려면 그 근거를 밝혀야만 한다.

미를 미학의 중심적 지위에 올려놓는 데 대한 비난의 근거는 무엇인가? 그것은 다음의 세 가지로 생각할 수 있다. 첫째, 예술적으로 이루어진 훌륭한 것이라도 반드시 미가 아니다. 둘째, 미 말고도 여러 종류의 미적 가치가 있다. 셋째, 미학은 미의 반대인 추(醜)까지도 다룬다. 그러므로 여기서 미를 미학의 포괄적 대상이라고 단정할 수 없다는 비난이 나온다.

이러한 비난이 나오게 되는 셋째의 근거가 가장 박약하다. 물론 미학은 추도 취급한다. 추는 어느 한도 내에서는 모든 종류의 미와 관계가 있다. 왜냐하면 미에는 한계가 있고, 또 다른 가치영역에서와 마찬가지로 미적 가치의 영역에 있어서도 대조가 중요하기 때문이다. 그뿐만 아니라 미에는 완전한 미로부터 현저한 비난에 이르기까지 여러 단계가 있다. 모든 가치는 본질에 있어서의 그 대립항, 즉 비가치를 가지고 있으며 현실에서는 가치 있는 것만이 아니라 가치에 반대되는 것도 문제가 된다. 가치분석에서 우리는 가치를 규정하면 비가치가 규정되고, 반대로 비가치를 규정하면 가치가 규정되는 것을 겪었다. 악의 종류에 의해서 덕의 종류를 규정하는 아리스토텔레스의 방법도 여기에 근거하고 있다. 그 점은 윤리적 영역에서만이 아니라 미적 영역에서도 마찬가지다.

그러나 모든 차원의 미에 추가 맞서는가도 문제가 된다. 인간의 작품에서는 언제나 미와 추가 맞선다. 그것은 어찌할 수 없는 사실이다. 그러나 자연대상에 있어서는 다르다. 자연이 산출하는 모든 것도 미적 측면을 가진다고 할 수 있지만 추한 것이 있다고 말할 수는 없다. 이 점은 자연의 특성, 즉 그 법칙성에 있는 것이지 결코 미의 본질에 있는 것이 아니다.

그다음에 예술적으로 이루어진 훌륭한 것이라도 반드시 미가 아니라는 비난을 검토해 보자. 우리는 누가 보든지 미인이 아닌 사람의 초상화를 볼 때는 그 작품의 예술적 성질과 표현된 인물의 겉모습을 쉽게 구별한다. 이러한 구별은 성격이 약한 사람, 반항적인 사람, 또는 얻어맞아서 코가 납작한 옛날의 어느 권투선수의 반신상을 보고 잘 알고 있다. 이때 우리는 예술적 공적은 훌륭하지만 대상은 미가 아니라고 말한다.

미적으로 성숙한 사람이라면 이렇게 구별하는 일이 결코 곤란하지 않다. 다만 그 그림 전체를 미라고 부를 수 있는가 하는 것이 문제가 된다. 표현의 대상은 분명히 아름답지 않게 표현되어 있다. 그러면서도 그 작품은 미를 품고 있다. 이 미는 별개의 것이며, 거기에 표현된 대상의 비미(非美)를 숨기지는 않는다. 이 미는 바로 표현 그 자체에 달려 있는 것이다. 이것이 진정한 예술미, 회화미이다.

여기서는 분명히 근본적으로 성질이 다른 미와 추가 맞닿아 있다. 그리고 그것은 성질이 다른 두 가지 대상에 관계된 것이다. 회화나 시문(詩文)은 그것들이 표현하는 대상을 가지고 있다. 그러나 관찰자에게는 그 표현 자체가 또 하나의 대상이 된다. 여기서 일차적으로는 예술가의 작품, 즉 표현 그 자체가 대상이 되고, 이차적으로는 표현된 대상이 나타나는 것이다. 그리고 그 작품이 성공했을 때에 그것을 아름답다고 부르며, 실패했을 때에 추하다고 부른다. 왜냐하면 예술적 업적의 가치와 비가치는 오로지 이 표현 여하에 달려 있는 것이지, 표현된 대상의 성질 여하에 있는 것이 아니기 때문이다.

미(美)는 의미에 따라서 서로 큰 차이를 가지고 있다. 아무리 미라 하더라도 서투르게 그리면 결국 비미가 되고, 비미라 하더라도 잘 그리면 예술적인 미가 되는 것이다. 잘 그려진 미에 있어서는 두 종류의 미가 구별되며, 서투르게 그려진 비미에 있어서도 두 종류의 비미가 구별된다. 이것을 혼동하는 사람이 있다면 그는 예술적 감각이 없는 사람이라고 말할 수 있다. 아름답고 고운 색채와 유능한 표현과는 관계가 없는 것이다. 그와 반대로 이것을 혼동하면 미에 부정적 영향을 끼치며 예술적 비미가 된다.

이와 같은 의미에서 미를 미학상의 보편적인 근본가치라고 보며, 훌륭한 예술적 효과를 지닌 모든 것을 미 속에 포함시키는 것이 적당하다고 생각된다.

둘째 비난은 미가 미학적 가치의 전부가 아니라 그중의 하나에 지나지 않는다는 것이다. 아름다운 것 말고도 숭고한 것이 있으며, 숭고한 것의 특징은 일반적으로 인정받고 있다. 이 밖에도 우아하고 아름다운 것, 유쾌한 것, 감격적인 것, 희극적인 것, 비극적인 것 등 많이 있다. 또한 예술의 여러 가지 특수한 부문에 들어가면 다양한 성질의 미학적 가치가 발견된다. 또 저마다의 가치에 대응하는 여러 가지 비가치가 발견되므로 무어라고 형언하기 곤란하다.

이처럼 미적 가치의 종류는 하나하나 들어서 말하기 힘들 만큼 많으며, 이 모든 가치는 미학에서 생각해 볼 권리가 있으므로 이것들을 포괄하는 보편적인 가치범주를 '미'라고 부르는 것이 목적에 맞다고 하면 다른 의견이 있을 수 있다. 왜냐하면 미는 늘 쓰는 말이며, 여러 가지 뜻을 가지고 있기 때문이다. 이 말에는 좁은 의미와 넓은 의미의 두 가지 뜻이 있다. 좁은 의미의 미는 숭고나 우아나 희극적인 것, 기타 등등과 서로 맞서며, 넓은 의미의 미는 이 모든 미적 가치를 포괄한다. 그것은 위에 열거한 모든 명칭을 순전히 미학적 의미로 쓰는 경우에만 한한다. 왜냐하면 그것들은 또한 모두 비미학적 의미를 가지고 있기 때문이다. 이렇게 본다면 미학상의 이 문제에 관한 논쟁은 결국 말싸움과 마찬가지라고 할 수 있다. 우리는 미의 개념을 좁은 의미로 쓰는 것을 막을 수도 없거니와, 또 넓은 의미, 즉 모든 미학적 가치를 포괄하는 상위개념으로 이해하는 것을 막을 수도 없다.

지금부터는 미를 유개념, 즉 넓은 의미로 쓰고 모든 미적 가치를 이 유개념에 포괄되는 종개념으로 쓴다. 이렇게 하는 것이 일반화한 미적 개념을 근본개념에까지 높이는 것이며, 인위적으로 구성된 상위개념에 관한 어려움을 덜어주는 실제적인 이점이 된다.

4. 미적 작용과 대상

미는 본질상 특수한 작용태도를 기본으로 하는 관조주관과의 관계에서 성립하는 것이므로 미의 연구에 있어서도 두 가지 방향이 있다. 즉 미적 대상과 또 미적 작용을 분석의 대상으로 삼을 수 있는 것이다. 이 두 가지 방향은 다시 세분된다. 우리는 대상의 구조와 존재방식을 연구하거나 혹은 미적 가치성격을 연구할 수 있다. 그와 마찬가지로 작용분석도 관찰자의 수용작용이나 작가의 생산적 작용에 쏠릴 수 있다. 이러한 연구 방향들이 어느 정도까지 서로 구분될 수 있는가 하는 것은 그 자체가 또 하나의 문제가 되지만, 여기서는 잠시 문제 삼지 않도록 한다.

결국 네 종류의 분석이 필요한데, 그중 첫째로부터 셋째까지의 분석은 어렵지 않으나 마지막 넷째 분석에는 처음부터 커다란 난관이 가로놓여 있다. 그것은 예술적 창작가의 활동처럼 애매하고 이해하기 어렵기 때문이다. 천재가 자기 활동에 대하여 자기 스스로 아무리 설명해도 사실의 본질은 밝혀지지 않는다. 대개는 자기 내부에서 자기를 통하여 이루어지고 있는 놀라움을 타인보다 더 알지 못한다는 것을 입증할 뿐이다. 예술가의 생산적 활동이라는 것은 그에 따르는 의식을 배제하는 활동처럼 보인다. 그러므로 우리는 다만 그의 바깥에 나타나는 측면만을 알 수 있고, 그 내면적 본질에 관해서는 오직 그의 업적에 의해 추측할 수밖에 없다.

그러나 이러한 추측은 확실한 것이 아니며 자칫 망상에 빠지기 쉬운 것이다. 예술적 창작활동은 형이상학적 대상에 관한 모든 추리와 마찬가지로 자유로운 놀음이다. 그것은 조절할 수도, 반대할 수도, 또 찬성할 수도 없는 것이다. 과거 낭만시대에 한 무리의 시인들이 열광적인 창조의 희열에 호응하여 위의 종류를 분석하기 위해 시도해 보았으나, 그들은 아무도 증명하지 못하는 사변적 세계상의 터전만 닦았을 뿐이었다. 그것은 오늘날에도 여전히 쉽게 생각하고 쉽게 믿는 이들을 유혹하고 있으나 성숙한 사상가에게는 오직 회의를 일으키게 할 뿐이다.

모든 예술의 형이상학을 비판적으로 논한다면 그 밖의 세 가지 방법이 있다. 그중에서 가장 곤란한 상태에 있는 것이 가치분석이다. 왜냐하면 미적 가치라는 것은 구체적으로 해석하면 고도로 개별화한 것이어서, 그 유(類)와 종(種)에 의한 모든 구분은 다만 어떤 종류의 외면에 관계가 있을 뿐이기 때문이다. 예술학과 문학은 이 방면에서 많은 업적을 올렸고, 형식의 분석이 수행됨에 따라 여러 형식의 경향과 단계를 볼 수 있게 되었으며, 동질적인 형식의 동종성을 의식하는 동시에 그 중요한 대립까지도 파악하게 되었다. 그러나 다시 따져 살펴보면, 그것은 단지 예술작품의 구조에 대한 규정에 지나지 않고 예술적 가치의 성분 그 자체에 관한 규정이 아니다.

이 예술적 가치의 성분을 이름 지어 부르는 말은 없으며, 따라서 아무런 개념도 없다. 이를테면 개념을 구성했다 하더라도 이 개념을 제멋대로 이름 지어 부르게 되면 이로써 우리의 예술적 감각이 만족할 수 없는 것이다. 예를 들면 숭고한 것, 희극적인 것, 비극적인 것, 우아한 것 따위의 말이 그러한 결점을 가지고 있다. 이러한 말들은 여러 의미를 가지고 있어서 구조개념으로서는 반드시 필요하지만 가치개념으로서는 알맞지 않다.

이상 설명한 바에 의하여 알 수 있는 미학의 비중은 (1) 미적 대상의 구조와 존재방식, (2) 관찰하며 직관하고 향수하는 작용의 분석에 있다. 가치가 문제시되고 있는 곳에서는 이 두 가지 연구가 철저하게 수행되어야 한다. 이 두 가지 분석 가운데 어느 하나만을 택할 수는 없다. 왜냐하면 그것들은 미의 문제 가운데에서 언제든지 서로 얽혀 있기 때문이다. 연구과정 가운데에서는 이 두 가지 연구에 어느 정도 불균형이 생길 수 있다. 오늘날의 연구도 이 상태를 피하지 못하고 있다.

어느 의미에 있어서는 대상의 구조분석이 미학상의 주요 과제가 된다고 말할 수 있다. 왜냐하면 대상의 구조분석이 현재 뒤처지고 있어서 전진하고 있는 작용분석과 보조가 맞지 않기 때문이다.

19세기의 미학은 뚜렷하게 주관적인 관점에 서 있었다. 따라서 신칸트학파의 관념론과 심리주의의 영향을 많이 받았다. 그것은 물론 하나의 결점이라 하겠지만 그 반면에 작용분석에 있어서는 많은 진보를 이루었다. 그러므로 그동안에 부진했던 대상분석을 더욱 추진해야 할 필요가 생겼다.

5. 분리와 결합

미의 연구는 마땅히 본디 대상에서 출발해야 한다. 우리는 '미술'이라는 말을 깊게 생각하지 않고 쓰고 있지만, 이 말은 근본적으로 틀린 것이다. 왜냐하면 미는 예술 그 자체에 있는 게 아니라, 예술작품에 있는 것이기 때문이다. 예술작품이거나 자연산물이거나를 막론하고 미적 대상의 관찰이나 향수에 미가 있는 게 아니라 관찰과 향수의 대상에 있는 것이다.

또 작용에서 보더라도 대상이 자연적인 출발점이 된다. 관조나 향수의 작용은 본디 대상을 향하여 완전한 자기망각에 이를 때까지 몸과 마음을 바치는 것이다. 이와 같은 작용상태는 물론 미학자의 인식상태와는 전혀 다르다. 그러나 이 두 가지는 모두 대상으로 향하는 점에서 공통적이다. 미적 분석은 먼저 첫째 대상으로 향한다. 왜냐하면 관찰작용은 미적 대상을 전제하는 것이기 때문이다.

그러면 미학은 먼저 어떤 대상을 다루어야 할까? 이것이 하나의 문제가 된다. 우리는 첫째 미적 대상을 다른 대상들과의 연관 속에서 분리해야 한다. 이 대상의 분리는 관찰하는 작용을 인간의 생활연관과 작용연관 속에서 끌어내는 것과 밀접하게 결합된다. 미적 대상에 몰두하면 자아를 잊어버리게 되고, 또 생활에 중요한 모든 현실적인 것도 잊게 된다.

대상이 생활연관 속에서 분리되면 그것은 더욱 고귀해지는 동시에 이 대상의 인상에 열중하는 인간은 일상생활에서 겪게 되는 괴로움과 허무와 허드렛일에서 벗어난 자기 자신을 경험하게 된다. 그에게서는 환경이 없어지고 자기의 대상과 더불어 하나의 황홀한 자기세계를 이룬다. 이러한 현상은 순수한 예술감상에 고유한 것이며, 흔히 위대한 음악을 들을 때처럼 정도가 지나치면 황홀경에서 다시 비통함까지 느끼게 된다.

미적 흥분은 진정으로 자신에게서 벗어나는 한 형식이다. 그러므로 인생을 초월한 황홀경, 다시 말하면 다른 모든 관심을 떠나서 순수한 자기의 세계를 이루는 것이 예술의 본질과 임무라고 주장하는 견해가 나온다. 뿐만 아니라 인생이 예술에 봉사하는 것이지 예술이 인생에 봉사하는 것이 아니라는 사상도 성립하게 되는 것이다.

오늘날 우리는 예술작품이나 예술적 생활의 고유가치를 그와 같이 극단적으로 평가하지는 않는다. 그러나 반드시 그런 것도 아니다. 그러므로 여기서 이 점에 관해서 말하지 않을 수 없다. 예술적 가치에 대한 극단적인 사상은 '예술을 위한 예술'의 운동에서 주요한 역할을 하고 있다. 그리고 여기서는 이 사상이 하나의 이론으로까지 발전하고 있을 뿐 아니라 또한 예술적 감각과 창작 자체에 중대한 영향을 주고 있다.

건전한 감각을 가진 인간이라면 인생의 요구를 전적으로 거부하고 인생과 대립하는 예술이 인생을 완전히 뒤집어 놓기도 하며 신기루와도 같다는 사실을 또렷이 알 것이다. 그러나 생활과 결부해 있고 시대의 정신적 상황에 있어서의 임무를 수행해야만 하는 예술이 어떻게 해서 그 독특한 미적 자주성을 보유하는가를 이해하지 못한다. 이 문제는 여기서 해결될 수 없다. 왜냐하면 대상분석이 어느 정도 진행된 단계에 이르러서 비로소 이 문제 해결의 단서를 잡을 수 있기 때문이다.

중요한 것은 대상분석과 작용분석을 올바르게 종합하는 데 있다. 왜냐하면 이 둘 사이에는 밀접한 관계가 있어서 약동하는 문화적 생활에서 이루어지는 예술이라야 참으로 걸출한 초시대적 작품을 제작할 수 있으며, 이러한 작품을 생산하는 정신적 생활만이 그 활동 경향에서 완성할 수 있기 때문이다. 정신적인 창조는 인생의 생활과 밀접하게 결부해야만 참으로 위대한 작품을 생산할 수 있고, 그 반면에 오직 이러한 작품이라야 개인이나 사회에 깊이 숨어 있는 생명력을 충분히 의식할 수 있는 것이다.

6. 형식과 내용, 질료와 소재

미학과 관련해서 형식보다 더 널리 알려진 개념은 없다. 자연이나 예술작품 속에서 발견되는 모든 미는 먼저 특정한 형식으로 표현된다. 그리고 관찰자인 우리는 이 형식이 조금이라도 바뀌면 미(美) 그 자체가 교란된다는 것을 감정에 의하여 직접적으로 알고 있다. 미의 통일성과 전체성, 일회성과 완결성은 오로지 형식에 의존하는 것이다. 그리고 여기서는 외면이나 윤곽이나 경계, 즉 가시적이거나 그 밖의 감성적인 내용만이 아니라 내면적 통일과 정제 분기(分岐)와 연관, 철저한 법칙성과 필연성이 중요한 문제가 된다.

이리하여 우리는 '아름다운 형식'을 이미 잘 아는 것처럼 말하며 전혀 의문시하지 않지만, 이 말은 여러 가지 의미를 가지고 있는 것이다. 이 말을 들을 때에 우리는 조각의 대칭, 건축의 재료배치, 선율·리듬과 음정, 음악적 주제의 구조, 연극의 기교적인 장면구성을 떠올리며, 뿐만 아니라 우리가 서 있는 지형의 선조(線條), 거목의 중후한 형태, 나뭇잎의 미세한 무늬 따위를 생각하게 된다. 여기서 우리는 이 여러 형태들은 특유한 것으로, 그것이 그 이상의 무엇을 나타내는 어떤 내면적인 형식에 의하여 형성된다는 걸 알고 있다. 그러므로 이러한 형식들을 사물의 우연한 외면적 형식과 구별하여 '내면적 형식'이라고 부른다. 그것은 아리스토텔레스가 외적 형태의 내면적 운동이나 형성원리라고 주장한 '형상(形相)'을 방불케 하는 것이다.

그러면 '내면적 형식'이란 무엇인가? 그것은 역사적으로 진부한 어떤 형이상학을 떠오르게 하는 점에서도 신중히 고려할 문제가 된다. 현대인은 미적 형식문제의 해결을 위하여 어떤 이념적 주제의 세계를 가정하려고 하지도 않으며, 또 관찰자에게서 직접적으로 일어나는 형식감정이 그러한 가정적인 이념적 주제에 의존한다고 보지도 않는다. 그렇게 볼 경우에는 사물의 주제적 구조를 이론적으로 파악하는 위험에 빠지기 쉽다. 왜냐하면 '형상'이라는 것은 바로 그러한 원리를 뜻하는 것이기 때문이다.

이런 형이상학을 떠나서도 미적 형식개념에는 단순한 주제관계와의 한계가 말살될 위험성이 남아 있다. 미적 형식은 물론 사물의 구조에 있어서의 본질관계를 뜻한다. 그러나 이 본질관계는 인식대상으로서의 사물, 즉 유기체·우주, 그리고 우주를 구성하는 물리적 조직, 인간, 국가 등에 있어서도 인정할 수 있다.

그러므로 특히 미적인 형식문제는 사물의 구조에 있어서의 본질관계와는 전혀 별개의 문제에 속하는 것이다. 그러면 그것은 어떻게 다른가? 미적 형식을 '아름다운 형식'이라고 해도 그것은 결국 마찬가지 말밖에 안 된다. 그러면 아름다운 형식에 있어서의 미의 특수성은 무엇인가? 그것을 사람들은 통일로 보기도 하고, 여러 부분의 조화로 보기도 하며, 내포된 잡다성의 극복으로 보기도 한다. 또 주관적으로는 기분 좋은 것, 직접적으로 자명한 것, 영감을 주는 것으로 보기도 한다. 그러나 이 모든 말은 더할 수 없이 일반적인 규정에 지나지 않으며 거의 무의미한 것이다. 왜냐하면 그중에는 모든 경우에 맞지 않는 것도 있거니와, 또 형식이 갖는 미적인 것과는 맞지 않는 것도 있기 때문이다.

여기에는 또 하나의 곤란한 문제가 있다. 그것은 어떤 시나 초상화의 내용, 어떤 자연계의 감각감정 따위는 미에서 제외되는 것인가, 또는 그러한 의미의 모든 내용을 형식에 속한다고 생각할 수 있는가 하는 문제이다.

물론 이렇게 생각할 수 있을는지도 모른다. 그러나 형식이라는 개념은 본디 이 형식을 통해서 비로소 이루어지는 어떤 내용적인 것과 대립하는 것을 일컫는데 어찌 형식만을 가지고 말하는가?

내용개념이 불분명하므로 그러한 이론이 나오는 것도 무리가 아니다. 그러므로 우리는 불투명한 개념 대신에 분명한 개념을 취해야만 한다. 우리는 범주분석에서 이 문제를 해결하기 위한 단서를 찾을 수가 있다. 형식을 채우는 개념은 '질료'다. 질료라는 개념은 존재론적으로 공간을 충전하는 소재만을 뜻하는 것은 아니다. 질료는 넓은 뜻으로 볼 때 공간과 시간에 이르기까지 일정한 형식을 부여할 수 있는 모든 무정형하고 무차별한 것을 말한다. 공간예술이나 시간예술을 보면 알 수 있듯이, 공간이나 시간도 미적 대상의 질료가 될 수 있다.

그러나 질료에는, 또한 한정된 미적 의미도 있다. 여기서는 질료가 이루어지는 감성적 요소의 영역을 뜻한다. 그러한 의미에서 석제나 금속은 조각의 질료이고, 색채는 회화의 질료이며, 음은 음악의 질료이다. 여기서는 질료가 어떤 궁극적인 것이나 실체적인 것이 아니라, 어디까지나 예술적 형식에 의하여 독특한 형식을 받는 어떤 감성적 요소에 지나지 않는다.

이 관계가 모든 미적 대상의 분석에 대한 기초가 된다는 것을 의심할 수 없다. 아니, 그것은 이 분석의 첫걸음에 속하는 것이다. 예술에 있어서의 모든 형성은 형성되는 질료의 종류에 의존한다는 점도 이해가 된다. 여기서 일반적·범주적인 '질료의 법칙'이 증명되는 것이다. 모든 종류의 질료에서 모든 종류의 형식이 가능한 것이 아니라, 다만 특정한 종류의 질료에서 특정한 종류의 형식이 가능한 만큼 모든 대상영역에서 일반적으로 질료가 형식을 결정한다는 것이 질료의 법칙이 된다. 이 법칙은 형식의 자율성을 타파하는 것이 아니라 다만 제한하는 것이다. 18세기의 '라오콘(Laocoon) 논쟁'을 통하여 널리 알려진 개별적 예술에 있어서의 표현을 제한하는 현상도 여기에 그 근거가 있다. 조각은 시가 언어라는 질료로써 표현하는 모든 것을 대리석으로 형성하지 못한다. 이것이 예술적 영역에 있어서의 진정한 제한현상이며, 그 법칙성은 한번 발견된 이상 결코 타파될 수 없는 것이다.

따라서 미적 형식개념은 영역규정의 원리라고 볼 수 있는 질료와의 범주적 대립에서 최초의 뚜렷한 규정을 받는 것이다. 이 점은 예술의 모든 영역에서 쉽게 지적할 수 있다. 왜냐하면 예술에 있어서 개개의 영역은 특정한 질료를 가지고 있기 때문이다. 확실히 우리는 미술 전체가 첫째 그 질료의 서로 다름에 의해서 구분된다고 말할 수 있다. 그러나 이 구분의 원리는 또한 널리 예술 밖의 영역까지도 간섭하는 것이다.

그러나 이 관계는 다만 형식개념의 한 측면을 표시하는 것에 지나지 않는다. 이 점은 예술작품에 있어서의 '내용적인 것'이 반드시 앞에서 말한 질료개념에 다다르지 않는 점에서 알 수 있다. 이 둘 사이에는 거의 아무런 관계가 없는 것이다. 그러므로 내용이라는 개념이 뚜렷한 의미를 가지려면 형식과의 사이에 또 한 가지 다른 대립이 있어야 한다.

이 대립은 특히 표현예술에서 뚜렷하게 나타난다. 이를테면 시문(詩文)은 인간의 갈등이나 번뇌나 운명을 표현하며, 조각은 체형을 표현하고, 회화는 모든 가시적인 것을 표현하는바, 이 모든 내용영역은 그 자체가 예술적인 것이 아니라 예술적 형식을 통해서 비로소 예술의 내용이 되는 것이다. 그러나 이 내용적 영역은 예술적 표현의 주제를 제공하며, 그러한 의미에서 제작을 통하여 감성적으로 직관되는 소재가 되는 것이다.

그러한 의미에서 볼 때, 소재는 어느 예술에나 있는 것이 아니다. 예를 들면 음악이나 건축이나 장식 따위에는 그런 의미의 소재가 없다. 소재라는 개념이 옳게 의문시되는 것은 자연미에서이다. 그러나 시문을 포함하는 모든 표현예술에 있어서는 소재가 중요한 구성 요소가 된다. 그 점만으로서도 소재는 미학상에서 중요한 지위를 차지한다. 그러므로 표현예술에 있어서는 형식이라는 개념이 두 가지 대립관계를 가지고 나타난다. 첫째는 형식이 형성되는 질료와의 대립, 둘째는 형식이 형성하는 소재와의 대립이다. 그리고 첫째 의미에 있어서의 형성과 둘째 의미에 있어서의 형성과의 사이에는 밀접한 관계가 있다.

여기서 광범한 문제가 나오는데 이 문제를 단번에 해결하기는 곤란하다. 그 것은 같은 작품에 두 가지 형식이 있을 수 있는가, 질료의 형성과 소재의 형성 과는 근본적으로 같은 것이 아닌가 하는 문제이다. 그러나 이 둘은 서로 구별 될 뿐만 아니라 또한 본질적 차이가 있다. 문학이 한편으로는 인간의 성격이 나 운명을 형성하고, 다른 한편으로는 그것을 표현하기 위하여 말을 형성할 때, 이 두 가지 형식은 결코 같은 것이 아니다. 이를테면 대화로써 연출되는 장면의 계속과 같이 제작되는 작품 가운데에서는 이 두 종류의 형성이 구별되지 않을 뿐만 아니라 유일한 형성이 두 가지 방면으로 효과를 나타내는 그러한 모양으 로 통일된다.

그러면 그것은 외관상 그러한 것인가, 혹은 사실상 동시에 두 가지 방면을 가진 형성인가? 만일 그렇다면 동일한 형성이 두 종류의 아직 형성되지 못한 것, 또는 형성가능한 것을 제압한다고 할 수 있으리라. 그것은 바로 이러한 이 중적 관계 속에서 미(美)의 비밀이 전부는 아니라도 그 본질적인 부분이 파악 되는 것이다. 이것으로써 형식개념만 가지고서는 미의 비밀을 파악하기에 불충 분하다는 것, 그러므로 형식이라는 범주를 대상구조라는 범주로 대치해야 한 다는 것을 알 수 있다.

7. 관조·감상·평가·생산성

미적 대상의 문제는 복잡하며 관찰자가 감정적으로 느끼기는 하지만 개념적 으로 파악하지 못하는 배경을 예상하는 것이므로 이것을 수용하는 작용의 문 제도 적잖게 복잡하다. 이 점은 수용하는 작용에 대한 명칭이 한두 가지가 아 닌 것으로도 증명된다. 왜냐하면 이 모든 명칭은 작용의 한 본질적 측면에 대 응하는 것이며, 작용의 여러 가지 본질적 측면은 대상의 여러 가지 본질적 측 면만큼이나 서로 다르기 때문이다.

작용에 있어서는 적어도 관조와 감상과 평가의 요소를 구별해야 한다. 그중 에서는 물론 감상의 측면이 가장 뛰어나게 눈에 띄긴 하지만, 이 작용들의 차이는 같은 정신적 높이와 특징을 가지고 있는 것이다.

작용의 여러 요소는 일찍부터 잘 알려져 있다. 이것을 처음으로 발언한 사람이 플로티노스이며, 칸트는 미의 분석에 있어서 주로 작용의 여러 요소에 입각했던 것이다. 그는 여기서 '쾌'와 '만족'이라는 말을 썼는데, 지적 태도에 대한 의식적인 대립성에서 선택된 것이다. 그러나 이 두 가지 표현은 또한 대상과의 관계를 가지고 있으며, 그뿐만 아니라 이해의 요소까지도 담고 있고 또 평가의 요소도 들어 있다고 보아야 한다. 왜냐하면 칸트의 이른바 '취미판단'이라는 것은 감각된 만족 그 자체의 표현에 지나지 않는 것이지, 결코 어떤 제2의 작용을 뜻하는 것이 아니기 때문이다.

이와 같이 칸트의 미학에 있어서는 이 세 가지 측면 전부가 결합되어 있으며 아직 분리되지 않았다. 그 반면에 받아들이는 태도의 배후에 어떤 자발적 작용이라는 제4의 요소가 나타나는데, 이것은 열중하여 자기를 잊어버리는 만족의 자세와 맞서며 수용하는 작용과 생산하는 예술가의 자세를 접근시키는 것 같은 느낌을 준다. 칸트에게 있어서는 이 자발적 작용이 반응적으로 일어나기는 하지만 자신의 내면적 법칙에 따라서 진행하는 '정의력의 유희', '구상력', '오성' 등의 형식을 가지고 관조 가운데에서 재현하는 예술가의 원작을 내면적으로 본뜨는 성격을 취한다.

19세기에 이르러 많은 사람이 이상과 같은 칸트적인 규정을 받아들여 여러 가지 보충과 변경과 개선을 시도했으나, 결국 칸트보다 두드러지게 나은 것이 없었다. 나은 것이 있다면 감상, 즉 칸트의 말을 빌리면, '쾌의 판단' 가운데에서 평가작용을 발견한 점이라 하겠다. 칸트의 분석에서 중요한 점은, 미적 만족이 '개념 없이' 모든 주관에 대한 보편타당성을 요구하는 권리를 가졌다는 논증에 있다. 이 '개념이 없는' 보편성은 칸트철학의 오직 하나뿐인 특징이며, 그래서 언제나 모방자의 주의를 끌고 있다. 사실 미적으로 관찰하는 의식 가운데에서 가장 주의를 끄는 작용조직 가운데 가장 근본적인 본질의 일부분이 여기 있는 것이다.

그러나 칸트의 미학에서는 관조의 측면이 지나치게 간단히 다루어졌다. 이 관조의 측면이 바로 옛날 플라톤이나 플로티노스의 직각적 미학 중에서 최상위를 차지했던 것이고, 작용조직 중에서도 가장 중요한 부분이며, 적어도 그 밑바탕이 되는 것이다. 쾌감이나 감상이나 그 속에 감추어져 있는 가치판단 등은 관조를 통하여 받아들인 인상에 반응하는 성격을 가진 반응작용의 요소이며, 그러므로 모든 작용조직 중에서 첫째가는 것은 아니다. 쾌감이나 감상이나 평가 등은 이미 구상적으로 주어진 무엇이 있는 곳에서만 나타나는 것이며, 그러므로 수용하는 작용을 통하여 매개되는 것이다. 그런데 이와 같이 수용하는 작용이 직접 깨닫게 된다는 점도 의문스럽다.

이 점은 이미 일반적인 승인을 받고 있는 '심미적'이라는 말로 나타난다. 이 말은 '감성적'인 무엇을 의미하는 게 아니라 외감각(外感覺), 즉 눈이나 귀는 미를 받아들이는 도구라는 의미를 가지고 있는 것이다. 그와 함께 지적 파악과는 반대의 의미로도 쓰인다. 더구나 여기서는 감각이 일상적인 깨달음처럼 다만 이미 현존하는 것을 매개로 하는 게 아니라, 어떤 고차적인 작용을 일으키는 것으로 나타난다. 이러한 관계의 의미는 다시 생각하면 감성적 활동의 내부에서 진정한 관조의 계기로 눈을 돌린다는 것을 표시하는 것이다. 진정한 관조는 수동성과 같은 것이 아니라 감각에서 수동성과 불가분적으로 연관된 것이다. 그러나 감각은 수동성이 완전히 압도되고 있는 인식체계와 같은 커다란 작용연관 속에서도 그 직관성을 보유한다.

감각은 또 심미적 관찰이라는 전혀 별개의 작용조직 속에서도 그 직관적 성격을 잃지 않는다. 여기서는 도리어 이 직관적 성격이 위세를 부린다. 뚜렷한 직관적 성격이 인식관계 속에서는 존재파악의 요구에 압도되고 끊임없이 희미해져 가지만, 심미적 관찰에서는 본질적인 것임이 분명하다.

빛과 그림자는 인식관계 가운데에서는 사물의 형태를 인식하는 수단에 지나지 않으며, 그 자체는 주의의 대상이 되지 않지만, 제도나 회화에서는 대상적 자립성을 획득하며 중요성을 갖는다. 원근과 색채와 색의 대조도 그와 마찬가지다. 이 점은 다른 예술적 영역에서도 지적할 수 있다. 예를 들면 시인은 인간 생활 속에서 눈에 잘 띄지 않아 쉽게 알아챌 수 없는 여러 가지 행위와 표정을 잡아낸다. 그는 이것을 눈에 보이게 할 수는 없지만 언어라는 우회로를 통하여 마음속을 드러내 보인다.

그러나 직관의 역할은 여기서 끝나는 것이 아니라 그 밖에도 또 발견된다. 심미적 관조는 오직 그 반 정도만이 감성적인 관조이다. 그러므로 미적 관조는 이 감성적 관조를 뛰어넘은 이차적 관조이며, 감성적 인상에 매개된 것이기는 하지만 거기에서 그치는 것이 아니라 분명히 이 감성적 인상과 대립하는 독자적인 작용이다. 그것은 본질관조도 아니고 플라톤적인 보편자의 파악(인식)도 아니며, 고차적 인식계단을 뜻하는 직각도 아니다. 그것은 오히려 개별적인 대상의 일회성과 개별성에 주의를 기울인다. 그러나 거기에서 감성이 직접적으로 파악(인식)하지 못하는 것을 본다. 이를테면 한 풍경 속에서 어떤 감각감정을 발견하며 한 인간에게서 어떤 심적 자세, 불행 혹은 고민을 발견하고, 무대의 한 장면에서 어떤 갈등을 발견하는 등이 그것이다. 모든 예술적 파악(인식)이 그러한지는 아직 알 수 없으나, 좁은 의미에 있어서의 예술과 인생이나 자연에 있어서의 미의 관조는 다 그렇다고 말할 수 있다.

이런 이차적인 관조에 관해서 알아야 할 중요한 점은 무엇보다도 이 관조가 결코 부가적인 무엇, 즉 경우에 따라서는 일어나지 않을 수도 있는 반성이 아니라는 점이다. 물론 예술작품의 내용이나 미인의 얼굴이 오래 두고 천천히 이차적 관조에 들어오는 경우가 있을 수 있다. 그러나 일차적 관조에는 이와 같은 경우가 훨씬 많다. 그렇다고 이 점을 가지고 이차적 관조에 반대되는 특수한 상징이라고 볼 수는 없다. 오히려 이차적 관조의 특징은 일차적 관조와 밀접하게 연관되어 있어서 언제든지 이것과 함께 나타나는 점에 있는 것이다. 더구나 일차적 관조가 대상으로 접근해 들어가고 심각해지려면 언제든지 이차적 관조가 거기에 덧붙여져야 한다. 그러나 거꾸로 이차적 관조에서 순전히 감성적인 개별형태로 시선을 역전시키는 경우가 많다. 왜냐하면 일차적 관조에는 이차적 관조에 의해 비로소 이끌려 오는 어떤 감명이 필요하기 때문이다.

그리고 이차적 관조가 본디 어떠한 성질을 가졌는가 하는 문제는 대상분석이 이루어지기 전에는 결정되지 않는다. 그러나 먼저 차후의 진행을 위하여 중요한 하나의 결론을 끌어낼 필요가 있다. 그것은 미적 수용의 작용에 있어서는 두 종류의 관조가 서로 어우러져서 진행해야 된다는 점이다. 이 둘의 협동에서 비로소 예술적인 관조자세의 특징이 나타나는 것이다.

이 점에서 두 종류의 관조가 서로 침투하고 서로 제약하며 하나의 불가분적 전체가 되고 있다는 것을 쉽게 알 수 있다. 따라서 하나가 쾌감을 감상하는 작용이 되고 또 다른 하나가 대상에 관한 취미판단의 작용이 되는 것이 아니라,

어느 작용에 있어서나 늘 두 가지 관조가 서로 협동한다고 예상할 수 있다.

여기서 수용하는 작용조직 가운데 자발성이라는 요소가 비로소 각광을 받는다. 왜냐하면 여기서 관찰자의 수용작용이 막연히 느껴지지만, 감히 무어라고 지적해서 말하기 곤란한 내면적·생산적인 태도가 나타나기 때문이다. 이차적 관조는 분명히 직접적인 것이며 적어도 간접적인 것이다. 여기서 관조되는 것은 감각에 주어지는 것이 아니라 감각이 기회를 제공할 뿐 그다음에는 자발적으로 나타난다. 그러므로 그것은 본디 감성적 인상과 긴밀하게 결부한 것이면서도 관조하는 의식에는 칸트가 말하는 바와 같은 '구상력'에 의하여 자발적으로 나타나는 것이다.

칸트도 《판단력비판》에서 두 가지 관조의 내면적 관계를 파악(인식)하려고 시도했다. 그는 이 관계를 '정의력(情意力)의 유희'라고 부르고, 이것을 의식에 있어서의 대립적인 계기의 독특한 통일로 보았다. 그러나 그는 여기서 문제가 되는 두 가지 힘을 '구상력'과 '오성(悟性)'이라고 부르며 따라서 '능력의 순서'를 혼란스럽게 하고 있다. 두 가지 관조의 한 부분은 분명히 감성적인데도 그는 이 것을 감성에서 멀리 떼어 놓았다. 그는 또 하나의 부분을 '오성'이라고 부르지만 이것도 그와 같이 지적으로 규정해서는 안 되는 것이다. 만일 이해를 오성의 기능으로 보게 된다면 제2의 부분이 가지고 있는 직관적 성격이 말살된다. 그러므로 여기서는 오성을 버리고 두 가지 관조의 관계를 감성적 관조와 초감성적 관조와의 관계로 보는 것이 마땅하다고 생각된다. 그러나 초감성적 관조를 어떤 신비적인 침잠으로 볼 것이 아니라 직접적인 감성소여에 새로운 무엇을 더하는 자발적이며 내면적이고 생산적인 관조로 해석해야 한다. 이 점에서 칸트의 '구성력'은 사실상 알맞은 표현이라고 하겠다.

어쨌든 그것은 먼저 두 종류의 관조가 서로 어우러져서 협동한다는 것, 그리고 미를 받아들이는 작용조직 전체의 기초가 된다는 것만은 틀림없는 사실이다. 여기서는 감성적 관조가 제약하는 첫째 계기가 되고 내면적 관조는 감성적 관조에 의해 제약을 받으면서 이것과 서로 제약관계를 갖는 제2의 제약이 된다. 왜냐하면 제2의 관조가 끼어들어야만 비로소 제1의 관조가 일상적 감각의 영역을 벗어나서 특수한 미적 성격을 갖게 되는 것이기 때문이다. 두 가지가 다 함께 쾌감이나 만족이나 감상의 토대가 되는 작용요소가 된다. 그러므로 감성적 관조가 초감성적 관조에 의하여 내면적인 관심을 받을 때에 비로소 쾌감이나 만족이나 감상의 작용이 나타날 수 있는 것이다. 또한 관조 그 자체에서 조명하고, 조명되는 작용요소에서가 아니라 이러한 작용요소에 대응하는 대상의 요소나 계층의 관계에서 대상의 미가 나타나는 것이다.

미적 가치판단은 이러한 미의 현상에 표현을 부여하는 것이며, 그러므로 작용요소로서의 평가도 역시 두 가지 관조의 상호협동을 토대로 성립된다. 그것은 쾌감 그 자체가 바로 이 협동을 토대로 하고 있으므로 또한 그럴 수밖에 없는 것이다. 왜냐하면 취미판단이라는 것은 직접적으로 쾌감을 느끼게 되는 것을 사상적으로 나타내는 것에 지나지 않기 때문이다.

8. 자연미·인간미·예술미

미학을 예술철학에 지나지 않는다고 보는 경향이 흔하며 이 점은 쉽게 이해가 된다. 왜냐하면 미의 근본문제나 이해는 무엇보다도 예술에서 가장 뚜렷하게 나타나며 분석될 수 있기 때문이다. 또 예술의 관점에 서 있는 사람은 대부분 예술미를 높이 평가하는 편견을 가지고 있다.

그래서 오늘날까지 예술의 가치를 얼마간 이해하는 사람이라면 일반적으로 예술가치를 부풀리는 반면에 모든 자연미를 경멸하는 경향이 있다. 이러한 견해는 분명히 극단적이다. 예술에는 그 밖의 다른 아름다운 것에 없는 독특한 가치요소가 있다는 사실에 반대할 사람은 없다. 예술가의 기능—예술이라는 말의 본디 뜻은 여기에 있다—은 예술작품에서 틀림없는 가치적 성질로 존중되는 하나의 요소이다. 그러나 그것은 예술을 제외한 다른 미에 이러한 가치성격이 없다고 단정할 이유는 되지 않는다.

그러므로 미가 어디서 어떻게 나타나든지 가리지 않고 먼저 미(美) 일반에서 출발해야만 한다. 그런데 여기서는 인간미나 자연미도 예술미와 같은 지위를 차지한다.

이 경우에도 사람들은 흔히 자연미만을 말하고 있다. 그러나 인간과 그 생활이나 태도에도 미적 측면을 가진 것이 많으며, 인간은 언제나 자연만이 아니라 또한 완전한 정신의 세계이다. 인간의 행동이나 태도 가운데에는 본질적으로 성격적이며 도덕적인 요소가 있어서 이것이 인간미의 내용이 되고 있다는 것이 사실이라 하더라도, 미학이 논리학으로 합류하고 미가 선에 흡수된다는 결론이 나오지는 않는다. 정열이 분류하여 걷잡을 수 없을 때 이것을 선이라고 부를 수는 없어도 인간적인 미가 될 수는 있다. 갈등과 투쟁, 그리고 고뇌와 패배는 예술적으로 나타내기 위하여 소재를 찾는 시인에게뿐만 아니라 또한 이것들을 그 자연적인 연극으로 볼 수 있는 거리와 평정을 갖춘 모든 살아 있는 사람에게 순전한 극적 긴장과 느슨함으로 보여질 수 있다. 무대 위의 연극은 또한 이에 대하여 미적 감각을 가질 수 있는 인생의 연극이므로 오직 무대 위의 연극만이 있을 수 있다는 말은 더할 나위 없이 당연한 말이다. 이런 말은 물론 문학적 표현이 없어도 성황을 이룰 수 있고 감각될 수 있는 인생의 희극에도 통용된다. 또 문학을 떠나서도 인간 가운데에는 자기 스스로 공언을 하지는 않으나 해학가가 있는 법이다.

이와 같이 미적 대상의 영역은 대단히 넓다. 그렇다면 대체 이 세계에 미적 측면을 갖지 않은 대상도 있는가 하는 의문이 생긴다. 만일 이 세계에 미적 측면을 갖지 않은 대상이 없고, 모든 존재가 '미'나 '추'의 어느 쪽에 속한다면 그때에는 다시 좁은 의미에서, 그리고 뛰어나게 미적 평가를 요구할 권리를 가진 것을 추려낼 필요가 있게 될 것이다.

그 반면에 범위를 훨씬 좁혀서 오직 예술작품만을 미적 대상으로 보고 그 밖에는 제외한다고 해도 만족하지 못한다. 왜냐하면 예술작품이라도 무가치하다는 비난을 받을 수 있고, 자연산물이라도 높은 미적 평가와 절찬을 받을 수 있기 때문이다. 그뿐만이 아니라 추하고 천한 것은 오직 예술의 영역, 즉 예술적 실패에서만 발견되고 자연에서는 모든 것을 미로 볼 수 있느냐 하는 것이 문제가 된다. 이것이 문제된다면 한 걸음 더 나가서 인간 세계에 있어서도 그와 같은 문제가 나온다. 이처럼 미는 어디서든지 발견될 수 있는데도 이것을 보지 못한다면 그것은 미의 종류에 대한 관찰자의 감각에 결함이 있다고 말할 수밖에 없다. 헤르더는 '흉악한 악어'를 생물의 형태 가운데에서도 추한 것의 하나로 들었지만, 그것은 오늘날의 우리에게는 틀림없는 주관적 인상이라 생각된다. 사람의 얼굴이나 모양도 그와 마찬가지다. 회화나 조각상에서 고전시대의 어떠한 미의 이상이 나와서 그 뒤 여러 세기 동안의 취미에 지배적인 영향을 주기는 했으나, 그것은 이 시대의 이상과 맞지 않으므로 아름답지 않다 여기기도 한다. 시대가 바뀌고 취미가 달라져서 미의 이상형이 달라진 것이다. 이러한 종류의 모든 표준은 시대의 제약을 받아서 변천하는 것이며 상대적인 것이다. 그러면 우리는 어떠한 권리를 가지고 생활 속에서 발견되는 형식이 오늘날 우리에게 맞지 않는다며 추하다고 말하는가?

여기서 우리는 결국 미적 가치의 상대주의에 빠지게 된다. 그리고 미라는 것이 미를 제외한 여러 요소, 즉 사회적 관계, 지배적인 실천적 경향, 생활상의 이용성, 기타 등등에 의하여 제약을 받으며 변동하는 전혀 기준과 원칙 없는 것의 규범처럼 생각된다.

여기서 역사적 변동이 사실이라는 것은 무조건 승인해야만 한다. 우리는 이 사실을 부인하기보다 그것이 미의 본질에 관계없이 다만 미의 특수화에 지나지 않는다는 점을 알아야 한다. 그러므로 자연의 영역에도 추(醜)가 있는가 하는 것이 또한 근본적인 문제가 된다.

뒤에 가서 적당한 곳에서 다시 언급하겠지만, 이 문제는 결국 시대의 제약을 받는 여러 자연 감각 가운데에서 아름답다고 느껴지는 대상을 구성하는 어떤 공통적이고 원칙적인 것을 지적할 수 있는가 하는 결론에 다다른다. 오늘날에는 이 문제에 대하여 주지주의미학이나 심리주의미학이 발견하지 못했던 어떤 통로가 있다. 이 통로는 새로운 주제론과 인간학의 영역에서 발견되며 어떤 범주적 근본관계에까지 이른다. 대체적으로 말하면 자연미의 문제는 그 내용적 측면에서 보면 오늘날 아직도 심한 오해를 받고 있는 자연철학의 연구영역에 한정되는 것이다. 그와 마찬가지로 인간미의 문제는 인간학의 연구영역에 한정된다. 자연미의 문제에 있어서나 인간미의 문제에 있어서나 물론 문제의 한계를 존중해야 하지만, 그렇더라도 문제를 완전히 분리해서는 안 된다.

여러 갈래 우회로 사이에서 무난히 진행할 수 있는 유일한 길을 꼭 지키기는 사실상 대단히 어렵다. 예전에 나왔던 존재론적인 완전성의 표상(表象)은 18세기에 이르러 어디서나 밀려났지만 오늘날에도 만족할 만한 것은 못 된다. 그러나 그 속에서 변치 않는 본질적 핵심을 끌어내어 새로운 현상학적 분석을 할 수 있다. 이른바 '자연'이 오로지 법칙의 체계로서만 존립하고 있는 것이 아니라 역학적이거나 또는 유기적인 그 조직성격에 있어서 내면적 통일성과 전체성을 가진 많은 물상(物象)의 계단적 조직을 가지고 존립하는 것이 판명된 이상, 자연에 대한 현상학적 분석의 일반적 근거지는 확보된 셈이다.

왜냐하면 자연조직이란 오염되고, 교란되고, 파손되기 쉬운 것이며, 또 자연이 받는 일체의 교란은 부정적인 것 또는 부정적인 것이라고 감각되는 것, 즉 객관적으로는 대상에서, 주관적으로는 직관에서 파악(인식)되는 결성상태이기 때문이다. 여기에 자연형식의 영역에도 추한 것이 나타날 여지가 있다. 물론 이것은 형식이 완전한가 파손되었는가에 대한 직접적·감성적·직관적인 의식이 선행한다. 그러나 이 전제는, 적당한 현상의 분석에서 어느 정도까지는 확립되는 것이다.

9. 미의 형이상학

미학은 비교적 새로운 학문이지만 거기에는 벌써 여러 가지 경향이 있다. 이 경향은 작용분석과 대상분석과의 대립에서만 나오는 것이 아니다. 바움가르텐과 칸트의 미학에서도 이 두 가지가 서로 떨어질 수 없을 만큼 얽혀 있다고 알려져 있다. 셸링·헤겔·쇼펜하우어의 미학에서는 하나의 형이상학적인 근본개념이 우위를 차지하고 있으므로, 작용과 대상은 요소의 지위에 떨어져 있다. 여기서는 비중이 예술로 옮아가서 예술이 우월한 지위를 차지하고 승리의 기세를 올리는 동시에 미(美)는 예술의 이쪽 세계에서 제2급의 대상으로 낮아지고 있다.

그 이유는 일반적으로 관념론적 형이상학에 있고, 특수적으로는 정신생활 전체 가운데서 예술에 지정된 역할에 있다. 모든 존재자의 밑바탕에는 '무의식적 지성'이나 혹은 '절대이성'이 있어서 자연의 물상들은 그 이성의 일면이 각인된 것에 지나지 않으며 정신생활은 그 이성을 단계적으로 실현하는 자기의식이라고 한다면, 틀림없이 예술 또한 이 자기의식의 단계에 있는 것이다. 예술은 물론 정신생활의 최고 단계는 아니다. 왜냐하면 예술은 감성적인 것을 떠날 수 없기 때문이다. 그러나 한정된 인간 존재를 위해서는 반드시 필요한 것이며, 개념적 이해와 바꿀 수 없는 것이다. 셸링은 직관을 개념보다 윗단계로 보고 나중에는 철학의 보편적인 도구로까지 끌어올렸다. 따라서 예술가는 선구자일 뿐 아니라 정신의 운명을 맡는 자도 될 수 있다. 하지만 낭만파의 이상에 일치하는 뛰어난 예술가는 바로 철학자라고 했다. 그와 반대로 헤겔은 개념의 우월성을 주장하며, 예술이 개념에까지 다다르지 못하는 점에 결함이 있다고 보았다. 모든 것은 이 관념론의 버팀목이 되고 있는 근본이념, 즉 절대자를 승인해야만 의의가 있고 이 절대자는 예술작품에서 구상적·직관적으로 의식된다는 것이다.

그러나 이러한 미의 형이상학은 절대자를 이성적 원리라고 하는 관념론적 인식과는 그리 깊은 관계가 없다. 이 점은 셸링이나 헤겔과 같은 구도에 의해 세워지기는 했으나 무이성적이며 무지성적인 세계의지를 기반으로 한 쇼펜하우어의 미학이 증명한다. 아니, 쇼펜하우어의 미학에서 바로 미의 형이상학이 그 전체상을 드러낸다. 왜냐하면 의식뿐만 아니라 지성도 어디까지나 인간의 것이기 때문이다. 쇼펜하우어의 이론 가운데에서는 고대 플라톤사상이 부활하고 있다. 쇼펜하우어에 의하면 자연은 모든 종의 물상(物像)에 한 '형상(形相)'이 있고, 개개의 물상은 이 형상에 따라서 이루어지는 가장 뚜렷한 형식의 왕국이며, 예술은 이 형상을 개별적인 작품 속에 나타내는바 이것이 미의 옅은 빛이라고 한다. 그리고 더욱이 음악은 어떤 대상적인 형상을 본뜨는 것이 아니라 근원적 존재, 즉 '세계의지'를 직접적·감성적으로 나타내는 것이다. 하지만 그의 이론 가운데에서도 예술의 공적은 특히 예술이 없더라도 이미 자체적으로 존재하는 그 무엇을 의식하게 하는 점이라고 보고 있다.

이 점에 고대로부터 미학사상에서 떠나지 않는 주지주의의 잔재가 있다. 그러나 이 주지주의는 좁은 의미에서 모든 것을 사고나 개념이나 판단에 귀착한다고 보는 것이 아니라, 넓은 의미에서 미적 관조도 어떤 인식적 파악이라고 보는 그것이다. 이러한 과오는 개념보다 직관을 우선으로 하는 셸링도 피하지 못했다.

이와 같이 미적 관조의 작용을 어떤 인식이라고 이해하는 미의 이론은 그 본질에 있어서 주로 예술의 내용에 치중하고, 따라서 예술작품에 있어서의 형식적 계기, 즉 참으로 구조적인 것을 정당하게 평가하지 못한다. 그렇다고 여기서 '형식과 내용'의 분리를 말하는 것은 아니다. 근래의 연구는 특히 예술적인 내용이 바로 그 형식부여에서 성립한다는 것을 밝힌 바 있거니와 또 그것은 더할 나위 없이 당연한 일이다. 그러나 형이상학적인 예술이론은 이런 식견과는 거리가 멀다. 거기서는 내용적인 것을 형식부여 이전에 이미 존재하는 '소재'나 이미 말한 바 있는 주제의 의미로 알며, 더구나 이 소재라는 요소는 그 자체를 확대하여 말하자면 형이상학적이고 세계관적인 것으로 보고 있다.

아무튼 형식부여라는 측면이 너무 무시되고 있는 것만은 움직일 수 없는 사실이다. 거기서는 모든 예술적 작품에 특유한 형식의 자율성과 고유가치의 의의가 인정받지 못하고 있다. 이 점은 헤겔의 방대한 미학 가운데에서 얼마든지 실례를 들어 증명할 수 있다. 그중에서도 누구나 잘 알고 있는 것이 그의 비극의 해석인데, 여기서 그는 갈등을 성문법과 불문법의 사이에서 일어나는 도덕적인 것이라고 보고 있다.

'소재'에 치중하는 관점은 모든 예술에 있어서의 생산적인 제작을 도덕적·종교적 생활의 기능의 하나로 보는, 널리 퍼진 견해와 밀접한 관련을 가진다. 이러한 견해는 특정한 시대나 작품에만 있는 것이 아니라 150년 전이나 오늘날에도 살아 있는 것이다. 위대한 예술이 역사적으로는 대부분 고도로 발달한 종교적 생활의 터전에서 성장했으며, 무엇보다도 먼저 직접 그 표현으로 생겼다는 것을 인정할 수밖에 없다. 그러나 헤겔의 형이상학이 여기서 끌어내는 결론 앞에서는 의혹이 들고 머뭇거리게 된다. 왜냐하면 거기서는 이 관계가 모든 예술에서 성립하는 것같이 되어 있을 뿐 아니라 동시에 예술적 생산력 그 자체의 내면적 원리가 되고 있기 때문이다. 따라서 미적 형식문제가 전혀 관련되지 않거나 무시되고 미적 가치의 자율성이 의문시되는 것이다.

여기서 취할 점이 있다면 그것은 오직 맨 처음에 인간의 위대한 사상이 태동하고 이 사상이 표현을 촉구했을 때에 예술적 생산이 일어났다는 점이다. 이 점은 고도로 발달한 모든 정신적 생활에 대해서도 말할 수 있다. 그러나 종교적 생활은 무엇보다도 더욱 예술에 의한 표현을 요구한다. 왜냐하면 종교적 생활의 내용은 직접적으로는 결코 전달될 수 없기 때문이다. 이와는 반대로 예술은 무형적인 것에 형태를 부여하는 마력을 가졌으며 평범한 설교나 교의만으로는 활동이 불가능하다. 즉 예술은 초감성적인 것과 불가시적인 것을 감성적으로 보게 하며, 이것을 실재처럼 느끼게 하는 힘을 가졌다. 종교적 생활은 한 번 눈뜨기만 하면 예술을 불러들일 수밖에 없는 것이며, 예술이 그 충동과 정숙을 가지고 여러 사상을 실현해 주기를 요구하는 것이다.

그러나 이 세계에서는 예술에 호소하는 것이 그 밖에도 많이 있다. 도덕적·사회적 생활은 그 갈등과 운명을 가지고 예술을 불러일으키며, 인간의 가슴속에 깊이 묻힌 심정은 고민과 알력과 무한히 잡다한 개성을 가지고 예술에 호소하며, 결국은 자연의 세계도 그 불가능한 수수께끼를 가지고 예술에 호소한다. 하지만 정신적 존재인 인간에 대해서는 정신적 생활이 보다 더 큰 현실성을 가지고 있다. 그러므로 인간에게 있어서는 정신생활이 예술의 첫째 주제범위가 되며 표현을 촉구하는 충동이 보다 더 강한 것이다.

그렇지만 이 충동을 충족시키는 예술적 표현은 성질이 전혀 달라서 결코 소재 따위의 조건만으로는 이해가 안 된다.

10. 형식미학과 표현미학

이상과 같은 내용적·형이상학적인 시도에 대한 극단적인 반동이 일어날 수밖에 없는 것은 당연한 일이다. 사람들은 예술적 형식의 독자성을 깨달았고 미를 순전한 형식적 원리에 의해서 이해하려고 시도했다. 따라서 미적 대상, 그 중에서도 특히 예술작품의 구조에 착안한 것은 더할 나위 없이 당연한 일이라 하겠다. 이 연구방식은 내용적인 연구방식과 마찬가지로 객관주의적이기는 하나, 대상의 본질은 표현되는 어떤 기존(既存)적인 것에서 발견하는 게 아니라 표현 그 자체의 특수한 성질에서 발견한다. 그럼으로써 형식미학은 미의 본질에 한 걸음 가까이 다가가고 있다.

그러나 이 과제가 처음에 예상한 것보다는 무한히 곤란하다는 점을 알아야 한다. 왜냐하면 우리는 이제야 비로소 미의 진정한 수수께끼 앞에 서게 되었고, 우리가 가진 인식수단으로는 불충분하다는 것이 분명해졌기 때문이다. 형식미학은 이제 겨우 문제의 윤곽을 그렸을 뿐이며 그 내부에 깊이 파고 들어가지는 못했다. 여기서 비로소 미적 형식은 가능한 인식의 대상이 아니라는 것이 뚜렷해졌다고 말할 수 있다.

이 점에 관해서는 최근에 들리는 "형식은 오직 직관에만 주어지고 개념에는 주어지지 않는데, 어찌 그렇지 않을 수 있겠는가!" 하는 말을 되새겨 볼 필요가 있다. 그러나 이런 말은 해로운 기도에서 꽁무니를 빼는 사람에게는 그렇게 확신이 가는 것이 아니며 더구나 분명한 것도 아니다. 그러므로 이번에는 또 얼마만큼 알 만하게 된 개념적 이해의 공백을 채우기 위하여 그 밖의 여러 요소를 끌어댔다. 그것은 조화·운율·대칭, 한 전체에 있어서의 부분의 질서, 잡다한 것의 통일 등등과 같은 매우 일반적인 규정에 지나지 않았다. 그들은 이 종류의 개념을 거의 모조리 열거하고 다시 고치면서 미의 비밀을 객관의 측면에서 탐색했다. 거기에는 물론 경향상 어떤 정당한 점이 있다는 것을 몰라서는 안 된다. 그러나 그것들은 너무나 일반적인 규정이어서 결국 형식이 가진 특수한 미적 성질에 겨우 외면적으로 접근할 뿐이다. 잡다한 것의 통일은 모든 자연현상이 지니고 있는 것이며 부분의 질서나 대칭도 거의 그와 마찬가지다. 하지만 조화와 운율은 잡다한 것의 통일이나 부분의 질서나 대칭 이상의 중요한 의미를 가지고 있는 만큼 예술이나 음악의 현상영역에서 나오는 개념이며 순수한 형식미의 전형임에 틀림없다.

그러나 자연미는 말할 것도 없고, 예술에 있어서도 조화나 운율과 전혀 관계가 없는 무수한 여러 형식이 있다. 본디의 형식문제는 바로 여기서 비로소 생긴다. 즉 형식문제는 무슨 이유로 눈에 보이거나 말로 표상되는 것의 특정한 형식에 미가 있고, 이 형식에서 조금이라도 벗어나면 미가 없는가 하는 의문과 함께 생기는 것이다. 왜냐하면 추(醜)라는 것은 단순히 아무런 형식도 없는 것을 말하는 게 아니라, 바로 이 특정한 형식의 결여나 불완전을 말하는 것이기 때문이다.

미적 형식을 표현이라고 규정하는 사람이 있지만 이것도 그리 적당한 규정은 아니다. 그렇다면 그것은 대체 무엇의 표현이냐, 하는 의문이 뒤따라 일어나기 때문이다. 이 의문에 대하여 그것은 생활의 표현, 마음의 표현, 인간적인 것이나 정신적인 것의 표현, 또는 의미나 합목적성이나 가치의 표현이라는 답이 나온다. 그것은 또한 전적으로 거부할 수 없는 교시이며 분명히 예술 안이나 밖에 있는 미에 적중하는 것이다. 그러나 그것은 모든 미에 적중하지는 않는다.

그 밖에 여기서 생각해야 할 세 가지 점이 있다. 첫째, 예를 들면 말이나 표정이나 거동 가운데 미적 이외의 표현관계가 있다. 둘째, 예술적 표현이라 하더라도 전부를 미라고 할 수 없다. 셋째, 표현된 내용에 관한 의문이 일어나는 동시에 문제는 다시 형식에서 소재로 옮아간다. 이리하여 형식문제 그 자체가 제구실을 하지 못하게 된다.

또 형식은 내용과의 통일에서, 이를테면 '내용에 대한 형식의 적합성'(빌헬름 분트)이나, 혹은 '실재적인 현상형태에 있어서의 이념의 형식'이 중요한 문제라는 말도 있지만 실제로 그리 큰 도움이 되지 않는다. 오히려 우리가 알고 싶은 것은 형식의 적합성이 어느 점에 있으며, 형식과 내용과의 통일은 어떻게 생긴 것이며, 대체 무엇이 이념의 형식을 현상하게 하는가 하는 점이다. 이러한 방향에서 더욱 중요한 것은, 예를 들면 에두아르트 한슬리크가 음악의 영역에서, 그리고 아돌프 폰 힐데브란트가 조형예술의 영역에서 그러하듯이 개별적인 예술에서 학술적 이론을 펼치는 일이다. 또 예술이나 시대의 양식문제에서 형식과 표현의 본질에 관한 많은 수확이 있었다는 것도 의심할 여지가 없는 사실이다. 그러나 이 이득은 그와 함께 특수성이라는 손실을 가져왔다. 특수적인 것으로 구체화해 들어갈수록 그만큼 원칙에서 거리가 멀어지기 때문이다.

이리하여 미학에서도 다른 어디서나 마찬가지로 개별자에게서는 오직 현상만이 파악되고 일반자가 파악되지 않는 방법상의 곤란을 겪을 수밖에 없다. 이 점은 관조가 손상되지 않고서는 이해가 안 되고, 이해가 끼어들면 관조가 교란되는 관계와 좋은 대조를 이룬다.

사실에 있어서 '표현'의 원리 속에 숨어 있는 것은 오히려 하나의 현상관계라고 말할 수 있는데, 이것은 더할 나위 없이 독특한 성질을 가지고 있다. 하지만 그것은 이념의 현상도 또 생활의 현상이나 의미의 현상도 아니다. 오히려 현상 그 자체의 성질에서 미적 대상의 특질을 찾아야 하는 것이다. 그러나 그렇게 함으로써 성질이 다른, 특히 미적인 형식개념을 위한 자유의 여지가 열리게 된다. 왜냐하면 어떠한 방식으로든지 현상 그 자체의 형식이 문제될 수밖에 없기 때문이다. 그리고 이 형식에는 다른 종류의 형식과는 전혀 다른 연기(演技)규칙이 적용된다는 것도 짐작할 수 있다.

11. 심리학적 미학과 현상학적 미학

위에 설명한 객관적·형식적인 미의 해석과 병행하여 또는 이것과 대립하고 혹은 이것과 결합하면서 심리주의적·주관적인 미학의 경향이 발전해 왔다. 이 경향은 모든 것을 심적 과정에 환원시키는 심리주의의 일반적 운동에 속한다. 형식분석이 어려운 처지에 부닥친 뒤 한동안 미학의 장래가 이 방향에 있다고 생각된 것은 이해할 수 있는 일이다.

물론, 여기서는 순전한 작용분석이 이루어진다. 그리고 이 작용분석이 없이는 절대로 미학이 성공하지 못한다. 그러나 심리주의의 중점은 단순한 작용분석에 있는 것이 아니라 오히려 미적 대상이나 가치까지도 작용에 의해서 설명하기를 요구하는 데 있는 것이다. 예를 들면 테오도어 립스는 대상(對象)이 관상자에게 완전히 의존한다고 보았다. 그에 의하면 대상에는 주관의 활동이 전적으로 침투하며, 인간이 자기 자신의 내면적 감정을 대상에 '이입'하여 그 속에서 자기 자신을 체험할 때에 비로소 대상은 미적 대상이 된다. 그러므로 미는 대상이 관상자의 감정이입에 의해 획득하는 성질이 되고, 미의 향수는 결국 감정이 이입된 대상에 매개된, 곧 그러한 의미에서 간접적인 자아의 자기향수(自己享受)가 된다.

감정이입설 말고도 요점에 있어서 이와 같은, 즉 미가 형식적으로나 내용적으로나 대상의 성질에서 성립하는 것이 아니라 주관의 태도·활동·상태에서 성립한다고 보는 견해가 있다. 이러한 견해들은 틀림없이 주관주의적인 인상을 준다. 왜냐하면 그 무렵 지배적인 심리주의는 대상이 작용에 지지를 받고 있다는 자명한 사실이기 때문이다. 그러나 여기서 곤란한 문제가 생기는데, 그것은 자명이라는 가상에 의해서 줄어드는 것이 아니라 자기의 작용을 대상의 가치성질이라고 하여 대상에 귀속시켜 놓고 이것을 대상의 것이라고, 감상한다는 것이 대체 어떻게 가능한가 하는 문제에 있다. 왜냐하면 미라는 것은 자아에게 있는 게 아니고, 또 자아의 활동에 있는 것도 아니며, 오로지 대상에 있는 것이기 때문이다.

이러한 이론은 현실적인 현상에 부딪쳐 공평하게 취급하려고 할 때에는 더욱 복잡해지고 부자연스러워진다. 따라서 심리주의미학도 그 예에서 벗어날 수 없다. 그것은 아무리 뜯어고치고 새로 쓴다 하더라도 본질에 변화가 있는 것이 아니다. 반대자들이 이미 오래전에 예견한 바와 같이 심리주의미학은 분명히 진퇴양난에 빠져 있다. 그러나 아직까지 아무것도 그 내면적인 이유를 옳게 발견하지는 못하고 있다.

하지만 오늘날 우리는 충분한 역사적 거리에서 사실상 미적 대상이 관조주관에 특정한 의존관계를 가지고 있다는 것, 그리고 이미 칸트 이래 발견되고 논의된 이 의존관계는 감정이입설 가운데에서 너무나 지나치게 부풀려지고 있으며 동시에 새로운 주목을 받으며 논의할 수 있게 되었다는 것을 알 수 있다. 왜냐하면 미가 주관을 보는 방식이나 지각력이 독립하여 존재적 성질과 같이 어떤 사물에 붙어 있는 것이 아니라, 어디까지나 각각의 예술과 거의 모든 개별적 대상에 따라서 저마다 독특한 태도나 내적 자세에 제약을 받는다는 것이 그만큼 분명해졌기 때문이다. 여기서 얻은 이 교훈은 특히 심리주의적인 해석과 상통하는 점이 있지만, 이것과 운명을 같이하는 것이 아닌 만큼 근본적인 것이다.

이 교훈은 미가 자체적으로 있는 게 아니라 반드시 '그 누구'에 대해서만 있다는 것, 그리고 대상은 자연이거나 예술이거나를 막론하고 그 자체에 있어서가 아니라 오직 '우리에 대해서'만 미적 대상이 된다는 것, 또한 이것도 우리가 특정한 내적 수용자세를 가질 때에만 이러한 종류의 자세나 적극적인 활동을 통해서 볼 수 있다는 것을 뜻한다. 그러나 관념론적이거나 심리주의적인 주관주의에 빠질 필요는 없다. 거기서는 미의 주관성을 주장하고 있다. 이 점은 형식미학의 객관적 요구와도 일치할 수 있는 것이며, 이것과의 종합에서 비로소 완전을 기할 수 있다.

주관주의적 해석과 객관주의적 해석을 적당하게 종합하려는 사상은 논쟁의 와중에서도 발견된다. 어느 의미에서는 베네데토 크로체가 대표하는 표현미학 가운데에도 그러한 사상이 있다. 크로체에 의하면 표현은 작용이 아니라 대상이다. 그러나 그가 말하는 표현은 자체적으로 성립하는 게 아니라 이것을 깨달아 할 줄 아는 어떤 주관에 '대해서' 성립하는 것이다. 미도 그와 마찬가지로 관조나 기교에 있는 게 아니라 오로지 대상—물론 대상 그 자체를 말하는 것이 아니라 특히 이것을 헌신적으로 관조하는 주관에 대한 대상을 말한다—에 있다고 크로체는 보고 있다.

이리하여 여기에도 대상분석이라는 특수한 과제와 관계가 없이 오직 작용분석만이 할 수 있는 어떤 임무가 있다. 물론 작용분석과 대상분석은 어느 정도 독립성을 가지고 서로 전체 현상의 다른 방면에서 출발하여 각자의 길을 걸어가는 것이지만, 적당하게 서로 제휴하면 크나큰 이득을 얻을 수 있다. 왜냐하면 융화하고 상부상조하는 모든 것은 진리기준의 의미에 근사한 정당성을 획득하기 때문이다.

이러한 문제상황을 어느 정도 공평하게, 다시 말하면 서로 관련을 가진 작용분석이나 대상분석 가운데 어느 하나를 위해서가 아니라 이 둘 사이의 지향에 일정한 거리를 두고 숙고한다면, 사태가 전체에 있어서 유리한 국면을 띠고 있다는 사실을 부인할 수 없으리라. 문제는 다만 이 유리한 국면을 어떻게 이용하느냐 하는 점에 있다. 그러나 그렇게 하기 위해서는 아직까지 별로 이루어진 것이 없음을 또한 말할 수밖에 없다. 금세기 초부터 이 방면의 선구자로 기록에 오르고 있는 사람들도 오히려 어느 한쪽 방향으로 기울어졌을 뿐, 종합의 필요나 이득을 인식하지 못했다.

그중에서도 가장 주목할 만한 자는 현상학에서 출발했다. 그들에게는 어느 정도의 성과를 낼 수 있는 방법론적 조건이 있었다. 왜냐하면 거기에는 직접 현상 그 자체로 뛰어들어서 이것을 전보다 더 정확하게 파악하고 그 다양성을 관찰한 다음에 다시 보편적인 문제로 돌아서려고 하는 경향이 있었기 때문이다. 만일 현상학이 활발하던 때에 문제를 두 가지 방면에서 균형 있게 밀고 나갔더라면 미학에서도 틀림없이 적확한 성과를 거두었을 것이다. 그러나 현상학이 동시에 개척할 연구분야는 너무나 광범하고, 에드문트 후설의 학통을 이은 사람들의 머리가 너무나 단순해서 그 임무를 완수하기가 불가능했다. 더구나 사람들은 철학의 모든 영역에서 새로운 기초를 세워야만 한다고 믿었으며, 미학은 그렇게 긴급을 요하는 것이 아니라고 생각했다. 여기에도 어느 정도는 결정적인 단계에 다다른 문제가 충분한 연구를 하지 못한 채 방치된 이유가 있는 것이다.

어쨌든 분석은 시작되었다. 하지만 그것은 다만 주관과 작용의 면에서만 이루어졌다. 그러나 그것 또한 아직은 어느 한 방면에만 치우치고 말았다. 왜냐하면 정말 여기서 새로운 연구의 도마 위에 오른 것은 오직 향수의 요소, 즉 칸트적인 '만족'뿐이기 때문이다. 이 분석을 수행한 사람이 모리츠 가이거였다. 우리가 그에게서 얻은 것은 사실상 새로운 것이며, 그가 생각한 대로 중요한 것이다. 그러나 일반적으로 현상학이 심리학의 터전에서 생긴 바와 같이 그의 분석도 역시 심리학적 미학에 치우쳤으므로 미의 근본문제에까지 다다르지 못했다. 순전한 작용분석은 향수의 대상에 대한 어떤 측면적 관찰에서 벗어날 수 없는 것이다. 즉 그것만으로는 미적 대상의 구조와 가치를 파악할 수 없는 것이다. 하지만 작용의 근본적 측면, 곧 미적 관조가 그 이중적 형태에서 쓰이는 동시에 그 성과가 이와 병행하는 대상분석의 그것과 맞아떨어지는 때에 비로소 새로운 방법은 미의 문제에 유효하게 적용된다.

다시 말하면 작용분석은 한 걸음 앞섰으나 대상분석은 뒤처지고 있다. 여기서 낙후한 대상분석을 앞으로 추진할 필요가 있다. 그러기 위해서는 오늘날 기회가 불리한 것이 아니다. 여기서는 현상학의 부작위죄(不作爲罪)가 바로 전진할 길을 가리키는 동시에 그 수단을 암시하고 있다. 왜냐하면 작용의 본질이 대상의 본질보다 분석하기 쉬운 이유가 어디에 있는지 이해할 수 없기 때문이다. 그러나 대상의 본질은 자연적 관점에서 의식에 들어오는 반면에, 작용의 본질은 대상의식에 인위적인 반성에 의해 비로소 의식에 들어오는 것이다.

그런데 이와 반대로 작용이 직접적으로 주어져 있다고 보는 점이 최초의 현상학이 가진 장점이었다. 하지만 거기에는 심리주의나 신칸트파적 관념론의 내재철학적 전제가 떠나지 않고 있으며, 또 현실적으로 우리 신변에 가장 가까이 있는 소여(所與)의 세계, 즉 대상현상 속으로 뚫고 들어갈 길이 없다. 그러므로 여기서는 '사상(事象) 그 자체로 돌아가라!'는 후설의 요구가 충족되지 못하고 있는 것이다. 따라서 이론적 영역에서는 존재자에게까지 부딪치지 못했고, 윤리적 영역에서는 진정한 가치분석에까지 다다르지 못했으며, 미적 영역에서는 미 그 자체의 본질에 이르지 못했던 것이다.

그러나 현상학에도 그 뒤에 변화가 일어났으며 자유를 향한 길이 열렸다. 존재론은 벌써 오래전부터 이 길을 걸어가고 있으며, 논리학은 이 길을 밟아 새로운 내용적 가치분석에 이르렀다. 그렇지만 미학만은 아직도 이 길을 걷지 못하고 있는 형편이다.

12. 미적 대상의 구조와 존재형태

사람들은 미적 대상도 다른 모든 사물과 마찬가지로 감각되고 파악되는 같은 실재성을 가진 하나의 사물이라고 생각한다. 과연 그러한가? 그렇다면 왜 사람들은 그들에게 보이는 모든 사물을 존중하고 향수하는 게 아니라 언제든지 사물이라고 하는 것과는 다른 어떤 선택된 것만을 존중하고 즐겨 구경하는 걸까? 물론 미적 대상은 감각을 가지고서는 설명되지 않는다. 이를테면 두 사람이 함께 활기가 도는 봄의 교외를 걸어갈 때 한 사람은 땅이 얼마나 기름지다든가, 나무의 가치가 어떠한가를 생각하지만, 또 한 사람은 신록과 흙냄새와 먼 아지랑이에 흥미가 있다고 하자. 이때 그들의 감각인상은 같고 이 인상을 주는 사물들도 같지만, 이 인상이 매개하는 대상은 전혀 다르다. 그러면 한 사람의 눈에 보이는 풍경과 다른 한 사람이 보는 풍경의 차이점은 무엇인가?

그들이 보는 풍경들을 두 종류의 대상이라고 말할 수는 없다. 그것들은 같은 전원(田園)에서 발현하는 풍경이고, 차이가 있다면 그것은 오로지 보는 방식에 있다고 사람들은 주장했다. 그렇다면 미적 대상은 오로지 작용의 기능에 의존하게 되며 따라서 주관주의가 인정된다. 그러나 실재하는 전원에 나가서 감각할 필요가 어디 있는가? 물론 미를 감상하는 자는 그가 원하는 어느 때 어느 곳에서든지 공상하는 풍경을 관조하는 것이 아니라 이 풍경은 현재 존재하는 실재적인 것과 감각에 이어져 있는 것이다.

하지만 실천적 관점에 입각한 의식에서는 반성과 동시에 대상적으로 관련되는 다른 영역이 전개하듯이 미적 관점에 입각한 의식에서는 동일한 사물을 통하여 별개의 관조작용과 관조대상이 모습을 드러내는바, 이것이 이미 언급한 '이차적 관조'이며 여기에 수수께끼를 풀 수 있는 열쇠가 있다고 생각된다. 그러나 그것은 작용문제에서 대상문제를 이끌어 내는 것이다.

그런데 관조자나 향수자의 행복감이 개인적인 것이 아니라 오히려 다른 사람의 행복과 공통한다는 것, 이 점에서 어떤 객관성·보편타당성과 필연성을 가진 정신적 전제가 성립한다. 따라서 위에서 말한 바와 같은 특정한 방식으로 관조되고 향수되는 풍경이 결코 임의적인 풍경이 아니라 더할 수 없이 특정한 풍경임을 인정한다면 문제는 달라지는 것이다. 즉 아무리 주관적인 태도와 바라보는 방식이 끼어든다 하더라도 위에 언급한 실례 가운데에서 두 사람이 보는 서로 다른 두 가지의 풍경은 틀림없이 자연미의 객관적 바탕을 이루는 것이다.

이 객관적 바탕이 어디 있는가 하는 문제는 여기서 논할 바가 아니다. 여기서 어떤 종류의 진부한 범주, 예를 들면 감각되는 대상의 형식이나 그 표현기능을 끌어낸다는 점은 탈선이라고 말할 수 있다. 또 주관의 측면에서 감정이입이나 혹은 이와 비슷한 해석기능을 끌어대는 것도 마찬가지로 탈선이다. 그보다도 현상을 먼저 대상 그 자체의 존재형식이나 구조로 돌려서 보아야 하는 것이다.

봄날의 풍경을 미적으로 향수하는 자나 그것을 실천적으로 평가하는 자는 단순히 감성적으로 주어지는 실재적인 것과는 아무런 관계도 없다. 그들의 눈앞에 보이는 것은 이 실재적인 것과는 전혀 별개의 것이며, 그들에게는 직접적으로 보이는 것의 배후에서 보이지 않는 것이 모습을 드러내는데, 이것이 그들에게는 참으로 중요하다. 이리하여 그들은 오로지 이것을 관조하며 고집한다. 즉 하나는 경제적이며 타산적인 반성에, 또 다른 하나는 정신적 해탈에 몰두하는 것이다. 전자에 있어서는 이 별개의 것이 무엇인가를 알 수 있으나, 후자에 있어서는 그것이 무엇인가를 말하기 어렵다. 그러나 그것은 대상적으로 거기에 있는 것이며 실재적인 것처럼 눈에 보이지는 않더라도, 우리의 안팎에서 우리를 지배하는 자연의 생명이 가진 위대한 리듬으로서 존재하는 것이다.

이것이 우리가 다다른 하나의 잠정적인 결론이다. 우리는 잠시 여기에 머물면서 모든 미적 대상이 어떠한 구조를 가지고 있는가를 살펴보기로 한다. 두 종류의 관조는 서로 어우러지면서 이어진다. 하나는 감성을 통하여 실재적인 것으로 향하고, 또 다른 하나는 오직 관조하는 우리에 '대해서'만 존립하는 별개의 것으로 향한다. 하지만 이것도 결코 임의적인 영상이 아니라 분명히 감성적으로 관조되는 것에 의존하는 것이다. 그것은 감각되는 어느 대상에서든지 우리에게 나타나는 게 아니라 오직 특정한 대상에서만 나타나는 것이며, 따라서 이것에 제약을 받는다. 그러나 동시에 그것은 외면적인 제약만을 받는 것이 아니다. 여기서 관조되는 것은 또한 눈에 보이는 실재적인 것을 통하여 내면적으로 규정된다. 그러므로 '구상력'은 결코 자유가 아니라 감각의 지배를 받는다. 따라서 대상에 있어서도 내면적으로 관조되는 것은 순수한 구상의 산물이 아니라 보여지는 대상의 감성적 구조를 통해서 환기되는 것이다.

미적 자연대상은 이와 같은 방식으로 분명히 직관의 두 단계와 똑같이 앞서거나 뒤서거나 연속하는 것이다. 여기서 두 계층의 연관은 우리가 감각하고 관조하는 봄의 정조를 전원(田園) 그 자체의 감정으로 느낄 만큼 밀접하다. 사실에 있어서는 이 정조가 전원의 것이 아니라 우리 자신의 것임을 잘 알고는 있지만, 우리에게는 미적 대상이 빈틈이나 이음매가 없는 통일체로 나타난다.

이러한 통일현상이 특히 미적인 현상이며, 미적 대상의 진정한 본질이다. 그러나 이러한 현상이 어떻게 성립되는가는 여전히 하나의 큰 수수께끼이고, 바로 자연미의 수수께끼인 것이다.

왜냐하면 그것은 감정이입설이 설명하는 것과는 다르기 때문이다. 거기에는 우리가 대상에 투사하는 아무런 정신적 활동도 없다. 하지만 거기에는 산야와 초원과 나무숲 등과의 어떤 친밀감이 있는바, 이 친밀감은 결코 연상함으로써 솟아 나오는 게 아니라 생명감정으로서 우리의 내부에서 겉으로 드러나는 것이며 인간과 자연과의 연관성─우리는 누구나 이 연관 속에서 유래하며 또 우리는 이 연관을 잃어버릴 수도 있다─을 가리키는 것이다. 태양을 찾아서 스스로 꿈틀거리며 자라나는 것은 하늘 아래 인간이나 식물에 있어서 같은 것이다. 그것은 인간의 감정이입을 필요로 하는 것이 아니라 이미 존재함으로써 공감을 일으킨다.

물론 내부의 자연과 외부의 자연과의 상호관계를 일찍이 독일 낭만파가 일반적으로 그러했듯이 감정적으로 맞대어 비교하거나 일치로 보는 생각을 경계해야 한다. 이러한 감정의 과장은 현상의 이해를 혼란스럽게 하는 것이다. 낭만파의 그와 같은 환상은 물론 자연에 대한 미적 관조와 친근한 관계가 있으며, 오히려 그 극한현상으로서 현재의 복잡한 사실 속에 끌어들일 수도 있을 성싶다. 그러나 그래서 그것은 동시에 사실적 구명을 위하여 타인의 학설이나 문헌을 이용해서는 안 된다. 여기서 중요한 것은 우리가 느끼고 체험한 공감을 얼마만큼 심리학적, 인간학적, 혹은 형이상학적으로 설명할 수 있느냐가 아니라, 이차적 관조에 있어서도 또한 이차적인 그 무엇이 체험되고 강하게 느껴진다는 점, 그리고 이차적인 그 무엇도 직접적으로 감각되는 일차적인 것과 마찬가지로 대상적으로 주어진다는 점, 또 이것과 저것과는 서로 긴밀하게 통일해서 나타난다는 점이다.

이상으로써 미적 대상의 구조와 존재형식이 이해될 수 있는 윤곽이 드러났다. 미는 하나의 대상으로 통일된 두 가지 대상이다. 하나는 실재적인 대상이며 감성에 주어지는 것이지만, 또 하나는 실재적인 대상이나 그 배후에서 나타나는 전혀 별개의 비실재적인 대상이다. 따라서 미는 첫째 대상만도, 또 둘째 대상만도 아니며 오직 양자의 연관성에 있는 것이다. 그러므로 하나가 다른 하나에 나타나는 것이 미라고 말할 수 있다.

이러한 구조를 가지고 있으므로 미적 대상의 존재방식은 결코 단순한 것이 아님이 분명하다. 거기에는 두 종류의 대상, 따라서 두 종류의 존재, 즉 실재적인 존재와 비실재적이며 현상적인 존재가 겹쳐 있는 것이다.

이 두 가지 존재가 완전히 이질적이면서도 대상이 분열되거나 비통일적으로 나타나지 않는 점에 그 특징이 있다. 이 두 성분 간의 관계는 그처럼 긴밀한 까닭에 기능적 관계라고 말할 수 있다. 대상의 미를 좌우하는 결정적인 역할은 별개의 비실재적인 것을 나타나게 하는 실재적인 것에 있다. 이 점에 대상의 구조가 어디까지나 통일적이면서, 그 전체의 존재형식이 분열되는 이유가 있다. 통일은 현상에 있다. 그러나 나타나게 하는 자는 실재적이고 나타나는 자는 실재적으로 존재할 수 없다. 왜냐하면 그것은 오직 현상에서만 존립하기 때문이다. 그러므로 미의 존재형식에 있어서의 색다름은 그것이 존재하기도 하고, 또 존재하지 않기도 하는 점에 있다. 미의 존재는 부동적인 것이다.

우리는 관조와 향수에서 이 부동성을 미의 매력으로 감각한다. 만일 우리가 애상 그 자체를 분열된 것으로 파악하게 되면 이 매력이 없어진다. 오직 대상을 다다르기 어려운 통일로 몸소 겪으면서 그 속에서 존재와 비존재의 대립을 느낄 때에만 우리는 현상관계의 매력을 경험할 수 있다.

13. 실재와 가상

19세기의 미학에서는 현상이라는 말이 많은 사람들 입에 오르내렸다. 그런데 이 현상이라는 말은 언제든지 어떤 '이념'의 현상이라는 뜻으로 쓰였다. 그리고 이 이념이라는 말을 쇼펜하우어와 같이 형이상학적인 뜻으로 해석하기도 했고, 또 인간적인 사상이나 상상의 산물이나 몽상적인 이상의 뜻으로 해석하기도 했다. 그러나 이념이라는 말의 해석에 있어서 현상을 어떤 이념의 현상으로만 본다는 것은 너무나 좁은 소견이다. 그런 해석은 자연미의 경우에 인정되지 않거니와 예술미의 경우에도 더욱 인정되지 않는다. 시인은 물론 그가 떠올리는 형상을 나타내지만 그것은 반드시 어떤 도덕적인 이상이어야 할 필요가 없다. 시인이 나타내는 현상은 그것이 현실적으로 관조되며 수긍되는 현상이기만 하다면 미적 가치의 요구를 충분히 만족시킨다.

따라서 관념론적 미학과 반대로 우리가 여기서 가장 먼저 알 수 있는 것은 시인이 윤리적인 것이나 그 밖의 어떤 이념적인 것을 나타내는 게 아니라는 점이다. 그는 오히려 인생에서 정해지지 않은 부분을 나타내는 것이며, 문제는 다만 그가 나타내는 형식에 있다. 이 점은 실제에 있어서 표현하기에 알맞은 어떤 소재를 선택해야 되는 경우에도 확인된다. 왜냐하면 여기서는 위에서 확인된 바와 같은 의미에 있어서의 소재가 중요하기 때문이다.

그다음에 우리가 알아야 할 것은 현상 그 자체이다. 낭만파 이래 헤겔의 미학을 통하여 더욱 힘을 얻은 사람들은 '가상'을 미의 존재형식이라고 말해 왔다. 그들에 의하면 표현되는 것은 현실적으로 존재하는 게 아니며 아무런 실재성도 없으면서 관조자에게 실재하는 것처럼 대립한다. 그것은 이 대상이 구체적으로 화려하고 다취(多趣)하며 다양한 점에서도 알 수 있거니와, 또한 감각을 통하여 관조되는 것에 골몰하는 점에서도 알 수 있다. 왜냐하면 미적 관조자는 감성적으로 보이는 것과, 정신적으로 관조되는 것을 분리하지 않고 이 두 가지를 하나로 보며, 따라서 감각되지 않는 것이 감각된다고 믿기 때문이다. 이러한 결론이 나온다면 미적 관조의 본질 가운데에는 착각이나 환각의 요소가 있고, 대상의 본질에도 내용적으로 미리 착각을 일으키는 요소가 있다고 보아야 할 것이다.

물론 무대예술이나 민담과 전설, 신화 같은 설화예술처럼 기만을 수단으로 삼아서 가장 실재적인 효과를 거두려고 하는 기교도 있다. 여기서는 그것이 과연 참으로 예술적인 효과인가, 또 그것은 예술이 예술적 반응 이외의 전혀 다른 반응을 일으키기 위한 술책이 아닌가 하는 것만이 문제가 된다. 흔히 관조자는 무대 위에서 진행되고 있는 것이 비현실적임을 잘 알며 배우와 그가 연출하는 인물을 구별하므로 배우의 연기를 감상할 수 있다. 그가 만일 악한의 승리와 주인공의 패망을 사실로 안다면 관객으로 앉아서 그러한 장면의 전개를 감상한다는 것은 도덕적으로 있을 수 없는 일이다. 그러므로 극예술에는 사실의 제한, 말의 양식화, 무대의 장치 따위가 있는 것이다. 설화예술이나 표현예술도 이와 비슷하다. 그러고 보면 착각이야말로 진정한 예술과는 근본적으로 아무 관계도 없는 것이다.

미의 존재형식을 이러한 가상으로 보는 모든 이론은 예술적 현상의 근본 특징을 오해하고 있는 것이다. 왜냐하면 예술적 현상의 본질은 현실인 것 같은 착각을 일으키는 점에 있는 게 아니기 때문이다. 그것은 그 자체가 실제적인 생활과정의 일부분이 아니라 그 속에서 밖으로 뻗어나가기는 하지만 또한 그 비호를 받고 있다.

이처럼 밖으로 뻗어나가며 비호를 받는 점은 모든 예술에서도 발견된다. 그 중에서 가장 뚜렷한 것이 틀 속에 끼워져 있는 회화이다. 풍경화를 실재하는 풍경으로 보며 초상화를 실물로 보는 사람은 없다. 현상관계가 효과를 나타내기 위해서 바로 이 점이 중요한 것이다. 그림을 보는 데 골몰한 사람이 자기의 실재적인 환경을 잊어버리고, 그 자신이 대상과 마찬가지로 환경에서 밖으로 뻗어나왔다 하더라도 실재하는 환경과의 대립이라는 제약을 피하지는 못한다. 환경의 망각과 환경에서 뻗어나왔다는 의식과의 사이에 환경의식의 잔재가 남아 있다 하더라도 뚜렷한 모순이 있는 것이 아니다. 여기서도 현상관계가 색다른 점을 드러낸다. 바로 이 점에서 우리는 자기 자신을 뛰어넘어 일상적인 근심 걱정을 잊어버리고 일체의 두려움과 긴장에서 풀려났다는 행복을 느끼게 된다. 우리가 잡담과 정신적 중압에서 벗어나기를 바랄 때 우리는 그와 같은 부동상태로 도피한다.

이 도피를 어떤 가상(假象)의 세계로의 도피로 해석하는 일은 잘못이다. 그것을 가상이나 환상이라고 한다면 우리는 번거로운 근심과 걱정을 아주 떠난 것이 아니라 다른 것으로 바꾼 셈이 되며, 현상하는 것을 실재적인 것으로 알고 또다시 새로운 긴장을 겪게 되는 것이다. 그러므로 여기서는 현상이라는 개념을 현상자의 존재형식에 대하여 중립적인 것으로 이해해야 하며, 가상과 혼동하지 말아야 한다. 가상 가운데에는 현실적인 것의 환상도 있다.

지금까지 미적 대상의 성층적 구조와 불안정한 존재형식의 특징이 밝혀졌는데, 존재형식의 특징은 미적 대상에는 두 계층이 있어서 이것이 근본적으로 서로 다른 존재형식을 가진다는 것이다. 즉 한 계층은 앞쪽에서 자체적으로 존재하며 감성적으로 주어지는 실재이고, 또 한 계층은 단지 우리에 대하여 뒤쪽에서 나타나는 현상에 매여 있는 것이다. 만일 뒤쪽의 환상이나 가상을 방지한다면 이 점은 이론의 여지가 없으리라. 가상은 실재로 착각되기 쉬우므로 순수한 현상의 성격을 가로막는다. 따라서 가상을 없애는 것이 바로 양쪽의 존재형식이 앞뒤로 이어져 하나의 안정된 통일상을 이루기 위한 조건이 된다.

왜냐하면 존재방식은 서로 혼합될 수 없으며 혼합되기에는 서로 질이 너무 다르기 때문이다. 그리고 미적 관조에 있어서도 양쪽이 결부하여 불가분적인 통일로 느껴지기는 하지만 그러면서도 서로 구별되는 것이다. 그리하여 전체는 어디까지나 객관적인 것, 즉 관조나 완상(玩賞)의 모든 작용요소와 맞서는 온전히 대상적인 것이다. 그러면서도 그 중요한 구성부분은 주관과 그 작용에 제약을 받으며 그 힘을 빌리지 않고서는 성립할 수 없고, 따라서 충분한 관조의 주관에 '대해서'만 존립하는 것이다. 그것은 객관적이지만 주관과 독립한 존재자는 아니다. 여기서는 대상성(對象性)의 일부분만이 실재적이고 다른 일부분은 비실재적이다. 그러므로 그 무엇이 현실적인 것 '속에 나타나는 동시에 현실적인 것을 떠나서 되돌아오지 않을 수가 있고, 그러면서도 또한 구체적으로 직관될 가능성이 있는 것이다.

이와 같이 현실적인 것을 떠나는 것이 현실이탈이며 이것과 함께 두 가지 이질적인 존재형식의 중간에서 움직이고 있는 미적 대상의 새로운 근본 특징이 시야에 들어오는 것이다. 이러한 계기는 무엇보다도 먼저 예술가의 행동에서 끄집어낼 수 있다. 왜냐하면 여기서는 생활과 도덕적 책임의 무거운 짐을 짊어지고 있는 인간적인 행동과의 대립이 드러나기 때문이다. 행동은 하나의 실현이다. 의도나 목적은 아직 현실적인 것이 아니다. 그러나 그것이 의식에 의하여 목표로 설정되고 우리가 그것을 명령이나 마땅한 것으로 느끼게 되면 행동을 통하여 현실로 변한다. 그리고 우리가 그렇게 하려고 결정하는 자유는 실재적 가능성이 없는 당위의 이념적 필연성에 적응하기 위한 능력이다. 따라서 비현실적인 것의 실현은 그것을 가능하게 하는 데서 성립한다. 그리고 보면 예술가의 행동도 어떤 이념의 실현처럼 생각되기도 하지만 그와 반대임을 알 수 있다. 그의 제작은 실현이 아니며, 또한 가능하게 하는 것도 아니다. 예술가는 자기의 머리에 떠오르는 것을 실현하는 게 아니라 다만 표현하는 것이며, 표현한다는 것은 나타낸다는 것을 뜻한다.

창작이 발전하면 그만큼 현실에서 멀어진다. 창작은 없는 가능성의 조건을 제공하는 것이 아니며, 또 둔중한 실재를 움직이게 하는 것이 아니라 다만 비현실적인 것 그 자체를 관조하는 눈앞에 나타내는 것이다. 여기서는 실재적인 것이 다만 비현실적인 것을 나타내기 위한 매개적인 부분으로서만 필요하다. 그리고 비현실적인 것은 이 실재적인 것의 제작에서만 실현된다. 그러나 거기서 나타나는 현상은 여전히 비현실적이며 그 현상이 아무리 감성적으로 인식된다 하더라도 결코 현실이라고 착각될 수 없을 만큼 분명히 비현실적이다.

그러므로 예술가의 자유는 행동자의 자유와는 다르다. 예술가에게는 아무런 당위성도 책임도 없다. 그 반면에 예술가에게는 실재적 조건의 구속이 없는 무한한 가능의 세계가 열리는 것이다. 예술적 자유는 도덕적 자유와 다를 뿐 아니라 또한 그보다 훨씬 크다. 예술적 자유는 예술적 행동의 발전 내지 그 존재양상에 조응하는 것이며, 어떠한 형식의 요청도 받지 않는 순수한 자유이다.

14. 모방과 창조

미학의 영역에는 예술에 있어서의 모방처럼 말썽 많은 것이 없다. '모방설'은 플라톤에게서 시작하여 아리스토텔레스에게서도 발견되고, 오늘날에 이르기까지 여러 사람의 사상 속에 재현되고 있다.

모방은 처음에는 사물이나 인물에 있어서의 활동의 모방을 의미했으며 나중에는 이념의 모방까지 넘나들게 되었다. 그 어느 의미에 있어서나 예술가에게는 그가 모방한 것이 미리 지정되어 있는 것이며, 그가 얼마큼 이 지정된 원형을 이룰 기능을 가졌느냐 하는 점만이 문제가 되었던 것이다. 여기서는 예술가의 활동이 매우 제한되어 있다고 말할 수 있다. 예술가가 세계에는 전혀 없는 어떤 새로운 것을 보여줄 수 있다는 점은 아예 무시되고 있는 것이다.

모방의 의미를 '표현'으로 풀이해도 다를 것이 거의 없다. 왜냐하면 '표현'이라는 말을 들어도 역시 모방이라는 요소가 첫째로 우리 머리에 떠오르기 때문이다. 머리가 예민한 사람은 거기서 어떤 여운을 들을 수 있는 만큼 표현 이외의 다른 요소가 있다. 이 요소는 다름 아닌 말이나 음이나 색이나 돌과 같이 성질이 다른 어떤 질료 가운데 무엇을 나타낸다는 것이다. 여기서 만일 미적 대상의 본질이 나타나는 대상에 있는 것이 아니라 바로 나타내는 작용 그 자체에 있다고 본다면, 그때에는 예술적 창작활동의 자립성이 갑자기 측량되는 동시에 작품 가운데 중요한 일이 될 것이다. 왜냐하면 여기서 예술적 표현이라는 것은 바로 나타내는 작용 말고는 아무것도 아니기 때문이다. 그렇다면 예술적 활동이 미적 가치의 진정한 보유자가 되고 예술의 '소재'는 이차적인 위치로 떨어지게 된다.

그러면 표현예술은 그 소재와 더불어 자연이나 인생 가운데 어떤 원형에 의존하는 것일까? 이러한 의미에 있어서 예술가에게는 여러 가지 자유가 없는 걸까? 예술가는 주어진 것에서 한 걸음도 벗어날 수 없는 것일까? 다시 말하면 작품구성에 있어서 소재 그 자체를 경험의 범위 밖에서 취하여 관찰자에게 그가 생활 가운데에서 발견하지 못하는 그 무엇을 보여줄 수는 없는 걸까? 플로티노스나 셸링이나 쇼펜하우어의 미학에서는 그런 의미로서의 이념의 현상을 말했던 것이다. 여기서는 이념 그 자체가 엄연히 기존하는 것, 그리고 예술가를 지도하는 것으로 되어 있고, 따라서 이것을 관조하며 베끼는 것만이 창작적 계기로 남아 있다.

그러나 여기서 전제가 되어 있는 이념의 형이상학이 근거가 없다는 것이 증명된다면, 즉 인식되고 현상되는 기존의 '원형'이라는 것이 전혀 없다면, 그리고 그럼에도 예술가에 의하여 이루어진 것이 모든 경험적인 것의 위로 솟아 이념적이고 상징적인 것 속으로 올라가는 일이 있다면 어떻게 될까? 여기서 작가는 작품을 만드는 동시에 이 작품 가운데 나타나는 내용 그 자체도 아울러 만들어 그것을 생활 속에 주어지는 것 위로 솟아오르게 하는 게 아닐까?

깊이 생각하지 않더라도 이 문제가 긍정된다는 것을 알 수 있다. 문학예술도 인생의 가치와 의의를 가르쳐 줄 수 있고, 또 이것을 채울 성의를 돌이켜본다는 것이 사실이라면 그것은 물론 실천적인 교도 이외의 다른 뜻으로 이해될 수 없다. 그것은 교육적 경향과 같이 해석할 필요도 없다. 오히려 아무런 경향도 없는 데서 바로 이러한 성질의 효과가 나오게 되는 것이다. 그렇다면 시인도 소여의 존재자 밖으로 벗어난 것을 나타낼 수 있다는 사실을 인정해야 하리라.

예술을 통한 인간지도는 벌써 본디의 미학문제가 아니다. 그러나 예술이 '교육적 의도'에 의해서 변질하거나 따라서 관상자의 기분을 다치게 하지 않는다면, 그러한 예술을 통한 인간지도는 미학의 근본문제에 대하여 빛을 던져주는 것이다. 왜냐하면 이러한 형태의 인간지도는 무엇보다도 먼저 자기 자신의 생활 경험처럼 직접적인 확신을 주는 것이기 때문이다. 시는 우리에게 어떤 교훈을 주는 것이 아니라 구체적·직관적인 형태를 통해서 우리의 도덕적인 가치감정을 환기하는 것이다. 즉 심각한 인생의 갈등을 볼 수 있는 눈을 열어주는 것이다. 이러한 효과가 내면에서 생기고 성숙한다는 것은 결코 혼돈의 상태는 아니다. 그릇된 교육으로 말미암아 해독되지 못한 천성을 가지고 위대한 예술을 대하는 사람이라면 누구나 이런 사실을 겪을 것이다. 그러나 아무런 경향성도 없는 순수한 예술과 어떤 의혹이나 주문에 의한 찰나적인 작품활동과는 근본적으로 다르다. 왜냐하면 후자는 비예술적인 효과를 주는 것이기 때문이다. 즉 그것은 오래 계속하면 예기했던 것과 반대의 효과를 내며, 보는 자의 눈살을 찌푸리게 한다. 오직 현실적으로 직관되며 구상적으로 이루어지는 것만이 인간에게 확신을 주고 개척하며 앞길을 내다보고 움직이게 하는 힘을 길러주는 것이다. 왜냐하면 그것은 아무런 의혹이 없는 깊은 내면에서 솟아오르는 것이기 때문이다.

이 점에 시(詩)를 비롯한 여러 예술의 숭고한 사명이 있다. 지난 세대와 시대는 이러한 방식으로 고상한 예술작품을 통하여 규정될 수 있다. 대체로 사람들은 시의 비밀이 인간의 심정을 사로잡는 위력을 가지고 있다는 점, 또 위대한 것을 찾고 그것을 드높이고 북돋우며, 훈계도덕이 근엄하게 권고하고 요청하는 것에 진심으로 감동하게 하는 점에 있다는 것을 알고 있다.

이 점에 또한 예술이 실재적인 생활에 대하여 어떤 자율성을 가지고 있으면서 이 실재적 생활과 떨어질 수 없는 근본적인 이유가 있는 것이다. 적어도 예술이 그 자체의 고유한 생명을 잃지 않으려면 실재적인 생활과 떨어져서는 안 된다. 예술의 주제나 소재는 생활에서 심정에 감동을 주는 것 속에서 생기는 것이며, 예술의 효과는 바로 이러한 생활 속으로 되돌아가는 것이다. 예술은 그 본질에 있어서 역사적 현실의 테두리 안에서만 존재할 수 있고 이 토대 위에서 생기는 것이지, 독창적인 시대의 무력한 아류들이 묘사하는 바와 같은 탐미주의적 음영 속에서 존재하는 것은 아니다. 바로 이 점에서 예술만이 해결할 수 있는 과제가 생긴다. 그 까닭은 예술의 창작이 결코 무엇을 실현시키는 활동이 아니기 때문이다.

창작활동이 활발한 시대가 예술의 이 같은 과제를 잘 알고 있는 것이며, 예술가를 고상한 이념의 소유자로 우러러보고 시인을 예언자로 숭배한다는 것은 이미 알려진 사실이다. 그러나 이 과제는 미학의 것이 아니라 예술에 귀속하는 것이다. 왜냐하면 예술 말고는 정신생활의 어떤 다른 기능도 이 과제를 충족시킬 수 없기 때문이다. 이 과제는 또한 어디까지나 예술적 활동에 속하는 사업이다. 하지만 그것은 이 과제의 미학적 측면이나 예술적 측면이다. 이들을 완전히 분리시키면 예술이 생활연관 속에서 동떨어지게 된다. 그러나 예술은 이 생활연관의 움직이고 변하는 모습과 자극을 떠나서는 결코 성립하지 못하는 것이다. 왜냐하면 체험과 투쟁, 동경과 의욕을 통해 인간에게 가장 깊은 내면적 감동을 주는 것만이 독창적 형성을 촉구하는 것이기 때문이다. 생활 전체가 예술가의 온상인 동시에 또한 활동무대가 되는 것이다. 하지만 예술가의 활동은 단순히 심미적인 것과는 거리가 멀다.

여기서 또한 예술가의 순수한 심미적 활동에 대한 두 가지 결론을 끌어낼 수 있다. 하나는 만일 내용적으로 위대한 예술작품 가운데 참으로 독창적인 것이 있다면 미적 이외의 효과가 이 독창성에 대한 증명이 되며, 따라서 모든 모방에서 초탈하고 이념적인 것의 자율적인 관조에 대한 증명이 되는 것이다. 왜냐하면 이러한 관조 없이는 누구나 다 알고 있는 생활상의 전형을 우리는 이탈할 수 없기 때문이다.

그렇다면 왜 이와 같은 내용의 독창성이 형식적·감성적인 형상과 밀접하게 결부되는가? 물론 여기에는 여러 가지로 의문스러운 점이 있다. 그것은 다른 제작으로서는 결코 이와 같은 성과를 내지 못한다는 것으로는 설명이 안 된다. 인간에게는 또한 그와 같은 성과를 나타내는 것이 불가능한 일일는지도 모른다. 그러나 그러한 일이 인간에게 원칙적으로 허용되어 있다는 것, 그리고 운 좋게 성취되는 경우가 있다는 것은 창조적인 정신의 위대한 기적의 하나라고 말할 수 있다. 혹은 천재를 내용적으로 사실이나 원리 밖에 끌어내는 것이 감정적인 형성일는지도 모른다. 하지만 우리가 사실상 확인할 수 있는 것은 위대한 예술적 형상에는 언제든지 인생의 환상이 깃들어 있다는 점, 그리고 작가는 이리하여 진정으로 자기를 초탈하게 되며, 자기가 취재하여 자기의 작품 속에서 표현하는 이념이나 내면적인 운명에 포착된다는 점 등이다.

여기서 끌어낼 수 있는 또 하나의 결론은, 창작 그 자체 속에 두드러지게 나타나는 뚜렷한 예술적 자유에 대한 전망이다. 이 예술적 자유는 이미 지적한 바와 같이 예술가의 할 일이 무엇을 실현하는 데 있는 것도 아니며, 따라서 무엇을 실재적으로 가능하게 하는 데 있는 것도 아니라, 오직 나타내는 데만 제한되어 있는 점에서 성립하는 것이다. 그러나 현상이라는 평면상에서 예술가는 무제한적인 지배자이다. 예술가는 실재의 완강한 저항에 부딪치지 않는다. 또한 예술가에게는 실재적으로 불가능한 것이 무한히 가능하게 된다. 예술가가 입법하여 소재의 형식으로 명령하는 것이 여기서는 자율적일 뿐만 아니라 또한 자족적인 것이며, 그리고 예술가 말고는 아무 신도 없는 것이다.

이와 같이 예술작가의 독특한 위력이 뛰어난 의미에서 횔덜린이 말한 대로 '그가 원하는 대로 어디든지 갈 수 있는 그의 자유'인 것이다.

Ⅰ 현상관계

1 심미작용의 분석

1) 지각 일반

a 투시

'미학'이라는 말에는 미적 대상의 소여형식이 지각(知覺)에 있다는 뜻이 들어 있다. 그러므로 미학적 과제는 지각에서 출발해야 된다. 그러나 그러기 위해서는 먼저 지각의 개념을 임의로 이해해서는 안 된다는 것을 알아야 한다. 지각이라는 개념은 이 지각을 토대로 성립하는 심미적 작용의 구조와 관련시켜서 현상에 알맞도록 구성되어야 한다.

지금까지 사람들은 지각 속에 오직 보이고 들리는 것, 색·공간형태·음(音), 기타 등등의 요소만을 포함시켜 왔으며, 간단히 말하면 지각을 모든 감각의 합계로만 알아왔다. 그러나 요즈음 새로운 심리학은 지각이 모든 감각의 합계에 그치는 것이 아니라고 하며, 또한 지각의 감각적 요소까지도 전혀 인정하지 않는다. 이 점은 그 뒤에 분석심리학에 의해서도 실험적으로 인정되고 있다.

사실에 있어서 지각이라는 것은 내용적으로 보면 하나의 복합체이자 구상체인 전체이며, 지각되는 것이 단순히 하나의 사물이거나 또는 사물의 연관이거나를 막론하고, 지각은 여러 개별자가 서로 대조를 이루며 옮아가는 하나의 상황이다. 지각에는 감각과 더불어 같이 인식되면서 감각에는 직접 주어지지 않는 것도 포함되며, 이것이 충분한 자명성(自明性)을 가지고 감각을 채운다. 왜냐하면 우리가 한 사물을 볼 때에 순전한 시각만 가지고 모든 것을 동시에 다 보는 것이 아니라 자기도 모르게 이것을 통합하고 완성하는 것이기 때문이다. 그러나 지각 가운데에는 시각적 소여와 이에 덧붙여지는 것과의 한계가 없다. 왜냐하면 지각 가운데에서 이루어지는 종합은 모든 반성 이전에 경험을 토대로 하여 일어나는 것이며, 추리나 비교나 연결을 통해서 일어나는 것은 아니기 때문이다.

그뿐만이 아니라 일상적인 지각 가운데에는 절대로 감각되지 않는 것이 많이 포함된다. 예를 들면 우리는 나무와 갑충을 볼 때에 또한 이 둘의 생명을 보며 종류가 서로 다른 것도 본다. 또 우리가 한 가정에 들어가면 그 집 주인이 가난한가 부유한가, 그의 취미가 어떠한가를 알게 된다. 또 우리가 한 사람의 얼굴이든지 움직이는 모양을 보거나 다만 뒷모습만 보아도 그 사람의 정신생활과 성격과 운명을 직접 알게 된다.

그런데 바로 이와 같이 본디 눈으로 볼 수 없는 것들이 생활상에서는 우리가 지각하려고 하는 참으로 중요한 것이며, 또한 그러므로 우리는 언제든지 그쪽으로 눈길을 돌리고, 혹은 한참 동안 바라보는 것이다. 그 반면에 단순히 외면적인 것은 전혀 우리의 눈에 뜨이지 않는 것이며 우리의 흥미를 끌지도 못한다. 우리 인간이 서로 얼굴을 들여다보는 것도 그 때문이다. 이처럼 지각은 가시적인 겉모습을 통해서 근본적으로 전혀 다른 내면적이며 정신적인 것 속으로 가까이 다가서는 것이다. 우리가 가시적인 겉모습을 돌이켜 생각하며 재현시키려고 최대의 노력을 기울이는 까닭도 여기에 있다. 왜냐하면 지각에 덧붙는 불가시적인 것은 뚜렷하게 드러나는 구체성을 통해서 우리 눈앞에 나타날 수 있는 것이기 때문이다. 우리는 의식을 가지고 바로 이러한 구체성을 곧장 그대로 인식하지만, 불가시적인 것은 거의 우리의 마음속에 떠오르지 않는 법이며, 마치 비본질적이고 천박한 것처럼 여겨지기 쉬운 것이다.

그렇게 말하면 대체 그것도 또한 '보는' 것이냐는 반문이 곧 나올 것이다. 그러나 인간생활에 있어서 이러한 투시가 없으면 인물을 본다는 일이 전혀 있을 수 없다. 이 투시는 눈으로 보고 난 다음에 얼마 있다가 반성이나 추상에 의해서 겨우 이루어지는 그런 것이 아니라 오히려 바로 감성적으로 보는 즉시 자명하고 손쉽게 이루어져서 물적인 것을 채우는 것이다. 다시 말하면 눈으로 보는 작용과 마음으로 느끼는 작용이 시간적으로 분리되어서 나타나는 것이 아니다.

이 점을 어떻게 설명할까? 어떻게 해서 지각될 수 없는 것이 지각 가운데 중요한 것으로 될 수 있는가?

이 말은 얼핏 부조리같이 들릴지 모르나, 우리의 의식이 다만 지각만 하는 것이 아니라는 점과, 또 지각이 언제든지 홀로 성립하는 것처럼 이 지각을 고립시켜서 고찰하는 것은 너무 대담한 추상이라는 점을 고려한다면 그것이 부조리가 아니라는 것을 알게 되리라. 그와는 반대로 모든 지각은 언제든지 두 단계로 구성되는 작용연관과 내용연관의 배경에서 일어나는 것이다.

이 연관의 두 단계는 언제든지 하나의 유기적 통일체를 이루고 있으며, 이 통일체 안에는 애초에 여러 가지 질서가 잡혀 있다. 그리고 이 통일체 안에는 우리의 의식에 나타나는 모든 것—물려받은 것이나 자기가 몸소 겪은 것, 또는 자기의 사상이나 지각된 것—이 편입된다.

그러나 이 통일체의 내부에서는 으레 소수의 대상적 요소가 우세하며, 따라서 지각하는 자의 흥미도 이러한 요소에 쏠린다. 인격과 그 특징, 생활의 상황, 정신적 기분, 인간의 지조와 의도, 호의와 적대, 그리고 질투·기피·승인 따위가 그것이다. 그 밖에 모든 것은 주로 위의 여러 요소를 중심으로 배치되는 것이며, 그러므로 외면적인 지각이 감성적으로 포착되지 않으면서 지각이 일어날 때에 곧바로 그 속으로 뛰어드는, 내면적인 것으로 쉽게 채워지는 것이다.

그런 까닭에 외면적인 것을 통한 '투시'가 누구에게도 이상하다고 생각되지 않을 만큼 기묘하면서도 일반적인 현상이 되고 있다. 그리고 외면적인 것이야말로 직접적으로 감성에 주어지며, 내면적인 것을 매개하는 것임에도 우리가 이 외면적인 것을 등한시하고 내면적인 것만을 주로 통각(統覺)하는 이유가 여기에 있다. 그러한 의미에서 우리는 사람의 얼굴에 나타나는 표정을 통하여 분노와 비애와 불신을 '본다'는 말을 할 수 있는 것이다. 그러나 표정에 나타나는 모든 것을 똑바로 들추어내는 일은 불가능하다.

이러한 현상을 지각으로 여기거나 여기지 않거나 간에 작용이라는 성격하에 포괄하는 것은 중요한 문제가 아니다. 그러나 모든 지각에 관한 사실이 아니라 먼저 실천적 생활 속에서 인물이나 상황이나 관계에 관한 사실을 올바르게 파악하는 데 있는 것이다. 여기서는 우리의 체험과 경험의 기존연관 속에 편입되는 모든 것이 반드시 어떤 종류의 지각과 밀접하게 결부한다는 것, 따라서 지각이 이 연관을 떠나서는 지각될 수 없다는 것을 알아야 한다. 요컨대 감성적으로 인식되지 않는 것을 투시하는 바로 그 점에 있는 것이다.

b 지각의 범위

지각의 범위 안에는 추리하는 의식으로 넘어갈 우회로가 전혀 없다 하더라도 거기에는 여러 종류의 일반표상(表象)이 끼어들고 있다. 이를테면 단순한 감성지각이 사물의 표상에까지 넓혀지는바 여기서 사물의 표상은 물론 개념의 형식으로 완성된 것이 아니다. 또 과학적 의식이 요구하는 '엄밀'한 보편성을 가지고 있는 것은 아니지만, 그래도 어느 정도의 형식과 강제력을 가지고 있는 것이다.

이러한 일반자가 경험을 구성하는 단순요소가 되는 것이며, 우리가 대상을 인식할 때에 이른바 '경험적 유추'로서의 효력을 발휘하는 것이다. 이 일반자는 말하자면, 일단 발을 들여놓기는 했으나 그 이상 앞으로 나아갈 수도 또 뒤로 물러날 수도 없는 표상의 궤도라고 말할 수 있다. 그러므로 이 일반자는 객관과의 일치나 불일치에 관해서 어느 정도 무관심한 것이다. 이리하여 특정한 성격형과 어떤 얼굴형과의 관련을 한번 겪게 되면, 그것이 이유가 되어 그 뒤에 다시 비슷한 외모를 가진 사람과 만날 때 전에 겪은 그 성격형이 직접적으로 생각나는 것이다. 이것이 흄 이래 사람들이 연상(聯想)이라고 부르는 것이다. 그러나 경험적 유추라는 것은 언제든지 지각 그 자체와 더불어 같이 이루어지는 점에서 흄의 연상과 차이가 있다.

이런 일반화는 착오를 별로 범하지 않는다. 그 까닭은 주로 우리가 생활 중에서 다른 사람의 정신적 존재에 관해서 같이 소유하고 있는 지식에 있다. 우리의 생활경험은 그러한 공동적 지식의 광범한 토대가 된다. 하지만 토대가 그처럼 광범하므로 동시에 일반자 그 자체가 의식에 침투하게 되며, 그리고 침투한 다음에는 흔히 개념의 형태를 취하게 되고, 의논의 여지가 있게 되는 것이다. 그러나 지각 그 자체 속에서 지각과 더불어 파악되는 것은 분명히 한 단 더 높은 이 일반자와는 큰 차이가 있다.

앞에서 말한 그 형상의 배후에는 이미 말한 바와 같이 여러 종류의 절박한 것에 대한 실천적 관심과 태도가 숨어 있다. 우리는 언제나 주변의 생활과 특수한 상황 속에 적응해야 되는 필연성에서 생활한다. 상황의 이해는 함께 생활하는 타인의 의도·노력·심정에 대한 어느 정도의 지식이 없이는 불가능하다.

그들은 생활상의 상대자일 뿐만 아니라 그들이 추구하는 것이 바로 상황의 성격을 결정짓는 것이기 때문이다. 이러한 의미에서 볼 때 모든 실천적 상황은 내면적 성질을 가진 것이라고 말할 수 있다. 즉 보이지 않는 정신력의 발휘가 상황 가운데에서 중요한 것이다. 그리고 바로 이 정신력이 경험 일반을 통해 확충된 지각의 대상이 된다.

이와 같이 가시적인 것이 지각될 때에 불가시적인 것도 지각된다는 점은 어떤 수수께끼처럼 생각되지만, 그러한 사실이 비교적 단순한 대상에 관해서도 큰 역할을 하고 있는 것을 안다면 이 수수께끼는 어느 정도 풀리게 된다. 이를테면 성인의 의식 가운데에서 촉각이 끊임없이 시각과 대체되는 사실을 가지고 생각해 보자. 우리는 어떤 사물을 보든지 그때마다 수많은 불가시적인 것을 본다. 우리는 사물의 경도(硬度)나 신축성, 혹은 무게나 완강한 저항력을 본다. 이 말은 그대로 청각에도 들어맞는다. 예를 들어 우리가 옆방에서 나는 발걸음 소리를 들을 때에 내면적으로는 움직이는 사람의 모습을 '보며', 귀로는 등의자가 가볍게 삐걱거리는 소리를 듣지만, 마음으로는 그 등의자에 앉아 있는 사람이 몸을 움직이고 있는 것을 '보는' 것이다. 이상과 같은 경우에 우리의 지각은 감성적 소여의 한계를 돌아보지 아니하고 우리의 관심을 끄는 중요한 것에 좌우된다.

여기서 우리는 전지(全知)각성이 실천적 관심을 통하여 선택된다는 사실을 알 수 있다. 지각 그 자체나 체험까지도 이에 선행하는 관심의 강약에 응하여 선택의 원리에 지배받는 것이다.

우리의 시야에 들어오는 체험가능한 모든 것 가운데에서 가장 관심을 끄는 것만이 우리의 의식에 뚜렷이 나타나는 것이며 주의의 방향을 좌우하는 것이다. 그러나 그것은 그 자체에 있어서 중요한 것이 아니라 오직 우리에 대해서만 중요한 것이다.

고도로 발달한 이론적 의식에서는 물론이고 자체적으로 중요한 것도 우리의 관심 대상이 될 수 있다. 하지만 여기서는 의식이 감성적인 것과 비감성적인 것과의 사이에 명확한 분계선을 긋는 것이며, 지각은 의식적인 관찰의 형식을 취하는 것이다. 따라서 관찰은 일상적인 지각의 관점과 거리가 먼, 전혀 개별적 상황에 서게 된다.

결국 지각 가운데에서 선택되고 강조되는 것이 있다면 그 배후에는 뚜렷한 가치관계가 있다. 관심을 끄는 모든 것은 가치의 성분에 다다르는 것이다. 처음으로 이러한 현상을 발견하고 일반적으로 기술한 사람이 막스 셸러이다. 그는 이 사실을 '지각성은 가치에 의해서 선택된다'는 명제로 표현했다. 그러나 이 가치는 논리적 가치를 말하는 것이 아니라 오히려 재화가치나 생명가치를 나타내는 것이며, 바로 이러한 가치가 자기보존과 자기관찰의 시점을 지배한다. 하지만 이러한 시점과 그 배후에 있는 가치, 그 자체는 어디까지나 그 본질에 있어서 지각되는 것은 아니다.

c 감정적 성분

위의 모든 것은 지각의 범위를 멀리 벗어나 있다. 그러면서도 그것들은 지각에 속해 있으며, 또 지각과 내면적으로 밀접하게 결부되어 있다. 그러므로 그것들은 지각을 통하지 않고는 알려질 수 없다. 이 수수께끼는 위에서도 언급한 바와 같이 적어도 인간에게는 단지 지각만 하는 의식은 없으며, 더구나 정신이 고도로 발달한 인간에게는 의식이 절대로 지각에만 한정되는 것이 아니라는 것이다. 따라서 지각에 주어지는 모든 것은 광범한 연관 속에 편입된다.

우리는 이 점을 또한 다른 방면에서도 알 수 있다. 지각이 하는 일은 그 자체를 '초월'하는 것이라고 말할 수 있다. 즉 지각은 문자 그대로 자기 자신을 뛰어넘어서 감성기능을 통하여 그어진 자기 자신의 한계 밖으로 벗어나는 것이다. 다시 말하면 지각은 순전히 자기 자신으로부터 자기 자신에게 직접적으로 주어지지 않는 다른 것으로 줄달음치며, 그 자기에게 주어지지 않는 타자를 자기 것으로 돌리고 진정한 기원을 전혀 고려하지 않는다. 그리하여 지각은 통일·전체·연관·배경으로 돌진한다. 그러므로 이것들이 지각 그 자체 속에서 동시에 체험된다고 믿는 것이며, 동시에 주어지는 것이라고 보는 것이다.

그러므로 사람의 얼굴에서 그 사람의 속마음을 '본다'고 생각하게 되며, 어느 의미에서는 사실상 볼 수 있다. 이것이 지각의 '자기초월'이다. 따라서 지각은 언제까지나 자기 자신에게만 머물러 있는 게 아니라 끊임없이 확대한다. 그러므로 지각현상은 심리적으로 고립될 수 없다. 또한 지각은 언제든지 그 이상의 여러 가지 기능과 엉클어져 있는 것이며, 그러므로 엄밀히 말하면 지각을 의식 전체와 같게 보아야 한다.

그 점은 지각 가운데에서 매우 객관적이며 대상적인 요소뿐만 아니라 감정적인 요소에도 적용되는 것이다. 그 점은 오히려 전자보다도 후자에 먼저 적용된다. 왜냐하면 여기서는 지각과 다른 여러 기능과의 결연이 더욱 긴밀하고 근본적이기 때문이다.

순전한 대상적 지각은 발생적으로 보면 대체로 문화의식이 어느 정도 발달하고 나서 생기는 산물이며, 현대의 인간에게 있어서도 어느 정도 성숙한 인간에 이르러서 비로소 나타나는 것이다. 어린아이나 자연적이고 원시적인 인간의 의식에 있어서는 지각대상에 여러 가지 감정적 색채가 덧붙어 있다. 이를테면 어떤 미지의 대상에는 놀라움과 공포의 감정이 결부하며 때로는 호기심을 유발하는 요소도 붙어 있는 것이다. 또 어떤 지방은 언뜻 보기에도 기분이 나쁘고 끔찍한 느낌을 주기도 하며, 그와 반대로 호감이 가고 친밀한 느낌을 주기도 한다. 사물이나 과정이 위협하며 음흉하고 원망스럽게 나타나기도 하며, 또 쾌감을 주고 정답고 사랑스럽게 나타나기도 한다. 어린아이들은 아무런 악의도 없는 사물을 '좋다' 혹은 '나쁘다' 말하는 경우가 많다. 여기서 '나쁘다'는 말은 도덕적인 악을 뜻하는 게 아니라 자기의 마음에 안 맞는다, 또는 고약하다는 뜻이다. 밝은 햇빛, 졸졸 흐르는 냇물, 칙칙한 숲속, 싸늘한 저녁, 혹투성이의 도토리나무, 한마디로 말하면 우리에게 지각될 수 있는 세계의 모든 것이 감정적 색채를 띠고 있다.

사실에 있어서 인간이 자연력의 위협을 받는 일도 있었을 터이며 또 자연환경 가운데에는 인간에게 유리한 것도 있었으리라. 이러한 경험들은 그 뒤에 본능적인 감정반응 중에 보존되는 수가 있는 법이다. 그러나 그 속에는 또 고대문화의 물활론적(物活論的) 세계의식이 반영되는 경우도 있다. 이러한 세계의식은 오늘날 우리의 사상과는 거리가 멀어진 지 오래이다. 하지만 인간형에 따라서 얼마간의 차이는 있을망정 어느 범위 내에서는 모든 사람에게서 그 흔적을 찾아낼 수가 있는 것이다. 그리고 인간은 이와 같은 그의 의식층에 뿌리박힌 목적론적 표상을 가지고 생존해 온 것이 사실이며, 그러므로 아무리 냉정한 사고라 하더라도 그 속에는 목적론적 표상이 문득 머리를 들고 나오는 순간이 있는 법이다. 그리하여 인간은 그에게 지각되는 것에 대해 무관심할 수가 없으며, 모든 신화적 잔재를 떠나서도 그가 지각하는 모든 것을 좋거나 나쁘거나 둘 가운데 하나로 보려는 것이다. 여기서는 인간이 그 요람시대에 겪은 불안이 주요한 역할을 한다.

이러한 감정적 성분은 지각 중에서 이차적인 것이 아니라 오히려 근원적인 것이며, 객관적인 지각은 비교적 나중에 감정적 성분이 미치는 범위 내에서 분리된다. 그러므로 냉정하고 신중한 의식의 지각 중에서도 때로는 감정적 성분의 여운이 떠나지 않는 것이다. 그리고 이 감정적 성분은 그윽하고 깊은 무의식 속에서 갑자기 일어나서 지각에 달라붙는다.

현대인의 일상생활에서도 지각의 감정적 요소가 아직도 상당한 규정력(規定力)을 발휘하고 있다. 여기에도 지각을 거쳐서 기분을 지배하는 쾌·불쾌의 요소가 없는 것은 아니다. 우리는 아무런 이해관계가 없는 경우에도 '즐거운 광경'이니 '나쁜 인상'이니 하는 말을 쓴다. 손으로 흰 고양이의 털을 만질 때에는 어쩐지 쾌감을 느끼지만 두꺼비나 거미를 만지는 것은 싫어한다. 그것은 틀림없는 생명의 반응이다. 무섭거나 찢어지는 소리, 조용한 소리, 율동적인 소리, 졸리게 하는 잡음을 들을 때도 그와 같다. 이러한 말들은 그 자체가 이미 뚜렷한 감정적 색채를 띠고 있는 것이다. 후각에도 강한 악감정과 쾌감이 따르며, 미각에는 그보다 더 심하다.

사람의 얼굴도 보기에 싫은 사람이 있는가 하면 어쩐지 호감이 가는 사람도 있다. 이것은 도덕적인 한계를 벗어난 감정반응이다. 이러한 감정적 반응이 언제든지 직접적·무반성적으로 지각과 결부하는 것이며, 이른바 '첫인상'은 바로 이러한 감정반응에 좌우된다.

대상적 지각과 감정적 지각과의 한계는 전혀 규정할 수 없다. 이 둘은 본디 일체이며, 그중에서는 감정적 성분이 우세를 차지하고 있다.

이러한 현상도 지각의 자기초월이라고 말할 수 있다. 여기서는 다만 초월하는 방향이 다를 뿐이다. 그것은 대상을 보충하거나 풍부하게 하는 방향으로서의 초월이 아니라 인상이나 현상 그 자체를 또렷하게 하는 방향으로, 간단히 말하면 '대아적 존재'의 방향으로서의 초월이다. 주관에서 보면 이 초월은 근원적인 감각, 즉 감정적 색채—객관적 지각은 이 감정적 색채에서 비로소 분리되는 것이다—의 반대 방향으로 초월되는 형태를 취한다. 이 감정적 색채는 결코 대상에 딸린 것이 아니라는 이론이 나올지 모른다. 이에 대해서는 옛날 데모크

리토스가 말한 바와 같이, 색이나 음(音)도 대상에 속하는 것이 아니라 오직 우리에 대해서만 존립하는 것이라고 응답할 수밖에 없으리라. 그러나 감정적 색채도 색이나 음과 마찬가지로 대상에 귀속하는 것이다. 다만 귀속 그 자체가 어느 경우에 있어서나 똑같이 직접성을 갖고 있으므로, 이 귀속은 본디의 귀속이 아니다. 오히려 지각에 있어서의 위협적인 것과 매혹적인 것도 붉은빛이나 푸른빛과 마찬가지로 직접 대상의 성질이라고 감각되는 것이다. 그리고 객관적 성질과 주관적 성질과의 구별은 그 뒤의 반성에 의해서 비로소 알게 된다.

사물의 세계에는, 직접적 체험에 있어서와 같이 지각에 있어서도 우리와 관련된 이 감정적 색채가 덧붙여진 것이다. 그리고 주목할 만한 사실은 이 감정적 색채가 실은 '대아적 존재'로 인식된 지 오래여서 그것이 사물에 소속하는 것이라고 볼 수 없게 된 뒤에도 여전히 지각과 더불어 같이 발현하며 때로는 우세를 차지한다는 점이다.

그러므로 우리는 감정적 색채가 우리에게 대상의 성질이라는 형태로 주어지는 것이지 주관적 부가(附加)의 형태로 주어지는 것은 아니며, 작용의 요소로 주어지는 것이 아니라 어디까지나 대상의 내용적 요소로 주어지는 것이라고 말할 수밖에 없다.

사물과 우리와의 관련은 우리가 사물에 의존하는 점에 뿌리박고 있는 것이므로 결코 가상이 아닌 완고한 현실이다. 이 관련은 다만 하나의 상상에 지나지 않는 특수한 경우에도 결국 현실임에는 변함이 없다. 왜냐하면 존재관계는 확실히 모든 대상영역을 관철하고 있지만 인간에게는 현실과 상상과의 확실한 기준이 미리 갖추어져 있지 않기 때문이다.

2) 미적 지각

a 근원적 관점

지각 일반에 관계되는 것은 그대로 미적 지각에도 나타난다. 여기서는 본디 지각에 덧붙인 듯 보이고 감각되는 것이 중요한 것이다.

현대의 성숙한 인간의 일상생활에 있어서는 지각의 감정적 색채가 극도로 희박해졌거나 적어도 억제되고 있다. 오늘날의 인간은 철저한 객관적 상황에서 있으므로 그에게는 오직 존재자만이 중요성과 의의를 지닌다. 그는 어느 정도 존재자를 상상의 산물과 가릴 줄 안다. 존재자는 그를 즐겁게 하고 상상의 산물은 예외나마 그를 괴롭히고 있다. 그의 세계의식 중에서는 인식이 우위를 차지하고 있으며, 심지어 실천적 관계에 있어서도 그렇다.

사물을 있는 그대로 보는 점에 바로 몰정신적 의식에 대한 정신적 의식의 우월성이 있다. 정신적 의식에는 물론 가능한 범위 내에서만은 사물을 있는 그대로 보려고 하는 경향이 있다. 이 점만으로도 이미 보는 초점을 주위의 세계로 돌려서 모든 인식대상의 초대상성(超對象性) 의식을 의미하는 객관성이라는 근본 자세를 갖게 하기에 충분한 것이다.[1] 그리고 이러한 의식은 아래로 지각에까지 널리 펼쳐진다.

그러나 미적 지각에서는 사정이 전혀 다르다. 여기에서는 그와 반대의 근원적인 상황으로 돌아가려는 경향이 가장 중요한 첫째 계기가 되고 있다. 모든 점에서 그렇다고 말할 수는 없지만, 특히 지각에 덧붙여지는 감정적 색채에 관해서 그렇게 말할 수 있다. 여기서는 청록색은 '싸늘'하고 적갈색은 포근한데, 이 점이 중요한 것이다. 어둠침침한 숲속은 은밀하기도 하고 무시무시하기도 하며, 사나운 바람 소리에는 소름이 끼치고, 넓고 싸늘한 암굴 속은 황량하기 짝이 없다. 이러한 점들이 가장 인상적으로 감각되는 것이며 어느 경우에는 중요한 사항이 된다.

미적 지각은 그 속에 스며드는 주관성이나 의인관(擬人觀)이 올바르고 마땅한가에 대한 옳고 그름을 묻지 않는다. 미적 지각은 대체로 묻는 일이 없으며 또 꼬치꼬치 캐는 일도 없다. 미적 지각에 있어서는 자연대상이든지 예술작품이든지 모든 것이 무반성적으로 노는 것이며, 결국 지각과 같이 움직이는 것이다. 그러나 미적 지각에 의하여 관조되는 모든 것은 아주 독특한 성질을 갖는다. 예를 들면 풍경화·실내화·교회건물이 그렇고, 음악이나 문학작품의 언어형식도 그러하다.

그것은 결코 몰정신적 의식으로 돌아가는 것이 아니다. 몰정신적 의식은 지각과 더불어 같이 주어지는 모든 감정적 성질을 덮어놓고 그냥 그대로 실재라

---

1) N. 하르트만 저 《정신적 존재의 문제》 제9장 a−c와, 《존재론의 기초》 제25장 참조.

고 믿으며, 불안이나 공포나 위협 따위의 감정적 성질을 자기에게로 끌어들여 자기가 실제로 불안해하고 두려워하며 위협을 느끼는 것이다. 그러나 미적 지각은 결코 그런 것이 아니며 인식적인 실재지각이 아니다. 미적 지각과 근원적 지각과의 일치는 감정적 성질 일반을 감각하고 구별하며, 다채로운 대상의 다양성을 다시 발견하고 다시 느끼는 점에만 있고, 근원적 지각이 감정적 성질을 현실적인 사물의 세계와 혼동하는 점에 있는 것이 아니다. 이 점에서 이 둘은 엄연하고 깨끗하게 구별된다. 지각의 근원적인 상황으로 돌아간다는 것은 결코 주위 세계의 원시적인 인식으로 돌아가는 일이 아니다. 일단 획득된 객관성은 충분하고 완전하게 존립한다. 이 객관성은 의식에서 미에 대한 쾌감이 떠오르는 것과 아무런 관계도 없으며, 더구나 침해하는 일이 있을 리가 없다. 미적 지각은 객관성과 아무런 마찰도 없이 교차한다. 미적 지각은 객관성과는 다른 방향으로 시선을 돌리는 것이며 그 대상이 전혀 다른 것이다.

이러한 사태를 긍정적으로 파악하는 일은 그렇게 단순하지 않다. 미적 지각에서 먼저 우리가 이해할 수 있는 것은 오직 인식적인 의식, 특히 합리적 사고와 즉물적(卽物的)인 사고방식 내지 목적적 지향성을 가진 실천적 의식이 물러가는 점이다. 합리성과 충실한 목표 추구성은 정신적 의식 중에서 지각의 감정적 색채를 철저하게 없애는 것이다. 이 제거는 객관적인 세계정위(世界定位)를 위해서 이루어진다. 미적 의식 중에서는 바로 이러한 정위가 멈춰지는 것이다. 여기서 조정되는 것은 현실성도, 사실이나 사태도 아니며 그런 것들과 관계없이 관조되는 대상이다.

미적 의식 내부에서는 지각도 객관적인 사물의 연관을 지향하는 것이 아니라 그와는 별개의, 즉 오직 주관이나 그의 보는 방식과의 관계에서만 성립하는 연관을 지향하는 것이다. 그러나 이 별개의 연관 중에서도 정신적 의식의 모든 성과가 사라지지는 않는다. 그 속에는 대상성(對象性) 그 자체와 더불어 대상과의 거리도 여전히 포함되는 것이다. 이 연관 속에서도 양자는 더욱 뚜렷해진다. 왜냐하면 관상자의 미적 지각과 그 대상이라는 형식으로 서로 맞서 남게 되기 때문이다. 그 반면에 감정적 색채의 억제가 없어지며 지각 중의 정신적인 것이 다시 제구실을 하게 되고, 말하자면 해방되어 나오는 것이다.

따라서 형형색색의 무한한 다양성이 현상 속에 나타나게 되며 또한 형언할 수 있고 표현할 수 있는 한계가 넓어지는 것이다. 작가의 작품 속에 나타나는 가장 내면적인 것도 같은 정신적 존재를 가지고 이처럼 감정적 색채가 붙은 지각과 같은 평면 속에서 움직인다. 그리고 지각과 더불어 나타나는 충일한 생명의 풍부한 감정도 그와 같은 가장 내면적인 것 속에서 양분을 섭취하는 것이다.

다른 관점에서 보면 이 같은 주관적인 것의 객관화가 미적 지각에서 가능한 까닭은, 미적 지각이 실재를 추구하거나 또는 그 대상을 주위의 실재적 세계 속으로 편입하는 데 있는 것이 아니라 도리어 전혀 다른 종류의 관조에 의하여 미적 지각의 대상이 실재적 세계 속에서 들려 나와, 즉 액자 속에 끼워져서 그것만이 하나의 세계로 나타나는 데 있다. 그렇다고 해서 미적 지각 이외의 모든 지각연관 속에 반영되는 세계연관이 침해되는 것이 아니라 다만 미적 지각의 관조내용과 거리가 멀어질 뿐이다.

만약 미적 지각 중에 재현하는 감정적인 것이 지각내용을 현실로 오인하는 착각을 일으키는 점에서 어떤 인식적 가치를 가졌다고 주장하는 사람이 있다면, 그것은 결국 몰정신적 의식의 관점으로 다시 돌아가는 것이라고 말할 수 있다. 그러나 미적 지각 중에 나타나는 감정적 요소는 그러한 권리를 요구하는 것이 아니며, 결코 인식관계로 오인될 수도 없고 도리어 인식과는 분명히 구별되는 것이다. 그러므로 무정한 것을 유정한 것처럼 보며, 비인간적인 것을 인간적인 것처럼 보는 일이 허물없이 되풀이되어 일어나기도 한다. 나쁘다든지 좋다는 것은 실재하는 대상에 귀속하는 것이 아니라, 다만 관조된 것 그 자체에 귀속하는 것이다. 푸른 하늘을 그리워하거나 해가 지는 장대한 광경은 다만 하늘 모양이나 태양 광선의 흡수에 매인 것이 아니다. 그와 같은 의미로 우리는 '명랑한 하늘'이니, '웃는 풀밭'이니 하는 말을 한다. 그러나 우리는 하늘이 명랑하거나 풀밭이 웃는 것이 아니라는 지식을 저버릴 수 없다.

지각의 감정적 요소에는 본디 아무런 착오나 환상도 없다. 이 점에서 미적 지각과 본연적 지각이 구별된다. 따라서 미적 지각은 거나 객관성 그 자체를 타파하는 것이 아니라 인식대상성이나 실천적·현실적인 것 이외에 이것과 혼동되지 않는 서로 다른 독특한 미적 대상성을 함께 서게 한다. 이 대상의 세계는 오직 미적 지각에 대해서만 존립하는 존재방식을 갖는 것이다.

그러나 이러한 제한이 있으면서도 미적 대상은 실재의 세계와 나란히 서는, 그리고 내용이 풍부한 점에서 그 위에 우뚝 솟아오르는 하나의 독자적인 대상의 세계를 이룬다. 자연이나 인물의 미적 체험에서는 이것이 중요한 역할을 한다. 그 점에서는 합리화적 세계체험 속으로 발전하여 들어가는, 환경세계와의 본연적 관계에 유사하지만 이것과는 상관없이 존립하는 것이다. 은밀한 배경에 뒤따르는 몽롱한 감각이 완고한 사실 사이로 뚫고 들어가지만 이것과 융합하거나 손상하는 일도, 또한 손상받는 일도 없다. 결국 이런 미적 대상의 세계에는 어떠한 제한이나 방해도 없는 자유의 여지가 있다고 볼 수 있다.

이러한 점은 아동의 '유희적' 생활이 증명한다. 유희 중에서는 본연적 의식과 근사한 의식이 작용한다. 이 의식은 동시에 미적 의식과 거의 비슷한 고도의 창조적인 의식이라고도 볼 수 있다. 여기서도 사물에는 지각의 감정적 색채가 덧붙여지며, 더 나아가서는 사물이 사람인 것처럼 보이고, 심정을 가지고 있으며, '좋은 것'이 되기도 하고 '나쁜 것'이 되기도 한다. 그래서 원시인의 손으로 만들어지는 장난감은 언제든지 인형이며, 이 인형은 성격·예의·고집·갈등·죄·과실 따위를 가지고 있기 마련이다. 그리고 땅 위에 두 줄을 그어놓고 집이라고 한다. 다른 종류의 유희규칙은 이러한 대상의 영역에서는 생활규칙이 된다. 그러나 거기에는 현실성—유희는 이 현실성 속에서 발현한다—의 의식이 굳건히 존립한다. 그러므로 아동도 현실성에 환기되면 영역의 혼동 없이 언제든지 다시 현실성으로 돌아오는 것이다.

어느 한계 내에서는 성인의 유희도 그와 마찬가지다. 성인은 생활의 어려움과 긴박감에서 '휴식'을 취하기 위해서 유희를 한다. 그도 역시 유희규칙을 지킨다. 일단 유희규칙이 마련되면 그는 이에 좇아서 행동하며, 실재 속에서 떠오르는 환상의 세계로 들어간다. 성인이 아동과 다른 점이 있다면 성인은 유희를 유희로 알며, 유희 때문에 주위의 실재적 세계를 잊어버리는 일이 없다는 것뿐이다. 성인에게는 유희가 언제나 허구임에 틀림없다.

b 동시적 소여와 계시

지각의 초월성에는 미적 관계에 있어서 더 중요한 또 하나의 측면이 있다. 그것은 감성적으로 주어질 수 없는 대상적 요소와 대상의 모든 측면이나 계층이 동시에 주어진다는 점이다. 즉 그것은 감성적으로 보거나 들을 수 없는 것이면서도 직접적으로 동시에 지각되는 것처럼 감각되기 때문이다.

일상적인 지각에서 흔히 일어나면서도 곧장 체험연관 속으로 적응해 들어가서 이에 보충을 받으므로 우리 눈에는 쉽게 발견되지 않는 것이 미적 지각에서는 중요하다. 왜냐하면 여기서는 지각대상의 여러 계층이 중복관계를 가지고 그 한 계층이 다른 계층에서 '나타날' 수가 있기 때문이다.

예를 들면 노루가 날뛰는 것을 볼 때에 우리는 그 동물의 교태와 경쾌와 공간지배와 나아가서 어렴풋하게나마 생물의 합목적성 따위를 깨닫는다. 그것은 이런 것들이 나중에 반성을 통해서 비로소 인식된다는 의미가 아니다. 노루가 뛰어노는 것을 보는 동시에 우리는 노루의 교태에 사로잡히는 것이며, 이 사로잡힌다는 것이 바로 미적 관조에 속한다. 그러나 여기서의 미적 관조는 지각과 불가분적으로 이어져 있으므로 우리는 노루의 교태 그 자체를 직접적으로 지각한다는 확신을 갖게 된다.

이 점은 날짐승이나 사람의 동작을 볼 때도 마찬가지다. 갑자기 몸을 돌린다거나 머리를 가볍게 흔든다거나 입술을 비죽거리는 것을 볼 때에 우리는 그 자체에 있어서 지각되지 않는 정신적 반응이나 속마음이나 감정을 직접적으로 인식한다. 운동은 표현이며, 그리고 표현은 그 무엇을 말하면서 확신을 주는 것이다. 내면세계 전체가 스스로 나타나며 번개같이 환하게 밝아지기도 하고, 혹은 예감되는 먹구름 속에 싸이기도 하는 것이다. 그러나 어느 경우에도 숨어 있는 것이 나타나는 것이다. 지각은 자기 자신을 뛰어넘어 그 무엇을 '계시(啓示)하는' 것이다. 그리하여 만일 이 계시가 생활 속에서 인식될 수 있거나 혹은 느낄 수 있는 것을 넘어서고, 이해와 한계가 갑자기 무너져서 흔하지 않은 의미에 있어서의 '현상'이라는 성격을 취하게 되면 이것이 바로 우리가 미라고 감각하는 것이다.

이와 같은 계시의 개념이 미적인 지각현상의 중심을 차지한다.

계시되는 것은 먼저 직접 감성적으로 주어지는 것과 마찬가지로 개별적으로 한정된 것이다. 그것은 일정한 곳과 때의 지각과 결부되는 것이며, 체험의 일회성이나 '우연성'으로 감각되는 대상의 소여성을 갖추고 있는 것이다. 이 점은 실례에서 분명히 알 수 있다. 특히 대상이 여러모로 진기(眞氣)의 계기를 가지고 있는 점에서 알 수 있는 것이다. 그러나 대상 중에는 동시에 일반적인 것도 있다. 물론 이 일반적인 것은 의식에 들어오는 일이 없으며, 있다 하더라도 일반자의 의식은 결코 뚜렷한 것이 아니다. 이 점은 실례에서 뚜렷하게 볼 수 있다. 이를테면 동물이 자연 속에서 자유자재로 뛰어노는 것을 볼 때에 우리는 이 동물의 교태와 운동이 결코 그 순간에만 매인 것이 아니라 오히려 동물 일반에 속한다는 것을 안다. 그것은 유기적 자연의 위대한 비밀이나 생물의 합목적성을 계시하는 것이다.

그러나 그것은 오직 순간적으로 지각 속에 주어지며 놀라게 한다. 우리는 말하자면 틈새기로 갑자기 열리는 놀라운 세계를 들여다보는 것이다. 하지만 한때의 사건에 대한 경이로움은 이 사건 속에 숨어 있는 원리적인 것에 대한 신기함과 놀라움이며, 위대하고 광범하고 의미심장한 무엇에 대한 경이다.

그렇지만 그것은 또한 구상적인 지각에 불가분적으로 결부하고 있다. 관조되는 것이 가진 풍부한 내용은 지각 속에서 지각과 더불어 주어지는 것이며, 그러므로 그것 자체가 또한 지각되는 느낌을 주는 것이다.

우리는 이 현상을 미적 지각에 있어서의 '매개의 직접성'이라고 부를 수 있다. 매개는 외부적인 감성인상을 통하여 이루어진다. 그러나 직접성은 지각하는 의식에 있어서의 매개의 소감을 말하는 것이다. 그러므로 이 의식 중에서는 매개된 것이 무매개적으로 존립하고 있는 것처럼 느껴진다.

이러한 관계는 이미 처음에 언급한 바 있는 미적 인식작용에 있어서의 두 가지 관조와 일치하는 것이다. 그리하여 이차적 관조는 일차적 관조에 덧붙게 되지만 이 둘은 서로 전후 접속하여 동시에 이루어지는 것이다. 이차적 관조는 일차적 관조와 나누어지는 것이 아니라 혼연일체가 된다. 여기서 특기할 점은 매개된 일반자도 완전한 직접성을 가지고 직관적으로 주어지는 것이지, 어떤 사고나 추상의 산물이 아니라는 점이다.

이 점에서 보면 미적 지각은 일상적인 실천생활과 같다. 다른 점이 있다면 미적 지각이 실제적 이해관계의 제한을 받지 않는다는 것이다. 미적 지각과 더불어 주어지며, 오직 직관적으로만 나타난다 하더라도 역시 비현실적이다. 이 점이 동화나 소설이나 환상적인 예술에 있어서 중요한 것이다. 여기에 경험의 한계를 벗어나서 가능의 세계로 들어가는 미적 관조의 자유가 뿌리박혀 있다.

c 형상의 상론

그러면 일상적 지각과 진정한 미적 지각의 차이는 무엇인가 하는 문제가 나온다. 위에서 말한 대로 이 차이는 다만 양적인 것같이 생각되리라. 그러나 거기에는 근본적인 차이가 있어야 한다. 만일 그렇지 않으면 생활상에서 무미건조하게 지각되는 것은 '미가 적은 것'에 지나지 않을 테니까 말이다.

이 문제는 '무엇이 미적 현상관계가 되는가'라고도 표현될 수 있다. 모든 지각에 현상관계가 포함되어 있거나 또는 적어도 덧붙는다는 것은 이미 지적한 바 있다. 그러면 미적 관조의 경우에 나타나는 이 관계의 특질은 무엇인가?

이 물음에 쉽게 대답할 수는 없다. 그러나 미적 지각에 있어서는 현상관계 그 자체가 중요하며, 어느 의미에서는 대상적으로 파악된다는 것을 먼저 인정해야만 한다.

일상적 지각은 그렇지 않다. 왜냐하면 여기서는 현상은 어떤 다른 것으로 옮겨갈 통로, 다시 말하면 목적에 대한 수단에 지나지 않고 이 수단은 전혀 주의의 대상이 되지 않기 때문이다(생활상에서는 실천적 목적이 지각을 규정한다). 여기서는 존재자의 파악이 중요한 문제가 되지만 미적 지각에 있어서는 수단이 중요하다. 그리고 관조는 감성적인 지각표상을 두고 공전하는 것이 아니라 어디까지나 이 표상을 떠나지 않는 것이다. 관조는 이처럼 지각표상에 집착하는 것이므로, 이 표상 중에 나타나는 것을 이 표상에 덧붙여진 것이라고 보는 것이다. 그와 같은 현상(現象)은 지각표상을 통하여 감성적으로 직관되면서도 이것과 같지 않다.

관조는 여기서는 자율적이다. 즉 이 직관은 봉사하는 게 아니라 지배하는 것이며 자주적인 것이다. 그러므로 이 관조는 어디까지나 지각과 아주 비슷하며 지각과 밀착되어 지각에서 떠나는 일이 없고, 지각 위에 솟으면서 감성적 소여를 떠나는 일이 없는 것이다. 왜냐하면 이 관조는 그보다 더 높은 개념이나 판단의 계단으로 전진을 계속하는 것이 아니기 때문이다. 그리고 이 관조 가운데 개념이 끼어드는 경우가 있다고 하더라도 이 개념은 목적이 이루어진 뒤에는 자취도 없이 사라지는 수단으로서의 역할을 하는 것이다.

미적 관조는 관조 그 자체 중에서도 안정에 다다르는 것이다. 그러므로 미적 관조는 관조에만 집착한다. 이 점은 이미 지각에서도 볼 수 있다. 고차적인 관조는 결코 지각과 떨어져 있는 것이 아니라 오직 지각과 더불어, 또는 지각 속에서 존립하는 것이다. 그러므로 지각은 정신적으로 사기가 북돋아진 관조에서도 떠나지 않는다. 이 점은 일상적 지각에서는 볼 수 없는 사실이다. 일상적 지각은 경험에 이용되고, 그 경험 속으로 끼어들면 그 뒤에는 버림을 받고 잊히고 만다.

그 이유는 인식관계와의 대립에서 이해된다. 미적 지각은 지식이나 개념적 이해와는 관계가 없으며 어떠한 목적과도 관계가 없는 것이다. 관조는 당위라는 무거운 짐을 짊어진 것이 아니며 진리를 탐구할 사명을 가진 것도 아니다. 관조는 쏠리는 대로 어디로든지 향하는 것이다. 관조는 구상성, 여러 가지 내용의 결합, 통일성, 완결성, 전체성 등으로 만족한다. 그러나 이 통일성은 감성적 소여와 또 이것과 더불어 주어지는 것을 포괄해야 한다. 이러한 구상성에 있어서는 부수적으로 관조되는 가장 요원한 것과 가장 보편적인 것도 실생활에 가깝고 직접적인 것처럼 소여성에 관여하는 것이다. 개념의 우회로를 통해서는 인식되지 않는 여러 가지 것도 이러한 직접적인 '형상' 속에 주어질 수 있는 것이다.

일찍이 《판단력비판》에서 '미적 분석'의 첫째 요건이 된 것이 이제 바뀐 관점 아래서 증명되는 것이다. 거기서는 사물에 대한 모든 관심을 떠나는 것이 미의 첫째 요건이 되었다. 일상적 지각의 방향은 실천적이거나 이론적인 의욕에 의하여 규정되고 있는 것이다. 하지만 미적 지각은 욕구되는 것이나 참다운 것(진리)에는 아무런 관심도 없다. 여기서는 지각의 범위가 가치에 의해 선택되는 것이 아니다. 여기서 문제되는 것은 그 자체에 있어서 중요한 것도 아니며, 또 우리를 위해서 중요한 것도 아니다. 이러한 가치도 물론 방향을 돌리는 동기의 역할을 할 수 있고 미적 지각도 생활에 끼어들어 생활 속에서 그 대상을 드러낼 수 있다. 그러나 미적 지각 그 자체 중에서는 그러한 가치관점이 규정성을 발휘하는 것은 아니다. 미적 지각은 그와는 다른 독자적인 표준에 의하여 현존하는 것을 선택하기도 하고 현존하지 않는 것을 나타내기도 하면서 움직인다. 미적 지각은 말하자면 실재적 생활연관을 가로질러 어느 정도의 무관심성을 가지고 진행하는 것이다.

일상적 지각 중에서는 불가시적인 것의 매개가 성취되면 '형상'이 사라진다.

형상 그 자체는 관심이 쏠리는 사물을 위한 수단에 지나지 않으며, 흔히 잊힌다. 관조하고 난 다음에 관조한 얼굴의 모양을 자세히 기억하는 사람이 있을까? 적어도 그림을 그리는 것에 훈련과 교양을 쌓은 사람을 제외하고는 없으리라. 그러나 이런 사람은 벌써 '일상적'으로 지각하는 것이 아니라 심미적으로 지각하는 것이다. 그렇지 않고 우리와 같이 어떤 얼굴을 보고 인상에 남는 것이 있다면 그것은 대부분 그 사람의 정신적 표현이다. 그 밖에 또 무엇이 있다면 그것은 기껏해야 표정이라는 정신물리적 움직임뿐이리라. 하지만 이것도 이미 불가시적인 것에 속한다.

그러나 미적 지각에 있어서는 형상이 중요할 뿐만 아니라 또한 하나의 독립적인 형식통일체가 되는 것이다. 여기서는 바로 이 형상이 관조의 대상이 되지만, 그렇다고 형상이 관조와 분리되는 것도, 관조로부터 독립하는 것도 아니다. 관조의 두 가지 계단이 한데 뭉치는 것이며, 참모습을 말하면 첫째 관조와 둘째 관조가 두 부분으로 들어 있는 전체형상이 한데 뭉쳐서 관조되는 것이다. 다시 말하면 전체가 감성적인 내용과 비감성적인 내용을 가지고 미적 관조에 나타나는 것이다.

그러므로 우리는 예술가의 작품, 즉 묘사된 형상을 볼 때에 색채·기교나 필치까지도 중요하게 생각하지 않는다. 왜냐하면 이 둘은 그림으로 그려진 전원이나 인물까지 포함한 모든 심적 표현과 같이 본질적으로 예술가의 관조에 속하는 것이기 때문이다.

두 가지 관조가 이처럼 서로 얽힌 것이 미적 관조의 진정한 대상이다. 다만 형태나 장면만 보거나, 또는 감격만 보는 사람은 예술적으로 보는 사람이 아니다. 그는 관조하되 오직 인생을 인간적 형태로만 보는 사람과 같다. 그러므로 그런 사람의 지각은 결국 일상적인 지각에 지나지 않는다. 또 오직 개개의 색채만 보고 이 색채의 다양한 배치를 보지 못하는 사람은 사물의 겉모습만 보는 사람과 같다. 전자나 후자나 예술작품을 보지 못하는 점에서는 마찬가지다. 그들은 진정한 관조를 모르며 현상을 현상으로 체험하지 못한다. 따라서 어떤 희곡작품 속 인물이나 운명에 아무리 깊은 흥미를 가졌다 하더라도 이러한 소재에 대한 감촉을 가지고 예술적 관조라고 말할 수는 없다. 관조도 물론 구상적인 것을 통하여 일어난다. 그러나 관조는 이 구상적인 것을 일단 지난 뒤에는,

돌아다보지도 않는 다리와 같이 무시한다. 감성적인 형상 그 자체를 파악하고 관조 중에 확보해야만 비로소 현상관계가 제대로 성립한다. 또 여기서 비로소 비감성적이며 비형상적인 것의 현상을 위한 형상의 적응성을 느낄 수 있는 것이다. 이리하여 예술적 관조가 이루어지는데, 예술작품은 오로지 이 예술적 관조를 위하여 존립하는 것이다.

이 점은 지각—미적 지각—에서도 볼 수가 있다. 왜냐하면 이 지각 중에서도 감성적 형상이 대상으로 나타나는 게 아니며, 따라서 비감성적인 것을 현실적인 것으로 나타나게 할 방법은 없기 때문이다. 그러므로 사람들은 지각이나 훌륭한 초상화가 풍겨주는 바와 같은 인격성의 구체적이고 내면적인 형상을 다른 방법으로 나타내려고 노력한다. 그 점은 우리가 자기의 인상을 다른 사람에게 기술적으로 전달하려고 할 때에도 흔히 볼 수 있다. 그러나 이때 사람들은 곧바로 말이나 개념으로 인상을 재현할 수 있는 한계가 있음을 알게 된다. 즉 말이나 개념으로 인상을 재현하기는 불가능한 것이다. 이리하여 감성적 형상은 다른 것과 절대로 바꿀 수 없는 가치를 가지고 있다.

d 미적 관계에 있어서의 지각의 지도

일상적인 지각에 있어서도 우리의 시선은 지각되는 형상 전체로 쏠리지 않을 뿐만 아니라, 얼마간이라도 지각하는 자의 실제적 관심을 끌지 않는 어떠한 부분에도 쏠리는 일은 없다. 개별적이고 세부적인 것은 거의 무시되고 잊힌다. 그것들은 지각표상이 얼마 동안 보존되었다가 나중에 반성을 통하여 비로소 그중 어느 것이 마음에 깊이 새겨지는 것이다.

그러나 미적 지각에 있어서는 그와 다르다. 여기서는 맨 끄트머리에 있는 것이 본질적인 것에까지 진출한다. 형상이 풍부한 내용을 가지고 나타나는 것이다. 이 점에서 미적 지각은 흔히 보고 듣는 것과 다른 것이다. 이 풍부한 내용이 지각의 강도에 좌우된다는 사실은 의심할 바가 없다. 미적 이해력에 있어서는 보고 듣는다는 것이 그 일상적인 보고 듣는 것과는 다르다. 그것은 단지 보고 듣는 방식이 다른 것이며, 영민하다는 뜻이 아니다. 예를 들면 선원은 화가보다도 영민하게 보며, 수렵가는 음악가보다도 영민하게 듣는다. 그러나 선원이나 수렵가는 지각가능한 복잡한 것 중에서 특정한 것만을 보고 들으며 그 밖의 다른 모든 것을 듣거나 보는 것은 아니다. 미적으로 본다든가 듣는다는 것은 별개의 차원에서 수준을 높이는 일이며 질적으로 발전하는 것이다. 미적 지각은 보이지 않으며 들리지 않는 것을 지각하는 일이며, 감관(感官)이 인식하지 못하는 것을 지각하는 것이다. 그렇게 함으로써 다양한 것이 의식된다. 맨 앞에 있는 사람은 실내에 들어가면 오직 그가 이야기하고 싶어 하는 사람만을 본다. 하지만 우리는 실내에 들이쏘는 광선을 볼 수 있고, 색채나 광채의 명암을 볼 수 있다.

그것은 무슨 까닭인가? 여기서 우리는 미적 지각의 새로운 근본현상에 부닥친다. 물론 여기서도 지각의 지도를 말할 수 있다. 그러나 이 지각의 지도가 대상에 대한 일상적인 관계에 있어서는 원칙적으로 다른 것이다.

우리가 날마다 보거나 듣거나 할 때에는 실제 생활에 의해 지도를 받는다. 또 이 지각의 지도는 시간의 진행에 따라서 그 방향으로 발달하는 것이다. 선원이나 수렵가는 지각이 한 방향으로 발달한 극단적인 예라고 말할 수 있다.

그러나 미적 지각의 지도는 그와 다른 것이다. 네덜란드풍 정물화에는 우리가 전혀 주의하지 않는 빛의 반사나 농담(濃淡)이나 색조까지도 중요한 대상으로 나타난다. 회화뿐만 아니라 풍경 속에서도 일상적으로 볼 때에는 대상적인 것 때문에 인식하지 못하는 먼 경치가 의식되는 것이다. 그뿐만 아니라 흔히 주의에 오르지 않는 화성이나 악기의 음색 또는 사람의 목소리나 거동이나 표정도 중요해지고 강조되거니와, 무의식 속에 묻혀 있는 모든 것을 들추어내는 것이 다름 아닌 시인이다. 이러한 것들은 한번 뚜렷하게 들추어지기만 하면 의미심장하게 되기도 하고 또는 음흉해지기도 하는 것이다. 살아 있는 자나 자연의 미를 관찰하는 자도 보고 들을 때에 이 모든 특징을 의식하고 중요시한다.

그러면 이와 같이 미적 지각을 지도하는 것이 무엇일까? 감성적인 세목(細目)이 미적 지각 속에 들어와서 중요하게 되는 까닭은 무엇일까? 이에 대해서는 먼저 일상에서 주목되지 않는 것이 실은 주목될 만한 가치가 있기 때문이라고 대답할 수 있으리라. 그것이 본디 아름다운 것이며, 흔히 아주 없어져 버렸던 이것을 뚜렷이 나타내는 것이 미적 태도이며 예술이다. 가치관점에 있어서의 표현이 지도원리가 된다. 따라서 순수한 미적 가치 그 자체가 문제 해결 속에 끌려 들어오는 것이다. 그리하여 일상적인 지각영역이 실용적 가치에 의해서 도태되듯이 미적 지각영역은 미적 가치에 의해서 도태되는 것이다. 그렇다면 거기에는 틀림없이 정당한 점이 있어야 한다. 그러나 해답은 여기서 전제되는 모든 부분에서 튀어나오게 된다. 왜냐하면 미적 가치는 현상관계에 의존하는 것이며, 이 현상관계는 감성적인 세목의 의식화에 제약을 받는 것이기 때문이다. 그러므로 여기서 다른 교시(教示)를 탐구하지 않으면 안 된다.

세목의 본질 중에서는 보다 광범한 측면이 지도력을 보여주고 있는 것이다. 그래서 하찮은 감성적 세목들이 일단 의식되면 뛰어난 전달력을 지니게 된다. 그 점은 두 가지 방향에서 볼 수 있다. 어느 감성적 세목이든지 언제나 그 밖의 다른 세목을 의식이라는 광명 속으로 끌어넣으며, 마치 지각의 결정점과 같은 작용을 발휘하는 동시에 비감성적인 것, 즉 배경—생명, 정신적·도덕적인 인간, 물리적 세계에 있어서의 일반적인 것 따위—을 나타낸다. 더구나 이것들은 나타나기는 하되, 일상적 지각에서 도태된 흔하지 않은 내용이 도저히 따를 수 없는 강도로 드러나는 것이다.

그러나 현상관계에서 보면 나타나게 하는 힘이 결정적인 요소가 된다. 그리고 이 나타나게 하는 힘이 가장 강한 곳으로 미적 지각이 끌리는 것이다. 여기서 미적 관조작용에서만 볼 수 있는 지도의 규정적 요소를 파악할 수 있다. 하지만 그것이 전달되거나 현상에까지 다다르면 개성이나 일회성은 물론이고, 세목에서 나타날 때와는 거리가 먼 것이 된다. 그것은 동시에 일반적인 것까지도 파악할 수 있다. 물론 이 일반적인 것은 인간적인 것뿐만 아니라 자연적인 것까지도 포함한다. 이리하여 감성적 소여의 특수한 광채 가운데에서 빛이나 색은 물론 모든 가시적인 것의 일반적인 경이가 인식되는 것이다. 이 종류의 계시를 해명할 수는 없다. 그러나 미적 경험은 그러한 계시가 예술작품의 관조나 미적 지각에 사실적으로 존재하며 또한 흔하다는 것을 가르쳐 준다. 하지만 지각에 가장 가까우며 따라서 지각에서 비로소 알게 되어야 할 것, 즉 순수하게 감성적이며 개별적인 것이 도리어 지각과 거리가 멀고 정신적 의식이 성숙한 단계에 이르러서야 발견된다는 것은 하나의 패러독스(역설)가 아닐 수 없다. 그러므로 미적 대상은 역사적 순서상 최후의 것이며, 예술적 작가의 눈을 가려야만 비로소 파악되는 것이다.

그러므로 지도의 비밀은 일상적 지각과 미적 지각과의 분계선에서 찾아야 한다. 이 분계선은 언제든지 우리의 '지각계'의 내부를 관통하는 것이지만 대부분은 분명치 않다. 따라서 예술가의 작품을 통해서만 이해되는 것이다. 영민한 관찰자는 인간생활 속에서도 그 분계선을 발견할 수 있으리라. 이를테면 그의 지각영역에 있어서 중요치 않은 것과 쓸모없는 것이 그를 구속하고 움직이게 하고 고집하는 경우, 주변적인 것이 지속하며 중요치 않은 것이 중요한 경우, 사물의 빛이나 색이 사물과 관계없이 장난을 시작하거나 걱정이나 분노를 동반한 엄숙한 인간생활이 우스운 약력으로 묘사되어 우리를 웃게 하는 경우에, 영민한 관찰자는 일상적 지각과 미적 지각과의 분계선을 발견한다.

이때에 세목이 눈에 띄며 대상화된다. 또 이런 경우에 그의 독특한 전향력이 뚜렷해진다. 왜냐하면 비감성적인 것의 전달이 바로 이에 의존하기 때문이다. 고도로 분화된 표현력이 필요로 하는 것은 오직 고도로 분화된 세목을 통해서 표현되는 것이다. 그러므로 미적 지각에 있어서는 외면적이며 부차적인 것이 중요성을 갖게 된다. 이리하여 시인들은 사람들의 외면적인 태도나 행동이나 담화를 통해 가장 의미 있고 내면적인 것으로 독자를 이끌어간다. 그러므로 세목이 시시할수록 표현력은 그만큼 강대한 것이라고 믿어도 상관없는 것이다.

3) 관조와 쾌감

a 미적 지각에 있어서의 감정적인 것

지각이라는 제목 아래 앞의 두 절에서 다룬 모든 것이 지각에만 귀속하는 것은 아니다. 거기에는 더욱 고차적인 관조, 예를 들면 응시·만족·평가 등의 수많은 요소가 포함되어 있다. 이 모든 요소는 지각과 결부하는 것이며 지각과 공통적인 출발점을 가지고 있고, 아무리 발전하더라도 지각과의 관계가 완전히 끊어지는 것은 아니다. 아무리 고상한 관조라 하더라도 성격상 지각과 비슷한 것이다.

지각은 관조에 대하여 근본 현상으로서의 구실을 한다. 그러므로 지각은 그 자체가 아직 미적 지각은 아니다. 이 근본 현상으로서의 지각에 있어서 일차적인 것은 거리나 대상적 관계나 수동적인 관조가 아니라 유기체나 전체로서의 정신물리적인 것이 가진 생명의 반응이다. 그러므로 여기서는 감정이나 흥분·

불안 등의 계기가 지배적이다. 유기체는 능동적 내지 피동적으로 세계와 관계를 맺고 있는 것이며, 그와 물질이나 힘을 서로 나누면서 살고 있는 것이며, 지각은 이러한 세계 속에서 자기의 위치를 정하기 위한 기관인 것이다.

지각 자체는 순수한 관조나 공평무사한 것이 아니다. 지각은 사물을 인간생활에 '유용한 것'이라고 전달하는 것이다. 그러나 관조는 이차적이며 감정적인 것을 제외하고 성립하는 것이다. 지각은 본디 이론적인 것도 미적인 것도 아니다. 지각의 현실성에서 떨어져 나와야만 이론적인 것도 미적인 것도 될 수 있다.

하지만 이론적 '관찰'에 있어서는 반응성이 완전히 제외되는 반면에 미적 직관에 있어서는 이 반응성의 일부분이 보존되는 것이다. 왜냐하면 여기서는 지각의 정조·순조·역조 등이 중요하기 때문이다. 그러나 정조라는 것은 반응하는 태도에 제약을 받는다. 대상의 경중은 감각되는 것이며 압제나 자유, 유희와 고역, 빈과 부, 강과 약 등도 느껴지는 것이다. 이리하여 현상하는 동적인 그 무엇은 이러한 모든 요소를 보유하고 있다. 하지만 이 모든 요소는 감수(感受)된 것이라는 형태로 지각에 주어지는 것이다. 이러한 의미에서, 다시 말하면 어디까지나 대상적인 의미에서 아직 감성적인 것이 떠나지 않는다. 따라서 지각주관에서는 감정의 지배가 관조와 교대되는 것이 아니다. 자극적인 것이 어린아이에게서처럼 떠나지 않는다. 그러나 이 자극적인 것이 지각에서는 결코 지배적인 힘을 갖지 못한다. 늘 위압받고 있는 자의 성실한 생활도 알지 못하는 것에 쾌감을 느끼며 호기심의 유혹으로 옮아가는 수가 있다.

물론 대립되는 태도의 종합이 일어나기도 한다. 예를 들면 관조에서는 한편 사물과의 거리가 획득되는 반면에 근본적인 지각의 감정적이며 동적인 것이 소멸되는 게 아니라 '지양(止揚)'된다. 이 지양이라는 말은 부정과 보존과 제고(提高)라는 세 가지 요소를 가지고 있다.

이를테면 아름다운 인체를 지각한다 하자. 이때에 육체는 먼저 실제적으로 인정되고 감탄되며 욕구된다. 인체에 대한 이러한 관계는 형태 그 자체의 관조에 의하여 중화되고 괄호 속에 들지만 동시에 고차적인 만족으로 제고된다. 여기서는 제1단계의 정조(情調)가 보존되는 반면에 그 본디의 현실성이 상실되고 결국은 완전히 배제된다. 감각되는 체온과 본디의 반응이나 삶에 대한 충동과는 같은 것이 아니다. 관조하는 의식은 심안(心眼)에 비추어 바라보는 정관적인 의식이다. 반응은 깨져 버리고 사라져 없어지지만 정신적 정조는 대상에 붙어 남는다.

b 지각과 관조

세목을 새기고 구체성을 증진시키는 것은 지각의 범위를 벗어나는 일이다. 그러나 그 한계를 명시하기는 불가능하며 그럴 필요도 없다. 의식작용의 각 계단은 확연히 나누어지는 것이 아니며 비약 없이 서로 이행하는 것이다.

하지만 관조는 우리도 모르게 지각 속에서 싹트는 전혀 다른 종류의 직관이다. 이런 직관도 구체적인 것이지만 감성적인 것은 아니다. 다시 말하면 그 대상이 감성에 주어지는 것이 아니다. 그것은 감각 속에서 같이 지각되는 것이지만, 엄밀한 의미에서는 지각이라고 말할 수 없는 것이다. 이 '관조'는 지각 속에서 '현상'하는 것과 관계있는 것이며, 특히 현상(現象)하는 것 중에서도 계시(啓示)되는 것과 관계있는 것이다. 그러므로 이 관조는 계시의 성격을 가지고 있다.

어느 의미로 보면 모든 관조가 계시의 성격을 갖고 있으며 그러니만큼 결코 새로운 것이 아니다. 그러나 '계시'라는 말을 들을 때에 우리는 생활 중에 숨어 있어서 오래 두고 상상의 대상이 되었던, 그 무엇을 발견했다는 관념을 갖게 된다. 이와 같이 어떤 미지의 것에 대한 몽롱한 상상은 이미 지각 속에서도 발견된다. 그런데 관조에서는 이 불분명한 것이 분명해진다. 왜냐하면 관조는 감성적 소여의 배후에서 현상하는 모든 것, 즉 살아 있는 것, 정신적 감분을 주는 것, 정신적 배경, 자연과 우주의 비밀이나 인간과 세계 일반에 보편적인 것으로 쏠리는 것이기 때문이다. 그러므로 관조에는 일정한 한계가 없다. 따라서 관조는 예부터 종교와 친근한 관계를 가지고 있어 종교적 계시와 예술적 표현을 촉구하는 것도 그 때문이다. 그것은 모든 사람이 관조할 수 없는 것을 모든 사람에게 나타내게 하는 힘 이외의 아무것도 아니다. 위대한 예술이 주로 종교적 확신에서 이루어진 것은 결코 우연이 아니다.

여기서 우리는 고차적인 관조의 주요 요소에 맞닥뜨린다. 이 관조는 의의가 있고 의미가 심장하게 생각되는 것, 위로부터 즉 의미와 가치에 의하여 규정되는 것으로 쏠린다. 여기서는 의식이 인식하는 다른 힘이 작용하고 있는 것이다. 미적 지각의 신비적인 지도도 결국 여기서 출발한다. 왜냐하면 미적 지각이라는 것은 주로 일상적 지각에서 주의되지 않는 세목, 다시 말하면 감성적인 질료 중에서 의미심장한 것의 전달을 가능하게 하는 모든 것과 관계있는 것이기 때문이다.

앞서 설명한 바와 같이 고차적인 관조는 미적 지각이 있은 뒤에 이차적인 그 무엇이 아니라 이 미적 지각과 동시에 있는 것이다. 그러므로 지각이 관조의 지도를 받게 된다. 그러면 고차적인 관조의 적극적인 내용은 무엇인가? 이 문제는 작용에서 해결될 수는 없다. 내용은 대상에서 현상하는 것이므로 미적 대상의 분석에 의해서만 해결될 수 있는 것이다. 대상의 존재가 해명되기 전에 관조의 내용을 인식하려고 하는 것은 헛된 노력이다.

미적 대상의 모든 이념내용은 고차적인 관조에 대응하는 것이며, 오직 이러한 관조에 의해서만 인식되는 것이다. 인간미나 자연미에 있어서와 같이 어떤 실재적인 형상에 실현 또는 표현되었거나, 예술가의 작품에 있어서와 같이 단지 표상에 의해서 눈앞에 어른거리거나, 그 어느 경우에 있어서든지 미적 대상의 이념적 내용은 고차적인 관조에 의해서만 인식된다. 왜냐하면 여기서는 실재적인 것의 인식이 문제가 아니기 때문이다. 모든 관조 그 자체는 파악적인 것인 동시에 창작적인 것이다. 그 점은 고차적인 미적 관조도 마찬가지다. 그러므로 고차적인 관조는 결코 단순한 것이 아니다. 거기에는 여러 계층이 있다. 즉 지각을 바탕으로 고차적인 관조의 모든 계층이 성립하는 것이다. 바로 지각 위에 성립하는 계단의 관조는 지각과 비슷하므로 지각에 속하는 것같이 생각된다. 그다음 계단의 관조에서는 이념적 내용이 더욱 뚜렷이 나타나며 지각과 거리가 멀고 자발적이고 생산적인 요소가 증가하며 창조적 형성에까지 다다른다. 그리고 이 관조가 어느 단계에 올라가면 인식에 접근한다. 여기서 관조는 인식과 마찰을 빚기도 하고 인식과 결합하여 혼란에 빠지기도 한다. 관조도 인식과 마찬가지로 진실성을 요구하지만 그 본질과 방향에 있어서는 인식과 다른 것이다. 또한 관조는 결국 인식을 뛰어넘어 직관의 형태에까지 올라간다. 이리하여 직관은 사고는 물론이고 지각까지도 규정하며 지도하는 힘을 갖는다. 이것이 가치감정의 힘이다. 왜냐하면 가치의식에 주어지는 가치가 대상적으로 인식될 때 그것이 직관적 인식인데, 이 직각적 파악은 개념적 형태의 파악이 아니라 관조의 형태에 있어서의 파악이기 때문이다.

c 가치감정의 역할

그런데 우리가 여기서 감수하며 관조하는 가치 그 자체가 미적 가치는 아니다. 그것은 오히려 우리의 실제 생활이나 이론적 생활을 지배하는 가치, 즉 생명가치 내지 도덕적 가치이다. 또 거기에는 여러 가치가 있다. 하지만 이러한 가치들을 미적 '만족', 미에 대한 쾌감, 관조자의 도취 따위에서 느껴지는 가치와 혼동해서는 안 된다.

예를 들면 조형예술이나 자연미의 대상영역에 있어서는 활기·건강·활동력·발아·생식력·체능·합목적성 등의 가치가 문제되고, 운동의 우아하고 아름다운 형태의 조화 등은 아직 문제되지 않는다. 그러나 문학이나 인간의 영역에 있어서는 주로 착함·사랑·성실·정직·희생·용기·의협 등의 가치가 중요하며, 또 부정·무자비·부정직·음흉 등의 비가치도 관계된다. 왜냐하면 인간생활의 모든 현상은 그 속에서 펼쳐지기 때문이다. 그러므로 인생이나 문학의 모든 형태는 그러한 가치와 비가치를 무시해 버리고 이해되는 것은 아니다. 영웅에게는 의협심이 있고 그 의협심은 가치감정에 주어진다. 그렇지 않으면 관찰자는 극장이나 인생에 있어서 영웅을 영웅으로 이해할 수 없다.

그러나 이상과 같은 가치들은 다만 미적 관조의 전제가 되는 것이며 그 자체가 미적 가치는 아니다. 생명가치는 어디까지나 도덕의 가치이다. 하지만 대상의 미적 가치가 빛을 내려면 위에서 말한 여러 가지 가치가 생생하게 감각되어야 하는 것이다. 그러한 의미에서 미적 가치의식은 미(美) 이외의 가치에 대한 관조자의 가치관을 통하여 제약을 받는 셈이다. 따라서 미적 관조 중에서 직관의 최고 단계를 분명히 포착할 수 있다. 이 직관은 관조의 작용조직 중에서 그처럼 지배적인 것이다. 그러므로 직관은 지각(知覺)에 이르기까지 그 이하의 모든 계단을 규정한다. 이리하여 지각은 세목 중에서 가치의 주목을 받으며 중요하게 나타나는 것으로 지도된다. 그래서 우리의 가치감정도 미적 관조를 통하여 강화되고 민첩해지며 각성되기도 하는 사실을 인상 깊게 겪는 것이다.

같은 대상과 같은 관조에 있어서 미적 가치가 논리적 가치나 생명적 가치의 위에 '어떻게' 얹히는가? 이 문제는 미적 가치분석에 속하는 것이다. 그러므로 이는 그곳에서 논의하기로 하고, 여기서는 잠깐 관조작용까지 규정하는 제약관계가 있다는 사실을 확정해 두기로 한다. 표현예술에 있어서는 관조가 언제든지 현상하는 내용으로 쏠린다. 그러나 내용이라는 것은 형식을 갖춘 재료를 말하며, 그 법칙이나 가치까지도 포함한 다양한 자연과 풍속이 이 재료가 될 수 있는 것이다. 그리하여 미적 가치가 실천적 내지 생명적 가치에 얹히듯이 다만 새로운 형식이 그 재료 위에 얹히는 것이다. 이 점에 모든 표현예술이 모방에서 시작되는 이유가 있다.

d 쾌감·만족·완상

쾌감은 관조의 주관적인 측면이며, 더구나 모든 계단에 있어서의 관조의 주관적 측면이다. 그러나 쾌감이 주관적인 까닭은 바로 그것이 순수한 정조만으로 이루어져서이고, 이 쾌감이 전달하며 알리는 것은 객관적인 것이며 바로 취미판단의 내용이 되는 것이다. 하지만 취미판단은 관조 중에서 쾌감이 알리는 것만을 진술하는 것이다. 이리하여 쾌감은 작용조직 안에서 중심적 지위를 차지하고 있다.

그럼에도 쾌감은 미적 관계에서 보면 완전히 독립적인 요소로서 다른 요소에 환원시킬 수 없으며 독립적으로 분석되는 것이다. 이 쾌감의 연구에 깊이 들어간 사람이 칸트와 모리츠 가이거이다. 그들은 미학의 테두리 안에서 최대의 성과를 거두었다. 그러나 쾌감에 있어서 감정적 계기의 독립성을 인정하면 분석이 주관적인 방향으로 치우치고, 따라서 미학이 다시 19세기에 이미 거부당한 심리주의적 전철을 밟게 될 위험성이 있다.

쾌감의 진정한 미적 요소는 쾌감을 대상과의 관계에서 보아야만 비로소 드러나는 것이다. 왜냐하면 미적 쾌감도 관조에 못지않게 '객관적'이며 대상과의 관계를 가지고 있기 때문이다. 미적 쾌감은 가치를 알리는 것이며, 더구나 특히 미적 가치를 알리는 것이다. 아니, 미적 작용조직 내부에서 가치를 알리는 것은 오로지 쾌감뿐이다. 왜냐하면 그 밖에 다른 것은 없기 때문이다. 그러므로 쾌감은 미적 가치의식의 일차적이며 직접적인 형식이라고 말할 수 있다.

그 의미는 미적 가치의 '고지'나 감수에 있어서 일반적인 것, 따라서 미(美) 일반보다도 미의 특수화, 다시 말해서 여러 가지 미의 차이가 중요하다는 것을 생각하면 이해가 된다. 왜냐하면 이 여러 가지 미의 차이는 세밀하게 분화되는 정조와 쾌감의 차이에 대응하는 것이기 때문이다. 이 쾌감에는 감각의 깊이나 질에 따라서 차이가 생긴다.

여기서 광범한 미적 가치의식의 영역이 전개되거니와 대상이나 작용뿐만 아니라 가치도 다양한 것이다. 그러나 이 다양한 가치의 세계는 어디까지나 감정에 주어지는 것이지 사상에 주어지는 것이 아니며, 쾌감에 주어지는 복잡하고 풍부한 내용은 분석을 통해서 구속되는 것도 아니며, 개념이나 이론에 전이되는 것이 아니라 다만 비슷한 언어로 표현될 뿐이다. 이 점에 철학적 미학이 알아야 하고 주의해야 될 한계가 있는 것이다.

쾌감은 주관에 속하고 가치는 객관에 속하는 것이지만 쾌감과 가치는 분리해서 관찰할 수 없다. 쾌감과 대상도 그와 마찬가지다. 왜냐하면 가치는 오로지 대상에 계속하는 것이기 때문이다. 그러므로 쾌감에 있어서의 가치고지의 측면은 대상과의 관계에서만 나타나는 것이다.

여기서는 '만족'이나 '감상'이라는 객관적 개념이 참고가 된다. 우리는 그 '무엇'으로 만족하며, 우리는 그 '무엇'을 감상하는 것이다. 따라서 만족이나 감상은 분명히 어떤 지향대상과의 관계에서만 이해된다. 그러므로 '미적 쾌감은 만족이다'라는 명제는 쾌감이 대상에 대응하는 것이고, 대상으로 향하는 것이며, 대상에 규정되는 것으로 객관적인 것임을 뜻한다.

이런 말은 예술적으로 감각하는 인간이라면 자명한 것같이 들릴 것이다. 그러나 다시 생각하면 의문이 생긴다. 왜냐하면 쾌감은 감정적 성격을 가지고 있으며 또는 감정적 상태라고 말할 수 있기 때문이다. 아닌 게 아니라 감상이나 만족은 하나의 쾌감임에 틀림없다.

하지만 미적 쾌감에 있어서는 대상성(對象性)이 일차적이고, 상태성(狀態性)은 이차적인 것임이 분명하다. 따라서 미적 만족은 결코 자기만족이 아니며 미적 감상은 자기감상이 아니다. 그러므로 미적 만족이 자기만족에 흐르게 되면 그것은 이미 미적 만족이 아니고, 대상에 대한 예술적 가치감정이 불분명해지는 것이며 결국 소멸되는 것이다. 이리하여 대상에 대한 독특한 감상이나 만족 말고는 어떠한 가치기준도 있을 수 없고 미의 가치의식도 있을 수 없다. 그러므로 미적 쾌감에 있어서는 비중이 그 대상적 측면, 즉 감정의 가치고지적인 성격에 있는 것이다. 이 측면은 대상의 관조가 환기하는 감상의 깊이와 질적 차이에서 표현된다.

e 칸트의 '미적 만족'설

칸트는 그의 《판단력비판》 중에서 미적 만족에 관하여 다음 세 가지 점을 지적했다.

(1)미적 만족은 '주관적·보편적'('간주관적')이며 필연적이다. 그러나 그것은 대상이 주어지기만 하면 누구나 필연적으로 느낀다는 것을 의미하는 게 아니라, 그것을 이해하는 사람이라면 누구나 반드시 느끼게 된다는 것을 의미한다. 이와 같은 주관적 보편성은 바로 대상의 완전한 개성에서 성립하는 것이다.

(2)미적 만족은 개념이 없는, 즉 보편 혹은 규칙에 포괄되지 않는 만족이다. 그리고 이러한 미적 만족의 보편성('주관적')은 결코 개념의 보편성이 아니다. 이 말은 주지주의미학의 근본적인 배제를 뜻하고 있다. 그러므로 만족이라는 것은 개념 없이 나타나는 것이다. 왜냐하면 만족은 지각이나 순수한 관조에서 직접적으로 느껴지는 것이기 때문이다. 이와 같이 만족은 보편에 관한 아무런 지(知)도 아니므로 거기에는 개념이나 법칙도 없고, 따라서 인식이 아니며 그 어떤 기준도 가지고 있지 않다.

(3)미적 만족은 '무관심적 만족'이다. 이 유명한 규정은 감상하는 자가 미적 대상 그 자체에 대하여 아무런 관심도 가지고 있지 않다는 것을 뜻하는 게 아니다. 우리는 물론 어떤 대상에 대하여 미적 관심을 가질 수 있다. 예를 들면 예술가가 제작 중에 있는 작품이나 완성된 작품에 대하여, 또는 그의 작품의 운명에 대하여 지대한 관심을 갖는 수가 있다. 그러나 칸트가 '무관심적 만족'이라는 말을 할 때에 이 모든 관심을 뜻하는 것이 아니다. 왜냐하면 이러한 관심은 대상에 대한 미적 쾌감에 제약된 것이며 그 결과이기 때문이다. 칸트가 말하는 관심은 대상에 대한 실천적 대상이 그 어떤 그리고 무엇에 대한 수단으로 이용될 수 있는가 하는 실천적 관심을 말한다. 이러한 관심은 미적 쾌감에서 제외되어야 한다. 그것은 미적 가치 이외의 가치에 대한 관심에 지나지 않는 것이다. 미적 감상은 그러한 관심과는 아무런 관계도 없다.

칸트가 이상에서 지적한 세 가지 요소 중의 첫째 요소, 즉 '간(間)주관적 보편성'은 분명히 미적 만족이 대상에 입각하고 있다는 것을 가르쳐 준다. 대상을 올바르게 미적으로 관조할 능력이 있는 사람이라면 누구나 반드시 같은 쾌감을 느끼지 않을 수 없는 것이다. 이 점에 있어서는 미적 쾌감의 확신과 실천적·이론적인 아프리오리의 확신과 같다. 왜냐하면 실천적·이론적인 확신도 동일한 조건에 좌우되기 때문이다. 수학적 명제도 그것을 이해할 능력이 있는 자에게만 이해된다.

그러나 둘째 요소는 쾌감에서 유래하는 취미판단과 선천적 판단과의 차이를 뚜렷이 한 것이다. 선천적 판단은 객관적 보편, 따라서 (칸트에 의하면) 법칙이나 개념과 이어지는 것이다. 하지만 미적 만족의 현상 중에는 법칙이나 개념과 같은 게 없다. 따라서 쾌감의 대상은 언제든지 개별적인 것이다. 그러므로 칸트는 "취미판단은 모든 사람의 찬성을 요구하는 것이 아니다"라고 말한다.

끝으로 셋째 요소는 전혀 성질이 다르다. '무관심적 만족'은 취미판단의 독립성, 다시 말하면 미적 성질 이외의 규정요소에 대한 자립성·자율성을 말하는 것이다. 이 자율성은 쾌감에서 고지되는 만큼 그것은 대상에 관한 미적 쾌감의 자율성을 뜻한다. 여기서 가치감정의 특성과 불가환원성을 말할 수 있으며, 간접적으로는 미적 가치 그 자체의 특수성을 볼 수가 있다.

칸트의 규정은 그의 관념론적 체계의 전제를 떠나서 이상과 같은 뜻으로 해석한다면 그 속에는 의미심장한 견해가 들어 있는 것이다. 모든 가치의식은 결국 가치감정에서 판정된다고 보는 것이 오늘날 실질적 가치논리학을 통하여 일반화되고 있다. 그러나 가치의식을 누구보다도 먼저 마지막 판정으로서의 만족에 대한 미적 관계 속에 끌어들인 사람이 칸트이다. 여기에 가치개념이 현상학적으로 정비되기 전에 그 뒤에 펼쳐진 모든 가치이론의 진정한 출발점이 있는 것이다. 왜냐하면 여기서 비로소 쾌감과 만족이 미적 가치를 고지하는 감정적 요소인 것이 뚜렷이 인식되었고, 나아가서 주관적으로 분장한 그 독특한 객관성과 보편타당성이 인식되고 있기 때문이다.

또 칸트가 미적 관심 이외의 모든 관심을 배척한 것은 미의식을 생활연관에서 분리해야 된다는 뜻으로 해석된다. 칸트는 '관심'을 현실이나 상황의 구속으로 보고 있다. 따라서 무관심한 태도는 현실이나 상황과의 단절을 뜻한다. 여기서 감상의 개념을 고려한다면 더욱 이해가 된다. 왜냐하면 감상에 있어서는 대상에 대한 헌신적 열중의 계기가 뚜렷하기 때문이다. 따라서 감상이 심각해지면 감상하는 자가 현실적인 환경이나 일상성에서 황홀경으로 옮아가게 된다. 그것은 어떤 '자기망각'이라고 말할 수 있다. 그러나 그것은 실재적 연관이나 현재와 그 요청의 망각이 중요하다는 것을 뜻하는 것은 아니다.

해방되어 부동하는 상태가 쾌감을 주기도 하고, 또 감상될 수도 있다. 하지만 상태는 대상에 귀속되는 것이다. 왜냐하면 관조자의 작용이 미적인 한에 있어서는 대상을 감상하는 것이지 자기의 상태를 감상하는 것이 아니기 때문이다. 미는 우리를 황홀하게 하는 대상에 있는 것이지 우리가 황홀한 상태에 있는 것은 아니다. 그러므로 실재적 연관에서 빠져나와야 그 밖의 다른 연관, 즉 대상이 개시하는 미의 세계로 옮아갈 수 있다.

따라서 칸트의 규정은 그대로 펼쳐져도 정도에서 벗어나지 않는다. 대상에 대한 순수한 쾌감은 아무리 객관성을 가했다 하더라도 어디까지나 자아의 참여에서 성립하는 것이며, 언제나 자아의 충실을 뜻하는 것이다. 이 점에 분명히 무관심성의 한계가 있다. 그러나 이 자아의 참여는 대상과의 거리를 타파하는 것이 아니기에 이 거리는 여전히 존재하며 또한 중요한 것이다. 대상은 순수한 인식관계에 있어서와 마찬가지로 여전히 주관과 대립한다. 하지만 인식관계에 있어서는 다른 방식으로 대립한다.

미적 감상은 관조의 태도를 떠나서 이루어지는 것이 아니며 관조는 대상을 전제로 한다. 미적 감상은 대상 속으로 '몰입'하는 것이 아니며 대상과 합일하는 것도 아니며 신비적 통일도 아니다. 따라서 미적 감상에도 대상이나 대상과의 거리가 있다.

미적 쾌감은 거리와 내면적 감동과의 대립의 종합이다. 이러한 관계는 결코 말로 표현되지 않는다. 변증법적으로 말하면 미적 쾌감에서는 거리가 지양(止揚)된다고 하거니와, 이 지양이라는 말 속에는 '타파'와 '보존'과 '제고'라는 세 가지 뜻이 담겨 있다.

2 미적 대상의 구조

4) 작용분석과의 관련

a 대상의 관조와 계층

작용분석은 대상과 그 가치의 요소에 부딪칠 수밖에 없다. 그것은 결코 이상한 일이 아니다. 왜냐하면 모든 작용요소에는 대상요소가 대응하기 때문이다. 그러므로 대상분석을 통하지 않고서는 작용분석이 완결될 수 없다. 여기서 우리가 미적 대상의 구조분석에 들어가는 것은 바로 그 때문이다.

작용 측에 일차적인 관조와 고차적인 관조, 또는 지각 일반과 미적 지각의 두 가지 계층이 있다는 것을 알았거니와, 미적 대상에도 그에 대응하여 두 가지 계층이 있으리라는 것을 추측할 수 있다. 그러면 이 두 계층은 무엇이며 그 사이에는 어떤 관계가 있는가?

플라톤은 지각되는 것과 또 그 배후에, 관조에 의해서만 파악되는 무엇이 있다고 하며 이것을 '이데아'라고 불렀다. 그가 말하는 '이데아'는 실재하는 개별자와 대립되는 일반자이며, 개별자의 원형으로서 순수성과 완전성을 가지고 개별자가 있기 이전에 존립하는 것이다. 따라서 미(美)는 본디 '이데아'에만 있고 개별적인 사물에서는 불분명한 것이다. 그러나 지각을 떠날 수 있는 사람이라면 순수한 미, 그 자체를 인식할 수 있다는 뜻이었다.

이리하여 플라톤은 지각과 그 실재적 대상을 배제했다. 그의 후학들인 플로티노스와 피치노도 플라톤의 뒤를 따랐다. 즉 그들에 의하면, 관찰자의 임무는 지각과 그 대상을 완전히 배제하고서 감성적인 미에서 '예지적인 미'로, 따라서 내면적으로는 감성에 매개되지 않은 순수한 관조에 올라가는 데 있다고 했다.

이 점에서 보면 그들은 분명히 미를 파악하는 작용 중에 감성적인 것이 덧붙는 것을 반대하고 있다. 그러나 바로 감성적인 부가물이 중요하며 그러므로 그 특질을 이해해야만 한다.

그들은 미적 관계를 오로지 인식관계로 이해하고 주지주의적으로 보고 있다. 그러므로 미적 관조를 본질관조와 동일시한다. 따라서 고대에 있어서는 미의 의미가 뚜렷하지 않고 미와 선이 구별되지 않으며 미적 대상의 의미와도 일치하지 않는다. 그러나 본디의 미적 관계에 있어서는 미(美)가 감성적 소여의 대상에서 나타나는 것이다. 이데아의 미라는 것은, 이를테면 그런 것이 있다 하더라도 미학적인 의미에서의 미는 아니다.

이러한 궁지에서 독일관념론이 나왔다. 칸트가 그 길을 터놓았다는 것은 이미 말한 바 있다. 셸링과 헤겔이 그 뒤를 따랐다. 그들은 미가 이데아 그 자체에 있는 것이 아니라, '이데아의 감성적 현상'에 있다고 주장했다.

그러면 '이데아의 감성적 현상'이라는 말 속에서 새로운 점은 무엇인가? 그것은 세 가지 점으로 요약된다. (1)미는 이데아에 있는 것이 아니라 현상에 있다. (2)현상은 감성적인 것이다. (3)이데아는 감성적이 아니라 감성적인 것 속에 타난난다. 그렇다면 대상에는 두 가지 부분이 있다고 말할 수 있다. 하나는 감성적인 대상이며 다른 하나는 이데아로서, 전자는 대상의 전경(前景)이고 후자는 그 후경(後景)이다. 그리고 후경이 전경과는 전혀 다른 존재방식을 가졌다는 것은 의심할 여지가 없다.

여기서 미의 문제에 있어서의 결정적인 전향이 성취되는 동시에 미의 형이상학이 아니라 미의 현상학이 펼쳐졌다. 미적 대상의 두 가지 모습이 발견되고 미의 본질분석이 시작되었다. 미의 본질의 핵심은 현상관계에 있는 것이다. 그러면 (1)이데아는 무엇이며 (2)현상은 어디서 성립하는가가 문제된다. 여기서도 '이데아'는 보편적이고 원리적인 것이며, 자연이나 인간세계는 이데아를 원형으로 이루어져 있음을 전제하고 있다. 이러한 전제는 고대의 형이상학적 잔재인 것이다. 미를 그러한 '이데아'의 완전성으로 보지는 않으나 역시 완전성의 현상과 관련을 갖고 있다. 그러니만큼 미적 가치가 여전히 완전자의 가치적 성격과 연관되는 것이다. 예를 들면 문학에서는 영웅의 영웅다운 점이나 위대한 인간의 도덕적으로 위대한 점에 미적 가치가 있다. 그러나 여기에 결점이 있다. 왜냐하면 나타난 것은 완전한 것도 미의 본질이 되는 것도 아니라, (1)'감성적'으로 나타나며 (2)실재성이나 비실재성에는 아무 관계도 없는 것이기 때문이다.

또 현상이라는 말을 들을 때에 우리는 흔히 착각이나 환상을 생각하게 된다. 그러나 그것은 오해이다. 왜냐하면 우리는 나타난 것을 가지고 완전한 것이나 원형이 나타났다고 착각하지도 않을 테고, 비현실적인 것을 가지고 현실적이라고 생각하지도 않을 터이기 때문이다. 나타나는 것은 고차적인 관조로써만 접근할 수 있는 것이 감성적으로 보이게 되는 것을 말한다. 그러므로 관조와 지각은 밀접하게 결부되는 것이다. 하지만 이 관조와 지각과의 결부를 착각이라고 말할 수는 없다.

b 수정의 필요

플라톤의 정의에 대한 헤겔의 수정이 필요하듯이 헤겔의 정의에 대한 또 하나의 수정이 요구된다.

헤겔적인 '이데아의 현상' 중에서, '이데아'를 삭제해도 아무런 손실이 없다. 관념론자가 말하는 '이데아'는 전혀 허구적인 것이 아니다. 예술적으로 중대한 역할을 하는 이데아도 물론 있다. 예를 들면 위대한 예술 속에는 유력한 역사적 추진력이 된 종교적 이념, 즉 고대의 신상, 이탈리아인의 마돈나·신전·교회·송가·성가 내지 비극 등이 있다. 또 희극이나 초상화나 음악에는 많은 도덕적 이념도 있다. 예술에는 이러한 모든 이점이 있고, 또 중요한 것이 사실이다. 그렇다고 그것들만이 예술작품 속에 나타나는 내용이 되는 것은 아니다. 거기에는 또 비이론적인 것, 곧 개별적이고 일회적인 것들도 헤아릴 수 없이 많다. 이 점에 문학작품의 특징이 있거니와, 그 특징은 감성적으로 주어지는 게 아니라 다만 감성에 매개될 뿐이다. 따라서 실재성을 요구하는 것도 아니다. 그것은 현상에 넣을 수는 있으나 그렇다고 보편적인 이념이나 유형적인 것으로 볼 수 없다. 그 속에서 표현되는 양면·갈등·운명·행위·정욕은 결국 어떤 개인의 것으로 나타나며 또 그런 것으로 이해된다. 그와 마찬가지로 초상화나 풍경화에 있어서도 특수한 인물이나 장면이 나타나는 것이다.

이상 모든 특수성은 에누리 없이 현상에 속하는 것이며 예술에 있어서는 비실재적인 것에까지 속하는 것이다. 그것은 고차적인 관조에 해당되는 것이며 따라서 일상적 지각을 미적 지각으로까지 끌어올리는 것이다.

관념론은 대상 계층 중에서 본질적인 부분을 중요시하지 않았다. 지각과 이념관조와의 사이에 중간적인 관조가 있듯이, 미적 대상에도 감성적 소여와 이념적 내용과의 사이에 중간층이 있는 것이다. 이 중간층은 이념내용과 같이 현상에 속하면서도 감성적 소여처럼 구체적이고 직관적이며 개별적이다. 그런데 관념론자들은 대상 중에서 대립하는 양극단을 연관시킬 뿐이고 중간층에 속하는 모든 것을 무시했으나, 전체는 양극단이 아니라 바로 미적 대상 중에 고유한 풍요로운 내용이다. 여기서 미적 대상의 구조분석에 있어서의 새로운 방향이 펼쳐지는 것이다. 따라서 이 미적 대상의 독특한 본질은 그 여러 계층 간의 상호관계에서 인식되어야 한다는 것도 예견된다. 이와 같은 방향에서 얼마만큼 미의 본질에 접근할 것인지는 미리 짐작할 수 없으나 새로운 해명이 약속되는 것만은 틀림없다.

c 미적·자율적 쾌감의 지위

현상관계에 새로운 해명이 필요했다. 그 해명은 다만 작용분석만으로 이루어질 수 없고 결국은 대상의 구조관계에서 이루어질 수밖에 없다. 대상의 구조관계가 밝혀질 때에는 작용조직, 그중에서도 쾌감·만족·감상 등이 새롭게 밝혀지는 것이다.

첫째 쾌감은 현상(現象)하는 사람 또는 감성적 소여에 좌우되는 것이 아니라 바로 현상 그 자체에 좌우되는 것이다. 그러므로 쾌감은 이념내용에 좌우되는 것이 아니고 또 미적 가치 이외의 다른 가치에 대한 반응도 아니며 오로지 현상하는 자가 의식에 나타나는 방식에 따르는 것이다. 그러나 미적 작용 중에서 참으로 가치를 드러내는 부분은 쾌감이며 이 쾌감을 통하여 미 그 자체가 우리에게 주어지는 것이다. 이 점은 칸트가 이미 뚜렷이 간파한 바 있었지만 관념론적 미학에서는 인식하지 못하고 있다. 감성적인 '이념의 현상'을 고집한다면 '무관심적 만족'의 의미를 충분히 살릴 수 없다. 그래서 헤겔은 철학적·개념적인 사고를 미적 관조보다 더 차원 높게 보았다. 형상에는 불완전한 것과 보기 싫은 것만이 계속되는데, 그것은 혼미한 파악이다. 하지만 순수한 인식에서는 그런 것이 취소된다고 한다. 여기에도 현상하는 자가 마치 존재하는 것처럼 인식된다는 전제가 남아 있다.

이리하여 헤겔은 대상에 대한 미적 관계를 관조로 보며 또 이 직관을 얕잡아보는 경향이 있다. 따라서 그는 개념을 관조보다 높게 보고 쾌감을 개념에 대하여 부차적인 것으로 본다.

그러나 미적 관계에 있어서의 쾌감은 이론적 관계에 있어서와는 전혀 다른 것이다. 쾌감은 전혀 다른 가치에 의존하는 것만이 아니라 또한 자율적인 것이다. 대상은 쾌감을 통하여 비로소 가치대상이 된다. 실천적인 공적이나 사상적인 공백은 쾌감을 떠나서 객관적으로 정당하게 성립한다. 하지만 예술작품의 가치는 오직 관조자나 관조를 통해서 감상하는 주관에 대하여 존재한다. 따라서 쾌감은 이 쾌감이 알리는 가치의 구조에 참가하면서 가치에 의해서 규정되는 것이다. 이러한 의미에서 미적 쾌감은 자율적이다. 정신적 존재는 현상에 속하는 것이며, 이 정신적 존재에서 그 무엇이 현상하는 것이다. 그런데 미적 가치는 형상하는 자에게 있는 것이 아니라 현상 그 자체에 있다. 그러므로 이 현상을 수용하는 정신적 존재가 미적 가치에 참여하는 것이다.

이 정신적 존재가 동시에 미적 쾌감을 느끼는 것이므로 이 미적 쾌감의 자율성은 이 쾌감에 앞서서 존립하는 가치에 있지 않고, 이 미적 가치의 창조에 참여하는 점에 있다. 다른 가치감정과는 달라서 미적 가치감정은 동시에 가치를 구성하는 것이다. 그러므로 미적 가치는 예외를 필요로 하지 않는다. 다시 말하면 미적 가치가 개별적인 대상에 나타나기 전에는 전혀 의식되지 않는다. 이와 같이 미적 가치는 관조를 떠나서 객관적으로 이해되는 것이 아니며 미적 가치는 바로 이 관조 속에 있는 것이다. 그러므로 관조 이전에 미적 가치가 있는 것이 아니다.

여기서 미적 가치의 성격에 관한 결론을 다음과 같이 내릴 수 있다.

(1)미적 가치는 재화가치처럼 실재적이거나 또는 도덕가치처럼 이념적이거나 간에 어떤 자체적인 존재자의 가치가 아니다. 그러므로 미적 가치에는 부위적 성격이 없다. 미적 가치는 '대아적 존재자'의 가치에 지나지 않는 것이다. 그것은 물론 객관적 가치, 즉 대상 그 자체의 가치이다. 그러나 이 대상은 자체적으로 존립하는 것이 아니라 미적 주관에 대해서만 존립한다. 만일 이 대상이 감성에만 주어지는 것이라면 그럴 수 없다. 감성적 소여는 대상의 일부분에 지나지 않는 것이며, 또 이 부분만이 대상을 미적인 대상이 되게 하는 것도 아니다. 현상하는 자도 대상에 속하며 이 현상하는 자가 반드시 실재적인 것도 아

니다. 미적 대상이 비로소 전체인 것이다. 그리고 이 전체는 우리가 완전한 관조자인 경우에 있어서만 '우리에 대하여' 존립한다.

(2)미적 가치는 대상 자체의 가치라고 말할 수 있다. 다시 말하면 미적 가치는 관조나 쾌감처럼 작용의 가치도 아니며, 또 그 작용을 통해서 비로소 대상이 되는 존재자 자체의 가치가 아니라 오직 대상으로서의 대상의 가치이다. 그러므로 미적 가치는 현실성, 즉 현상하는 자의 실현과 독립해서만 존립하는 것이다.

(3)미적 가치는 현상관계 그 자체에 소속되는 것이며 또한 하나의 전체로서의 현상관계에 소속되는 것이다. 이 전체로서의 현상관계의 여러 부분은 물론 분리해서 나타나기도 한다. 그러나 그렇게 되면 미적 대상이 되지 못한다. 그러므로 미적 가치는 주관적 제약 아래 있는 것이지만 물론 그 밖의 가치들과는 다른 의미에서이다. 여기서는 '대아적 존재'가 '대아적 대상'이라는 의미밖에 없는 것이다.

(4)그러므로 미적 가치는 생명가치나 도덕가치처럼 객관적·일반적인 것이 아니라 각 대상에 특수한 것이며, 또한 각 대상에 특유한 개성적 가치이다. 현상에는 헤아릴 수 없이 많은 가치형태가 있다. 각 '소재'와 각 질료에 따라서 다른 것이다. 같은 소재가 같은 질료 중에 나타날 때에도 다르다. 물론 현상관계의 일반적·유형적인 특징에 대응하는 미적 가치의 일반적 특징도 있다. 그러나 그것은 대상적인 미의 일반적 형식에 지나지 않는다. 진정한 가치는 일회적 특수성에 있고, 미의 범위 안에서 비교될 수 있는 모든 것은 겉에 덧붙어 있다.

예술의 종류나 이것과 결부한 양식 등은 결국 대상의 구조와 관계있으며, 다만 간접적으로 미적 가치에 관계있다. 그리고 일반적인 가치성격은 예술의 여러 종류와 양식에 공통한 것이다. 그러나 진정한 미적 가치는 그런 예술의 복잡한 차별과는 그다지 깊은 관계가 없다. 그럼에도 미적 가치성격이나 그 차이는 대상의 구조에 소속하는 것이며, 더구나 그 다층적 구조에 의존하는 것이다. 그러므로 작용분석은 대상의 구조분석으로 옮아가야 되고 결국 대상의 구조분석을 거쳐서 가치분석에까지 다다라야만 한다. 이로써 미학의 중심과제는 대상의 구조분석에 있으며 작용문제나 가치문제의 해결을 위한 중요한 관건도 대상의 구조분석에 있다고 말할 수 있다.

5) 객관화의 법칙

a 질료의 역할

이상의 논리 추구는 미적 대상의 존재문제에 귀착된다. 미적 대상을 주관에 의존하지 않는 독립적인 존재로 보는 것이 옳지 않다는 사실은 이미 명백히 했다. 그러나 미적 대상에는 주관에 의존하지 않는 부분도 있다. 여기서 미적 대상의 존재방식이 문제되는 것이다. 이 문제를 해결하는 데에 존재론의 과제가 있다. 이 과제는 모든 다른 문제에 앞서는 것이며, 그러므로 무엇보다도 먼저 이 문제를 해결해야 된다.

이 과제는 정신적 존재의 일반문제에 속하는 것이다. 왜냐하면 미적 대상은 정신적 존재에 '대해서'만 존립하는 만큼 거기에는 언제든지 정신적 내용이 붙어 있는 그 무엇이 있는 것이며, 적어도 특정하게 보는 방식이나 혹은 이해하는 방식이 붙어 있다. 그것은 자연대상에서는 볼 수 없고 오직 예술작품에서만 볼 수 있다. 그러므로 여기서는 먼저 주로 예술작품에 대해서만 이야기하기로 한다.

예술작품은 정신적 산물이며 따라서 이 작품의 생산자는 다른 종류의 정신을 소유하고 있는 것이다. 그러므로 예술작품은 정신적 존재, 다시 말하면 '객관화한 정신'의 한 특수형태에 속한다. 그것은 객관화, 바꾸어 말하면 정신적 내용이 대상성으로 드러난 것이다. 그러므로 객관화라는 것은 예술작품만이 아니라 도구(道具)로부터 서적에 이르기까지의 모든 정신적 산물을 말하는 것이다. 변하여 달라지는 현재의 정신 속에서 역사적으로 살아 있는 모든 과거의 정신은 객관화의 형식을 가진다. 그중에서도 문헌이 가장 큰 역할을 하고 있다. 그러나 그것이 반드시 예술작품은 아니다. 단순한 사상보고나 학문상의 문헌도 이러한 근본형식, 즉 객관화의 존재방식을 가지고 있는 것이다.

그런데 모든 정신적 존재의 원칙상 자유로 움직이는 것이 아니라 정신 이외의 다른 존재기초에 의존하는 것이다. 따라서 개별적 인격의 개인적 정신은 심적 생활에 의존하는 것이며, 이 심적 생활은 또 육체적·유기적 생활에 의존하며, 이 육체적·유기적 생활은 결국 무기적·물질적 존재에 의존하는 것이다. 그것들은 '아래로부터'의 제약을 받으며, 따라서 언제든지 상층은 하층의 지지를 받고 있다. 이리하여 정신적 생활은 최고의 존재계단이므로 그 아래에 있는 모든 존재계단의 지지를 받는다. 개인적 정신뿐만 아니라 전 국민이나 시대의 공통적인 정신적 생활이 되고 있는 역사적·객관적 정신도 실재적 세계의 여러 존재층에 지지받고 있는 것이다. 이리하여 정신적 존재는 아래에서 지지하는 여러 존재의 층을 떠나서는 존립할 수 없다.

그 점은 개인적·주관적인 정신이나 역사적·객관적인 정신에 타당할 뿐 아니라 객관화한 정신에도 타당한 것이다. 객관화는 정신의 제3의 근본형식이다. 그것은 물론 살아 있는 정신이 아니라 정신적 내용, 정신적 산물, 정신적 작품에 지나지 않는다. 그러나 객관화한 정신은 바로 이러한 특성을 가졌으므로 개인이거나 주관적인 정신적 '생활'에서 어느 정도 떨어져 있다. 그것은 말하자면 정신적 생활 속에서 거리를 두고 있는 것이며, 따라서 이 정신적 생활의 변화를 받지 않고 그것과 나란히 서서 독립적으로 존재하는 것이다.

이와 같이 작자, 즉 설화가·사상가·문필가·시인·조형예술가의 생활을 떠나서 보존되는 점에 정신적 작품의 특징이 있다. 따라서 작자나 시대적·객관적 정신이 없어져 버려도 작품은 영구히 남을 수 있는 것이다. 이 객관화한 정신은 세대나 세기의 교체는 받아도 생멸의 운명에는 끌려들지 않는다. 그러나 이 객관화한 정신이 지구성(持久性) 있는 실재적 매체 속에, 다시 말하면 유동하는 인간생활과 다른 별개의 저항력을 가진 질료 속에 구현되는 경우에만 그럴 수 있다. 그러니만큼 이 객관화한 정신을 지지하는 정신은 어떤 실재적인 형상에 의존하므로, 이 실재적 형상 그 자체는 정신이 아니며 시간적 존속에 있어서 정신적 생활을 훨씬 넘어서는 것이다.

그러므로 객관화는 본질적으로 어떤 정신적 상태가 나타날 수 있는 지구성 있는 실재적 형상의 창작에서 성립하는 것이다. 따라서 미적 대상은 그것이 인간에 의하여 창작되는 한에 있어서, 넓은 의미의 현상에 속하는 것이며, 특수한 종류의 객관화한 정신이 되는 동시에 또한 전적으로 객관화의 법칙 아래에 놓인다.

이 객관화의 법칙에는 두 가지 의미가 있다. 즉 이 법칙은, 첫째 정신적 내용이 실재하는 어떤 감성적 질료 속에 구속되는 경우에서만, 다시 말하면 어떤 특수한 형성을 통해서 감성적 질료에 속박되고 지지되는 경우에서만 보존될 수 있다는 것을 뜻한다. 둘째로 형성된 질료에 지지되고 있는 정신적 내용은 언제든지 개인적이거나 객관적이거나 간에 살아 있는 정신의 대가를 요구한다는 것을 의미한다. 왜냐하면 이 정신적 내용은 관조하고 이해하며 재인식하는 의식에 의존하고 실재적 형상을 매개하여 그 속에 나타나는 것이기 때문이다.

미적 대상 속에는 질료가 있다. 이 질료는 예술의 성격 정도에 따라서 석재·금속·색채·말·음성·문학 등을 말한다. 그러나 이러한 질료들은 어떤 형식을 갖든지 살아 있는 정신의 대가 없이는 무의미한 것이며, 정신적 내용의 지지자가 될 수 없다. 그런데 이 살아 있는 정신의 대가가 다름 아닌 재인식이며 이해이다. 질료 속에 감금되고 저장된 것을 다시 뚜렷하게 새기고 해방하고 생동하게 해야 한다. 그것은 살아 있는 정신 속으로 끌고 들어와야 한다. 그것은 어떤 경우에는 복잡한 과정이기도 한 것이며 여러 가지 조건이 요구되기도 한다. 살아 있는 정신이라고 해서 언제든지 가능한 것이 아니며, 또 가능하다 하더라도 어느 정도 익숙한 단계에 다다라야 가능한 것이다. 그러므로 과거에 문헌이 몇 세기 동안 망각되거나 그 정신적 내용이 아무에게도 이해되지 못하고 매장되었다가 다시 발굴되고 다시 이해되며 새로운 생명을 갖게 되는 수가 있다. 이리하여 객관적 정신은 실재적인 정신생활을 떠나서는 존립하지 못하는 것이다. 예술작품도 그와 마찬가지다.

객관화한 정신의 '의존'은 살아 있는 정신의 의존과는 다르다. 살아 있는 정신은 그 아래에 있는 여러 존재층에 의존한다. 물질―유기체―심적 생활―정신은 비가역적인 유일한 의존계열이다. 그러나 객관화에 있어서는 이러한 존재층의 연결고리가 없다. 문학예술의 작품이나 조형예술의 작품에 있어서는 정신적 내용이 직접적으로 실재적 존재의 최하층, 즉 물질에 의존한다. 여기서도 물론 정신적 내용이 살아 있는 정신에 의하여 이루어지는 특정한 형성에 의존한다. 하지만 이 형성 그 자체를 순전히 정신적인 것이라고 말할 수 없다. 이리하여 객관화한 정신에는 중간적인 존재층이 없다. 그리고 다만 살아 있는 정신의 도움을 받아서 이해가 가능해지는 것이다.

그러므로 객관화한 정신에 있어서는 세 부분의 관계를 볼 수 있다. 작품 그 자체에 있어서는 형성된 질료와 정신적 내용이 서로 이어져 있다. 그러나 그것은 그 자체에 있어서가 아니라 살아 있는 정신에 의해서 이어지는 것이다. 따라서 살아 있는 정신이 셋째 부분이 되는 것이며, 이 부분을 통해서 형성된 질료와 정신적 내용이 서로 이어진다. 그러므로 이 셋째 부분이 없으면 정신적 내용이 질료 속에서 살아나지 못한다.

여기서 객관화의 복잡한 존재방식이 직접적으로 표면화된다. 이 객관화에 있어서는 질료는 실재적이지만 정신적 내용은 비실재적이며, 또 살아 있는 정신에 의해서 실재화하는 것이 아니라, 도리어 이 살아 있는 정신에 대하여 현상으로 나타나는 것이다. 따라서 현상관계는 예술작품에만 한정되는 것이 아니라 그보다 더 일반적인 것임을 알 수 있다. 즉 현상관계는 미적 대상의 특수한 존재방식만이 아니라 객관화 정신의 존재방식인 것이다. 그러면 예술작품에 있어서의 현상관계와 다른 여러 가지 객관화에 있어서의 현상관계와는 어떠한 차이가 있는지를 알아보기로 하자.

b 정신적 내용과 살아 있는 정신

개인적이거나 객관적이거나 살아 있는 정신에는 실제에 있어서 두 가지가 있다. 왜냐하면 질료를 형성하거나 정신적 내용을 부여하는 것도 살아 있는 정신의 작용이며, 더욱이 근원적·창조적인 작용이기 때문이다. 따라서 그것은 수용하며 재인식하는 정신과는 전혀 다른 별개의 정신이다. 후세까지 살아서 그 작품을 창작한 정신은 죽어도 그 작품은 남아 있는 것이며, 이 작품 속에는 창작하는 자의 정신이 깃들어 있는 것이다. 그러므로 생산적인 정신은 질료를 이루며 따라서 질료에 정신적 내용을 부여한다. 그러나 이 정신적 내용은 질료 속에 가두어 둔다. 그래서 수용하는 정신은 다시 이 갇힌 정신적 내용을 '석방하며 재생'시키는 것이다. 이렇게 보면 받아들이는 정신도 정신적 내용의 재생에 어떤 자발적인 역할을 하고 있는 것이 분명하다. 즉 수용적 정신은 이해와 관조에 있어서 생산적 정신에 의하여 생산된 정신적 내용을 재생산하는 것이다.

하지만 생산하는 정신이 다시 생산하는 정신을 마음속에 두지 않고 무시하듯이 재생산하는 정신으로 보면 생산하는 정신이 숨어 있는 것이다. 왜냐하면 생산하는 정신은 객관화 그 자체 속에 들어 있는 것이 아니기 때문이다. 생산하는 정신은 이 정신의 작품을 통하여 추측될 뿐이고, 그 밖에 다른 방법으로 알 수는 없다. 물론 작가가 작품 속에서 자기 자신을 아울러 표현하는 수도 있다. 그러나 그것은 어디까지나 특수한 부록에 지나지 않는다. 후세의 그리스인들이 해석하듯이 호메로스가 음유시인 데모도코스의 모습을 그릴 때에 자기 자신을 묘사했는가 하는 것은 알 수 없는 일이다.

물론 모든 표현은 어느 범위 내에 있어서는 자기표현이라고 말할 수 있다. 그것은 오로지 사실 그 자체만을 말하는 경우에도 그렇다. 작가는 자기 작품 속에 자기도 모르게 자기 자신, 적어도 자기가 보는 방식을 끌어들인다. 그 점은 더욱이 예술적 표현에서 볼 수 있다. 그렇지만 이런 자기표현은 모든 전달에 따라붙는 부수현상에 지나지 않고 본디의 객관화 그 자체에는 중요한 것이 아니다. 그러므로 살아 있는 모든 사람은 말이나 태도나 행동을 통하여 언제든지 자기 자신을 보여준다. 사람이 무엇을 말하든지 그는 자기도 모르게 자기 자신을 폭로하는 것이다. 그와 마찬가지로 어떤 그림이든지 그 그림에서 작가를 엿볼 수 있다. 객관화한 정신은 살아 있는 정신을 떠나서 자유로이 움직이는 것처럼 생각되면서도 다른 살아 있는 정신과도 이어질 뿐만 아니라 또 최초의 생산적 정신과도 이어지고 있는 것이며, 그 속에서 이 생산적 정신을 인지할 수 있는 것이다.

살아 있는 정신과 본디의 생산적 정신은 객관화 정신에 대해서 근본적으로 중요할 뿐만 아니라 또한 미적 대상에 대해서도 중요한 것이다. 미적 대상도 예술작품처럼 수용하는 정신을 상대해서만 성립하고 이해되는 것이며, 그 이름도 모르고 생활도 모르는 조각가·시인·작곡가 등의 생산적 정신도 그 속에서 어느 정도 인식되는 것이다. 관조자는 작품의 위력에 끌려서 예술가의 직관방식 속으로 끌려 들어가는 것이며, 이러한 직관방식이 관조자에게 알려지고 개조되는 것이다.

여기서 특히 미학에 대하여 중요한 것은 지각과 함께 정신적 내용이 객관화되고 현상하는 실재적 형상이다. 이 형상은 본디 정신적 내용과 동질적인 것이라고 생각되기도 한다. 그러나 좀더 따져보면 그와는 반대이다. 이 점을 알려면 그보다 더 단순한 미적 대상 이외의 대상으로 눈을 돌려야 한다. 일상생활에서 가장 흔히 볼 수 있는 형상은 말과 글이다.

말은 살아 있는 특정한 객관적 정신에 속하는 것이다. 객관적 정신이 '살아 있는' 한 말이 나오는 것이며, 이것이 살아 있는 말이다. 그리고 아무도 하지 않는 죽은 말과 다른 것이다. 말은 서로 간의 이해수단이 되는 것이며 정신적 교제의 화폐이다. 그러므로 말은 유동적이며 순간적 상황에만 유용하고, 요건이 끝난 뒤에는 사라지고 잊힌다.

그럼에도 말은 어떤 객관화이며 따라서 이 객관화에서는 두 가지 존재층, 즉 감성적 실재인 음성과 의미나 의의 등의 정신적 내용이 구별되며, 이 두 가지가 합해야만 '말'이 되고 어느 하나만으로는 말이 되지 않는다.

여기서 살아 있는 정신이 언제든지 객관화에 참여하면서도 이 객관화에 머무르거나 보존되지 않는다는 것을 알 수 있다. 살아 있는 정신, 공통하는 정신계의 건설과 유지라는 자기 자신의 당면 요구를 위하여 객관화를 필요로 한다.

그러나 모든 말이나 표현은 그 일회적인 말소리와 더불어 살아 있는 정신의 기억 속에 남아서 보존된다. 말의 의미가 중요하게 생각되는 경우에는 그렇게 되기 쉽다. 예부터 속담은 이렇게 해서 성립되었던 것이다. 속담은 바로 정신적 내용이 문구 속에 객관화된 것이므로 널리 퍼지고 공공재(公共財)가 된다. 정신적 내용은 문자를 통하여 더욱 강화되는 것이다. 왜냐하면 문자는 본질이 말처럼 자유롭게 움직이는 것이 아니라 실재적 형상처럼 고정되어 있으며 지구력이 있기 때문이다. 예부터 많은 사람들이 이 점을 증언했다. 여기서는 속담의 내용이 진리냐 아니냐에 문제가 있는 것이 아니라 유동적인 것을 고정시키는 데에 문제가 있는 것이다.

철학적으로는 객관화에 있어서 계층의 심각한 이질성이 주목을 끈다. 여기서도 말과 글이 좋은 예증이 된다.

음성과 의미는 서로 비교될 수 없을뿐더러 또한 완전히 이질적인 존재방식을 가지고 있다. 그것들은 여러 나라 말이나 방언들처럼 서로 독립적이다.

의미는 어디까지나 일시적인 약속에 의하여 음성과 연관되는 것이고 물성(物聲) 모방은 중요치 않은 예외에 속하는 것이다. 그러므로 한 나라의 말을 다른 나라 말로 번역할 수 있고, 또한 나라말(국어) 가운데서도 외국어로 표시될 수 있는 말들이 많이 있는 것이다. 말을 번역할 수 있는 현실적인 한계는 깊은 근거가 있으니, 그것은 민족이 다르고 시대가 다르면 객관적 정신 그 자체, 곧 직관양식과 사고방식이 다른 점에 있다.

그런데 글도 말과 마찬가지다. 문자와 의미와는 그 구조에 있어서나 또는 그 존재양식에 있어서 비교가 되지 않는 것이다. 그러나 문자와 음성과 의미 사이에는 일정한 대응관계가 있다. 이 관계에 의해서 말이나 글이 이해되는 것이지, 말이나 글이 의미와 구조 등에 있어서 비슷하므로 이해되는 것이 아니다.

하지만 여기서 주목할 것은 이 대응관계가 구조적 일치에 영향을 받지 않고도 임의적이며 우연적인 경우에 가장 자유스럽고 가장 완전하게 기능을 발휘한다는 점이다. 왜냐하면 요소는 고정되어 있지만, 이 요소 간의 대응관계는 매우 유동적이어서 헤아릴 수 없이 다양한 의미내용과 일치할 수 있는 것이기 때문이다. 그것은 이 대응관계가 단순한 상징적 관계일 때에는 더욱 그러하다.

그러므로 기이하게 여겨지는 이런 사실에 대한 결정적인 실례는 상형문자에 대한 표음문자의 우월성이다. 이 우월성을 뒤집어 말하면 재인식(읽기)은 음성과 문자와의 일정한 대응관계에 숙달하는 데 매여 있는 것이다. 그것은 마치 말과 글을 이해하는 전제조건이 음성과 의미와의 대응관계를 갈고닦는 데 있는 것과 마찬가지다.

이리하여 객관화 법칙에서 정신적 내용의 모든 현상은 이해의 조건을 가지고 있는 한에서의 살아 있는 정신의 반대급부를 표시하는 것이다.

c 객관화한 정신

그 밖의 다른 모든 정신적 내용에 있어서도 원칙적으로 말이나 글에 있어서와 마찬가지이고 다만 객관화의 형식만 다를 뿐이다. 따라서 이 모든 형성체의 자립성에 여러 가지 차이가 있는 동시에, 그 형성체들의 역사적 보존능력과 후대의 산 정신 속에 재현할 가능성에 차이가 있다. 그러나 이 모든 차이는 특수한 여러 조건, 즉 첫째는 질료의 가형성과 지구성에, 그다음에는 적정한 산 정신이 재현하느냐 않느냐 하는 예측을 허용하지 않는 운명에 좌우된다.

질료적 조건은 글 속에서 충분히 채워지지만 말에서는 채워지지 않는다. 입에서 나오는 말의 본질은 그 유동성에 있다. 하지만 글로 써놓은 말은 그와 전혀 달라서 지구성을 갖는다. 다만 한때의 사정으로 써보낸 사문서(私文書)일지라도 우연히 보존되어서 수천 년 전에 사라진 생활의 증거가 되는 경우가 있다. 예를 들면 이집트의 사막에서 발굴되는 한 조각의 파피루스 같은 것이다.

그러나 유동적인 것이든 지구적인 것이든 그것은 객관화의 법칙을 채운다.

즉 모든 형성체는 구조상으로 보거나 존재형식상으로 보거나 서로 다른 두 개의 계층을 가지고 있다. 왜냐하면 전경(前景), 곧 질료적이며 감성적인 형성체만이 실재적이고, 나타나는 후경(後景), 곧 정신적 내용은 비실재적이기 때문이다. 전자는 그 형성과 더불어 자체적으로 존립하지만 후자는 수용하는 살아 있는 정신이 끼어들며 재생산적으로 인식한다.

전경은 언제나 감성적인 형상이다. 후경은 어느 한계 내에서는 감성적일 수 있고, 그러므로 인식 속에 나타난다. 예를 들면 조각이나 회화에 있어서의 살아 있는 육체성이 그것이다. 따라서 '정신적 내용'이라는 표현은 신중하게 써야 한다. 후경을 관념적인 그 무엇으로 알아서는 안 된다. 그것은 반드시 사상적인 것도, 반드시 이념적인 것도 아니다. 그것은 내용적으로 보아도 심적 혹은 정신적인 상위의 존재층에서 취해지거나 이것을 본뜬 것은 아니다. 그것은 본디 정신적으로 관조되는 것이며, 이 관조의 방식은 그것이 나타나는 형태로 움직이지 않는다. 후경은 다만 말이나 글에 있어서와 같은 의미로 '정신적 내용'인 것이다. 형상 전체 속에 들어 있는 비실재적인 그 무엇만이 표현되거나 불린다. 듣고 읽고 이해하는 의식 속에 표상된 내용으로 나타난다는 것만이 후경의 존재형식으로 충분하다.

객관화의 여러 종별과 계단 간의 큰 차이는 전혀 별개의 계기, 이를테면 표상내용이 관조자에게 구체성을 가지고 정확하게 나타나고 혹은 추상성을 가지고 단지 외면적인 상징으로 나타나는 점에 있다. 그 사이에는 물론 여러 계층이 있다. 일상적인 담화의 내부에는 그러한 자유의 여지가 더욱 많고, 또 문학의 내부에서는 이 자유의 여지가 완전히 개방되어 있다.

그러나 예술작품에서는 이 표상내용이 고도의 구체성과 풍부한 내용을 가지고 나타나며 실재적인 전경과의 관계가 그만큼 긴밀하다. 이 점은 표상내용이 매우 보편적이고 이념적인 정신적 내용으로 이해되는 경우에도 변함없다.

객관화의 본질에 내포된 수수께끼는 전경의 감성적이고 물적인 형성체가 대체 어떻게 해서 전혀 다른 존재형식을 가지고 수용하는 의식에 '대해서'만 현존하는 어떤 내용의 보유자가 될 수 있느냐 하는 점에 있다. 왜냐하면 이 내용은 질료의 감성적인 형성체에서 발견되며 언제나 거기서 재현될 수 있는 것이기 때문이다. 그러므로 정신적 내용은 어떠한 방식으로든지 이 감성적인 형성체 속에 포함되어 있어야만 한다. 왜냐하면 오직 정신적 존재자만이 정신적 내용을 '소유'한다는 이 주지(周知)의 규칙은 이 소유적 성질이 어떻든 간에 이 세계 안에 존재하는 그 밖의 모든 것에 당연한 것이기 때문이다.

이 수수께끼는 사실에 있어서 정신적 내용은 산 정신의 덧붙임 없이 이루어진 질료 속에서 존립할 수 없는 점에서 잠정적으로 해소된다. 정신적 내용은 감성적인 질료 가운데 '자체'적으로 존재하는 것이 아니라, 오직 이 내용을 인식하는 '우리에 대하여'서만 존재하는 것이다. 다시 말하면 정신적 내용은 생산하는 정신에 의하여 인식하는 정신에 '대해서'만 제시되는 것이지, 이를 인식하는 정신과 독립하여 자체적으로 질료의 존재에 각인되는 것은 아니다. 질료에 현실적으로 각인되는 형식은 오히려 그 자체가 질료적인 것에 지나지 않으며, 따라서 감성적 전경의 형식인 것이다.

그러므로 모든 객관화에 있어서는 이 객관화가 어떠한 종류를 막론하고 후경에 나타나는 계층은 어디까지나 산 정신에 '대해서'만, 다시 말하면 이 산 정신과의 상호관계의 힘에 의해서만 존립한다. 이것이 '대아적 존재'의 의미이다. 본디의 창조적 정신은 실재적이며 그 창조의 정신적 내용 중에 같이 나타날 수 있는 것이지만, 그러한 상대적 존재형식이 후경과 전경을 갈라놓은 것이다. 왜냐하면 창조적 정신이 그 창조의 정신적 내용 속에 같이 나타나되, 실재적이며 현재적인 것으로 나타나는 것은 아니기 때문이다.

d 전경과 후경

객관화정신의 두 가지 성분의 존재형식에는 그와 같이 근본적 차이가 있으므로 이 양자의 통일은 존재자 왕국에 있어서의 이상하고 묘한 일이라고 말할 수밖에 없다. 양자는 그 밖에 또 광범한 상호 변역(變易)의 여지를 가지고 있다. 그러나 양자가 이루는 이 통일의 내부에는 최대의 거리가 존재한다.

전경과 후경과의 상호연결은 하나의 약속에 지나지 않는 객관화이기도 하다. 말이나 글도 이런 종류의 객관화라고 할 수 있다. 그보다 더 중요한 것은 개념도 그와 마찬가지라는 점이다. 개념도 역시 임의적으로 구성되는 것이며, 그러므로 개념의 진정한 내용은 그 개념 자체로부터 이해되는 것이 아니라 모든 개념체계에서 이해되는 것이다. 고립한 개념은 존재하는 것이 아니며 정의(定義)

되는 것도 아니고 또 직관으로써 채울 수도 없다. 요컨대 고립한 단어도 그렇지만 개념은 독립성을 가진 것이 아니다. 단어나 개념은 실제에 있어서 단독으로 나타나지 못한다. 그것들은 담화, 바꾸어 말하면 사상연관의 내부에서만 존립하는 것이다.

개념의 실제적인 형상은 술어이다. 그러나 이 술어는 그 자체가 정신적 내용을 말로 나타내는 것이 아니다. 술어가 이 정신적 내용을 정당하게 지시하려면 그것을 술어가 아닌 어떤 다른 방법으로 이미 알아야 한다. 개념은 직관으로 충실하되, 더구나 임의의 어떤 직관으로써가 아니라 그 경우에 알맞은 정당한 직관으로 충실해야 한다. 왜냐하면 개념의 본질은 보다 고상한 직관의 수단이 되기 때문이다. '유성'이라는 개념은 케플러의 타원과 타원궤도에 있어서의 천체의 운동관계에 대한 직관을 지닌 자만이 갖는 것이다. 이런 직관이 일어나야만 개념적 사고 일반이 성립한다. 이것이 헤겔이 말한 '개념의 노력'이다.

그러면 직관은 전체의 어디에서 나올 수 있을까? 직관이 충분한 개관의 보다 큰 연관 속에서만 나올 수 있다는 사실은 쉽게 알 수 있다. 이 연관이 과학적 사고의 경우에는 언제든지 기성개념의 체계 속에 충분하지는 않더라도 적어도 그 무렵 과학의 한계 안에 포함되어 있는 것이다. 개별적 개념의 정신적 내용이 상실되어서는 안 된다면 이 개별적 개념을 그 체계 속에서 떼어내서는 안 된다. 그러나 위대한 저작 속에서 객관화된 이러한 개념체계는 수백 년에 걸쳐서 보유되어 그와 같은 개념으로 사고하지도 않고, 또 같은 직관의 방법으로 직관하지도 않는 시대에 다시 나타나게 된다.

예를 들면 아리스토텔레스적 형이상학의 개념체계와 그 개별적인 개념들— 형상·질료·잠세·현세—은 이미 우리 것이 아니지만, 보존된 저작 속에서 다시 나타나 그 속에 있는 철저한 점과 철저하지 않은 점까지도 구별된다. 그러나 그것은 개념체계로서의 전체에 있어서만 가능한 일이며 개별적 개념이 따로따로 그러한 것은 아니다. 개별적인 개념들은 그 의미와 내용을 그 개념체계 전체에서 취득한다.

결론은 간단하다. 즉 개념을 개별적인 것으로 이해하면 제 본질을 자기 밖에 가지고 있는 것이다. 그러므로 개념을 이 개념이 뿌리박고 있는 개념연관 밖으로 떼어내면, 그 개념은 침몰하여 내용을 상실하며 왜곡되어서 불가능해진다.

역사상에서 보면 고대의 무수한 개념, 이를테면 위에 언급한 아리스토텔레스적인 개념들은 그와 같이 침몰한 개념들이다. 물론 떼어낸 개념들의 내용은 다시 찾아낼 수 있고 그 공백을 다시 메울 수도 있다. 그러나 그렇게 하려면 본디의 모든 개념연관을 회복시켜야만 한다. 이 회복은 당연히 역사적 원천을 근거로 하고 아리스토텔레스적 형이상학의 원전에 의거해야만 가능한 것이다.

개념에 있어서 객관화의 안정성은 그렇지 않더라도 대수로운 것이 아니다. 고대의 논리학에서는 개념의 초시간적 동일성을 주장하고 있지만, 그와 반대로 개념은 변동하는 것이며 따라서 그 역사를 가지고 있다. 다시 말하면 개념의 의미는 생존하는 객관적 정신 속에서 바뀌어 달라지는 것이다. 이렇게 바뀌는 과정 중에는 개념이 침몰하기만 하는 것이 아니라 새로운 지식이 늘어날 때마다 새로운 징표가 개념 중에 끼어들기도 한다. 그리고 지식이 여러 세기를 거쳐 진보하면서 같은 대상에 관한 견해가 근본적으로 바뀌므로, 이 개념의 역사는 그 내용이 아무리 낡은 용어에 담기고 언제나 같은 사물을 지시하고 있더라도 이 개념내용의 완전한 개조에까지 다다르는 수가 있다. 여기서 바로 객관화 그 자체가 생존하는 정신의 이해와 요구에 따라서 수정되는 것이다.

개념이 그와 같이 뚜렷하게 변동하는 성능—개념처럼 변동되기 쉬운 것은 아마도 이 세상에 없다—은 개념의 약점이 아니라 바로 개념이 휴식할 줄 모르는 지식의 진보에 추종할 수 있는 유일무이한 성능이다. 그와 동시에 개념의 이러한 성능은 개념을 표시하는 용어와 그 정신적 내용과의 연계가 그리 긴밀한 것이 아니라는 좋은 증거가 된다.

이 모든 점을 개념의 실례에서 깊이 연구해 밝히는 것은 매우 의의 있는 일이다. 왜냐하면 예술적 객관화의 본질은 바로 이 개념적 객관화와의 대립에서 비로소 올바르게 밝혀지는 것이기 때문이다. 예술작품은 개념과 전혀 달라서 안정성을 가졌고 개념과는 비교도 할 수 없는 역사적 지구력을 가졌다. 그 이유는 예술작품에 있어서의 전경과 후경과의 긴밀하고 독특한 연관성에 있다. 왜냐하면 이 연관성은 편의적인 것도 아니고 또 (보다 큰 체계연관에 의해) 외면적으로 제약된 것이 아니라 순전히 내면적이며 독립적인 것이기 때문이다. 그러므로 이 연관성은 개념적 파악에 대하여 변하는 것이 아니라 직관에 대해서 변하는 것이다. 그리고 그 연관성은 직관 내부에서 감성적 직관(지각)과 보다

고차적인 형태의 직관과의 밀접한 연관이라는 형식을 취한다.

예술작품은 실재적 형상의 형성에 있어서 정신적 내용이 나타나기 위한 전체를 정밀하고 자세하게 지시한다. 그러므로 이 내용은 이같이 정밀하고 자세한 전경에서 어느 때든지 재발견되는 것이며, 이 내용의 재발견을 위해서는 광범한 연관의 재구성이 불필요한 것이다. 예술작품에서는 질료적이고 감성적이며 실재적인 이 전경이 다채로운데, 이러한 형성이 개념에는 없다. 그러므로 이 개념 자체로서는 아무것도 나타나게 할 힘이 없고 그것을 뛰어넘은 연관에 의뢰하지 않을 수 없다. 예술작품은 아무것에도 그처럼 의뢰하지 않는다. 실재적 형상에 있어서의 다채로운 형성이 관조자에게 어떤 정신적 내용을 나타내기에 충분한 것이다. 그것은 예술작품에 있어서는 전경과 후경과의 연계가 밀접하고 긴밀하며 독립적인 것을 뜻한다. 정신적 내용을 드러내는 것은 부수적인 사실적 지식이 아니라 관조이다. 그리고 이 관조가 전혀 감성적인 것이 아니라 하더라도 그것은 지각과 밀접하게 결부되는 것이며, 이런 지각 없이는 어떠한 정신적 내용도 우리 눈앞에 나타날 수가 없다.

이 점을 공식적으로 표시하면 예술작품의 본질은 그 작품 자체에 있고 개념의 본질은 그 개념의 바깥에 있는 것이다. 개념은 그것만 따로 고립시켜서 본다면 전혀 완결된 전체가 아니며, 또 이 개념에서는 그보다 고차적인 전체가 발견되지 않았다. 그러나 예술작품은 하나의 전체이며, 더구나 이 전체는 관조자가 그 정신적 내용을 충분히 환기하기 위해서 아무런 외적 연관도 불필요할 만큼 긴밀하게 완결되어 있는 것이다. 그 전경에 있어서의 풍부한 감성적 형성이 후경을 나타내기 위해 필요한 모든 연관을 환기하기에 충분한 것이다. 아니, 이에 그치지 않고 예술작품은 이 작품 속에 포함되지 않은 연관에 힘입지 않을 뿐만 아니라 그와 반대로 생활이나 지식이나 이해라는 실재적 연관에서 벗어나 이것과는 따로 자립하는 것이다. 그러므로 예술작품은 관조자까지도 실재적 연관 밖으로 끌어내어 전혀 별개의 현상세계로 옮겨놓는 것이다.

이런 까닭으로 예술작품은 '부침(浮沈)'을 면한다. 그리고 예술작품은 살아 있는 정신에 있어서의 변동을 아주 제한된 범위 내에서만 받는 것이다. 물론 이 예술작품 속에서 후대의 변화한—말하자면 성숙한—정신이 새로운 내용을 발견하는 일도 있을 것이다. 그러나 이 새로운 내용도 결국은 일찍이 그 작품 속에서 객관화한 선(線)에서 동떨어진 것이 아니다. 그러면 이 예술작품의 존재들을 그토록 잇는 힘은 어디서 그 원인을 알 수 있는 것일까? 이 문제는 계층관계의 분석에 의해서만 비로소 결정될 수 있으리라.

6) 표현예술의 전경과 후경

a 문제와 탐구의 구분

관조 그 자체가 벌써 성층적인 작용인 점에서도 미적 대상이 두 개의 계층을 가졌다는 것을 알게 된다. 그 점은 객관화에 대립적인 두 가지 형태가 있는 것이 알려진 지금, 이 미적 대상은 보다 더 큰 현상연관 속에서 분류된다. 여기서 미적 대상이 다른 종류의 객관화와 어떻게 구별되는가 하는 문제가 또다시 큰 비중을 차지한다. 내면적 연결이 보다 더 긴밀하고 독립적이며 독특한 법칙성(자율성)을 가지고 있다는 점 등을 지적해도 그것만으로는 충분히 구별되지 않는다. 이 문제를 확실히 결정하기 위해서는 다시 한 걸음 더 나가서 미적 대상의 여러 형태를 상세히 고찰해 보아야 한다.

그러나 전(全) 현상영역 내부에서 고찰의 방향을 정하기 위해 미리 말해 둘 것은 모든 미적 대상이 성층을 이루고 있음은 물론이지만, 그렇다고 전부가 객관화는 아니라는 점이다. 오직 인간에 의하여 창작된 예술작품만이 객관화인 것이다. 여기서는 먼저 여러 계층 간의 존재대립과는 그 상호연결 따위의 관계가 인식된다. 그러므로 예술작품이 아닌 모든 것, 즉 자연미와 인간미는 대상분석의 과정에서 제외된다. 그러고 나서 예술작품 속에서 발견되는 것이 상술한 미(美)의 나머지 영역에도 어느 정도까지 적용되는가를 검토해야만 한다.

그 밖에 또 제외할 것이 있다. 그것은 예술 중에서도 대상분석의 목적을 위해 먼저 고찰할 것은 그 작품이 어떤 정신적 내용을 파악할 수 있는 예술이라는 점이다. 그것은 '소재'나 제재나 표현하는 예술이다. 이러한 예술을 '표현예술'이라고 요약해서 말할 수 있다. 조각·회화·시문 등이 그것이다. 그다음에는 이 표현예술에서 발견되는 것이 얼마만큼 비표현예술, 그중에서도 음악이나 건축 등의 대상에서도 재현되는가를 검토해야 한다.

이 점에서 보면 우리가 알고 있듯이 '질료', 즉 석재·금속·캔버스의 색채, 말과 소리 등에 따른 예술의 구분이 전혀 무의미한 것은 아니다. 이러한 구분이 왜 외면적인 구분이 아닌가 하는 이유는 이미 지적한 바 있다. 모든 소재는 어떤 종류의 질료에서나 표현되는 것은 아니다. 다시 긍정적으로 말하면, 모든 질료는 다만 특정한 종류의 소재만을 표현할 수 있는 것이다. 이를테면 넓은 의미에서 같은 소재라 하더라도 그것이 다른 질료로 표현되면 거기에는 이 소재의 다른 측면이 표현되는 것이다. 그 이유는 온갖 질료가 오직 특정한 종류의 형성(形成)만을 허용하고, 또 이 종류의 형성에서는 오직 특정한 내용만이 향수(享受)되고 '현상'하는 점에 있다. 물론 예술작품의 후경이 전경에 의해 결정되는 것이 아니라 도리어 전경이 후경에 의해 결정된다. 그러나 가능한 전경형성의 '방식'은 후경형성의 한계를 규정하는 것이다. 따라서 전경형성은 소재(주제)의 선택과 형성에 어떤 영향을 준다. 이리하여 선택은 본디 표현되어질 수 있는 것에까지 미치는 것이다.

제작된 작품이 가질 수 있는 특수한 종류의 미적 가치 또한 간접적으로는 전경형성에 좌우된다. 왜냐하면 미는 현상의 형식에 있는 것이기 때문이다.

b 조각작품의 성층

전성기의 그리스조각에서는 층적 구조가 전적으로 문제되고 있었다. 아폴론의 입상에서는 눈에 보이는 신체의 표면 이외에 직접 감성적으로 주어지는 것은 아무것도 없다. 왼팔은 높고 오른팔은 축 처졌으며, 머리는 치솟은 왼팔 쪽 옆으로 돌리고 있다. 이리하여 형성된 석상(石像)이 멈추어 있을 뿐 생명도 없으며 더구나 특정한 그 무엇을 빚어내는 일도 없었다. 그렇지만 우리가 그 앞에 서서 관조할 때에는 그러한 석상 이상의 그 무엇을 본다. 우리는 이 인체 속에서 운동을 보며, 생명을 보며, 행동을 본다. 이 '사수(射手)'는 화살을 쏘아 보내고 뻗친 왼팔로 활을 붙잡고 있으며 눈으로는 날아가는 화살을 좇고 있다. 이리하여 질료의 형성에서 볼 수 있는 것과는 전혀 별개의 그 무엇, 즉 활을 쏘는 행동 전체와 심장이 뛰는 형태의 활기, 행동의 동태와 그 발전 등이 표현되어 있다. 그뿐인가, 거기에는 또 신성(神性)의 빼어난 자세, 그 진면목과 강렬한 자유가 표현되어 있는 것이다.

조각에 있어서는 어떠한 장면의 운동이 표시되어 있든지 언제나 그러한 것이다. '원반투수'에 있어서도 원반을 던지려고 몸을 돌리는 신체의 극도로 긴장한 순간이 포착되고, 오직 이 순간의 외면적인 형태만을 대리석에 표현한다. 그러나 관조자에게는 그 속에서 이 원반투수의 힘찬 투척과정과 원반이 날아가는 광경이 보이는 것이다. 격투사에게 있어서도 그렇고, 난무하는 마신에 있어서도 그렇고, 던지기 전에 침착하게 거리를 눈대중하는 자세를 취하는 이 미켈란젤로의 다비드상에 있어서도 그렇다. 어디서나 부동한 실재적 형상과 운동하는 현상이라는 두 층의 대립이 파악되는 것이다. 콜레오니의 군마는 대각 위에 선 채 움직이지 않으면서도 동시에 달려간다. 우리는 가만히 서 있는 것을 보는 동시에 달려가는 것을 본다. 서 있는 것을 보는 것과 달려가는 것을 보는 것은 서로 모순되는 게 아니라 오히려 전자가 후자를 보게 하는 것이다.

그것은 어떻게 해서 가능한가? 운동하는 것과 생명이 있는 것이 어떻게 해서 부동한 것과 생명이 없는 것 속에 '나타날' 수 있을까? 이러한 현상은 우리에게 보통 있는 일로 되어 있고 우리의 미적 관조에서 쉽게 이루어지고 있으므로, 이에 대하여 거의 아무런 생각도 하지 않는다. 그러나 그렇다고 수수께끼가 풀린 것이 아니라 도리어 감추어지고 있는 것이다. 왜냐하면 실재적으로 현존하는 것은 오직 부동의 자세로 서 있는 형성된 대리석뿐이기 때문이다. 거기서는 또 운동이나 생명이나 의의 있는 행동이 비실재적인 것 속에서 단단하게 굳어진 채 머물러 있는 것이다. 그러나 운동과 생명과 실행은 거기서 완전한 구체성을 가지고 관조되며 주어지는 것이지, 결코 거기에 생각해 넣거나 연관되거나 추측되는 것이 아니다. 그리고 관조자는 둘을 한데 합해서 보면서도 뚜렷이 구별하며 결코 혼동하는 일이 없고, 실재적인 것과 현상적인 것과의 한계를 무시하지 않는다. 왜냐하면 금속이 운동하고, 대리석이 영혼을 가졌고, 표현된 인물이 생존하고 있는 동료처럼 말한다고 생각할 관조자는 없기 때문이다.

이질적인 두 계층 간의 관계는 환각에서 성립하는 것이 아니라 현상 그 자체에 곁달은 부대의식에서 성립하는 것이다. 조각작품의 본질에서는 분명히 그리고 엄정하게 이 현상관계의 네 가지 본질적인 요소를 열거할 수가 있거니와, ⑴은 순수한 공간적 형성을 가진 질료적─실재적인 전경이고, ⑵는 전자와 같은 구체성을 가지고 나타나되 실재의 환영과 관계가 없는 비실재적인 후경이며, ⑶은 관조자에 대한 전자와 후자와의 긴밀한 연결이고, ⑷는 관조에 있어서 대립하는 존재방식의 보존—연결의 느슨함이나 비실재적인 것에 있어서의 구체성의 격하(格下)도 없이—이다.

우리는 미적 대상의 구성에 관조자가 협동하는 것을 분명히 알아차린다. 후경은 물론 전경 '중'에서 '현상'한다. 그러나 오직 예술적으로 충분히 관조하는 자에게만 그러한 것이다. 또 오직 그러한 관조자에게 '대해서'만 정비하고 있는 질료적 전경이 투명해지는 것이다. 이와 같이 공간형태가 관조자에게 투명해지는 점이 현상관계의 특징인 바, 이 점이 모든 예술작품에 있어서 중요한 것이며, 이를 위하여 생명이 없는 단단한 석재에 공간형성이 주어지는 것이다. 하지만 관조자의 투시 없이 공간형태가 스스로 투명해지는 것이 아니며 관조자의 참가가 없으면 또한 미적 대상도 없는 것이다.

조각에서는 그 밖에도 나타나는 것이 많다. 달리는 군마를 탄 기사가 금속으로 주조되어서 대각 위에 서 있을 때 이 기사의 동작이 나타나지만, 이 동작은 대각 위에서는 일어날 수 없는 것이다. 간단히 말하면 기사는 대각 위에서 나타나는 것이 아니며 무의미한 그 무엇으로 나타나는 것이 아니라, 이 기사는 본디 평원에서 말을 타는 것이다. 그러나 이 조각에서는 그 평원이 현존하지 않는다. 그러므로 그 평원은 나타날 수밖에 없는 것이다. 따라서 콜레오니가 말을 타고 달리는 공간이 나타나는데, 이 공간은 입상이 서 있는 실재적 공간과는 일치하지 않는 비실재적 공간이다. 그리고 이 공간이 관조자에게 나타날 때에 이 관조자는 이 공간을 그가 입상을 바라보고 서 있는 공간과 혼동하지 않는다. 실재하는 공간과 현상하는 공간, 멈춰 있는 금속의 형태와 말을 타고 달리는 운동의 형태가 서로 혼란스러움을 불러오는 것은 아니다.

역사에 있어서는 올림포스의 아폴론에게 있어서나 원반을 던지는 사람에게 있어서도 그와 같은 것이다. 던지는 것과 던지는 자의 운동하는 양상을 이 입상들이 서 있는 박물관이라는 공간에 연관시켜서 보는 것은 무의미하다. 던지려면 넓은 공간과 연무장이 필요하다. 그러므로 연무장이 같이 나타난다. 예술작품의 비실재적인 존재층에서 나타나는 현상에는 생명이나 운동뿐만이 아니라 이것들이 소속하는 특수한 공간도 있는 것이다. 따라서 그 무렵의 연무생활과 불가분의 관계가 있는 고대 세계의 한 부분도 나타난다고 말할 수 있다.

그렇다면 우리는 이제 시점을 돌려서 다음과 같은 결론을 내려야만 한다. 즉 동작과 생명과 비실재적인 공간 내지 세계의 단면이 그 여러 요인과 더불어 말 없이 서 있는 석상과 같은 질료의 형태 속에서 나타날 때에만 우리는 그 조각 적 형성을 예술작품이라고 부를 수 있다. 우리는 조각작품에서 나타나는 이러 한 현상을 자세히 들여다보고 탐닉하며 황홀할 때에 현상의 세계로 해탈된다. 그 반면에 이 해탈감에서 석상 그 자체가 하나의 전경이라는 것을 똑똑히 의 식하고, 거기서 나타나는 현상이 순수한 현상인 것을 체험하는 때에만 우리는 미적 관조자가 되는 것이다. 또 우리가 이러한 미적 관조자가 되는 때에만 미적 대상이 전적으로 우리에 대해서 현존하는 것이다.

위에서 제기된 문제는 운동과 생명이 어떻게 해서 부동과 무생명의 형상 속 에는 나타날 수 있는가 하는 문제였다. 이 문제는 이제 해결된 것은 아니지만 그 해결에 한 걸음 더 다가갔다. 생활 속에서 우리의 눈은 운동하는 대상, 운동 하는 부분과 형태를 인식하는 데 적응했다. 우리는 또 생활 속에서 생명성을 볼 수 있는 것은 아니지만 그것을 깨닫는다. 조각은 정적인 공간형태 속에 정 비하고 있는 운동양상을 감정적인 눈에 보여주는 데 도움이 된다. 관조자인 우 리는 이 운동양상을 각자의 생활을 통해서 알고 있다. 그러나 우리는 이 조각 을 멈추어 있는 것으로 아는 게 아니라 운동양상으로 알고 있는 것이며, 조각 을 보는 때에 언제나 운동의 한 단면을 보는 것이다. 따라서 우리가 감성적으 로 보면서 운동양상을 관조하는 동시에 내면으로는 운동을 하는 전체 모습이 나 혹은 그 일부분, 즉 춤추고 원반을 던지고 말을 타는 광경을 관조하는 것이 다. 이와 같은 관조에서 우리는 살아서 움직이는 인간적인 형성의 세계 속으로 말려 들어가는 것이다. 적어도 대리석의 형성 속에서 운동양상이 구상적으로 생생하게 파악될 때에 그러하다. 이때에 우리는 이런 조각작품에 대하여 '감복' 한다고 말한다. 그러나 이 말의 참뜻은 나타나게 하는 힘을 뜻하는 것인데, 다 만 우리가 그 참뜻을 알지 못하고 있을 뿐이다. 왜냐하면 이 힘은 우리가 관조 에서 쾌감을 느낄 때에만 나타나기 때문이다.

그럼에도 우리는 멈추어 있는 질료의 형태와 현상(現象)하는 운동과의 간격 을 느낀다. 그러므로 저 감성적이고 질료적인 것이 또한 그러한 것임을 의식하 는 반면에 우리는 그 현상의 비실재성과 조각의 예술적 업적에 대한 지식을 얻 는바, 이 지식은 쾌감이나 관조 그 자체와 마찬가지로 비반성적인 것이다.

파악된 그 장면의 생생한 참모습이 관조와 현상의 근본 조건이 된다는 점을 고려한다면 관조자의 적정한 관점에서 볼 때, 최고 단계에 이르기까지의 모든 현상은 질료적인 실재적 형상의 감성적인 형성에 좌우된다는 사실을 이해하게 되리라. 그러므로 이러한 형성에 있어서는 여러 가지 개별적인 기교에 이르기까지 모든 것이 예술적으로 중요하다.

c 도화와 회화

바다의 그림 앞에 서서 실제의 해변에서처럼 멀리 바라본다고 해서 파도치는 바다가 실제로 거기 있고, 몇 걸음 걸어가기만 하면 물이 닿으리라고 믿을 사람은 없을 것이다. 그림은 그러한 착각을 노리는 것이 아니다. 그림은 아무리 극진한 사실적 수법으로 표현되어도 실재라는 환각을 불러일으키는 일은 없다. 실제로 현존하는 것은 전혀 별개의 그 무엇이다. 표현된 대상이 현존하는 게 아니라, 표현된 대상의 '그림'이 현존하는 것이다.

여기서도 두 가지 계층이 분명히 구별된다. 이 두 계층은 조각에서보다도 더 이질적이며 비슷한 점이 없다. 그러므로 그것을 구별하기가 쉬운 것이다. 여기에 실재하는 형상에 속하는 것은 캔버스와 색채—선화(線畵)의 경우에는 종이와 흑선—이지만, 보이는 것은 풍경·장면·인물·생활의 한 단면이다. 이 모든 것은 후경에 속하며 어디까지나 비실재적이어서 실재적인 것으로 보는 관조자가 없다.

예술가는 직접적으로 오직 실재적 형상만을 형성할 수 있고, 그 밖의 모든 것은 이 전경의 형성을 통해서 나타나게 하는 것이므로 간접적인 것에 지나지 않는다. 그러나 예술가는 원칙적으로 가시권을 멀리 떠난 인생과 성격에 이르기까지의 모든 후경이 나타나도록 선과 색채를 섞을 수 있다.

층과 층과의 보다 더 뚜렷한 이질성은 회화의 2차원적인 화면에서 나타난다. 왜냐하면 화면은 본질적으로 '그림'에 속하지만, 그 반면에 나타나는 후경은 3차원의 외연을 가진 물체이기 때문이다. 따라서 최대의 기교는 우리가 보는 공간의 깊이를 얼마만큼 나타나게 하느냐에 있다. 그러기 위한 소묘의 주요수단은 원근법을 끌어들이는 데 있다. 원근법은 물론 일상적으로 사물을 보는 경우에도 들어 있지만 우리는 그것을 모르고 있다. 따라서 제도활동은 원근법을 대상화시킴으로써 시작된다. 공간의 깊이를 나타내는 제도상의 수단은 그 밖에도 많이 있다.

그것이 중요한 까닭은 이 수단들이 현상하는 후경의 대상성 속에서 없어지지 않고 눈에 보이며 예술의 기교로서 작용하는 점이다. 그 점은 마치 2차원의 화면이 예술적 관조에서 없어지지 않고 함께 보여지는 것과 같다고 할 수 있다. 만일 그것이 전적으로 없어진다면 그때에는 벌써 그림이 그림으로서의 효과를 나타낼 수 없는 것이다. 그 점은 조각에 있어서와 마찬가지다. 조각에서는 운동의 현상에서 나타나는 것이 형성된 석재에 있어서의 멈춘 운동양상이었다. 여기서도 그와 마찬가지로 실재적인 전경이 또 그런대로 대상적이다.

여기서 우리가 보는 '그림 속의 공간'은 전적으로 나타나는 공간에 지나지 않는다는 결론이 나온다. 그러므로 '그림 속의 공간'은 이 공간이 나타나는 실재적인 공간, 다시 말하면 이 그림이 걸려 있고 관람자가 그 앞에 서 있는 공간, 따라서 사면에 벽이 있는 진열실 혹은 전시장과 엄연히 구별된다.

바다의 그림 앞에 섰을 때에 아무리 바다가 근사하더라도 이 그림이 걸려 있는 벽 뒤에 바다가 실재한다고 생각하는 사람은 없다. 그것은 그렇게 생각하는 사람이 있다면 웃음이 터질 정도로 분명한 것이다. 그러나 이 뚜렷한 것이 그림에 있어서와 같이 생활에 있어서도 참으로 놀랄 만한 일이다. 그것은 화면을 관조할 때에 현상하는 공간이 소여의 실재적 공간과 혼동되거나 혹은 동일시되는 것이 아니라 달리 감각됨으로써만 가능하기 때문이다.

이 점은 현상의 공간성이 실재의 공간성에 전혀 의존하지 않는 점만큼이나 이상한 것이다. '그림 속의 공간'은 관조자가 실재하는 화면에 대해서 취하는 실재적 공간상의 위치가 올바를 때에, 다시 말하면 그가 화면에 대하여 올바른 간격과 위치를 취할 때에만 올바르게 나타난다. 만일 그렇지 않으면 그림 속의 공간적 질서가 혼란스러워진다.

하지만 어떠한 경우든지 '별개의 공간'은 이 공간을 채우는 대상들과 더불어 나타나는 것이다. 이 별개의 공간은 실재공간 속에 끼어서 나타나는 것이 아니라 이 실재공간과 떨어져서 이것과 융합하는 일이 없고, 또 이것과의 통로도 없는 것이다. 그것은 조각에서 그 형상과 더불어 또 별개의 공간이 나타나는 것과 같은 현상이다. 다른 점이 있다면 다만 그 구별이 훨씬 더 뚜렷하고 더 두

드러진다는 것뿐이다. 그 구별이 뚜렷한 까닭은 비실재적인 공간의 현상이 2차원적인, 따라서 전혀 이질적인 화면을 통해서 매개되는 점에 있다. 왜냐하면 화면은 그것이 화면이라는 의식을 가지고 보여지는 것이며, 그래서 또 대상적으로 주어지는 것이기 때문이다. 그러나 조각작품에 있어서는 '정립'하고 있는 형상의 공간성이나 나타나는 현상의 그것이나 같은 3차원적인 것이다.

어느 의미에서는 이렇게, 우리는 화면을 통해서 현상하는 공간, 즉 풍경이나 공간을 본다고 말할 수 있다. 이러한 화면은 미적 관조에 대하여 공간의 깊이, 곧 풍경이나 공간질서를 나타내기 위하여 특히 '투명'한 물적 전경을 가지고 있다. 하지만 투시나 투명은 단지 비유의 의미로 이해해야 한다. 왜냐하면 그림을 통해서 보는 것은 구멍을 통해서 보는 것이 아니며, 현상이 '보인다'는 것은 유리를 통해서 보이는 것이 아니기 때문이다. 투시와 투명은 둘 다 실재하는 공간과 현상하는 공간과의 융합을 뜻한다. 그런데 투명이라는 것은 현상하게 하는 형상에 지나지 않는 것이지만, 투시는 전혀 비공간적인 의미로—예를 들면 사람의 표정을 통하여 그 사람의 마음을 보는 것과 같은 의미로—이해해야 되는 것이다.

계층이 구별되는 둘째 요소는 빛[광]이다. 표현된 대상이 나타나는 감성적 직관태(直觀態)는 본질적으로 광(光)과 음과의 대립에서 성립하며, 색조 그 자체에도 빛에 따라서 농담의 차이가 있다. 왜냐하면 빛과 색은 서로 보충하는 관계를 가지고 있기 때문이다.

그러나 표현된 사물을 비추며 이 사물이 여러 가지 농담의 색조를 가지고 나타나게 하는 '그림 속의 빛'은 주위의 실재적 공간에서 창문을 통해 이 그림을 내리쬐는 빛과 같은 빛이 아니다. 그러므로 실재하는 공간과 현상하는 공간이 구별되어야 하듯이, 실재하는 빛과 그림 속에 나타나는 빛도 구별해야 된다. 이 그림 속에 현상하는 빛은 직사하는 빛일 수도 반사하는 햇빛일 수도 있을 테고, 횃불일 수도 또 황혼이나 여명의 희미한 빛일 수도 있을 것이다. 그리고 이 빛의 종류에 따라서 표현되는 사물이나 형상의 윤곽이 분명해지기도 하고 몽롱해지기도 할 것이다. 그뿐인가, 그림 속의 빛은 그 자체의 광원을 가지고 있으므로, 이 광원은 실재하는 빛의 광원과 일치하지 않는다. 이 그림 속 빛의 광원은 그림 속에서 꼭 보여져야 할 필요가 없다. 이 광원은 오로지 그림 속의 대상에 대한 빛과 그늘의 희롱을 통해서만 알려질 수 있을 뿐이고, 그림을 비추는 실재적인 광원과 닮을 필요는 없는 것이다.

그러나 실재하는 빛은 현상하는 빛의 제약이 된다. 오직 이 한 가지 점에서 현상하는 빛의 실재하는 빛에 대한 의존관계가 성립된다. 실재하는 빛이 그림을 비추지 않으면 그림 속의 빛이 사라진다. 또 그림을 비추는 실재적인 빛이 약하거나 혹은 눈부시게 강한 빛이 비칠 때처럼 부적당하게 되면 그림 속의 빛이 왜곡된다. 이와 같이 현상하는 빛은 실재하는 빛에 의존하면서도 이 두 가지 빛은 완전히 별개인 것이다. 따라서 전자는 성층의 법칙에 따라서 그 자립성을 보유한다.

우리는 여기서 실재하는 공간과 현상하는 공간 사이와 유사한 의존관계가 성립하는 것을 알 수 있다. 하지만 실재하는 빛에 대한 현상하는 빛의 자립성은 관조자가 서 있는 실재공간상의 위치에 대한 현상하는 공간의 자립성과 같은 것이다.

공간과 빛에 대하여 지금까지 말한 것은 그대로 또 여러 가지로 현상하는 대상 전체에 대해서도 통용된다. 그 까닭은 한편으로는 사물의 공간성이나 빛의 현상에 관한 것이 그대로 사물의 현상에도 들어맞기 때문이고, 다른 한편으로는 그림 속에서는 공간이나 빛만이 아니라 그 이상의 더 많은 무엇이 나타날 수 있기 때문이다.

그러나 이 점에 관련해서는 다시 이야기할 기회가 있을 테니 더 이상 논하지 않겠다. 먼저 여기서는 실재층과 현상 일반과의 관계가 문제인데, 이 관계는 화가의 작품 속의 빛과 공간의 요소에서 충분히 파악될 수 있거니와, 이 점이 바로 시각적 현상에 대한 결정적인 요소이다.

한 가지만 더 보충하겠다. 배경이 실재적 연관 속에서 두드러지는 것은 이 현상 그 자체가 회화와 같은 예술에 있어서는 특히 중요한 것이다. 왜냐하면 실재하는 것을 알아차리는 것이나, 현상하는 것을 알아차리는 것이나 모두가 같은 시각이며 더구나 같은 3차원공간, 같은 원경, 같은 빛과 음의 조형효과, 같은 색채에 있어서의 시각이기 때문이다. 이 점에 모든 회화에 고유한 '모방'의 요소가 뿌리박혀 있는 것이다.

따라서 회화에 있어서는 후경의 부각(浮刻)이 외부적인 강세, 다시 말하면 부가 그 자체의 강화를 필요로 한다. 그림의 한계를 분명히 하기 위해서 액자를 끼우는 것도 그 때문이다. 그렇다고 반드시 금박한 목제액자를 끼워야 한다는 법은 없다. 왜냐하면 그림의 둘레를 백지로 남겨놓아도 그런대로 후경이 두드러지기 때문이다. 그러나 어떠한 방법을 취하든지 액자의 효과는 본질적이며 작품에 있어서의 현상관계에 대한 어떤 시금석이라고 말할 수 있다. 액자의 효과는 가시적인 실재적 대상과도 비견되는 화면에 나타나는 내용을 두드러지게 할 뿐만 아니라 현상 그 자체를 실재, 다시 말하면 실재와 현상, 자체적 존재와 대아적 존재를 분리시키기도 하는 것이다.

그러므로 그림에 액자를 끼운다는 것은 외면적인 것이 아니라 본질적인 것이다. 그림에 액자를 끼우는 것은 이 그림의 비현실화를 뜻하며, 비예술적인 환상의 방지를 뜻한다. 그것은 현상하는 빛이 실재하는 빛과 구별되듯이, 표현된 도형이나 장면을 실재와 분명히 구별되게 하는 것이다. 그림이 예술작품이 되려면 그 그림이 실재가 아니라는 것을 느낄 수 있어야 한다. 만일 이 그림과 주위의 물적 세계와의 한계가 말끔히 사라지면, 그때에는 이 그림이 겨우 실재의 대용품에 지나지 않게 된다.

그림을 액자에 끼운다는 것은 그러한 배물(拜物)사상에 반대작용을 일으키기 위한 가장 간단한 방법이다. 회화에는 그 밖에도 다른 방법이 많이 있다. 그 중에서도 가장 널리 알려진 것이 선택이다. 화가는 그의 예술이 본질적으로 정교하고 자세한 데에 달려 있기는 하나, 그렇다고 그가 보는 모든 정세한 것을 선별하지 않고 재현하는 것이 아니라, 표현과 관조자가 요구하는 보는 방식에 적합한 것만을 제시하는 것이다.

왜냐하면 본다는 것은 언제든지 선택하는 것이기 때문이다. 여기서 인간이 깨닫는 능력이 생활에 따라서 도태된다는 사실을 떠올릴 필요가 있다. 그것은 실제적인 이해와 결국은 실천적인 가치관점에 의해서 도태되는 것이다. 예술적인 관점의 선택은 그와는 방향이 다르다. 여기서 결정적인 가치는 예술가가 관조한 것, 그리고 사람들이 일상적으로 보지 못하거나 혹은 불완전하게 본 것을 나타나게 하는 점에 있다. 그림이 어떤 경우에는 약간의 선으로 이루어지기도 하고, 또 아주 적은 양의 색소로 완성되기도 한다. 이런 그림은 그렇게 함으로써 다른 모든 것은 눈감아 두고 꼭 나타나야 될 특정한 것으로 눈을 돌리는 것이다. 관점의 이런 지도에 따르는 것이 예술가를 이해하는 길이다. 즉 예술가가 보는 대로 보는 것을 배우는 길이다. 그 점은 예술가의 작품을 관조하는 데 있어서뿐만 아니라 또한 자주적으로 생활하는 데 있어서도 마찬가지다.

또한 선택의 작용은 현실소외이다. 선택은 현상하는 것과 실재적인 것과의 간격을 나타나게 한다. 따라서 선택작용은 현상관계 그 자체를 관조자의 의식 속으로 끌어넣는다.

d 시문학에 있어서의 근본관계

시문학은 표현적이고 제재를 취하며 실재의 모방에서 출발하는 점에서 조형예술과 비슷하다. 그러나 시문학은 좁은 의미에 있어서 '조형적'이 아니다. 왜냐하면 시문학은 그 주제를 직접적으로 다른 종류의 질료로 형성하여 그 뒤에 감성적으로 나타나게 하는 것이 아니라, 말이라는 우회로를 통하여 읽는 자나 혹은 듣는 자의 환상을 자아내는 것이기 때문이다.

가시적인 것에 대한 이 같은 간격에는 별개의 주제권이 대응하며, 더구나 이 주제권은 매우 광범한 것이다. 그것은 인간생활 전체를 포괄한다. 그리고 그 속에서 지배적인 것은 심적—정신적인 것이다. 하지만 이 예술이 취급하는 질료는 전혀 별개의 질료일 뿐만 아니라 조형예술의 그것과는 전혀 다른 성질과 힘을 가진 질료이다. 이 질료는 자연적 소여가 아니라 인간에 의하여 구성된 말과 글이다. 말과 글이 벌써 객관화의 성격을 가졌고, 기호체계와 대응의 원리에 의거하고 있다는 점에 관해서는 이미 위에서 다루었다. 그런데 시에 있어서는 그 말이 훨씬 더 고차적인 형성의 재료가 되며 그 형성이 문자로 표현될 때 항존과 저항력과 지속성을 보유하게 된다. 그러므로 작품으로서의 시(詩)는 비예술적인 종류의 객관화, 다시 말하면 문학이라는 표제하에 포괄될 수 있는 광범한 정신적 창조의 영역에 아주 가깝게 다가가는 것이다. 왜냐하면 비시적 (非詩的)인 작품과 시적인 작품과의 사이에 뚜렷한 한계선을 그을 수는 없기 때문이다. 이 점은 고대 역사가의 설화 및 경전 기술(記述), 북유럽인의 전설 등에서 볼 수 있다. 또 시적 표현형식 속에서 소크라테스 이전의 순수한 철학적 사상을 찾아볼 수도 있다.

운문이란 감성적인 전경, 즉 들을 수 있는 것에 속하는 말의 수식에 지나지 않으나 형식으로서는 본질적인 것이다. 운문은 듣는 이를 전경에서 떠나지 못하도록 하며, 나타나는 깊은 후경 속에 잠기도록 한다. 그러므로 운문은 담화의 외적 형식이면서도 대단한 위세를 발휘하는 수가 있다. 그 점은 서정시에서 느껴진다. 여기서는 놀랄 만한 일이 이루어진다. 즉 여기서는 형성이 말소리로부터 그 속에 말로 나타낸 것에 이르기까지 간섭하며, 섬광(閃光)의 빛깔이 말의 뜻을 비추어서 한정하기도 하고 강조하기도 한다. 형성이라는 것은 물론 바깥에서 출발하며 본디 바깥에만 속하는 것이지만, 그것은 말속에 나타나는 가장 내면적인 것에도 힘이 되고 표현되는 후경을 조성하며, 따라서 형성 그 자체가 표현의 한 본질요소가 되는 것이다. 이리하여 말소리를 가다듬으면 일반적인 의미를 지닌 상용어가 얻지 못하는 효과를 나타내며 구체적으로 느낄 수 있는 것이다.

어떻게 해서 그런 효과를 나타내느냐 하는 것은 미학적 분석으로는 결국 해결될 수 없는 하나의 의문이다. 그러나 그러한 효과를 나타내는 것은 의문의 여지가 없는 사실이다.

문학에 계층의 대립이 있다는 것은 이미 알려진 사실이다. 문자를 정신과 동일시하는 사람은 없다. 말은 들을 수 있고 읽을 수 있으나, 말의 조직은 문학작품이라는 실재적 구성이다. 이 실재적 구성물이 표현하는 것은 이 구성물과는 전혀 다른 것이다. 그것은 인간적인 사실의 총체—운명과 정열, 활동하는 모습, 인격과 성격들—이다. 이 모든 것이 문학에 있어서의 후경이자 현상이다.

소박한 독자, 특히 나이 어린 소년은 이야기를 들을 때에 그것을 진정한 사실로 알고 흔히 흥분한다. 이러한 독자는 문학을 옳게 읽는 것도 또 그럴 자질이 있는 것도 아니며, 미학적 의미에서 관조하는 것도 아니다. 이런 독자는 작품의 내용이 주는 긴장과 감동을 감상하고 느끼기는 하지만 문학작품 그 자체를 음미하고 느끼는 것은 아니다.

여기서는 말의 재료가 어떤 재평가를 받는 것이다. 자연적 태도는 작품 중에 나오는 말들을 참으로 안다. 왜냐하면 말의 뜻 있는 것 혹은 있었던 것을 표시하는 데 있기 때문이다. 그러므로 참말이 아닌 말은 이 말의 참뜻을 악용하는 것이고 거짓말이며, 그것도 아니라면 적어도 해롭지는 않지만 기만이라고 믿는다.

그러나 문학에서는 참과 참이 아닌 것과의 대립에 얽매이지 않으며 실재성을 시인하거나 부인하는 습성을 떠난 말의 뜻이 나온다. 말의 이러한 뜻은 오로지 그 무엇을 나타내거나 꾸며내는 데 있는 것이며, 이것이 본디 창작(Dichten)인 것이다. 말이나 말소리와 같은 실재적 구성물(물론 그 사용만은 자유이다)에는 아무런 변동이 없지만 말의 뜻에는 변동이 있다. 말뜻과 상용어와의 관계는 마치 꿈과 현실과의 관계와 같다.

하지만 말뜻은 실재와 혼동될 수 없고 그렇다고 또 환상을 지향하는 것도 아니다. 이 점에서 말뜻은 조각의 공간형성이나 회화에 있어서의 색의 마력과 비슷한 것이다. 그러므로 시인도 어느 정도 현실소외의 수단을 취한다. '운문'은 이러한 종류의 한 수단이다. 또 실감의 요구를 제한하기 위하여 말을 여러 가지로 양식화하기도 한다.

그렇게 함으로써 흔히 실제적 이해관계에 쓰이는 무미건조한 말의 타차원적(他次元的) 형성을 가능케 하는 효과를 낼 수 있다. 말은 이러한 타차원적 형성을 통해서만 비로소 인간생활 속에서 형언할 수 없는 그 무엇을 비추기 위한 고도의 투명성을 차지한다. 이런 고도의 투명성은 바로 문자 그대로의 참과 참이 아닌 것에 대한 무관심에서만 가능한 것이다.

이 점은 문학이 그 소재를 실재 속에서 취해 오는 경우에도 여전히 중요하다. 작가는 말을 이용하고 개조할 권리를 가지고 있다. 우리는 문학작품 가운데 나타나는 인간생활에서 그 행동과 운명이 비실재적임을 알고 그대로 인정한다. 우리는 소재를 이루는 자가 이 소재를 처리할 자유를 가지고 있는 것을 인정한다. 이렇게 해서 그는 필요한 자유의 여지를 획득하는 것이다.

따라서 문학작품 중에서는 대상에 있어서의 실재적인 계층과 비실재적인 계층 간의 대립이 말의 본디적인 실제적 의미와는 반대로 더욱 강화된다. 이 대립은 소리와 의미와의 차이에 국한되는 게 아니라 그 이상으로 광범하고 심각한 것이다. 이 대립에서 말은 실재를 증언해야 되는 그 본디의 기능이 면제된다.

문학에 있어서 활동의 자유와, 특히 말이 가진 예술적 공적은 바로 그러한 면제에 달려 있는 것이다. 문학작품에서도 실재적 연관 속에서 현상적 후경이 두드러진다. 이 후경은 회화에서보다도 말의 내용에서 더욱 뚜렷하게 강조되는 것이다. 문학은 모든 인간생활을 우리의 눈앞에 나타낸다. 우리는 현상하는 세계 속에서 살 수 있고, 그 속에 나오는 인물들과 더불어 살 수도 있다. 또 우리는 작품 중에 나오는 인간들이 실재적 생활 속에 있는 우리와 같은 방식으로 활동하며 고생하는 것도 본다.

그러나 그것은 우리 자신의 현실적인 생활이 아니라 전혀 별개의 현상하는 생활, 조작된 생활, 허구의 생활이다. 그렇다고 해서 이 현상하는 생활이 보잘것없는 것은 아니다. 오히려 그것은 의미내용에 있어서 우리 자신의 실재적 생활을 넘어서는 것이며, 위대한 문학작품에 있어서는 이 능가가 바로 본질적인 것이다. 하지만 현상관계를 우리가 살고 있는 실재관계 속에 끌어들이거나 실재인 것처럼 착각할 수는 없다. 그 점은 주제가 아무리 절실하고 현재의 인생문제 속에서 취해졌다 하더라도 아무런 변동이 없는 것이다.

후경은 그 내용이 아무리 풍부하고 다양하다 하더라도 그 존재방식은 부동적이며 현상적이다. 그리고 작가가 보여주는 형상들은 작품 말고는 어느 곳에도 없다. 그러므로 작품 가운데 나타나는 인생은 실재적 생활을 떠나서 마치 액자에 끼어 있는 그림 속에서와 같이 작품 속에서 고립되어 있는 것이다. 다른 점이 있다면 그것은 다만 이 현상이 회화에서처럼 대상적으로 파악되는 것이 아니라 작품 중에서 형상과 말과의 존재간극 속에 함유되어 있는 점이다. 왜냐하면 우리는 말을 떠나서가 아니라 오직 이 말의 소여태(所與態)를 통해서만 현상하는 생활을 투시할 수 있기 때문이다.

따라서 작품 가운데 현상하는 이 생활은 분명하게 한정되고 완결된, 그리고 명백한 구조와 일목요연한 전체성을 가진 어떤 독특한 생활체계인 것이다. 그것은 우리를 둘러싸고 있는 생활 속으로 넘나드는 생활의 단면이 아니라 그것과 분명히 구별되는 것이다. 물론 거기에도 이 생활이 나타나는 어떤 공간이 있고 시간이 있다. 왜냐하면 문학은 본질에 있어서 시간예술이기 때문이다. 현상하는 공간과 시간 중에서도 형상·운명·활동·정열이 '놀고' 있다. 읽거나 듣거나 관조할 때에 우리는 별개의 공간과 시간 중에 '옮아'간다. 그러나 우리는 이 별개의 공간이나 시간을, 읽거나 듣거나 하는 실재적인 것으로 여기지만 지금과 동일시하지는 않는다.

이를테면 작품의 소재가 우리 자신의 현재와 생활공간에서 취해졌을 경우에도 그것은 '작가의 세계'에 속하는 것이지 결코 우리 자신의 세계는 아니다.

다시 말하면 지나간 역사적 시대의 인간생활을 현재적이며 우리가 직접적으로 체험할 수 있는 구체적인 형태로 나타나게 하는 것이 바로 문학의 위력이다. 우리는 문자로 쓰인 말의 테두리를 통하여 다시 실재적으로 체험할 수 없는 낯선 인생을 들여다보는 것이다.

e 문학작품에 있어서의 중간층

그러나 어느 관점에서 보면 문학예술은 조형예술과 전혀 다른 관점에 서 있다. 조형예술은 직접적으로 감성에 호소하며, 그리고 후경이 그 속에서 나타나는 전경의 존재층은 어디까지나 실재적이고 지각가능한 것이다. 하지만 문학에 있어서는 그렇지 않다. 물론 문학에도 실재층이 없는 것은 아니지만 충분한 것이 못 된다. 문학에서 실재적이며 감성적으로 주어지는 것은 말이나 글뿐이다. 그리고 현상은 사실에 있어서 그 말이나 글에서 출발한다. 그럼에도 형상과 그 성격, 활동과 운명이 직접 말에서 나타나는 것이 아니라, 다시 한 번 다른 그 무엇, 즉 중간층을 통해서 나타나는 것이다.

이 점에서 보면 현상관계에 대해 맨 처음 내린 규정이 여기서는 약간 수정되어야 할 것 같다. 물론 근본관계를 깨뜨리는 것이 아니라 변경하는 것이다. 그러면 문학에 있어서 현상의 특수성은 무엇인가?

먼저 다음과 같이 생각하면 이 문제에 대한 근사한 해답이 나올 성싶다. 작가가 존중하는 것은 심적인 것이며 그가 표현하는 것은 인물의 내면이다. 그러나 그가 직접적으로 이 심적이며 내면적인 것을 말하는 일은 드물다. 작가는 무엇보다도 먼저 인간생활에 있어서 감성에 나타나는 외면적인 것, 즉 사람의 표정·말·신체운동, 눈에 보이는 활동과 반응 따위를 파악하기 좋아한다. 또 그는 인간을 보여주되 우리가 일상적으로 겪는 대로, 곧 자유이든 부자유이든 밖으로 나타나는 측면에서 인간을 보여준다. 그 결과 인간의 형태가 우리에게 직관된다. 그러나 이러한 외면적인 작은 것들이 현상하는 인간생활의 진면목은 아니다. 그것들은 내면적인 사상, 즉 인간적인 행위와 수난·의도·결정·실패와 성공 등과 일치하는 것이 아니며, 더구나 심정·정열·운명과 일치하는 것도 아니다. 하지만 본디 이것들은 중요한 것이다.

그러면 문학적인 언어가 직접적으로 이런 것들을 발설하지 않는 까닭은 무엇인가? 우리가 일상생활에서 누군가에게 제삼자에 대해 말할 때에는 그런 것들을 여지없이 말한다. 위에 서술한 의문에 대한 대답은 간단하다. 그 이유는 정신적인 것에 대하여 직접적으로 발설되는 말들은 추상적이고 또 아무런 도움도 못 되며 다만 일반적인 이야기에 지나지 않는 점에 있다. 진술이라는 것은 개념적이며 비직관적이다. 그런데 문학에 있어서는 구체성과 직관성이 중요한 것이다. 오직 직관적인 것만이 직접적으로 작용하며 순종하기에 충분한 것이다. 그러므로 마치 우리가 생활 속에서 같이 생활하는 사람들이 입으로 말하지 않더라도 그들의 기분이나 심정이나 흥분이나 정열을 보듯이, 문학은 사람의 표면적인 행동에서 그들의 내면을 '간파'하기를 노리는 것이다. 왜냐하면 인간은 누구나 예외 없이 눈으로 볼 수 있는 행동이나 들을 수 있는 말로 자기를 계시하기 때문이다. 인간의 이 자기계시는 결코 그들의 자유의사에서 나오는 것이 아니라, 말하자면 그들 스스로가 자기를 '누설'하는 것이다. 문학은 이 점을 이용하여 사람들로 하여금 스스로 자기를 나타내고 자기의 숨겨진 일들을 드러내게 한다. 또 문학은 인간의 진면목을 변천하는 상황 속에서 보여주며 그들의 성격을 그들 자신의 태도에서 서술하는 것이다. 그러나 그렇게 함으로써 문학이 거두는 성과는 이러한 인간적 태도의 비웃음이 아니라 공포와 희망, 불안과 불신을 비롯한 그들의 내면적인 정신의 비웃음이다.

작가는 심리학자처럼 연구실에서 여러 가지 심적 현상을 측정하여 분석하지 않는다. 그러므로 작가가 보여주는 인간생활이나 그 장면과 상황에서는 엄밀하게 정의된 개념 대신에 구체적인 형상이 나타나는 것이다. 작가도 가끔 개념적 추상을 쓴다. 하지만 그가 이 추상적 개념을 계속적으로 쓴다면 그는 벌써 작가가 아니다.

이리하여 문학에서는 독특한 중간계층이 존립하거니와, 이 중간계층은 본디의 후경과 마찬가지로 비실재적이며 엄격히 말해서 이에 속하는 것이지만, 감성적으로 직접 직관되는 것이다. 그렇다고 해도 이 중간계층은 감성 그 자체에 호소하는 것이 아니라 환상에 호소하는 것이다.

이 중간층은 사람들의 형상이 표현 속에서 구체적으로 성립하게 한다. 따라서 이 중간층은 말하자면 제2의 후경이 되는바, 이 제2의 후경은 기타 모든 것을 위하여 감성적 소여의 역할을 맡은 것이다. 왜냐하면 바로 이러한 중간층이 문학적 표현을 요구하는 것이기 때문이다.

이 중간층도 역시 하나의 층으로서 현상에 속하며 지각가능한 것이다. 이 층이 현상에 속하는 까닭은 그 지각이 결코 현실적인 지각이 아니기 때문이다. 이 현상층은 말이라는 실재층을 통하여 비로소 나타나지만, 말이라는 실재층에 의해서 이루어지는 것이 아니라 환상을 통해서 독자적이며 재생산적인 방식으로 이루어지는 것이다. 그러니만큼 이 중간층도 현상하는 후경에 속한다. 그러나 그 기능에서 보면 이 중간층은 전경에 속한다. 왜냐하면 중간층이 그 존재방식에 있어서는 결코 그러할 수 없는 일이지만, 듣는 자나 읽는 자는 그것이 자기에게 속하는 것이라고 느껴지기 때문이다. 중간층은 직접적으로 말과 연관되어 있는 것이며, 그 관계가 얼마나 밀접한 것인가는 말소리와 말뜻이 밀접하게 대응하고 있는 사실에서도 알 수 있다. 말소리와 말뜻과의 이 밀접한 관계는 말이 이 말을 듣거나 읽는 자에게 통하지 않을 때에는 없어지게 된다. 그런데 이 말이 이제 직접 대상적으로 다양한 이 중간층을 표시하는 때에 사물과 인물과 사건들로 구성된 환상의 세계가 성립하는 것이며, 이 환상의 세계는 현실적으로 인식되지 않으면서도 인식가능한 구체성을 갖는 것이다.

이 중간층의 구체성에는 작가의 예술적 역량에 따라서 여러 단계의 차이가 있을 수 있고, 또 최소한까지 축소되는 경우가 있을지라도 문학에는 이 중간층이 존재하기 마련이다. 중간층이 전혀 없게 되면 문학은 산문이 되고, 말은 개념적이고 무미건조하며 추상적이 되고 만다. 그러나 현상하는 자기각성의 기능은 결코 이에 그치는 것이 아니라, 나아가서 복잡한 심적이며 정신적인 생활의 상황을 마치 회화에서 캔버스 위의 가시적인 색채가 그것을 나타내는 것과 다름없이 나타내는 것이다.

문학은 직접적으로 지각에 호소하는 것이 아니라, 다시 말하면 '삶을 삶 속에서 체험하게' 하는 잡다한 대상의 지각에 호소하는 것이 아니라 표상이 지각과 대체되는 계층이 끼어들어야만 하는데, 이 점에서 문학은 조형예술보다 불리하다. 왜냐하면 문학작품에서 발견되는 참으로 실재적인 전경, 즉 눈으로 보는 문자나 귀로 듣는 말 그 자체는 무미건조하고 형식적이며 추상적인 것이기 때문이다.

이러한 불리함은 물론 독자에게서 환기되는 자발적인 환상이 여러 가지 점에서 지각보다도 다양하고 다취하며 또 상당히 광범한 운동의 자유를 가짐으로 해서 보충된다. 이리하여 감성적이고 구체적인 전경층이 물러가고 비실재적인 현상 전경이 앞으로 다가서는데, 이 점에서 문학은 보다 더 많은 다양성과 융통성을 갖게 된다. 예술에서 문학으로 옮겨가면 모방해서 한 걸음 물러나게 된다.

물론 문학에 있어서의 유일한 실재적 전경인 말과 글의 추상성이라는 요소는 모두 지워질 수 없다. 말과 글은 어디까지나 개념이며, 개념은 비직관적이고 비예술적인 효과로 나타낼 수 없는 것이다. 이를테면 개념에 있어서의 근원적인 것이 아무리 직관적이고 구상적인 것이라 하더라도 개념 그 자체는 언제나 추상적이다. 개념에 있어서의 이 근원적인 것은 이미 잊히고 사라지고 있다. 그러나 이 비실재적인 전경(중간층)이 바로 직관성을 요구한다. 예술가는 고정적이고 일반적인 말의 뜻을 풀어서 살릴 줄 안다.

일상생활에서도 강조하는 말 혹은 인격적 색채가 더할 수 없이 뚜렷한 온정적인 말을 쓰는 여러 가지 방법이 있다. 언어는 그 일회적인 연관을 통해서 특수하고 일회적인 뜻을 갖게 되는 수가 많다. 어떠한 말이든지 말이라는 것은 그 뜻이 고정되어야만 의사소통의 기능을 발휘할 수 있는 것임에도 그 뜻에 융통성이 없는 것이 아니며, 또 말과 글 전체의 정신 정도에 따라서 각 낱말들의 뜻이 특수한 느낌을 가지고 얼마쯤 달라지기도 한다. 또 오랫동안 잘못 쓰여 온 말이 그 본디의 구상적인 성격을 회복할 가능성도 있다. 문학에 있어서는 이 두 가지 방법이 널리 알려져 있다. 문학은 예술가적 언어의 독특한 투명성을 표시한다. 그러나 이 예술적 언어가 유희적 기분을 벗어나서 진실을 말하게 되려면 시적 표현이라는 특수한 형성력이 필요하다.

f 연극과 배우의 예술

위에서 말한 문학의 불리함은 극예술에서 채워진다. 하지만 본디의 문학과 독자와의 중간에 제2의 예술과 제2의 예술가, 즉 극예술과 배우가 끼어들어야 한다.

그렇게 되면 중간층이 실재로 변모하며 재생산적 환상을 떠나서 현실적 인식가능태로 옮겨가게 된다. 비실재적인 전경이 실재화하고 문학적 형상들은 시간적·공간적으로 움직여 온 대상층이 말을 하며, 그 표정들이 전개되어서 우리가 보고 듣고 직접 겪을 수 있으며 독자는 관객이 된다.

여기서 많은 변화가 일어난다. 첫째, 작품의 정신적인 작가와 이를 관조하는 관찰자와의 중간에 해설하는 예술이 끼어든다. 이 예술은 어떤 이차적 예술이다. 그러나 이 예술을 낮게 평가하는 뜻으로 오해해서는 안 된다. 이 예술은 문학과 비슷하면서도 문학과는 별개의 것이다. 문학은 이 예술에 의존하며 이 예술을 고려(그 각색·연출·효과 등)하고 참작할 수밖에 없다. 문학은 또 배우와 무대감독과 무대장치를 필요로 하며, 무대 및 그 가장자리와 배경, 즉 극장을 요구한다. 작가는 직접 사람들 앞에 나타날 수 없고 극장에서 받아주어야 하며, 그러기 전에 연극평론가의 매서운 선택적 반응을 거쳐야 한다.

둘째, 작품 그 자체가 서로 다른 현상형태를 취한다. 마치 액자가 회화를 한정하는 작용을 하는 것과 같이 외면적인 무대장치가 작품을 독특하게 한정하는 작용을 한다. 작품이 '상연'될 때에는 그 작품내용이 실재적인 생활연관 속에서 두드러져야 한다. 왜냐하면 그래야만 문학적 형상들을 눈으로 볼 수 있게 되고, 그 말들을 귀로 들을 수 있게 되기 때문이다. '무대'는 그 자체가 작품을 부각시키는 작용을 한다. 무대는 세계가 아니라 다만 세계를 '의미'하는 것이다.

그러므로 작품의 층적 관계는 연출을 통해서 복잡해지는 게 아니라 오히려 단순해진다고 말할 수 있다. 이때에 작품은 무대에서의 연기와 결합되며 그래야만 비로소 문학작품은 조형예술의 작품과 옳게 비교된다. 이때 작품은 벌써 독자의 환상에 맡겨지는 것이 아니라 감성적으로 직접 보고 듣게 된다. 따라서 현상적인 지각가능성이 현실적인 지각가능성으로 바뀐다.

셋째, 문학작품이 이제는 내용에 있어서도 배우의 예술에 의존하게 된다. 왜냐하면 중간층을 실재화시키는 것은 작가의 일이 아니라 연기자의 일이기 때문이다. 배우는 감성적으로 포착할 수 있는 모든 세세한 일을 연출한다. 그에게는 이 헤아릴 수 없이 많은 보잘것없는 일들을 해내는 데 있어서 자유재량의 여지가 있다. 배우는 작품의 공동형성자, 아니 공동작가로까지 승진한다. 그러니만큼 배우는 단순히 재현적인 예술가가 아니라 또한 창조적인 예술가이기도 한 것이다.

문학작가는 우리가 지각가능한 활동의 모든 세목을 적확하게 규정하지 못한다(그 점은 화가가 모든 가시적인 세목을 제시하지 못하는 것과 같다). 그렇게 되기에는 그가 쓰는 재료나 말이 너무 무미건조하다. 문학작가에게는 그가 서투른 말로 표현한, 그러므로 불완전하게 표현한 것을 좀더 완전하고 생기 있게 하는 연기자가 필요한 것이다. 작가의 표현에 결여된 세목을 덧붙이되, 자기재량에 의해서, 또 자발적으로 작품의 정신에 동화하는 것은 오직 배우만이 할 수 있는 일이다. 즉 배우는 자기의 전인격을 바쳐서 그가 맡은 역할을 연출하는 것이다. 그러므로 작가가 관조한 형상, 표현한 작품 중의 인격을 나타내기 위해 배우의 인격은 도구화하고 그의 행동은 수단이 된다.

그런 까닭에 배우는 연기자이며 그의 연기는 진정 창조적 예술인 것이다. 그 점은 실패로 돌아간 연기에서 가장 분명하게 알 수 있다. 왜냐하면 직업적으로 원숙한 모든 사람이 다 예술가는 아니기 때문이다. 실패한 연기의 경우에 우리는 역할이 '부적당'했다고 말하며 작가가 관조한 형상이 제대로 연출되지 못했다고 생각한다. 배우도 형성의 자유를 가지고 있으므로 오류가 생기기 마련이다.

자기가 맡은 역할의 정신과의 적확한 교감에서 수많은 세목을 형성할 능력을 가진 사람이 위대한 연기자이다. 바꾸어 말하면 높은 수준의 연기에서 창조적인 형성의 자유가 엿보이는 것이다. 물론 모든 배우의 연기가 똑같지는 않다. 그것은 배우나 무대감독의 이해력이 다르기 때문이다. 따라서 작품의 동일성이 다른 예술작품에 있어서는 경탄할 만큼 유지되고 있지만, 문학작품에 있어서는 어느 정도까지 깨어지는 것이다. 그러나 여기서 작품의 이 동일성이 소멸되는 것이 아니라 연출의 차이에 얽매이지 않고서 '작품'을 아는 누구에게나 뚜렷하게 존속한다는 사실에 주목해야 한다.

따라서 객관화의 방식에 큰 차이가 있다. 작가와 배우는 같은 사건·갈등·정열·운명과 같은 형상을 객관화한다. 작가는 말로 표현하지만 구체성이 희박하다. 작가는 서사시나 소설에 있어서도 어디까지나 독자의 보충적인 환상에 호소한다. 작가는 그러기 위해서 어떤 지구적인 재료를 쓰거니와 문자보다 더 지구적인 재료는 없다. 말하자면 작가는 영원을 위해서 형성하는 것이다. 그러나 배우는 글로 쓰여 독자의 환상에 맡겨진 것을 '연출'한다. 다시 말하면 배우는 실재화시킬 수 있는 것을 실재화하는 것이다. 그렇게 함으로써 배우는 반(半)형성품을 받아가지고 이에 충분한 구체성과 감성적 직관성을 부여하는 것이다. 하지만 배우는 유동적인 재료, 즉 귀에 들리는 말, 눈으로 볼 수 있는 운동·표정·자세 등으로 형성한다. 이것들은 무상한 것 가운데서도 가장 무상한 것이다. 한마디로 말하면 배우는 오직 순간을 위해서 형성한다.

그러므로 배우의 연기는 보존될 수 없는 것이 그 운명이다. 물론 필름 속에서는 이 유동적인 것이 어느 정도 보존될 수는 있다. 필름은 늦게서야 발명된 것이며 또 생기 있는 무대를 버린 것이라 해서 얕보아서는 안 된다. 그러나 여기서 분명히 알 수 있는 점은 오직 재료만이 움직이는 것이 아니라 취미와 연기도 변화하며 시대의 극적 의의도 바뀌는 것이며, 낡은 작품이 언제나 변함없이 존속하는 때에도 그 이해는 새로운 길을 찾는다는 사실이다.

그래서 배우의 예술은 언제나 순간적인 예술이며 그리고 "후세는 배우에게 화환을 바치는 일이 없다." 배우가 제공하는 해설과는 따로 작가의 작품은 그 '반'구체성을 가진 채 영원히 움직이지 않는 것이며, 언제나 새로운 해석이 나오는 것이다. 그러므로 작가는 후세 사람들의 의식 속에 분명히 살아남는다. 그의 명성의 지속은 모든 예술에 있어서와 마찬가지로 그가 창작한 대상의 지속이며, 결국은 객관화의 지속인 것이다.

g 실현과 현실소외

그러나 배우의 연기에서는 문학작품의 모든 내용이 실재화하며 현실적인 사건으로 변화한다는 비난을 들을 수도 있다. 그것이 참으로 그렇다면 비실재적인 후경이 실재 속에 나타날 여지가 전혀 없을 것이며, 객관화의 법칙은 미의 현상관계나 존재조건이나 미적 대상 일반과 더불어 비판받고 말 것이다.

이러한 비난에 대답하거니와 이것은 틀림없는 오해이다. 첫째, 행동의 완전한 실현에 있어서도 관념적인 후경을 위한 여지가 아직도 많이 남아 있다. 둘째, 그렇지만 여기서는 작품 가운데 나타나는 현상의 일부분만이 실재로 변해서 전경 속에 편입되는 것이지 연출된 행위 전체가 그런 것이 아니다.

행위는 가시적인 외부적 동작을 말하는 것이 아니며 행위의 본질은 그 이면의 불가시적인 것에 있다. 본디의 행위, 즉 '연극' 그 자체는 연출되더라도 어디까지나 비실재적인 것이다. 실재적인 것은 다만 입 밖에 나오는 말과 인물의 자세, 그 밖의 운동·표정·대화, 한마디로 말하면 보고 들을 수 있는 장면뿐이다. '장면' 그 자체는 행위의 한 부분으로서 어디까지나 비실재적인 것이다. 행위는 그 앞뒤를 통하여 현상에 속하는 것이며, 보이는 것과 들리는 것은 다만 이 행위가 나타나는 수단이나 매체에 지나지 않는다. 행위 그 자체는 정신적인 상황과 결단, 사랑과 증오, 고난과 성공·운명과 이 운명을 부담하는 방법 등의 평면 위에서 일어나는 것이다.

그것은 분명히 서로 다른 평면이다. 이 평면 위에서 일어나는 모든 것은 어디까지나 비현실적이다. 그것들은 애당초 현실적인 것이 되어서는 안 된다. 배우는 사랑하는 것도 아니고 미워하는 것도 아니다. 또한 고난에 빠진 것도 아니며 그가 연출하는 운명이 그 배우의 운명도 아니다. 그 모든 것은 다만 '나타나는 것'이며 '연출'되고 표현되는 것이다. 그러므로 '연극'은 연출되는 작품이며, '배우'는 연출하는 예술가이다.

그와 같은 뜻에서 무대에 등장하는 문학적 형상—발렌슈타인·파우스트·리처드 3세—은 실재적인 형상이 아니라 다만 표현되고 연출된 것에 지나지 않는다. 실재적인 것은 독특한 몸짓과 말투를 가지고 살아 있는 배우이며, 이 배우를 그가 연출하는 제왕이나 영웅이나 음모가와 혼동하는 사람은 없다. 형상 그 자체가 실현되는 것도 아니며 운명이나 행위가 실현되는 것도 아닌 점이 바로 연극예술과 무대예술에 있어서 중요하다. 그러므로 배우의 예술이 관객에 의하여 평가되고 논의될 가능성도 있다. 만일 관객이 무대 위에서 벌어지는 사건을 실재적인 것으로 믿는다면 그때에는 관객의 눈앞에서 연출자의 연기가 완전히 사라지고 마는 것이다.

그리고 그보다도 중요한 것은, 만일 관객이 무대에서 연출되는 행위를 실재적인 것이라고 생각한다면 편하게 앉아서 이 연극을 관조하고 감상하며 들으면서 노련한 음모나 혹은 살인과 학살 내지 심각한 정신적 고민의 목격자가 된다는 것이 불가능한 일이라는 점이다. 그와 동시에 무대도 또 관객에게 그릇된 기대를 갖게 할 것이다. 비극의 의의(意義)는 도덕적 야비(野卑)로 타락하고 희극의 의의도 무자비에 타락하고 말 것이다. 그러나 관객에게 그러한 기대를 갖게 하는 극장은 하나도 없다. 그러므로 여기서 연극이 실재적인 사건같이 기만한다는 모든 이론은 근본적으로 틀린 것이며, 미적으로 현혹시키는 결과를 주는 것이자 극적 효과의 의의를 말살하는 것이다. 그 반면에 무대를 현실로 착각하는 어린아이 같은 의식도 미의식이 아니다.

진실은 그와 정반대로 연출되는 것을 보고 들을 때에 뒤따라오는 분명한 지식과 무대 위에서 연출되는 활동의 비실재성이 명상적이며 심미적인 관조와 향수의 합당하지 않은 조건이 되는 것이다. 우리는 이 사실을 연기에서도 볼 수 있다. 여기서 실재적인 것은 오직 무대가 보여주는 것, 즉 연기 그 자체뿐이고 연출되는 활동은 실재적인 것이 아니며, 또 실재적인 것이라고 이해되어지는 것도 아니며 그것이 바로 '연출'되는 것이다. 연기는 연출되는 것에 대해서는 중요성이 없는 부가물에 지나지 않는다. 왜냐하면 활동 그 자체는 어디까지나 진지한 것이기 때문이다. 그러나 이 진지한 것이 바로 연출되는 것이다. 그러므로 연기가 연기이기를 그만두지 않고서도 연기의 의의가 중요하고 가치 있으며 고상해질 가능성이 있다. 이 점에 무대 위의 연기와 어린아이의 놀이와의 근본적인 차이가 있다. 어린아이의 놀이는 어디까지나 환영 속에서 움직이는 것이다. 어린아이는 놀이에 대하여 거리를 두지 않고 완전히 놀이 속에 빠진다.

이러한 사실은 모든 무대기교나 연출기교가 사실성의 제한을 필요로 하는 점에서 분명히 증명된다. 고대인은 그렇게 하기 위해서 틈틈이 길게 뽑는 가요와 비극적인 효과가 뒤따르는 합창대를 끌어들였고, 대화에 운문을 쓰기도 했었다. 그들은 난폭하고 무서운 모든 것을 무대에서 추방했었다. 그중에는 극예술이 오래 두고 지속적으로 보존하고 있는 것도 허다하다. 예를 들면 운문은 언어형식에 있어서 가장 유력한 수단이 되어왔다.

근대의 가극은 이 점에 있어서 뚜렷한 전진을 계속 해왔다. 가극에 있어서는 음악이 결코 단순한 반주가 아니라 현실소외의 가장 유력한 수단이 된다. 왜냐하면 음악 그 자체는 본질에 있어서 비극적이며 실재와는 반대의 효과를 주기 때문이다. 그 밖에 음악은 또 본디 문학에 속하지 않는 독특한 요소, 별다른 종류의 예술을 문학에 끌어들인다. 이 문학과 음악과의 종합은 미학이 다룰 만한 특수한 주제가 되는 것이다.

그러나 일반적으로 말하면 무대 위의 사실적 경향을 저지하려고 하는 모든 노력은 예술적 현실소외라고 이해되는 것이다. 그 노력이 비록 의문의 여지가 많은 수단을 쓰는 경우에도 원칙적으로 변함이 없다. 왜냐하면 그러한 노력은 의식적으로 '모방'의 본질적인 요소에 반대하는 것이기 때문이다. 이러한 노력은 또 연극의 한계를 넘어서 널리 확장될 수 있는 것이다. 예를 들면 이 종류의 노력은 고대의 희극에서도 볼 수 있거니와 근대의 희극에서는 더욱 뚜렷이 드러난다. 이 경향은 이탈리아의 희극배우인 바야초와 할레킨과 같은 인기배우의 오페라에서 훨씬 더 전진하고 있다. 여기서는 연극적인 것이 그 정당한 효과를 양보하고 결국 해학과 농담으로 끝난다.

이 점과 관련해서 중요시할 것은 근대의 진정한 무대예술에 있어서 현실소외가 연기자의 진정한 '연기'에 해당하지 않는다는 사실이다. 여기서는 사실적 경향이 취할 수 있는 자유의 길이 남아 있다. 이 점은 정신적이며 내면적인 것이 나타나기 위해서는 성심을 다하기에 충분한 어떤 자연진리가 없어서는 안된다는 사실을 명시하는 것이다. 그러나 그 점은 또 근대의 관객이 환각에 빠질 위험성이 이미 존재하지 않거나, 또는 적어도 거의 없다는 사실을 표시하는 것이다. 그것은 단순한 유형적인 것을 넘어서 멀리 앞서가고 있는 위대한 성격배우가 증명한다. 왜냐하면 모든 살아 있는 인간의 성격은 일회적이며 개성적인 것이기 때문이다.

그와 동시에 중국의 무대예술에서 흔히 발견되는 세습적 표정이나 혹은 아티카의 무대에서 연출되던 비극적인 가면극을 본다면, 현실소외와 사실주의와의 사이에 여러 계단이 성립할 자유의 여지가 있음을 알게 될 것이다.

일반적으로 볼 때 무대연기에서도 모든 문학예술, 표현예술 일반에서 원칙이 되고 있는 같은 성층이 발견된다. 다만 이 성층의 내용이 다를 뿐이다. '연극'은 '현상하는 지각가능성'을 현실적인 지각가능성으로 옮겨 놓는 것이다. 후경 가운데에서 감성에 가까운 부분만이 전경으로 옮겨지고 그 밖의 모든 다른 부분, 예를 들면 행동 그 자체와 행동하는 인물 등은 여전히 단순한 현상으로 남는다. 그리고 연기가 연기로서 이해되는 경우에는 행동이 연기와 뚜렷이 구별되며 비실재적인 것으로 인식된다.

7) 비표현예술의 전경과 후경

a 자유스런 형식의 유희

인간은 모든 예술적 형성에 있어서 그 무엇으로 자기 자신을 표현한다. 그러므로 사람들은 아마도 비표현적인 예술이란 있을 수 없다고 말하기를 좋아할 것이다. 그러나 이 점을 편협하게 이해해서는 안 된다. 작품 가운데 나타나는 것은 반드시 예술가 자신의 인격이 아니라 이 예술가가 소속하는 일반적인 유형일 수도 있고, 또 그가 살고 있는 국토·민족·시대 정도에 따라서 그가 가진 특수성일 수도 있을 것이다.

예술가의 작품 가운데에는 언제든지 이런 종류의 그 무엇이 반드시 있다. 하지만 이런 그 무엇은 사람들이 표현예술을 말할 때에 생각하게 되는 것이 아니다. 표현예술에서 떠오르는 것은 특수한 주제이며 제재이다. 예술가는 자기 자신의 본질에 아무런 변화 없이 여러 가지 성질의 제재를 다룰 수가 있다. 그뿐만 아니라 작품 가운데서는 예술가 자신의 본질이 뚜렷하게 표현되는 게 아니라 다만 그 주제와 더불어 나타나는 것이며, 대부분은 그와 거리가 먼 사람이나 후세 사람들에게 나타나는 것이다. 예술가의 본질이 작품의 제재가 되는 것이 아니다. 이를테면 자화상과 같이 자기를 제재로 하는 경우가 있지만 그것 역시 그 제재 가운데 하나에 지나지 않을 뿐이다. 이러한 사실들을 보더라도 모든 예술을 표현적이라고 말할 수 없다. 왜냐하면 본의 아닌 자기 표현은 부수적인 것이어서 주제의 의식적인 취급을 위하여 무엇을 보태주는 것은 아니기 때문이다.

따라서 우리는 건축과 음악과 장식을 한데 묶어서 따로 다룰 수 있다. 왜냐하면 이 한 무리의 예술에서는 사정이 뚜렷하게 다르기 때문이다. 물론 음악에 있어서는 가사를 가진 성악과 이른바 표제악을 제외하고서 말이다. 왜냐하면 가사와 표제는 음악이 아니기 때문이다. 따라서 우리는 경솔하게 표현이란 관점을 음악에만 써서는 안 된다. 왜냐하면 비음악적인 주제를 갖지 않은, 또 가질 필요도 없는 '순정음악'도 있기 때문이다. 그런데 이 주제가 없는 점이 위에서 말한 세 가지 예술의 공통점이다.

이 공통점은 이상 세 가지 예술에 있어서의 부정적 일반자에 지나지 않는다.

그렇다면 그 긍정적 일반자는 무엇일까? 이것을 규정하기는 그렇게 쉬운 일이 아니다. 그러나 우리는 이 긍정적 일반자를 먼저 특정한 질료에 있어서의 형식 그 자체의 순수한 유희에서 발견할 수 있다.

이 경우에는 무게를 가진 물체나 또는 음성이 질료가 된다. 물론 이 양자에 있어서는 형식의 유희가 다르다. 하지만 형식 그 자체는 성질상 질료를 통하여 규정되는 것이며, 주로 이 질료의 공간적인 차원을 통해서 규정된다.

공간예술과 시간예술의 대립에서 모든 형성영역이 구분되지만, 그렇다고 그것들의 특성을 규정하기에는 불충분하다. 문학은 물론 시간예술이며, 조형예술은 공간예술이다. 그러나 질료로서 가능한 것 가운데에서 어디까지나 자율적인 것은 특수한 형식 그 자체인 것이다.

여기서 사람들이 '형식 그 자체의 자유유희'라고 부르는 것이 시작된다. 그것이 여기서 원칙적으로 표현 대신에 나타나는 것은 진정한 창조적 활동이며 유희를 위한 유희인 것이다. 왜냐하면 '표현'이라는 것은 비미적(非美的)인 성질의 대상에 연관되는 것이며 모방과 더불어 시작되기 때문이다. 표현은 제재와 맞아야 되지만 틀릴 수도 있다. 하지만 여기서는 맞거나 틀리는 것과는 상관없이 원본도 없고 모델도 없으며 우리가 체험할 수 있는 그 어떤 형상도 없다. 그것은 아무런 형식도 예상하지 않는다. 그러므로 여기서는 형성이 자율적이며 표현예술에 있어서와는 다른 고도의 자유를 가지는 것이다. 그것은 재생산적인 계기를 갖지 않은 순수한 생산이며 순전한 '무에서의 창조'이다.

이 자유가 건축이나 모든 장식에 있어서는 성질이 다른 어떤 부자유와 서로 반대가 된다. 건축은 미와 아무런 관계도 없는 실용적 목적을 위한 것이다. 또 건축이 실용적 목적보다도 더 고상한 이상적 목적을 위한 경우에도 그 이상적 목적은, 예를 들면 사원이나 교회나 궁궐 등의 건축에 있어서와 같이 미적 이외의 다른 성질을 가지는 것이다. 전자가 신의에 봉사하는 데 있는 것이라면 후자는 정치적 권력의 이념과 그 영광을 나타내는 데 있고, 단순한 주택에 있어서는 실용적 목적이 무엇보다도 가장 강하게 압도한다. 그러나 주목할 점은 그어느 경우든지 미적 가치의 요소가 교란되는 것이 아니라 오히려 보존된다는 사실이다. 여기서는 실용적 목적이 어떤 전제조건과 같은 작용을 하며 주택의 형식미에 내포되는 것이지 결코 이를 없애버리는 것이 아니다.

장식예술에 있어서의 사정은 그와 다르다. 장식 그 자체는 직접적으로 실용목적을 위한 것이 아니라, 이를테면 건물·도구·융단 등과 같이 이 실용적 목적이 나타나는 대상을 위한 것이다. 그러므로 장식은 비독립적인 예술이며 침해해서는 안 되는 형식—이 형식이 윤곽에 지나지 않는 경우라도—전체에 편입되는 것이다. 그러나 예를 들면 이 윤곽이 채워져야 할 평면적 윤곽의 내부에서는 장식은 비교적 자유스러우며, 그 점에서 보면 조형예술에 가깝다고 할 수 있다. 그러므로 장식은 조형예술의 제재권 안에서 얻는 수가 많다. 그렇지만 장식은 본질상 조형예술에 속하는 것이 아니라, 선이나 색이나 혹은 공간적인 동기의 유희라는 결론에 다다르는 것이다.

참으로 자유로운 것은 오직 음악, 특히 순수음악뿐이다. 순수음악에서는 유희의 원리가 완전한 독립성을 갖게 된다. 음악은 음·곡조·조화·음색 따위에 의한 유희이며, 따라서 미적 이외의 목적을 떠난 다른 질료에 있어서의 유희이다. 그러므로 음악은 모든 예술 가운데에서 가장 자유로운 예술이다. 더욱이 음악은 두 가지 방면에서 자유이다. 즉 음악은 비미적인 주제나 제재에 대해서 자유인 동시에, 비미적인 목적에 대해서도 자유이다. 그러므로 음악에서는 창조적인 계기가 다른 예술에서는 전혀 볼 수 없는 고도의 생산성을 띠게 된다. 작곡은 발명—내면적인 발견과 발명—에 기인하는 것이고, 따라서 음악적 '주제' 그 자체까지도 자유로 창작되는 것이며 순수한 음악적 환상의 산물이다.

그러므로 미학의 문제는 이상과 같은 예술들이 본질에 응답해서 다음처럼 제기된다. 즉 이들 예술에 있어서도 표현예술에 있어서와 같은 종류의 미(美)가 문제되는 것일까? 그렇지 않으면 여기서는 전혀 다른 미가 나타나는 것일까?

표현예술에 있어서도 미가 실재적인 전경에 있는 것도 또 비실재적인 후경에 있는 것도 아니라 후자가 전자 속에 나타나는 현상관계 속에 있는 것이라면, 그와 같은 계층의 대립이 없는 곳에서는 물론 사정이 다를 것이다. 제재가 없는 곳에는 아무것도 나타날 수가 없다. 그렇다면 순수한 형식관계 속에서는 어떤 특수한 미가 있는 것일까?

여기에 대해서 그렇다고 말할 두 가지 이유가 있다. 먼저 한 가지 이유는 질료가 다르기는 하지만 형식의 자유로운 유희라는 성격에 있고, 또 한 가지 이유는 아무런 제재도 있을 수 없는 자연미와 인간미에 비교되어서 인식된다. 여기서 현상관계 속에 있는 미의 개념에 단호히 반대하는 두 가지 이론이 출발한다. 모든 미는 결국 같은 것인가? 그렇지 않으면 모든 미는 근본적으로 종류가 다른 것을, 그리고 순수한 형식미학의 경향을 새로운 의미에서 정당하다고 봐야 할 것인가?

b 음악미

위에서 논의한 문제는 음악 가운데에서 그 중심적 현상을 가지고 있다. 음악은 '두 가지 측면에서 자유로운' 예술이다. 따라서 우리는 이 음악에서 근본문제를 파악하도록 노력해야만 한다.

여기서 문제를, 즉 음악미는 전혀 다른 미인가, 하는 형식으로 의견을 말할 필요까지는 없다. 먼저 음악에도 현상관계가 있는가, 하는 형식으로 문제를 제시하면 되는 것이다. 그러나 그러기 위해서는 모든 표제음악이나 문학과 음악이 결합된 예술인 단순한 가요를 무시하지 않으면 안 된다. 그렇다고 음악의 시초를 가요에서 찾으려고 하는 노력을 잘못이라 탓해서는 안 된다. 고도의 공적을 이룩한 극히 성숙한 정신적 영역을 미숙한 시초에 의하여 평가하려고 하는 것은 잘못이다. 왜냐하면 이미 성장한 것은 역사적 기원을 뒤에 두고 멀리 나아간 것이기 때문이다.

또 음악에서 틀림없이 나타나는 고통·희열·교만·동경 등과 같은 심적 기분을 후경이라고 주장함으로써 문제를 너무나 경솔하게 다루어도 안 된다. 기분이라는 것이 한층 더 깊은 하나의 계층을 이루는 것이기 때문이다. 그뿐만이 아니라 정신적 기분을 어떤 후경으로 볼 수 있다면 그런 음악이 바로 표제음악에 가까운 것이다.

그러나 순수음악에도—모든 심적 내용 안에—어떤 성층과 현상관계가 있음이 확인된다. 이 현상관계는 물론 그 밖의 모든 음악에도 나타나며 문학작품의 작곡 속에도 나타난다. 그러므로 이 현상관계가 여기서는 문제되지 않지만 순수음악에서는 문제가 된다.

우리는 여기서 울리는 음이 질료가 되고 이 질료가 형성된다는 사실에서 출발해야만 한다. 음악에서는 음의 이어짐과 관련이 실재층과 전경으로 인정된다. 그렇다면 음악작품에도 감성적으로 들리는 음에서 솟아나며 음악적으로 들어서 이해되는 그 무엇이 있는 걸까? 다시 말하면 소리가 들리고 난 뒤에 남아서 이 소리와 구별되지만, 바로 이 소리를 통해서만 나타나는 본디의 진정한 음악적 내용을 가진 후경이 있는 것일까? 물론 음악에도 그러한 후경이 있다고 말할 수 있다. 우리는 이 후경을 그것이 발견되는 곳에서만 찾아야 한다. 그러나 이 후경은 음의 세계를 멀리 떠난 다른 곳에서 발견되는 것이 아니라 바로 이 음의 세계에서 발견되는 것이다.

음악이라는 것은 그 악곡, 그 악보, 그 악절이 오직 감성적으로 들리는 것만을 의미하는 게 아니라, 거기에는 언제든지 순전히 귀에 들리는 것 말고도 의식에 있어서의 전혀 다른 종합을 필요로 하는 음악적으로 들리는 그 무엇이 있는데, 바로 그 무엇이 하나의 커다란 전체로서 이미 감성적이 아닌 후경이 되는 것이다.

순전히 감성적으로 '들리는' 것은 극히 한정된 짧은 음곡이다. 소나타라든가 한 '악장'이나 서곡도 그런 음곡과 거리가 멀지 않다. 우리가 감성적·실재적으로 듣는 것은 물론 더할 나위 없이 한정된 짧은 음의 계속이다. 그러나 그것도 여음이 끝날 때까지뿐이다. 그리고 이 여음이라는 것은 몇 초를 이어 가지 못하는 것이다.

그뿐 아니라 여러 가지의 음 전체와 한 '악장'의 화음을 실제로 동시에 듣는다는 것은 음악적으로 불가능한 일이다. 왜냐하면 그런 경우에는 차마 들을 수 없는 불협화음이 생기기 때문이다. 듣는다는 것은 시간감각이며 음악은 어떤 시간예술이다. 한 '악장'은 얼마만한 시간적 연장을 가진 것이며, 여음이 생기는 동안보다 훨씬 더 계속되는 것이다.

그러므로 한 개의 악장은 시간적 연장의 그 어느 순간에 있어서든지 하나의 전체로서 한때에 성립하는 것이 아니다. 한 악장은 시간을 필요로 하고 우리의 귓속을 지나가며 어느 정도 이어진다. 따라서 어느 순간이나 듣는 자에게는 그 짧은 행(行)만이 나타난다. 그럼에도 듣는 자에게는 그 행들이 지리멸렬한 게 아니라 연관해서 하나의 전체로 인식되는 것이다. 음악적으로 듣는다는 것은 적어도 그런 것이다. 음악적으로 듣는 자는 그 악장 전체가 여러 시간에 걸쳐서 분열되어 있으면서도 하나의 동시존재로 인식되는 것이다. 그러나 이 동시존재는 시간적인 동시존재를 뜻하는 게 아니라 하나의 연관된 통일을 뜻한다.

이 통일은 물론 시간적인 것이지만 결코 동시존재는 아니다. 이 통일은 감각적으로 듣는 데서 성립하는 것이 아니라 음악적으로 들을 때에 알게 되는 종합의 성취에서 성립하는 것이다. 아니, 이 결합이 이루어질 때에 비로소 한 악장을 음악적으로 듣게 되는 것이다. 왜냐하면 한 악장의 음악적인 곡조는 한순간의 소리가 아니라 이어지는 순간적인 소리들의 통일된 전체에서 성립하기 때문이다. 그리고 이 전체로부터 한 악장에서 감각적으로 들리는 내부의 세목들이 그 의의를 얻게 된다.

그렇게 말하면 시간적으로 분리된 것들이 연결해서, 말하자면 하나로 들리지 않는 음악이 대체 어디 있느냐고 비난하는 사람이 있을 것이다. 이러한 비난은 내 말의 취지를 증명할 따름이다. 왜냐하면 내가 여기서 말하는 것은 바로 음악적으로 뻔한 것이기 때문이다. 언제 어디서나 그렇듯이 여기서도 뻔한 것 속에서 유의할 만한 것, 중요한 것에 주목하는 것은 다름 아닌 철학이다. 왜냐하면 사람들은 이 자명한 것에는 주의를 돌리지 않고 오직 흔히 있는 일로만 알며 그것이 참으로 무엇인가를 깊이 생각하려 들지 않기 때문이다. 또 종래의 미학도 여기서 이 근본적 관계를 의식적으로 분석하지 못했고, 그러므로 그 속에 문제가 있다는 것을 모르고 내려왔다.

그러면 문제는 어디 있는 걸까? 이 문제를 찾아내려면 시간의 범주적 분석에까지 파고 들어가야 된다. 시간이라는 것은, 즉 여러 시간층이 계속하는 과정 속에서 모든 실재적인 것이 선후로 분별해 있음을 말한다. 예를 들면 전체로서의 인간은 그 일생 가운데 어느 시점에 있는 것이 아니다. 왜냐하면 과거의 그 인간은 이미 현재에 있는 그 인간이 아니며, 또 현재의 그 인간은 아직 장래의 그 인간이 아니기 때문이다. 전체의 달관은 오직 직관시간 중에서만(직관시간은 실제시간과 일치하지 않는다), 따라서 주관적으로만 어느 한계 내에서 가능한 것이다. 왜냐하면 실재시간 가운데에서 어떠한 사물이나 과정도 갖지 못한 것을 의식은 직관시간 가운데에서 갖기 때문이다. 그것이 운동의 자유이다. 일상생활에서는 사건의 이해가 언제든지 순간적인 것, 또는 극히 제한된 결단에 매달려 있다. 그러나 예술에 있어서는 그와 다르다.

음악은 시간계속 중에서 서로 떨어진 것들을 완결된 전체로 통일하는 것이다. 이 종합은 귀로 듣는 좁은 한계를 넘어서 음악적으로 들을 때에 이루진다.

하지만 이 종합은 일시에 이루어지는 것이 아니라 감성적으로 듣는 과정에서 계시적으로, 더구나 음악작품의 특수한 내면적 통일성과 완결성을 토대로 이루어지는 것이다. 음악작품은 분명히 객관적으로 잘 조직된 하나의 연관이며, 그 속에서 모든 개별자가 선후해서 서로 결탁하는 구조를 갖는다. 음악작품에 있어서의 그러한 연관과 구조는 반성을 통하지 않고서도 자연히 이해되는 것이며 뻔한 것이다. 왜냐하면 그러한 경우에 한에서만 음악작품이 이해되고, 음의 변천 가운데에서 전체 그 자체가 느껴지기 때문이다. 그리고 이 전체가 느껴지는 경우에만 음악작품이 음악적으로 이해되는 것이다.

음악작품의 음악적 통일은 말하자면 그 자체가 하나의 종합이라는 성격을 가지고 있다. 이 종합이 작곡이다. 작곡(composition)은 종합(synthesis)을 번역한 말이다. 이러한 통일은 감성적으로는 들을 수 없다. 그러니만큼 이 통일은 현상하는 것이다. 더구나 감성적으로 들을 때 현상하는 것이다. 따라서 통일은 음악작품의 후경에 속한다. 그러나 대상적으로 본다면 이 통일은 종합적 통일인데, 이 결합적 통일 가운데에서는 그때마다 들리기는 하지만 다시 감성적으로 들을 수 없는 것이 확보되는 것이며, 그러한 뜻에서 현재적인 것으로서 음악적으로 듣는 중에 계속적으로 구성되는 전체의 한 본질적인 부분이 되는 것이다.

이 종합은 음악을 듣는 자에 의해서 이루어진다. 그런 만큼 음악을 듣는 사람 자신도 모방적이기는 하나 작곡활동을 한다고 말할 수 있다.

c 음악적 후경의 현상

음악적 예술작품의 근본적인 특징은 이 작품의 시간적 진행과정에서 여러 부분의 내면적인 활주를 통하여 듣는 이로 하여금 감성적으로 들을 수 없는 그 절정의 작곡적 통일을 알아듣게 하는 점에 있다. 왜냐하면 이 작곡적 통일은 귀로 듣는 소리의 어느 단계에도 있는 것이 아니면서도 바로 작곡의 특징이 되는 것이기 때문이다.

음악작품은 듣는 이가 앞으로 울려올 소리를 미리 듣게 하기도 하고 이미 끝난 소리를 다시 듣게 하기도 하며, 그 곡의 어느 단계에 있어서나 앞으로 들려올 것에 대한 기대를 갖고 음악적으로 요구되는 특정한 진행을 예상케 하는 것이다. 이를테면 음곡의 현실적인 진행이 예상한 것과 달라지는 경우라 하더라도 마찬가지다. 왜냐하면 긴장이 풀리되 언제나 예상한 바와 달리 풀릴 수 있는 것이며, 예기치 않았던 음악적 가능성을 모조리 이용하는 것이 기습과 풍성의 본질적 계기가 되는 것이기 때문이다. 그 점은 음악에 있어서나 문학에 있어서나 다를 바가 없다.

작곡자가 기습적인 효과를 나타내려고 하는 경우가 있다는 것도 널리 알려진 사실이다. 이런 경우에 그 음악은 약간 인상적이며 조급하게 효과를 노리는 느낌을 준다. 그것이 도를 지나친 것은 사실이지만 그렇다고 실제에 있어서 예기한 것과 어긋나게 진행하는 연주가 순간적으로 들리고 사라지고 하는 개개의 소리 속에서 압도적으로 나타나는 전체의 음악적 구조와 작곡적 통일을 구성하는 근본적 현상이 없어지지는 않는다. 듣는 이가 성취하는 종합을 우리는 이렇게 나타낼 수 있다. 즉 듣는 이는 현재 들리는 소리를 파악하는 동시에 이미 사라진 소리와 앞으로 들려올 소리까지도 파악하는 것이다. 왜냐하면 모든 음상(音相)은 직접적으로 자기 자신을 벗어나서 앞으로 닥쳐올 소리가 이미 뒤로 지나간 소리를 지시하기 때문이다. 그러므로 만일 모든 음상을 완전히 고립시켜서 생각하게 되면 그 음상들의 음악적 의의(意義)가 손상된다.

이 음악적 의의는 바로 전체성에 달려 있는 것이다. 그러므로 거꾸로 말하면 음악에 귀 밝은 사람들은 우연히 한두 박자만 들어도 스스로 한 음악의 전체를 파악하는 것이다. 그 점은 조각을 관조하는 사람이 파괴된 조각작품의 한 조각만 보고도 그 전체를 파악하는 것과 다름없다.

그러나 음악작품의 예술적인 기적은 작품의 시간적 진행 속에서 전체의 통일성이 이루어지고 계속적으로 충실해지며 무르익어 가는 점에 있다. 음악적으로 들을 때 우리는 소리가 올라가며 커지고 높아가는 것을 체험하거니와, 이와 같이 올라가는 전체 모습은 감성적으로 들리는 음성이 마지막에 다다랐을 때에 비로소 완성되는 것이다. 음악작품에 있어서는 처음부터 끝까지 최후의 박자가 이 작품의 종결이자 절정으로 느껴지는 것이다.

이리하여 우리는 사실에 있어서 감성적으로 들을 수 있는 이상의 것, 다시 말하면 귀로써 들을 수 없는 높은 차원의 형상을 듣게 되는데, 이 형상이 다름 아닌 음악작품이자 작곡이며 '악장'이자 '소나타'이다. 그리고 이것이 바로 '음악적 후경'이 되는 것이다. 그것은 물론 '음악적'인 후경일 뿐이다. 왜냐하면 음악의 앞뒤에는 그 밖에도 더 많은 것이 있기 때문이다. 이에 관해서는 따로 논의할 기회가 있으리라.

음악적으로 듣는 것은 귀로 듣는 것을 초월한다. 한 악장에서 나타나는 전체 그 자체는 감성적으로 주어질 수 없는 것이고, 청각적으로 비실재적인 것이며, 또 연주를 통해서 실현되지도 않는 것이다. 왜냐하면 음악적으로 들리는 것은 감각적으로 들리는 것과 따로 있는 것이 아니라 바로 그 속에 있는 것이기 때문이다. 우리는 감각적으로 듣는 소리를 '통해서' 음악을 듣는다. 감각적인 음성이 음악적인 것을 나타내기 때문이다. 그러므로 감각적인 음성은 이것을 듣는 자에게 이 감각적인 음성과는 다른 구조가 나타나게 하는 독특한 투명성을 가지고 있다.

여기에 나타나는 것은 말의 엄밀한 의미에 있어서 비실재적인 후경이다. 그러므로 음악도 그 대상에 두 가지 계층이 있어서 그 존재방식이 서로 대립하며 감성적인 질료에 나타난다. 또한 형성된 전경이 투명할 뿐만 아니라 또 수용하는 주체의 역할에 있어서도 표현예술과 같다. 왜냐하면 음악적으로 듣는다는 조건을 충족하는 자에게만 음악의 전체성이 나타날 수 있기 때문이다. 여기서도 객관화한 정신의 존재방식에 특징적인 사항적 관계가 전부 다시 나타난다.

물론 근본 특징만이 일치할 뿐이고, 계층과 계층과의 결합이 특수한 점에서는 표현예술과 차이가 있다. 왜냐하면 음악에 있어서는 전경과 첫 번째 후경이 서로 비슷하기 때문이다.

그러나 작곡가의 작품에 있어서는 전경이 후경에 의해서 규정되며 작곡에 있어서의 내면적 형상의 통일성이 감성적으로 들을 수 있는 음악의 형성을 세밀하게 결정한다는 사실을 분명히 알아야 한다. 이 점에서도 예술적인 음악작품은 문학작품 내지 회화작품과 일치한다. 이러한 사실에 대한 증거는 실패했다고 여겨지는 음악작품에서 볼 수 있다. 예를 들면 듣는 이에게서 개별적인 음성들이 결합되지 않고 분산되기를 바라는 작곡이 있다. 이러한 작곡도 그 효과에 있어서 세목들이 결속될 수 있으며 어떤 흥미를 환기시키고 다른 종류의 예상을 불러일으키며 다른 종류의 전체를 지시할 수 있는 것이다. 하지만 결국 이 전체가 없을 때에는, 다시 말하면 나타나서 전개되는 아무런 구조도 없을 때에는 그 작품은 통일이 없고 천박하며 무의미한 것이 되고 만다. 즉 그 작곡에는 내면적 형태의 통일이 없다. 이러한 작품은 본디 작곡이라고 말할 수 없는 것이다. 왜냐하면 작곡이란 통일의 '종합'을 뜻하기 때문이다. 이러한 작품의 연주는 외면적이고 유희에 의한 효과밖에 내지 못하며 음악적으로 경청하는 자에게 실망만 줄 뿐이다. 왜냐하면 그에게는 아무런 통일감정도 나타나지 않기 때문이다. 그것은 엄숙한 음악과 '경쾌'한 음악의 대립과는 아무 관계도 없다. 아무리 피상적인 음악이라도 만일 그것이 성공했다면 거기에 통일성이 있고, 따라서 현상하는 후경이 있는 것이다. 여기서는 통일성이 다만 구조적으로 종류가 다를 뿐이며 감성적인 전경의 리듬과 음조를 결정하는 방식이 다를 뿐이다. 그러나 이러한 음악도 그런대로 음악적인 미를 가질 수 있다.

d 작곡과 연주

작곡되고 기록된 음악은 소리로 들을 수 있게 하는 제2급의 예술을 요구하는 점에서 극과 비슷한 것이다. 기록된 음악작품은 더욱이 그러하다. 극은 누구나 '읽을' 수 있는 것이며 더구나 조금이라도 환상력을 가진 사람이라면 내면적으로 '보기'도 하는 것이다. 그러나 음악작품을 '읽는다'는 것은 그와 달라서 이 방면의 전문적이고 특수한 교양과 많은 연습이 필요하다.

음악에 교양이 없는 사람이 음악작품을 읽지는 못해도 그 작품을 노래로 부르는 것을 흔히 본다. 예외도 있지만 '악보'를 연주하기보다 읽기가 훨씬 더 어려운 법이다.

어쨌든 청중을 음악으로 이끌려면 음악을 소리로 재현해야 된다. 따라서 재생산적인 음악가의 예술이 미학적으로 필요해진다. 이 예술이 극문학에 있어서와 같은 '연출'의 예술이다. 그러므로 극예술에 있는 독특한 특징들이 음악에도 있다. 여기서는 다만 연출의 방법이 다를 뿐이며 표현이 문제되지는 않는다. 따라서 배우는 표현의 매체로 끼어들지만 음악가라는 그 인물이 '기구'로 나타나는 것이 아니다. 가수의 경우에는 사람의 목소리라는 자연적인 기구가 끼어드나, 그렇더라도 가수 그 사람이 기구로 나타나는 것은 아니다. 오페라 가수는 예외이다. 그러나 그것은 그가 노래하는 음악 때문이 아니라 그가 등장하는 무대 때문인 것이다. 또 순수음악에는 표현되는 대상이 전혀 없다. 그러므로 여기서는 사실주의와 그 한정에 관한 문제가 성립하지 않는다.

위에서 말한 모든 것은 연주의 소극적이며 한정적인 요소에 지나지 않는데, 거기에는 또 다음과 같은 소극적이며 원칙적인 요소가 있는 것이다. 즉 음악에 있어서는 기록된 작곡 가운데 아직 실재하지 않으며, 따라서 감성적으로 주어져 있지 않고 표상에 내맡겨 있는 예술작품의 한 존재층이 '연주'라는 제2급의 예술을 통하여 실재로 전화(轉化)하며, 동시에 감성적으로 지각가능한 전형상의 전경 속으로 끌려 들어가는 것이다.

여기서 문제가 되고 있는 '실재성'이라는 것은 오로지 청각적인 실재성, 다시 말하면 감성적으로 들을 수 있는 세계를 말한다.

그것은 연주하는 음악가 또는 지휘자의 운동에 있어서의 '가시적'인 동태가 음악적 이해에 중요한 공헌을 하고 있는 경우에도 마찬가지다. 음악적으로 듣기를 돕는 시각적 표상은 그것만이 따로 한 대목이 된다. 그러나 원칙에는 아무런 변화가 없다. 이를테면 이 시각적인 보조표상이 음악가의 인격성과 심각하게 정신적으로 결합하고 있는 경우에도 마찬가지다. 깊은 음악적 감명을 받고 있는 사람이 연주자의 표정에 혼란스러워지지 않기 위해서 일부러 그의 표정을 무시하는 때가 있음을 잊어서는 안 된다. 연주자의 표정은 듣는 이의 기분을 격화시키거나 내리누르거나 혹은 바꾸기도 하는 것이다.

여기서 덧붙여 설명할 점은, 음악이 연주자를 통해서 비로소 '실현'된다는 것을 너무도 뻔한 사실로 여기며, 그러므로 오직 그것만이 본디의 음악이고 흰 종이에 검게 쓰인 악보는 단순한 수단으로 여겨지고 있는 사실이다. 따라서 극에 있어서 독자가 관중이 되듯이, 음악에 있어서도 독자가 청중이 된다는 말은 할 수 없다.

원래 음악은 음악가의 이차적인 예술에 의해서 비로소 객관적으로 성립한다. 이차적 예술에 필요한 장치는 본디 배우의 그것처럼 규모가 큰 것이 아니고 기껏해야 악기에 한정되는 것이다. 하지만 교향악에 있어서는 그 규모가 커져서 예술가의 일대조직이 필요하게 되고 그 진정한 성과가 통일적인 협동과 지휘자의 연기를 통해서 이루어진다.

범위를 일정한 부분에 한정하는 국한효과(Rahmenwirkung)의 보강은 여기서는 문제가 안 된다. 연주되는 음악을 실재관계 속에서 특별히 부각시킬 필요는 없다. 그것은 애당초 음성이라는 재료를 통해서 너무나도 충분히 두드러지기 때문이다. 왜냐하면 이 음성의 음악적 질서는 음악 이외의 어느 곳에도 없기 때문이다. 그러나 그것은 물론 실재적인 연주를 통해서 비로소 조형예술과의 충분한 유동성을 갖는다. 또 그때 음악작품은 '독자'(음악에는 독자라는 것이 없다)의 생산적인 환상에 호소하는 것이 아니라 귀에 직접적으로 호소하는 것이다. 여기서 단지 표상된 것이 지각가능한 것과 바뀐다. 이처럼 음악은 음악가의 연주에 의존하는 점에서 연주가의 예술과 배우의 예술과의 유동성이 비로소 옳게 설정된다. 왜냐하면 여기에도 연주에서 실현되는 어떤 중간층이 있기 때문이다. 이 실현은 벌써 작곡가의 일이 아니라 연주가의 일이다. 연주가는 악보 속에 쓰이지는 않았으나 본질적으로 전체의 형성을 좌우하는, 그러면서도 무엇이라고 형언할 수 없는 무수한 세목을 완성하는 데 있어서 자유의 여유는 가지고 있다. 그러한 의미에서 연주가는 작곡가와 협동하는 것이다. 그러므로 그는 단순한 재생산적 예술가가 아니라 어디까지나 생산적인 작가이다. 그 점에서 연주가는 극에 있어서의 배우와 같다고 하겠다.

그러므로 작곡가 측에서도 자기와 뜻이 맞고 자질이 우수한 연주가를 요구한다. 음악가(연주자)는 작곡가로부터 미완성된 작품을 넘겨받아서 그 곡을 완성하는 것이다. 그는 자기가 뜻하는 대로의 생명과 정신을 가지고 이 작품을 보충한다. 이때에 그는 자기라는 인물을 매체로 쓰는 게 아니라 기구를 쓸 뿐이다. 왜냐하면 그는 배우처럼 인물을 표현하는 자가 아니라 음악작품의 해설자이기 때문이다. 물론 작품의 모든 재현은 사람에 따라 다르다는 말은 음악작품에도 들어맞는다. 왜냐하면 음악가의 이해가 언제든지 그 작품의 재현에 덧붙기 마련이고, 따라서 작품의 이 재현은 개인적이고 일회적인 것이기 때문이다. 그러므로 음악작품의 동일성이 어느 한계 안에서 깨지고 해설의 성질적 차이 속으로 해소되는 것이다.

그러나 기술된 음악과 연주된 음악과의 사이에는 객관화의 방법에 큰 차이가 있다. 전자는 보표(譜表)라는 시구적인 재료로 성립하고 반구체성을 가진 대로, 말하자면 영원히 형성된 것이지만 두고두고 새로운 완성을 요구하는 것이다. 하지만 연주가는 구체성과 직관성을 가지고 그것을 보충하되 유동적인 재료를 쓰며, 작품을 완성시키되 이 완성은 일시적인 것이다. 아무리 우수한 객관화도 보존되지 못하고 일회적인 연주와 더불어 사라지기 때문이다.

오늘날의 기술(축음기의 음반)은 그것을 어느 정도 보존한다. 그러나 완전한 정치의 경지에 다다르지 못하고 있으며, 뿐만 아니라 재판의 다수성과 차별에 아무런 변화도 주지 못한다.

연주가의 예술은 그 본질에 있어서 일시적인 예술이다. 연주가에게 월계관을 바치는 후세는 없다. 하지만 기록된 음악의 곡조는 그 반구체성에도 불구하고 연주자의 연기와 나란히 또는 그 이상으로 높이 솟아서 변함없이 어느 때나 새로운 완성의 대상이 된다. 그리고 그 작곡가는 후세에도 살아남는다.

여기서도 배우의 경우와 마찬가지로 연주가는 음악의 고상한 정신적 내용과 더불어 그 후경 전체를 실재 속에 끌어들이므로, 그 실재 속에 나타날 수 있는 '비실재'적인 후경이 존립할 여지가 없다고 생각할 수 있으리라. 그렇다면 객관화의 근본원칙과 미의 존재조건이 깨어질 것이다.

하지만 그것은 완전한 오해이다. 연주에 있어서 실재 속에 끌려드는 것은 결코 음악작품의 전체가 아니라 후경의 첫째 계층, 즉 감성적으로 들을 수 있는 음성과 조화뿐이다. 이것이 바로 여기서 중간층의 역할을 하는 것이며, 이것만이 청각적으로 실현될 수 있는 것이다. 그것은 결코 적은 게 아니지만 음악의 전체는 아니다. 그 밖의 모든 것은 연주 전이나 나중에는 물론 비실재적인 것이며 청중의 의식 속에 들어와서 비로소 존립하는 것이다. 또 음악의 모든 정신적 내용도 이에 속하며 이것 역시 언제나 청중의 의식에서 성립한다. 여기서 음악의 이 정신적 내용에 관해서 논할 차례는 아니지만, 그것이 하나의 광범한 계층질서 속에서 성립한다는 것, 그리고 그것이 음악의 깊은 후경이 된다는 것을 추측하기란 쉬운 일이다. 마치 극예술에서 진행하는 본디 사건들이 사랑이나 미움과 더불어 비실재적인 것처럼 음악적 연기에 있어서의 기분이나 감정도 비실재적인 것이다.

하지만 그것만이 아니라 악곡의 전체성도 음악가의 연기에 있어서는 비실재적이다. 아무리 완전무결한 해설자라도 듣는 이를 위하여 한 악곡에서 들여오는 모든 소리를 하나의 통일체에까지 종합한다는 것은 불가능하다. 그는 청중을 이 통일에의 종합으로 접근시킬 수 있고 인도할 수 있으나 음악을 듣는 사람에게서 그 음악 전체의 계속적인 보조를 제거할 힘은 이 세상에 없다. 한 사람이 다른 사람을 대신해서 생각하고 파악하고 이해하지 못하는 것과 마찬가지로 다른 사람을 대신해서 음악을 '들어' 줄 수는 없다. 그런데 음악적 대상의 통일성과 전체성은 음악적으로 듣는 것 말고는 아무것도 없다. 이로써 위에서 작곡적 통일성의 '현상'에 관해서 언급한 모든 것은 바로 음악가의 연주에 적합한 것이지, 단지 쓰인 음악에 적합한 것은 결코 아니다.

또 이 점에서 지금 여기 이 일회적인 연주에서 실현되는 것은 오직 감성적으로 들을 수 있는 이 중간계층뿐이다. 그것은 음악에 있어서 참으로 음악적인 것은 연주에서 나타난다는 것을 뜻한다. 그것을 현상이라고 해서 하찮게 여겨서는 안 된다. 왜냐하면 이 현상은 쉽게 객관적일 수 있고, 강하며 격동케 할 수 있고, 다수의 청중을 헤쳐놓을 수도 있고, '다른 종류'의 예술적 대상이 될 수 있는 실재의 통일 속으로 모이기도 하기 때문이다. 그리고 바로 이러한 방식으로만 '미적 대상'과 미의 근본조건이 충족되는 것이다.

e 건축의 후경

비표현적인 여러 예술의 공통점은 순수한, 그리고 언제든지라고 말할 수는 없지만 특정한 질료에 있어서 형식의 자유로운 유희에 있다. 이 유희는 순수하게 유희를 위한 유희이지만, 유희의 질료를 통하여 제한을 받는다.

이러한 예술은 다만 제재에 대해서만 자유이다. 그것으로 보면 음악은 두 가지 방면에서 자유인 것이 분명하다. 그러나 건축은 음악과 정반대이다. 건축은 미 이외의 목적에 복종한다. 그러므로 그런 목적이 없으면 건축 그 자체가 지장을 받는다. 생활에 소용되는 그 무엇—이 그 무엇이 일상적이든 국가적이든 또는 종교적이든—을 건축하지 않는 건축예술이라는 것은 장난이자 공허이며 보잘것없다.

미학의 주요 문제는 건축에 있어서도 계층관계가 있는가, 다시 말하면 가시적인 전경이라는 실재적 소여의 배후에 형상하는 후경이 있는가 하는 점에 있다. 그리고 건축에는 주제와 같은 종류의 것이 전혀 없으므로 그 문제를 결정하기가 쉽지 않다.

이 문제는 부정될 수밖에 없다고 생각된다. 건축이라는 것은 여러 가지 미술 가운데에서 가장 부자유스런 미술임에 틀림없는데, 까닭인즉 건축은 이중의 구속을 받고 있기 때문이다. 즉 건축은 첫째 실제생활의 목적에 의하여 결정되며, 둘째 쓰이는 물리적 재료가 무겁고 거칠어서 말을 잘 듣지 않는다.

여기서는 형식이 전혀 딴 사명을 가졌고 더구나 재료가 거친데 어떻게 형식의 자유스런 유기(遊技)가 가능한가, 또한 어떻게 해서 거기에 비실재적인 것이 나타날 수 있다는 걸까 하는 의문이 생긴다. 이 의문을 해결하려면 건축효과의 두 가지 현상을 구명해야만 한다. 첫째 현상은 건축이 음악과 비슷한 점에 있다. 음악에 있어서 감성적으로 들을 수 있는 것의 배후에 오직 음악적으로만 들을 수 있는 더욱 큰 무엇이 나타나는 것처럼, 건축에 있어서도 직접적으로 볼 수 있는 것의 배후에 더 고차적이고 더 큰 전체가 나타난다. 우리가 직접 볼 수 있는 것은 겨우 건물의 한 측면, 즉 앞면이나 뒷면뿐이다. 주택이건 교회당이건 그 내부에 들어가 보아도 마찬가지다. 건물의 구조 전체는 그 어느 관점에도 보이지 않는다.

그럼에도 관찰자는 이 전체에 대한 직각적인 의식을 갖는다. 그리고 건물의 여러 부분을 두루 살펴보거나 또는 통일적인 내부공간 내지 외부형태의 관찰에 있어서 관점을 바꾸어서 여러 측면과 부분을 순서대로 파악하게 되면 전체에 대한 의식이 그만큼 더욱 뚜렷해진다.

여기서는 순서라는 것이 물론 임의적이어서 음악에서처럼 객관적인 질서에 다다르지는 못한다. 그렇지만 여기서도 시각적으로 모습이 다른 여러 개별적인 것들이 시간적으로 계속해서 분별되어 나온다. 그러나 미적 관조에서는 변천하는 여러 가지 시각적 국면에서 객관적 조성을 가진 하나의 전체가 부각되며, 시각에 주어지지 않고 또 어느 시점에서도 볼 수 없는 오직 종합적으로만 작용하는 표상에서만 나타나며, 그런 만큼 '감성적으로 비실재적'인 하나의 대상적이고 통일적인 구조가 드러나는 것이다.

건물 전체는 말할 것도 없이 존재적으로 실재하는 것이지만, 그 전체가 한눈에 실재적으로 보이지는 않는다. 또한 여기서 내적·예술적으로 보는 것과 감각적으로 보는 것은 뚜렷하게 구별된다. 음악에 있어서 내적 관조의 대상이 보다 큰 본디 작곡인 것처럼 그때그때 볼 수 있는 것을 연속적으로 보는 동안에 여러 국면이 결합하여 전체 모습이 되는 것이다. 그리고 음악의 예술적 관조에서는 개별적인 음성들이 청각적으로 들리지 않듯이 건물 전체의 관조에서도 하나하나의 국면이 동시에 보이지 않는다.

이러한 현상이 언제나 과소평가되고 있거니와 그 이유는 아마도 그것이 너무나 뚜렷하기 때문일 것이다. 그러나 바로 이와 같이 뚜렷한 것 속에 중요한 것, 즉 현상관계가 숨어 있다.

그런데 또 하나의 현상은 누구에게나 잘 알려진 것이며 또 흔히 기술되기도 하는 것이지만, 충분히 기술되기 곤란한 것이다. 왜냐하면 건물을 볼 때에는 공간적, 물질적인 형태 이상의 것이 나타나기 때문이다. 특히 그것은 고대의 건물을 볼 때에 그 시대의 세계가 함께 나타나는 점에서 분명하게 알 수 있다.

인간생활의 특수한 형태가 교회·사원·연무장, 문밖의 계단 혹은 첨탑 등과 연관될 뿐 아니라 목골(木骨)벽돌의 건물과 지방색이 짙은 농가와도 연관되고 있다.

조각상이 공간에 둘러싸여 있듯이 건물은 현상하는 현대와 시대의 현상하는 생활 속에, 더구나 신앙심·권력과 자유·풍습·소질·조야(粗野) 혹은 고귀 등 그 시대의 정신적 배경과 더불어 들어 있는 것이다. 건물에는 그 모든 것 가운데 그 무엇이 나타나서 그 건물의 형식을 채우며 또 살리는 것이다. 그러므로 신중한 관찰자에게는 그 모든 것이 아주 구체적으로 나타난다.

그것은 결코 과장이 아니다. 이 현상관계에 대해 약간 꾸밈없는 말로 이야기하겠다. 마치 옷이 사람의 겉모습에 관계가 있듯이 주택은 사람의 경제적, 인격적인 가정생활과 관계가 있다. 옷이 인간의 외부적인 자기형성이라는 것을 우리는 알고 있다. 옷은 인간 자신이 어떻게 나타나고자 하는가를 나타내는 것이며 또한 자기이해의 표현이다. 그러나 주택은 인간의 가장 친밀한 사회생활(가족·친족·세대)의 옷이다. 그러므로 주택은 인간의 보다 넓은 생활권에 있어서 자기이해의 표현이며, 자기의식의 표현이라고도 할 수 있다. 그리고 주택은 옷처럼 일시적인 것이 아니라 끝없이 이어질 후대를 위해 건립되는 것이므로 그만큼 더욱 자기의식의 강력한 표현이며 따라서 영구적인 성격을 띠게 된다.

따라서 역사적인 민족과 시기는 그들의 건물에 '나타날' 수 있는 것이며 결코 본디의 기념물에서만 나타나는 것이 아니다. 기념물은 대개가 가장 영속적인 것이다. 역사적 시대는 특히 그 시대의 건물에서 뚜렷하게 나타나며, 바로 그 시대의 목표·소원과 이념이 여기에 담긴다. 그리고 그 시대의 이념은 그 시대의 기념건물에서 인상적으로 눈에 보이는 것이다.

또 건축에는 건축양식이라는 것이 있다. 건축에서처럼 양식이라는 본질적인 요소가 지배적인 역할을 하는 예술은 거의 없다. 그 이유는 주택이 가진 이용 요소와 목적요소에 있다. 사람은 누구나 다 시를 짓고 그림을 그릴 필요가 없지만, 비와 이슬을 피해야 하므로 누구든지 집을 지어야 한다. 그렇다면 그는 예술가가 아니더라도 집을 지어야 한다. 평균적인 건축가는 예술가가 아니다. 이러한 건축가는 다른 사람들이 집을 짓듯이 집을 지을 수 있다. 다시 말하면 그는 건축양식에 빠진다. 따라서 건축이 활발한 시대에는 사람들이 그 시대의 건축양식에 사로잡힌다. 그렇게 생각해 보면 건축양식은 언제나 시대현상임을 알 수 있다. 따라서 건축에서도 현상하는 후경으로 세계 전체를 알 수 있다.

f 실제적 목적과 자유형식

지금까지 건축에 있어서의 사실적인 것을 살펴보았다. 그러나 이로써 문제가 해결된 것은 아니다. 건축은 둔중한 재료와 실제적 목적이라는 두 방면의 속박을 받는다.

그것은 건축에 있어서의 창작의 자유와 어떻게 양립할 수 있는가? 여기에 자유와 부자유와의 이율배반이 있는 것이다.

이 이율배반은 다른 종류의 종합에서만 해결될 수 있다. 건축의 실제적 목적은 전적으로 건물의 통일적인 구성 속에 수용되어야 하며, 이 통일적인 구성과 더불어 이율배반의 해결책은 건물 속에서 나타난다.

이리하여 실제적 목적은 건물의 통일적 구성을 혼란스럽게 하는 그 무엇으로서 우리가 임의로 제거해도 무방한 것이 아니라 오히려 건물의 통일적 구성에 없어서는 안 되는 긍정적 요소인 것이다. 실제적 목적은 이 목적에서 파생하는 건축설계의 모든 부분적 과제와 더불어 마치 표현예술에서 미 이외의 주제와 비슷한 역할을 하고 있다. 이 실제적 목적이 주제와 다른 점은 그것이 자유로 선택되는 것이 아니라 생활상의 필요에서 나오는 점에 있다. 건축은 자유로운 예술이 아니라 복역하는 예술이다. 또 건축은 5대 예술 가운데에서 그 작품이 생활과 밀접한 오직 하나의 예술이다. 그러나 그 점이 건축작품의 완결된 통일성과 전체성에 지장을 주지는 않는다.

그뿐 아니라 실제 목적이 '주제'와 구별되는 점은 이 목적이 건축작품 속에

'표현'되지 않는 데 있다. 실제 목적은 오히려 실현되며 실재적·구성적으로 충족되는 것이다. 그리고 우리는 오직 간접적으로 실제 목적은 그것이 충족될 때에 표현된다고 말할 수 있다.

따라서 실제적 목적은 하나의 적극적인 선행조건이다. 왜냐하면 건축작품의 형식미는 이 실제적 목적을 받아들여서 기술적·구성적으로 충족할 때에 성립하는 것이기 때문이다. 제기된 과제가 아무리 몰취미한 것이라 하더라도 그 과제의 해소가 우아할 때에 건축미의 본질적 계기가 성립한다.

비실제적인 건축물은 비유기적인 효과밖에 내지 못하며 마음에 들지 않는 것이다. 그렇지만 실용적인 것과 미적인 것과의 갈등은 어디까지나 완전히 극복되지 않는다. 바로 이 점 때문에 건축가에게 의견을 제시하게 된다. 건축가에게는 종합적인 문제점을 발견할 임무가 있다. 그리고 예술가적이자 건축가적인 천재는 동시에 구성적이고 형태생산적인 안목을 갖게 되는 것이다.

그 점은 건축형식이 재료와의 관계에서 받는 또 하나의 속박에 있어서도 거의 마찬가지다. 건축에 있어서는 형식과 재료와의 관계가 중요하다. 왜냐하면 우리가 이 예술에서 만나는 재료는 가장 조잡하고 가장 둔중한 것이며, 그리고 이 재료의 형성은 바로 재료와의 격투를 뜻하는 것이기 때문이다. 거의 같은 재료를 쓰는 조각가는 자기의 목적에 비춰서 재료를 적절하게 선택할 수 있으며, 어느 경우에는 야금(冶金)이 선택한 어느 형식이든지 온순하게 취하고 확보하듯이 형식과 재료와의 관계를 종합적으로 설정하기도 한다.

어느 형식이 어느 재료에서나 가능한 것이 아니라 오직 특정한 형식이 특정한 재료에서만 가능하다는 것이 일반존재론적 원칙이다. 이 원칙은 모든 자연에 마땅한 것이며 모든 인간작품과 모든 기술에도 마땅하다. 이 원칙은 예술에도 마땅하다. 건축에서는 재료가 그 무게에도 불구하고 높이 쌓이며, 그리하여 형식의 견고를 보장하고 내부공간의 엄호에 이용된다. 그것은 언제나 특정한 종류의 형성으로써만 가능한 것이다. 그러므로 우리는 건축기술 일반을 재료와의 유일한 일대투쟁이라고 볼 수 있다. 그리고 이 과제의 해결은 둔중한 재료에 대한 정신의 승리를 뜻한다. 쇼펜하우어는 이 관계를 그의 미학 가운데에서 이미 알아차렸다. 그 결과가 건축형식의 역학적 해석인데, 이것은 모든 형식을 공간형성만으로 보려고 하는 근대의 예술사적 해석보다도 훨씬 핵심을 뚫은 심오한 해석이다. 그 점은 가장 지구적이면서도 또 가장 무정하고 둔중하기도 한 재료, 즉 석재를 쓰는 건축에서 더욱 뚜렷하게 알 수 있다. 이런 건축에서는 내부공간의 엄호에 있어서 무게를 극복하는 것이 구성의 주된 요소가 된다. 이 본질적인 요소가 외벽·폭풍·지붕 말고도 자기 자신까지 지탱해야 되고, 또 그러므로 위로 올라가면서 뾰족하고 작아지는 직관적 현상을 보여주는 그리스적 둥근 기둥의 원리가 되고 있는 것이다. 무게가 공간형식 속에서 감성적으로 나타난다. 무게는 물론 실재하는 것이지만 단지 현존하는 것으로서 보이지는 않는다. 무게는 형식 속에서 비로소 보이는 것이다. 그러나 그와 동시에 무게의 극복도 공간부여를 통해서 보이는 것이다. 둥근 천장·궁륭·정자·공연장 등과 같은 구조가 익히 알고 있는 예가 된다. 그 근본현상은 받침대의 원리에서 가장 직관적으로 나타난다. 왜냐하면 여기서는 선이 가장 뚜렷하게 움직이거나 변하는 모습을 표시하며 옆으로 기우는 것을 막고 지반에 이르도록 부단히 끌고 가기 때문이다.

높고 둥근 천장을 가진 교회공간에서는 무거운 재료의 형식부여가 날카롭게 되어 있는 것을 우리는 본다. 여기서는 중력이 마치 공중에서 높이 움직이지 않는 것같이 나타난다. 이 경우에 실재하는 것은 건축술적 구성이다. 하지만 이 구성과 그 속에서 재료에 대한 정신의 승리가 눈에 보이게 '나타나'고 직관되기도 하는 실재적 관계 속에 아름다움이 있다.

건축상의 모든 발명과 더불어 눈에 보이게 나타나며 직관되어지는 것이 달라지고 따라서 양식도 변한다. 왜냐하면 건축양식이라는 것은 언제나 그 형식원리에 있어서 건축과제의 해결방식에 의존하기 때문이다. 건축기술에 있어서 양식이 독특한 위세를 보여주는 이유가 여기에 있다.

건축양식에 있어서는 단지 형식의 자유로운 연출이 문제가 아니라, 그 내면적인 피제약성과 형식에 있어서의 이 피제약성의 현상이 문제인 것이다.

건축형식의 미는 그것이 기술적 재능을 통해서 가능해지는 경우에서 보면 중력의 극복이 또한 선의 유동에서 현실적으로도 볼 수 있게 될 때만 나타난다. 그러나 이 가시성(可視性)은 단지 감성적인 가시성이 아니라 보다 차원 높은 관조인 것이다. 그러므로 거꾸로 말하면 기술적—구성적인 것 속에 벌써 그것이 형식을 제약하고 있는 이상 여러 종류로 나타나는 배경이 있는 것이며, 이 배경의 내용이 건축적 구성의 정신적 성과인 것이다.

g 장식의 지위

장식이라는 것은 벌써 그 명칭이 말하듯이 독립적인 예술이라고 간주할 수 없다. 그럼에도 비표현적인 예술과의 친근성 때문에 이에 연결시켜서 논한다. 장식은 한편으로는 건축보다 자유스런 예술이다. 왜냐하면 장식은 실제 목적에 직접적으로 봉사하는 것이 아니며, 또 재료와의 큰 마찰 없이 이루어지는 것이기 때문이다. 하지만 다른 한편으로는 장식은 비독립적인 예술이다. 왜냐하면 장식은 건축에 딸려 붙는 것이며, 그러므로 고립해서 효과를 내는 것이 아니기 때문이다.

이 비독립성은 긍정적으로 보면 장식이 보다 더 큰 형식 전체에 편입되어 있음을 뜻한다. 장식은 이 전체 속에서 도안의 기능을 갖는다. 장식이 단지 이 기능에만 그친다면, 그것은 건축기술에 귀속되어서 그 한 부분에 그치고 말 것이다. 그러나 장식이 독자적인 효과를 주장하고 또 실행한다면 문제는 달라진다. 이때에 장식은 건축적 형식을 반대하고 그와는 전혀 별개의 그 무엇임을 드러내며, 또 독자적인 원인을 발전시키면서 그 속에서 다시 하나의 전체를 구성한다.

건축에 있어서도 그러기를 바란다. 그것은 건축형식이 장식과 맞서서 부각되기 위해서이다. 그렇게 되면 장식은 마치 유격대 뒤에 남은 프리즈와 비슷한 하나의 독립적인 작품이 될 것이다. 여기서는 주로 그와 같은 의미에 있어서의 장식에 관해서 말하기로 하겠다.

장식은 항아리·꽃병·가구·무기 등에서 비교적 비독립적으로 나타난다. 그러나 장식의 기원은 바로 여기에 있다. 우리가 알고 있는 최고의 장식은 이러한 종류의 것(선사시대의 긴 칼)이다. 그리고 보면 장식은 아마도 다른 예술보다도 더 오래된 것이리라. 그러니만큼 비독립적인 장식도 미학적으로 흥미가 있는 것이다. 장식은 벌써 그 초창기에 있어서도 다른 종류의 사용대상에서 떠나지는 못했을망정 분명히 형식을 희롱했던 것이다.

어느 장식이든 그 자체로 보면 그림이나 조각과 다름없다. 예를 들면 아라베스크는 어떤 선의 유희이다. 거기에는 완결성과 기하학적 도형과 균정(均整)이 있어서 그림과 같이 생각되기 쉽다. 그렇다고 그 지위를 과대평가할 것은 아니지만, 이 아라베스크는 어느 한계 내에서는 미적 자주성을 가지고 있다.

그러나 장식의 본질에 있어서 문제는 여기서도 서로 다른 여러 계층이 앞뒤 배경으로 구별되어서 나타나냐, 그리고 여기서도 미가 그러한 계층관계에 의존하느냐 하는 점에 있다. 그렇다, 여기에도 감성적 전경(前景)인 실재층(물질적인 것) 이외에 선의 유희·무늬, 공간적인 형식환상이 발전되는 다른 계층이 있는가 하는 의문이 나올 수밖에 없다.

결국 계층관계와 현상관계가 장식에서 끝나는 것처럼 생각된다. 그리고 어느 의미에서는 그것이 사실이다. 어쨌든 장식적인 도안에 대한 만족을 계층관계 내지 현상관계에만 돌리기는 어려운 것이다. 그렇다고 장식에서 그러한 미적 근본관계를 전적으로 배제할 필요까지는 없다. 이 미적 근본관계는 비록 숨어 있기는 하나 장식 속에도 들어 있는 것이다. 그러나 이것은 동기(취지) 속에 있는 것은 아니다. 융단의 채화무늬는 그 자체로서는 하나의 기회에 지나지 않는다. 사슬무늬·넝쿨무늬·동물무늬는 표현대상이 아니며, 내용적으로 어떤 효과를 내는 그 무엇이 아니라 다만 이용된 목적에 지나지 않는 것이다. 그러므로 그 속에서는 아무것도 나타나지 않는다. 그 반면에 거기서 얼른 눈에 띄는 것은 목적의 반복이며, 이 반복에 있어서의 공간적인 리듬이다. 이와 비슷한 그밖의 형식적 요소도 마찬가지다. 질서, 균정과 취지의 변화 내지 회화적 성격을 가질 수도 있는 다른 종류의 형식통일도 마찬가지다.

여기서도 형식의 자유로운 유희에서 볼 수 있는 미의 본질에 또 하나의 요소가 있는 것을 발견하는바, 이 본질적 요소가 장식에서 뛰어나게 나타나서 지배적인 효과를 준다. 그 점에서 장식은 음악과 비슷하다. 그리고 장식에서는 간접적이기는 하지만 자기의 안식과 감정을 가진 생산적인 그 어떤 정신, 적어도 자기의 취미와 형식감정과 통일에 대한 요구와 또 환상에 잠겨서 유용 여부를 돌아보지 아니하고 미를 창조하는 자기류의 방식이 나타난다. 그러나 미가 장식예술에 있어서는 현상관계에 시종하는 것이 아님을 분명히 알 수 있다. 여기서는 형식의 유희가 어디까지나 자유적인 요소로 나타난다. 그것은 형식의 자유로운 유희에도 여러 종류의 자율적인 만족이 있다는 것을 뜻한다. 물론 현상관계에 의존하는 미보다 약간 깊이가 적기는 하지만 그래도 미적인 것임은 분명하다.

그것은 또한 유희 일반에 관한 쾌감에 다다른다. 하지만 이것만으로서는 충분히 설득이 안 된다. 유희에 있어서는 형식의 객관성이 중요한데 이것을 파악하기는 쉽지 않다. 여기서는 가시적인 형식 그 자체에 속하는 다분히 기본적인 근본계기, 즉 대조·조화·착종(錯綜)·중첩 등, 요약해 말하면 범주적 성격을 가질 만큼 충분히 일반적인 여러 종류의 구조적 요소를 파악할 필요가 있다. 그러한 말들을 들을 때에 우리는 사실에 있어서 모든 존재자와 의식내용에 공통되는 이른바 기본범주에 접근한다. 그중에는 특히 통일과 잡다함의 관계가 발견되는데, 존재자의 모든 계층 중에서는 이 관계의 변화가 가장 풍성하고 우세한 것이다.

3 자연미와 인간미

8) 미적 대상으로서의 인간

a 인간미의 현상

예술에서 예술 밖의 미로 옮겨가면 현상관계의 한계에 관한 문제가 중요해진다. 예술작품은 인간의 작품이며 더구나 미라는 목적을 위하여 이루어지는 것이다. 그러므로 작가가 외적 형식 속에서 어떤 다른 것을 보여주려고 노력하는 까닭이 이해된다. 자연에는 그러한 노력이 없고 또 목적이나 의식도 없다. 따라서 자연은 그 무엇을 나타내기 위해서 그것을 끌어들이는 일은 없다.

이 점은 존재하며 생존하고 있는 인간에게도 적용된다. 또 인간이 그 속에 처해 있는 모든 사실의 세계에도 적용된다. 인간은 인간적 작품이 아니며 인간이 건설하는 세계는 오직 그 일부분만이 인간의 작품인 것이다.

그러면 예술작품 말고도 어떤 미적 현상관계가 있는 걸까?

자연이 그 무엇을 '암시'하려고 한다는 의미에서는 자연에 미적 현상관계가 있을 수 없다. 그러나 무엇을 암시하려고 하는 뜻이 없는 암시, 다시 말하면 아무런 의도와 목적 없이 자기 자신을 숨기거나 나타내는 것은 한없이 있는 것이며 또 여러 곳에 있는 것이다.

그것은 인간생활 가운데에서 잘 알 수 있다. 인간은 누구나 자기의 거동이나 말에서 자기 자신을 나타낸다. 하지만 그는 그런 줄 알지 못하며 또 그러할 의지를 가지고 있는 것도 아니다. 그러므로 인간이 아무리 남모르게 의식적으로 자기의 의향이나 심술을 감추고 있더라도 인간경험이 있는 냉정한 관찰자는 이것을 잘 간파하는 법이다.

그것은 결코 개념의 형식으로 표명되는 것이 아니며 또 특별한 기색으로 나타나는 것도 아니다. 그것은 말하자면 감성적 관조에 주어지는 것이 아니라 그보다 고차적인 관조에, 다시 말하면 깨달음에 주어지는 것이다. 인물의 감식에 능한 사람은 그러한 관조에 숙달하고 경험이 많다. 이러한 사람에게는 언제든지 외부적 인상이 주어지는 동시에 정신적인 인간상이 주어진다.

실제적 생활 중에서 확인되는 이러한 투시는 언제나 이 실제적 생활에 이용되기 안성맞춤이지만, 어떠한 실제적 목적과도 상관없이 주어지는 것이다. 이 점에서 그것은 미적 관조와 비슷하다. 인간의 정신적 내면성은 일체의 실천적 관심을 멀리 떠나서 우리에게 다가오는 그의 낯빛과 거동에서 직관적으로 나타난다. 예를 들면 정직·순박·청렴·선량·희생적 정신이 나타나는 것이다.

이상은 물론 순전한 도덕적 가치이다. 그러나 그 현상형태는 도덕적 가치 그 자체와는 약간 다르다. 도덕적 가치의 현상형태는 뚜렷하고 깊은 인상을 줄 수 있는 것이며, 인격성의 전체 인상을 압도하고 얼굴이나 태도에 침투하여 광채를 발휘하는 것이다. 고귀하고 착한 인간의 그와 같은 직관적 현상형태를 우리는 전체적인 인간상 속에서 미라고 감각한다. 그리고 이것이 바로 현상관계가 가진 진정한 미학적 의미에 있어서의 미인 것이다. 현상하는 가치는 현상의 가치가 아니라 이 현상의 내용적 전제가 된다. 그러므로 현상하는 가치는 현상과 일치하는 것이 아니며, 또 그것이 달리 주어지는 경우에는 더욱더 합리적인 형식으로 파악될 수 있는 것이다.

그다음에 먼저 밝혀두어야 할 것은 여기서 '현상(現象)'하는 것은 현상관계 속에 몰입하는 것이 아니라, 이 현상관계를 떠나서 실재하는 인물에게서 존립하는 점이다. 그것은 이를테면 직관으로나 그 밖의 어떠한 방법으로서나 그것을 파악하는 사람이 전혀 없는 경우에도 현상하는 것이다. 여기서 중요한 점은 인간의 진실한 도덕적 특징과 아울러 그 가치적 성질, 즉 진실한 심정, 진실한 내적 자세이다. 이러한 것도 어떠한 방식으로 나타나는 것인가 아닌가 하는 점은 물을 필요가 없다. 여기서 매우 요긴한 것은 만일 그것이 나타난다 하더라도 이같이 나타나는 데에 의의가 있는 것이 아니라 나타남과 상관없이 자체적으로 존립하는 점에 있다.

그러니만큼 여기서는 현상관계가 예술작품에 있어서와는 다른 것이다. 예술작품에 있어서는 거기에 나타나는 것은 비실재적이며, 그리고 관조자에 대해서만 존립하지만 여기서는 실재적으로 존립하는 그 무엇이 나타난다. 이 양자에게 같은 점이 있다면 그것은 오직 타자 속에, 즉 감성에 주어지는 외부적인 것 속에 나타나는 점이다. 그러한 점에서만 본다면 그것도 역시 갈데없는 어떤 현상관계임에 틀림없다. 오직 이 점에 실재적으로 살아 있는 인물의 인간미와 예술미와의 관련이 성립하는 것이다. 그러니만큼 이 현상관계가 예술작품에 있어서의 그것과 다르지 않다. 다른 점이 있다면 그것은 오직 나타나는 자의 존재방식뿐이다. 그러나 나타난다는 점에 있어서는 아무런 차이가 없다.

그러므로 우리는 여기서 현상관계에 관하여 근본적인 것을 고치고 배울 필요는 없다. '나타남'의 본질에 있어서는 비실재적인 것도 나타날 수 있는 것과 마찬가지로 실재적인 것도 나타날 수 있는 것이다. 생활에 있어서는 비실재적인 것이 나타나는 것과 실재적인 것이 나타나는 것과의 사이에 큰 차이가 있으나 미적 관계에 있어서는 별 차이가 없다. 왜냐하면 여기서는 실재적인 것의 파악(인식)이 문제가 아니라 현상 그 자체의 구체적 직관성이, 그리고 감성적 소여와의 밀접한 관계가 문제이기 때문이다.

이러한 의미의 인간미를 예증하는 것이, 엉뚱한 그 무엇을 암시하는 개별적인 특징이 나타나서 미적인 인상을 교란하는 사실이다. 예를 들면 웃거나 말할 때에 평소에는 호감을 주는 얼굴에 궤책·증오·악의 혹은 둔감 등을 암시하는 입의 움직임이 끼어드는 경우가 그것이다. 그것들이 고요와 평온의 조화를 파괴하고, 말하자면 굵은 선 대신에 자질구레하거나 부드럽고 약한 것을 나타내게 되면 벌써 부조화의 인상을 주기에 넉넉한 것이다.

그것은 또 논리적 요소도 된다. 그러나 우리의 눈에 보이는 현상이 논리적인 요소가 아니라 감성적인 인상 그 자체를 교란하는 요소이며, 따라서 미적 부정의 요소이다. 이와 같이 외관상 불충분한 것을 우리는 비미(非美)로 느끼며, 그 느낌이 강해지면 추(醜)로 느껴지는 것이다. 여기서는 다른 종류의 조화가 교란되며 우리가 이미 발견하여 미적으로 긍정했던 어떤 종류의 통일이 파괴된다. 그리고 파괴된 이 통일이 더구나 현상하는 후경의 통일이며 실재적인 그러나 외적인 형태로 자기를 표시하는 통일인데, 이 자기표시가 현상이다. 하지만 이 후경의 파괴는 감성적이며 가시적인 전경에도 영향을 주므로 또 그 통일을 파괴하고 그 조화를 교란한다.

외면적으로 보기에 불충분한 것이 내면에 대해서는 추한 것이다.

b 미와 도덕적 가치 및 생명가치의 관계

이 관계의 문제는 그렇게 단순하지 않다. 거기에 내면적인 것으로 나타나는 것의 내용이 도덕적으로 가치 있는 것에만 한정될 수 없음은 뚜렷하다. 반가치적인 것도 역시 나타나는 것이다. 미적 가치가 의속(依屬)하고 있는 것은 논리적 가치 그 자체가 아니라 오직 이 논리적 가치의 감성적 현상뿐이다. 하지만 논리적 반가치도 인간적 내면의 영역에 속하는 이상 그것이 어찌 현상 속에 나타나서는 안 된다는 말인가.

여기에 우리가 낡아빠진 미학의 오류를 되풀이하고 미적 가치를 논리적 가치와 혼동하기 쉬운 위험성이 있다. 고대인은 그들의 미의 개념에 있어서 이러한 오류를 범했던 것이다. 사람들은 "건전한 정신은 건전한 신체에 깃든다"고 말했고, 따라서 아름다운 정신은 아름다운 신체 속에 있다고 생각했다. 여기서는 미 그 자체가 전제되었고 더구나 양쪽에 모두 전제되어 있다. 이렇게 해서 미가 그 밑바탕에 놓여 있는 그 무엇에 환원될 수 없고 따라서 다른 종류의 현상관계 속에 놓일 수 없다.

그러나 정신적 미라는 말은 있을 수 없는 것이며, 그러한 말이 있다 하더라도 그것은 언제나 도덕적 가치를 뜻하는 데 지나지 않는다. 본디적인 미는 투명한 신체의 형태와 운동을 통해서 볼 수 있을 때에 비로소 나타나는 것이다. 그리고 우리는 일반적으로 이러한 현상에 대하여 예민한 감정을 가지고 있다.

또 그 밖에 도덕적으로 의문시되는 인간이라 하더라도 아름다울 수 있다. 이점이 인간미의 현상 가운데에서 우리의 신경을 자극한다. 천재이면서도 경솔하고 이기적이며 신의가 없는 알키비아데스와 그에 대한 소크라테스의 각별한 사랑을 상기하라. 여기에는 그런대로 다른 종류의 완전한 통일적 성격이 있으며, 그 성격이 분명하게 외부에 부각된다. 또 젊은 네로의 미가 상기된다. 호메로스가 묘사한 인물들은 불화를 나타내지 않는 자가 거의 없거니와, 그들은 헥토르와 같이 가시적인 태도에 있어서나 깊은 내면적 태도에 있어서나 다 같이 완전하지 못하다. 건장(健壯)과 과감과 경쾌는 행복스럽고 구김 없는 얼굴로 부각되며, 둔중과 위압과 곤혹은 도덕적 장애로 부각된다. 미는 도덕적 성질의 표현이 아니라 그보다 앞서서 내면적 통일성과 전체성의 표현이다. 그러나 이 양자, 즉 도덕적 숭고와 통일성은 밖에 드러나지 않은 채로 남아 있을 수도 있으며, 불완전한 외면의 배후에 숨어 있는 수도 있다. 이처럼 지극히 단순하고도 분명한 의미에서 보면 소크라테스는 추한 사람이었다.

인간의 얼굴에 나타나는 미는 어디까지나 현상관계에 속하는 사실이다. 그리고 이 현상관계는 불완전한 내면적 형식과 외면적 형식에서, 다시 말하면 전자가 후자 속에 나타나는 데서 성립하는 것이다.

그것은 그렇다 하더라도 인간미의 의미가 이로써 모조리 드러난 것은 아니다. 우리는 현상의 주요내용을 다시 더 확대시켜야 하며, 이미 발견된 관계의 원리를 도덕적 가치와 마찬가지로 인간의 외면에 나타날 수 있는 그 밖의 다른 영역에까지 돌려쓰지 않으면 안 된다. 그중에는 무엇보다도 먼저 생명가치가 속하고 있다. 인간은 도덕적 존재자일 뿐만 아니라 그보다도 먼저 유기적 존재자이다.

이 분명한 사실을 사람들은 너무나 경솔하게 잊어버리고 만다. 그것은 오직 그들이 이 생명가치를 지나치게 평범한 것으로 여기고 있기 때문이다. 그러나 미학적으로 볼 때 생명가치가 결코 평범한 것은 아니다. 생명의 모든 성질도 은폐되는 수가 있으나 밖으로 뚜렷하게 드러나고, 따라서 감성적으로 나타나는 것이다. 미학의 모든 영역을 통하여 볼 때 아름다운 사람을 잘생긴 체격이라고 말하는 것과 같이 어리석고 못난 견해는 없다. 그런데 바로 이러한 견해가 가장 오랜 그리고 가장 근원적인 미의 개념이 되어 있는 것이다.

이 종류의 속되고 고약한 미의 개념이 한 술 더 떠서 성적 감각에 제약을 받고 있다. 이 통속적인 미의 개념은 여성미에 있어서는 살결이 부드럽고 고우며 젊은 점을 중요시하고, 남성미에 있어서는 완강하고 강직하며 대담함을 중요시한다. 이러한 조건을 비미학적 조건이라고 거부한다면 그것은 큰 잘못이다. 그것들은 자연적인 미의 필연적 성분이다. 그러나 그것들은 도덕적인 가치요소와 마찬가지로 미 그 자체와 같은 것이 아니라 바로 미의 한 전제조건, 즉 미적 현상관계 속에 나타나는 내용의 한 요소에 지나지 않는다. 미적 가치는 그러한 전제조건을 뛰어넘은 전혀 별개의 가치이다. 물론 미숙한 미의식에 있어서는 흔히 미적 가치를 그 전제조건과 혼동하고 있다. 그러므로 우리는 미적 가치와 도덕적 가치감정과의 구별을 배우듯이, 여기서도 생명가치와의 구별을 조금씩 배워야만 한다.

인간미의 근원적인 개념은 정력과 활기의 인상에 연결된 것이라고 말할 수 있다. 이러한 미의 개념은 대체로 교양의 수준이 높아진 시대에도 그대로 남아 있다. 여기서는 성적 제약이 없는 데서도 언제나 강한 생명감정이 겉으로 드러난다.

오랜 세월이 흐른 뒤에 가서 비로소 미적인 형식감정과 운동감정이 자연적인 생명감정과 성(性)의 대립에서 분리된다. 따라서 정신화된 미에 대한 감각, 주름으로 가득한, 신탁을 기다리고 있는 노인의 얼굴에 대한 감각이 성장한다. 이 모든 것은 오직 생명감정의 길고 오랜 지배와 이 생명감정을 바탕으로 한 현상관계를 통해서만 이해되는 것이다.

c 유형의 현상

개인으로서의 인간만이 문제가 아니라 이 개인이 대표하는 인간도 문제가 된다.

인간은 저마다 여러 부류의 인간성을 표시하며 또한 언제든지 공통적인 특징, 즉 그 시대와 그 민족과 그 사회층과 그 인간형 혹은 환경 등의 특징을 갖는다.

그와 같은 일반적 요소는 외면적 현상에서 부각되는 만큼 중요한 역할을 한다. 그러므로 이러한 일반적 요소는 미와 추의 대립을 띠고 있는 현상관계에 있어서도 중요한 것이다.

인간의 생활은 극히 피상적으로만 개별화된 것이어서 우리가 사람을 만날 때에 대부분 일반적인 인상으로써 만족하는 사실을 보더라도 유형의 역할이 어떠한 것인가를 이해할 수 있다.

이 사실은 그 자체로만 보면 하나의 실제적 동기에 지나지 않으며 어떤 생활경제라고도 말할 수 있으리라. 그러나 미적 관점에서는 관조자에게도 그러한 근본적인 까닭이 있다. 미적 관조자도 그가 충분히 알고 있는 것, 다시 말하면 여러 종류의 보편타당성이 있다고 생각되는 것, 곧 유형적인 것을 자세히 관찰하는 경향이 있다.

유형적인 것이 반드시 본질적인 것이라고 말할 수는 없다. 이른바 유형적인 것이라고 기록되더라도 그 속에는 우연적인 연상이 끼어드는 수가 있다. 관찰자의 눈에 띄는 것 가운데에는 인간들에게는 전혀 알려지지 않은, 겨우 몽롱하게 감지되는 유적(類的) 본성도 있을 수 있다. 예를 들면 우리가 알지는 못하지만 사람의 얼굴이나 혹은 거동에 나타나서 우리의 눈에 보이는 먼 선조의 유형이 그것이다.

선조의 유형이라는 것은 사람의 외모나 동작 등과 같은 형태유형과 같이 독특한 것이어서 그것을 표시할 개념이나 말이 없으므로 그것을 타인에게 전달할 때에는 대개 암시할 수밖에 없다. 그럼에도 이 유형은 인간의 세세한 특성에 대한 우리의 감각을 수반한다. 그러므로 처음 보는 미지의 인간을 대할 때에 우리는 애당초 이 유형에 의하여 규정하는 것이다.

우리가 한번 이 유형을 인식하게 되면 인식된 이 유형이 우리의 경험에 앞선다. 그래서 우리는 이 유형에 따라서 직접적으로 일정한 말씨와 표정과 동작 내지 행동방식, 한마디로 말하면 특정하게 두드러지는 여러 종류의 성격을 예상하게 된다. 그리고 이 예상은 언제나 흔히 적중한다. 이리하여 심적 유형은 어떠한 방식으로든지 대부분 외면적 유형에 대응한다.

그러나 이러한 형태유형은 순전히 직각적으로 알려지며 불의에 나타나는 까닭에 관찰자의 실제적 관심에 연관되어 있는 것이 아니다. 그러므로 그것이 개인에게서 나타날 때에는 미적 성격을 획득하기 쉽다. 여기서 중요한 것은 현상 그 자체이다. 그 특수성을 가진 개인은 다른 그 무엇을 나타내기 위해 투명해지는 하나의 전경과 같은 역할을 하는바, 이 다른 그 무엇이 바로 유형, 즉 민족의 유형, 시대의 유형, 혹은 그 밖의 인간형이다.

이 유형은 개인의 특수성을 통해서 나타나며, 이 개인에게 어떤 초개인적 의의를 부여하는 것이다.

이리하여 광부·농민·선원·상인·관리·학자 등과 같은 직업유형이 개인에게서 구체적으로 나타난다. 이 직업형은 그것이 우리와 아무런 관계가 없는 경우에도 나타난다. 또 민족유형도 그와 마찬가지로 어떤 개인에게서 나타난다. 예를 들면 영국인·스페인인·루마니아인·중국인·인도인 등이 그것이다.

유형에는 생활형태·생활양식·환경, 특정한 사회권 등을 부각하는 무수한 내용이 속한다. 이 모든 것은 어느 정도 자기의 감정과 독립해서 나타나며 이상하다고 느끼거나 기피하는 때에도 나타난다. 그러나 그것은 오직 하나의 완결된 형식 전체로서의 인상을 주므로, 우리가 현상이라고 인정하는 그 무엇이 언제든지 거기서 머리를 들고 나온다. 반면에 개성 그 자체는 그 특정이 너무나 구차스럽기 때문에 우리에게서 미끄러져 나간다. 부각되는 전체에 비하면 개성은 '우연적인 부속품'이 되기 쉽다. 개성을 '우연적 부속품'이라고 말하는 것은 주관적인 악평이 되는지 모르나 우리가 개성을 얕잡아 낮춘다는 것은 어디까지나 인간적이다. 왜냐하면 개성이라는 것은 헤아릴 수 없이 다양하므로 우리가 그것들을 일일이 공평하게 평가하기가 결코 쉬운 일이 아니기 때문이다.

인간적인 것을 파악함에 있어서 개성에까지 파고 들어가는 사람은 매우 드물다. 실제적인 인간관과 미학적인 인간관과의 엄밀한 나뉨은 거의 불가능하며 또 불필요한 것이다. 둘 중 어느 한쪽이 부지불식중에 다른 쪽으로 이끌어 들어간다. 그것은 마치 인간의 몸을 생명의 관점에서 보는 것과 미의 관점에서 보는 것과의 관계와 같다.

하지만 비미적인 것에서 미적인 것으로 걸어 들어가는 점은 여기서나 거기서나 공통되는 특징이다. 우리는 실제적 관심에서 출발하나 현상하는 자의 중요성을 통하여 미적 자세로 끌려든다. 관심을 가진 자가 흉금을 터놓고 수용하는 관찰자가 되며 수용하는 중에 자기를 잃어 '무관심적 만족'으로까지 전환한다.

거기에는 기이한 것은 아무것도 없다. 이론적 관찰로 옮아가는 과정에도 이와 비슷한 그 무엇이 있다. 여기서도 사람들은 눈앞에 닥친 목적을 잊고서 현상 그 자체를 위하여 관찰하는 방향으로 옮아간다. 심미적 태도에 있어서는 더욱 그러하다.

여기에 생활연관의 내부에서 심미적 태도—그 대상과 미—가 입각하고 있는 본질적인 점이 있다. 모든 심미적 관조가 다 똑같이 순수한 것이 아니라 여러 종류의 과도적인 형태가 있다. 이러한 과도적인 형태를 우리는 미의 다른 분야에서도 발견한다. 그러나 오직 예술에 있어서만은 (실제적 관조와 심미적 관조의) 분리가 엄격한 것이다.

d 생활의 상황과 연극성

인간에게서 '나타나는' 것 가운데에는 그 밖에 또 다른 것이 있다. 그것은 외관에만 나타나는 것이 아니며 또 개인 그 자체에게서 나타나는 것이 아니라 다수의 공동생활에서, 다시 말하면 사람들이 서로 만나고 반발하는 가운데서 나타나는 것이다. 이러한 것을 의식적으로 나타내는 극예술이 존재함을 생각하면 개인의 정신적 생활이 지각되지 않는 것과 마찬가지로 상황이나 갈등이 엄밀한 의미에서 지각되는 것이 아니지만, 생활 그 자체 속에 벌써 그러한 공존이 대상적으로 나타나리라는 것은 거의 분명한 사실이다.

이것을 '인생의 연극'이라고 부를 수 있다. 이러한 표현은 물론 시문학에서 유래했으나 정당한 것이다. 왜냐하면 '인생의 연극'이라는 것을 처음으로 알아차린 사람은 시인임에 틀림없기 때문이다. 즉 언제나 거기 있었고 또 늘 감각되어 온 것을 처음으로 볼 줄 알았으며, 그 속에서 미적 대상을 파악할 수 있었다는 의미에서 시인은 '인생의 연극'을 발견한 것이다.

왜냐하면 이러한 연극을 연극으로 보았다는 것은 풍경을 보았다는 것만큼 분명한 사실이기 때문이다. 그러나 '인생의 연극'을 발견하려면 실제적 생활 속에 처해 있는 인간이 가질 수도 없고 또 취하기도 어려운 특별한 관점에 서서 특정한 거리를 두고 인간생활을 대할 필요가 있다. 이러한 관점을 미적 체험의 관점이라 부를 수 있으리라. 체험이라는 것은 완전히 지각에 의하여 지탱되며 어디까지나 지각에 의존하는 것이기는 하지만 그렇다고 지각에 그치는 것은 아니다.

그러나 미적 체험은 통속적인 체험 이상의 것이므로 더욱 그러하다. 왜냐하면 통속적인 체험은 틀에 박힌 체험, 즉 사건들 속에 실제적으로 참여하거나 혹은 그 속에 머물러 있는 것이기 때문이다.

일상적인 체험 가운데에서 인간은 상황 속에 박혀 있고 당파적이며 모든 주관성과 정열, 독특한 공감과 반감을 가지고 한쪽에 치우친다. 하지만 미적 체험에 있어서 인간은 이 모든 것을 버리고 뛰어넘어서, 말하자면 실제적 관심성과 당파성에서 탈피한다. 그는 그가 속해 있는 생활과 '병행'하면서 이 생활을 관조하며 '방관'한다.

그러려면 필요한 것이 매우 많다. 그것들은 대부분 인간생활 속에서 얻을 수 없는 것이다. 그것을 얻으려면 완전히 이질적인 두 가지 자질이 필요한데 하나는 자기의 행복·불행에 대한 거리이고, 또 하나는 사건을 입체적으로 보는 능력이다. 전자는 인간을 생활의 방관자가 되게 하는 것이며, 후자는 생활의 투시

자·요해자·침투자가 되게 하는 것이다. 물론 이 양자 간에는 인과적 연관이 있을 수 있다. 그러나 그렇다고 이 두 능력의 차이가 본질적으로 해소되는 것이 아니며, 이 두 능력을 두루 갖춘다는 것은 사람들이 생각하듯이 그렇게 흔한 일이 아니다.

그러므로 우리는 대개가 우리 주변에서 일어나는 인생의 연극과 그 다양한 현상을 모르고 지나간다. 그 까닭은 우리가 그것과 너무나 먼 거리에 서 있기 때문이 아니라 반대로 너무나 가까운 거리에 서 있기 때문이다. 또한 애당초 그 속에 처해 있기 때문이다.

인생에 있어서의, 또 인생에 대한 미적 관점이 아무리 흔하지 않으며 이러한 관점에 서기 위해서 앞서야 되는 원숙한 경지가 아무리 높다 하더라도 언제나 존재하며, 말하자면 향수하는 의식이 성숙되기만을 기다리고 있는 위대한 미적 대상의 인식에 장애가 될 수는 없는 것이다. 왜냐하면 인생의 연극은 인간이 처해 있는 모든 상황의 끊임없는 연속과 이것을 극복하기 위한 인간의 힘들이는 노력에서 성립하는 것이기 때문이다. 모든 인간적인 계획, 성공과 실패, 결과에 있어서 뜻하지 않은 상황을 초래하는 모든 인간적인 행동, 모든 예상과 이 예상의 거부, 모든 타인의 의도와 심정의 간파와 자기기만, 여러 가지 관심과 발의의 모든 착종, 모든 종류의 죄와 무죄, 불공정한 혹은 공정한 문죄(問罪)와 사죄, 운명적인 인상을 주는 위대한 발전에 이르기까지 이 모든 것이 인생의 연극에 속한다.

인간적인 삶을 이루고 있는 이상과 같은 다양하고도 풍요한 내용을 하나하나 설명할 수는 없다. 모든 논리적 생활이 적극적이거나 소극적이거나 간에 이에 속하는 것이다. 그것은 무궁무진한 미적 대상의 '소재'가 되는 것이다. 오직 미적 대상으로서의 이 모든 것은 논리적 대상으로서의 그것과 같지 않다. 이를테면 보잘것없고 허무한 것은 윤리적으로 무의미하고 비열한 것이며 잠시나마 눈여겨보기에 너무나 부족한 것이다. 그러나 여기서는 그것이 만일 인간의 내면이나 또는 인간 사이에서 성립하는 긴장에 대하여 강한 빛을 던져주는 경우에는 미적 중요성을 갖게 된다. 그러한 조명은 논리적으로 위대하고, 적극적인 것에서와 같이 보잘것없고 소극적인 것에서도 나온다. 따라서 여기서 중요한 것은 인간의 내면이나 인간 대 인간의 긴장관계를 나타내게 하는 힘이다.

여기에 나타나는 인간적 내면의 다양성은 외면적인 풍채(개인의 외모와 거동)보다 작은 것이 아니라 오히려 더 큰 것이다. 왜냐하면 그것은 공동체의 넓이만큼 늘어난 것이기 때문이다.

요컨대 강조해야 할 것은 인간적인 덕행·운명·비극·숭고·악전고투가 미(美)는 아니며, 또 왜소·유약·평범 등이 희극적인 것도 아니며, 무엇보다도 특수하게 체험된 것의 현상에 미가 있다는 점이다. 그러므로 우리는 그 자체에 있어서 전혀 미적인 것이 아닌 무엇에 대한 직접적 체험의 투명만이 중요한 미적 계기가 된다고 말할 수 있다.

여기서 꼭 한 가지 마음에 새겨 둘 것이 있다. 인생을 극적으로 볼 수 있다는 것은 흔하지 않은 재간(才幹)만이 아니라 또한 위험한 재간이기도 하다는 점이다. 이러한 재간을 가진 사람은 부끄러움도 없이 오직 자기의 미적 쾌락만을 추구하는 냉혹한 사람이 되기 쉽다. 인간생활의 모든 갈등(물론 대개는 자기 생활의 갈등이 아니다)을 '향락'하는 유미주의자나 혹은 인생에 있어서의 희극적인 것에 대하여 발전된 감각을 가진 풍자시인은 현실적인 사실을 대하되 관객이 무대 위의 연극을 보는 것과 같은 태도를 취한다. 그들은 현실적인 사실이 연극이 아니라 진지한 현실이라는 것, 행동자의 고투와 비애가 진실이라는 것을 잊어버리기 쉽다. 그것을 방관하면서 즐기는 자는 무자비한 사람이다. 그리고 이러한 심미적 태도를 가지고 생활하며 자기 주변에서 일어나는 모든 사실을 마치 연극과 같이 받아들이는 사람은 미혹에 빠진 자이며 도덕적으로 건전한 사람이 아니다. 아니, 그에게는 인생을 옳게 미적으로 누리기 위한 전제조건이 근본적으로 모자라며, 따라서 결국 자기가 추구하는 것으로 말미암아 그것을 스스로 놓쳐 버리고 마는바, 그 전제조건이 다름 아닌 때 묻지 않고 올바른 도덕적 감각이며 체험한 모든 것에 대한 올바른 가치반응이다.

그러한 경향에서 내면적 태도가 부도덕적이고 무자비한 태도로 돌변하며 냉소와 조롱, 거짓 생각과 보잘것없는 회의가 나온다.

진정한 해학가는 인생을 그와 같이 받아들이지 않으며, 웃으면서도 현실의 엄숙함을 잊지 않고, 오히려 이 엄숙을 웃음과 대조해서 정답게 감수한다. 또 그러기 위해서는 성숙한 도덕적인 힘과 약간의 깊은 생각이 필요한 것이다.

인간생활 속에서 희극적인 것을 보고 느끼는 경우가 비교적 흔히 있다. 미숙한 아동들에게도 자주 있는 일이다. 예를 들면 교실에서 교사를 희롱하며 교사의 단점을 잡아가지고 흥겨워하는 따위가 그것이다. 물론 도덕적으로 나쁜 짓이지만 그것이 희극적인 현상의 감각임에는 틀림없다. 성인으로서도 인간생활에 있어서의 너무나 인간적인 현상에 흥겨워하고 한계를 지킨다는 것은 쉬운 일이 아니다. 그렇다 하더라도 인간적인 약점의 사실적인 현상과 미적 쾌감에는 아무런 변동도 없는 것이다.

오히려 인간생활에 있어서는 엄숙한 것이나 비극적인 것이나 도덕적인 숭고와 극기에 대한 미적 쾌감이란 매우 드물다. 이러한 미적 쾌감이 일어나기 어려운 까닭은 우리 자신이 반응감정·동감·고통, 혹은 앙양(昂揚)을 동반한 중력에 끌려서 사건 속에 말려 들어가기 때문이다. 그러기에 올바른 도덕적 태도의 소유자라면 국외의 방관자가 되기 어려운 것이다. 그러나 멀리 떨어져서 냉정하게 관찰하기를 원하는 사람이라면 동시에 인간과 상황에 대하여 개방적인 도덕적 심정을 가질 수밖에 없다. 왜냐하면 일정한 거리에서 관찰하는 것과 도덕적 심정은 두 가지가 모두 실재적인 것이지 연극은 아니기 때문이다. 그러므로 이런 사람은 이율배반적이기는 하지만 사건에 참여하는 동시에 참여하지 않으며, 말려 들어가는 동시에 도덕적으로 평가하며, 또 심미적으로 평가하는 것이다.

이러한 태도에서는 어떤 초인간적인 것과 접촉된다. 즉 한 가슴속에서 두 개의 정신, 다시 말하면 두 개의 이질적인 체험을 갈망한다. 그러한 태도는 오직 예술 그 자체가 관조되는 것의 엄숙성을 존중하며, 따라서 옹호하는 시인에게만 주어지는 것이다. 그러나 그렇다면 그것이 바로 예술이며 이미 인간생활 그 자체 속에 함유되어 있는 미가 아니다.

인생에는 그러한 태도가 가능하다. 인간은 원칙적으로 분투하고 행동하면서 자기 자신을 방관하며 자기에게 웃기도 하고 울기도 하는, 말하자면 자기인식의 눈이기도 한 불가사의한 자유를 가지고 있다. 그렇거늘 하물며 어찌 타인과 타인의 운명에 대해서도 원칙적으로 그렇지 않을 수 있겠는가?

9) 자연미

a 생물의 미

자연미라고 하면 곧장 '아름다운 풍경', 즉 해양과 육지, 산악과 계곡을 생각하기 쉽다. 그러나 바로 이 점에 미학상의 곤란한 문제가 있다. 그 까닭은 '아름다운 풍경'에는 단순한 자연대상에서보다 주관적이고 환상적인 것이 훨씬 더 많이 있거니와, 동시에 그 자체에 있어서는 물론 쾌감을 주지만 그렇다고 미적인 것이라고 말할 수 없는 수많은 생명의 긴장감이 한데 섞여 있기 때문이다.

그러므로 여기(자연미)서는 미적 대상의 성격이 순수하게 파악될 수 있는 어떤 다른 대상을 가지고 고찰해야만 한다.

이 대상은 다름 아닌 거의 모든 생물에게서 나타나는 미이다. 그러므로 우리는 비예술적인 미적 대상의 계열상에서 인간적인 미로부터 동물적인 미 내지 식물적인 미에까지 후퇴한다. 그것은 고루하고 괜한 짓이 아니라 실은 자연적인 문제연관을 위해서 중요한 것이다.

인간도 유기물이며 이 인간에게서 발견되는 생명감정에 매개된 모든 미는 유기물의 미이다. 또 동물에게 있는 유기적인 미가 인간에게 있는 유기적인 미보다 흥미가 적다고 말하기도 어렵다. 오히려 아름다운 동물에게서 느끼는 쾌감은 거의 모든 인간에게 일반적이며, 동물의 아름다움을 음미하고 즐기는 것이 인간의 아름다움을 음미하는 것보다는 거리낌이 적다. 왜냐하면 여기서 우리를 가로막는 것은 아무것도 없기 때문이다. 예를 들면 동물의 아름다움을 음미하고 즐기는 것은 도덕적으로 생각해 볼 필요가 전혀 없다. 왜냐하면 동물에게는 계책이 없다는 것을 우리가 알고 있을 뿐만 아니라 또한 그것을 직감할 수 있기 때문이다.

여기에도 물론 미적이 아니라 순전히 생명적인 쾌감이 다분하다. 그러므로 우리는 어린 고양이의 부드러운 털에서 생명을 감촉한다. 또 주인을 보면 기뻐서 어쩔 줄 모르고 함부로 매달리는 친밀하고 충성스러운 개에게서 감촉되는 것도 순전히 생명적인 것이다. 거기에는 미적 쾌감의 조건이 되는 대상적 관조의 거리가 전혀 없다.

그러나 생명과 생명과의 일정한 이런 관계 속에도 이미 거리가 설정되어서 갑자기 미적 대상이 실현될 수 있는 것이다. 이를테면 동물의 운동이나 운동양상, 도약하는 교태, 긴장을 나타내는 태도 등을 통해서 우리는 눈에 보이지 않으나 실재하고 있는 그 어떤 다른 것을 투시하게 된다. 그런데 이 '다른 것'이 우리와 친근하고도 모양이 다른 특성을 가지고 있는 유기적 존재자 그 자체의 자연적인 경이인 것이다.

왜냐하면 사실에 있어서 그러한 투시 속에는 우리가 숙지하며 우리에게 생명감정을 전해 주는 것과, 또 우리와는 전혀 다르며, 어떠한 갈등에도 교란되지 않고 아무런 방해도 받지 않는, 다시 말하면 어디까지나 본능적이면서 반응에 실패가 없는—이 점에서 동물은 인간을 능가한다—동물적인 것이 들어 있는 것이다.

이러한 것의 감각은 동물적 존재자의 반응방식과 작용방식, 구조와 갈래에 있어서의 여러 위대한 지혜를 운운할 것까지 없이 먼저 의미심장한 연관에 대한 여러 종류의 막연한 예감적 형태를 취한다.

그리고 여기서 하나의 길을 더 나가면 모든 유기적 존재자에게서 발견되는 경이롭고도 완전한 합목적성을 감촉하게 된다.

이러한 감촉의 진리는 바로 객관적인 것이다. 즉 동물적인 것에 대한 미적 쾌감은 유기체의 형이상학적인 수수께끼에 대한 깊은 놀라움에서 나오는 것이다. 왜냐하면 유기체의 이 수수께끼는 생명의 모든 부분과 모든 표현을 통합하여 우리에게 압도적인 조화를 느끼게 하는 그 내면적인 합목적성에 있는 것이기 때문이다. 그러한 인상은 물론 학문적인 반성의 출발점이 되는 것이기도 하지만, 애당초 이론적인 탐구나 흥미와 아무런 관계도 없는 것이다. 이러한 인상은 오히려 직접적이고 직관적인 것이다. 그리고 기이한 것에 대해서 느껴지는 감정은 우리가 그것을 감성적으로 볼 때 이미 우리에게 가까이 다가붙는 것이며 마음대로 할 수 없는 것이다. 여기에는 반성의 여지가 없고 우리의 태도는 자유스런 귀의로 변한다. 그리고 여기서 결정적인 것은 기이한 것에 의한 기적이다. 이때에 인간은 돌연히 창조의 기적에 맞닥뜨렸을 때의 감정을 억제할 수 없는 것이다.

이 종류의 감정은 순수한 미적 쾌감이며, 더욱이 우리가 누구나 다 같이 감지할 수 있는 현상관계를 통해서 느껴지는 감정이다. 이 쾌감의 깊이에는 거기에 현상하는 객관적인 기묘함과 더불어 여러 계층이 있다. 즉 우리는 유기체에 있어서의 불가사의를 심각하게 느끼기도 하고 혹은 천박하게 느끼기도 하는 것이다. 그러나 우리는 어느 경우든지 언제나 감성적으로 주어지는 것을 통해서 보고 감성적으로 주어지지 않는 것을 느낀다.

이러한 경이의 자세는 생명의 공감이 성립하는 경우에만 한정되는 것이 아니다. 그러므로 친근한 가축을 실례로 든다는 것은 오해를 사기 쉽다. 왜냐하면 그것은 일면적이기 때문이다. 그와 같은 태도는 가축 이외에 서로에게 거리감이 있고 성질이 전혀 다른 그 밖의 것까지 미치는 것이다. 이를테면 떡갈나무 꼭대기에서 이리 뛰고 저리 뛰는 다람쥐, 공중을 날아다니는 제비, 작은 새를 노리고 원을 그리며 도는 맹금, 물속을 쏜살같이 헤엄치는 물고기, 공중으로 도약하는 물개 등 이 모든 것도 놀라움의 대상이다. 이 모든 것과 거리가 멀어진 것은 오늘날의 도시인뿐이다. 그들은 이것들을 눈으로 볼 기회가 적다. 그러므로 도시인이 한번 그것들을 눈으로 보기만 하면 가장 깊은 인상을 받게 된다.

하지만 그보다 더 이상한 현상이 많이 있다. 인간을 적으로 대하는 무서운 생물이 있다. 이러한 생물에 대해서 사람들은 공공연히, 또는 남모르게 혐오감을 느낀다. 예를 들면 뱀·두꺼비·거미·도마뱀 등이 그것이다. 사람들이 이러한 생물들을 혐오하게 된 이면에는 아직 위협을 받고 지내던 원시시대부터 사람이 지니고 내려온 본능적인 불안의 요소가 숨어 있는 것이다. 그러나 그것들을 대상적으로 관조할 만한 거리를 두고 대할 때에는 여기서도 이상하다고 찬미하는 기쁜 태도를 갖게 된다. 이를테면 머리를 높이 쳐들고 있는 뱀이나, 질서 있게 줄을 늘어놓는 거미를 볼 때에 우리 감정은 돌변하여 마음을 움직이게 된다. 헤르더는 '그 자체에 있어서 보기 싫은' 형태의 동물을 자연의 창조에 있어서의 실패작이라고 믿었다. 하지만 옳게 말한다면, 그렇게 믿었던 그에게는 이러한 동물에 대하여 거리를 둘 능력이 없었고, 타고난 불안감의 흔적이 아직도 남아 있었다. 자연은 인간을 위해서 창조된 것이 아니기 때문이다.

유기체의 세계에서 다시 아래로 더 내려가도 같은 관계가 발견된다. 나비, 굴과 조개, 전어와 적충류 등의 아름다움도 마찬가지다. 유기체의 소세계에는 '자연의 모든 예술형식'이 풍부하다. 그 점은 물론 모든 식물의 세계에도 마찬가지다. 식물은 인간적인 생명감정과 거리가 멀지만, 아니 오히려 멀기 때문에 이 식물의 미는 인간의 감각에 무제한적으로 느껴지는 것이다. 여기서는 친근한 생명체와 인간적 심정과의 감촉이 미약하며, 그러므로 자기의 생명감정에 의한 미적 거리의 혼란도 미약한 것이다.

우리는 여기서 아름답고 화려한 식물들을 떠올릴 필요가 없다. 여기에는 색채, 기묘한 형태, 너무도 인간적인 여러 가지 상징에서 느껴지는 생명의 희열이 있다. 오히려 어느 한계 내에서는 전개된 형태의 모든 식물이 하나의 예술작품과 같은 느낌을 준다. 옆으로 기울어진 꽃봉오리가 달린 가느다란 넝쿨, 소나무·구절초 혹은 백모 등의 긴장한 모습, 늙은 떡갈나무의 껍질에 벌어진 성난 귀얄, 용설란의 힘찬 꽃자루 등 그 어느 것에나 생명체의 신비스런 합목적성, 유기적 조성, 상호 간의 조화적인 기능과 그 자기전개이다. 생명의 충동과 자기관철, 주위에 있는 무기적인 세력에 적응한 자주성 등이 표현되고 있는 것이다. 그리고 그 점은 같은 무리들의 집단, 예를 들면 잔디밭·풀밭·풀과 딸기나무만이 무성한 들판·삼림·산야 등도 마찬가지다. 그러나 여기서는 미적 감정이 별개의 쾌감, 즉 풍경에 대한 쾌감으로 변한다.

유기적인 모든 형태의 세계 가운데에서 두드러지게 미적 자극을 주는 유기체는 위협에 태연하고 무감각한 순조로운 유기체에 비하면 오히려 더 심하게 침해와 위해를 받을 위험성이 많다. 그러한 유기체는 쇠멸하고 그 대신에 다른 유기체가 번성한다. 여기서 우리는 막연하나마 종족의 생명이 개체의 생명에 대하여 냉정하다는 것을 알며, 자연이 자기의 값진 활동력을 낭비하는 것을 보고 의아해할 수밖에 없다.

그러나 이것도 역시 어떤 현상관계이며 지식과는 아무런 상관도 없는 것이다. 왜냐하면 기묘하게도 우리는 바로 이러한 냉정과 침착을 통하여 생물계의 가계에 있어서 수지균형과 조화를 직각적으로 감지하기 때문이다.

아름다운 모양의 개체가 이같이 냉혹한 운명을 태연하게 감당하는 것을 볼 때에 인간은 애절하고 가련한 감정을 느낀다. 그리고 이 감정은 사실에 있어서 어떤 사랑이며 인간의 심성은 이러한 사랑을 가지고 미적 관조라는 우회로를 통하여 다양한 생물의 모든 형태를 포용하는 것이다.

b 역학적 조직의 미

위에서 설명한 바와 같은 원리를 가지고 무기적인 물상(物象), 즉 생명이 없는 것에까지 아직 더 내려갈 수 있다는 것은 분명한 일이다. 우리에게 순전한 미적 쾌감을 주는 자연계 사물의 형태가 많이 있다. 그러나 그것은 우리가 예상하는 것보다는 많지 않다. 왜냐하면 우리 주위에 있는 대부분의 '사물'들은 인공적으로 변형된 것이며, 그러므로 자연미 중에 넣을 수 없기 때문이다.

미가 유기적 자연에서처럼 무기적 자연에서 흔하지 않은 이유가 바로 이 점에 있다. 그뿐 아니라 우리의 미적 감각을 끄는 역학적 모든 조직 중에서 일차적이고 자립적인 조직은 그 크기의 규모에 있어서 대개 우리와 거리가 먼 것이다. 다시 말하면 우리가 그것을 감성적으로 직관하기에는 너무 크거나, 그렇지 않으면 너무 작다. 예를 들면 한편으로 천체와 그 체계들이 그렇고, 다른 한편으로는 원자와 분자가 그렇다.

직접적으로 지각할 수 있는 것은 거의 그 중간적 영역이다. 이 영역의 내부에도 우리의 미적 감정을 끄는 것이 있거니와, 그중에서 가장 널리 알려져 있는 것이 그 독특한 규칙적 구조를 가진 결정체이다. 또 그 구조의 기하학적 법칙을 모르는 경우에도 우리는 그러한 규칙이 있는 것 같은 감정을 갖게 되며, 각부분들이 원리에 따라서 접합하려고 하는 숨은 경향을 감지한다. 이러한 점에서 볼 때에 여기에도 어떤 현상관계가 있는 것을 부인할 수 없다.

더구나 일시적인 현상까지 생각한다면 여기에도 여러 가지 실례를 열거할 수 있다. 번쩍이는 수면, 물방울의 완결한 구형, 수면 위에 퍼지는 파문(波紋), 흐르는 물이 암초에 부딪혀서 교란된 때에 취하는 대칭, 물이 낭떠러지로 떨어질 때에 물방울이 튀어오르는 현상 등이 그것이다. 그보다도 더 주지의 현상은 규칙적인 물결과 빛이 수면 위에 약동하는 빛의 유희이며, 번개와 무지개, 푸른 하늘에 떠오르는 새털구름 등은 말할 필요도 없다.

이러한 현상에 있어서는 이미 역학적 조직은 문제가 되지 않는다. 그러나 이 역학적 조직 중에도 적어도 간접적으로 (망원경이나 사진기를 통하여) 우리의 눈 안에 들어올 수 있는 것이 약간 있다. 그러므로 그것들에도 미적 인상력이 있는 것이다. 그중에는 네 개의 달을 가진 수성계와 기묘하게도 고리가 달린 토성이 있다. 이런 것들에서는 구조역학에 관한 그 무엇이 외부적 형태로 나타나서 그 자체에 있어서 보이지 않는 내면적인 것이 눈에 띄는바, 관찰자들은 이것을 감각하고 표현했던 것이다.

케플러는 그의 《세계의 조화》에서 지식과 계산에 매개된 양적 관계까지도 하나의 전체관 속에 포괄하여 커다란 유성계의 미(美)로 받아들였다. 현대의 광학적 기구는 내용적으로 다시 한 걸음 나아가서 나선상 성운계들을 우리에게 보여주고 있으며, 그 외부적 모든 형태는 역학적 구조의 통일성을 인식시켜 주고 있다. 그 점은 원 모양의 성단(星團)이나 수많은 성운(星雲)의 형태들도 마찬가지다. 이상의 실례에 있어서 특히 기억해야 할 것은 그 구조가 과학적으로 해명된다고 인정하지 못한 채 직관, 더구나 직접적이고 미적인 직관을 앞세우고 있는 점이다.

하지만 케플러의 관점에서 다시 한 걸음 더 나가서 미적 관조를 모든 자연계의 역학적 조직에까지 확대시킬 수 있다. 이때에 미적 관조는 여러 종류의 과학적 예비연구에 제약을 받을 뿐이다. 그런데 대부분의 인간은 이 과학적 연구에서 제외된다. 그러므로 이를테면 원자물리학의 법칙은 극히 수학적이며 그 공식에 있어서 추상적이면서도 여러 종류의 미적 관조에 응하는 것이다. 따라서 원자의 구조 그 자체가 직관에 근접한다. 그 점은 원자의 모형표상에서 뚜렷이 알 수 있다. 수학자는 이 모형표상을, 직관하는 거리가 먼 것으로 본다. 왜냐하면 수학자들은 표상의 직관을 감성직관으로밖에 보지 않기 때문이다. 그러나 직관을 그렇게 보는 것은 단면적이다. 모든 간접지(間接知)는 보다 높은 차원의 직관으로 방향을 취하는 것이며 이 고차적인 직관을 야기하는 것이다. 개념이라는 것도 그 근본에 있어서는 고차적 직관의 보충수단에 지나지 않는다. 개념은 그것이 직관으로써 채워져야만 비로소 생명이 있는 개념이 되는 것이다. 그러므로 개념 중에 있는 직관이라는 요소는 언제든지 이 개념의 미적 측면을 표시한다.

일반적으로 말하면 양적 관계는 다른 종류의 직관적이며 미적인 측면을 가지고 있는 것이다. 그것은 기하학에서는 널리 알려진 사실이다. 예를 들면 타원의 미가 자주 화제에 오르는 까닭은 무엇일까? 그것은 바로 타원이라는 형태에서 일정한 법칙을 볼 수 있기 때문이다. 우리는 이 법칙을 오성(悟性)으로써 파악하지 않고서도 직관적으로 느낄 수 있다. 즉 타원은 현상관계를 포함하고 있다. 예부터 수학적 주변을 감돌고 있는 '가장 완전한 학문'이라는 신화에 이르기까지 수학이 가진 매력의 비밀은 그 순수한 형식의 유희와 바로 그 속에서 밀고 나오는 현상관계와의 결합에 있는 것이다.

c 풍경의 미

지금까지의 고찰은 미의 주변으로 미끄러지고 말았다. 그러므로 다시 미적인 것의 전체적 중심을 이루는 직접적인 것으로 돌아가야만 한다. 자연미의 영역에서 중심적인 것은 아무래도 첫째 아름다운 지방(地方), 즉 풍경이며, 그다음에 출렁거리는 바다와 언제나 변화하여 마지않는 구름 낀 하늘과 언제까지나 같은 별이 총총한 하늘 등등이다.

이러한 것들을 볼 때 우리는 '기뻐서 가슴이 뛰며', 매우 바쁘고 혼잡한 도시에서 그곳으로 도피한다. 말하자면 우리는 그 속으로 들어가서 가라앉고 녹아버리려고 한다.

그러나 바로 그러하기에 이 모든 것은 물론 미적 대상이 아니라 일차적으로 생명감정의 대상이며, 또 이 생명감정의 대상은 미적 대상과 구별되어야 한다. 그것은 쉬운 일이 아니다. 왜냐하면 같은 것이 생명감정의 대상도 되고 미적 대상도 되기 때문이다. 뿐만 아니라 생명의 만족은 아무런 제한도 없이 미적 만족으로 바뀌는 것이다. 그 점은 유기적인 아름다움에서 똑바로 볼 수 있다. 그리고 양자의 차이는 유기체를 볼 때에도 생명감정이 어떤 객관적인 것을 제시하지만, 풍경을 볼 때에는 오직 그 관조자에게서 일어나는 독특하고 주관적인 것이 객관 속에서 같이 느껴지는 점에 있는 것이다.

많은 도시인의 동경심은 숲과 들이나 산꼭대기의 하얀 눈으로 쏠리듯이 또 외양간이나 채소밭으로도 쏠린다. 외양간이나 채소밭으로 쏠리는 동경심은 대체로 말해서 미적 대상에까지 올라가지 못한다. 그러므로 또렷한 한계선이 있는 것은 아니지만 여기서 여러 종류의 한계를 그을까 한다. 그러나 우리는 그 한계를 대상에 따라서만 그을 수는 없다. 왜냐하면 산악과 계곡, 삼림과 초원에도 생명감정, 예를 들면 혼잡한 주택가와 비참한 일상생활에서 도피하고 싶은 동경심이 번지기 때문이다. 자연 속에서 흥하고 쇠하는 쾌감도 그와 같은 생명적 성격을 가지고 있는 것이다. 그것은 말할 것도 없이 신선한 공기, 발전과 변화의 갈망이며 생명의 위로임에 틀림없다.

여기서는 첫째 대상과의 거리가 없다. 인간은 오히려 자기가 풍경 속에 들어 있는 것처럼 느낀다. 단순히 공간적으로만 그런 것이 아니다. 풍경의 감각에 있어서 중요한 점은 바로 여기에 있다. 그리하여 인간은 풍경에 흡수되고 받아들여지며 둘러싸여서 자연과 합일하는 경향을 취한다. 따라서 미적인 것뿐만 아니라 주위에 있는 자연의 대상성 일반이 모조리 지양되는 것이다.

풍경의 미적 대상화는 그와 같이 자연 속으로 탐닉하는 소박한 자세에 대하여 비로소 부각되는 것이다.

풍경이 어떻게 해서 미적 대상이 되는가는 이차적인 문제이다. 어쨌든 풍경은 미적인 대상이 되며 더욱이 개개의 구상적인 인상 앞에 멈출 때에 그렇게 되는 것이다. 예를 들면 사방으로 높고 낮은 나무가 둘러서 있는 분지에 밀집한 마을은 한 폭의 그림과 같다.

여기서 풍경이 관조자에게 부각되며 대립한다. 아니, 그보다도 관조자가 풍경과 대립한다고 말할 수 있다. 다시 말하면 인간은 이때에 비로소 관조자가 되며 미적 향수자가 되는 것이다. 그 점은 숲속이 푸르스름한 녹음, 약동하는 햇빛, 숲속의 공터·산골짜기에 흐르는 시냇물·나무와 암석 등을 보거니와 여기서도 한정이나 부각과 같은 회화적 성격이 중요하다. 그리고 이것들을 볼 때에 우리의 마음은 가라앉으며 경건해지는바, 이것도 어떤 쾌감이며 향유임이 틀림없는 것이다.

이러한 경지를 순수하게 제시하기는 매우 곤란—왜냐하면 여기서도 생명감정을 배제할 수가 없기 때문이다—하지만 오직 미적 대상만이 갖는 현상관계를 그 속에서 제시할 수 있다.

그러면 여기서 나타나는 것은 무엇인가? 객관적으로 보아서 이러한 임의적인 어느 부분에서도 그 무엇이 통일성과 전체성으로서 나타날 수 있는 것일까?

이를테면 생물에게서 합목적성을 가진 유기적 생명의 비밀이 나타날 수 있고 또 사실에 있어서 나타나는 것과 같은 방식으로, 이러한 물음에 대해서는 단적으로 있다고 대답할 수밖에 없다. 왜냐하면 자연 전체 가운데에도 모든 것이 서로 영향을 주고받기 때문이다. 그러나 공존할 수 있는 것만이 공존하는 것이지 임의적인 모든 것이 공존할 수 있는 것은 아니다. 종류가 다른 식물들은 서로 배척하며 경쟁한다. 식물의 이러한 존재방식은 식물의 형태형성에도 중요한 관계가 있다. 풀과 나무는 땅이 허용하는 곳에서만 나서 자라며 물의 순환에 의존한다. 순전한 돌이나 모래에서는 식물이 생장하지 못한다. 풍경의 관조자는 산악의 유래를 전혀 모르며 흥미도 갖지 않는다. 그러나 관조자가 보는 풍경 속에서 산악은 자기 본디의 특색을 나타낸다. 그리고 식물의 변천은 관조자에게 나타나는 풍경의 모양을 결정한다. 모양의 단면이 바뀔 때 관조자는 이러한 관계를 직각적으로 감지하는 것이다.

풍경을 오직 회화적으로, 다시 말하면 풍경화의 특정한 작품에서만 보는 버릇이 있는 사람은 위에서 말한 모든 사실을 이해하지 못한다. 그들은 자연을 예술적으로 본다. 그러므로 그들에게는 풍경에 대한 자연적 자세가 부족하다. 하지만 우리가 만일 지구 표면상의 무수한 물상들이 제시하는 여러 가지 형태와 색채 속에 들어가서 솔직하게 본다면 사정이 다르다. 그때에는 이 물상들이 말을 걸어오며 무엇을 계시하기도 하고 소중히 간직하기도 한다. 거기서는 빛·파란색·원경(遠景)의 효과가 이해되기 이전에 벌써 나타난다. 왜냐하면 인간은 풍경을 회화적으로 보지 아니하고 대상적으로 보기 때문이다.

이를테면 바닷바람을 받아서 한쪽으로 기운 나지막한 숲이 있는 해안의 풍경을 떠올려 보라. 또 물결의 자취가 그려져 있는 해변의 모래언덕과 옛날에 삼림이 있었던 육지가 함몰된 흔적을 상기하라. 혹은 산속의 칙칙한 교목림의 정상과 그 위로 나타나는 설경을 생각하라. 그것은 빙하시대에 빙설로 덮였던 곳이 마손된 형상 이외의 다른 것이 아니다. 그럼에도 어느 풍경 속에나 인간생활이 곁들어 있어서 자연과 인간과의 싸움을 증명하여 내보인다. 구획된 논과 밭의 평화스런 광경이나, 생존경쟁에 있어서의 괴로움과 수고로움, 행복, 성공과 실패가 뚜렷한 모습 등도 그렇거니와, 동시에 세상살이 풍파에 부대껴서 일그러진 토착민의 심각한 잔주름과 향토감정도 그런 것이다. 땅에서 뿌리가 뽑힌 도시인은 그러한 동경과 배경을 감지하기에는 너무도 거리가 멀다. 그러나 그렇게 뿌리가 깊은 배경이 없더라도 원리적으로는 같은 것이다. 오막살이집과 조각배와 어망을 가진 빈한한 어촌이나 산악지대에 있는 목장과 가축의 무리를 보아도 역시 마찬가지다.

현상하는 내용적인 것과 감각되는 회화적인 것을 분리하여 전혀 이질적인 것처럼 다루는 것은, 마치 선인들의 깊은 인상을 풍기는 서독(西獨)의 옛 성지를 주위의 풍경 가운데 유연한 구릉과 분리시키는 것과 같이 잘못된 일이다. 왜냐하면 바로 이 양자의 상호침투에 특징이 있기 때문이다. 하지만 이 상호침투 속에서 중요한 점은 감성적인 것과 비감성적인 것과의 현상관계이다.

이 경우에 있어서 회화적인 것은 그 주위의 풍경 속에서 고립하는 게 아니라 도리어 강조되고 강화되는 것이다. 그리하여 관점에 따라서 경관이 바뀌고 형상이 변화하며 시간과 계절이 변천한다.

d 자연미와 예술

자연미는 예술에 의해서 비로소 발견되었다는 말은 싫증이 날 정도로 들어왔다. 그것은 예술 역사에 있어서의 주장이다. 풍경의 미적 비밀에 대하여 처음으로 인간의 눈을 뜨게 한 것이 그림인 만큼 사람들은 예술 가운데에서도 첫째로 그림을 생각한다.

그림은 풍경을 그림으로써, 다시 말하면 표현함으로써 풍경미에 대한 인간의 눈을 뜨게 한 것이 틀림없다. 그림은 인간이 풍경을 그렇게 보도록 가르쳐주었다. 고대인은 아직 그림을 볼 줄 몰랐고, 이탈리아인은 그림의 테두리 안에서 무대를 건설했다. 그러므로 그들에게서는 그림이 흔하지 않았고, 있다 해도 부수적이었다. 네덜란드인은 그림을 독립적인 주제로 삼았으며, 프랑스의 인상파는 그림에서 빛과 색의 자율성을 극복했다. 그 어느 단계에서나 실재하는 풍경에 대한 인간의 새로운 견식이 대응한다.

이러한 형식에서 예술이 자연미를 발견했다는 사상이 정당하게 성립한다. 그러한 사상은 그 밖의 영역에 있어서의 예술의 발견에서도 함께 존재한다. 즉 극작가는 인생에 있어서의 극적인 것을 발견했고 희극작가는 인생에 있어서의 희극적인 것, 풍자적인 것, 우스운 것, 기지적인 것을 발견했다고 말할 수 있다. 그렇다면 서사시인이 비로소 영웅적인 것을 발견했고, 종교시인이 모든 신과 신앙생활을 발견한 것이 아니냐 하는 문제가 일어날 수 있다.

그러나 이러한 비유는 원리를 아무 곳에나 함부로 적용해서는 안 된다는 것을 명시한다. 아무리 심오한 사상이라 하더라도 그것을 과장하면 과오에 빠지는 수가 있다. 그러므로 우리는 이러한 사상을 그 적당한 범위 내에 돌려놓아야 한다. 그래야만 우리는 이러한 사상을 옳게 이용할 수 있다. 시인이 없더라도 영웅은 숭배되며 신에게 기도하는 사람이 있는 것이다. 영웅이나 여러 신들은 시인을 통해 이상화되고 영원화되며 직관의 세계에 끌려 들어오고 인간화되는 것이다. 그러나 그것은 발견된다는 것과는 같은 의미가 아니다.

하지만 이 모든 영역에서 예술가가 어떠한 대상을 표현하든지 또 어떠한 재료를 쓰든지 그가 심미적인 안식의 발전에 막강한 영향을 준다는 사실을 그냥 지나쳐서는 안 된다. 그러므로 인체에 대한 심미적 안목을 열어주는 데 있어서는 조각가의 지도적 역할을 인정하지 않을 수 없다. 그리고 그 근래의 발전단계에 다다른 영화의 역할도 그러한 것이다. 또 초상화예술에서도 인상학적 내지 미학적인 안목을 위한 비슷한 역할을 발견할 수 있다. 그러나 이 모든 영역의 표현 역할을 어떻게 한정할 것인가 하는 점 또한 문제가 된다. 왜냐하면 예술만이 언제나 미적 대상을 발견했다는 것은 너무나 지나친 말이기 때문이다.

그렇다면 무슨 까닭에 과언이라고 하는 걸까? 그것은 이 말이 맞지 않는 영역 때문이 아니라 오히려 그렇게 말하는 것을 가로막는 어떤 원칙적인 것이 있기 때문이다. 그 말은 생산적인 예술가 자신도 새로운 대상을 표현의 주제로 삼으려면 먼저 이 대상을 보는 눈이 떠져야 된다는 것, 그리고 그 뒤에는 다른 사람에게 이 대상을 보는 방법을 가르쳐 줄 수 있다는 사실을 생각해 보면 알 수 있다. 그리하여 예술가가 만일 대상을 대할 때에 중요하다고 보여지는 도안이나 회화나 문학을 통한 표현으로 부각시키려고 노력할 어떤 측면을 발견할 수 있다면 그에게는 이미 자연대상이 미적 대상으로 떠오른 것이다. 다시 말하면 예술가는 그가 직관하며 또 직관되는 것을 누릴 때, 그의 의식에 들어오는 그 무엇을 작품 가운데에서 객관화시켜 동시대인에게 보여줄 수 있는 것이다.

그것은 어떤 이론을 위하여 역전시킬 수 없는 하나의 의존관계이다. 만일 이 관계를 역전시키는 사람이 있다면 그는 전후전도(前後轉倒)에 빠지게 되며 이 전후전도는 언젠가는 반드시 벌을 받게 된다. 예술가가 끊임없는 시작(試作), 즉 관조와 형성의 지속적인 상호교환작용을 통해서 활동하는 것도 이에 어그러지는 것은 아니다. 원숙의 그 어느 계단에 있어서도 관조의 진보가 지도적 역할을 한다. 그렇지 않으면 예술가의 시작은 맹목적인 암중모색에 지나지 않는다.

그 점이 바로 천재의 활동과는 반대인 것이다.

이 점을 똑바로 알아야 한다. 예술적인 안목이 풍경을 발견하고 그것을 다른 사람에게 아름답게 보여준다는 말은 옳다. 그러나 예술적인 창작이 풍경을 발견한다는 말은 옳지 않다. 예술가에게 일차적이고 결정적인 것은 창작이 아니라 관조이다. 그보다도 더 옳게 말하면 예술가에게 있어서는 주위에 대한 심미적 태도가 일차적인 것이다. 그러므로 예술가는 이차적으로만 창작적이고 일차적으로는 관조자이다. 또한 예술가는 자기시대의 한계 내에서 혹은 그 시대를 약간 벗어나고 앞서야만 관조자가 되는 것이다. 이에 비하면 창작의 수단과 방법은 완성의 도구에 지나지 않는다.

여기에 이율배반이 있다면 그것은 예술가의 본질에 있는 것이지 예술가가 문외한을 대하는 관계에 있는 것이 아니며, 또 예술가가 대상을 발견하는 태도에 있는 것도 아니다. 그러나 그것은 근본에 있어서는 이율배반일 수 없다. 우리는 천재를 '재간 있는 사람'이라고만 보는 버릇이 있으며 재간 그 자체는 여러 가지 수단을 부릴 줄 아는 것이라고 여기는 것이 예술사적 관점이다. 하지만 이 경우에 이 수단 자체가 관점 여하에 매였다는 것, 아니 천재의 독창성이 본질적으로 보는 방식에 있다는 것, 따라서 모든 새롭게 보는 방식이 새로운 현상의 형식을 초래한다는 사실을 사람들은 모르고 있는 것이다.

이 점에 관한 좋은 실례가 그림에 있어서 색의 취급과 렘브란트의 후기 작품에서 보는 바와 같이 윤곽의 해소에 대하여 혁명적인 영향을 준 빛의 발견이다. 바로 여기서 우리는 새로운 것, 예를 들면 풍경의 색조와 '음조(音調)', 내부 공간의 암흑, 그리고 인간적·성격적인 특징이 새로운 관점과 더불어 나타나는 것을 알 수 있다. 대상적인 것 그 자체의 구체성과 생활에서 취재한 한 폭의 그림은 근본적으로 다르다. 또 가장 흔하지 않은 드문 수단도 일부는 그렇다. 여기서 지각이 생활상에서 제시하는 수많은 세목이 생략되거나 혹은 말소되는 이유가 이해된다.

그 점은 인간적인 것의 발견자인 시인에게도 적용된다. 오랫동안 우리는 시인을 형성하는 자, 묘사하는 자로서만, 더구나 주로 언어를 형성하며 창조하는 자로서만 보아왔다. 그러나 무엇보다도 시인은 첫째로 보는 사람, 사물을 명확히 살피는 사람이다. 그는 인생에서 나타나는 모든 것에 눈을 뜨고 있는 사람이며, 그러므로 시인에게서는 생활무대에 나타나는 모든 활동과 형상이 미적 대상의 거리로 밀려난다.

10) 자연미의 형이상학

a 자연의 형식미

예술에서는 현상미(現象美) 이외에 형식미가 나타난다. 위대한 작품에서는 형식미가 언제나 현상미에 은폐되며 현상미의 등 뒤에 숨는다. 그러나 예술의 최하 단계인 장식—여기서는 현상관계가 없어진다—에서는 형식미가 나타나서 어느 정도의 자주성을 요구한다. 또 모든 계층을 좀더 상세하게 고찰하면 그 밖에도 형식미가 그 자주성을 보유하고 있음을 알 수 있다.

이 형식미는 또 미적 자연대상에서도 중요한 역할을 하고 있다. 그 점은 물론 인간적인 미에 있어서도 마찬가지다. 하지만 여기서는 형식미가 다분히 은폐되어 있다. 그러면 형식미가 어느 점에서 성립하는 걸까? 이미 암시한 바 있거니와 이 형식미는 어떤 순수한 형식, 이를테면 공간적이고—가시적이거나 또 음악적이고—들을 수 있는 형식을 가진 자유유희에서나, 색채와 음색의 유희나 선율 따위에서 나타난다. 이리하여 형식미는 적으나마 예술에서 표현된다.

자연에 있어서도 원칙적으로는 다름이 없다. 만약 있다면 그것은 단 하나, 자연에서는 유희하는 정신에 대해 말할 수 없다는 점이다. 여기서는 형식의 유희가 무의식적인 것이지만 그렇다고 결코 우연적으로 일어나는 것은 아니다. 바로 그 때문에 형식의 유희가 눈에 띄며 의외의 느낌을 주고 주목을 끌며 자세히 들여다보기를 요구한다. 여기서는 첫째 유기체적인 미에서 이미 구체적으로 예를 든 바와 같이 뚜렷한 합법칙성의 수많은 형식을 떠올리게 된다. 우리는 암소와 속새, 잔디와 침엽수, 불가사리·굴·오징어 등에서 여러 가지 형태의 합법칙성을 보고 놀라지 않을 수 없거니와, 이 여러 가지 형식의 합법칙성은 물고기와 조류의 유선형, 곤충의 여러 모양과 무늬에서도 뚜렷하게 나타난다. 거기서는 말할 것도 없이 유기적인 합목적성이나 혹은 미지의 합법칙성의 현상이 문제되고 있다. 그러나 지금 문제되고 있는 것은 형식 그 자체의 유희와 효과이다. 물론 합목적성과 형식과는 분리될 수 없지만 여기서는 구별해야 되는 것이다. 왜냐하면 모든 다양한 형식이 합목적성에 귀착되는 것은 아니며, 더구나 무반성적인 직관에 대해서도 불가분적으로 상호 밀착하는 양자의 구별과 미적 효과의 차이가 없어지는 것은 아니기 때문이다.

여기서 중요한 것은 단지 특수한 합법칙성의 형식이 문제가 되고 있는 것이 아니라, 모자라거나 혹은 전혀 불투명한 질서원리, 다시 말하면 규칙이 없고 산만하며 우연적으로 작용하는 질서원리가 문제되고 있는 점이다. 이에 대한 좋은 실례가 별이 총총한 하늘, 더구나 소박하게 직관된, 즉 관찰할 목적이나 기구도 없이 관찰한, 별이 총총한 하늘이다.

자연에는 애당초 인간의 심정을 미적 관찰로 이끄는 것은 아주 드물다. 그러므로 예로부터 인간이 눈으로 볼 수 있는 것이 가장 아름답고 가장 완전한 것이라는 관념이 전해지고 있는 것이다.

그와 같은 평가의 참과 거짓에 대해서는 이의가 있을 수 있겠지만, 그러한 평가가 나와 있다는 사실에 대해서는 이의가 있을 수 없다. 여기에 여러 가지 모양으로 전해 내려온 어지러운 세상의 형이상학—무질서한 세상에서 여러 신들을 발견한 학문—을 끌어대기는 곤란하나, 이러한 형이상학은 그런대로 미적 숭고관념에서 나온 것이다.

과학적 관찰이 개시되기 이전에 항성들의 운동의 제1성이 최고의 완전성이라고 여기던 시대가 있었던 것을 우리는 떠올릴 수 있다. 그러나 이것도 이차적인 것이라고 말할 수 있으리라.

일차적인 것은 의심할 나위도 없이 반짝거리면서 사람의 마음을 밤하늘로 말없이 이끌어 가는 성단, 그 자체가 장관이다. 그것은 근시안이나 대도시를 한 번도 떠나보지 못한 사람에게는 물론 미지의 세계이다. 여기서 중요한 것은 그 어떤 형식—합법칙성의 완전한 결여—이다. 그러므로 사람은 이 성단들을 제멋대로 동물의 형상이나 혹은 영웅의 형상으로 개괄해서 부른다. 하지만 이 동물의 형상들은 그 뒤에 민족과 시대의 견해 정도에 따라서 변천했다.

그것은 우리가 오다가다 풍경 속에서 뚜렷이 기이하게 보이는 무규칙성, 예를 들면 소택지에 흩어져 있는 습지와 수풀의 무규칙성과 같은 무규칙성이다. 대체로 말하면 사람은 자연 중에서 무규칙성의 계기를 미적·적극적으로 평가한다. 비합리성은 말할 것도 없고 우연성의 인상도 그 자체의 (미적) 자극을 가질 수 있는 것이다. 그렇다고 해서 규칙성의 미적·적극적인 요소에 어떤 지장을 주는 것이 아니다. 미적 자연대상의 형식적 가치요소는 다양하며 이러한 요소들은 결코 서로 침해하지 않는다. 또 그것들이 서로 대립하는 경우에도 침해하는 것이 아니다. 그 점은 서로 어울려서만 나타나며 존재론상에 있어서와 마찬가지로 미학상에서도 기본적인 통일과 잡다한 형식적인 기본범주와도 비슷한 것이다. 따라서 규칙성과 무규칙성의 대립 그 자체도 벌써 독특한 자극의 긍정적인 구조요소로서의 효과를 나타낼 수 있다.

이러한 사태에 대한 또 하나의 좋은 실례가 새의 '노래'이다. 새의 노래 속에서 음악의 화음, 다시 말하면 음조에 기초를 둔 독특한 법칙성을 가진 인간적·예술적인 의미의 음악을 찾아내려고 애쓰는 사람이 있으나 그것은 헛되이 수고하는 것이다. 하나하나의 음정을 잡아놓고 보면 물론 유사한 점이 있으나 진정한 음악적 원리는 없다.

그럼에도 새의 노래 속에는 모든 종류의 새의 특성이 뚜렷하게 나타난다. 그러나 새의 노래는 아무리 다듬어져 있다 하더라도 그 음색·박자·선율이 어떤 음악적 통일체를 이루고 있지 않다. 사실 그것은 흩어져 있는 별자리의 모양과 비슷한 것이며 음성의 형식에 의한 독특한 유희이다. 하지만 그것은 그런대로 고도의 미적 자극을 주는 것이다.

b 무관심·정적·무의식

자연미에 있어서는 순수한 형식의 유희와 이에 대해서 느껴지는 쾌감이 그대로 하나의 형이상학적인 요소로도 감각된다. 왜냐하면 이 형식은 유희를 위해서 있는 것이 아니며, 유희는 예술작품의 전제가 되는 바와 같이 쾌감을 위해서 있는 것은 아니기 때문이다. 그것은 오히려 유기체의 목적 없는 합목적성이 그렇듯이 결국 우연의 모임인 것이다. 비록 인간이 세계의 형성자를 위대한 예술가라고 믿고 있다 하더라도 이 우연의 모임은 알려지지 않고 표상될 수 없는 것으로 굳건히 남아 있다. 이런 점에서 세계형성자라는 표상은 자연미에 있어서의 형이상학적인 것에 대한 의인관적 표현에 지나지 않는다.

그러나 그것은 서막에 지나지 않는 것이다. 자연물상—그것들은 미적 인상을 주기 위해서 있는 것이 아니다—에 있어서 미의 형이상학은 그 밖에도 더 범위가 넓다. 자연미의 형이상학은 흔히 기도하는 바와 같은 미의 철학적 형이상학과 관계가 있는 것이 아니다. 그것은 관념론적 형이상학과도, 플라톤적·쇼펜하우어적 이념의 형이상학과도, 그리고 신학적인 형이상학과도 관계가 없다. 여기서 중요한 것은 오히려 현상과 동시에 미적 감정에 직접적으로 주어져 있는 배경이다.

　거기서는 첫째 우리 인간과 우리의 감정에 대한 자연대상—물론 그것이 미적 대상인 경우에 있어서—의 불가사의한 냉담, 따라서 특정한 감정을 우리에게 떠오르게 한다. 우리가 비애와 동경 속에서 심신을 불태우고 있는 동안에도 봄은 우리 주위에서 화창하게 만발한다. 우리가 개인적이며 역사적인 운명 앞에서 불안에 떨고 있는 반면에 별하늘은 언제나 변함없이 화사하게 우리 머리 위에 퍼져 있다. 우리는 이러한 대립을 갈등인 것처럼 느끼는 때가 있다. 왜냐하면 우리는 자연현상의 미를 우리 자신에게 연관해서 보기 때문이다. 엄밀한 의미에서 말하면 우리는 물론 그럴 권리도 가지고 있다. 왜냐하면 자연미는 그 자체가 참으로 우리에 대해서만 존립하는 것이기 때문이다. 그러나 우리가 이러한 대아적 존재를 자체적으로 존재하는 형상이나 성질로 확장시켜 보게 되면 오직 그 경우에만 우리는 권리를 남용하는 것이다. 그럼에도 우리는 자연현상의 미가 우리에게 지극히 냉담함을 직접적으로 알고 있다. 우리는 자연현상의 미를 우리의 진귀한 구경거리나 고통으로 느끼는 동시에 우리가 처해 있는 세계라는 큰 광경의 숭고함을 느끼기도 한다.

　이것을 자연의 자족성(아우타르키)이라 부를 수 있으나, 자연의 이 자족성은 자연이 우리에게 보여주는 모든 것에서 나타난다. 왜냐하면 자연의 이 자기표시는 자연을 미적 대상으로 대하거나 대하지 않거나 하는 주관의 유무에 무관심하고 태연하기 때문이다. 인간이 이러한 무관계를 약간이나마 알아차렸을 때, 다시 말하면 이 관계가 인간의 운명과 감정의 변동을 뛰어넘어서 숭고함을 느꼈을 때 큰 규모의 현상관계가 성립하며, 미적 관조에서 보편적인 세계감정으로 인정받는 것이다. 이 현상관계 중에서는 더할 수 없이 주관적인 그 무엇과 더할 수 없이 객관적인 그 무엇이 서로 손상하는 일이 없이 독특한 방식으로 혼합한다. 거기서는 자연감정과 자기감정이 융합하여 하나의 통일체가 되는데, 이 통일체에서는 대립이 약화되는 것이 아니라 도리어 본질적인 전제조건으로서 받아들여지는 것이다. 인간은 모든 것을 인간화시키듯이 자연의 냉담성, 따라서 그 비인간성까지도 인간화한다. 즉 인간은 자연의 냉담성을 어떤 태도, 더욱이 자기에 대한 하나의 태도로 느낀다. 그러나 동시에 자연의 이러한 태도는 인간의 가장 깊은 심정에 대해서는 이해하지 못하는 태도인 것이다. 왜냐하면 인간은 그렇게 냉정한 태도를 가질 수 없기 때문이다.

그러므로 인간은 자연의 인간에 대한 이러한 태도, 다시 말하면 인간화를 통하여 인간에게 느껴지는 자연의 비인간성을 인간으로서 공감할 수 없는 자연의 기이성과 불투명성으로 느끼는 것이다.

이러한 느낌은 자연이, 예를 들면 폭풍·뇌우·맑은 날·비 오는 날·샘·기름진 땅 등 그 어느 형태에서나 인간에게 그 어떤 의사를 표시한다는 예부터의 신비적인 느낌과 날카롭게 반대되는 것이며, 또 자연이 목적을 가지고 자기를 표시하기도 하며 은폐하기도 한다는 먼 옛날의 세계관적 확신과도 반대되는 것이다. 이러한 신화적 자연관은 미학적 자연관과는 거리가 멀다. 거기에는 자연의 초연한 무관심성이 침투할 여지가 없다. 인간은 어떤 의도를 가지고 자기를 숨기기도 하고 드러내기도 하며 또는 가면을 쓰기도 하고 자세를 취하기도 한다. 인간은 이 모든 일을 자연에도 귀속시키지만 자연은 전혀 그럴 줄 모른다. 인간과 미적인 자연대상은 하늘과 땅 차이다.

여기서 말하고자 하는 것은 요컨대 자연은 속이는 일이 없고 숨기는 일도 없으며, 무슨 일을 하려고 하는 의도도 없다는 성숙한 지혜가 아니라 오직 우리가 그 모든 것을 떠나서 자연을 무반성적이며 직관적으로 감각하는 것이다. 그리고 우리가 직접적으로 감각해야 할 것은 자연의 무관심성 비밀이며, 그 속에 포함되어서 서로 반발하는 두 개의 요소이다. 그것은 서슴없이 솔직하고 공평무사하며 이해타산 없이 우리의 머리에 떠올라야 한다.

이는 미적 관조자가 그것을 알아야 한다는 말이 아니다. 그것을 안다는 것은 지성의 과제이다. 지성도 물론 미적 표상에 다다를 수 있다. 그러나 지성은 결코 그럴 필요가 없는 것이다. 관조와 향수에 전념하는 자는 다만 자연의 솔직함을 어렴풋이나마 감각하고 혹은 공손하게 받아들이면 된다. 하지만 이 공손한 감수는 사람을 복되게 하는 감수이며, 더구나 자연은 사람에게 냉정하다는 의식을 통해서 도리어 사람을 기쁘게 하는 감수인 것이다.

미적인 자연대상에는 그 밖에 또 관용과 평온과 침정(沈靜)을 제공하는 요소, 다시 말하면 인간이 자연대상과 아무런 실천적 관계가 없는 경우에 자연에는 인간을 완전히 침정하게 하는 요소가 있다. 또 이 요소로 말미암아서 자연은 인간과 멀어지며 거리를 두고 인간과 대립하게 된다. 인간은 말이 많고 일이 많으며 꽤 덜렁댄다. 그러므로 인간은 언제나 침착하기 어렵다.

사회와 정신의 고귀한 기구인 언어는 또한 사람들을 얽어매고 귀찮게 하는 위험스런 기구도 된다. 그리고 말 없는 자연대상은 살아 있는 인간과 대립할 뿐만 아니라 말썽이 많은 작품, 즉 객관화한 정신과도 대립한다. 인간의 작품에는 재인식하기를 요구하는 정신적 재산이 숨어 있다. 따라서 이 요구는 살아 있는 정신에 대한 요구이다.

그러나 자연대상은 인간에 대해 어떠한 종류의 요구도 없다. 그 점은 자연이 냉담하고 말이 없으며 아무런 억지도 없는 데에서 기인한다. 자연 중에는 사실적으로 재인식해야 할 아무런 정신적 내용도 없는 것이다. 왜냐하면 거기에는 정신적인 것이 들어 있지도 또 표현되어 있는 것도 아니기 때문이다. 그 점에 자연대상과 예술작품의 차이가 있다. 그 대신 자연대상은 인간에게 다른 그 무엇, 말하자면 인간이 해독하기를 촉구하는 어떤 수수께끼를 제시하는 것이다. 하지만 이 수수께끼는 오성에 부과되는 과제로서 인간에게 나타나는 것이 아니라, 인간이 관조하며 또 언제까지나 향수하기 위해서 경건하게 취하는 감정에 대한 경이로서 나타나는 것이다. 이 침정의 요소에는 여러 계단이 있다. 수많은 인간의 얼굴빛, 즉 그들의 말이 내면을 표현하기에 아직 완전치 못한 젊은 사람들의 용모에서 이미 나타났다. 또한 말이 없는 동물에게서 증진하며 식물적인 유기체를 거쳐서 무기적인 물상에 이르러 완성된다. 그러나 풍경에서도 침정의 요소가 충족한다. 숲속과 바다의 바람 소리도 우리에게 말로 들려오는 것이 아니다. 그리고 우리가 풍경의 '말솜씨'라고 부르는 것은 풍경을 돌이켜 생각하는 우리 자신의 환상의 형이상학적 표현이다.

그 밖에 인간이 그의 자연적인 감정에서 입을 다물기도 하고 또 열기도 하거니와 이것도 주목할 만한 사실이다. 숲속의 몇천 년 묵은 떡갈나무는 젊은 세대의 나무숲보다 오래 살았다. 이 떡갈나무 앞에 서 있는 오늘의 인간에게는 지난날 이 나무 주위에 모여서 춤추고 노래하며 잔치를 벌이던 사람들의 모습이 떠오를 것이며, 이 고목이 그 모든 지난 역사를 '이야기'하는 듯이 생각될 것이다. 그것은 확실히 시적이다. 그러나 이 고목은 전혀 말이 없고 아무것도 이야기하지 않는다. 뉴욕의 메트로폴리탄미술관에서는 2천 년의 나이테를 가진 말하는 거목(巨木)의 한 단면을 볼 수 있다. 거기에는 역사적 사건을 가진 연수가 쓰여 있다. 이 연수 속에는 그리스도의 탄생도 들어 있다. 여기서 이 거목이 그 역사를 체험하고 이야기하는 것 같은 환상이 일어난다. 하지만 이 거목은 무엇을 '체험'한 것도, 이야기하고 있는 것도 아니다.

이로써 우리는 자연대상의 셋째 계기에 이르렀다. 이 셋째 계기가 다름 아닌 무의식성이며 대부분의 경우는 무심성이다. 그것은 인간이 보면 전혀 다른 것이며 결코 인간에게 옮겨질 수 없는 것이다. 이 점에서 보면 자연대상은 대자적(對自的) 존재가 아니라 천진하고 적나라한 즉자적(卽自的) 존재이다. 그러나 그 어떤 미적 대상은 즉자적으로 존재하는 것이 아니라 단지 '대상'으로서 존재하는 데 지나지 않는다. 대상화의 일반적 법칙—존재자는 그 자체가 벌써 대상이 되는 것이 아니라 일정한 태도를 가지고 이 존재자를 파악하는 어떤 주관에 '대해서'만 대상이 된다는 법칙—은 자연미에서 특히 선명하게 두드러진다. 왜냐하면 자연대상들은 이것을 파악하는 주관에 대하여 비상한 무관심성을 가지고 있기 때문이다.

자연물상들은 입을 열어서 자기를 말하지 않는다. 그러므로 우리에게는 해야 할 말이 많다. 자기 자신에 관해서뿐 아니라 우리에 관해서, 또 자연과 우리와의 관계에 관해서, 다시 말하면 이 관계 중의 객관적인 것뿐만 아니라 주관적인 것에 관해서도 해야 할 말이 많은 것이다.

그것은 분명히 역리(逆理)에 지나지 않는 것같이 생각된다. 그러나 그 속에는 존재자 그 자체가 아무런 의미도 없는 경우에 대립항에 의한 의미부여가 일어난다는 법칙이 있는 것이다.

대아적 존재에서 자연물상은 단지 즉자적 존재로서 갖지 못한 완성을 경험한다. 미적 의미, 즉 미라는 고차적인 의미에 있어서의 자연은 인간을 통해서, 다시 말하면 대상적 쾌감을 느끼는 인간에 '대해서'만 비로소 성립하는 것이다. 그러므로 인간을 통해서 비로소 자연 속에 들어가는 자연의 모든 대인적 존재, 곧 의식·기력·정조·활기 등을 한 존재영역인 자연 그 자체에 귀속시키는 것은 일의 순서가 바뀐 것으로 본말이 전도된 것이다. 자연의 본질은 전혀 다르다는 것이 바로 근본조건이다.

c 완전성·확실성·부자유성

미학이 창시된 때부터 사람들은 완전이라는 개념을 미라는 개념과 결부시켜왔다. 완전한 것은 그 자체에 있어서 아름다운 것처럼 생각된다. 고대인도 그렇게 생각했고 라이프니츠도 역시 그렇게 생각했다. 그러나 완전한 것과 아름다운 것을 동일시한다면 그것은 지나친 일이다. 그렇다면 다른 가치, 예를 들면 생명가치나 혹은 이론적 가치의 실현도 미적 가치를 가졌다고 말할 수밖에 없으리라. 그렇게 되면 그것은 분명히 가치영역과 그것을 만족시키는 방법의 혼동을 뜻한다.

그렇지만 완전성과 미와의 관계 속에는 다른 종류의 진리가 있다. 우리는 그것을 다만 옳게 환원시켜야 한다. 첫째, 중요한 것은 완전성 그 자체가 아니라 이 완전성의 '감성적인 현상', 물론 깨달아 알아내는 것이나 이해 또는 임의의 현상이 아니라 오직 감성적 현상, 이 속에서 전경이 지각될 수 있고 이에 매개되는 후경의 진정한 투시관계이다.

우리는 현상의 완전성을 완전성의 현상과 혼동하지 말아야 한다. 여기서는 후자가 문제되고 예술에서는 전자가 문제되는 것이다. 우리는 또 완전성을 플라톤처럼 형상으로 보지 말아야 한다. 이러한 형상에서는 보편자가 너무나 강조되고 있다. 그것은 오히려 모든 종류의 형성체에서 엿볼 수 있는 다른 완전성의 개념이다. 이 종류의 완전성은 형성체가 그 자체에 있어서 완결하고 원만한 점에, 말하자면 그 자족성에서 성립하는 것이다. 이러한 완전성의 개념을 기초로 하고 본다면 실재적 세계가 최고의 존재자인 인간이 정상에 서고 무기물이 최하의 계단을 이루고 있는 계단적 질서를 보여준다. 그리고 그 중간에는 식물계와 동물계의 여러 계단이 끼여 있거니와, 이 중간계단의 긴 계열에 관해서는 물론 모든 미적 고찰의 세계에서 높은 계단의 존재가 완전성이 감소하는 계단이라고 말할 수 있다.

이 제목은 거의 모든 사람의 오해를 받고 있으며, 아니 그와 정반대라고까지 여겨지고 있다. 사람들은 존재의 높은 정도를 완전성이라고 믿는다. 즉 식물은 원자나 결정체보다 완전하고, 동물은 식물보다 완전하며 인간은 동물보다 완전하다고 생각한다. 그러나 사실은 그와 정반대인 것이다. 계열에서는 확실히 인간이 최고의 존재자이지만 최완전자는 아니다. 그 이유는 간단히 정식화해서 말하면, 존재적으로 단순한 존재자일수록 그만큼 완전성을 갖기 쉽고 복잡한 존재자일수록 그만큼 완전성의 모든 조건을 갖추기 어려운 점에 있다. 무기적(無機的)인 자연에서는 최고로 엄밀한 법칙이 지배하고 있다. 그러므로 무기적인 것은 가장 저급하나 동시에 가장 완전한 존재자라고 말할 수 있다. 하지만 유기적(有機的) 자연에는 먼저 그 계통 발생과정에서 보면 상당한 운동의 자유가 있다. 그러므로 동물계와 식물계의 계통발생과정에는 생활조건의 변천에 따라서 많은 우회로와 도로가 있다. 그러나 인간도 개인으로서는 결의의 자유를 가지고 있다. 다시 말하면 개인의 운명은 인간의 종적 법칙 아래 고정되어 있는 것이 아니다. 그러므로 인간은 무엇보다도 가장 많은 위험을 내포하는 존재자이다. 왜냐하면 인간은 가장 적은 구속을 받고 있는 존재자이며 가장 불확실한 존재자이고, 가장 불완전한 존재자이기 때문이다. 이 인간이 타고난 최고의 자유 그 자체가 인간의 위험물이 된다.

여러 물상들의 존재적인 계단적 순서에 있어서의 이상과 같은 관계를 완전성의 '현상'에 적용해 보면, 우리는 곧바로 인간에게서는 완전성이 나타나기가 쉽지 않다는 것을 알 수 있다. 적어도 특히 인간적인 인간, 즉 도덕적인 존재자로서의 인간에게서는 자연적인 존재자로서의 인간에게서보다도 완전성이 나타나기가 더 어려운 것이다. 그러나 존재자의 계층적 세계에서 아래로 내려가면 완전성이 증가한다. 완전성은 단일성에까지 긴축된 통일의 모든 형식에서, 다시 말하면 그 속에 포괄된 다양성이나 서로 도전하는 모든 요소가 꼼짝할 수 없이 결속된 통일의 모든 형식에서 나타나는 것이다. 물론 자연적인 모든 형식의 미적 직관에서는 이러한 점이 인정되지 않는다. 하지만 우리는 일체의 반성 없이 완전성의 현상을 엿볼 수 있다. 여기서는 이 완전성이 다른 종류의 확고한 안정·결속·확실성·순진성·부자유 등으로 나타나는 것이다. 그리고 이 부자유는 과실이 전혀 없을 수 없는 우리 인간과는 정반대로 자연에는 특히 유익한 효과를 준다. 왜냐하면 우리의 자유는 우리의 불안과 동요, 부단한 실수와 잘못을 가져오기 때문이다.

인간에게는 동물의 안정과 안전을 그 본능과 종적 법칙성이 보장한다는 사실이 이해되기에 앞서서 직접적으로 느껴진다. 식물은 동물보다 더 그러하다. 그것이 식물에서는 그렇게 느껴지지 않는 까닭은 식물이 동물보다 인간과의 거리가 훨씬 더 멀기 때문이다. 우리가 그 법칙성을 인식하지는 못하면서도 느낄 수 있는 무기물에서는 그 점이 더욱 이해가 된다. 그러나 이러한 관점이 그대로 자연의 '과정'에는 적용되지 않는다. 왜냐하면 오직 물상만이 미적 효과를 줄 뿐이고, 과정 그 자체는 일반적으로 이 미적 효과를 주지 못하기 때문이다. 예컨대 이 과정이 미적 효과를 준다 하더라도 그것은 오로지 물상과의 관련에서만 주는 것이다. 우리에게 직접적·감성적으로, 그리고 직관적 통일성에서 주어지는 것은 오직 물상들뿐이다. 이 물상이 비록 단편적으로만 주어져 있는 경우에도 한 전체의 조화는 직접적으로 이 물상에서만 느껴지는 것이다.

전체의 조화 이면에는 과학이 우리에게 발견하도록 가르쳐 주는 여러 가지 것, 예를 들면 물상의 특수한 보존형식, 물상의 구조원리, 여러 힘과 기능 서로 간의 조화 등이 있다. 거의 모든 안정된 자연형태 가운데에서는 자존(Subsistent)이 지배하고 있는 게 아니라, 여러 가지 힘이나 혹은 부분이 교체되어도 어디까지나 그 자체를 유지하며 독특한 규칙형식을 빚어내는 불가사의한 공존이 지배하는 것이다. 미적 고찰자는 그것이 무엇인지 모르지만 어느 정도는 그것을 간파한다.

낭만파의 미학자들은 자연의 내면이 밖으로 나타난다고 믿었었다. 그러나 그들은 또 자연의 내면 속에서 인간의 특유한 본질이 인식된다고 믿었다. 자이스의 복면한 그림과 소년을 상기하라. 그것은 시임에 틀림없다. 하지만 그것은 이미 그 과오를 지적한 바 있는 의인관적 자연형이상학인 시이다. 이런 시는 미적 자연감정에서 실지로 내보이는 현상관계에는 전혀 맞지 않는 것이다.

사실 우리는 자연의 미적 직관에 있어서 형이상학적인 자세를 버릴 수가 없다. 하지만 실제적으로 내보이는 직관은 전혀 별개의 방법을 취한다. 이 종류의 직관은 겸손한 동시에 내용에 있어서도 사실은 부수적인 사상의 유희에 지나지 않는 이상적인 환상보다 풍부한 것이다. 그러한 환상과는 정반대로 형상은 자연이 가진 색다름과 보기 드문 기이한 광경과 인간에게 거부된 완전성에 대하여 솔직한 감정을 표시하고 있다.

왜냐하면 만일 이 세계의 그 어느 곳에 완전성이 외적 형태로 나타나서 우리가 볼 수 있고 들을 수 있고 느낄 수 있는 것이라면, 바로 그곳에서 이 완전성의 현상이 인간과의 거리와는 상관없이 미로 감수되는 것이기 때문이다.

형이상학적 요구는 물론 여기서 한 걸음 더 나아가 그때 미로 감각되는 것이 대체 무엇인지 물을 수밖에 없으리라. 이에 대해 비록 형이상학적인 호기심에 만족을 주기에는 부족하겠지만 어떤 간단명료한 존재론적 해답이 있다. 즉 그 감성적인 외면이 관찰자에게 어떤 내면적인 것의 외적 표현인 것같이 직관되는 모든 것이 미로 받아들여지는 것이다. 우리는 바로 그러한 형상에서 자연생장적인 완전성을 알아차린다.

여기서 중요한 것은 그러기 위해서는 존재적 관계를 이해할 필요가 없다는 점이다. 우리는 되새겨 생각하지 않더라도 유기체에 있어서와 같이 형식의 내면적인 의의를 직접 눈으로 볼 수 있는 것에서 직감한다. 이 점에서 형상을 생명이 있는 모든 종의 완전형식으로 본 고대의 학설이 떠오른다. 사람들은 '내적 형식'이 외적 형식과 같다고만 전제하고 있는데, 바로 이 전제가 틀린 것이다. 이런 속단 때문에 사람들은 수수께끼의 해결에 실패하고 말았다.

d 자연산물과 예술산물

지금까지 전개된 미적 대상의 계층관계가 여기서도 완전히 인정된다는 것을 우리는 쉽게 알 수 있다. 미적 대상의 계층은 물적이며 실재적인 감성적 소여의 전경과 나타나는 후경이다. 물론 여기서 나타나는 후경은 자연대상에 있어서는 감성적으로 주어지는 전경과 마찬가지로 실재적인 것이다. 적어도 이 후경을 외적 형식이 표현하는 물상의 특정한 내면으로 이해할 때에 그러한 것이다.

여기서 오직 한 가지 덧붙여 말할 것은 바로 실재적인 이 내면이 꼭 그대로—합법칙성·긴밀성 혹은 적응성 등으로—나타나는 것이 아니라 대부분은 엉뚱하게 다른 그 무엇, 예를 들면 이상적인 형식, 합목적성, 신비스런 의의 또는 예지로 나타난다는 점이다. 그러니만큼 우리는, 다시 나타나는 후경은 아주 실재적인 것이 아니라 분명한 형상에 지나지 않는다고 말해야 한다.

그러므로 후경이 분명한 형태로 나타나는데도 그 정체를 알지 못하겠다는 우울한 의식 그 자체가 바로 미적 인상의 고민이 된다고 말하는 것이 옳다.

우리는 물론 후경의 실재성이 대상에 있다는 것을 안다. 그러나 이 후경은 아주 불분명한 형태와 분명히 나타나는 형태와의 사이에서 여러 가지 색다름을 발휘하는 동시에 우리는 그 사이에 있는 매우 분명한 실재적 구별을 느낀다. 바로 이 점에서 자연미는 독특한 자극을 준다. 그것은 우리를 떠나지 않으며, 그럼에도 우리의 미적 관조에 대하여 그 이상의 어떤 문제를 제기하는 것도 아니므로 우리를 안정케 하는 비밀의 자극이다.

이 점에서 자연산물과 예술산물과의 사이가 크게 벌어진다. 하지만 다른 점에서는 이 양자가 다시 서로 접근한다. 예술의 특징은 대상의 관조에 있어서 관조하는 주관이 자기 자신을 잊어버리는 점에 있다. 그 점은 향수에서도 느껴지나 동시에 향수에 있어서는 예술작품에 열중, 말하자면 아주 몰두한다.

관조하는 주관은 예술작품에 대하여 어디까지나 대립하며, 얼마만큼의 거리를 두고 향수하는 예술작품과 융합하기 때문에 이미 미적 향수가 될 수 없고 오히려 자기향유에 더 가까워지는 것이다. 그러나 대립에 있어서는 주관이 그 자신을 잊어버리며 그 자신에 대하여 없어진다. 그렇다면 미적인 자연대상의 관조에 있어서도 마찬가지인가 하는 의문이 나온다.

사람들은 그것을 부정해야 할 것으로 믿는다. 왜냐하면 자연대상은 관조자가 미적 태도를 가지고 자연을 떠나서 순수한 형식유희와 현상관계에 정신을 모으도록 할 힘을 가지고 있지 않기 때문이라고 한다. 과연 그럴까?

여기(자연)서는 안식이 예술가를 통하여 지도되는 일이 없고, 또 자연대상이 미적 효과를 내도록 노리고 있는 것이 아니라는 점만은 틀림없다. 그뿐만이 아니라 예술작품보다도 훨씬 더 심하게 자기향유, 다시 말하면 언제나 미적 관조에 반대작용을 하는 특유한 감정의 향유로 이끌고 가는 자연대상이 있다는 사실이다. 이러한 자연대상 가운데에는 우리가 향수의 태도를 가지고 대할 때에 풍경과 이에 비슷한 모든 것이 속한다. 여기에도 물론 자기소실감이 있긴 하지만 그것은 쾌감, 더구나 순전히 생명적인 쾌감일 수밖에 없다.

자연산물과 예술산물과의 사이에 엄격한 한계를 그을 수 없다는 것은 이미 말한 바 있다. 그렇다면 그것은 한계의 엄격함 때문일까? 엄밀하게 분리될 수 없는 것이라 하더라도 그런대로 그 특성을 보유하고 있다. 예를 들어 자연산물이 그림처럼 보이는 경우가 있다고 하면 그때에는 자연과 그림과의 혼동이 일어나게 되며 관조는 회화적 관조, 바꾸어 말하면 예술적 관조에 가까워진다. 즉 관조하는 주관이 의의에서 사라지고 예술작품을 대했을 때와 같은 자기망각에 빠진다. 더구나 그 때문에 관조하는 주관이 관조되는 대상 속으로 상실되어 들어가는 것이다. 말하자면 관조주관이 대상에 압도되며 대상 속으로 녹아드는 것이다. 이러한 관조와 예술적 관조와의 구별이 감소되며 마지막에 가서는 아주 없어지는 것이다.

자연미의 형이상학은 물론 반성에 속하는 사실이지만 단지 사실에 대한 추후적인 반성은 아니다. 칸트는 반성을 전적으로 미적 관조 속에 끌어들였다(반성적 판단력). 그것은 너무 지나쳤을는지는 모르지만 그렇다고 반성이 관조에 참여하는 것을 전적으로 배제하는 것도 너무 지나친 일이다. 사실 직관과 반성과의 한계 또한 있는지 없는지 모를 정도로 애매한 것이라고 말할 수 있다. 직관은 반성을 요구할 뿐만 아니라 반성이 직관 속에 포함되는 경우도 흔히 있다. 그러니만큼 반성도 미적인 자연형상에 속하는 것이다.

예부터 철학상에서는 자연과 예술이 기묘하게 대비되어 왔다. 자연산물이나 예술산물 그 자체는 파다한 미적 대상을 보여주고 있다. 그리고 이 대상의 미가 충분히 관조하는 인간정신을 위한 그 무엇에 지나지 않는 것이라 하더라도 이미 미 자체에는, 또 이 인간정신에 근사한 형태로 나타나는 그 무엇이 있어야 하는 것이다.

칸트가 미적 판단력과 목적론적 판단력을 통일해서 다루었을 뿐만 아니라 동일한 통제원리에 속한 동류로 취급하게 된 동기가 이 점에 있다. 어쩌면 칸트가 이 양자를 너무 밀접하게 파악한 듯도 하지만 그 밑바탕에 놓여 있는 형이상학적인 문제성에 비추어 보면 결국 옳았던 것이다.

그 점은 형상 속에서 발견되며, 그리고 미적 자연대상의 현상관계 배후에서 규정하는 내면·조밀성, 구조의 동성과 유기성, 법칙성과 형식관계 등 수많은 것이 입증한다.

고대인은 신이 창조자로서 직접 자연물상들의 등 뒤에 숨어 있다고 생각했고, 그 뒤에는 신과 인간과의 관계를 인간이 기술을 통해서 신에게 접근해 간다고 보았던 것이다. 왜냐하면 여기서는 인간도 창조자—결국 따지면 비록 모방자에 지나지 않지만—이며, 사실 규모가 작은 신이기 때문이다.

그러나 현대인은 오직 인간에게만 보장된 미적 창조에 출발점을 두고 위에서 말한 명제를 뒤집어 무의식적인 자연이 발명적이고 창조적인 인간정신과 동격화되었을 때에 비예술적인 미적 대상이 된다고 말한다. 역설도 이러한 형식으로 잘 나타난다. 왜냐하면 인간적 관조자에게 투시되는 어떤 현상관계가 성립하는 물상의 생산이란 그러한 발명적이고 창조적인 인간정신을 끌어대지 않고서는 이해할 수 없기 때문이다.

Ⅱ 형성과 성층

1 예술에 있어서의 계층서열

11) 후경의 분열

a 존재방식과 내용구조

지금까지 대상분석에서 개괄적이지만 미적 대상의 가장 중요한 근본 특징인 계층대립과 존재대립을 지적해 보았고 나아가서 각 계층의 상호침투와 현상관계에 있어서 이 계층들이 갖는 의의도 심도 있게 밝혔다.

이러한 결과는 물론 중요한 것이지만 미적 대상의 다양한 현상을 설명하기에는 너무나 일반적이다. 그러므로 미적 대상의 다양한 현상을 설명하기 위해서는 그 이상의 연구가 뒤따를 필요가 있다. 이 계속적인 연구는 본질적으로 예술에서 진행해야 한다. 왜냐하면 문제는 예술 속에 밀집되어 있기 때문이다.

예술은 그 '질료'에 의해서 구분되며 모든 표현예술은 쓰는 소재에 따라서 본질적인 차이가 있다. 그러나 이러한 예술에 있어서는 소재의 형성이 문제가 되므로 결국 형성(形成) 그 자체의 방식이 중요하게 된다.

여기서 단지 두 개의 계층과 그 존재방식의 구별만으로 해결될 수 없는 문제가 생긴다. 형성은 '형식'에 속하는 것이다. 그러면 본디의 형식과 미적 가치의 형식과는 어떻게 다른가? 이 문제는 예술가적 안목으로 보면 아주 간단하지만 개념적으로 파악하기는 곤란하다.

미학은 어떤 방식으로든지 형식문제를 다룰 수밖에 없다. 이 형식문제에 들어갈 수 있는 길이 대상의 계층 속에 있다는 것은 분명하다. 그러나 이상에서 전개된 두 계층 간의 관계만으로는 형식문제를 취급하기에 불충분하다. 계층분석이 전경과 후경의 존재대립에서 출발했으나 결국 거기에 머물러 있는 점에 결함이 있다. 전경과 후경의 대립은 존재론적으로는 예술적 대상에 있어서 가장 주목해야 할 것이지만 실재적인 것과 비실재적인 것과의 불가분적 전체인 그 통일적 현상은 제3자, 즉 예술적 대상의 바깥에 머물러서 이 대상을 향수하는 주관을 통해야만 가능한 것이다.

미적 대상 일반에 대해서는 전경과 후경의 대립은 결정적이지 않다. 왜냐하면 전경과 후경의 대립은 자연대상이나 인간미에는 타당하지 않기 때문이다. 여기서는 현상하는 자가 실재적이며 따라서 전경과 후경과는 존재방식의 차이가 없다. 그러면서도 현상관계는 꿋꿋이 존재한다. 그러므로 미 그 자체의 본질을 전경과 후경의 대립으로만 돌릴 수는 없다.

그런데 이 대립이 예술작품에 있어서는 본질적이며 참으로 주목할 만한 것이기도 하다. 그러나 그렇다고 해서 예술작품에 있어서도 존재대립에 미 그 자체가 있는 것은 아니다. 따라서 계층대립—감성적 소여의 계층과 현상하는 계층의 대립—이 곧 존재대립일 수 없는 것이다. 그러므로 존재방식의 대립을 떠나서 같은 존재방식의 내부에서도 성층이 성립하게 된다. 그것은 한 번 나타난 후경이 전경이 되어서 다시 그 배후에 후경이 나타난다 하더라도, 이 후경은 언제나 비실재적인 것임을 뜻한다. 다시 말하면 후경의 비실재성은 같은 대상의 어느 내부 계층에서나 존속하는 것이다. 그 점에 대해서는 이 뒤에 곧 그 증거를 댈 것이다.

긍정적으로 말하면 계층의 존재방식에 대립이 있는 동시에 그 존재내용에 구조적 차이가 있다. 전자나 후자나 다 중요한 것이지만 후자는 두 개 계층의 대립에 한정되는 것이 아니다.

이 내용구조상의 대립이 후경을 전 계층의 계열로 분해시킨다. 그것은 예술작품에서는 오직 하나의 후경층만이 나타나는 것이 아니라 한 계열의 여러 계층이 서로 전후해서 나타나는 것으로 이 여러 계층은 비실재적인, 즉 현상관계 속에서만, 따라서 관조하는 주관에 대해서만 존립한다는 점에서 모두 같으나 내용과 구조에 있어서는 뚜렷하게 구별된다.

그러나 이 내용적=구조적 대립은 실재적인 전경과는 아무런 관계가 없다.

전경은 어디까지나 통일적이다. 적어도 일차적 예술에서는 그렇거니와 이차적 예술—연기예술·무대예술과 음악예술—에서는 전경이 분열된다. 하지만 여기서 전경의 분열은 외관상의 분열에 지나지 않고 실제적으로는 분열한다기보다는 차라리 시간의 경과에 따라 변하여 나간다고 보아야 한다. 다시 말하면 전경이 직후의 후경층으로 이행하는 것이다. 예를 들면 극예술에 있어서는 실재적인 연기가 문자와 대체되고 음악에 있어서는 들을 수 있는 음성이 악보와 대체된다.

그러므로 현상하는 후경은 마찬가지로 비실재적이며 미적으로 중요한 다른 계층들을 사이에 두고 희미한 이념의 층에 이르기까지 여러 계층이 구별된다. 여기서는 이 여러 계층에 공통하는 일반자도 추상적·개념적으로 파악되는 것이 아니라 구체적·직관적으로 현상한다. 또 반성에서 이차적으로 주어지는 것이 아니라 비록 여러 겹으로 은폐되어 있다 하더라도 제1인상에 주어진다.

현상관계 전체를 총괄적으로 말하면 예술적 대상은 존재방식에 있어서 분명히 두 개의 계층을 가졌고 전체의 내용적 구조, 즉 내면적 형식에 있어서는 다수의 계층을 가지고 있다.

이상으로 양자는 그 본질에 있어서 예술적 대상에 대하여 최대의 의미를 지니고 있다.

전자는 예술적 대상이 지구적인 질료에 존속하며 재현되고 재흥하여 몇 세기 뒤에 실재하는 정신을 새로 인식하고 규정하는 그 역사적 존재의 존재적 조건이며 후자—후경의 내용적 다층성—는 예술적 대상의 심각성과 충실성, 그 의의와 의미의 풍요성, 미적 가치의 높은 수준을 좌우하는 미학적 조건이다. 왜냐하면 계층의 계열과 더불어 전체의 내용이 구체적으로 충실하며 층에서 층으로 옮겨가는 동질적인 투시관계와 구체적·직관적인 현상의 경이가 증진하기 때문이다. 그런데 대상의 미는 바로 후자에 달려 있다.

그러나 인간의 정신생활에 있어서 예술작품이 가진 근본기능은 그 고도의 항구적 존속과 미적 자극이다 이 양자가 예술작품의 계층적 구조에 달려 있지만 같은 계층에 매인 것이 아니라는 점, 또 제2(미적)의 성층은 제1(존재적)의 성층에 의존하는 경향이 있다는 점, 따라서 실재적인 전경을 떠나서는 후경이 불가능하다는 점을 분명히 알아두는 것이 중요하다.

b 실례—초상화

분석을 원칙적으로 다시 진행시키기 전에 성층의 순서를 실례에 의해서 구체적으로 밝혀두어야만 한다.

이 과제가 중요한 이유는 오직 고정된 개념을 될 수 있는 대로 회피해야 하는 관조자 자신의 미적 직관력에 호소하는 점에 있다. 개념이라는 것은 여기서는 전혀 쓸모가 없다. 일상어에는 이에 적당한 말이 없으며 학문도 이에 알맞은 개념을 구성하지 못한다. 왜냐하면 일상어나 학문은 여기서 중요한 구별의 영역을 떠난 것이기 때문이다. 이 구별은 바로 예술적 관조 그 자체에만 주어진다.

여기서는 초상화에서 실례를 들어 말하겠다. 렘브란트의 〈노년의 자화상〉을 상기하라. 거기에서는 계층순서가 다음과 같이 표현되어 있다.

(1)전경에 실재적으로 주어지는 것은 2차원적으로 배치된 캔버스 위의 색채뿐이다. 화면에 비치는 실재적인 빛과 우리가 화면에 대하여 취하는 실재적인 공간이 간접적으로 이에 추가된다.

(2)그다음에는 이러한 전경을 통해서 후경의 제1계층, 즉 3차원적 공간의 비실재적인 빛과 그 광원 내지 표현된 인물의 물적인 형태와 그 주위의 일부분이 현상한다.

(3)셋째로 여기에 운동이나 생동하는 신체성의 계층이 개입한다. 이 계층은 화가가 직접적으로 보이도록 하는 것 속에 드는 것이 아니며 형상하는 공간성과도 구별되는 것이지만, 그러면서도 그 밖의 모든 것의 밑바탕에 놓이는 것이다.

(4)생동하는 신체성의 계층과 동시에 그 밖의 다른 그 무엇, 예를 들면 인간의 정신과 성격, 성공과 실패, 그 인간의 운명 등이 나타난다. 이 운명은 물론 어느 정도 이 인간의 겉모습에서 엿볼 수 있는 것이지만, 외적 운명이 아니라 이 인간 자신의 인격성에 제약되는 만큼 내적 운명인 것이다. 이 계층은 지극히 다양한 것이며 또 가장 심각한 것이다. 그러므로 이 계층은 본질적으로 가시성과 거리가 가장 멀다. 거기에는 공간성이나 색성이나 물성이 전혀 없다. 그것은 살아 있는 가시적인 인간을 떠난 것이다. 예술가는 이 계층을 오직 간접적으로, 즉 살아 있는 인간의 겉모습에서 나타나게 한다.

(5)그러나 전혀 비물적, 비감성적으로 현상하는 이 계층이 또 다른 그 무엇을 투시하게 하는 힘을 가졌다는 것은 놀라운 일이 아닐 수 없다. 이 계층은 있는 대로의 인간에게서 아직 있지 않으나 그 본질과 이념에 있어서 마땅히 있

어야 할 인간이 나타나게 할 수 있는 것이다. 다시 말하면 그것은 인간의 개별적인 이념이 생명에서 나타나게 하는 것이다. 예술은 인격성의 도덕적 본질을 그 특성과 이념성에 있어서 동시에 관조하고 현상하게 하는 놀라운 능력을 가지고 있다. 그것은 언제나 오직 유형적인 것만을 보는 능력이 아니라, 일회적이고 유일적인 것까지 투시하는 능력이다. 초상화가 '근사'하다는 뜻은 이 점에 있는 것이다. 모든 사람에게는 그의 개인적인 이념에 나타나는 행복스런 순간이 있다. 예술가는 그러한 순간을 포착하여 확보하며 나타내는 것이다.

⑹그다음에 또 같이 나타날 수 있는 그 무엇이 있다. 이것도 역시 인간의 내면적 본질에 속하는 후경의 하나인데, 이것을 관조하는 사람이면 누구나 또한 자기의 것이라고 느끼게 되는 인간적이고 일반적인 것이다. 이 인간적이고 일반적인 것은 그 누구에게 넘겨줄 수 없고, 모든 다른 사람에게 다르게 느껴지는 개인적 이념과 엄격하게 대립되는 것이다. 그러나 여기서 모든 사람에게 관계가 있는 그 무엇이 드러난다. 예술에 있어서 이러한 종류의 것을 사람들은 상징적인 것이라고 부른다.

개별적인 형상, 아니 그의 생활과 운명의 특수성이 본디 중요하다는 것은 부정할 수 없다. 위대한 예술작품이 가진 그 위대하고 영구한 의의는 바로 이 마지막 심층에 있는 것이다. 이 마지막 심층은 예술적으로 표현되는 이외에 다른 표현이 있을 수 없다.

c 실례의 토구(討究), 귀결

위의 특정한 실례에서 지적한 바는 그대로 모든 예술과 예술작품에 적용되며, 그 밖에도 인간적인 영역과 자연적인 영역의 거의 모든 미에 적용된다. 그리하여 현상관계를 통하여 성립하는 모든 미에 적용되는 것이다.

그러나 계층순위(Schichtenfolge)는 예술에 있어서 같은 것이 아니며 또 같은 예술의 내부에서도 약간의 차이가 있는 것이다.

예를 들면 회화에서는 풍경을 그린 경우와 정물을 그린 경우를 놓고 볼 때에 거기서 현상하는 후경층이 전혀 달라진다. 다시 말하면 계층의 순위와 수는 소재가 어떠한가에 따라서 달라지며, 또 '보기'와 이 '보기'에 조응하는 형식 부여, 다시 말하면 양식에 따라서도 달라지는 것이다.

이러한 변화는 오히려 소재와 양식의 차이에 본질적인 근본계기가 된다고 보아야 옳은 것이다. 왜냐하면 그러한 변화를 나타내기 위해서 소재가 선택되는 것이며 형식부여의 방법을 생각해 내야 하기 때문이다. 그 점은 특수한 모든 형식부여가 내부로부터, 다시 말하면 더욱 깊은 후경층에 의해서 규정된다는 것, 그리고 결국 모든 전경적인 것은 이 깊은 후경층을 나타내기 위한 것임을 고려하면 분명히 알 수 있다. 그것은 계층 간의 상호관계 중에 어떠한 반작용이 있다는 것을 배제하는 게 아니다. 그러나 계층 간의 기본관계가 어디까지나 안에서 밖으로의 관계임에는 변함이 없다.

이러한 계층순위가 계열을 가지고 있다는 점, 따라서 이 계열 가운데 현상관계에도 여러 단계가 있다는 점을 고려한다면 예술작품에 있어서의 층 순서의 원리를 밝히는 것으로 하나의 측면관찰이 될 것이다. 이리하여 예술작품에 있어서의 현상관계는 설명한 바와 같이 두 개의 항이 있는 이항관계가 아니라, 층에서 층으로 이어지는 다항관계이다.

이와 같은 계층적 관계에 있어서는 감성적이자 실재적인 최전층만 나타나는 계층도, 마지막의 최심층만 나타나는 계층도 아니다. 그것은 중간에 있는 그 밖에 다른 모든 계층을 나타내는 계층이며 또 나타나는 계층이다. 이 중간계층들은 양측으로 이어진다. 즉 현상하는 자는 그보다 전경적인 계층에 지지되고 있으면서 그보다 후경적인 계층의 현상을 지지하는 자인 것이다. 이와 같이 현상관계는 실재적이자 감성적인 전경으로부터 마지막 후경에 이르기까지 계층적인 구조를 가지고 있다.

층층으로 나타내는 무거운 짐은 결국 감성적=실재적인 전경층이 짊어진다. 예술가는 오직 이 계층만을 직접적으로 형성할 수 있고, 이 전경을 통해서 나타나는 그 밖의 모든 계층은 오직 간접적으로만 형성한다. 그리고 형성은 동시에 관조자를 인도한다. 그러므로 관조자의 인식도 같다. 즉 내적 관조(환상·직관)는 지각가능한 실재적 전경에서 출발한다.

그다음에 비실재적인 계층 가운데에서 오직 가시적 형성의 기반 위에서—현상'가능'한 것만이—나타난다. 또 그다음에는 이 나타나는 자를 통해서 다시 이 나타나는 자의 바탕 위에서 나타날 수 있는 것만이 나타난다. 현상관계는 그와 같이 진행하는 것이다. 그러므로 미적 관조는 감성을 떠난 모든 심층에 이르기까지 지각에 이어지고 지각에 지지하는 관조임이 분명하다.

d 현상의 의존과 구조의 의존

그와 같이 진행하는 현상관계에 있어서의 의존서열에는 자연히 예술작품의 구조관계에 있어서의 의존서열이 대응한다. 그러나 후자는 반대 방향을 취하여 안으로부터 밖으로 향한다. 왜냐하면 예술가의 창작활동에 있어서는 나타나는 계층이 언제든지 나타내는 계층을 규정하기 때문이다.

창작활동에 있어서는 언제나 관조한 것을 나타내는 일이 중요하다. 다시 말하면 후경적인 것이 언제든지 전경적인 것을 규정하는 것이다. 관조된 것이 그 무엇 속에서 나타나려면, 그 무엇이 관조된 것을 나타낼 수 있도록 알맞게 형성되어야 한다. 그러나 그 무엇을 어떻게 형성할 것인가는 언제나 예술가의 비밀이다. 예술가는 물론 형성의 법칙에 따르며 혹은 그 '법칙'을 세우기도 하지만 설명하지는 못한다.

예술작품이라고 해서 어느 것이나 모두 가장 깊은 후경층을 가지고 있는 것이 아니지만 아무런 후경도 갖지 않은 작품은 없다. 그것은 언제든지 외적인 것이 내적인 것에 의해서 규정된다는 것을 뜻한다. 이 규정관계는 계층과 계층과의 사이에서 성립하거니와 감성적으로 지각가능한 전경 그 자체에서는 지각가능한 형식을 취한다.

따라서 여기서는 구조에 있어서의 의존관계가 현상에 있어서의 의존관계와는 반대이다. 이 두 가지 의존관계가 모든 계층서열을 일관하고 있지만 그 방향은 반대이다. 즉 전자는 안에서 밖으로 진행하나 후자는 밖에서 안으로 진행한다. 그러므로 양자는 같은 과정의 양면이다. 여기에는 인식영역에 있어서의 존재근거와 인식근거와의 비슷한 상호성이 있다. 다만 전자에 있어서는 존재와 인식이 문제이지만 후자에 있어서는 현상과 관조가 문제인 점이 다르다.

예술에 있어서 원리적인 것은 그와 같이 이해되는 반면에 수수께끼처럼 이해가 되지 않는 것도 있다. 그것은 이념적이거나 혹은 오직 인간 일반적인 것이 어떻게 전경의 감성적 질료 속에까지 파고 들어가서 관조자의 안전에 나타날 수 있느냐 하는 점이다.

우리는 모든 것을 예술가적 재능의 비밀로만 돌릴 수는 없다. 문제는 그렇게 할 수 있는 예술가의 특수한 방법이 아니라 그처럼 후경적이며 감성적으로 불가시적인 것이 어떻게 해서 가시적인 현상으로 나타날 수 있는가에 있다.

렘브란트의 〈노년의 자화상〉을 다시 한 번 보자. 거기서는 무거운 듯이 푹 수그러진 머리에 노쇠한 얼굴이 눈에 띄거니와 그것은 한 번 보면 다시 사라지지 않는다. 그것이 무엇인가를 말하기는 어렵지만 그것은 거기 있어서 관조자에게 바싹 다가붙는다. 그래서 얼른 보아도 인생의 괴로움을 알게 되고 동시에 인간 일반적인 것과 악전고투의 비극을 알게 된다. 완전히 불가시적인 것이 캔버스 위의 색채와 형식의 유희에서 눈에 보인다.

실례를 마음대로 바꾸어도 결과는 마찬가지다. 레오나르도 다빈치의 〈성 안나와 함께 있는 성모자(聖母子)〉의 웃음을 보라. 그것은 아마도 인간이 인식할 수 있는 가장 흔한 것이리라. 그것이 다시 전달하는 모든 것과 더불어 캔버스 위에 확보되어 있다. 그것은 입가의 보잘것없는 특징에 지나지 않지만 그래도 완전히 현존하고 있다. 아무리 빛깔이 변해도 그것은 결코 사라질 수 없는 것이다.

나타나게 하는 힘은 이 '웃음'을 최후의 후경으로부터 계열의 모든 계층을 통해서 가장 감성적인 전경에까지 끌어올리는 반면에, 현상 그 자체는 관조자를 캔버스 위의 감성적인 소여로부터 인간존재의 가장 깊은 층에까지 끌어내린다. 그것은 수수께끼 같으나 그렇다고 모두 이해되지 않는 것은 아니다. 거기에는 이러한 해답이 있을 수 있다. 예술이 여기서 실현하는 것은 사람들이 서로 만나고 보는 방식으로 일상생활에서도 실현한다. 왜냐하면 사람들은 서로 볼 때에 다만 감성적으로만 보는 것이 아니라 언제든지 감성적인 인상을 통해서 정신적으로도 보기 때문이다. 그리고 이 심적인 관조가 사람들이 생활 속에서 서로 보는 본디의 방식이다. 물론 생활상의 심적인 관조가 대부분은 그리 깊은 것이 아니어서 개성적인 것에까지 미치지는 못한다. 그러나 감성적인 것을 통해서 심적인 것을 보는 점에서는 예술적 관조와 원리적으로 같은 것이다.

여기서 다만 두 가지 점은 다르다. (1)예술가는 그가 관조한 것을 오랫동안 견디어 낼 수 있는 질료 속에 구속하며 '객관화'한다. 그래서 뒷날의 관조자가 언제든지 다시 관조할 수 있게 된다. (2)그러나 관조자는 사람들이 생활 속에서 세속적으로 보는 것 이상으로 본다. 세속적인 사람들은 대개가 보다 깊이 숨은 것을 관심 없이 지나치며 가볍게 본다. 그들에게는 깊이 꿰뚫어 볼 시간이 없다. 하지만 예술가는 세속적인 사람들이 보지 못하는 것을 보는 것이다.

e 계층서열의 존재적 보충

처음에 통일적인 것같이 생각되던 후경이 다수의 계층으로 분열하거니와 이 사실이 미학상의 중심적인 문젯거리이다. 이 후경의 분열을 떠나서는 예술적 표현의 경이가 전혀 있을 수 없다. 이 원리가 모든 예술 그 자체에서, 또 예술 이외의 미에서 어느 한계까지 소급하여 인정되는가는 뒤에 가서 알게 되겠지만 그것이 여기서는 또 다른 측면을 가지고 있다는 것을 알아야 한다.

객관화의 법칙에 관해서 말한 일이 있거니와(제5절 b항) 그때 우리는 모든 정신에 공통하는 하나의 특성을 지적했다. 그것은 다름 아니라 우리가 알고 있는 정신의 세 가지 형태 가운데 어느 것에 있어서나 정신은 자유롭게 움직이는 것이 아니라 그 어떤 토대에 지지되고 있다는 점이다. 생존하는 정신도 그렇고, 개인적인 정신도 그렇고, 역사적이며 객관적인 정신도 그렇다. 다시 말할 것도 없이 정신을 떠받치고 있는 토대는 존재의 모든 계층이다. 왜냐하면 심적 존재는 유기적 존재의 지지를 받고, 유기적 존재는 또 물리적이며 물질적인 존재의 지지를 받고 있기 때문이다. 실재하는 정신의 영역도 예외가 아니다. 그러면 비실재적이며 비생존적인 정신, 즉 객관화한 정신은 어떠한가?

분석의 제1계층에서 보면 객관화한 정신적 내용은 중간계층의 매개를 통하지 않고 물리적·물질적인 존재층, 곧 전경의 형성된 질료의 지지를 받고 있는 것처럼 생각된다. 이리하여 객관화한 정신은 심적인 생활이나 유기적 생활의 지지를 받지 않고 있는 것 같다.

그러면 객관화한 정신의 내용이 어떻게 해서 직접적으로 물질적 존재에 덧붙여질 수 있는가?

이 문제는 고의로 조작한 어려운 문제와는 거리가 멀다. 실재적 세계에서 불가능한 것은 현상관계 중에서 나타날 수 없을뿐더러 또한 이해할 수도 없는 것이 아닌가? 계층과 계층 사이에서 상층이 하층의 지지를 받을 수 있다는 것은 아무래도 놀라운 일이 아닐 수 없다. 바로 이웃에 있는 계층과의 자연적 관계에 있어서도 이질성이 뚜렷하게 드러나는데 하물며 중간계층을, 더구나 두 개의 계층을 단번에 뛰어넘어서 물질적인 것이 정신적으로 형성된다는 것은 전혀 이해할 수 없는 일이다. 왜냐하면 극도로 이질적인 것들이 서로 밀착해서 최고가 최하 속에 매개 없이 나타나기 때문이다.

그러나 이 문제는 물론 해결될 수 있다. 즉 물질적인 것의 정신적 형성에 부족한 여러 중간계층은 형상관계 가운데에서 지적될 수 있다. 그것은 3항관계 (물질적인 질료와 정신적인 내용과 관조하는 주관의 관계) 속에 포함되는 관조주관 (觀照主觀)의 역할에서 찾아낼 수 있다. 하지만 중요한 것은 모자란 이 부분들을 미적 대상의 계층계열에서 들추어내는 데 있다. 그리고 우리는 그것을 들추어내기 위한 열쇠를 가지고 있다.

이 열쇠는 예술작품에 있어서는 중간계층들이 같은 순서와 의존성을 가지고 같이 나타나는 후경분열의 법칙을 말하는 것이다. 이리하여 계층 간의 존재적 의존관계가 현상하는 모든 부분의 계열 속에서 확인된다. 인간의 가장 깊은 내면, 즉 언제나 고상한 정신적 생활이 직접적으로 물질과 그 형성에 덧붙이는 것이 아니라 처음에는 심적인 것에 부가하고 그다음에 유기적인 것에 부가하며, 이 유기적인 것이 비로소 직접 물질적인 것에 덧붙는 것이다. 오직 표현된 형태 중에서만 사랑과 미움, 기쁨과 슬픔이 나타나며 그렇지 않고서는 이것들을 감성적으로 볼 수도 없고 표상할 수도 없다. 그리고 사랑과 미움이라는 면에서만 인간의 특성·성격·인격성 등이 나타나며 갈등·운명, 혹은 그 밖의 모든 의미연관이 나타난다. 오직 존재방식만 눈여겨보고 고찰하면 예술작품에서 나타나는 세계 속에 재현하는 자연적 관계에 현혹하게 된다. 존재방식에서의 예술작품에는 오직 두 가지 계층밖에 없고, 나타나는 후경의 내부분열에서 비로소 현실적 관계가 밝게 드러난다.

문제의 이러한 해결은 그 밖의 관점에서도 중요하다. 즉 정신생활에 있어서 예술작품이 차지하는 우월한 지위를 결정하는 객관화의 방법에 차이가 있는 근거가 여기서 발견된다.

한편에는 사상을 표시하는 말과 개념과 글이 있으며, 다른 한편에는 예술가의 작품이 있다. 전자는 힘들여야만 역사에 보존된다. 말의 의미는 변천하고 개념은 '부침'하며 학문적인 문헌은 오해와 재해석을 받는다. 더구나 떼어낸 개별개념은 다시 본원적인 직관으로 채워지기가 어려우며 그 의미를 상실하거나 맥 빠진 추상에 잠기고 만다. 그러나 예술작품의 그 후경을 확보한다. 이 예술 작품의 후경은 완전히 관조하는 주관만 있다면 어느 시대 어느 문화에나 나타 난다.

이러한 원리적인 차이의 근거가 구체적인 내용을 예술작품은 그 자체 안에 가지고 있으나 개념은 그 자체 밖에 가지고 있어서, 언제든지 광범한 사상적 연 관에서 보충을 받으며 직관으로써 채워질 수밖에 없는 것은 이미 지적한 바 있다.

이 설명은 물론 옳기는 하지만 그 본디적인 근거에까지 파고들지는 못했다. 그러면 개념 그리고 개념으로 구성되는 모든 것이 자기 내용을 자기 밖에 가지 고 있는 근거는 무엇인가? 이 점이 문제인 것이다.

이 문제에 대해서는 이렇게 대답할 수 있다. 즉 개념이 자기 내용을 자기 밖 에 가지고 있는 까닭은, 개념에는 이 개념을 표시하는 술어(귀로 듣거나 문자로 볼 수 있는 전경)로부터 그 정신적 의미(후경)에 이르기까지 관조를 인도할 그 어 떤 확실한 안내자가 없기 때문이라고. 그러한 안내자는 객관화 속에 감성적인 것으로부터 정신적인 것에 이르기까지 모든 서열의 계층이 포함되는 경우에만 있을 수 있는 것이다. 개념의 경우에는 그런 것이 없다. 여기서는 '사상'이 직접 적으로 술어와 결부해 있고, 이 사상과 함께 나타날 수 있는 중간계층들에 대 해서는 언급이 전혀 없다. 그러므로 개념에는 진정한 현상관계가 없다. 따라서 사상은 '관조'가 안 되는 것이다.

그 점에 있어서는 사상을 서술한 모든 문헌도 비록 그것이 개념의 연관을 통 해서 직관을 재획득할 인연을 제공한다 하더라도 개념과 거의 마찬가지다. 아 무리 광대한 연관이라 하더라도 거기서 직접적인 현상의 결여가 경감되는 것이 아니라 간접적인 현상이 끼어들 뿐이다. 그러나 이 간접적인 현상을 나타나게 하는 수단은 결코 직관이 아니다. 고립한 개념만이 이 개념을 충전하는 내용적 인 것을 순전히 자기 밖에 가지고 있는 것이다.

그러므로 미적 효과를 무시하더라도 예술에 있어서 객관화의 장점은 모든 서열의 계층을 자기 안에 보유하는 점에 있다. 따라서 개념과 그리고 모든 개념 적인 표현의 단점은 계층서열을 자기 안에 갖지 못하고 있는 점이다. 좀더 구체 적으로 말하면 예술적 객관화의 장점은 현상관계에 있다. 예술적 객관화의 본질은 대체로 말하면 정신적 내용을 감성적 질료 속에 나타나게 하는 점에 있다. 그러나 개념은 적어도 그 자체만으로서는 어떠한 내용도 직관적으로 나타내는 것이 아니다. 개념에 있어서는 모든 내용과의 연결이 외면적·편의적인 것이다. 사고에 있어서 개념의 기능은 서술어에 주어진 의미가 이미 누구나 숙지하고 있어서 직관되는 경우에만 발휘되는 것이다. 왜냐하면 직관에 의해서 채워지지 않은 개념은 죽은 개념이기 때문이다.

예술작품은 개념과 근본적으로 다르다. 현상관계 그 자체가 그 계단의 모든 계열을 일치시키는 것이다. 그 점은 현상하는 모양에 여러 가지 수수께끼가 있다 하더라도 변함이 없다.

12) 문학에 있어서의 모든 계층

a 문학의 중간계층

그림의 실례만을 가지고서 예술에 있어서의 전 계층관계와 그 결말을 알아보기에는 너무나 부족하다. 그러므로 분석의 첫걸음(제6절 및 7절)은 그 밖의 모든 예술에서도 취해져야 하고 확충되어야 한다. 그러려면 첫째 현상이라는 미궁을 통과할 길이 발견되어야 한다. 이 길은 모든 계열의 예술을 통과해야 하지만 같은 선(線)을 취할 수는 없는 것이다.

'연속적인 현상'과 같이 몹시 복잡한 관계는 여러 가지 계층이 뚜렷하게 구별되는 곳에서 가장 잘 파악된다. 초상화를 실례로 택한 까닭이 바로 여기에 있다. 이제 분석의 두 번째 걸음은 모든 계층이 가장 쉽게 구별되고, 동시에 될 수 있는 대로 많은 계층이 있는 예술에서 출발할 필요가 있다.

그와 같은 조건은 비단 표현예술일 뿐만 아니라 주제의 측면에 비중을 두는 예술이라야 가장 잘 갖출 수 있다. 문학예술이 바로 그것이다. 문학은 가장 광범한 소재권을 가진 예술이다. 따라서 사건·갈등·행동·운명 등 모든 인간생활이 문학의 소재권 내에 속한다. 그러므로 한때는 문학을 최고의 예술이라고 여기기도 했다. 문학은 감성적인 것과의 접촉이 가장 적은 예술이라는 것을 잊지 말아야 한다. 왜냐하면 문학의 질료는 '말'뿐이기 때문이다.

문학에는 다른 예술에서 볼 수 없는 그 무엇이 있다. 그것은 문학작품에서 나타나는 여러 계층을 밝혀내고 그 특수성을 말로 인식하여 기록하기가 쉽지 않다는 점이다. 개념은 직관과 정반대이다. 여기에 곤란한 문제가 있다. 미학이 발을 묶인 까닭이 바로 이 점에 있다. 오직 현상관계 중에서만 주어지고 뭐라고 형언할 수 없는 것을 그것에 적당한 매체가 아닌 말로 인식한다는 것은 어려운 일이 아닐 수 없다. 그것이 결코 이루어질 수 없다는 것은 불을 보듯 뻔한 일이다. 사실에 있어서 어떠한 묘사는 이 목표에 접근하려고, 다시 말하면 적어도 대상이 가진 모든 계층의 본질적 특징을 구별하려고 노력한다.

문학은 철학자가 이야기하지 못하는 것을 말로—물론 부분적이지만—표현한다. 문학의 질료는 언어이다. 그리고 문학이 직접으로나 간접으로나 언어로 파악하지 못하는 것은 절대로 파악되지 않는 것이다.

그러나 문학은 인간적이며 후경적인 것을 이미 훌륭하게 인식하고 있다. 따라서 문학이 이 인간적이며 후경적인 것을 나타나게 한다면 그것을 나타내는 말이 있어야 할 것이다. 그렇다면 중간계층을 나타내는 말도 있어야 하리라. 왜냐하면 문학작가는 중간계층을 통해서 인간적이며 내적인 것을 나타내기 때문이다. 미학자는 바로 이 사실을 이용할 수 있는 것이다.

물론 미학자가 탐구하는 것이 문학작품 속에서 개념적으로 진술되어 있는 것은 아니다. 본디 문학작가는 개념적으로 말하지 않는다. 이를테면 작가가 개념을 사용하는 경우에도 그는 이 개념을 변경된 의미로 사용하며, 이 개념 속에서 구상적이고 근원적인 의미를 끌어냄으로써, 우리가 알지 못하는 의미를 강조하는 것이다. 이리하여 작가는 바로 우리가 일상어로 말할 줄 모르는 것을 말한다.

이러한 방식으로 문학은 하나의 자기 증언을 제시하는 것이다. 문학은 자기 작품의 구성원리를 자기가 발견한다. 그의 이러한 구상적인 언어는 미학자에게 완전한 만족을 준다. 문학에 있어서는 개념 그 자체가 중요한 것이 아니라 오직 하나의 묘사만이 중요한 것이다. 그리고 문학의 언어에 의한 묘사를 능가하는 것은 없다.

이제는 다만 어느 중간층이든지 실제로 어떠한 독립성을 가지고 밝혀질 수 있는 실례를 택하는 문제만이 남았는데, 이 중간층은 말, 즉 문학작품의 유일한 전경에 나타나는 인간의 행동이다.

b 문학적 구체성

먼저 최소한 두 개의 중간계층이 나타나는 두서너 가지 실례를 들어보자. 첫째는 〈툴레의 왕〉이다.

이 짧막한 시는 대체 무엇을 말하고 있는가? 우리가 보기로는 늙은 주객이 해변의 낭떠러지에서 죽음을 맞이할 때에 마지막 술을 마시고 술잔을 바다로 내던진다. 거기에는 아무런 말도 없이 비치기만 하지만 아주 색다른 한 광경이 떠오른다. 그것은 채워지지 못한 젊은이에 대한 사랑의 광경이자 아마도 마음대로 택할 수 없는 왕의 운명이기도 하다. 그러나 이 사랑은 평생을 두고 그에게서 떠나지 않았으며 맨 마지막 순간에 있어서도 오직 하나밖에 없는 거룩한 것이다.

또 사포의 시를 읽어보자.

"달과 낭성(시리우스)이 지고 밤이 깊은데 청춘은 달려가건만 나 혼자만 누워 있구나……"

이것은 짧은 글이지만 그 속에 모든 것이 들어 있다. 직접적으로는 외로운 침상에서 잠들지 못하는 저녁에 별들이 가라앉았다는 말밖에 없지만 우리는 서쪽으로 향한 창과 이 창으로 들어오는 푸른 밤하늘을 본다. 애인을 사모한다는 말은 없으나 그 모양은 외로이 누워 있는 사람의 모습에서 나타난다. 그러나 그것을 못 보는 자에게 시가 무슨 소용이 있으랴……

이 점은 모든 시문학에 공통되는 특징이다. 시는 본연적인 것을 말하지 않는다. 이 본연적인 것이 일상어 가운데에서는 너무나 조잡하게 나타나므로 생생한 직관적인 효과를 나타내지 못한다. 그러면 예술은 이 본연적인 것을 어떻게 나타내는가? 이 물음에 대해서는 다음과 같이 대답할 수 있을 뿐이다. 즉 예술은 마치 운명과 고난과 사랑이 인생 속에 나타나듯이 본연적인 것을 인간의 외적인 행동에 나타낸다고.

예술이 그것을 나타내려면 앞에서 든 실례에서 보는 바와 같이, 경우에 따라서는 외적 행동의 아주 작은 단편과 본연적인 것이 제 모습을 비쳐주는 특수한 사정만이 필요하다. 여기서는 많고 적고의 문제가 아니라 그것을 어떻게 선택하는가가 문제이다. 인간의 모든 행동은 그가 원하든지 원하지 않든지 그의 내면적인 그 무엇을 폭로하는 것이다. 그러나 인간의 행동 가운데에서 골라낸 단편이 마땅히 나타나야 될 것을 바로 폭로하느냐가 결정적으로 중요한데 이 폭로가 현상관계와 같은 것이다. 작가가 왜 이러한 우회로를 취하는 거냐고 묻는다면 이렇게 대답할 수 있다. 즉 작가는 오직 그렇게 해야만 그가 보여주려고 하는 것을 참으로 '보여지게' 할 수 있기 때문이라고.

여기서 본다는 말은 물론 이차적 관조의 의미로 알아들어야 한다. 작가가 만일 노골적으로 미움이니, 사랑이니, 질투니, 불안이니, 희망이니 하는 것들을 말한다면 그의 말은 이 모든 것의 명목만 아는 심리학자의 말일 뿐 작가의 말은 아니다. 그러한 말에서는 직관적인 상이 나타나지 않고 별도로 직관에 의해서 채워져야 하는 개념이 나타나는 것이다. 졸렬한 작가는 문학을 심리적으로 만든다.

위에서 든 실례 말고도 대규모의 문학, 즉 소설이나 희곡에서 예를 들어보는 것이 좋다. 소설과 희곡은 비록 문학형식에 있어서 다르기는 하지만 방대한 소재를 처리하며 갈등과 해결과 운명을 지닌 인간생활의 큰 덩어리를 묘사하여 모든 인간의 영역 속에 끌어들이고 그 속에서 개별적 형상들을 형성해 내는 점에서는 같은 것이다. 작가가 만일 성격들을 분석하여 보여준다면 우리는 권태로울 것이며, 작가가 만일 진행하는 모든 사건을 늘어놓자면 한이 없을 것이다. 작가는 그것들을 나타내되 선택한 매우 한정된 사실에서만 나타내는 것이다. 작가는 이 사건들을 긴축된 몇 가지 장면에서 묘사하되 실제의 인간생활에서와 같이 나타낸다.

물론 한 토막의 행동이 보여주는 모습이란 일면적인 것이므로 사건 전체의 모습을 단번에 옳게 알아맞히거나 투시하지 못하고 처음에는 단면적으로만 본다. 그처럼 내면의 전체상은 살아 있어서 다채로우며 모순을 내포하고 있는데, 이 모순이야말로 계속적으로 펼쳐지는 인물의 내면에 본질적인 것이다.

그 좋은 실례가 셰익스피어의 작품인 《헨리 4세》에 나오는 헨리 왕자이다. 헨리는 한 번은 무뢰한으로 분장하고 나오며, 또 한 번은 왕자로 분장하고 나온다. 여기서 우리는 작가가 한 인물에 있어서 반대의 통일에 무관심하다고 생각할 수 있거니와, 이 반대의 통일이 바로 그의 작품에 그렇게도 구체적이고 생생한 효과를 주고 있는 것이다.

그러나 이러한 반대현상이 없더라도 보잘것없는 조그마한 하나의 장면이 매우 심각한 인상을 주는 경우가 있다.

위대한 작가는 바로 이와 같은 노선을 걷는다. 물론 여기에는 무미건조한 말이 많이 나오지만 본질적인 것은 거기에 있지 않다. 찰스 디킨스는 그의 작품 속에 나오는 거의 모든 인물로 하여금 자기소개를 시키며, 크누트 함순의 작품에 나오는 인물들은 흔히 하찮은 이야기만 한다. 여기서는 그가 무엇을 말하는지가 중요한 게 아니라 어떻게 말하는지가 중요하다. 그렇다고 말의 내용이 중요치 않다는 것은 아니지만, 핵심은 말의 내용에 있는 것이 아니라 말할 수 없고 말하지 않은 것에 있다.

c 문학작품 속의 계층구별

그러면 문학작품에 나타나는 모든 계층 가운데에서 어느 계층이 제일 중요한가? 중요한 것은 실재적인 전경, 즉 말이 아닌 것이 분명하다. 그러나 그렇다고 최후의 후경이 중요한 것도 결코 아니다. 문학작품 속에서 중요한 것은 오히려 여러 종류의 중간층이다. 그러므로 이 모든 중간계층을 좀더 분명하게 부각시켜야 한다. 그래야만 비로소 각 계층 간의 적극적인 관계를 평가할 수 있고, 이 관계가 다름 아닌 바로 현상관계인 것이다.

(1)문학작품 속에서 나타나는 맨 앞의 계층은 회화와 조각에서 감성적으로 볼 수 있는 계층에 해당한다. 이 계층이 문학의 경우에는 연극에서 보고 들을 수 있는 실재적인 것이다. 신체의 운동·위치·표정과 말투, 즉 사람에게서 외면적으로 지각되는 모든 것이 바로 그것이다.

(2)이 계층을 통해서 바로 그 뒤에 나타나는 후경은 아직 완전히 내적인 계층이 아니라 행동·태도, 작용과 반작용, 성공과 실패 등의 계층이다. 또 고집·갈등·해결 등도 간접적으로 이 계층에 소속시킬 수 있고 정황도 동기와 심술을 제외하고 사람들의 외면적인 집결 내지 서로 맞부딪치는 의향들의 긴장까지도 역시 이 계층에 포함된다.

(3)이상으로써 우리가 찾는 계층의 계열이 끝난 것이 아니라 거기에서는 또 하나의 계층이 나타나는데, 이 계층을 심적 계층이라고 부를 수 있다. 왜냐하면 행동을 통해서만 비로소 우리는 인간의 도덕적 특성과 성격을 볼 수 있기 때문이다. 이 영역에서는 경솔과 신중, 이기심과 자애심, 난폭과 공손, 비겁과

대담 등이 구별된다. 이 계층은 말로부터 치면 제4의 계층이며 후경으로 치면 제3의 계층인데 이 계층에서 비로소 공과 사, 책임능력과 의무의식, 즉 다시 말해서 인간의 '에토스'가 시작된다. 그러므로 여기서 가치감정의 심각한 갈등, 그러니까 상황의 도덕적 측면이 전개되어 부자유와 자유가 운명적으로 혼합한 상황에서 자유결정이 강요된다.

도스토옙스키가 드미트리 카라마조프를 소개한 수법을 떠올려 보라. 그는 맨 처음에 그의 청년시대와 생애에 관한 몇 가지 사실적인 것을 아무런 꾸밈없이 보고한다. 그렇다고 이 보고에 진심으로 흥미를 느끼는 사람은 없다. 그러나 카테리나 이바노브나가 찾아와서 자기의 곤궁을 호소하자 그녀의 신뢰에 감복한 카라마조프가 의협적으로 돈을 주어 보내는 장면에 이르러서는 사정이 달라진다. 왜냐하면 그는 한번에 소녀의 심정을 알아차렸을 뿐 아니라 독자의 심정까지도 알아챘기 때문이다.

⑷ 하지만 그다음에 또다시 전혀 다른 그 무엇, 즉 새로운 대상층이 뒤따라 나타난다. 그것은 인간의 내용성이라기보다는 오히려 인생 전체인 것이다. 이 인생 전체는 너무나 많은 세목을 가지고 있어서 직접적으로 주어질 수 없다. 그러므로 작가는 이 전체를 어떤 장면이나 혹은 삽화 같은 약간의 단편에서 나타낸다.

이 전체를 운명이라고 부를 수 있으리라. 그러나 이 '운명'은 인간을 규정하는 인간 이상의 고차적인 섭리가 아니라 오히려 인간이 자초한 운명으로 알아야한다. 그 좋은 실례가 《니벨룽겐의 노래》이다. 지크프리트가 부른힐트에 대한 기만과 배신에 가담했으나 한 번도 결실을 보지 못하고 모반의 소득이 영원히 물거품이 되었을 때 악운을 자초했던 것이다. 《니벨룽겐의 노래》는 자초한 운명인 점에서는 같은 종류의 모든 작품을 능가한다.

운명은 서사시와 극문학에 있어서의 중대한 요소이며 어느 면에서는 인물까지 포함한 그 밖의 모든 것에 빛을 던져주는 핵심이 된다. 운명은 인간생활에 나타나지만 우리는 대개 그것을 보지 못한다. 그 까닭은 우리가 너무나 자질구레한 일에 붙잡혀 있기 때문이다. 문학은 이러한 좁은 안목을 타파하고 현상하는 전체를 보여주는 것이다. 그러나 문학이 운명을 말한다고 해서 이 운명이 나타나는 것이 아니다. 문학은 결단과 행동의 삼엄한 결과만으로 스스로 운명을 말하게 하는 것이다. 그때에 인간의 운명이 구체적이고 구상적이며 직관적으로 나타난다.

d 최심층, 형언가능의 한계

지금까지 문학작품의 중간층에 대해서만 말했다. 거기서는 현상관계의 단계적인 진전을 뚜렷이 볼 수 있었다. 하지만 최후의 후경층은 그것들과 구별되어야 한다. 그러면 성격·죄책·운명을 거쳐서 그 밖에 또 무엇이 나타날 수 있는가? 그 점은 이미 앞 문장에서 회화를 실례로 들어서 밝힌 바 있다. 왜냐하면 모든 계층의 서열은 어느 곳에서나 거의 같기 때문이다. 그 마지막 후경층은 개인적인 이념과 보편적인 인간의 이념이다.

(1)전자에 관해서는 여기서 조금 덧붙여서 말하겠다. 모든 인간은 저마다 자기의 본질을 실현한다. 그러나 그의 본질은 평생 동안에 겨우 일부분만이 실현되는 것이다. 또 그는 그릇된 교육과 교양, 다른 사람의 모방 등등으로 말미암아 그 본질의 실현에 실패하는 수도 있다.

하지만 그 사람의 본질이 조금은 남아 있어서 많이 헐고 상한 상태를 통해서나마 그 사람에게서 찾아볼 수 있다. 사람이란 누구나 그의 생활에 있어서 결단을 가지고 본디 막연히 열려 있는 어떤 가능한 것을 떼어낸다. 그러나 다양한 근원적 본질이 잠재해 있는 가능적인 인간과 현실적인 인간과의 거리는 엄청나게 큰 차이가 있다. 우리는 흔히 이 차이를 알지 못한다. 이 차이를 알려면 심사숙고해야 하지만 우리의 일상생활은 그러한 상태를 허락하지 않는다. 하지만 인격적인 사랑은 흔히 그것을 가능하게 한다. 왜냐하면 이 경우에는 진실한 특성이 중요하기 때문이다. 아니, 그가 사랑하는 이유는 아마도 인간을 그 인격성의 이념에서, 다시 말하면 다른 사람과 바꿀 수 없는 이념성에서 보는 것에 있다. 작가는 그러한 관조능력을 가진 점에서 사랑하는 사람과 같다.

다만 차이가 있다면 작가의 사랑은 어떤 개인에게 한정된 것이 아니라는 점, 그리고 그는 이념성으로 관조한 것을 다른 사람에게도 자기와 같이 볼 수 있도록 보여주는 점이다. 사랑하는 자는 그것이 불가능하다. 그러므로 작가가 보는 방식은 애인이 보는 방식과 근본적으로 다르다.

그렇다면 작가는 어떤 방식으로 보는가? 우리는 그것을 가치관조의 한 형태라고 볼 수 있다. 그것은 진정한 논리적 가치관조이다. 그러나 논리학과 미학의 혼동을 뜻하는 것은 아니다. 도덕적 가치는 본디 문학의 소재가 되는 인간적 관계와 상황과 갈등을 이해하기 위한 전제가 되는 것이다. 그렇다면 왜 개인적인 인격가치가 그 예외일 수 있겠는가? 그와 반대로 개인의 인격적 가치는 더구나 구체적이고 다양하므로 예술적 대상의 소재 가운데에서도 특히 중요한 것이다. 생각해 보라! 개념은 개인의 인격가치에 다다르기에는 너무나 거리가 멀다. 바꾸어 말하면 개인의 인격적 가치를 파악하기에는 너무나 조잡한 기구이다. 생생한 가치감정이 개념적으로 파악되면 막연하고 몽롱한 것으로 소멸되고 만다.

생생한 가치감정은 예리한 조형적인 관조가 필요하다. 이러한 관조는 오직 작가의 눈만이 가능한 것이다. 앞에서 거론한 '헨리 왕자'의 실례를 다시 떠올려 보라. 그러나 이보다 훨씬 더 이념적으로 개체화한 것이 햄릿형이다. 어떠한 인간형도 이 경지에 이르지 못한다. 경험적인 생활에서 묘사된 인간도 이에 접근하지 못한다.

알렉세이 카라마조프도 하나의 이념형이다. 도스토옙스키가 묘사한 바와 같이 카라마조프는 어디서나 볼 수 있는 인간이 아니라, 이념적인 본질이 생활 속에서 현실을 돌파하고 나오는 경우에서만 볼 수 있는 인간이다.

모든 문학이 이 경지에 다다르는 것은 아니다. 인격성의 이념을 빚어내는 것은 위험한 일이어서 자칫하면 인위적인 조작에 빠지기 쉽다. 그렇게 되면 그 작품은 실패로 돌아가고 부자연스런 효과를 주며 예술적 진실성이 없고 따라서 설득력이 없게 된다. 대부분의 작품이 그렇지만 이 이념성이 최고도로 발현하는 작품이 없는 것도 아니다.

'조작된 인격성'—개성—은 말로 나타내기가 쉽다. 그러한 인격성은 비독창적인 환상이 발명한 개체성의 이상에 지나지 않는 것이다. 그러한 이상은 관조한 인격성의 이념에 따라서 발명된 것이 아니라, 보편적인 이념에 따라서 발명된 것이다. 여기서는 아주 생기 없는 인간형, 예를 들면 동화에 나오는 왕자, 공포와 오점이 없는 무사, 천사와 같은 처녀, 연로한 현자 등이 나온다. 이러한 인간형은 극단적이고 통속적이며 진부해서 아무런 시적 흥취도 없는 것이다.

(2)보편적 성격을 가진 이념은 개인적인 이념과는 전혀 다르다. 보편적인 이

념은 오직 개인 그 자체만이 아니라 모든 인간적 대상에 있어서 또 하나의 계층을 이루는 것이다. 그것이 보다 더 깊은 층인지 아닌지는 의문의 여지가 있으리라. 그러나 그것은 구체적이고 직관적인 것으로부터 거리가 더 멀다는 의미에서는 언제나 더 깊은 층이다.

우리는 생활상에 있어서도 어떤 개인의 운명, 즉 그의 악전고투나 혹은 죄책속에서 자기 자신의 모습을 흔히 본다. 어떤 소설을 읽을 때에 우리는 거기 나오는 주인공을 우리 자신과 동일시하며 그와 더불어 괴로움과 즐거움을 공감한다. 이러한 사실은 여러 종류의 개괄, 즉 '사람은 모두 마찬가지'라는 암묵적인 앎에서 기인하는 것이다.

작가는 물론 이 자명한 일반성에 머물러 있는 것이 아니다. 그에게도 누구에게나 좀처럼 나타나지 않는 모르는 것이 있다. 예를 들면 '행복'은 행복을 추구하는 자에게는 오지 않으며, 자기의 행위는 행위하는 자기 자신을 표시하지만 사람들은 그것을 잘 모른다. 경험이 그것을 말해 주어도 사람들은 이 사실을 이해하지 못한다. 그러나 이 사실들이 인간의 생활상에서 직관적으로 파악되면 깊은 감동을 준다.

작가는 이 사실을 말로 나타내지 않고 형상으로 나타낸다. 그래야만 구체적이고 감동하는 효과를 내는 것이다.

하지만 이러한 일반적인 것이 작가를 궁지에 빠지게 한다. 왜냐하면 만일 이 일반적인 것이 전혀 없으면 그 문학은 '천박'하여 모든 사람에게 중요한 것이 없게 되기 때문이다. 그러나 너무 지나치게 전경에 나오거나 주제가 되면 그의 문학은 흥취가 사라지게 된다.

진정한 작가는 이 일반적인 것을 말로 표현되는 세세한 모든 중간계층에 들어 있는 인물과 사건에서 나타나게 한다. 다시 말하면 작가는 이 일반적인 것을 개별적인 형상에서, 흔히 수수께끼 같은 형식으로 독자가 해독할 그 무엇이 남도록 나타내는 것이다. 그러므로 우리가 나이 먹은 뒤에 읽으면 젊었을 때 읽은 것과는 전혀 달리 이해되고 또 다르게 느껴지는 작품이 많이 있다.

e 문학의 이념

보편적인 이념이 문학에서 최대의 역할을 한다. 이 이념은 본디 문학의 소재에 속한다. 그리고 흔히 특수한 구체적 소재들이 이 이념을 기본으로 하고 선택된다.

그렇다고 이 이념을 언제나 마치 원리와 같은 것처럼 말할 수 있는 것은 아니다. 이 보편적인 이념은 위에 든 실례에서 본 바와 같은 여러 종류의 도덕적 이념의 형식을 취하는 것이 아니라 매우 불투명한 비합리적인 것이다. 실례를 들면 보편적인 이념은 여러 종류의 형이상학적 우려, 생의 불안, 혹은 자기의 운명을 우롱하는 예측할 수 없는 무수한 힘에 대한 무력감에서 나오는 불가사의한 어떤 불안의 형식을 취하는 수도 있다.

문학의 보편적인 이념은 종교적인 종류의 것이 많다. 이유인즉 일찍이 위대한 문학은 다른 예술과 같이 종교적인 감각의 토대 위에서 생겨났기 때문이다.

여기서도 평균적인 작가들은 이러한 이념을 직접적으로 말하지만 천재적인 작가는 그가 내세우는 인물의 운명과 태도에서 나타낸다. 그것은 설득과는 전혀 다른 그 무엇이다. 모든 종류의 세계관적 이념도 물론 그와 마찬가지다. 그것들은 사랑의 생활 속에까지 파고 들어가 행복이나 불행을 불러일으킨다. 이러한 보편적 이념은 절대적으로 인생의 모든 영역에—정치적 영역에까지—파고 들어간다. 그 좋은 실례는 민족적 자유의 이념이 등뼈가 되고 있는 문학작품에서 발견된다. 이 자유가 누구에 대한 자유이고 또 누구의 자유든지 마찬가지다. 중요한 것은 다만 피압박자를 위한 동정을 환기하고 압박자에 대한 증오를 느끼게 하는 점이다.

이 정치적 이념을 분석하고 구명하며 발설하는 것이 중요한 게 아니라 결국 그것을 감정으로 파악할 수 있게 만드는 일이 중요한 것이다. 그리고 이 감정은 변론에서가 아니라 부정하고 무자비하며 포악한 압박자의 행동과, 반항하고 격노하며 무력하고 절망적인 피압박자의 행동을 통하여 일어나는 것이다.

문학처럼 많은 이념을 발설하는 예술은 없다.

아무리 기지(機智) 있는 사람이나 철학자가 이념을 말해도 그것은 쉽사리 소멸한다. 그러면 그것이 사라지는 이유는 무엇일까? 작가는 대체로 사상가가 아니다. 작가는 이념을 가장 깊이 또 가장 완전하게 파악한 사람도 아니다. 그러면 그는 어떻게 해서 이념을 가장 완전하게 표현하게 되는가?

그 까닭은 작가가 이념을 말하는 것이 아니라 오직 나타나게 하는 데 있다.

철학자는 보편적인 이념을 발표하기가 어렵다. 그는 이 이념을 발견하고 규정하여 객관적이고 보편적인 것 그 자체를 부각시키고 설명한다. 그러나 그 모든 것이 작가에게는 필요 없다. 작가에게 설명을 요구하는 사람은 없다. 작가는 오직 암시를 줄 뿐이다. 그것도 보편자 그 자체에서 암시를 주는 것이 아니라 오직 개별적인 사건, 개인적인 감정·정열·결단 등등에서 암시를 준다. 이로써 작가의 일은 끝나는 것이다.

여기서 작가가 암시를 주는 것은 여러 가지가 있다. 그 이름을 대거나 설명할 수 없어도 사람들은 어렴풋이 그 의미를 깨닫는다. 작가는 설명할 필요가 없고 또 있다 하더라도 설명을 하지 않는다. 왜냐하면 설명은 작가가 할 일이 아니기 때문이다. 작가가 관조한 보편적 이념은 반비밀의 상태로 숨겨져야 하는 것이다. 그리고 사건만으로 그것을 말하게 하는 것이다. 그러므로 작가는 정확한 형식으로 그것을 '인식'할 필요가 없다. 작가는 그것을 모르므로 스스로가 그것을 말하지 않고 작품으로 하여금 말하게 하는 것이다.

이렇게 말하면, 작가는 그것을 모르는 것이 아니고 또 말하지 못하는 것도 아니라고 역습하는 사람이 있을 것이다.

그러나 작가의 위대한 솜씨는 하나하나의 성격·사건·운명·정열·행위 등을 처리하되 그 구체적인 개성을 손상하지 않고서 보편적인 이념의 의의가 현실적으로 튀어나오게 하는 점에 있는 것이다. 시의 운을 맞추며 극적인 장면들을 잇는 재능은 누구에게나 있는 것이 아니다.

문학을 수업하는 청년들도 많고 또 많은 수작들이 쏟아져 나온다. 하지만 뒷날에 그것들을 대가의 위대한 작품과 비교할 줄 알고 그들의 자부심이 커졌을 때에 문학을 단념하는 사람들이 많은 까닭은 무엇인가? 이 의문에 대해서는 오직 이렇게 대답할 수밖에 없다. 즉 그들은 대부분이 이념의 결핍을 인정할 만큼 영리해졌기 때문이라고. 다시 말하면 그들은 인간생활의 깊은 내면을 보지 못했고 그들이 형성한 것이 형식에 있어서는 그럴듯하지만, 내용이 공허하다는 것을 알았기 때문이다. 이를테면 그들에게 이념이 있고 말의 아름다움이 있다 하더라도 전자가 후자 중에 나타나지 않는다. 진실로 의미심장한 것을 투시하고 그것을 생활—행위·고난·사랑과 증오—이라는 말로 표현할 수 있는 재능은 언제나 드문 것이다.

f 여러 계층의 개관

이상에서 문학에는 모두 일곱 개의 대상층이 있다는 것을 지적했다. 이렇게 풍부한 계층을 가질 수 있는 것이 문학적 대상이다. 그러나 그것은 오직 대규모의 문학, 즉 서사시·소설·희곡에서만 그러한 것이다. 그리고 여기서도 모든 계층이 언제나 같게 전개되는 것은 아니다.

이에 비하면 소규모 문학에 나타나는 계층은 단순한 것이다. 예를 들면 서정시에서는 아무런 행동도 전개되지 않으며, 아무런 갈등도 없다. 서정시는 외부적인, 이를테면 환경 등등과 같은 영역에서 감정과 기분의 계층으로 직접 솟아오른다. 서정시에서는 그 위에 또 사포의 시구에서처럼 어떤 운명적인 그 무엇이 풍기는 수가 있으나 반드시 필요한 것은 아니다.

서정시는 그 요구권이 비교적 적으므로 본분을 완전히 발휘한다. 그 이유는 두 가지 점에 관련을 가지고 있다. 첫째는 그 작품의 테두리가 매우 한정되어 있는 점이고, 둘째는 제한된 이 테두리 안에서 어쩔 수 없이 독특한 외면적 언어형성이 불가피한 점이다. 그러므로 어느 정도 말을 압축하게 된다.

말이 극도로 압축되면 독자는 이 짧은 말의 내용을 음미하며 읽어야 한다. 이 경우에 모든 후경적인 것이 아무리 불분명한 상태에 붙박여 있기가 쉽다 하더라도 미독(味讀)에 방해가 되는 것은 아니다. 불분명한 것은 다만 희미하게 암시할 수밖에 없지만 그것이 오히려 서정시의 적극적인 요소가 되는 것이다. 서정시는 이를테면 마치 입으로 말할 수 없는 과잉한 감정에 사로잡힌 사람이 자기의 이 감정을 알아주기를 바라면서 본의 아닌 말을 하는 것처럼 말하는 것이다.

우리는 문학예술의 종류에 따라서 거기에 어떠한 차이가 있는가를 찾아 나갈 수 있다. 그러나 그렇게 할 필요까지는 없다. 여기서 중요한 것은 그것 말고 다른 데 있다. 문학에 있어서 지금까지 말한 이 계층들을 일단 인식한 이상 하찮은 문제를 가지고 천착할 필요가 없다. 모든 종류의 문학작품에서 이 모든 계층을 구별하고 지적해 낼 것까지는 없는 것이다.

이 계층은 보편적으로 타당한 하나의 원리에 지나지 않는 것이지 무엇이든지 억지로 틀어박아야 할 문학의 질곡은 아니다.

물론 희곡이나 소설에서는 개인적 이념에 이르기까지 모든 계층이 나타난다.

하지만 현상순위가 언제든지 같은 것은 아니다. 예를 들면 '운명'은 행동방식에서 직접적으로 나타나는 수도 있고 또는 심적 형성의 내면성이나 개인적인 감정의 주관성에서도 나타나는 수가 있다. 물론 외면적인 행동이나 내면적인 심적 형성이 엄밀하게 분리될 수 없다. 그것은 이 양자가 생활에서 상호침투하고 있기 때문이다. 그러나 양자 가운데 어느 것이 우세를 차지하느냐에 따라서 문학의 기풍에 중요한 차이가 생긴다.

여기서는 본디 어느 한 계층도 생략되지 않는다. 하지만 최후의 두 계층은 생각할 수 있다. 중간계층들은 생활 그 자체 가운데 밀접한 관련을 가지고 있으므로, 만일에 작가가 동적인 생활을 표현하려고 하면서 그중의 어느 한 계층을 말살해 버리면 부자연스런 효과를 주게 된다. 기분이나 감정이나 고난이나 동경만을 표현하려고 하는 소규모의 문학에 있어서는 그와 다르다. 이 점에서 서정시는 자유의 여지가 있지만 그 대신 훨씬 더 엄격한 외적 양식에 구속을 받는다. 그러니만큼 문학애호가들이 흔히 알고 있듯이 서정시는 그렇게 경박한 예술이 결코 아니다. 그러나 이 점은 이미 층을 이루는 것에 속하는 문제가 아니라 오히려 형성(形成)에 속하는 문제이다.

하지만 계층서열 가운데에서 엄밀한 법칙으로 인정해야 할 것은 한 계층은 다른 계층과 바꿀 수 없다는 것, 아니 좀더 옳게 말하면 어느 계층이나 계층 전체 중에서 특정한 위치를 차지한다는 점이다. 작가는 때에 따라서 전경 중에는 없으나 매우 직관적인 계층(예를 들면 운동과 표정의 계층)을 지나치게 간단히 처리하는 수가 있다. 작품은 흥취가 없는 효과를 주지만, 인물의 동정과 표정이 행동이나 혹은 심적 생활에서 나타나지 않는다. 이를테면 그렇게 나타나는 것같이 보이는 경우가 있더라도 사실은 그렇지 않은 것이다. 거기서는 인물의 내면이 그의 행동이나 감정반응의 빛을 받고 나타나며, 그다음에는 창백했던 얼굴에 이 행동이나 감정반응에 따르는 얼굴색이 독자의 환상 속에 그려지는 것이다.

그러나 좀더 따져보면 그것은 작가의 기교에 지나지 않는 것이 분명하다. 왜냐하면 사실에 있어서 감정반응이라는 것은 그것을 눈에 띄게 표현하는 조형예술을 통해서만 비로소 구체화되는 것이기 때문이다. 이 조형예술은 심적인 것의 암시를 거치는 우회로를 통해서 비로소 성립한다. 그러면 작가는 왜 이러한 우회로를 거치게 하는가? 이에 대해서는, 말은 신체운동을 직접 구상적으로 표현하기에 빈약하지만 표정이라는 것은 심정의 운동을 표현하기에 풍부하기 때문이라고 대답할 수 있다. 작가가 놀라움이나 공포를 말하면 독자는 직접으로 이에 따르는 얼굴색을 본다……. 한마디로 뒤바뀌는 것같이 보이는 이 점에 분명히 언어적 표현 이상의 문제가 있는 것이다.

13) 조형예술의 계층서열

a 조각의 계층서열

문학예술처럼 많은 계층을 가진 예술은 없다. 그 이유는 문학 이외의 다른 예술은 첫째 쓸 수 있는 질료가 한정되어 있으며, 둘째 그 소재와 주제권에 한정해 있고, 셋째 쓸 수 있는 예술적 수단이 독특한 데 있다. 여기서 기이하게 느껴지는 것은 문학은 가장 구체성 없는 질료를 쓰면서도 결국 가장 최대의 가능성을 개시하는 점이다. 문학의 질료는 유일하게 비감성적인 것이다. 여기서 우리는 다른 것은 덮어두고라도 먼저 감성적인 질료는 비단 소재의 선택뿐 아니라, 계층의 출현까지도 제한하는 효과를 가졌다는 결말을 끌어낼 수 있다. 사실에 있어서 과연 그런지 아닌지는 여기서 결정할 문제가 아니다. 중요한 것은 다만 이 관계가 여기서 분명하다는 사실이다.

조형예술은 '표현예술'이므로, 또 소재권이 전혀 다른 것이 아니므로 문학예술과 비슷하다. 그러나 오직 운동과 활기만을 표현하고 인간의 심적 생활에 접촉이 없는 조각은 그렇지 않다. 조각은 사실에 있어서 심적 생활에 접촉하며 이것을 대상적으로 나타낸다. 물론 문학과 같은 정도로 나타내지는 못하지만 예술일반이 그 무엇을 나타내는 것과 같이 틀림없이 구체적·직관적으로 나타내는 것이다.

'고전기(古典期)'의 그리스 조각은 아직 심적 생활과 접촉이 적은 점에 특징이 있다. 그리스의 조각은 여러 신의 숭고한 자세를 나타내기는 했으나 생동하는 심적 생활의 표현에는 이르지 못했다. 여기서는 예술적 의욕의 방향이 다르고 그 과제가 비교적 단순하다. 그리고 아마도 그러므로 이 시대의 예술이 뒷날에 '고전적'이라고 부른 독특한 완성의 영역에 다다른 것이리라. 이미 언급한 바 있는 완성의 법칙이 여기서 가장 뚜렷하게 실현되고 있거니와 이 법칙은 단순한 형상일수록 완성에 이르기 쉽다는 것을 말한다. 그것은 계층이 적은 예술일수록 같은 계단에서 같은 수단을 가지고 다다를 수 있는 최고의 경지에 빨리 이른다는 것을 뜻한다.

그것을 이제 계층이라는 말로 표시하면 무엇을 뜻하는가? 이 목적을 위해서 한 번 더 그리스의 고전조각을 살펴보자. 거기에는 대체 어떤 계층들이 있는가? 거기에는 아무리 줄잡아도 네 개의 계층이 구별된다고 생각한다. (1)가시적인 형태의 감성적 실재의 계층이 전경을 형성하고 있고, (2)운동 혹은 정지라는 비실재적 계층이 나타난다. 왜냐하면 신체적 정지도 넓은 뜻에서는 운동의 한 계기, 예를 들면 일시적으로 긴장이 풀린 것이기 때문이다. (3)이 계층의 배후에 비로소 표현된 신체의 진정한 생명력이 나타나는바, 이 생명력이 신체를 생명력 없는 물체와 구별되게 한다. (4)마지막으로, 말하자면 그 밖의 모든 것을 뛰어넘은 신의 위력, 왜소한 인간을 뛰어넘은 숭고와 우월한 안정이 나타난다. 이 점은 표현된 반신·영웅·반여신에도 그대로 들어맞는다. 그러면 어떻게 해서 그러한 비약이 가능한가 하는 의문이 당연히 나올 것이다.

그 대답은 간단하다. 즉 순수한 생명력이 충분히 북돋아지면 초인간적인 것으로 나타난다고 말할 수 있다. 이 말은 소박하게 생각될지 모르지만 증명되는 것이다. 예를 들면 일리아드 신화의 여덟 번째 노래의 첫머리에 나오는 제우스의 제신들에게 밧줄을 붙잡아서 자기를 올림포스산으로부터 끌어내리라고 촉구하는 말을 상기하라. 제신들은 그의 말을 이상하게 여겼지만 감히 맞서지 못하고 그대로 따랐다.

그러나 그 뒤에 곧 변화가 일어난다. 과감히 싸우고자 하는 정신·공포·불안·고민, 죽음의 징조가 얼굴색에 나타난다. 말하자면 심적인 것이 그 배후에 나타난 것이다. 여기서부터 미켈란젤로의 발랄한 표현형식(발목이 묶인 노예, 명상하는 마돈나·다비드 등)에 이르기까지에는 아직도 상당한 거리가 있다. 하지만 그 차이는 다만 감각의 깊이와 능력의 성장뿐이고 원칙적으로는 같은 것이다.

조소의 초상예술에 있어서도 그와 별반 다르지 않다. 초상예술은 언제 어디에서나 실제의 인물과 '비슷해야' 한다. 좀더 정확히 말하면 개인적인 것을 인식하기를 원하는 것이다. 초상에는 외면적·개인적인 것이 아니라 내면적, 즉 심적·개인적인 것이 더구나 세세하게 나타난다. 물론 전자 없이는 후자가 나타나지 않는다. 그러나 참으로 주목되는 것은 심적·개인적인 것이다. 예를 들면 로마 후기적 초상예술이 그것이다.

여기서 또 많이 생각되는 것이 고대 이집트의 초상이다. 이집트의 초상에서는 세속적인 형식과 개인적인 특징이 긴밀하게 섞여 있다. 바꾸어 말하면 개인으로서의 인간이 두 가지 상으로, 즉 일반적인 인상과 개인적인 인상으로 보여진다. 그렇다고 이 두 인상의 대조가 결코 완화되지 않는다. 그래서 인상의 한 부분이 개인적인 것으로 인식될 때 나머지 부분은 일반적인 것으로 인식된다.

여기서 한 걸음 더 나아가면 현대의 조각에 다다르거니와 이 현대조각의 대가들은 비록 극소수이기는 하지만 또 하나의 새로운 단계에 이르고 있다. 여기서는 여러 형상에서 심적이고 내면적인 것 그 자체를 표현한다. 그렇지만 그것은 개인적인 것도 일반적인 것도 아닌 인간의 내면인 것이다.

그 좋은 실례가 로댕의 〈생각하는 사람〉이다. 〈생각하는 사람〉과 같은 과정을 어떻게 해서 대리석으로, 따라서 전혀 이질적인 것으로 표현할 수 있는가? 그것은 하나의 기적이다. 그러나 불가능이 가능해진다. 우리는 생각의 긴장을 인물의 자태에서 발견한다. 물론 우리는 그가 무엇을 생각하는지 알지 못한다. 하지만 그것이 문제가 아니다. 우리에게 인식되는 것은 언제나 신체의 움직임이라는 우회로를 통해서 나타나는 바로 그것뿐이다. 그리고 그것을 가능하게 하는 것이 예술가의 기적이다. 이 우회로가 중간계층이다. 여기서 우리는 정신적인 긴장을 신체적으로 보게 하는 정신물리적 관계를 말해도 좋으리라.

b 회화의 외면층

제11절에서 회화에 있어서의 모든 계층에 대하여 초상화를 예로 든 바 있다. 거기서 회화에도 많은 계층이 있다는 것을 충분히 밝혀두었다. 한편으로는 문학과의 유사점과 다른 한편으로는 조각과의 유사점도 명시했다. 그러나 회화는 초상화만이 아니라 문학처럼 많은 종류를 포함한다. 그러면 이상에서 확정된 사실이 그 밖의 회화에도 얼마만큼 적용되는가를 알아볼 필요가 있다.

조각과 회화에 공존하는 것이 두 가지 있다. 첫째는 매우 감성적인 질료이며, 둘째는 인간 앞에 열려 있는 최고의 소재(표현가능한 대상)로 향하는 통로이다.

이러한 통로가 있다는 것은 종교적 회화와 종교적 조각이 있다는 사실이 증명한다. 그리고 회화나 조각의 위대한 시대가 고도로 발전한 종교적 생활을 토대로 하여 생장했다는 것, 또 그 가장 중요한 소재가 이 종교적 생활의 이념권에서 발견되었다는 것을 고려한다면 이 사실은 역사적으로 더욱더 유력해진다. 이집트와 그리스의 조각이 그러했고 르네상스의 회화와 네덜란드의 일부 회화가 그러했다.

그러나 감성적 질료에 관해서 미학의 관점에서 주목해야 할 것은 이 두 가지 예술이 '조형적'이며 따라서 구체적인 질료로 '표현'되고, 주제·대상·제재가 직관되는 독특한 예술이라는 점이다. 문학예술도 물론 표현예술이지만 감성적인 질료로 표현하는 것이 아니다. 또 음악은 회화나 조각처럼 감성적인 질료를 쓰지만 표현예술이 아니다. 음악도 간접적으로는 표현예술이 될 수 있지만 그것은 별개의 문제이다.

그 밖에 또 회화와 조각이 쓰는 질료 사이에는 가장 심각한 대립이 있다. 한편의 예술이 쓰는 질료가 정교하게 형성가능한 순수한 공간형식이라면, 다른 한편의 예술이 쓰는 질료는 2차원적 평면에까지 낮추어진 공간형식이다. 그러나 이 예술은 그 대신에 풍부한 색채를 쓴다. 그리고 묵화에 있어서와 같이 색채를 쓰지 않는 경우에는 농담의 차이가 있는 빛과 어둠을 쓴다. 이처럼 조각은 색채를 포기하고 회화는 완전한 공간형식을 포기하거니와 둘 가운데 어느 것이 더 중요한가, 라는 문제가 논쟁거리가 되었다.

그러나 이 점에서 두 예술은 오히려 제한되고 있는 것이다. 첫째 조각은 주로 실생활에 가까운 것, 생기 있는 것, 따라서 거의 전부가 인체에 한정되어 있다. 조각은 그 다양성에서 보면 범위가 결코 좁지 않지만 인체까지도 손을 대는 회화의 범위에 비하면 훨씬 좁다. 회화는 원경을 파악하며 나아가서는 원경과 근경을 한 폭의 '그림' 속에서 결합시킬 줄 안다. 그러한 데에 회화의 장점이 있다는 것은 다른 의견이 있을 수 없는 사실이다. 이 결합은 양자의 절충을 통해서 일어나는 것이 아니며 공간거리를 숨기거나 기만하는 것이 아니라 원경과 근경을 같이 표현하며 대상적으로 나타낸다.

그러므로 공간관계의 표현이란 관점에서 보면, 공간형태의 직접적인 모조품이 이 공간관계에서 분리하여 2차원의 화면상에 표현된 공간성보다 훨씬 더 한정된 것이라는 결론이 나온다. 후자는 유화거나 묵화거나 가릴 것 없이 화면상에 나타나는 공간성이다. 회화는 공간적인 것을 극복하는 점에 있어서 조각보다 뛰어나다. 왜냐하면 회화의 공간성은 공간형태의 감성적·직접성을 떠난 것이기 때문이다. 외면적으로 보면 그것은 하나의 역설이다. 그러나 바로 이 역설 속에 가능한 표현의 차이를 발견할 관건이 있다.

이 점이 회화의 계층서열에 대하여 중요한 관계를 이룬다. 왜냐하면 공간예술에 있어서는 주제권도 공간의 연장성과 조망의 통일성에 의해서 규정되기 때문이다. 이 양자—공간의 연장성과 조망의 통일성—는 조각에서보다는 회화에서 훨씬 더 넓다. 전원과 바다와 하늘과 같은 주제는 조각으로서는 분명히 손댈 수 없는 것이다. 그리고 그것들만이 아니라 농가의 울타리 안이라든가 주택이나 교회의 내부도 조각의 주제가 될 수 없다.

이상은 색채를 피하는 점에 있어서 조각과 비슷한 묵화에도 그대로 끌어댈 수 있다. 그러나 실제생활에 있어서는 다른 어느 지각보다도 시각이 훨씬 중요한데 이 시각의 대상이 되는 다양한 성질은 색채에서 비로소 드러나는 것이다. 회화는 바로 이 시각의 우월성을 이용한다. 왜냐하면 법칙성과 대립성과 부단한 이행성을 가진, 이 질적 다양성이 예술가의 손아귀에 들어가면 마치 더할 나위 없이 불가사의한 것을 나타낼 수 있는, 무한히 정교하고 치밀한 의미를 가진, 말과 같은 효력을 발휘하기 때문이다.

그렇다고 하나하나의 색이 의미를 가졌다고 생각해서는 안 된다. 그렇게 생각하는 사람이 있다면 그가 아무리 무엇을 구성한대도 실패하고 만다. 또 하나하나의 대립과 대조와 농담에 의미가 있는 것이 아니라, 언제나 주제적 구성이 보여주는 것과 같은 더욱 큰 연관 속에서만 비로소 긴요한 색채의 조합이 나타나며, 말하자면 생명을 나타내는 것이다.

이 점을 확실히 알아두는 것이 중요하다. 왜냐하면 회화의 특정한 조제권과 동시에 회화에 있어서의 계층관계의 특수성이 그 점에 달려 있기 때문이다. 예를 들면 색채의 변화에 의해서 규정되는 회화의 주제권이 있다.

그중에서 가장 널리 알려져 있는 것이 '정물'이며, '실내'도 그와 마찬가지지만 다시 더 나아가서 '풍경'에도 들어맞는다는 점이 중요하다.

예전에 화가의 눈이 풍경을 발견한다고 말한 일이 있다. 그럴 때 화가의 눈을 자연적인 풍경에 붙잡아 두는 것은 무엇일까? 물론 그것은 여러 가지가 있을 수 있다. 그러나 한 가지 꼭 있어야 할 것은, 교외의 숲속에서 우리에게 나타나는 바와 같은 신기하고 감탄할 만하며 자연스러우면서도 마치 정교한 솜씨로 정제된 듯한 여러 가지 색의 배열이다.

이러한 것에, 그리고 이와 비슷한 여러 가지 것에 한 번 눈이 뜨인 사람이라면 그것들을 좀처럼 잊지 못한다. 왜냐하면 그것은 그의 눈에 나타난 하나의 세계이기 때문이다. 그러므로 화가의 눈은 마치 그가 여기서 그림의 원리를 발견한 듯이 풍경으로 되돌아가기를 좋아한다. 색은 아마도 이러한 대상, 즉 물적이거나 구조적인 통일성을 표시하는 대상이 아니라 다양한 세계의 일부분에 지나지 않으며 그런대로 형상적 통일성을 가진 대상을 위하여 최대의 투시력을 가진 것이리라.

c 회화의 내면층

지금까지는 다만 회화의 외면층에 따라서 실재하는 전경과 비슷한 계층만을 언급했다. 그것은 앞에서 구별한 대로 말하면 현상하는 공간성과 물성의 계층 또는 빛의 계층을 덧붙여야 한다. 하지만 이 외면층을 다시 구분하는 것이 아마도 좋을 것이다. 왜냐하면 '생명'은 그림에서 운동성과는 전혀 달리 나타나기 때문이다. 하지만 이로써 우리는 벌써 회화의 내면층에 한 발을 들여놓은 셈이다. 왜냐하면 여기서 나타나는 생명성은 벌써 내면층이라고 간주해야 되는 중간계층에 속하는 것이기 때문이다. 그 점은 아마 운동성의 현상으로도 봐야 할 것이다. 왜냐하면 오직 멈춰 있는 것을 직접적으로 보여줄 수 있는 점에서 회화나 조각이 같다는 사실을 잊어서는 안 되기 때문이다. 화면상의 색채는 형성된 석상(石像)과 마찬가지로 움직이지 않는다. 그리고 어디까지나 철저한 이 정지에서 운동으로 이끄는 것은 다름 아닌 현상(現象)이라는 좁은 길목이다. 그러나 이 길을 따라갈 때 풍부한 내용의 세계가 펼쳐지는 것이다.

여기서 또 깊이 생각해 두어야 할 점은 회화가 감성적 시각의 전형적인 예술이라는 것(미학이라는 말은 본디 여기서 나온 것이다), 그리고 회화가 감성적 시각의 전형적인 예술이 되는 까닭은 그 질료에 있고 또 다른 예술보다도 더 이 질료에 밀착해 있는 것이다. 회화가 어디까지나 감성적인 것에 집착하며 혹은 이 감성적인 것을 멀리 떠나지 않는 데에는 그럴 만한 좋은 이유가 있는 것이다. 그러므로 화가는 모든 이념적인 관조에서 언제든지 다시 감성적인 시각과 색채로 되돌아간다. 따라서 회화가 가시적인 것을 멀리 떠나는 것은 어떤 범죄와 같은 일이다.

그렇지만 회화는 이 가시적인 질료를 가지고 인간적이며 정신적인 내용을 표현한다. 이 점은 이미 초상화를 예로 든 바 있다. 그러나 여기서는 그것만이 문제가 아니다. 왜냐하면 일상생활의 장면에서 종교적 경이와 신비의 장면에 이르기까지 회화에 접근하는 인간적 주제가 그 밖에도 많이 있기 때문이다. 네덜란드의 화가가 지적한 바와 같이 집 안에서 남자나 여자들이 아무런 허물없이 지내는 것이나, 먹고 마시는 일이나, 그 밖의 인간적인 또 너무나 인간적인 것에 이르기까지 회화적인 측면을 갖지 않은 것이 없다. 그것은 네덜란드의 화가 이전에 아무도 생각하지 못하던 매우 놀랄 만한 발견이다.

애당초에 화가의 의도가 아니었을지라도 회화에서는 인간의 심적 생활—그것이 단순한 향락의 희열에 지나지 않을지라도—이 표현되는 것이다. 그리고 이런 것이 일단 인간생활 안에 들어오게 되면 그것이 앞으로 밀고 나와서 주요한 관심사가 된다. 그와 같은 실례는 역사적인 장면에서 볼 수 있고, 또 일찍이 많은 사람들의 호기심을 끌었던 신비적인 장면에서도 볼 수 있다. 그중에서는 첫째로 그리스도와 성모상을 중심으로 전개되었든지 혹은 '하느님 아버지'와 세계창조를 중심으로 전개되었든지 어쨌든 종교적인 장면을 들 수 있다.

자세히 보면 문학에서 발견된 모든 계층이 회화에서도 다시 나타난다. 이 계층들이 문학과 회화에서 나타날 때에는 명암 및 농담의 차이가 있고, 나타나는 방식에도 차이가 있다.

그렇다고 최후의 후경이 회화에서 나타나지 않는 것은 아니다. 이 계층들이 회화에서 받는 제약은 거기에 있는 것이 아니라 전혀 딴 데 있다. 이 제약은 정적이고 가시적인 것, 다시 말하면 전경에 속하는 것을 통해서 나오는 것이며, 회화의 질료에 근거가 있다.

그것은 장면묘사가 본디 회화적 주제의 자연적 범위 내에서 나온다는 말이 아니다. 그렇게 보기에는 장면묘사가 예술의 발전상에서 하고 있는 역할이 너무나 크다. 이 점은 물론 예술 외적인—주로 종교적인—'착색'과 관련이 있다.

그러나 여기서 주제를 규정하는 광범한 성서의 장면, 예를 들면 라파엘로와 레오나르도 다빈치의 군중장면, 허다한 성모상이나 책형(磔刑)의 장면, 또 렘브란트가 그린 구약성서의 장면 등을 진심으로 무시할 수 있을까? 이러한 모든 장면에서는 색채와 빛과 보기 등의 기교가 전개되거니와 또 내면적·인간적·심적인 것이 표현되고 있는 것이다.

그러면 이제 순수한 풍경화를 제외하고 회화 일반 중에서 인간적인 것의 표현이라고 볼 수 있는 모든 것을 총괄하여 거기서 발견되는 모든 계층들을 어떻게 볼 것인가, 냉정하게 생각해 보자.

그 모든 계층을 열거하면 다음과 같다.

(1)가시적인 색채를 가진 실재적인 평면이 전경을 형성하고 있다.

(2)그다음에는 3차원의 공간성 사물과 빛이 그림 속에서 나타난다.

(3)이 사물의 영역 속에서 다시 운동, 혹은 정지의 상태로 직관되는 운동성이 나타난다.

(4)이 운동성에서 '발랄'한 색채에 의해서 강렬한 지지를 받고 있는 형상의 생명성이 나타난다.

(5)운동의 생명성에서 다시 인간적이고 심적이며 내적인 것이 나타나고 상황·정열·심술·행동의 일부분이 나타난다.

(6)또한 어떤 개인적인 이념이(초상화에서는 더욱 심각하게) 나타나는 경우도 있다.

(7)마지막으로 여러 가지의 이념적이고 일반적인 것이 나타난다. 여기서는 종교적 장면에서와 같이 이 일반적이고 이념적인 것이 흔히 의식적·주제적으로 숨겨져 있다. 이런 경우에 그 장면의 의미와 취향을 알아내는 것은 보는 사람의 역할이다. 그러나 예술적 관조에 있어서 그것을 깨우쳐 아는 사람은 대개 소수이다.

지금까지 열거한 회화의 모든 계층은 조각의 모든 계층과 비교하면 전자가 훨씬 더 다양하다. 조각에서는 분명히 네 개의 계층만이 구별되거니와 그 이유는 질료관계가 전혀 다른 점—즉 조각에 있어서는 1차원의 평면이라는 우회로를 취할 필요가 없고 따라서 제1의 중간계층이 빠져 있다—에 있고, 다른 한편으로는 조각에 있어서는 심적이고 내면적인 것의 현상이 매우 제한되어 있는 점에 있다. 그와 마찬가지로 조각은 물적인 특수한 계층의 현상을 허용하지 않는다. 왜냐하면 조각은 언제든지 생명이 있는 것에 한정되기 때문이다.

하지만 회화의 계층을 문학작품의 그것과 비교하면 사정이 다르다. 문학도 일곱 개의 계층을 가지고 있다. 그러나 그 일부분은 같은 계층이 아니다. 즉 문학에서는 언어라는 평면의 배후에 운동과 표정 내지 사람들의 대화라는 계층이 나타난다. 그리고 회화에 특유한, 현상하는 공간성과 운동성은 빠진다. 좀더 정확하게 말하면, 이 공간성과 운동성이 빠지는 것이 아니라 운동성과 표정이라는 계층 안으로 들어가는 것이다. 그리고 바로 이 계층 가운데서는 또 생명성과 현상이 빠진다. 이리하여 회화에서 지적된 1에서 5에 이르기까지의 여러 계층이 문학작품에서는 오직 하나의 계층을 이룬다. 그 이유를 말하기는 어렵지 않다. 그것은 문학이 바로 인간과 그들의 생활상태나 행동 따위만을 다루기 때문이다. 그 밖의 모든 외적 관계는 문학에 대해서는 겉치레와 지름길에 지나지 않는다. 그러므로 문학은 그 감성적 구성을 무시하고 오직 심적인 것을 투시하기 위한 수단으로서만 끌어들인다. 그렇지만 회화에 있어서는 인간적인 것의 이 방면이 가장 유력한 주제적 계기가 된다. 그러므로 회화는 이 감성적인 방면을 숙지하여 세밀하게 제시하며, 그렇게 함으로써 간접적으로 심적인 것을 나타나게 한다. 회화는 가시적이고 감성적인 것과 가장 긴밀하게 이어진 예술이다.

중간계층에서 비교하면 이상과 같다. 그러나 가장 내면적인 계층에서 보면 문학은 회화보다 훨씬 낫다. 그것은 문학이 하나의 시간예술이기 때문이다.

문학은 한순간에 결부한 것이 아니다. 인간적인 사건·상황·발전·행동과 그 귀결 내지 모든 운명은 인간의 한평생을 통해야만 추적할 수 있는 것이다. 그러므로 문학의 후경 중에는 회화에서 전혀 볼 수 없거나 그렇지 않으면 오직 암시적으로만 나타날 수 있는 일련의 중간층이 끼어든다. 그것은 첫째가 상황과 행동의 계층이며, 둘째가 심적 형성과 성격의 계층이며, 셋째가 운명과 이 운명을 부담하는 방식의 계층이다.

이 점에서 회화의 한계를 분명하게 볼 수 있다. 그것은 이미 말한 바와 같이 회화에서는 인간적인 최후의 후경을 묘사하는 일이 거부되어 있음을 뜻하는 것은 아니다. 회화에서도 이 최후의 후경이 분명히 보편적인 이념으로, 또 어떤 때에는 개인적인 이념으로 나타난다. 그러나 그것은 어디까지나 단면적인 것에 지나지 않는다.

회화는 순전히 감성적인 그 질료 때문에 더욱 전경적인 대상층에 이어진 예술이지만 헤아릴 수 없이 다양하다. 그 반면에 문학은 더욱 후경적인 계층에 집착하므로 비교적 감성적 구체성이 적다. 그 대신에 문학은 인간생활의 깊은 내면에까지 파고 들어가서 이것을 전혀 달리 창조하는 예술이다.

d 회화와 자연대상

지금까지 열거한 회화의 계층서열은 다른 관점에서 보면 회화가 가질 수 있는 어떤 중요한 본질에 맞지 않는다. 이 같은 계층서열은 오직 인간적인 것의 표현을 토대로만 나오는 것이 분명하다. 그것은 단지 여기서만 보다 심각한 계층이 대상적으로 나타날 수 있는 만큼 당연시되며 또 회화의 보다 더 중요한 사명이 여기에 있을는지도 모른다. 하지만 그렇다고 해서 회화의 전체가 이에 그치는 것은 아니며 또 그렇게 본다면 회화의 어떤 일반적 본질·특징이 그냥 지나쳐질 가능성도 있다.

왜냐하면 그 밖에 의식적으로 오직 자연적 대상만을 다루는 회화도 있기 때문이다. 흔히 풍경화가 그렇다. 또 정물화와 모델화도(전자는 비록 대상에 사람의 손이 닿은 흔적이 있다 하더라도 후자는 자연적·물체적인 것만을 제시하는 한에서만) 이 속에 포함시킬 수 있다.

그러면 묘사된 '풍경'은 어떠한가? 풍경화에는 참으로 심각한 계층이 없다면 그것이 그처럼 인상 깊고 의미심장하며, 또 인간적이고 정신적이게도 하는 것은 무엇인가? 역사적으로 보면 (그림 속에 인물이 없는) '순수한 풍경화'는 뒤늦게 나타났다. 이 점에서 보면 풍경화라는 것은 이 풍경을 특정한 무엇으로 보는 인간이 그 속에 그려져야지, 그렇지 않으면 이 풍경이 허공에 뜬 것 같은 느낌을 준다.

그런 느낌은 물론 소박하고 잘못된 생각이지만 거기에는 또한 어떤 진실성이 없는 것은 아니다. 이 진실성은 미학적으로 보면 풍경이라는 것이 오직 이 풍경을 보는 사람, 더구나 아무렇게나 보는 것이 아니라 특정한 방식으로 보는, 즉 향수하며 완상하는 사람에 대해서만 존재한다는 점에 있는 것이다.

이와 같은 우회로를 통해서 인간도 그의 전심적 존재를 가지고 풍경 속에 들어간다. 그러나 대상으로서가 아니라 대상의 제약으로서, 그리고 아주 특별한 방식으로 들어가는 것이다.

이 점을 여기서는 그 무엇이 반드시 주관에 '대해서'만 대상이 될 수 있다는 '대상화의 법칙'과 같이 모든 대상에 마땅한 일반적인 의미가 아니라 특수한 의미로 이해해야 한다. 아름다운 풍경은 산이나 들의 구조에서 성립하는 것이 아니라 이 모든 것이 특정한 공간점에서 내어 보이는 어떤 그림과 같은 광경에서 성립하는 것이다.

그러므로 관점이 조금이라도 달라지면 풍경이 달라질 수 있는 것이다. 그와 마찬가지로 계절은 말할 것도 없고 햇빛이나 태양의 위치나 날씨가 변해도 풍경이 변한다. 따라서 화가는 순간적이고 일시적인 것을 포착한다.

동물이나 꽃이나 사람의 얼굴을 관찰하는 경우에는 '관점'이 달라질 때마다 그 내용이 얼마쯤 달라지지만, 대체로 같은 모양이 오래 계속된다. 그러므로 한 시간이나 하루나 일주일이 지난 뒤에 다시 보면 대상이 그 동일성에서 발견되는 것이다.

그러나 풍경의 경우는 그와 전혀 다르다. 구름이 위로 솟으면 광경이 달라진다. 바꾸어 말하면 화가는 그가 한때 취했던 위치와 똑같은 위치를 절대로 다시 발견하지 못한다. 그리고 보이는 광경도 아주 달라진다. 풍경에 있어서 보는 주관과 이 주관이 택한 공간—시간상의 위치—이 매우 중요한 구성적 역할을 하는 이유가 바로 여기에 있다. 하지만 풍경에 있어서 시각이 차지하는 역할이 그 이유를 설명하고도 남음이 있다. 왜냐하면 보는 자의 위치를 떠나서 시각이 있는 것은 아니기 때문이다. 그 점은 실내·군중·장면 등의 화제에 대해서도 마찬가지다. 그러나 여기서는 보는 자의 위치가 그렇게 결정적인 계기는 아니다.

따라서 '아름다운 풍경' 속에 끌려 들어간 인간의 주관성을 재발견하기 위해서 곧바로 감정적인 후경을 노릴 필요는 없는 것이다. 왜냐하면 작품 속에는 언제든지 '본 것'만이 아니라 보는 자의 보는 방식이 아울러 표현되기 때문이다. 그리고 이 보는 방식에는 사실에 있어서 이미 열거한 것 말고도 더 많은 것이 포함된다. 예를 들면 빛과 색의 질적 다양성, 대조효과, 농담의 차이, 색과 빛 이외의 어떤 다름 표시로도 바꿀 수 없는 무한히 미세한 이행과 종합작용 등이 그것이다.

색채의 변화 이외에 다른 어떤 것에도 규정되지 않은 회화의 모든 주제권은 여기에 뿌리를 박고 있다. 그러므로 순수한 회화적 가능성의 모든 발견은 예술 그 자체의 새로운 방향을 제시하는 것이다. 네덜란드의 풍경화가 그랬고, 프랑스의 인상파가 그러했으며, 또 근세의 골계화가 그러했다. 회화는 무엇보다도 먼저 '생명을 보는 것'이며 어느 다른 예술보다도 깊이 감성적인 것에 뿌리를 박고 있는 예술이므로, 아무리 고상한 화제라 하더라도 그 속에는 감성적인 것이 침투할 여지가 남아 있는 것이다.

예를 들면 멀리는 높은 산맥이 보이고 가까이는 잡초와 지엽(枝葉) 우거진 전경 사이로 널리 퍼진 평야를 바라보는 것이 그렇고, 또 공간적으로 떨어져 보이지만 바로 동시에 보이는 그림같이 밀접하게 붙어 있는 원경과 근경 또한 그렇다. 그 무엇이 그림과 같을 수 있다는 것, 그리고 어찌 그러할 수 있는가는 결코 분명한 일이 아니다. 원근을 나타낼 수 있는 농담법(濃淡法)이나 착색사진술이나 공간거리를 이용하여 앞과 뒤를 묘사하는 방법은 모두 보는 방식에 따르는 것이다. 새로 돋는 이파리를 그리며 물방울을 그리고 반짝거리는 빛을 그리는 것, 음영의 유색성과 무색성이 시야에서 사라지는 현상 등도 마찬가지다.

여기서 회화의 기교에 관한 한 문장을 덧붙이는 것이 차라리 정당할 것이다. 왜냐하면 기교라는 것은 여기서 외면적인 것이 아니라 무엇보다도 뛰어나게 보는 방법에 따르는 것이기 때문이다. 아니, 기교는 본디 객관화한 '보기' 이외의 아무것도 아닌 것이다. 그리고 모든 새로운 정신적 개명(開明)이라는 것을 고찰할 때에만 인간과 풍경의 관계가 비로소 미학적인 의미에서 환하게 밝혀지는 것이다. 우리는 이와 같은 우회로를 통해서 이제 겨우 묘사된 풍경에 있어서 후경, 즉 본디 인간에게만 대상으로서 특유한, 보다 더 심각한 후경층의 문제에 다다랐다.

사람들이 이 계층을 흔히 '기분'이라는 계기에서 보아온 것은 당연하지만 한 걸음 더 나아가서 풍경 속에서 그보다도 더 특수한 감정내용을 발견했어야 할 것이다. 그러나 사람들은 미학이론 가운데 맞지 않는 것을 많이 집어넣는다. 예를 들면 풍경에서 객관적으로 그 어떤 '기분이 난다'(명랑하다, 우울하다, 냉담하다, 안타깝다 등)는 것이나, 단지 풍경을 보는 우리가 우리 자신의 기분을 투입한다(감정이입설)는 것은 다 옳지 않은 것이다. 비밀은 화가가 기술적인 수단을 발명하고 또 그것을 관조자에게 제시하며 그를 자기가 보는 방식으로 끌어들이는, 화가의 보는 방법에 있다.

기분은 두말할 것도 없이 관조자의 기분이지만 관조자가 임의로 가질 수 있는 기분이 아니라 예술작품이 객관적으로 요구하는 기분이며 예술작품의 감성적인 내용에서 대상화된 기분인 것이다. 그렇다면 이러한 의미에서 우리는 이 기분이 풍경에만 있는, 그리고 이 풍경에만 나타나는 기분이라고 말해도 무방하리라.

이 기분은 풍경이 '그렇게 본 풍경', 다시 말하면 예술가가 보는 방식대로 본 풍경인 만큼 이 풍경에 '고유'한 것이다.

이 관계를 그 이상 더 간단하게 말할 수 없으나, 그것은 단지 미적 대상 일반을 보는 방식의 결과이며, 미적 대상에 있어서 실재적·감성적이 아닌 모든 것은 다만 미적 대상을 충분히 파악하는 주관의 관계에서만 성립하는 것이다. 그 점은 물론 예술의 모든 작품에 있어서 마찬가지이지만 회화의 경우에는 특별히 느껴지는 것이다.

그 까닭은 회화가 매개하는 고차적 관조에만 관계가 있는 것이 아니라 감성적 관조 그 자체에도 관계가 있기 때문이다. 화가는 이 감성적 관조를 인상적인 시각 이상으로 강조하는바, 감성적 시각에 대한 이 회화적 첨가에 가장 미묘한 기분까지 포함한 그 밖의 모든 것이 좌우되는 것이다.

여기서 한 가지 더 보충해 둘 것이 있다. 제1절 c항에서 지각의 감정적 내용에 관해서 말한 것을 상기하라. 우리가 보고 들은 모든 것이 자기 자신을 넘어서 (인간이나 인상 등등의 인식에 있어서) 지각불가능한 그 무엇의 인식을 촉진하듯이 그것은 또한 자연적이고 소박한 의식에 있어서는 낯설고, 기분 나쁘고, 두렵고, 몸서리나거나, 혹은 그립고, 믿음직하고, 다정스럽고, 사랑스럽고, 좋기도 한 감정적인 요소의 인식을 촉진한다.

우리의 자연지각에는 바로 이와 같은 감정적 계기가 풍부하다. 따뜻한 햇볕과 여름 한낮의 눈부신 공기, 멀리서 보이는 부드러운 파란색, 어두컴컴한 나무숲, 싸늘한 밤 등이 그것이다. 우리는 눈에 보이는 것들을 무관심하게 대할 수 없다. 우리는 그것들에 접근하고 있다든지 또는 선이거나 악이거나 간에 그 무엇을 우리에게 바라고 있다든지 한다. 그것들은 우리에게 안정을 주기도 하고 흥분을 일으키기도 한다. 이러한 감정적 요소가 희박한 교양 있는 의식에서도 그것이 완전히 사라지지 않고 어떤 경우에는 다시 뚜렷하게 나타난다.

더구나 화가의 의식에서는 이러한 감정고양이 아주 자연적으로 나타나서 보이는 것에 그 기분적 색채를 더해 준다. 예를 들면 여러 가지 초화(草花)의 '청초함'이며, 푸른 숲속의 '정적함'이며, 깊은 산속 으슥한 골짜기의 '냉담함'이며, 바람에 나부끼는 나무숲의 '신선함'이 그것이다.

이처럼 단순한 느낌을 주는 요소의 출현은 실제적이고 물적인 태도의 물러남과 거의 일치한다. 그러나 이 물러남이 바로 풍경의 미적 경관에 특징적인 것이다. 그러므로 색채 및 빛과 동시에 경관의 감정적 측면 그 자체가 살아난다. 그것은 마치 감정적 요소를 일상적 의식 속에 억지로 가두어 놓고 자물쇠를 채워두는 것과 같다 하겠다.

하지만 일상적인 의식이 화가의 안목에 의하여 열리자 잠재적인 기분의 다양한 섬광들이 나타나서 가시적 색채에 금상첨화격으로 다시 색채를 덧붙인다.

그것은 물론 보다 더 크고 보다 더 깊은 감정적 내용의 시초에 지나지 않지만 이 시초는 감정적인 것이 눈으로 보는 것—특정한 보는 방식—에 어떻게 덧붙이는가를 명시한다. 왜냐하면 여기서부터 자연형상 속에 깊이 침잠하기에 이르기까지에는 다만 계단의 차이가 있을 뿐이기 때문이다.

14) 음악작품의 여러 계층

a 음악적 통일의 계단

I부 제7절 가운데에서 비표현예술에 있어서는 계층구조를 지적하기가 곤란하다는 것은 이미 말한 바 있다. 비표현예술에 있어서는 실재적인 전경과 비실재적인 후경과의 구별조차 어렵거늘 하물며 후경의 분열과 동시에 시작되는 보다 더 미세한 구별은 말할 나위도 없는 것이다.

여기서는 결국 후경의 분열이 전혀 없는 것일까? 이곳에서 우리가 붙잡고 늘어져야 할 두 가지 예술은 음악과 건축이다. 이 두 예술에서는 '현상관계'가 복잡하다. 장식은 여기서 문제가 안 된다. 왜냐하면 장식에는 보다 더 깊은 후경의 계층이 없기 때문이다.

음악의 경우에는 누구나 그 후경의 접촉을 가지고 있는 듯이 생각한다.

음이나 곡조가 그 자체를 위해서 있는 것이 아니라 정신적 내용을 위해서 있는 것이 분명하다. 음악에서는 이 정신적 내용이 본질적인 계기가 되고 있다. 왜냐하면 일상생활에 있어서는 감정생활의 대부분이 흔히 억압을 받고 있어서 음악 없이는 제대로 이루어질 수가 없기 때문이다.

이것은 연주에 있어서거나 또는 이론적 비평에 있어서거나 고도의 음악적 교양을 가진 소수의 의견만이 아니다. 그것은 또한 길을 걸어가든지, 혹은 작업을 하면서 리듬에 박자를 맞추어서 노래를 부르며 위대한 음악을 듣고 이에 도취하고 긴장을 푸는 경우와 같이, 음악을 생활 속에 끌어들이는 무수한 반음악적인 사람들의 의견이기도 하다.

이러한 견해 가운데에는 물론 수긍되는 그 무엇이 있다. 그렇다면 그것이 무엇이며, 그 견해의 어느 점에 있으며, 어떠한 정신적 내용이 거기에 있는가가 중요한 문제일 뿐이다. 그 밖에 또 이 정신적 내용이 어떻게 해서 음악화하는가, 다시 말하면 그것이 어떻게 해서 음이라는 질료 속에 '나타나는'가, 또 그것이 과연 본디적인 의미에서 나타난다고 말할 수 있는 것인가가 문제된다. 왜냐하면 본디의 '나타남'에 있어서는 나타나는 그 무엇이 인식될 수 있어야 하기 때문이다.

지금까지는 음악문제의 기본적인 줄거리만 말한 것이다. 그다음에 더욱 미묘한 문제들이 나온다. 그중에는 이미 언급한 바 있는 후경의 첫째 계층의 지위에 관한 문제가 있다. 이 첫째 후경층은 대규모의 순수한 음악적 전체를 이루는 것이지만 이미 귀에 들리는 것은 아니다. 그렇다고 이 계층이 아직 정신적 내용의 계층이라고 말할 수 없다. 이 정신적 내용에의 비약은 이 계층에서 비로소 시작되는 것이다.

또 순수음악에는 관계가 없고 표제음악에 관계가 있는 일련의 문제가 있다.

표제음악은 현재 나와 있는 많은 작곡 가운데에서 큰 몫을 차지하고 있는 것이므로, 가치가 적은 음악이라고 무시할 것이 아니라 문제를 제기해야만 한다.

두 문제 가운데 첫째 문제에 관해서 말하면 음악은 회화와 매우 비슷한 점이 있는 것을 쉽게 알 수 있다. 회화에 있어서 색의 세계와 더불어 무궁무진한 가능의 영역이 열려 있듯이 음악에 있어서는 음의 세계와 더불어 역시 무궁무진한 가능의 영역이 열린다. 음의 고저, 음의 강약, 음색·화음, 다른 화음으로의 이행(변조·리듬·세로줄과 박자의 변경) 등등 음악적 형상의 차원이 벌써 색의 차원에서 연상된다.

이런 점에서 우리는 당연히 음악도 회화에서처럼 감성적인 질료에 근사한 한 무리의 '외적'인 후경층이 개입하리라는 기대를 가질 수 있다. 그것은 위에서 지적한 음악적으로 들을 수 있는 전체라는 계층이 다시 분열한다는 것을 뜻한다. 이 분열상을 추적하기는 곤란하다. 왜냐하면 표현예술이 우리에게 제시하는 바와 같이 그것을 추적하기 위한 주제적 단서가 없기 때문이다. 그러나 약간의 암시를 줄 수는 있다. 제7절 b항에서 보았듯이 귀로 들은 선율에서 직접적으로 한 악장의 통일 또는 한 작곡의 전체로 옮아간다는 것은 어떤 추적임에 틀림없다.

왜냐하면 거기에는 자유로 밀집한 다른 하나의 통일체가 끼어들어 그보다 더 큰 통일체가 올라설 수 있는 어떠한 조음이 성립하기 때문이다.

예를 들면 누구나 잘 아는 4박자 대신에 또 다른 것이 그 자리에 들어설 수도 있다. 하지만 그것이 무엇이었든 간에 그것은 음악적으로 받아들여지며 마치 벽돌조각과도 비슷한 완결된 한 조그마한 전체인 것이다. 고전음악에서는 이것이 여러 번 기본음으로 반복됨으로써 강조되고 있다. 그것은 또 지속적인 응집과도 비슷하며, 엄밀히 말하면 감성적으로 들리지 않으면서 감성적으로 들은 통일체와 같은 효력을 나타낸다. 시간적으로 구분된 전체가 그 속에서 결합하는 것이다.

그뿐 아니라 음악에는 동기의 반복이라는 것이 있어서 아무리 변화해도 그 본디의 동기가 재인식되지만 다른 동기라고 느껴지는 것이다. 이 점에 의식적인 '변주형식(Thema con variationi)'에까지 올라갈 수 있는 변화의 원리가 뿌리를 박고 있거니와, 이 변주형식은 '가곡'이거나 소나타이거나 간에 음악적 구성에 있어서 압도적으로 유력한 근본형식의 하나이다. '제1악장'의 고전적 형식은 이 근본형식을 토대로 하고 있다. 이 형식은 마치 '해학' 속에 '3부합주곡'을 끼워 넣은 것과 같은 효과를 준다. 4부합주곡·3부합주곡·소나타 등 거의 모든 표제음악이나 교향곡이 이 형식을 적용하고 있다. 이 형식은 또 합창곡에도 나타난다.

그런 뒤에 비로소 진정한 '악장의 성격', 즉 보다 큰 구조의 통일이 나타나는 것이며 이 악장의 성격에 의해서 비로소 위에서 확인한 모든 요소 즉 그쳐버린 소리를 굳게 지키며 그 위에 새로 울려오는 소리가 얹히면서 예시와 부단한 기지와 기대와 경이, 악곡이 사실상 끝났을 때에 최후의 박자 속에 악곡 전체가 공존하는 등 여러 요소가 정당하게 살아나는 것이다.

이 '구조의 전체'는 이른바 다성음악 속에서 한층 더 놀라운 부추김을 받는다. 여기서는 하나하나의 어구가 서로 일치해서 전체의 조화를 나타내며 그럼으로써 이 전체의 조화는 다시 어떤 내적 필연성을 획득하게 되는 것이다.

대체로 말하면 음악적 구조, 즉 보다 더 고차원인 통일성과 전체성의 극치가 '둔주곡(푸가)'이다. 이 둔주곡 속에는 순수한 숭고로 향한 북돋움과 성장의 현상이 있다. 그 점은 이 둔주곡을 상당히 위대한 음악작품이 제시하는 바와 같은 비교적 완만한 통일성, 예를 들면 심포니(교향곡)나 소나타에 있어서의 악장의 결합과 비교해 보면 더욱 이해가 간다. 그 밖에도 더욱 긴밀하지 않은 결합이 있다. 예를 들면 비음악적인 주제가 전면적으로 음악을 규정하고 있는 오페라가 그것이다.

그러므로 이러한 계단적인 음악적 통일의 현상이 올바로 이해되려면 감성적으로 들을 수 있는 것의 배후에서 오직 음악적으로 들을 수 있는 것을 여러 계층으로 분할해야만 한다. 그것이 몇 계층으로 분할되느냐가 중요한 것은 아니지만 적어도 세 개 혹은 네 개의 계층을 구별하지 않으면 안 된다.

(1) 완결된 음악적 구절의 계층(4박자의 법칙 등)

(2) 광범한 '주제'의 변조의 계층

(3) 음악적 '악장'의 계층(이 중에는 가장 긴밀한 통일인 둔주곡이 있다)

(4) 모든 악장이 결합한 대악곡의 계층(이 결합은 긴밀이 비교적 적다)

그러나 계층의 수가 중요한 것이 아니라 층을 이루는 방식이 중요하다.

이 계층들을 다시 더 세분할 수 있다.

b 음악의 내면층

또 하나의 문제는 이른바 표제음악에 있다. 이 문제를 평정하려면 음악의 내면층을 대강 살펴볼 필요가 있다. 왜냐하면 음악에 음악 외의 '내용'을 부여할 가능성은 음악적 통일성의 계단에 매인 것이 아니라 음악의 내면층에 매였기 때문이다.

음악의 내면층에서 그 내면층으로 옮아가는 것이 하나의 비약이라는 점에 대해서는 아무런 의문도 있을 수 없다. 음악의 외면층은 순전히 음악적 형성, 다시 말하면 '음과 화성의 유희'에 관계를 가진 것이다. 음악의 이 외면층은 감정이나 기분과는 아무런 관계도 없다. 그러나 내면층에는 음악과는 전혀 별개의 부속물이 끼어든다. 내면층은 주관적인 것이며 오로지 심적 생활에 소속하는 것이고, 외면층은 우리가 생각할 수 있는 가장 객관적인 것이며 순전한 구성적 구조이고 분석할 수 있는 것이며 대상적인 것이다. 내면층과 더불어 나타나는 심적인 것은 대상적인 것이 아니라 어디까지나 주관성에 머물러 있어서 파악하기 어렵고, 거의 적당한 명칭을 붙일 수도 없으며 오직 헌신적으로 경청할 수 있다. 그렇지 않고서는 무어라고 나타내기 곤란한 것이다.

그것은 오직 체험 중에만 있다고 말할 수 있다. 그러나 이렇게 말할 때 이 체험은 음악적 경청을 뜻하는 것이다. 이 체험이 지나가고 음악 소리가 끝난 뒤에는 사람들은 그 체험을 다시 현재성으로 끌어들이려고 애쓴다. 왜냐하면 그 체험은 음악 이외의 어디서나 인식할 수 없기 때문이다. 더구나 그 체험은 특수한 계단적 통일성을 가진 특수한 음악—이것과 아무리 이질적이고 외면적인 것같이 생각되더라도—에서만 인식될 수 있는 것이다.

엄밀한 음악이론은 '정신적 내용'에 대한 모든 고려를 감상성이라고 비난하거니와 그 점을 이상하게 여길 필요는 없다. 엄격하게 말하면 음악 그 자체는 순전히 구조적인 자기법칙성을 가진 건축적 구조인 것이다. 그러므로 음악은 감정을 떠나서도 충분히 자립해 나갈 수 있다.

그리고 음색·이행·변조 등등 다양한 요소를 가진 구조만으로 하나의 음의 세계를 성립시키기에 충분한 것이다. 이러한 이론을 옹호할 때에 사람들은 구조적으로 가장 엄밀한 작곡방식, 즉 둔주곡을 들고나온다. 그리하여 중복선율법의 분명한 자율성을 보더라도 감정이 '개입'할 여지가 전혀 없는 것이 확실하다고 말한다.

그러나 바로 이 중복선율법의 대가인 J.S. 바흐는 그와 정반대인 것을 증명한다. '둔주곡의 예술' 가운데 처음 4절이나 혹은 '음악적 순교자' 속의 리체르카레 혹은 '조율이 잘된 피아노' 속의 어느 한 둔주곡을 들어보라. 작법에 맞게 듣는 기교를 인식한 사람이라면 언제든지 구조에 대한 흥미 말고도 다른 그 무엇을 그 속에서 발견할 것이다. 그것은 헌신적으로 듣는 동안에 일어나는 흥분이며, 이 흥분은 확실히 우리가 어떤 세계로 떠나는 듯이 느껴지는 진정한 정신적 흥분인 것이다.

우리는 이 흥분을 음악에 객관적으로 소속하는 대상적인 형식으로, 다시 말하면 음악 속에 존재하면서 우리의 가장 깊은 내면을 인식하는 것으로 체험한다. 요약해서 말하면 이 흥분은 본디 음악 속에서 나타나며, 더구나 음악적으로 들은 통일 속에서 직접적으로 나타나며 따라서 이 음악적 통일을 통해서 투명하게 나타나는 것이다.

이 흥분을 무엇이라고 표시해도 그 표시는 부족하며 너무나 일반적인 표시밖에 안 된다. 우리에게는 이 흥분을 나타내는 말이 없다. 이를테면 '장중'하다든가 '숭고'하다든가 혹은 '유심'하다든가 '찬란'하다든가 또는 '황홀'하다든가 '자극적'이라든가 혹은 '원숙'하다는 말이 있다. 그러나 이 모든 말은 비유에 지나지 않으며 더구나 졸렬한 비유이다. 왜냐하면 여기서 중요한 것은 단지 무기력한 찬동이 아니라 참으로 우리의 심금을 울리는 음악의 장렬한 힘이기 때문이다. 이 힘은 음악을 듣는 자의 정신을 사로잡고 벅차게 한다. 그러면서도 이 힘은 음악작품 속에서 어디까지나 청중과 대립하며 미학적 거리를 보유한다.

이러한 말들도 음악적 예술작품에 몰두할 때에 실현되는 비경(秘境)에 대한 졸렬한 비유에 지나지 않는다. 바로 그러므로 이 비경이 소속하는 대상층(음악작품의 내면층)을 나타내기에 불충분한 것이다. 여기서 알아두어야 할 것은 음악에는 내면층이 있을 뿐만 아니라 그것이 또한 진정으로 음악에 있어서 중요하다는 점이다. 이것을 우리는 음악작품에 있어서의 형이상학적인 것이라고 말할 수 있으리라. 여러 가지 음이나 음의 연속이 무어라고 나타낼 수 없는 가장 내면적인 심적 생활을 나타나게 하려고 애써도 그것이 이 심적 생활에 닿지는 못하는 것이다.

그러나 우리는 얼마 동안 이 문제를 접어두거나 음악의 형식적 이론이 여기서 옳지 않다는 것, 그리고 실제에 있어서 그보다 깊은 심적 후경을 인정해야 한다는 것만은 알아두어야 하리라. 음악은 결코 여러 가지 음의 전시가 아니다. 음악이 심적 후경을 떠나면 음의 전시가 되고 만다.

음악은 오히려 진정한 계시이며, 더구나 다른 말로 표현되지 않는 그 무엇을 계시하는 것이다. 그러면 음악에서 계시되는 것이 무엇인가? 이것을 말로 나타내려고 하면 언제나 당황하게 된다.

그 점을 또 이렇게 말할 수도 있으리라. 즉 음악을 듣는 자의 정신을 일깨워 줌으로써 같이 가고, 같이 움직이고, 또 가장 깊이 살며, 불가해라고 느껴지는 것에 참여하기를 널리 알리는 것이다. 그리고 그렇게 함으로써 음악을 감정적으로 체험하는 청중이 모든 개인적·심적인 차이를 버리고 일체가 되는 기적이 일어나는바, 그것은 그 밖의 생활에서는 거의 불가능한 일이다. 하지만 이러한 '합주현상'은 참으로 천재적인 음악가의 연주에서만 볼 수 있는 것이다. 물론 모든 예술이 이렇게 사람을 녹이는 어떤 위력을 가지고 있다.

모든 예술이 사람의 마음을 들었다 놓고 바로잡고 공명하게 한다. 하지만 음악과 같은 정도의 강렬한 위력을 가진 예술은 다시없다.

이러한 현상은 물론 작용에서 발현하지만 작용을 넘어서 또한 대상을 지시하는 것이다. 왜냐하면 이 현상은 음악작품에 있어서는 심적 존재에 비슷한 존재층을 내세우기 때문이다. 이 점은 작용분석이 대상분석과 얼마나 밀접한 관계를 가지고 있는가를 가리킨다. 음악이 예술에 속하는 이유도 바로 이 점에 있다. 물론 모든 예술작품은 관조자가 내면적으로 공명하거나 협조하기를 요구한다.

예를 들면 회화나 조각은 예술가가 보는 대로 보기를 요구하며, 문학작품은 작가가 생각하는 대로 같이 생각하기를 요구한다. 여기서도 관조자나 독자가 작품 속으로 말려 들어갈 수가 없다. 그러나 음악에서는 그것이 전혀 별개의 본질적 형식을 취한다. 다시 말하면 붙잡힌다거나 말려든다든가 하는 현상이 음악에 있어서는 오히려 중요한 것이다.

주관적으로 보면 자기의 심적 생활이 음악작품의 운동 속으로 끌려 들어가서 그 속에서 같이 움직이며, 또 같이 움직이는 가운데에 그것은 자기의 운동이 되는 것이다. 이렇게 해서 대상관계가 사실에 있어서 지양되며 변화한다. 이를테면 음악은 청중의 내면으로 파고 들어가서 청중의 것이 된다.

이와 같이 청중이 음악에 끌려간다는 것은 어떠한 심적 유괴이며—우리의 영혼이 음악이 아니고는 가질 수 없는 생활의 질서, 말하자면 어떠한 예지적 질서—무어라고 표현할 수 없는 완전과 조화가 황홀의 경지로 유괴되는 것이다. 이 경지에 이르면 우리의 영혼이 음악가의 수고로움이나 공적도 잊고(대가의 연기는 경쾌하기만 하므로) 오로지 죄었다 풀렸다 하면서 무한한 황홀경에 도취하게 된다.

이 점은 감상하기에 극심한 긴장을 필요로 하는 위대한 음악에만 해당되는 것이 아니라 무도곡·행진곡·소야곡·광상곡 등의 경음악에 대해서도 당연한 것이다. 다른 점이 있다면 여기서는 우리의 영혼이 끌려가는 세계가 비교적 엄숙성이 적은 점이다. 그러나 이 세계도 순수하고 경쾌할 수 있는 것이며 다만 희열의 깊이와 파악되는 심적 생활의 계층이 다를 뿐이다.

c 작곡과 정신적 생활

그렇지만 음악도 어디까지나 대상적인 것이다. 그러면 그것은 어떻게 해서 그럴 수 있겠는가? 이 점에 우리가 해결해야 될 안티노미(이율배반)가 있다. 왜냐하면 음악을 듣는 내가 음악 속으로 몰입할 때에는 대립이 해소되기 때문이다. 그러면 이 대립이 어떻게 해서 유지될 수 있는 것일까? 따라서 우리가 말려들어간다고 느끼는 내면층이 언제나 미학적으로 필요한 거리에서 우리의 고찰 대상이 될 수 있는 것일까?

음악감상에는 두 가지 방식이 있다. 그 하나는 가벼운 자기위안을 찾거나 자기의 기분을 달래기 위한 감상으로서, 특히 위대한 음악을 들을 때에는 음악적 운동 속으로 녹아들어서 그곳에서 헤엄치는 경지에까지 올라간다. 예를 들면 니체가 묘사한 바와 같은 '울고 싶은 우울한 기분'이 그것이다. 그런 방식으로 음악을 듣는 자는 음악의 정교하고 치밀한 구조를 모르는 것이다. 그리고 또 하나의 음악감상은 어디까지나 엄밀하게 음악작품의 구조를 존중하고 그 속으로 파고 들어가서 구성된 복잡한 전체를 정찰한 뒤에 비로소 감상에 몰두하는 것이다.

엄밀한 미적 감상은 오직 이 후자뿐이다. 이러한 감상만이 참으로 파고 들어가서 작품의 모든 계층을 경험하며 작곡의 진가를 평가한다. 그러나 전자는 곡의 구조적인 외면층을 넘어 임의의 음조 속으로 뚫고 들어가서 자기의 감정, 즉 흥분된 심적 상태를 감상하는 것이다. 그럼으로써 전자의 경우에는 사실에 있어서 음악의 미적 관계가 파기되거나 그렇지 않으면 혼란스러워진다. 우리는 이와 같은 감상을 사이비음악적 태도라고 부를 수 있다.

그것은 언제든지 통속음악적 자기도취에 빠지고 만다. 이러한 도취만을 탐하며 작곡의 구조에 유의하지 않는 청중은 예외 없이 음악을 오용하고 있는 것이다.

이러한 현상 속에서 음악작품이 지지를 받고 있는 대상성을 파악할 통로가 발견된다. '도취를 탐하는 자'는 미학적으로 말하면 음악을 잘못 듣는 자이다. 그들의 귀에서는 대상, 즉 곡이 소실되고 오직 자기감정만이 남는다. 그러나 청중의 이 자기감정은 작품이 전달하는 바와 같은 순수한 감정이 아니라 자기의 일상적 감정에까지 낮추어진 비속한 감정인 것이다.

미학적으로 올바른 태도는 그와 반대이다. 곧 경솔한 속단을 내리거나 특정한 '효과'에 유혹되는 것이 아니라 한 걸음 한 걸음씩 곡과 동행하며, 이 곡을 내면적으로 듣는 가운데에 작품의 구조가 살고 이 음의 구조에서 예견되는 특정한 방향으로 끌고 가는 심적 생활이 나타나게 되는 것이 올바른 음악적 태도인 것이다.

그리하여 앞에서 제기된 안티노미는 이러한 방식으로 해결된다. 즉 음악의 내면층 그 자체는 모든 인간을 인식하고 감상에서 음악과 하나가 될 수 있는 것이지만, 외면층 그 자체는 음악을 고찰하기에 적합한 것이며 고찰의 대상이 되는 것이다. 음적 고조를 구성하는 모든 요소는 이 음적 구조의 거리와 대상적 고찰을 확보한다. 아니, 작곡적 구조의 대상성은 좋은 작품 중에서는 내면층까지도 언제나 다른 종류의 대상적 지위를 확보하리만큼 뚜렷한 것이다.

그렇다고 음악의 대상성은 '외면적'인 것에 매였다고 말해서는 안 된다. 이렇게 말하면 사람들은 참다운 것은 심적인 것과 동시에 비로소 개시한다고 생각하리라……! 예를 들면 '풍경'의 경우에는 참다운 것은 '기분'이고 그 밖의 것은 '기교'에 지나지 않는다고 생각하는 것이 그것이다.

거기서(풍경화)는 감성적인 것이 그 깊이를 가지고 있어서 기분이 그 속에서만 나타나듯이, 이 음악에서도 음의 세계가 없어도 무방한 외면적인 것이 아니라 이 계층을 뛰어넘어서는 내면층에 다다르지 못하는 것이다.

그러면 위에서 언급한 또 하나의 문제를 되살펴보자. 음과 음의 계열이 어떻게 해서 저 내면층, 즉 가장 깊고 또 무어라고 형언할 수 없는 인간정신을 나타나게 할 수 있는가? 음성은 인간의 감정과는 전혀 다른 것인데, 이 문제는 위에서 잠시 뒤로 미루었던 것이지만 이제 따져볼 기회가 되었다. 그러나 이 문제에 대한 해답은 부분적으로 제시할 수밖에 없다.

첫째, 음의 세계와 마음의 세계와는 전혀 이질적인 것같이 생각되지만 결코 그렇지 않다. 이 양자는 비공간적(비물적)이며 움직이고 변화하며 흥분과 진정, 긴장과 이완의 대립 속에서 펼쳐진다.

이상 세 가지 점에서 심적 존재는 외계의 존재와 본질적으로 구별된다. 또 분명한 것은 이 심적 존재를 표현할 수 있는 예술적 재료가 있다면 그것은 이 심적 존재와 동질적이어야 하고, 그 형태에 있어서 물적이거나 물체적인 것이어서는 안 되며, 고정한 사물이 아니라 시간적으로 유동하는 것이라야 하고, 심적 과정의 움직임과 비슷한 것이라야 한다는 점이다.

그러한 능력을 가진 것이 다름 아닌 음과 음의 계열이다. 이 음과 음의 계열 가운데에는 모든 종류의 운동, 흥분과 진정, 팽창과 격동, 유연과 완만, 귀엣말과 원한, 폭풍과 진노, 탈주와 추적, 음악적 형식에 있어서의 해방된 폭력의 억제 등이 있다.

지금까지 열거한 말들은 결코 단순한 비유가 아니다. 이 말들은 음악 속에서 살아 움직이며 울리는 무한히 다양한 소리와 비교하면 너무나 내용이 없고 무분별한 것이다. 그렇지만 이 말들은 무한히 다양한 음이 전개하는 방향을 지시한다.

이 점에 있어서 어느 경우에나 음악은 대상적 주제를 끌어들이지 않고서도 마음의 비밀을 토로—아니, 정확히 말해서 울리게—할 수 있는 근거가 되는 것이다. 시각적인 예술에는 그러한 능력이 없고 설령 있다 하더라도 그것은 간접적이다. 왜냐하면 시각예술은 눈으로 보는 사물에 매인 것인데, 이 눈으로 보는 사물에는 그러한 운동성이 없기 때문이다.

둘째, 음악의 음적 요소에는 시각의 요소에 있어서보다 훨씬 더 강한 정신적 내용이 있다. 후자에 관해서는 회화의 외면층에서 언급한 바 있다. 그런데 음성의 세계에 있어서는 이 감정적 내용이 각별히 증대한다.

여기서 다시 한 번 제1절 e항과 제2절 a항에서 언급한 지각을 떠올려 보자. 모든 지각에는 감정적 측면이 있거니와 이 감정적 측면은 오직 성숙한 인간의 물적이며 실제적인 입장에만 억제되는 것이다. 그러나 억제된 이 감정적 측면이 심미적 입장에서는 다시 전면에 나타난다. 일반적으로 말하면 이 감정적 측면이 시각보다 청각에 훨씬 더 강하게 연결되는 것이다. 이 점은 우리가 분명히 알지는 못하지만 말하는 사람의 얼굴에 나타나는 매우 섬세한 특징이나 혹은 그 순간의 심정상태와 동시에, 말의 내용과 상관없이 우리 귀에 들려오는 그 사람의 미묘한 목소리가 잘 말해 준다. 그뿐만 아니라 또 자연적으로나 예술적으로 나를 막론하고 거의 모든 듣는 사람이 음색을 통해서 찢어지는 소리, 가라앉은 소리, 우롱하는 소리, 성난 소리, 짹짹 소리, 부드러운 소리, 지껄이는 소리, 탁한 소리, 즐거운 소리, 서글픈 소리 등을 구별한다.

음악은 바로 이러한 감정적 요소를 포착하여 음색 내지 선율학이나 화성학 등을 방편으로 써서 의식적으로 가락을 높이는 것이다. 이 점에서 감정적 요소가 음악적 구조에서 전개되는 운동성과 능동 속으로 곧장 옮아간다. 사실상 비밀은 바로 음악의 '질료'가 벌써 감정표현의 기초를 가지고 있는 점에 있다. 색을 보는 감성적 기초도 마찬가지여서 아무리 고상한 표현의 내용이라 하더라도 이 감성적 기초를 떠날 수는 없다. 그와 마찬가지로 음악에 있어서는 심적 내용이 소리를 통해서 인식되는 것이지 그 밖의 다른 것을 통해서 인식되는 것이 아니다. 그러므로 소리를 알아들을 줄 모르는 사람에게는 음악의 심적 내용을 표시할 방법이 없다. 이 심적 내용을 아무리 '이야기'하려고 애써도 그것은 진실한 말이 될 수 없는 것이다. 그러나 우리는 피아노의 건반을 쳐서 이 심적 내용을 울려 나오게 할 수는 있다.

이 두 가지 요소에 음악작곡과 그 속에서 나타나는 심적 생활과의 수수께끼 같은 관련이 뿌리를 박고 있거니와 그것은 참으로 음악을 들을 줄 아는 사람에게는 분명한 것이다. 하지만 음악에 있어서의 심적 현상은 구조적이고, 작곡적인 것에 대하여 마치 계층적으로 후속하는 듯한 관계를 가지고 있으므로 우리는 그것이 어떠한 내면층이고, 또 이 내면층이 몇 가지나 되는가를 더욱 알고 싶은 것이다. 그러나 우리는 여기서 계층에만 구애될 필요가 없다. 다만 음악에서 나타나는 심적인 것의 깊이에 따라서 약간의 계층만을 구별하면 된다.

음악의 후경은 세 가지 계층으로 구별된다.

⑴청중이 직접적으로 같이 흔들리는 계층. 이 계층은 무도곡에서 발단하지만 본디 모든 음악에 고유한 것이다. 이 계층은 사람을 끌어당기고 운행하며 심지어는 열광케 하는 것이다.

⑵청중이 악곡 속으로 깊이 파고들 때 이 악곡에 가장 깊이 사로잡히는 계층. 이 계층은 본디 모든 음악에 고유한 것이 아니라 어떤 위대하고 심오한 작품만이 가진 계층이다. 이 계층은 음악을 듣는 사람의 마음을 파헤쳐 놓고 그의 어둡고 깊은 자아 속에 숨은 것을 들추어내는 것이다. 엄숙한 음악은 거의 전부가 이 계층의 방향으로 움직인다.

⑶마지막으로 형이상학적인 계층. 이 계층을 쇼펜하우어는 세계의지의 출현이라고 말한 바 있다. 이 계층이 반드시 그런 것은 아니지만 어렴풋이 느껴지는 어떤 운명적인 힘과의 접촉이라는 성격을 가지고 있다. 이 계층을 실제로 지적해 낼 수 있는 경우는 흔하지 않다.

음악의 이상 세 가지 내면층 가운데에서 마지막의 셋째 계층은 비록 드물지만 증명하여 내보이기가 가장 쉬운 것이다. 즉 이 계층은 종교음악에서 압도적인 비중을 차지하고 있다. 종교음악은 본디 작곡상에서 종교적인 것이라기보다는 오직 동기와 주제상에서만 종교적이었던 것이다. 그러나 종교음악은 그 형이상학적 이념의 지지하에 동기와 주제를 가장 깊은 계시(啓示)로까지 끌고 간 것이 사실이다. 이 계시는 실제에 있어서 교의적인 계시가 아닐 뿐 아니라 순전히 인간적이며 심적인 계시인 것이다. 하지만 모든 종교음악은 형이상학적인 성격을 가지고 있다.

그러나 종교음악과 같은 제3의 내면층을 가진 세속적 음악도 많이 있다. 교향곡·4부합창곡·소나타 등이 그것이다. 이와 같은 악곡들은 전체가 그런 것이 아닐지라도 부분적으로는 종교음악과 비슷한 것이 많이 있다. 그리고 이 점에 있어서 잊을 수 없는 것은 헨델시대의 소협주곡이나 바흐의 전주곡과 둔주곡 등이다.

모든 장중한 음악은 첫째 내면층과 둘째 내면층을 가지고 있다. 이 두 개의 내면층은 셋째 내면층의 전제가 된다. 왜냐하면 공명을 떠나서나 음악적 구조의 인식 없이는 마지막 내면층이 나타날 수가 없기 때문이다. 구조 속으로 파고드는 작업이 진정한 음악감상에 앞서는 것이다. 음악작품 그 자체도 이 작곡의 고조에 대한 이해의 유무에 따라서 달라진다. 왜냐하면 이 음악적 구조의 이해가 청중에게 있어서나 작곡 그 자체에 있어서나 근본적 차이의 출발점이 되기 때문이다.

먼저 청중으로 말하면 진정한 음악작품은 본디 음악의 구조 속으로 깊이 파고드는 청중을 위해서 비로소 존립하는 것이다. 그리고 심적 현상은 음악작품의 이 계층들에 매여 있는 것이다.

얕은 외면층에서는 다만 제1의 내면층에만 다다르고 음악의 구조가 속하는 그보다 깊은 외면층에서는 제2의 내면층에 이른다. 그러나 이 제2의 내면층에도 여러 계단이 있으며, 따라서 그 자체의 내부에 다시 깊고 얕은 차이가 있는 것이다.

그다음으로 작곡에 있어서도 마찬가지다. 왜냐하면 모든 작곡이 크고 조밀한 구조를 가지고 있는 것이 아니기 때문이다. 경박한 음악과 장중하거나 위대한 음악이 여기서 갈라진다. 이 경우에 위대하다는 것은 순전히 '내면적으로 위대함'을 뜻하는 것이며, 그러므로 외면적으로 작은 작품일지라도 위대할 수 있는 것이다.

완전히 통일되고 잘 짜여진 음의 구조에서만 제2의 내면층, 즉 가장 위대한 심적 내용의 계층이 직관적으로 나타날 수 있다.

이리하여 음악의 외면층과 내면층의 사이에서 보다 깊은 내면층의 출현은 이에 상응하는 보다 더 깊은 외면층에 의존한다. 바꾸어 말하면 음적 구조가 크고 풍부할수록 그 속에서 심적인 것이 더욱 잘 나타난다는 법칙이 영향을 미치는 것이다.

이 법칙을 모르고 또는 불신하고 음악작품의 작곡적인 구조를 넘어설 수 있다고 생각하는 얼치기 음악인이 헤아릴 수 없이 많다. 이런 생각은 틀린 것인데도 그들은 그것조차 모른다. 왜냐하면 그들은 단지 가벼운 공명에서 체험한 것과 구조의 직관적 이해에서 체험한 것을 비교할 능력이 없기 때문이다. 그들은 대용품밖에 모른다. 이처럼 조급하고 그릇된 음악적 교양은 해로운 것이다. 또 일반 대중의 이러한 편견에 편승해서 보다 높은 음악적 이해에 대한 요구가 없이 다만 저속한 작품만을 내놓는 작곡가도 더러 있다.

이러한 작품은 가벼운 휴식과 오락을 탐하는 많은 사람을 유혹한다. 거기에는 그럴 만한 이유가 없는 것도 아니지만 그 속에서 위대한 심적 내용을 찾으려고 하는 사람들은 실망한다. 왜냐하면 거기에는 이렇다 할 아무런 심적 내용이 없고 다만 경박할 뿐이기 때문이다. 이리하여 사람들은 허전하고 공허하며 감상적이고 방탕하며 방자하고 유흥적인 기분에 빠져들곤 한다.

d 주제음악의 지위

여기에 표제음악을 끌어들이지 않을 수 없다. 이 표제음악을 제외할 수 없는 까닭은 이미 언급한 바 있거니와, 그중에 음악적으로 위대한 작품이 너무 많기 때문이다. 그리고 가요·합창곡·오페라 등과 같이 순전히 표제음악으로서 발전하고 있는 부류의 예술이 있다. 아마 오페라를 비예술적이라고 기피하는 사람이 있을지 모르겠으나 합창이나 사중창이나 가요를 기피할 사람은 없을 것이다.

음악은 '제2의 예술'로 쓰일 수 있는 그 어떤 특질을 가지고 있다. 이 경우에 '이 제2의 예술'이라는 것은 문학을 제1의 예술로 보고, 이 제1의 예술에 종속하는 변형된 예술, 흔히는 다만 해설하고 봉사하며 예증하는 예술을 뜻한다.

여기서 문학과의 관계는 극예술과의 관계와는 전혀 다르다. 음악은 어떤 내용을 '표현'하는 것이 아니라—이 점에서 음악은 문학과 다르다—다만 순수한 감각감정을 '울리'게 하는 제 능력을 빌려주는 것이다. 왜냐하면 문학예술은 언어예술에 지나지 않아서 그러한 능력이 없기 때문이다. 또 음악이 완성된 문학작품을 받아가지고 그것을 작곡하는 것이냐 하면 반드시 그렇지도 않다. 작곡가는 작곡될 것을 임의로 골라내는 것이 아니다. 가사와 작곡이 동시에 통일적으로 성립하는 경우도 있고 또 먼저 머릿속에 떠오르는 음악에 가사가 뒤따르는 경우도 있다.

그러나 그것은 문제 밖의 구역이다. 우리가 당면한 주요 문제는 음악이 어떻게 해서 단순한 감정뿐만이 아니라 인격·사건·운명·갈등 등으로 성립하는 인간생활의 특수한 내용을 받아들이고 나타내느냐에 있는 것이다. 작곡가가 자기의 작품에 사물이나 생활현상에 착안해서 '비 내리는 정원', '봄의 흥취' 또는 '이른 아침의 기분', '고독한 나그네', 혹은 베토벤이 붙인 제명(題名)과 같은 '목장의 가곡' 등의 제목을 붙인다면 그것은 우리도 이해가 된다. 그렇지만 어느 누구에게도 제명을 보고 그 음악의 내용을 알아맞히기를 요구할 수는 없다. 말로 표시된 주제가 음악 그 자체의 주제는 될 수 없기 때문이다. 오직 감각감정만을 표현할 수 있고 음악을 듣는 자는 오직 감각감정만을 정확하게 알아들을 수 있는 것이다. 그러나 정조는 보편적인 그 무엇이어서, 예를 들면 '이른 아침의 기분'에서 '산악의 매력'을 느낄 수가 있을 것이며, '봄의 흥취'에서 '사랑의 충일'을 느낄 수도 있을 터이고, '고독한 나그네'에서 '남모르는 고민'을 느낄 수도 있는 것이다……. 음악 그 자체는 오직 음으로 표시할 수 있는 것만을 표시한다. 그리고 음으로 표시될 수 있는 것이 특별한 내용적 주제가 되는 것이 아니다. 하지만 음악은 일정한 내용을 가진 주제에 속하는 감각감정을 표현할 수 있으며, 더구나 문학이 이루지 못할 만큼 충분하게 표현할 수 있다.

이 점에 문학적인 원본, 특히 가요가 음악 속에 끼어들 가능성이 있고, 기분과 감정의 내용이 중요한 서정시가 가요를 영합하는 특질도 있는 것이다. 음악은 이 감정이나 기분의 내용을 파악하고 또 나타내는 것이다. 물론 음악이 감정과 기분을 나타내는 데는 여러 가지 방식이 있을 수 있다. 그러나 어느 음적 주제를 바탕으로 하고 그것을 어떻게 다루느냐 하는 점에 있어서 음악은 완전한 자유를 보유한다. 예를 들면 뢰베와 슈베르트가 괴테의 동일한 시가(詩歌)를 작곡했어도 그들이 선택한 음적 주제는 다르다. 따라서 그들은 그 시가가 지닌 서로 다른 감정적 측면을 강조하는 것이다. 하지만 그들은 어디까지나 같은 제재에 머물러 있다. 이 점에 같은 문학작품이 여러 가지 소리로 울려올 가능성이 있는 것이다.

이러한 자유재량의 한계 내에서는 표제음악은 전적으로 적당한 것이다. 그렇다고 해서 음악적 동기와 문학적 주제와의 사이에 아무런 대응관계도 없다고 보아서는 안 된다. 음악적 주제에 그 밖의 어떤 의미를 부여한다면 그것은 무리이다. 그러나 모든 음악적인 '서창(敍唱, 레시터티브)'이나 음악 속에 삽입되는 모든 대화는 의문의 여지가 많다. 더구나 이 대화의 내용이 인물이나 상황이나 그 밖의 특정한 대상과 굳게 연결된, 예를 들면 극적 장면에서 그러한 것이다.

이 점에서 '가극'에서는 말썽이 되는 원리가 숨어 있는가를 쉽게 알 수 있다. 문학과 음악과의 통일을 곤란하게 하는 요소에는 여러 가지가 있지만 그중에서 첫째는 극적인 요소이다. 그런데 이 극적인 요소가 바로 각본의 중요항목이 되는 것이다. 음악이 한때 반주해야 될 사실을 서정시 속으로 끌어들이는 경향을 보여준 일이 있었지만, 이 사건의 줄거리나 극적 대화와는 꼭 일치할 수 없는 것이다.

이탈리아의 실례가 보여준 바와 같이 전날의 가극이 대화를 어떠한 '반음악'인 '서창'에까지 낮추었을 때에—그것은 세로줄의 구분조차 없이 다만 약간의 조화를 동반한 제멋대로의 멜로디만을 고려했고—주로 서정시적 부분의 완성, 즉 소가곡이나 3부합창곡이나 합창에만 전념했던 것이다. 이렇게 해서 연극이 하나의 음악적 '암호'로 변하고, 이것이 그 뒤에 다시 연주에 나타나는 것이었다. 이러한 형식에 있어서는 사건의 진행이 대사에 옮겨져서 다만 외면적인 순서의 한 기틀을 표시한다.

하지만 극적 감각은 그것만으로 만족하지 않았다. 그래서 그 뒤 18세기 초에는 또 하나의 경향이 나타났다. 여기서는 사건의 진행 그 자체를 음악으로 바꾸어 놓았다. 말하자면 음악 그 자체를 연극화한 것이다. 이제는 주고받는 말을 될 수 있는 대로 가락으로 옮겨서 말의 성격을 나타내는 것이다. 그리하여 조화 있는 배경이 생생한 음색으로 세분되고 가락 그 자체가 가요적·감정적으로 형성되는 것이다. 그러한 과정은 모차르트에게서 나타나 카를 베버에 이르러 완성되었으며 결국 바그너의 오페라가 나오게 되었다.

여기서는 대화가 사실상 음악 일반에서 가능한 정도까지 음악적으로 극화되어 있다. 그러나 이 대화가 아무리 색다르다 하더라도 오래 이어지면 흥미가 없어지고 싫증이 나는—음악의 시간낭비가 무대에 어울리지 않는—것이다. 그래서 한 사람이 노래를 부르는 동안에 다른 사람은 무대에서 하릴없이 서 있을 수밖에 없고 무엇을 어떻게 할 줄 모른다. 그것은 연기의 '부족'이 아니라 오페라 그 자체의 구조에 있어서 불가피한 일이다.

'음악극'이 취하는 수단에는 그 밖에 내용적으로 착실한 악상의 도입이 있다. 바그너의 경우에는 이 악상을 바깥에서 끌어들이는 것이 아니라 적당히 되풀이하기만 하면 청중을 끌고 갈 수 있는 음악적이고도 자연적인 방법으로 끌어들이고 있다. 그것은 어디까지나 '음악적'으로 있을 수 있는 일이다. 이를테면 악상에 대응하는 내용이 음악적으로 전혀 표현되지 않거나 또는 악상 그 자체 속에서 그러한 내용을 받아들이는 청중이 전혀 없더라도 그러하다. 그러한 대응을 유지하기가 곤란한 까닭은 전혀 다른 데 있다. 즉 그 까닭은 극이 내용적 관점에서 악상이 음으로 울려 나오기를 요구하지만, 음악은 어떤 구조적 통일성이 있어서 악상을 마음대로 가능한 어느 곳에나 받아들일 수 없는 점에 있는 것이다. 그 결과 하나는 연극적이고 또 하나는 음악적인 두 개의 요구 사이에 매우 준엄한 갈등이 더구나 작곡 그 자체 속에서 일어난다. 바그너가 이 갈등을 천재적으로 해결했다는 것, 게다가 '악상'을 아주 적확하게 선택함으로써 해결했다는 사실을 부인할 수 없다. 그렇지만 작곡가는 언제든지 이 점에 고심해야만 한다. 여기서 표제음악의 한계를 넘어설 수도 있기 때문이다.

또 그 밖에 문제가 될 수 있는 것은 이러한 갈등이 문학적 주제를 '동반'하는 모든 음악에서 나타나는 것이 아닌가 하는 점이다. 가사가 그 음의 억양과 리듬을 가지고 음악의 진실한 요구와 투합할 소질을 가질 수 있는 것일까?

많은 가요작곡에 있어서 이 문제는 어디까지나 그렇다고 긍정된다(후고 볼프·브람스······). 그러나 그것은 규칙이 아니며 또한 규칙이 될 수 있는 것도 아니다.

그렇다면 음악은 18세기의 장식성악에서처럼 가사와 음성을 고려하지 않고 그 고유한 형식을 가지고 진행하든지, 그렇지 않으면 많은 오페라에서처럼 가사가 음악을 이끌든지 하게 된다. 종교음악에 있어서와 같이 방대한 합창단이 아주 평범한 가사를 많은 소리로 합창하는 경우를 생각해 보라. 여기서는 이 평범한 가사가 음악과 결합하고 있는 것이다.

e 음악연주의 모든 계층

여기서 연주가의 예술에 대하여 언급하지 않을 수 없다. 제7절 c항에서도 연주음악을 말한 바 있지만 후경이 분열한 뒤에는 그것으로써는 불충분하다. 연주가의 예술은 작곡가의 예술을 담아내는 제2의 예술이다. 이 제2의 예술은 음성 그 자체의 계층인 제1의 후경층을 실재성(가청성)으로 올려놓는 것이다. 그리고 연극의 경우와 달라서 음악의 경우에는 연주를 통해서 비로소 작곡된 음악에 다가갈 수 있다. 왜냐하면 단지 종이 위에 쓰인 음악은 일반 대중에게 근접할 수 없기 때문이다. 그러므로 연주가의 역할이 큰 것이다.

연주가는 물론 직접적으로 음악의 외면층만을 제시한다. 아니, 옳게 말하면 연주에 있어서는 오직 제1의 외면층만이 감성적 실재로 변화하는 것이다. 그렇다고 하더라도 연주가의 연주에서 음악의 모든 계층계열이 '나타나는' 데에 어떤 변동이 있을 수는 없다. 이 점에서는 기술된 음악과 연주된 음악과의 사이에 아무런 차이도 없다. 그리고 배우의 임무가 내적인 것을 나타내는 데 있듯이, 음악가의 임무 또한 그가 적어도 외면적인 '기술적 연주자'가 아닌 이상 당연히 내면적인 것을 나타내는 데 있는 것이다. 여기에 진정한 음악연주의 의의와 목표가 있다.

그러나 그것은 연주가가 이 내면층을 현실적으로 끌어낸다든가 또는 심적인 것을 나타나게 한다는 것을 의미하는 말이 아니다. 연주가는 내면적이며 심적인 것을 나타낼 만한 능력이나 기교 내지 심적·인간적인 성숙이 부족할 수 있다. 연주자가 올바른 연주효과를 나타내기 위해서는 두 가지 조건만 갖추면 되는 것이다. 악기나 혹은 자기의 음성을 기술적으로 조종하는 능력과 작곡가와의 동질성이 그것이다.

따라서 두 유형의 연주가가 구별되거니와 한 음악가는 기술은 숙련되어 있어도 내면적인 것의 감각이 부족하다. 그래서 이러한 음악가는 대부분이 자기의 재간을 과시할 수 있는 연주곡만을 선택하는 것이다. 또 다른 한 음악가는 깊은 심적 내용을 알아들을 수 있다. 음악적 소질은 가지고 있지만 그 심적 내용을 음성으로 표현할 수 있는 기교를 습득하지 못한 음악가이다. 이 두 가지 극단적인 음악가 사이에는 헤아릴 수 없이 많은 계단이 구별된다. 그리고 이 양극단을 같은 수준에서 갖춘 음악가는 아주 드물다. 첫째 부류의 경우에는 그 음악이 색다르기는 하지만 외면적일 뿐이고, 둘째 부류의 경우에는 그 음악이 졸렬하여 다감다정하지만 감상적이기 쉽다. 이 두 부류의 음악은 그런대로 특성을 가지고 있지만 둘 다 졸작에 가까운 것이며 계층의 법칙을 침해하고 있는 것이다.

계층의 법칙은 내면층의 출현이 외면층의 충실 여하에 매였다는 것, 따라서 외면층이 깊어야만 깊은 내면층이 나타날 수 있다는 것을 말한다.

그러나 훨씬 깊은 (예를 들면 작곡의 통일성과 같은) 외면층은 어떤 적당한 얇은 외면층 없이 나타날 수는 없다. 이보다 깊은 외면층은 얼치기 음악가로서는 파악할 수 없다. 얼치기 음악가는 중간계층 여럿을 뛰어넘어서 직접적으로 자기가 느끼는 감정을 표시하려고 한다. 하지만 연기가 서툴기 때문에 그는 실패하고 만다. 왜냐하면 음악 전체는 오직 계단적으로만 완성되는 것이기 때문이다.

음악애호가가 대부분 표제음악을 좋아하는 이유도 이러한 점에 있다. 표제음악은 음악에 있어서 긴요한 것을 비음악적인 방법으로 제시하는데, 음악애호가는 바로 이러한 비음악적 방법을 쓰는 것이다. 왜냐하면 그는 모든 외면층과 또 필요한 악기의 사용에 숙달하기가 쉽지 않기 때문이다. 이 경우에 그는 큰 손실을 보고 있다는 것을 모른다. 왜냐하면 표제음악도 절대 구조적인 것을 대강 스쳐버리지는 않기 때문이다. 이러한 태도에서 전혀 비음악적이지만 감정에 도취하는 태도에 이르기까지에는 여러 계단이 있는바, 이런 태도로서는 사실에 있어서 매우 천박한 음악감상에 그치고 만다.

그러나 이러한 음악에도 두 가지가 있다는 사실에 주의를 돌려야 한다. 하나는 아주 경박한 애호심에 의해서 뚜렷하게 일그러진, 따라서 아무런 기교 없이 연주되는 서투른 음악이다. 베토벤의 소나타, 쇼팽·그리그·드뷔시와 같은 대가들의 작품 연주가 그것이다. 또 하나는 아무리 서투르고 외면적인 연주라 하더라도 그 속에서 본디의 어떤 깊은 내용이 되살아나는 음악이다. 예를 들면 헨델과 바흐, 그 밖의 많은 고전음악가들의 음악이다.

대체 그것은 무슨 까닭인가? 이에 대해서도 우리는 계층이념을 가지고 답할 수 있다. 구조적으로 치밀한, 다시 말하면 외면층이 엄밀한 계열을 이루고 있는 음악에서는 아무리 불완전한 연주라 하더라도 모든 내면층이 나타난다.

즉 이 음악을 들을 때에 그 이상의 음악 전체가 스스로 재현되며, 이 전체 가운데에서 또다시 더욱 깊은 내면층이 나타난다. 그러나 이 엄밀성이 모자란 음악의 연주에서는 심적인 것이 겨우 외면층에서만 나타난다.

마지막으로 잊지 말아야 할 것은 작곡가가 음악을 끝까지 완성하는 것이 아니며, 종이 위에 기록된 음악은 비교적 일반적인 것에 지나지 않는다는 점, 그리고 그 음악을 끝까지 완성시키는 사람은 바로 연주가라는 점이다. 그것은 극작가와 배우와의 사이에서 우리가 이미 알고 있는 관계와 같다.

그러면 그 미완전성이 음악작품의 어느 계층에 있는 것인가? 그리고 연주가가 끝까지 완성시키는 부분은 그 음악의 어느 계층에 있는가?

이에 답하여 말하거니와 그것은 원칙적으로 모든 계층에 있다. 그렇지만 그 가운데서도 큰 비중은 외면층에 있는 것이다. 그 까닭은 외면층이 나타나는 그 밖의 모든 계층을 지탱하는 점에 있을 뿐만 아니라, 외면층이 아무리 후경 속에 숨어 있다 하더라도 외면층보다 더 '일반적(미완성적)'일 수 없는 점에 있는 것이다.

이렇게 말하면 이상하게 들릴는지 모른다. 하지만 그 까닭은 만일 심적 내용 —감정·기분—이 음악에서 찾아낼 수 있는 것이라면 그것은 우리에게 이미 잘 알려진 독특한 구조를 보여주는 점에 있는 것이다. 심적 내용은 우리가 자기나 혹은 타인의 심적 생활에서 충분히 알게 된 것, 아니 자기의 생활경험이 아직 없는 경우에도 마음은 적확하게 감지되는 것이다.

그리고 그와 같은 특수한 성질을 가지고 겪거나 익숙해지거나 감지된 것이 그다음에 전체로서 뛰어드는 것이다.

이리하여 깊은 심적 체험을 가진 작곡가는 그가 아직 겪지 못한 새로운 것을 마음의 심층 속에 끌어들일 수 있고 더구나 큰 과오를 저지를 위험성이 없는 것이다. 음악해설가도 그와 마찬가지로 그가 듣는 악곡이 연주에서 자기 자신의 심적 감각을 넘어서 멀리 끌려가는 것이다. 그러므로 정상적인 교육을 받은 수준 높은 음악인적 연주는 경험 있고 원숙한 사람을 경이로운 경지로 이끄는 정신적 감화력을 가지고 있다. 이리하여 감동성이 풍부한 순수한 감각이 심적으로 풍부한 사람의 지(知)와 힘을 보충하는 것이다. 그러나 그것을 오직 외면층에서 음악적 고조를 공손하고 손상 없이 다루는 조건 안에서만 그러하다.

15) 건축의 모든 계층

a 건축작품의 외면층

건축이 '제재에 대한 자유'를 가진 점에서 음악과 일치하지만 실용적 목적에 종속하는 점에서는 음악과 반대라는 것, 또 건축이 실용적 목적과 그가 쓰는 둔중하고도 거친 재료에 의해서 이중적으로 결정되는 점에서 음악과 분명히 대립하지만, 거기에도 계층관계가 있다는 점은 제7절 d항에서 명시했다. 또 건축에서도 어디까지나 형식의 유희를 말할 수 있다는 점, 그리고 여기서는 재료의 저항이 바로 역학적으로 본질적인 계기가 된다는 점도 밝힌 바 있었다.

이제 남은 문제는 건축에서도 후경이 분열되며 층의 순서가 있는가 하는 데 있다. 따라서 여기서도 회화·문학·음악 속에서 발견되는 바와 같이 외면층과 내면층의 구별이 확인되는가 하는 것이 문제가 된다. 그러나 이 두 문제는 긍정된다 하더라도 특수한 검토가 필요하다.

먼저 실재적인 전경과 비실재적인 후경과의 사이에서만 구별되는 점이 어떤 것인가를 생각해 보자. 한편으로는 수많은 부분적 공간과 부분적 측면을 포괄하는 한 전체, 즉 건축구조에 대한 직각적(비감성적) 의식을 지적할 수 있다. 이러한 종합적인 표상 중에서는 예술적으로 관조한 것과 시각적으로 본 것이 분명히 구별된다. 그 점에 있어서는 전체가 어떠한 실재적인 사물이라 하더라도 아무런 차이가 없다. 왜냐하면 이 전체는 감성적으로 전망할 수 있는 실재적인 것이 아니기 때문이다.

다른 한편으로는 어떠한 건축작품의 광경에서 전체로서 건축 이상의 그 무엇이 표현된다. 즉 건축에서 인간의 생활이 나타나는바 건축은 생활에 포함되는 것이며 생활을 증명하는 것이다. 그리고 더군다나 건축작품, 예를 들면 교회당·사원·궁궐·주택 등에서 반영되는 것은 이 인간생활의 어떤 심적 특성인 것이다. 왜냐하면 인간은 집을 짓되 자기 자신대로, 즉 자기의 생활이나 이상(예를 들면 종교적 이상)에 맞게 짓기 때문이다. 그러므로 민족이나 시대의 특성이 건축과 그 유적에서 나타날 수 있는 것이다.

이상과 같은 두 가지 현상에서는 건축에 있어서의 후경의 분열뿐만 아니라 이미 우리가 음악에서 발견한 것과 같이 외면층과 내면층과의 대립이 또렷이 반영되는 것이다. 그러면 먼저 외면층을 살펴보기로 하자. 모든 건축이 어떤 실용적 목적을 충족시키는 점, 공간적 대칭 속에서 진행하는 점, 그리고 무정한 재료의 저항과 싸워야 하는 점 등에서 출발한다면 건축에서 세 가지 외면층이 구별된다.

⑴목적구성(이것은 설계도에서 가장 뚜렷하게 나타난다).

⑵공간구성—대칭·질량분배.

⑶역학적 구성—재료의 사용과 그 고유법칙성의 이용.

이상 세 가지 계층은 어느 모로 보든지 분명한 층서를 형성하고 있는 것이 아니다. 어느 의미에서 보면 제1의 계층이 그 이상 두 계층의 상위에 있다. 그러나 다른 면에서 보면 이 두 계층이 또 제1의 계층의 상위에서 성장한다.

⑴목적구성—실제적 목적이 건축에 방해가 되는 부정적 계기가 아닐 뿐 아니라 오히려 주제가 표현예술에서 하고 있는 바와 같은 역할을 취한다는 점에 대해서는 이미 밝힌 바 있다. 실제적 목적을 떠난 건물이란 생각할 수 없으며, 사실에 있어서 주제가 없는 문학작품과 같은 것이다. 예술은 과제를 설정하고 해결한다. 예를 들면 여러 가지 설비를 갖춘 주택이 그것이다.

건축은 어떠한 형식개념을 전제로 하고 출발하는 일체의 구성을 거부한다. 왜냐하면 그러한 구성은 불가피하게 과제와의 충돌에 빠지기 때문이다.

참으로 유기적이고 내적인 구성이라야만 실제적 측면에서 출발하는 과제의 참다운 해결이 될 수 있으며, 그런 뒤에 비로소 실제적 목적이 허용하는 가능한 해결이 미적 형식의 관점에서 선택되는 것이다. 그러므로 계층에서 보나 현상에서 보나 목적구성이 첫째 계층이 된다. 왜냐하면 그 과제를 다만 불완전하게 충족하는 비실용적인 건물은 적어도 직관적으로 이해하는 안목에서 보면 현상의 측면에서 흥미가 없는 것이기 때문이다. 그러니만큼 바로 여기서 미적 형식이 비로소 일어난다.

따라서 이미 말한 바와 같이 본디 실용적 목적이 허용하는 범위 내에서 미적 형식의 관점이 선택되는 것이 아니라, 목적 그 자체의 처리 속에 미적 형식의 관점이 작용하는 것이다. 그것은 결코 역설이 아니다. 왜냐하면 여기서는 목적이 주제의 역할을 하고, 그래서 건물의 유기적 구성 속에 끼어들어 가기 때문이다.

⑵공간구성—공간구성은 예술사와 예술이념 속에서 흔히 화제에 오르고 있는 계층이다. 이 계층은 물론 중요하지만 유일한 계층이 아니다. 우리의 첫째 관심에 실제적 목적이 있다 하더라도 공간형성의 여지가 전혀 없다고 생각해서는 안 된다. 건축설계의 경험이 없는 자는 언제든지 흔히 있는 많은 가능성을

보지 못한다. 그리고 다른 것은 물론이고 많은 가능성에 대한 직관 없이 비교적 중요한 공간적 효과만을 노린다. 예를 들면 지붕을 조금이라도 낮추면 그의 성격이 달라진다.

천재적인 대건축가의 예술은 주로 질량관계의 사소한 등차(等差)를 발견하여 이것을 교묘하게 이용할 줄 아는 데 있는 것이다. 그것은 공간형성의 본질적 효과가 바로 질량관계의 등차에 매여 있기 때문이다. 이 질량관계나 분배원리—즉 질량의 조직과 배분—는 개별적인 모든 공간의 내면형성에도 마땅하거니와 건물 전체의 외면적 건축술에도 마땅한 것이다.

장엄한 건물인 경우에는 대소관계도 크게 작용한다. 이 대소의 효과는 그것이 공간구성에 매이듯이 건물 실제 크기에 매이는 것은 아니다. 아무리 크더라도 크게 보이지 않는 건물(마천루)이 있는 반면에 그리 크지도 않으면서 크다는 인상을 주는 건물(베를린의 방위본부)도 있다.

(3) 역학적 구성—건축술은 두 가지 방면의 구속을 받는 예술이다. 하나는 실제적 목적에 의한 구속이고, 또 하나는 재료에 의한 구속이다. 물론 모든 예술이 그 재료에 의해서 구속되고 또 제한되고 있지만 건축의 재료는 특히 더 거창하고 완고하며 거칠고 물적인 것이다. 말할 것도 없이 건축의 목적에 따라서 선택할 수 있는 것이지만(주로는 목재와 석재·토사·철재 등) 언제나 선택의 여지가 매우 한정되어 있다.

모든 공간형성이 어느 재료를 막론하고 다 성취되는 것은 아니다. 그리고 특정한 공간형성의 경우에는 어느 방식으로든 성취되는 것이 아니라 특정한 방식으로써만 이루어진다. 그래서 공간구성이라는 것은 또 역학적 구성에 의존하는 것이다. 건축예술의 역사는 본질에 있어서 건축기술, 예를 들면 오직 성과를 안정되게 쌓아올리기만 하는 것이 아니라 내부공간을 덮도록 강요하는(통형 둥근 천장, 늑재 둥근 천장, 궁륭 등) 기술의 역사인 것이다.

건축양식은 본질에 있어서 기술적 능력에 제약을 받는다. 이 점에서 역학적 구성에 있어서는 어떠한 기술적 계층이 중요한 것이 아니라 건물의 미적 계층이 중요하다는 것을 알 수 있다. 여기서 중요한 사실은, 말하자면 형식의 미가 공간적 비율 그 자체에 있는 것이 아니라 형식의 역학적 의의, 즉 둔중한 재료와 이 재료를 가시적 형태로 구성하는 그 극복이 직관되는 점에 있는 것이다.

또 여기서 중요한 사실은 건물의 외면층 가운데에서 후경이 분열하는 점이다. 왜냐하면 사실에 있어서 역학적 구성이라는 것은 공간구성이나 실제적 목적구성과는 전혀 다른 것이기 때문이다.

b 건물작품의 내면층

건축 일반에 내면층이 있다는 것은 다른 예술에 있어서처럼 그렇게 뚜렷한 것이 아니다. 그 점은 건축의 부자유성, 즉 건축에 대해서는 자못 외면적이고 비예술적인 실제적 목적과 관련이 있는 것이다. 만일 우리가 90년대의 대도시에 있는 셋집 앞에 섰다면 그런 말을 믿기가 어려우리라. 그러나 우리가 만일 17세기 무렵 독일 서부의 소도시에 있는 목골벽돌 건물 앞에 서 있다면 우리의 생각은 또 달라질 것이다. 베스트팔렌 혹은 바이에른 지방의 농가도 그와 마찬가지다. 또 낡은 대장간이나 고궁이나 농가나 교회당을 보면 우리의 신념은 더욱 굳어질 것이다. 여기서는 차이가 분명해진다. 모든 건축물이 그것을 건축한 사람의 생활과 심적 존재를 말해 주는 깊은 후경층을 가지고 있는 것은 아니다. 그러나 노인, 즉 시간적 간격을 가진 관찰자는 건축물의 후경을 무시하지는 못하리라.

오늘날의 아파트는 빠르고 값싸며 또 공간을 최대한으로 이용한 건물을 요구하는 시대의 산물이다. 물론 공간형성과 역학적 구성을 위한 여지가 없는 것은 아니지만 시간이 없고, 의사가 없고, 발전능력이 없고, 애착심이 없다. 목적구성이 신중하게 완성될 수도 없고 경험에서 천명될 수도 없다. 어둡고 높고 좁은 거실을 상기하라. 그것은 특정한 형식이나 특정한 양식의 생활과 아무런 관련도 전통도 없다. 그 결과는 건축물의 무양식성과 무형식성이다. 이리하여 구성이 단지 외면적이어서 아무것도 표현되는 것이 없다.

여기서 우리는 특정한 형태로 진행하는 인간생활과의 관계가 중요한 점임을 알 수 있다. 그런 관계가 있는 경우에만 인간의 생활과 본질이 그 건축물에서 나타날 수 있는 것이다. 우리는 여기서 또 건축물의 외층과 내층과의 사이에도 밀접한 관계가 있다는 것을 알고 있다. 왜냐하면 형성된 생활과 관계가 없는 경우에는 내층이 없을 뿐 아니라 외층도 없기 때문이다. 이런 점에서 우리는 이 관계가 보다 더 긴밀해질 수 있다는 것, 즉 외층이 보다 더 깊으면 따라서 또 보다 더 높은 내층이 나타난다는 것을 기대할 수 있다.

　여기서 우리는 건축물에서 다음과 같은 세 가지 내층을 구별할 수 있다. 모든 건축물에 이 세 가지 내층이 있다는 것이 아니라, 보다 더 얕은 외층이 없다면 보다 더 깊은 내층이 나타나지 못하므로 이 세 가지 내층 간에는 어떤 서열이 숨어 있을 것이라는 말이다.

　(1)실제적 과제의 해결에 있어서의 정신 혹은 의의. 이 해결의 방식에는 또다시 여러 가지로 구별이 있을 수 있다.

　(2)제2의 외층과 제3의 외층, 즉 공간구성과 역학적 구성에서 기인하는 부분과 전체의 모든 표현.

　(3)대부분 무의식적인 그리고 언제나 실제적 목적과 대립되는 생활의지와 생활양식의 부각(따라서 어떠한 비실제적인 이념의 부각). 이 부각은 세계관적인 것에까지 올라갈 수 있으며, 이 세계관은 언제나 자기이해에 의한 인간생활의 자기형성에 관여하는 것이다.

　(1)목적구성에 있어서의 해결의 정신 또는 의의. 실제적 과제는 여러 가지 측면에서 인식되고, 따라서 여러 방식으로 해결되는 것이다. 결정은 관점에 매였고 관점은 흔히 생활양식 특히 공동생활의 양식을 통해서 주어지는 것이다. 중세 끝무렵 목골벽돌 건물은 성으로 둘러싸인 좁은 도시 내부에서 공간을 절약하는 데 그 의의가 있었고, 베스트팔렌의 농가는 모든 것을 한 지붕 밑에 밀집시키려고 노력하는 데 그 의의가 있었으며, 교회건축에서는 채광의 목적이 원리상 서로 다른 여러 방식으로 실현되어 있다. 그러나 그 정신과 의의는 다른 것이다.

　모든 실제적인 건축과제의 해결방식은 저마다의 원리를 가지고 있다. 그리고 각자의 원리에 따라서 과제의 특정한 측면에 그 밖의 과제에 대한 특권이 부여된다. 하지만 과제의 어느 측면에 특권이 부여되는가는 그때그때의 지배적인 생활양식이나 취미에 따라 다른 것이다. 그리고 여기, 즉 건축물의 첫째 내면층에서 생활양식과 건축양식이 밀접한 관계가 있는 것이다.

　(2)공간구성과 역학적 구성에서 기인하는 부문과 전체의 모든 표현. 특수한 구성적 이념의 추구 없이 실천적 목적을 이루기가 불가능하듯이 사람이 창조하는 모든 형식에 특정한 표현을 부여함이 없이 공간적 구성과 역학적 구성이

성립하기가 불가능한 것이다. 이 종류의 표현을 위한 명칭은 물론 없다. 그러므로 이 표현을 설명하기는 곤란하다. 그러나 참으로 잘 짜인 구성이 있는 곳이면 어디든지 이 표현이 있으며, 그리고 이 표현은 매우 다양하다.

그것은 흔히 어떤 형식유형에 따라서 구분되고 그것을 창조한 민족이나 시대에 따라서 부른다. 예를 들면 폼페이식 별장이니, 비잔틴식 교회당이니, 티롤인의 농가니, 중국식 사원이니 하는 것이다. 이러한 말들을 들으면 건축물의 어떤 내면적 성격을 생각하게 되는데, 그것은 그 건축물의 목적만을 뜻하는 것이 아니며, 또 공간형식이나 역학적 구성만을 뜻하는 것이 아니라 길고 오랜 세대에 걸쳐서 이 형식들을 산출한 인간의 성격과 공통적 본질을 표현하는 것이다. 왜냐하면 이러한 건축형식에 있어서 참으로 독특한 점은 인간적인 것의 표현에 있는바, 이 인간적인 것은 개인적 고안에 의해서가 아니라 오히려 길고 오랜 전통 속에서 서서히 발달한 것이기 때문이다.

어떠한 보다 높은 심적 요구에 만족을 주며 그 건축물을 창조한 사람의 심적 존재와 그 내면적 자세를 말해 주는 어떤 형식이 발달하기 위해서는 날마다 이 건물을 보고 사용하며, 이 건물과 친해진 인간의 생활경험이 그 건축물 속에 들어가야 되는 것이다. 이 관계를 아마 이렇게 말할 수 있으리라. 즉 특정한 심적 성질을 유지해 나가고 환기하는 형식은 또 이 심적 성질이 어떤 것인가를 말해 준다고. 왜냐하면 어떤 인간과 그 생활형식의 특징은 결국 그가 날마다 눈으로 보고 그의 마음을 끄는 것을 통하지 않고서는 적절하게 지적할 수 없기 때문이다.

(3) 생활의지와 생활양식의 부각. 이 내면층을 건축물에 있어서의 이념의 계층이라고 부를 수 있다. 아무튼 이 계층은 실제적인 것과는 거리가 가장 먼 것이다. 그러나 이 계층은 사원·성당·문화시설·궁전 등의 경우와 같이 어떠한 이념적인 목적을 가진 모든 건축물에서 발견된다.

하지만 기념적 건물의 이념적 목적은 그 건물에서 부각되는 인간적인 이념과 같은 것이 아니다. 그 점은 장엄한 사원이나 성당에서 분명히 볼 수 있다. 성당은 특정한 신성의 영광을 나타내기 위해서 건립된 것이다. 그러나 이 성당은 건립된 뒤 여러 세기가 지나가서 그 신성의 이름을 아는 사람이 전혀 없는 경우에도 여전히 그 본디의 이념성을 가지고 존속한다. 다시 말하면 성당은 언제나 인간적 표준을 뛰어넘은 어떠한 의지와 권능의 부각으로 느껴진다. 이와 같이 성당에서 두드러지는 이념적인 것은 교리나 예배의 목적과 상관없이 이해가 잘되는 것이다. 더구나 그 건물이나 그 폐허의 직관적 인상에서 직각적으로 이해되는 것이다. 종교적인 음악·회화·조각도 그와 마찬가지로 오직 주제만이 종교적이고, 예술적 형성은 종교적인 것과 상관없이 불신자에게도 이해가 잘되는 것이다.

그러므로 우리는 여기서 건축예술의 세계관적 계층이나 혹은 형이상학적 계층을 말할 수 있다. 왜냐하면 그것은 사실에 있어서 인간의 형이상학이기 때문이다. 아닌 게 아니라 모든 종류의 기념건물은 인간의 자기이해를 표시한다. 이미 언급한 바와 같이 주택과 가족사회의 사이에는 마치 의복과 개성 사이처럼 동일한 관계가 있는 것이다. 왜냐하면 주택이나 의복은 가족이나 개성의 자기이해와 자기형성의 표현으로 볼 수 있기 때문이다. 그러므로 주택은 이 주택에 거주하는 인간의 본모습을 증언한다. 그러나 기념건물은 인간이 무엇을 이상으로 보고 있으며 따라서 무엇을 의욕하며 무엇을 꿈꾸고 있는가를 증언하는 것이다.

그러므로 우리는 당연히 건축의 이러한 내면층을 생활의지의 계층이라고 부를 수 있다. 하지만 이 말은 깊은 뜻으로 이해해야 한다. 개인주의적인 뜻으로 이해할 것이 아니라 역사적으로 즉 공통되는 특성과 동경을 가진 인간공동체의 뜻으로, 간단히 말하면 실재하는 객관적 정신의 의미로 이해해야 한다.

c 사회·전통·양식

건축형식은 개성을 토대로 생겨나는 것이 아니라 사회와 전통이 필요하다는 점에 대해서는 여러 차례 언급한 바 있었다. 그 점에 있어서는 물론 건축이 아닌 다른 예술도 마찬가지이지만 여기서는 예술가 개개인에게 자유의 여지가 많다. 그러나 건축술에 있어서는 양식의 지배가 특히 강하고 따라서 인간의 건축적 감각이 전적으로 특정하게 부각되는 형식에 집착하는 이유가 여기에 있다.

그러면 대체 그것은 무슨 까닭인가? 그 까닭은 첫째로, 집이라는 것이 모든 사람의 주의를 끄는 실제적 대상이기 때문이다. 집은 한 도시 전체의 양상을 결정하는 것이며 그 주위 환경의 전체에 어울려야 한다. 그렇지 않으면 그 주위

환경이 교란되고 언짢아지는 것이다. 요컨대 집은 모든 사람에게 관계가 있는 것이며, 이를테면 그것이 개인의 사적 소유일지라도 역시 공적 요건이 되는 것이다.

그다음 둘째로, 집은 비교적 오래 두고 지속하는 것이기 때문이다. 집은 한 번 세워놓으면 어떤 고정한 투자가 되는 것이며, 그러므로 다시 짓기 위하여 그 집을 헐어내기가 쉽지 않은 것이다. 개인이 자기 집을 지었을 때에 그러한 생각을 갖는다는 건 쉬운 일이 아니다. 또 그가 자기 시대의 취미에 젖어 있는 동안에는 그러한 생각을 가질 필요가 없는 것이다. 그러나 그가 개인적으로 그 시대의 취미 속에서 빠져나오게 되면 그때에는 살던 집을 헐고 다시 지을 것을 절실히 느끼게 되리라.

건축이 다른 예술과 근본적으로 다른 점이 여기에 있다. 그림을 보고 시를 읽고 음악을 들으라고 강요하는 사람은 없다. 반드시 그렇게 생활할 필요도 없다. 다시 말하면 회화나 문학이나 음악은 밀접한 생활관계에 속하는 것이 아니다. 반대로 이 생활관계를 완전히 벗어난 것이다.

만일에 사람들이 이러한 작품을 보기를 원한다면 그때에는 그들이 쉽게 그것을 선택할 수 있다. 여기서는 언제든지 강요하는 것이 있을 수 없다. 이 종류의 예술작품은 결코 공적인 요건이 못 되기 때문이다.

그러므로 이러한 예술작품은 본디 객관적 정신에 소속하는 것이기는 하지만 그렇다고 이 객관적 정신의 공동생활에서 직접적으로 사회의 여건이 되는 것이 아니라 오히려 고도의 정신적 의의를 지니고 사회에서 생겨나는 것이다.

그러나 집이라는 것은 본디 사회의 직접적인 여건이다. 독창적인 건축의 시대에 사회적 감각이 건축형식을 규정하는 이유가 여기에 있다. 이 규정은 분명히 '지배적인 취미' 혹은 '양식감각'의 형식을 취한다. 실제로 건축하는 개인은 반드시 그것을 의식할 필요가 없다. 그는 건축에 있어서도 다른 활동에 있어서와 마찬가지로 단지 경험의 궤도에서 살아나가고 있는 것이다. 하지만 이 경우에는 궤도 그 자체가 양식감각을 뜻하는바, 그는 바로 이 양식감각에서 성장하고 오직 이 양식감각만을 굳게 믿는다.

그러면 다시 건축형식이 왜 어떠한 전통이라는 기반에서만 생겨나는지 그 이유를 물을 수 있다. 왜냐하면 모든 사회형태의 뒷면에는 역사가 숨어 있기 때문이다. 이 물음에 대하여 그 점은 모든 예술이 마찬가지라고 말한다면 충분한 답이 될 수 없다. 모든 예술은 다 같지는 않기 때문이다. 건축에 있어서는 전통이 훨씬 더 강하며 형식부여를 위하여, 더구나 건축인 공통적인 형식감각에서 이루어지는 경우에 있어서 더 중요한 것이다. 그리고 이 형식감각은 여러 세기가 지나는 과정에서 서서히 성장한다.

그 점은 또 이렇게도 표현할 수 있다. 즉 형식을 산출하는 정신은 본디 공통적인(객관적인) 정신인데, 이 공통정신은 하루아침에 시작된 것이 아니라 먼 과거의 역사 속에서 발달하여 오래 두고 서서히 발달한 것이다……. 구체적으로 말하면 아들이 자기 집을 지을 때에는 아버지가 지었던 대로 집을 지으려고 하는 것이며, 또 그가 어렸을 때부터 잘 알고 또 적당하다, 분수에 맞는다고 느끼는 대로 집을 짓는 것이다. 이와 같이 형식의 전통과, 형식감각의 전통과는 서로 떨어질 수 없는 것이다. 왜냐하면 형식감각 그 자체는 이미 형식의 전통을 떠날 수 없기 때문이다.

그것은 개인이 자기 임의대로 이 감각에서 떨어질 수 없다는 것, 또 그가 공통정신의 형식에 붙잡혀 있듯이 형식감각에도 붙잡혀 있다는 것을 뜻한다.

그 점은 건축의 셋째 내면층, 즉 건축을 디디고 넘어서 인간과 관계가 있는 이념도 마찬가지다. 물론 이 이념은 어디까지나 어떤 이념적인 것의 규정을 받고 있는 건물—기념건물—에 한정되는 것이다. 또 개인의 집도 거기에 인간의 자기이해가 나타나는 경우에 있어서는 이념이라는 내면층을 가지고 있는 것이다. 이 종류의 이념은 초개인적이고 공통적인 것이다. 그 좋은 실례가 모든 사원이나 교회의 바탕에 놓여 있는 종교적 이념이다.

만일 신의 영광 속에서 국가의 영광이 발견되는 것이라면 종교적 이념의 배후에 이보다 더 중요한 도덕적 이념도 있을 수 있다. 이 도덕적 이념은 어디까지나 공통적인 것이며, 그렇게 느껴지는 것이며, 또 그런대로 사원의 형성에 참여하는 것이다.

이에 대해서는 더 이상 말하지 않겠거니와 건물의 후경 중에서 이념을 파악한 사람이라면 그 이념이 객관적 정신 속에 뿌리를 박고 있다는 것도 스스로 이해할 수 있으리라.

끝으로 한마디 덧붙이거니와 건축에 있어서 참으로 안정된 것이 있다면 그것이 바로 내면층이며, 그중에서 가장 내면적이고 궁극적인 것은 대부분 이념의 계층인 것이다. 그렇다고 건물의 외면층에는 독립적이고 고정된 형식이 전혀 없다는 뜻은 아니다. 그러나 특기할 것은 외면이 내부로부터, 다시 말하면 인간의 감각 속에서 가시적·물질적인 형식과 밀접하게 결합하고 있는 무한히 충실한 마음을 통하여 유지되고 있다는 사실이다.

2 미적 형식

16) 통일·한정·형식

a 형식의 잡다성

미학에 있어서는 어디서나 형식개념에 부닥치게 된다. 형식개념은 전혀 불가피한 것이다. 왜냐하면 형식이라는 것은 미가 덧붙일 수 있는 것이기 때문이다. 따라서 여기서는 형식개념이 무의미해지기 쉽다. 왜냐하면 미학적으로 문제가 되는 것은 모두가 형식이기 때문이다. 이러한 의미에서 서론적인 해설 속에서는 형식미학을 동어반복과 같은 것이라고 하여 거부했던 것이다. 왜냐하면 형식과 내용의 대립은 유지될 수 없고, 본질적인 점에 있어서 예술의 내용은 형식이기 때문이다.

그러나 이제 미적 형식의 개념을 신중하게 다룰 수밖에 없음이 여러 방면에서 분명해졌다. 첫째로는 형식과 질료가 있고 또 모든 질료는 오직 특수한 형식만을 허용한다. 이 점에서 이미 형식개념의 내부에 여러 가지 구별의 토대가 있어야 할 것이 분명하다.

둘째로 표현예술에서는 '소재(주제·제재)'의 형성이 중요한 것이다. 그런데 이 소재의 형성은 질료의 형성과는 전혀 다르다. 하지만 이 양자 사이에는 특정한 교호(交互)관계가 있다. 그래서 특정한 소재는 어느 질료에서든지 다루기가 불가능한 것이다.

셋째로 미(美)는 현상관계에만 있는 것이 아니라 순수한 형식유희에도 있다. 미는 장식예술에서도 발견되거니와 음악이나 건축 내지 자연에서도 발견된다.

이 점에 종류가 다른 두 가지 형성, 즉 소재의 형성과 질료의 형성에서 어떻게 같은 모습이 나타날 수 있는가 하는 문제가 숨어 있다. 이 두 가지 형성은 전혀 다른 것이다. 그럼에도 이 두 형성 사이에는 밀접한 관계가 있다. 왜냐하면 '라오콘 논쟁' 뒤로 모든 소재가 임의의 어느 질료에서든지 형성될 수 없다는 점에는 이의가 없기 때문이다. 그러면 이 관계를 어떻게 이해할 것인가?

소재의 형성이 동시에 질료의 형성인 경우도 분명히 있을 것이다. 그렇지 않으면 '소재를 어떠한 질료로 형성한다'는 말이 전혀 있을 수 없다. 그러나 이 경우에는 소재와 질료가 같은 형성의 두 부분, 다시 말하면 아직 형성되지 않았고 그러므로 다른 종류의 형성을 필요로 하는 두 개의 부분이 된다는 것을 뜻한다. 예를 들면 문학예술에 있어서 언어형성과 소재형성이 그것이다. 여기서는 한편으로 성격과 운명이 형성되며, 다른 한편으로는 말과 문장과 문구가 형성된다. 만일에 모든 형성이 잡다한 것의 통일을 뜻한다면 문학예술에 있어서의 형성은 한 가지 잡다함의 통일이 아니라, 이질적인 두 가지 잡다함의 통일인 것이다.

그렇다면 여기서 또 하나의 문제가 나온다. 그것은 여러 계단 차이가 있는 이 형식이 어떻게 해서 관련을 갖는가, 다시 말하면 계단적 차이를 가진 여러 가지 이질적인 형성이 어떻게 해서 하나로 통일되고, 또 직관에서 하나의 통일로 느껴지게 되는가 하는 문제이다.

이 문제를 지나치게 간단히 생각해서는 안 된다. 이 문제는 첫째 존재방식의 대립, 소재의 형성과 질료의 형성에 따르는 실제적인 전경과 비실재적인 후경과의 대립 문제에 지나지 않는 것처럼 생각될 것이다. 그러나 이러한 생각이 너무나 지나치게 단순하다는 것은 이미 밝혀둔 바 있거니와 여기서는 오히려 가장 내면적인 영역에 이르기까지 후경의 모든 분열상, 따라서 미적 대상의 모든 계층계열이 문제가 되고 있는 것이다. 그런데 미적 대상의 이 모든 계층은 각각 저마다—독립적이 아니라 하더라도 적어도 자립적인—의 독특한 형성을 가지고 있다. 하지만 그 점은 층을 이루는 대상에서만 인정되는 것이다. 왜냐하면 층을 이루지 않는 아주 단순한 대상도 물론 있기 때문이다. 예를 들면 장식이 그러하다. 그러므로 미적 대상의 후경 내에서 분열하는 계층이 많아지면 형식문제가 복잡해진다는 것, 그리고 특히 문학에서는 이 형식문제가 가장 복잡할 것이 분명하다.

이 점에서 형식문제가 미학이론에서 많이 논의되기는 했지만 지금까지 이렇다 할 큰 성과를 거두지 못한 이유 또한 뚜렷하다. 아마 여기서처럼 이론의 단념을 뼈에 사무칠 정도로 절실하게 느끼게 하는 경우는 없을 것 같다. 그러나 예술작품의 계층서열에서 출발하는 새로운 방법에도 곧 미적 형식문제의 해결을 기대할 수 없고, 따라서 지나치게 부푼 기대를 걸어서도 안 된다는 것을 알아야 한다는 것은 무슨 까닭인가? 그것은 다름이 아니라 모든 계층이 가진 미적 형식의 특수성을 지적해 내기가 불가능하기 때문이다. 즉 각 계층의 미적 형식이 가진 특징적인 모든 요소를 일일이 지적하기는 너무나 벅찬 일이다. 예술적 형식 그 자체는 어디까지나 분석이 미치지 않는 것이며, 뭐라고 말하든지 약간의 피상적인 이야기에 지나지 않는 것이다. 그러므로 미학은 이 특정한 형식이 순전히 그 자체만으로 미적 효력을 갖는 이유가 무엇이고, 또 이 형식이 조금이라도 틀리게 되면 그것이 주는 인상이 나빠지는 이유가 무엇인가 묻기를 단념해야 한다. 그것이 바로 예술의 비밀이며, 예술가 자신이 다만 천재적인 감정으로 틀림없이 따라갈 뿐 무엇인지 모르는 법칙의 영역이다.

b 다양의 통일

여기서는 바로 형식의 통일이 중요한 문제가 된다. 왜냐하면 우리가 형식문제를 깊이 파고 들어가면 갈수록 더욱더 잡다함 속으로 끌려들게 되고 통일에서 멀어지는 것같이 생각되기 때문이다. 그것이 그렇게 생각된다는 것은 형식문제에 대하여 불행한 일이지만 다른 방면에서 보면 당연한 일이다. 왜냐하면 모든 통일은 잡다한 것의 통일이며, 우리는 잡다함의 특질과 차원을 이해하지 않더라도 통일을 이해할 수 있기 때문이다.

통일되어야 할 잡다함이 더욱 풍부하고 다양할수록 그만큼 통일에 힘이 실린다는 것은 하나의 범주적 법칙이다. 이 법칙을 올바르게 이해하려면 잡다함과 통일의 모든 범주적 지위를 살펴보는 것이 필요하다. 잡다함과 통일의 범주적 지위는 간단한 수학적 통일에서 출발하여 자연의 통일, 유기체의 통일, 종족적 생활의 통일, 의식의 통일, 사회의 통일, 객관적 정신의 통일과 역사적 생활의 통일에까지 올라간다. 그리고 그 어느 계층의 통일에 있어서나 통일되는 잡다함은 성질이 다른 것이며, 또 이 잡다한 것이 통일되는 방법도 다르다.

여기서는 잡다함의 복잡도가 위로 올라가면서 조금씩 높아진다. 따라서 이 잡다함을 통일하기가 올라갈수록 더욱 곤란해지며 이 잡다함을 제압해야 되는 통일의 형식이 높아지고 깨끗하게 걸러지는 것이다. 그러나 동시에 이 통일은 허물어지기 쉽고, 혼란되기 쉬우며, 파괴되기 쉽다. 예를 들면 유기적 통일은 단순한 역학적 통일보다 손상되기 쉽고, 심적 통일은 신체적 통일보다 훨씬 더 흩어져 버리기 쉽다.

하지만 그것은 통일의 범주적 지위가 높아질수록 이 통일은 불완전하다는 것을 뜻한다. 따라서 최고의 통일은 가장 완전한 통일이 아니라 가장 불완전한 통일이다. 이와 같은 고도의 완전성과의 상관관계는 또 다른 방면에서도 발견하게 될 것이다.

그것은 미학에 있어서는 다음과 같은 의미를 가지고 있다. 즉 그것은 미적 대상이 이 계열의 모든 형상 가운데에서 거의 최고의 지위에 놓여 있는 것이 틀림없음을 뜻한다. 그러면 미적 대상이 이러한 지위를 차지하는 근거가 완전성에 있느냐 그렇지 않으면 존재도에 있느냐 하는 것만이 문제가 된다.

먼저 첫째 완전성을 가지고 생각해 보자. 우리가 그 형식 때문에 긍정도 하고 향수도 하는 것이 바로 미적 대상이다. 그런데 이 미적 대상의 통일성이 잡다한 것의 가장 완전한 통일이 아니고서야 어찌 그러할 수 있겠는가? 그러나 사실은 그렇지 않다. 미의 어느 분야에 있어서나 또한 추(醜)가 중요문제가 되는 것이다. 모든 것이 '아름답기'만 한 것은 예술에도 없거니와 자연에도 없다.

우리가 가장 잘 알고 있는 그 실례가 사람이다. 사람 가운데에는 추한 사람이 있는바, 이 추한 것이 흔히 우리의 주목을 끈다. 왜냐하면 우리는 추한 점에 특히 예민하기 때문이다. 그 밖에 예술 그 자체에도 그와 비슷한 점이 있다. 왜냐하면 오직 아름다운 것만을 창작하려고 의식적으로 노력하는 것이 예술이지만, 이 예술에도 실패가 있기 때문이다.

그것은 무엇을 뜻하는가? 통일과 잡다함의 범주로 표현하면 예술적 통일은 그가 다루어야 할 잡다한 것(예를 들면 주어진 어떤 소재)을 언제든지 반드시 완전하게 통일하고 있는 것이 아니다.

오히려 잡다한 것이 예술가의 손안에서 녹아 없어지는 경우도 있다. 이를테면 세목에만 골몰하는 화가의 경우가 그렇고, 또 잡다한 자료를 산더미처럼 쌓아놓고 좋아하면서도 그것이 작품구성 속에 들어가지 않는 작가의 경우가 그렇다. 음악에도 역시 이와 비슷한 현상, 즉 종잡을 수 없고 막연하며 어수선하고 뒤숭숭한 현상이 있다.

그 무엇이 예술작품이 되기 위하여 반드시 가져야 하는 미적 통일은 어느 경우에든지 첫째 창조되어야 하는 것이다. 완전히 통일되지 않은 잡다한 것이 전혀 없는 자연과는 달라서 미적 통일은 반드시 잡다함을 동반하고 있는 것이 아니다. 그러나 미적 통일은 자연과는 전혀 다른 통일이며, 보다 높고 다른 유형의 통일이다. 이러한 보다 높은 유형의 통일을 창조하는 것이 예술의 임무이다. 이러한 통일은 소여와는 반대로 직관되는 것이며, 본디 내적 관조에서 발견되고 직감되는 것이다.

비표현예술에서는 그 점이 다시없이 분명히 드러난다. 여기서는 주어진 어떤 소재가 잡다성을 취하는 것이 아니라, 형식 그 자체의 자유스런 유희가 잡다성을 생산하는 것이다. 이때에 또 잡다한 것을 총괄하는 통일성이 생산된다. 여기서는 또 관조된 통일성이 언제든지 선택의 원리로서 주목을 끄는 것이다. 그러나 표현예술에서는 잡다함과의 관계가 다르다. 왜냐하면 여기서는 잡다한 것이 주제와 동시에 주어지기 때문이다. 하지만 소재는 생활 속에서 취해지며 생활은 한없이 잡다한 것이므로 관조된 통일원리가 다시 별개의 새로운 의미에서 선택되면서 끼어든다. 다시 말하면 이 통일의 원리가 직접적으로 표현되는 생활의 단면을 규정하게 되는 것이다.

c 선택과 한정

지금까지 이 대목에 있어서 중요한 소여의 혹은 그 밖의 어떻게든지 나타나는 잡다성 중에서 어떤 것을 선택하고, 또 그것을 무한한 생활연관 속에서 제3의 요소 즉 선택과 한정의 요소를 간단하게 설명했다. 미학의 첫째 관점은 생활연관 속에서 예술적 대상을 골라내고, 이 생활연관을 버려두고 다른 종류의 다른 생활연관을 창조하는 데 있다. 이 점은 모든 영역에서 실증되지만(별개의 공간, 별개의 빛, 별개의 시간과 별개의 생활……) 한정은 오직 그 점에서만 성립하는 것이 아니다.

왜냐하면 이 모든 것은 외적 한정, 즉 그때그때의 실재적 연관 속에서의 부각에 지나지 않기 때문이다. 예술작품은 별개의 세계를 우리 눈앞에 나타내는 매력을 가지고 있다. 그러므로 예술작품에는 한정현상(Rahmen-phenomena), 즉 강화된 부각이 필요하다. 그러나 예술작품에 중요한 것은 그것만이 아니라 그 밖에 잡다함의 한정이 필요하며, 이것을 내적 한정이라고 부를 수 있다.

가능한 표현의 모든 소재는 그것이 감성적으로 인식되는 것이거나 아니면 상상으로 인식되는 것이거나를 가릴 것 없이 무한한 잡다성을 동반한다. 그리고 이 소재는 구체적일수록 더욱 풍부해진다. 하지만 이 잡다함이 모조리 작품 속에 흡수되는 것은 아니며, 작품을 어수선하게 만들고 작품의 뚜렷한 직관적 통일성을 말살하는 것이다. 그래서 결국 작품을 하나의 전체로 형성할 수 없게 만들어 버린다.

이러한 폐해를 제거할 유일한 방법은 예술작품을 위하여 본질적인 것이 무엇인가, 다시 말하면 보다 폭넓은 내면층을 나타내기 위해서 중요한 것을 선택하는 데 있다. 이러한 예술적 현상은 누구나 잘 알고 있다. 이것이 '제거'라고 불리는 것인데, 이 제거는 세목의 제거를 뜻한다. 이 점은 눈여겨봐야 한다. 왜냐하면 예술작품에 위대한 점이 있다면 그것은 그 작품의 세밀한 내용에 있고, 이 세밀한 내용을 통하지 않고는 위대할 수가 없기 때문이다.

아닌 게 아니라 사실상 예술이 하는 일은 언제든지 일정한 관점에 서서 중요한 대목에만 한정하는 데 있다. 모든 세세한 불규칙성이 생태적 표현에 크게 이바지하는 것이지만 조각가는 이 모든 불규칙성을 그대로 본뜨는 것이 아니다. 화가는 특정한 빛과 소리를 선택하며 그 밖의 다른 빛과 소리를 무시한다. 화가는 나무를 그릴 때에 이 나무의 모든 부분을 그리는 것이 아니며, 초원을 약간의 선으로써 암시하는 것이다. 또 화가는 그것을 매우 굵은 선으로 그리는 경우도 있거니와 이러한 선들은 실제생활에서는 '볼' 수 없는 것이다. 이러한 선들을 통해서 나무나 초원을 보는 것은 관조자의 눈에 맡긴다. 따라서 관조자가 보려고 하는 자기의 의사에 따르기만 하면 그는 이 선들을 보충해서 틀림없이 나무나 초원을 보게 되는 것이다.

이러한 그림 가운데에서 극단적인 것이 선화(線畵)이다. 선화는 약간의 선으로써 움직이는 어떤 물상을 충분히 나타내거나 한 폭의 풍경을 그려내기도 한다.

이 경우에는 물론 지각(知覺)을 보충하는 파악이 절대로 필요하다. 만일 이러한 보충적 인식이 없으면 제거는 단지 소극적인 그 무엇, 이른바 '파괴적 방법'

에 지나지 않는다. 그러나 예술에 있어서의 제거는 그와 반대로 추가나 보완을 도발하는 것이다. 여기서 중요한 것은 예술가가 그 무엇을 암시할 때에 지도적 역할을 확보해야 한다는 점이다. 그렇지 않으면 종합적 표상이 관조자에 의한 추가 중에 나타나지 않고 따로 놀게 마련이다. 그럴 경우 예술가의 작품을 보지 못하고 전혀 엉뚱한 그 무엇을 보게 된다.

문학예술에서는 제거가 더욱 필요하다. 사람의 운명 전체를 약간의 장면 속에 담는다는 것이 대체 어떻게 가능할까? 사람의 운명이란 순간에서 순간으로 무수한 세월을 통하여 이어지는 사건 속에서 성립하는 것이다. 연극이나 소설은 이 사건들을 얼마 되지 않는 약간의 장면 속에 압축시킨다. 그러나 실제에 있어서는 서로 밀접한 의미연관을 가진 이 사건들이 널리 흩어져 있는 것이다.

그러므로 인간생활을 방관하는 사람은 이 사건들이 가진 의미연관을 보지 못한다. 하지만 작가는 이 의미연관에 대하여 본질적이 아닌, 따라서 이 의미연관의 인식에 장애가 되는 모든 것을 제거한다. 이리하여 작가는 사건의 진행과정을 압축하며 그 통일상을 구상적으로 나타낸다. 한마디로 말하면 작가는 사건을 '형성(形成)'해 내는 것이다.

여기서 보아도 '통일에의 형성'이 본질적인 점에 있어서 제거와 선택의 기능임을 알 수 있다. 작가의 예술적 구상이 그가 선택하는 방식을 규정하는 것이다. 그러므로 작가는 될 수 있는 대로 광범하고 풍부한 사건연관이, 될 수 있는 대로 요약된 장면에서 간결하게 나타날 수 있도록 선택한다. 예를 들면 희곡에서 지나간 사건들을 장면 속에 끌어들여서 그것이 같이 나타나게 하되 극적이 아닌 방식으로 '이야기'하는 것이 아니라, 장면과 장면 사이에서 진행하는 사건을 이해하는 데 도움이 되도록 표현하는 것이 그것이다. 그러나 이 점은 비단 희곡에만 국한된 것이 아니다.

이러한 '잡다함의 한정'이나 '제거' 따위를 마치 개념이 그것을 말하는 바와 같이 단지 소극적인 것으로만 알아서는 안 된다. 모든 한정이 만일 사실의 본질에서 나오는 것이라면 그것은 동시에 결정, 다시 말해서 적극적 규정이 되는 것이다. 이 점은 존재론상에서도 보편적으로 마땅하다. 하지만 여기서는 이 한정이 특수한 의미를 지닌다. 즉 여기서는 적극적인 것이 직관하는 의식 속의 표상을 통해서, 다시 말하면 직접적·감성적으로 주어지지 않는 것이 나타남으로써 채워진다.

그러면 제거된 것을 각기 따로따로 채워야만 하는 서로 다른 관조자들이 서로 달리 채우는 것이 아니라 동일하게 채우는, 바꾸어 말하면 표현되거나 서술됨 없이 암시에 그친 장면을 구체적으로 본다는 것이 어떻게 해서 가능한가? 요점은 결국 이 점에 있으며, 그리고 이 조건이 충족되는 경우에만 작품이 실감을 준다. 이 문제는 극히 초보적이면서도 분명히 핵심적인 것이다.

이 문제에 대해 충분한 해답은 오직 하나뿐이다. 그것은 다름 아니라 예술작품 그 자체가 보충을 인도해야 한다는 것이다. 그리고 이 작품 그 자체의 인도는, 만일 작품을 향수하는 자가 도덕적·문화적으로 충분히 성숙했다고 가정할 수 있다면 어디까지나 실책이 없는 진정한 것일 수밖에 없다.

그러한 인도가 있다는 것은 결코 알기 쉬운 일이 아니다. 일상생활에 있어서도 단지 암시된 것을 우리가 채우는 경우가 얼마든지 있다. 예를 들면 우리는 다른 사람의 운명을 '체험'한다. 그러나 실제에 있어서 우리가 직접 겪는 일은 그 사람의 운명 전체가 아니라 약간의 부분에 지나지 않는다.

이리하여 사건의 모습은 언제든지 우리가 체험한 것, 보고 들은 것, 예측한 것들에 의해서 비로소 조정되는 것이다. 그럼에도 우리가 인식한 사건의 모습은 잘못되기가 쉬운 것이며 흔히 있는 일이다.

예술작품의 향수에 있어서는 보충의 지도가 중요하거니와 예술작품에는 본질적인 것으로 눈을 돌리게 하는 힘이 있지만 우리의 일상생활에는 그런 힘이 없다. 그러면 그 힘은 어디서 나오는가? 이 물음에 대해 궁극적이고 진정한 대답을 할 수는 없으나 올바르게 배분된 세목의 제거가 다른 것으로 눈을 돌리는 효력을 발휘한다는 사실만은 쉽게 알 수 있다. 이 점에 외관상의 부정적 방법이 가진 긍정적인 다른 면이 있는 것이다.

그뿐만이 아니다. 작가는 어떤 사건을 오랫동안 암흑 속에 묻어두고, 독자나 관조자로 하여금 스스로 그 사건에 주의를 돌리고 해명하고 판독하도록 강요함으로써 바로 그 사실을 흥미의 중심으로 밀어놓는다.

이 사실은 일시적 긴장을 환기하기 위한 한갓 기교나 수단에 불과한 것이 아니라 오히려 보충적 환상의 진정한 지도이며, 극도의 긴장과 자신의 활동에 대한 환기이며, 말할 것도 없이 같이 고상하고 같이 창작함을 뜻하는 것이다. 사실상 작가는 이러한 수법으로 인생을 묘사한다. 그렇게 함으로써 작가는 언제든지 반은 어둠 속에 묻혀 있고 반은 짐작이 가기도 하는 인간적 갈등—이 갈등은 널리 흩어져 있고 또 우리의 눈을 가리는 여러 가지 사물과 얽혀 있다—을 우리에게 보여준다. 작가는 이 인간적 갈등의 징표를 집중적으로 제시하며, 말하자면 혼란스러움 속에서 순화시켜 표현한다. 그리고 그렇게 함으로써 작가는 향수자의 보충적 환상을 지도하는 것이다.

이상과 같은 관계는 분명히 특정한 방식으로 계층적 서열 속에 편입된다. 그러면 그것은 어떻게 편입되며 또 어느 계층에 속하는 것인가가 문제된다.

이 물음에 대한 대답은 통일적으로 나올 수 없다. 왜냐하면 표현예술의 내부에서도 같은 대답이 나올 수 없기 때문이다. 예를 들면 선택과 제거와 집중 등등이 일으키는 국면이 조형예술에 있어서는 순전히 감성적인 계층에 속하지만, 문학에 있어서는 표상, 특히 말이 수반하는 표상의 계층에 속한다.

따라서 전자에 있어서는 선택과 제거 등이 이루어지는 면이 주로 질료(색·빛·소리)의 외적 형성에 속하나, 후자에 있어서는 소재(문학에 있어서의 모든 장면의 연속)의 내적 형성에 속한다. 그럼에도 그 의의에 관해서는 물론 어느 정도 공통되는 말을 할 수 있고, 이 말은 약간의 수정을 가하면 그대로 비표현예술에도 적용될 수 있을 것이다.

선택은 예술작품의 중간계층에서 이루어진다. 그러므로 선택은 실제적이며 감성적인 전경에 속하는 것이 아니며, 그렇다고 후경의 가장 내면적인 부분이 아니라 이 외면층에서 이루어지는 것이다.

이 점은 그러한 방법으로 '소재'를 한정하고 확보하며 압축하는 문학에서 잘 알 수 있다. 여기서는 선택이 장면형성의 계층과 그다음 계층(이 속에서는 소재가 행동과 운명과의 더욱 큰 통일 속으로 상승한다)에서 이루어지는바, 작품의 구체성·생동성·직관성을 좌우하는 것이 주로 이 계층이다.

그러나 마찬가지로 회화에 있어서도 선택이 중간계층(후경의 외면층)에서 이루어진다. 왜냐하면 여기서는 후경이 이미 캔버스 위에 나타나는 공간성이나 물성에서 드러나기 시작하기 때문이다. 여기서 화가가 보는 대로의 대상의 선택과 형성이 무엇보다도 중요한 것은 계층분석과 형식분석의 관계점이다. 얼른 보면 이 양자 사이에는 상당한 차이가 있는 것같이 생각되지만 사실은 절대 그렇지 않다. 그리고 분석의 첫걸음에서 곧바로 중간계층이 우리 눈에 띄게 되는 것은 결코 우연한 일이 아니다.

17) 예술에 있어서의 단계적 형성

a 예술적 형성의 특징

대체 미적 형성이란 어떠한 형성을 말하는 것인가? 미적 형성은 그 밖의 형성, 예를 들면 존재의 형성이나 주관적인 표상의 형성, 인간의 실천적 행위에 의한 사물의 적극적인 형성 내지 인간행동을 통한 생활상황의 형성 등과 대립되는 것이다.

여기서도 또 표현예술에서 출발한다면 우리가 첫째로 부닥치는 점은 미적 형성이 어떠한 재형성이라는 사실이다. 즉 예술은 소재를 넘겨받아서 그대로 재현하는 것이 아니라 다른 그 무엇으로 개조한다는 사실이다. 이 점에 예술의 시초가 아무리 소여의 모방에서 성립한다 하더라도 모든 모방이론이 옳지 못한 이유가 있는 것이다.

이 종류의 '개조(改造)'를 내용적으로 어떻게 이해할 것인가에 대해서는 앞절에서 이미 이야기한 바 있다. 그 속에서는 선택과 제거와 예술작품 그 자체를 통한 모든 보충적 표상의 지도라는 모든 요소를 지적했다. 그러나 여기서 야기하는 것은 분명히 이 개조만이 아니다. 오히려 그 이면에는 선택을 결정하는 근본적인 그 무엇이 있다.

첫째는 심적—인간적인 것이 비심적(非心的)이고 비인간적인 것으로, 예를 들면 예술의 질료(말·색·돌)로 개조된다. 만약 회화나 조각의 어떤 주제에서 보는 바와 같이 심적인 것이 다루어지고 있지 않은 경우에는 생명이 있는 것이 생명이 없는 것으로 개조되는 것이다.

이 종류의 재형성은 객관화와 같다. 하지만 이러한 재형성에는 내용적인 개조가 연관된다. 왜냐하면 모든 종류의 형성이 어느 질료에 있어서나 가능한 것이 아니기 때문이다.

사람들은 흔히 '표현'의 조형성에만 마음이 끌리므로, 그것이 재형성된 것인 줄은 모른다. 그러나 '석상(石像)'이 생명이 있는 인간과 전혀 다르다는 것은 분명한 사실이다. 그것을 혼동할 사람은 없다. 그와 마찬가지로 문학적으로 표현된 인물도 살아 있는 인간과 다른 것이다.

둘째는 비실재적인 것으로 개조된다. 이 말은 사실에 어긋나는 것같이 생각된다. 왜냐하면 소재를 이루는 '질료'는 어디까지나 실재적인 것이기 때문이다. 그렇다면 질료의 형성이 어떻게 해서 동시에 비실재적인 것의 형성이 될 수 있는 것일까?

그 점은 다음과 같이 설명된다. 즉 질료의 형성은 실현(실재화)이 아니라 표현에 지나지 않으며, 표현은 실물과 다르기 때문이라고……. 화가가 그리는 사물이 작가에 의해서 실현되는 것이 아니듯이 작가가 창작하는 인물은 작가에 의해서 실현되는 것이 아니다. 즉 화가가 그리는 그림이나, 작가가 창작하는 인물은 모두 비현실적이며 현실적인 것과 바꿀 수 없다.

이 점을 우리는 두 가지 의미에서 현실소외라고 말할 수 있으리라. 그 하나는 예술은 실재성과는 별개의 영역에 처해 있다는 의미에서 그렇고, 다른 하나는 현실적인 것이 현실적인 것으로 존립하기 위해서 불가결한 수많은 세목을 예술은 변경 혹은 제거한다는 의미에서도 그러하다. 그러나 표현된 것은 그 어떤 질료에 지지를 받아야지, 그렇지 않으면 순전히 주관적인 표상 속에 머물러서 객관화에서 예술적 대상성(對象性)이 출발하게 된다.

이상을 요약해 말하면 이미 선택된 형식이 질료에서 현실화되는 동시에 소재는 현실을 떠난다. 다시 말하면 형식이 질료를 통해서 현실화할 때에 동시에 표현된 것은 현실을 떠나서 이 현실과 대립하게 된다는 것이다.

셋째는 직관성으로 개조된다. 이 셋째 요소는 첫째 요소나 둘째 요소와 같은 것이 아니다. 질료는 물론 직관된다. 하지만 이 직관은 일차적인 직관, 즉 지각을 의미하므로 이런 종류의 직관은 소재의 형성에 있어서 수단밖에 될 수 없는 것이다. 그러나 비실재적인 세계는 일반적으로 직관되지 않는다. 이것이 직관되려면 특수한 형성이 필요하다.

모든 예술에 있어서는 형성의 이 측면이 특히 중요한 것이다. 왜냐하면 '소재'는 대부분 본디 직관되는 것이 아니기 때문이다. 예를 들면 심적인 것과 유기적인 것이 그것이다. 물론 우리의 생활 속에는 이 심적인 것이나 유기적인 것에 대한 직각적 지식이 있다. 그렇지만 이 직각적 지식은 공백이 많고 또 몽롱한 감동에 지나지 않아서 구체적 직관이라고 말할 수 없는 것이다.

시인·화가·조각가·음악가는 막연히 감지하는 이 구체적 직관성을 부각시켜서 간접적으로 볼 수 있게 하며, 들을 수 있게 하고, 표상할 수 있게 하며, 구체적 장면의 형성이나 혹은 성량을 통해서 나타나게 하는 것이다.

여기서 예술은 어디까지나 비현실적인 것을 물고 늘어지며 나아가서는 현실소외의 인상마저 풍긴다.

하지만 이 현실소외는 직관성과 대립하지 않는다. 우리가 생활에서 흔히 전제로 하는 실재성과 직관성과의 밀접한 결합이 예술의 영역에서 인정되지 않는다는 것이 여기서 분명해진다. 그것은 어떠한 고차적 직관성이며 이 직관성은 오직 예술의 영역에서만 성립하는 것이다. 이러한 직관성은 지각과 관련을 가지고 있기는 하지만 지각과의 대립에서 나타나며 비실재적인 것을 직관하는 내용적 자유의 특권을 가진 '이차적 직관'이다.

사람들은 이상의 두 가지 점, 즉 비실재성으로의 개조와 직관성으로의 개조를 포괄한 다른 종류의 적극적인 것을 찾는다. 그것은 완전히 파악되지 않지만 적어도 문제를 제시한 사람이라면 누구나 알고 있는 것이며, 흔히 '이념'이라고 불리는 것이다.

이념이라고 하면 사람들은 대부분 그것을 플라톤류로, 즉 다른 종류의 순수성이나 완전성으로 해석하기 쉽다. 또 흔히 보편성도 그 속에 포함시킨다. 그러나 '이념'을 보편성으로 보는 것은 잘못이다. 왜냐하면 그렇게 볼 때 이념의 직관성이 상실되기 때문이다.

그보다도 오히려 수학적인 것이거나 혹은 가치와 같은 이념적 존재의 존재적 본질에서 출발해야만 한다.

예술작품의 후경층에서 나타나는 모든 형상, 예를 들면 문학작품 중의 인물은 이러한 이념적 존재를 가지고 있는 것이 아니다. 그렇지 않고 이 형상들이 이념적 존재를 가진 것이라면 그것은 누구에게나 예술작품을 떠나서 독립적으로 인식되어질 수 있을 것이다. 그러나 사실은 분명히 그런 것이 아니다. 그것은 무시간적으로 영원히 존재하는 것이 아니라 여러 가지 역사적 운명(원작의 보존, 그것을 이해하기에 충분한 정신 등)에 의존하는 것이다.

하지만 이 형상들은 물론 무시간성으로 나타나며 이념성으로 제고된다. 이 점은 본디 분명한 사실이다. 왜냐하면 이 형상들은 기껏해야 겨우 현상이라는 존재방식을 가진 것이기 때문이다.

좀더 엄정히 말하면 이러한 형상들은 물론 이념성으로 상승해서 존립하지만 이 이념성은 형상하는 이념성에 지나지 않는다. 문학예술·회화 등의 모든 형상이 바로 그것이다.

왜냐하면 이 현상하는 이념성은 시간성과 실재연관을 떠나서 구체적으로 직관되는 것이기 때문이다. 여기서는 이 점이 중요하다. 그러한 정도에서 플라톤적 직관주의도 중요하다. 그러한 한에서 플라톤적 직관주의가 여기서 긍정된다. 그러나 이 플라톤적 직관은 셸링과 쇼펜하우어가 말하는 직관과는 전혀 다른 것이다.

b 형성의 단계

예술작품에 있어서 형성문제가 이 형성의 토대가 되는 계층서열과 밀접한 관계가 있다는 것, 그리고 '형성'의 네 가지 계기를 포괄하는 '현상의 이념성'이 적어도 성층하는 미적 대상에 있어서 층에서 층으로의 현상관계의 한 기능이라는 것이 분명해진 이상, 이제 이 기능을 형성의 문제를 위해 이용할 필요가 있다. 순수한 미적 형성 그 자체의 '구조'를 철저하게 분석할 가능성이 있다면 여기서 우리는 생물학이 유기체의 모든 형태를 분석기술하고, 존재학이 존재의 모든 형태를 분석기술하는 그런 방식으로 직접적인 방법을 개척할 수 있으리라. 그러나 이러한 가능성은 없으며 그것은 예술적 생산 일반의 비밀 발굴에 비견할 수 있는 것이다.

이 비밀의 참모습을 철학적으로 밝혀낼 길은 없는 것이다.

그렇다면 남은 길은 미적 대상의 모든 계층 사이에서 성립하는 현상관계의 기술뿐이다. 이 현상관계의 기술에 있어서 중요한 점을 들면 다음과 같다.

(1)미적 대상의 각 계층에는 다른 계층에서 볼 수 없는 특수한 종류의 형성(形成)이 있다.

(2)그러나 이러한 형성의 자립성에는 또 어떠한 의존성이 포함되어 있다. 예를 들면 '앞'의 계층형성은 언제든지 바로 그 뒤 계층의 현상을 위해서 알맞다.

(3)그렇다면 감성적인 그리고 가장 외면적인 형성은 결국 그것과 전혀 이질

적인 그리고 최후풍경적인 것에 의해서 규정되며, 전자의 사명은 후자를 나타내는 데 있다.

이상의 세 가지 점에 모든 예술을 통해서 추구되어야 할 전 강령이 포함되어 있거니와 여기서는 다만 약간의 암시만을 통해서 설명을 가하고 그 보충을 뒤로 미루겠다.

먼저 각 계층마다 형성이 독특하다는 점이다. 문학예술에 있어서는 언어(질료)의 형성이 언어로 표시되는 내용의 형성과 분명히 다르다. 이를테면 이 언어로 표시되는 내용의 형성이 비록 언어의 형성에서 '직후에 나타나는 것', 다시 말하면 후경 가운데에서 가장 외면적인 계층, 즉 작품 속에 나오는 인물의 움직임·표정·담화 등을 직접적으로 표시하는 경우라 하더라도 그것은 언어의 형성과 다른 것이다.

그리고 언어로 '표시'된 이 행위나 표정이나 담화의 형성은 상황의 형성이나 사건의 진행과는 다른 것이다. 작가가 같은 움직임과 표정을 나타내기 위해서 말을 여러 가지로 선택할 수 있듯이 그는 또 특수한 인간관계, 상황과 사건의 내면성을 간접적인 직관에 제시하기 위하여 움직임과 표정과 혹은 담화의 여러 요소를 선택할 수 있는 것이다. 여러 소설가들이 비교가능한 생활상태를 우리 눈앞에 펼치는 방식을 비교해 보면 이들 각 계층에 있어서 형성의 독자성이 뛰어나게 다른 것을 알 수 있다.

이러한 관계는 다시 이어진다. 그래서 상황과 사건의 배후에 한 개인의 심성이나 한 집단의 환경이 나타나거니와 그와 마찬가지로 이 한 개인의 심성이나 한 집단의 환경에서 다시 표상의 선택에 있어서나 또는 그 처지에 있어서 독특한 형성이 나타날 수밖에 없는 것이다. 아무리 작가라 하더라도 가공의 성격을 분석하는 것이 아니다. 그는 인간의 성격을 생활이라는 외면적인 사실이 보여주는 대로 묘사한다. 그러나 작가는 성격을 '제시'할 목적에 적당한 생활상태와 사건의 진행을 선택할 자유를 가지고 있다. 이리하여 작가는 일상적인 직관에 직접적으로 주어지지 않는 것에 대해서 구체적 직관성을 보장한다.

작가가 겨우 그 한 단면밖에 제시하지 못하는 인간적 운명 전체라는 보다 넓은 계층도 그와 마찬가지로 한정된 그 부분적 단편에 의해서 형성되는 것이다.

이상은 한 가지 실례에 지나지 않는다. 왜냐하면 그 밖의 예술에 있어서는 계층수열이 문학에서와는 전혀 다르기 때문이다. 더구나 문학의 계층계열은 이상으로써 끝나는 것이 아니라 또한 최후의 내면층이 있다.

그것은 회화 속에서 쉽게 찾아낼 수 있다. '회화술'(색채의 취급, 화필의 사용 등)은 뛰어난 형성이다. 그러나 회화술은 실재적인 전경의 직접적인 형성에 지나지 않는다. 3차원 공간성의 형성, '그림 속의 광채'나 물적 대상의 형성, 이것이 바로 진정한 형성이다.

하지만 이러한 형성은 전자에 비하면 어느 정도의 융통성을 가진 전혀 별개의 형성이다. 그와 마찬가지로 운동의 표현은 제3의 형성이며 그 밖에 행동·심적 자세·기분·심술 혹은 개성 등등의 여러 계층이 있다. 이상은 모두 같은 그림 가운데에서 독특한 형성, 즉 직관된 실재적인 것, 혹은 내적으로 직관된 이념적인 것의 직관성으로의 개조인 것이다. 그러나 이러한 형성들은 전혀 다른 종류의 형성들이며 서로 침투하는 일이 없다. 왜냐하면 이 형성들은 각자의 국면에서만 선택하고 압축하며 지도하는 독특한 의의를 가지는 것이기 때문이다. 예를 들면 공간의 깊이나 빛의 관계는 심적 자세나 태도가 표현되는 국면에서 형성되는 것이 아니며 초상화의 인격적—이념적인 것은 발랄한 성격과 생기에서 형성된다. 이처럼 모든 계층마다 특수한 형성을 받는 것이다.

비표현예술에 있어서 적어도 거기에 계층관계가 존재하는 한 근본적으로 다른 점은 없다. 이를테면 음악을 보라. 여기서는 외면층과 내면층이 더욱 멀리 떨어져 있다. 전자는 오로지 악곡적 구조의 단계적 통일 속에서 움직이는 반면에 후자는 감정이나 기분이라는 심적 세계에서 움직인다.

이와 같은 외면층과 내면층의 이질성만으로도 음성의 형성과 나타나는 심정의 형성이 완전히 다르다는 것을 인식하기에 넉넉한 법이다. 가요는 인간적—심적인 주제를 전혀 다른 음성으로 표시하며 오직 특정한 악곡만이 가사에 '적합'한 것이다.

또 '순수'음악의 작품이 경우에 따라서는 심적으로 전혀 달리 해석된다. 이상의 실례에 있어서도 음악적 구조의 형성은 심적 내용의 형성과 전혀 다른 것이다.

그 점은 외면층의 내부에서도 찾아볼 수 있다.

한 '악장의 구조'는 반드시 '악상'(최소의 통일)에 의해서 규정되는 것은 아니다. 물론 특정한 악장을 구성하려면 악상을 올바르게 선택해야 한다. 그러나 오직 한 가지 악상만이 특정한 악장에 맞는다는 뜻은 아니다. 극단적으로 말하면 서로 다른 주제에 대하여 같은 '악장'을 쓰는 경우도 있을 수 있다. 하지만 이러한 말은 주제와 구조를 엄격히 구별하지 못하고, 따라서 악상이 다르면 그 악장을 '다른 악장'이라고 부르는 음악이념의 개념어와는 맞지 않는다.

이상으로써 대상의 여러 계층 가운데서도 중간층에 자주적 형성의 중점이 있다는 것이 확실해졌다. 실재적인 전경의 형성이 독자성을 가졌다는 것은 거의 분명한 사실이다. 왜냐하면 모든 감성적 영역에 대한 지각에는 그 고유법칙성이 있어서 이 법칙성이 충족되어야만 미적 효과가 나타나기 때문이다.

그러나 최후의 후경층에 대해서는 형성의 독자성이 이미 그렇게 중요한 것은 아니다. 왜냐하면 이념적인 것은 순수한 미의 좁은 테두리를 벗어나서 흔히 도덕의 영역으로 솟아오르기 때문이다.

전경이나 최후의 깊은 이념적인 것은 그것 자체만으로서 미적 형상이 되는 것이 아니다. 미적 형상이 되고 못 되는 분기점은 어느 모로 보나 여러 중간계층, 즉 보다 더 깊은 외면층과 보다 덜 깊은 내면층에 있는 것이다. 풍요한 구체적 직관이 성립하는 것이 바로 이 중간층이며, 또 최대의 다양한 형성도 바로 이 중간층에서 이루어진다.

문학작품·회화작품·음악작품 등등의 충실하고 풍부한 내용이 바로 이 중간계층에 매여 있다는 것, 그리고 주로 형성이 밀접하게 계단적으로 배치되는 점에 매여 있다는 것을 알아야 한다. 또 이와 같이 서로 겹치는 모든 형성의 독자성에 큰 매력이 있는 것이다.

그리하여 일단 더욱 높은 내적 관조에까지 끌어 올려진 이 심정에, 말하자면 다양한 형식이 주입되는 것이다. 즉 그 뒤에 있는 다른 형성이 관조된다. 이리하여 심정은 관조에서 관조로 끌려서 휴식할 줄 모르게 된다.

c 모든 계층 가운데 형성의 연결

각 계층의 형성은 독자성을 가지고 있으면서 또 언제든지 의존성을 지니고 있다. 그래서 앞 계층의 형성은 언제든지 그다음 계층을 나타나게 하는 것이다. 그러면 이 의존성은 대체 무엇을 말하는가? 그리고 이 의존성은 각 계층에 있어서 형성의 독자성과 어떻게 부합되는가?

먼저 이 물음에 대답하거니와 이 의존성은 각 계층의 바로 그다음 계층을 나타내기 위해서 마련되어 있는 모든 현상관계에서 우리가 알고 있는 그 의존성이다. 그러나 이제 여기서는 형성관계가 문제되고 있는 점이 다르다.

그러면 이 관계가 대체 어떻게 해서 형성관계가 되는가? 종래에는 형성관계와 현상관계가 상호대립하는 것같이 생각되어 왔다. 그렇다면 현상에서 성립하는 미(美) 이외에 순수한 형식유희에서 떠오르는 미가 있지 않을까 하는 의문이 나온다. 그것은 장식에서 보더라도 다툴 수 없는 사실이다. 그러면 이 사실은 예술작품의 계층서열에 있어서 형성의 의존성과 어떻게 부합되는가?

형성과 현상을 엄격히 분리하는 것은 분명히 잘못된 일이다. 사실상 두 가지는 서로 일치하는 것이며, 만일 차이가 있다면 그것은 다만 방법론적인 것에 지나지 않는다. 미적 형식이라는 것은 그 어느 계층에 있어서나 본디 '분석'되는 것이 아니다. 그것은 어디까지나 예술의 비밀에 속한다. 따라서 미적 형식이 가진 다른 종류의 외면적 특징이 기록될 뿐이다. 그러나 형상관계는 두말할 것도 없이 분석된다. 그러므로 이 현상관계를 앞세우며 이것을 아무런 형식관계가 아닌 것처럼 말하게 되는 것이다. 하지만 이러한 방법론적 대립을 절대적인 것, 다시 말하면 사실의 본질에 속하는 것처럼 알아서는 안 된다.

여기서 무엇보다도 특히 경계할 것은 이 대립을 '형식과 내용'과의 대립으로 알아서는 안 된다는 점이다. 형식과 내용과의 대립은 일면 피상적인 것이다. 왜냐하면 '형식과 소재'는 분명히 구별되는 것이지만 오직 형성되지 않은 소재가 예술작품의 '내용'이 아니라 오직 형성된 소재만이 예술작품의 내용이기 때문이다. 형식과 내용과의 대립에서 출발점을 취하지 않는 이유가 바로 이 점에 있다. 그리고 옳게 말하면 내용이라는 것은 언제든지 본질적으로 형식 속에서만 존립하는 것이다.

그러나 현상관계 속에 숨은 형식관계는 예술작품의 계층적 구조에서 기술적으로 지적해 낼 수밖에 없다. 그러기 위해서는 다시 여기서 완벽할 수는 없지만 어느 정도 사태를 파악할 수 있는 현상의 선택이 불가피한 것이다.

먼저 조각(彫刻)에서 출발하자. 조각에서는 전경에 있어서의 질료형성이 어떠한 실재적·공간적인 것이다. 그러면 조각가는 어떻게 해서 멈추며, 생명이 없는 형상에서 운동과 생명을 나타내는 것일까? 여기서는 감성적인 실재층과 이에 뒤따르는 두 계층, 즉 후경 외면층과의 관계가 문제되고 있다. 왜냐하면 운동이라는 것은 생명이 아니며, 그리고 생명이라는 것은 운동에서 비로소 '나타나'지만 운동 이상의 것이기 때문이다. 하지만 예술가의 재간이 모자라면 물론 운동이나 생명이 나타나지 않을 수도 있는 것이다.

우리는 예술가가 운동과 생명이 나타나게 하는 그 본질적 핵심을 지적해 낼 수는 없지만 그가 전경을 독특하게 형성함으로써 나타낸다는 사실만은 알 수 있다. 그 밖에 운동과 생명을 나타낼 다른 길은 없는 것이다.

조각가가 직접적으로 형성하는 것은 그가 선택한 운동의 양상 가운데에서 어느 순간에 신체가 갖는 위치, 예를 들면 싸우고 있는 한순간의 투사적 위치뿐이다. 그러나 예술가는 운동이 그 속에서 간접적으로 표현되는 한 장면을 선택한다. 다시 말하면 예술가는 운동의 양상을 정적으로 형성함으로써 그가 표현하려고 하는 운동을 형성하는 것이다. 이리하여 정적으로 형성된 양상에서 운동의 양상에 특징적인 모든 것이 보여지게 된다.

또 운동의 다음 계층, 즉 생명과의 관계도 그와 마찬가지다. 운동은 언제나 공간적이지만 생명은 이미 공간적이 아니다. 하지만 생명은 운동에서 표현된다. 그러므로 우리는 예술적으로도 생명을 운동 속에서 표현할 수 있는 것이다. 조각가는 온몸의 긴장과 분발을 운동양상의 공간적 형성 속에서 파내는 것이다.

이러한 기적이 일어나게 되는 전경의 형성이란 지극히 미묘한 것이며, 이처럼 미묘한 형성은 절대로 분석의 추종을 받아들이지 않고 오직 살아 있는 관조자의 미적 관조에만 호소할 수 있는 것이다. 투사 앞에 다가서서 긴장과 싸움과 생명이 대체 어느 점에서 나타나는가를 찾아보라. 우리는 여러 가지 점을 발견하고 지적할 수 있으리라. 그러나 한 형식에서 다른 형식이 나타나는 무한히 풍요한 형식을 모조리 발견하고 지적할 수는 없는 것이다.

여기서 나타나는 형식이 눈에 뵈는 형식에 매였다는 것, 그리고 예술작품은 바로 이 나타나는 형식을 위해서, 눈에 보이는 형식을 마련하는 것임을 확실히 느끼게 된다.

그리고 작곡가는 그가 '정열'이나 '정적'이나 '비애'나 '숭고' 등을 표현하려고 할 때에 어떻게 하는 것일까?

작곡가에게도 이러한 심적 형식들이 나타날 수 있도록 음악의 외면층을 형성하는 자유가 있다는 것만은 틀림없다. 인간의 내면성을 음악적으로 표현하려면 그 밖의 다른 길은 없는 법이다.

그런데 음악의 외면층은 어떠한 심적 주제를 받아들이는 것이 아니다. 어디까지나 순전한 음성의 형성에서 움직이는 것이며, 또 이 음성의 형성이 음악의 외면층 그 자체의 '주제'가 되는 것이다. 그렇다면 음악가는 어떻게 해서 심적 형성을 음악의 구조형성 속에서 나타나게 할 수 있는가?

이 문제에 대해서는 이미 제14절 c항 가운데에서 아직 형식문제에 대한 고려 없이 다음과 같이, 즉 음의 세계와 마음의 세계와는 전혀 이질적인 것같이 생각되지만 결코 그렇지 않다. 이 양자는 비공간적(비물질적)이며 움직이고 변화하며 흥분과 진정, 긴장과 이완의 대립 속에서 펼쳐진다고 말한 바 있다.

이 점에서 심적(心的) 세계와 물적(物的) 외계와의 대립은 음악과 조형예술과의 대립에 비슷하게 된다. 그러므로 움직이고 변화하며 운동하는 음악은 격동하고 팽창하며 긴축하고 쇠퇴하며 격앙하고 표동하며 돌진하고 탈주하며 그리고 이와 같이 분방한 힘들을 제압하는 심적 생활을 자못 근사하게 직관적으로 묘사하는 것이다.

음악적 형식 그 자체 중에도 그러한 요소들이 들어 있으며 또 그렇게 들리는 것이다. 이러한 요소들은 음악의 '주제'로부터 '악장' 소나타에 이르기까지 음악적 후경의 세 가지 외면층에 들어 있다. 그러므로 이 요소들을 음악의 구조형성에 덧붙이지 않더라도 순수한 음악적, 작곡적 형식 자체가 바로 심적 형성을 나타나게 하는 것이다.

이 점에서 보아도 형성이 계층서열에 의존한다는 것, 다시 말하면 그 자체에 있어서 독자적인 형성에 계층의 차이가 있어서 보다 깊은 형성은 그 앞에 놓여 있는 형성에 의존한다는 것이 분명하다.

셋째로 문학을 인용해 보자. 문학은 음악과 마찬가지로 시간성을 가지고 있다. 즉 문학에 있어서도 중간층에 풍부한 내용을 제공하는 것이 움직이는 심적 생활이다. 그러나 문학과 음악과의 이 비슷한 성질은 표면적인 것에 지나지 않는다.

그 점은 현상관계에서 형성관계로 옮아가면 이내 분명해진다. 음악은 마음의 운동을 운동하는 음성으로 직접 '묘사'할 수 있다. 하지만 문학은 그럴 수가 없고, 설령 있다 하더라도 겨우 말의 소리를 이용하는 수밖에 없다. 문학은 오히려 우리가 생활영역에서 심적인 것을 알려고 할 때 취하는 바와 같은 우회로를 취하는 것이다. 즉 문학은 운동과 표정에서 출발하여 상황과 사건의 진행으로 옮아가며 여기서 다시 인물의 성격적이고 도덕적인 내면성으로 옮아간다. 그리고 또다시 모든 사건, 인생과 운명의 전체성으로 옮아간다. 이것이 위에서 지적한 바 있는 문학예술의 중간층에 해당하는 것이다.

그러면 그것이 형성관계와 어떤 관련이 있다고 말할 수 있는가? 다시 말하면 작가는 어떻게 해서 외면적·공간적으로 표상된 운동과 표정 속에서 상황이나 사건의 진행과 같은 내면적인 것이 나타나게 하는가? 작가는 외면적이고 가시적인 것을 형성하되 이것이 말을 통해서 나타나게 하는 것이다. 그러나 작가는 이 외면적인 것의 형성을 통하는 동시에 그 속에 내면성이 반영되고 표상에 '나타나게 하는' 것이다. 왜냐하면 표정이나 운동은 오히려 말하지 말고 숨겨두어야 내심을 간접적으로 누설하는 것이기 때문이다.

이와 같이 작가는 외면적인 것의 형성을 통하는 동시에 간접적으로 내적으로 중요한 것, 예를 들면 심적 긴장에 제약되는 상황과 망설이며 분투하고 결정하는 행동을 형성한다.

따라서 형성은 계층순서에 따라서 계속 진행한다. 이리하여 작가는 행동에서 인간의 성격과 에토스를 형성하고 또 이 에토스와 그 이전의 모든 형성에서 다시 전체 인간의 운명을 형성해 낸다.

d 형식의 내적 규정

이상을 총괄하면 다른 종류의 단일한 형식분석에 의해서 미의 비밀을 해명하려고 하는 미학의 시도가 애당초 좌절할 수밖에 없는 이유가 뚜렷해진다. 사람들은 예술작품의 형식을 단일한 것으로 파악할 수 있으리라 여겼다. 그러나 그것은 그렇지 않다. 예술작품의 형식은 여러 계층을 가진 것이며, 그 어느 계층에 있어서나 독립성과 동시에 특정한 의존성을 가지고 있다. 사람들은 예술작품의 형식에 그처럼 복잡한 관계가 있다는 사실을 꿈에도 상상하지 못했다. 하지만 의존성의 요소가 이로써 완전히 구명된 것은 아니다.

결국 가장 외면적인 형성이 이미 그와 전혀 이질적인 가장 후경적인 것에 의해서 규정된다는 것을 뜻한다. 이는 앞에서 말한 바와 반대되는 것처럼 생각될 것이다. 위에서 한 말은 언제든지 앞 계층의 형성이 그다음 계층의 현상을 제약한다는 것, 따라서 현상관계에서 보면 뒤이은 계층의 현상이 앞 계층의 형성에 의존한다는 것을 뜻하는 것이었다. 그렇다면 모든 계층서열의 궁극적인 효과에 있어서 가장 외면적인 형성이 가장 내면적인 형성에 의존하는 것이 아니라 오히려 후자가 전자에 의존한다고 말해야만 한다.

이러한 아포리아(aporia)는 그릇된 생각에서 나오는 것이다. 이 아포리아는 마치 인식근거와 존재근거와의 이론적인 아포리아와 같이 해결되는 것이다. 즉 현상관계에 있어서는 앞 계층의 형성이 언제든지 다음 계층의 현상을 제약하지만, 예술작품의 구조관계에 있어서나 또는 생산적인 예술가의 작업관계에 있어서는 반대로 뒤따르는 계층이 이 앞 계층을 제약하는 것이다. 왜냐하면 앞 계층은 그다음 계층의 형성이 나타날 수 있도록 형성되기 때문이다. 이리하여 앞 계층의 형성은 보다 깊은 내면적인 계층에 의해서 결정되는 것이다. 그러므로 외면층은 내면층을 위해서 있는 것이다. 그리고 이러한 의미에서 결국 감성적인 전경의 형성은 최후의 후경에 의해서 규정된다. 이것은 하나의 규정관계인데, 이 규정관계는 여러 예술 가운데에서 중요한 동시에 매우 구체적인 형태를 취하는 것이다. 따라서 모든 중간계층에 있어서의 선택원리가 최후의 후경에서, 다시 말하면 작품 가운데 구체적으로 나타나는 어떤 일반적인 이념에서 취해진다는 것을 직접적으로 감지하게 된다.

문예작품 가운데에는 매우 하찮은 외면성이 '이념'에 의해서 규정되는 이러한 실례가 많이 있다. 그 하나로 실러의 《루이제 밀러린》이란 작품을 들 수 있다. 이 작품을 일관하고 있는 이념은 군왕의 횡포에 반항하는 피압박민의 자유투쟁이다. 이 이념이 성격과 운명을 통해서 나타나고, 다시 상황과 행동방식 속에 침투하며, 그리고 다시 담화와 동작과 표정을 거쳐서 문자로 기술된 각본 속에까지 나타난다. 이러한 관계는 언어형성이 직접적으로 기분을 표현하고 있는 〈모든 정상을 넘어서〉라는 서정시에서 더욱 분명해진다. 여기서는 죽음의 불안이 한 줄의 시구 속에서 직접적으로 울려 나온다.

예술적 형성의 첫째항과 끝항의 이러한 직접적인 연결은 성공한 작품이면 어느 곳에서나 발견되는 것이다.

회화에 있어서 그 점이 더욱 분명하게 눈에 띄는 것이 초상화이다. 초상화가의 진정한 기능은 참으로 개성적인 것에서 발휘된다. 이 기능의 본질은 개성적인 것을 파악하여 이것을 보여주는 데 있다. 그리고 초상화의 대가(大家)는 경험적인 개성을 넘어서 개성적인 이념을 추구한다.

그러면 화가는 이 개성적인 것을 어떻게 표현하는가? 화가가 개성적인 것을 표현할 때에도 생명을 표현하는 방식과 다른 점이 없다. 눈으로 볼 수 있는 보잘것없는 특징, 예를 들면 입 가장자리의 그림자, 두 눈 속의 광채 등을 통하는 것 말고 다른 길이 없다. 그러나 이 길은 사실에 있어서 회화의 모든 계층을 거쳐가야 되는 길이며 결코 단축될 수 없는 길이다.

왜냐하면 형성 전체 가운데에서 어느 한 계층이 빠져도 작품 전체가 지리멸렬하게 되고 이해할 수 없게 될 위험성이 있기 때문이다. 빈틈없는 형성의 계열을 내포한 초상화만이 조화로운 효과를 줄 수 있는 것이다.

어느 실례를 가지고 보더라도 거기에는 반드시 최후의 내면층이 있다. 예를 들면 음악에 있어서는 이념적인 것이 직접 음성적인 것을 규정하며 악곡의 세목이나 주제까지 규정한다. 그러므로 교향곡 제9번의 엄숙성은 그 주제에 이르기까지 분명하게 드러난다. 이와 같이 주제는 근본기분에 의해서 규정되고 이 근본기분 속에는 이 교향곡의 이념, 즉 폭넓고 너그러운 인간감정이 뿌리를 박고 있는 것이다. 그 점은 지크프리트(Siegfried)의 '대장장이의 노래' 속에 나오는 원기 왕성하고 낙천적인 영웅들도 마찬가지라고 말할 수 있다. 바흐 후기의 둔주곡에서는 그뿐만 아니라 형이상학적인 것까지 느껴진다. 이 형이상학적인 것이 무엇인지는 아무도 말할 수 없다. 그러나 이 형이상학적인 것이 순전히 음성적인 전경에 이르기까지 규정한다. 그리고 이 음성적인 전경 속에서 형이상학적인 것을 알아듣는 자만이 이 작품을 옳게 들을 수 있는 것이다.

건축을 고찰하는 경우에는 이 형이상학적인 것을 무시할 수 있다. 그것은 주로 건축에서 형이상학적인 것을 논증하기가 더욱 곤란하기 때문이다. 하지만 궁극적인 점은 여기서도 분명히 볼 수 있다. 일반적인 이념이 건축물의 밑바탕에 놓여 있는 만큼 이 일반적인 이념이 직접적으로 건축의 외면적 형성을 규정한다는 것을 인정해야 한다. 그 점은 기념비적인 건물에서 더욱 수긍된다. 교회

건물이 위로 높이 솟는 사실은 어떠한 실용적 목적과도 일치하는 것이 아니다. 그러나 주택건물의 외형에서도 행복한 감정과 자기 집에 대한 자랑스러움이 뭉쳐진 어떤 심적인 것이 엿보인다.

18) 현상과 형성

a 형성의 자주성과 의존성

앞의 절에서 형성에 있어서의 독립성과 의존성이 모든 계층을 통해서 서로 동반한다는 사실을 알았다. 독립성과 의존성이 이와 같이 서로 수반한다는 사실 그 자체는 결코 새로운 것이 아니라 그 밖의 다른 성층(成層), 예를 들면 실재적 세계의 구조에 있어서 범주적 성층에서도 이미 우리가 발견했던 것이다.

여기서 중요한 점은 독립성과 의존성이 서로 보충하며 유지해 나가는 관계가 모든 계층을 일관하고 있다는 사실이다. 이 관계는 두말할 것도 없이 형식과 형식의 관계이며 더구나 이 형식들은 계층에 따라서 서로 다르다.

여기서 무엇보다도 중요한 사실은 한 계층의 형성을 고립시켜서 그것만을 따로 떼어놓고 본다면 그것이 결코 미적 형식이 아니라는 점이다. 형식미학은 이 점을 전혀 이해하지 못하고 있다. 형식미학은 특정한 한 계층이 형성, 예를 들면 문학적 소재의 형성만을 따로 떼어서 '법칙'대로 검토한다. 그것이 전혀 불가능한 일이 아니라 하더라도 그래서는 그 뜻을 절대 이룰 수 없다. 왜냐하면 미적 형식에 다다르지 못하기 때문이다. 미적 형식은 여러 가지 형성의 전후관계를 통해서만 비로소 나타나기 시작한다.

이 여러 가지 형성의 전후관계는 각 계층의 형성이 상대적 독립성을 유지하면서 서로 보충하며 지지하는 어떠한 상호관계를 말한다. 그러므로 면밀하게 관찰한다면 각 계층마다 거기에 독특한 내용이 나타난다. 예를 들면 문학의 중간층에서는 여러 가지 사건과 상황이 나타나므로 어느 한계 내에서는 이 모든 '내용'이 따로따로 힘을 발휘할 수 있고, 또 따로따로 향수되기도 하는 것이다. 한 가지 덧붙여 둘 것은, 중간층에 이러한 내용을 많이 가진 작품일수록 그만큼 내용이 충실한 작품이 된다는 점이다. 그러나 이러한 내용이 다름 아닌 형성인 것이다.

이로써 모든 계층에 있어서의 독립성과 피제약성과의 상호관계가 어떠한 것인가를 알았다. 다음 계층이 앞 계층을 통해서 나타난다는 것, 그리고 앞 계층을 위한 형성의 미적 의의가 그다음 계층을 나타나게 하는 점에 있다는 것은 움직일 수 없는 사실이다. 그렇다고 앞 계층의 의의가 오로지 그 점에만 있다고 본다면 그것은 옳지 않다.

예술적 형성의 각 계층은 오히려 그 자체의 중요성을 가지고 있는 것이며, 이 각 계층이 가진 중요성이 독자적인 내용—물론 형식과 대립하는 '내용'이 아니라 위에서 말한 의미의 '내용', 즉 형성이 주가 되고 있는 내용—으로 관조되는 것이다.

다시 한 번 문학의 중간층을 생각해 보자.

여기서는 '그가 어떤 모양으로 기침하며 어떤 모양으로 침을 뱉는가'가 중요한 것이다. 그와 마찬가지로 그가 닫힌 문을 열거나 혹은 없어진 서류에 눈을 돌리기 전에 먼저 증인을 찾는 모양이 중요하다. 이런 것들이 운동과 표정의 계층이다. 그다음의 상황과 사건의 계층도 그와 마찬가지다. 이를테면 어떤 사람의 거짓말을 지적하고 속지 않으려고 하는 사람의 모양을 생각해 보라. 이때 교묘하게 그의 거짓말에 속아 넘어가지 않는 사람도 있겠지만 말다툼에 빠져서 남에게 치욕을 당하는 사람도 있을 것이다. 그 어느 경우에나 성격적—도덕적 특질이 투시되는 것은 물론이지만 그 밖에도 다양성의 조형적인 형성 그 자체에 어떠한 내용적 가치가 있고 이것이 잡다함·풍부함·충실함, 그리고 생활진리로 느껴지는 것이다. 생활진리는 이러한 실례를 들어서 구체적 풍요의 미적 향수에 호소하는 것 말고는 달리 표시하기가 불가능하다. 인간의 성격과 운명을 나타내기 위해서는 그렇게 많은 세목이 필요한 것 같지는 않다. 그렇지만 풍부한 세목은 의연히 그 권리를 지니고 있는 것이다. 왜냐하면 이 세목은 하나의 고유가치를 가지고 있기 때문이다.

예술작품의 모든 계층에 있어서 미적 형성의 독립성과 의존성과의 관계는 이상과 같이 생각해야만 비로소 옳게 이해된다. 미적 관점에서 보면 각 계층의 형성은 한 면에서는 전혀 다른 계층을 위한 것이지만, 또 다른 면에서는 오로지 그 자신을 위한 것이다.

독립성과 의존성과의 관계를 이처럼 극단적으로 나타내는 것은 결코 쓸모없는 짓이 아니다. 왜냐하면 이 사이비 이율배반의 양측에 미적 고유가치가 있기 때문이며, 각 계층에 있어서 형성의 세목은 작품의 내용을 풍부하게 하는 동시에 이 작품의 깊이와 통일성은 형상관계에서 성립하기 때문이다.

그러나 중간층 내부에 다양한 세목의 형성이 모자라면 전체의 통일성이 아무리 깊어도 약한 것이다. 그와 마찬가지로 폭넓은 세목에서 그 밖의 아무런 다른 광경이 투시되지 않는다면 아무리 풍부하고 다양한 내용이라도 천박한 것이다.

이 점은 그 밖의 예술에서도 지적할 수 있다. 예를 들면 회화에서는 그 점이 뚜렷하게 나타난다. 이미 위에서도 본 것과 같이 회화에 있어서는 순전히 감성적이고 가시적인 그 외면층의 비중이 다른 어느 예술보다도 크다.

그것은 왜 그런가? 헤겔의 미학에서는 아마 이렇게 대답하리라. 회화는 하나의 감성적이고 평면적인 예술이어서 문학처럼 내면적인 것이 없기 때문이라고. 그 해설이 틀렸다는 것은 이미 논평한 바 있다. 회화는 내면층이 없는 것이 아니며, 또 아무리 가시적인 것에 집착해도 결코 평면적인 것이 아니다. 또한 회화는 '이념적인 것'에 이르기까지 '아름다운' 모든 것을 감성적인 것 속에 나타내야 하는 예술의 임무를 가장 정확하게 이행하는 것이다.

그러므로 회화에 있어서는 감성적인 외면층이 더욱 중요하다. 또 그림 속에 나타나는 빛에 관한 모든 세목이 하나의 고유가치를 갖는다는 것, 그리고 이 세목 그 자체가 이 그림 속에 나타나는 빛에 관한 그 무엇을 말해 준다는 것을 알 수 있다. 또한 회화에서는 풍부하고 다양한 가시적인 것 그 자체가 중요하다. 아무리 사정이 다르더라도 회화는 근본에 있어서 문학과 같은 관계를 가지고 있다. 회화가 다른 점은 다만 독립성과 의존성의 어느 측면에서 보든지 형성의 성격이 모든 계층에 뚜렷하게 나타나는 데 있는 것이다.

비표현예술에 있어서도 근본적으로 다른 점은 없다. 여기서는 다만 각 계층 형성의 독립성이 훨씬 더 강하게 나타날 뿐이다. 그 점은 모든 외면층의 내부에서만이 아니라 이 외면층에서 내면층으로 이행하는 때에도 마찬가지다.

예를 들면 음악의 외면층에는 작곡이 포함되어 있고, 이 작곡의 다양한 내용은 그 어느 한 계단의 형성에 있어서나 독립성을 가지고 펼쳐진다. 작곡은 어떠한 형식의 유희이며 또 그렇게 느껴지는 것이다. 주제의 전개·변화·개조·확장·반복, 다른 주제와의 결합, 다른 주제에 밀려났다가 다시 나타나는 등 이 모든 것은 그 자체가 의의와 법칙을 가지고 있는 것이지 결코 작곡 속에 나타나는 어떤 심적 내용에서 일어나는 것은 아니다.

그러나 그렇다고 해서 심적 내용이 계단적으로 형성되는 이 작곡 속에 나타나지 않는다는 말은 아니다. 독립성과 의존성은 기묘하게도 일치하고 있다. 바꾸어 말하면 의존성은 독립성을 침해하지 않는다. 이러한 관계의 대표적인 실례가 중복선율법을 쓰는 음악이다. 이 음악의 다양한 형식은 순전히 그 자체가 가치 있는 것이고 향수되는 것이지만, 또 놀라울 만큼 깊은 다른 종류의 심적 후경을 제시하는 것이다.

b 순수한 형식의 유희

음악의 실례에서 또 한 가지 분명히 알 수 있는 것은 현상관계에 의존하지 않는 순수한 형식미가 있다는 사실이다. 그렇지 않으면 음악에서와 같은 독립적인 형식의 유희는 불가능할 것이다. 좀더 엄격하게 말하면 그러한 형식의 유희가 있다 하더라도 독립적인 미적 효과를 가졌다고 요구할 수는 없다.

이 요구는 음악에만 한정된 것이 아니라 건축에서도 재현하며 장식예술에 이르러서는 절정에 이른다. 왜냐하면 장식에서는 계층관계와 투시관계가 없이 순전한 형식유희만이 나타나기 때문이다. 따라서 여기서는 형식문제가 보다 더 중요해진다.

만일에 미가 성층관계를 떠나서 순수한 형식유희에 있는 것이라면 미가 전혀 없는 곳은 어디든 있을 수 없다. 그러므로 사람들은 표현예술에서도 미의 원리를 발견하려고 애썼다. 여기서는 매우 다양한 계단의 차이가 당연히 문제될 수 있다.

그러나 이 문제는 첫째 비표현예술에 관계가 있는 것이다. 비표현예술에서는 애당초 현상관계가 핵심적인 것이 아니었다. 그리고 비표현예술이라고 하면 사람들은 흔히 장식을 가리키지만 이 장식은 결코 다른 예술과 같은 지위를 가진 것이 아니며, 또 순수한 형식유희에 있어서도 음악이나 건축과 비견하기가 어려운 것이다.

이미 제7절 e항에서 지적한 바와 같이 유희는 장식에서 어느 정도의 독립성을 누리고 있다. 그러나 이 독립성은 장식이 보다 큰 형식연관, 예를 들면 건축물에 편입됨으로써만 제한되는 것이다.

장식에도 분명히 음악의 외면층과 비슷한 그 무엇이 있다. 그래서 다른 종류의 형식—동기, 말하자면 다른 종류의 '주제'가 그 바탕에 있어서 이것이 자유스런 환상의 날개를 타고 변화하고 되풀이하고 결합하고 대립하면서, 다시 보다 큰 한 전체로 종합된다.

이러한 모형은 거의 모든 장식에서 발견된다. 여러 종류의 '동기'가 서로 결합될 수 있고, 서로 혹은 따로 변화할 수 있으며 그렇게 해서 보다 더한 다양성에 다다를 수 있다. 여기서 전체가 하나의 포괄적인 형식적 통일을 통해서 압복되고 종합될 때에 하나의 큰 작품이 되는 것이다.

이 형식의 유희에는 여러 계단이 있다. 첫째 동기로 보나 또는 제작상으로 보나 매우 소박한 것이 있는가 하면 또 매우 복잡한 것도 있어서 눈으로 볼 때 선이나 또는 중복의 연쇄를 찾아내고, 얽힌 것을 풀고, 직각적으로 이해되기는 하지만 분명하고 뚜렷하지 않은 전체의 통일성을 발견하거나 혹은 그 모든 경향을 결합시키는 등의 난제를 제기한다.

이러한 '난제'에 끌려 들어갈 때에 관조하는 주관이 느끼는 쾌감은 다른 예술에 있어서보다는 깊이가 적다 하더라도 어떤 자율적인 것이다. 아무튼 형식의 유희에는 다른 종류의 자극과 독특한 흥분이 뒤따른다. 여기서 칸트가 역설한 바 있는 '심정력(心情力)의 유희'가 연상되거니와 이 심정력의 유희는 그러한 형식의 관계와 선의 관계의 지각을 통해서 일어나는 것이다. 사실에 있어서 다른 종류의 복잡한 장식이 환기하는 것은 적잖이 있다. 예를 들면 대조·조화·착종, 교착과 화해, 중복·중단과 계속 등이 그것이다.

이상의 모든 요소는 음악의 중간계층에서도 발견되는데, 여기서도 장식에 있어서와 마찬가지로 다른 것과의 관계없이 그 자신을 말하는 뚜렷한 자율성을 가진다. 그리고 만일에 현상관계를 가진 음악에서 그러한 독립성이 가능하다면, 이 현상관계가 없는 장식에서도 독립성이 가능하리란 것은 더 말한 나위도 없다.

물론 음악에서는 이러한 형식미가 훨씬 더 다양하고 규모가 크다. 그것은 왜 그런가? 그 이유는 결국 '귀에 들리는 질료'(말과 소리)의 형성가능성이 더 많은 점에 있는 것도 아니고, 그렇다고 또 이 가능성이 더 다양한 점에 있는 것도 아니기 때문이다. 즉 음은 어떠한 물적 대상을 나타내는 것이 아니며 따라서 다른 종류의 '동기'에 제약을 받지 않는 점에 있는 것이다. (색은 음질과 일치하는 점이 있지만, 음의 높낮이는 가시적인 것과 비슷한 점이 전혀 없다. 그러면 음악은 한 차원을 더 가졌을까?)

그러므로 장식이 물화(物化)하지 않도록 경계해야만 한다. 그것은 결코 쉬운 일이 아니다. 물화도 때에 따라서는 자극을 주지만 순수한 형식의 유희를 막는 것이다. 그러나 장식이 물화하면 자극이 이차적인 것이 되어서 앞으로 밀고 나올 수가 없다. 그러므로 식물이나 동물에게서 목적을 취하는 모든 장식에 있어서는 양식화의 경향이 뚜렷하다. 여기서 양식화는 비물화와 뜻이 같다. 즉 자연적인 형태가 의식적·고의적으로 어떤 다른 것으로 변형되는 것이다. 그때에 그 어떤 다른 것이 다름 아닌 바로 장식이 목표로 하는 선(線)의 유희·무늬, 혹은 착종(錯綜)에 알맞은 작품이다.

그 점은 고대의 화판이나 덩굴의 무늬에서 분명히 볼 수 있고, 물개나 사자나 뱀이나 물고기의 무늬에서도 잘 나타난다. 또한 고딕식의 귀신이나 장승의 무늬에서도 볼 수 있는데, 이 고딕식의 장식은 장식과 조각과의 분기점에 놓여 있다.

실재적인 형태에서 도피하려고 하는 이 모든 경향은 우리가 좀더 넓은 의미에서 이미 알고 있는 한 변종에 지나지 않는 것이다. 그러나 여기서는 존재방식이 문제가 아니라 다만 형식 그 자체가 문제이다. 하지만 여기서 나타나는 형식은 현실적인 동물의 형식이나 또는 현실적인 식물의 형식이 아니라 그런 것과는 전혀 다른 형식이며, 실재적인 세계에서는 나타나지 않는 형식이다.

그것은 음악적 '제의(題意)'가 음악 이외의 실재적 세계에서는 어디서나 나타나지 않는 것과 같다 하겠다. 형식의 유희에서 성립하는 다양성은 그 자체가 하나의 세계이다. 그러므로 이 세계는 그 어느 부분에 있어서도 실재하는 그 무엇을 본뜬 것이라고 볼 수 없는 것이다. 이 점에서 회화 및 조각과 장식과의 대립이 뚜렷하게 나타난다.

순수한 형식유희의 문제를 다루는 마당에 있어서 소박한 취지에 방향을 돌리는 뜻이 여기에 있다. 아무리 소박한 취지라 하더라도 모든 물적인, 즉 식물적인 취지와는 거리가 먼 것이다. 차라리 그것은 단지 공간적으로 결합된 또는 '기하학적'인 취지라고도 부를 수 있는 것이다. 그러나 이 '기하학적'이라는 말은 물론 엄밀한 학문적 의미가 아니라 다만 기하학적 형식직관의 의미에 지나지 않는다.

어떤 종류의 간단한 기하학적 도형이 특정한 미적 자극을 준다는 사실은 일찍부터 사람들의 주의를 끌어왔거니와 이 미적 자극은 미적인 만족과 쾌락 기타 등등과 같은 권리가 있는 것이다. 그리고 고대인은 흔히 이 자극을 순수기하학의 '미'라고 칭찬했던 것이다. 고대에 있어서 원은 '완전한 형'이고 구(球)는 그보다 더 완전한 형이라고 여겼다. 이러한 사상은 이론적인 사색에서 나왔다기보다는 그보다 앞서서 이미 '미'라고 느껴진 이 도형이 단순하고 일목요연해서 직각적으로 이해되는 점에서 나온 것이라고 보아야 할 것이다.

그 점은 오늘날의 우리도 직접적으로 동감한다. 그러나 우리는 원형이나 구형보다도 타원형이나 쌍곡선을 더 '아름답다'고 느낀다. 이러한 우리의 감정은 타원형이나 쌍곡선 속에 숨은 법칙성에 대한 막연한 감정의 발로인 것이다. 그밖에 더 실례를 든다면 아르키메데스적이거나 대수적인 나선형이 있다. 이 계열을 아래로 향해서 계속 추구하면 마름모형·정방형·삼각형까지 이른다. 하지만 이러한 형식에 대한 인간의 미의식은 이미 일반적이지 않다.

형식의 유희에 있어서 이상과 같은 소박한 시초를 이해할 만한 정도에 이르렀다. 이 소박한 시초로부터 음악에 있어서의 더할 나위 없이 다양하고 풍부한 형식 내지 기타 예술에 있어서의 모든 중간층에 이르기까지 한 계통의 여러 계단을 구별할 수 있으리라.

이러한 지식은 현상미와 '형식미'와의 사이에 심각한 대립성이 있다는 가설을 통해서 해를 입게 될 수 없는 것이다. 오히려 기하학적 실례는 현상미와 형식미와의 사이에 부단한 이행이 있음을 명시한다. 이 점은 소박한 의식, 즉 아직 학문적으로 갈고닦지 못한 의식에 있어서의 도형 법칙에 대한 감정적인 예감이 증언한다. 왜냐하면 이 감정적인 예감 속에서도 현상관계의 남은 그림자가 분명히 인식되기 때문이다. 여기서 기하학적 지식의 직관적 성격에 관한 쇼펜하우어의 학설을 떠올리게 된다.

반대로 위를 향해서 올라가도 마찬가지다. 형식의 유희에 대한 미적 희열은 표현예술에 이르기까지 어디서나 끊기는 일이 없다. 그 점은 이미 음악에서도 뚜렷하고 문학과 회화의 중간층에서도 분명히 볼 수 있다. 이리하여 다양한 세목이 하나의 독립적인 미적 권위를 이루는 곳에서는 어디서나 형식의 유희에 대한 미적 희열이 따른다. 왜냐하면 세목 자체가 이미 뛰어난 형성이기 때문이다.

그러므로 형식미와 현상미가 아래위로 이어지는 것을 알 수 있거니와 이 '두 종류의 미'가 서로 접합하고 있는 각 계단은 어디까지나 완전히 연속하고 있는 것이다. 그렇지만 형식미의 원리와 현상미의 원리는 어디까지나 전혀 다르다는 점을 잊어서는 안 된다.

c 얕은 예술과 깊은 예술

위에서 말한 계단차이는 동시에 깊이의 차이다. 장식이 어떤 '얕은 예술'이라는 것은 누구나 쉽게 이해할 수 있다. 그러나 장식에도 문학이나 음악에서처럼 대가가 있다는 것은 아무도 모른다. 이리하여 가장 얕은 미적 효과에서 가장 깊은 효과에 이르기까지 이어져 있는 것이다. 그러면 미적 효과의 깊이와 현상 관계, 혹은 형식의 유희와는 어떠한 연관이 있는가 하는 문제가 나온다.

예술적으로 신중히 생각하면 '위대한 예술'만이 예술이라고 인식된다. 그러나 위대한 예술은 어느 경우에나 깊은 예술이라고 보아야 한다. 여기서 '깊은 예술'은 내면층, 특히 최후의 이념적인 계층이 우세한 예술이라고 이해될 수 있다.

그렇게 본다면 깊은 예술의 대표자에게는 영광이 될지 모르나 이러한 견해는 올바른 것이 아니다.

어디까지나 얕은 예술이 있다. 우리는 이러한 예술을 흔히 '가벼운 예술'이라고 부른다. 그리고 이 예술은 결코 비본디적인 예술만이 아니다. 이를테면 오락소설·춤곡·오페라, 재미나는 만화를 생각해 보라. '가벼운 예술'은 깊은 예술보다도 탈선할 위험성이 많은 것이 사실이다. 그러나 그렇다고 가벼운 예술은 진정한 예술이 아니라는 결론을 끌어낸다면 그것은 틀린 것이다.

오히려 가벼운 예술의 내부에서도, 예를 들면 오페레타·춤곡·오락소설 가운데에는 좋은 졸작과 나쁜 졸작이 있다. 이러한 작품들도 예술적으로 성공한 것이라면 물론 얕은 감각·관조·향수의 대상이 되며, 기분을 전환시키고 위안을 주며 즐거움을 느끼게 하는 오락에 이용되는 것이다. 하지만 이 오락에는 예술적으로 완성된 것도 있고 비예술적인 것도 있다. 그리고 예술을 이해하는 사람이라면 오직 후자의 경우에만 한해서 안됐다, '저속'하다는 느낌을 갖게 된다. 이 '저속'이라는 말은 다른 종류의 효과형성을 통해서나, 혹은 그 무엇의 현상을 통해서나 결코 정당화될 수 없는 감정적 효과를 값싸게 노출함을 뜻한다.

얕은 예술작품을 생산하는 것이 깊은 예술작품을 생산하는 것보다 훨씬 쉽다는 말은 물론 옳다. 독창성이나 천재성이 크게 요구되는 것이 아니다. 그러나 얕은 음악에도 천재적인 작품이 있다. 이러한 작품은 얕으면서도 고상한 아름다움을 가지고 있다.

장식을 제외하고 어느 예술의 내부에나 얕고 깊은 계단차이가 있다. 그뿐 아니라 예술의 전체 내부에도 얕고 깊은 계단차이가 있는 것이다. 그래서 문학과 음악은 어떤 다른 예술보다도 가장 깊은 예술이며, 회화나 조각은 그 깊이에 있어서 건축을 능가한다. 이와 같이 모든 예술의 계단차이는 자못 큰 것이다.

그러면 이 계단차이는 대체 어느 점에서 성립하는 것인가? 얕은 예술은 무엇이며 깊은 예술은 무엇인가? 이 물음에 대해서는 예술을 받아들이는 작용으로써 대답할 수 있다. 즉 인간의 마음속에 얕은 효과를 주는 예술도 있고 깊은 효과를 주는 예술도 있다. 이와 같이 내가 참여하는 방식이 경우에 따라서 다르다. 어떤 때에는 예술에 포착되고 도취하고 감동하며, 혹은 매력을 느끼거나 자극을 받기만 한다. 단순한 위안이 고상한 희열과 다르듯이 심적 생활의 계층이 예술에서 받는 감동의 깊이에 차이가 있는 것이다.

그러나 그 차이는 객관 그 자체의 계층적 형성이 내포한 차이의 반영에 지나지 않는다. 왜냐하면 그 차이는 객관 자체 속에 있기 때문이다. 그러면 예술작품은 어느 계층에서 향수되는 것인가?

보다 깊은 심적 반응은 반드시 대상의 보다 깊은 계층에 대응하는 것이 아니다. 그것은 너무나 단순한 생각이다. 그렇게 생각한다면 추상적으로 씌어진 소설은 심적으로 깊이 생각해야 하므로 최대의 예술적 효과를 갖는다고 말할 수 있으리라. 하지만 그렇지는 않다. 왜냐하면 그러한 소설에는 직관성과 생기가 없기 때문이다. 이 직관성과 생기는 모든 중간계층이 있는 것이며, 부분적으로는 외면층이 감성적인 전경에도 있는 것이다. 회화에 있어서도 그와 마찬가지로 감성적인 생기, 운동성, 강한 기운과 빛이 없는 의미심장한 신비적 형상은 강렬한 미적 효과를 주지 못하는 것이다. 따라서 그 상징성의 깊은 의미는 어디까지나 직접적으로 파악되지 않는다.

그렇다면 이 관계는 참으로 어떤 것인가? 예술에 있어서의 미는 여러모로 매개된 것이다. 즉 미를 보는 눈은 다수의 계층을 보아 나가기 때문에, 그 어느 계층이든지 그 다음 계층을 '나타나'게 한다. 그리고 그 어느 계층에 있어서나 그 다음 계층을 나타내는 내용이 특수한 형식을 갖는 것이다. 그러나 그뿐만이 아니라 이 특수한 형식들이 다양성을 발휘하면서 총괄되기에 이 다양성이 예술작품의 풍부한 내용이 되는 것이다. 이 점은 위에서도 말한 바 있거니와 여기서 제기되는 문제에 대한 해답의 토대가 되는 것이다. 왜냐하면 보다 더 위대한 예술은 보다 더 깊은 예술이기 때문이다.

하지만 보다 더 깊은 미는 보다 더 많은 계층을 통해서 보여지는 것이다. 이 경우에 문학이나 음악의 후경 가운데에서 보는 바와 같은 가장 깊은 두 개의 계층, 즉 가장 마지막 계층과 가장 깊은 계층이 있느냐 없느냐가 중요한 것이 아니라, 계층의 서열 자체와 이 계층들의 다른 점과 다양성 내지 각 계층 내 세목의 다양성은 순수한 형성 혹은 형식의 유희에 매이는 것이다.

따라서 예술의 깊이는 현상관계와 형식유희와의 대립에 매인 것이 아니다. 오직 형식유희 그것만은 언제든지 얕은 효과를 준다는 말은 물론 옳다. 그리고 보다 더 깊은 모든 미는 현상관계에 매였다는 말도 옳다. 그러나 형식의 유희도 거기에 여러 계층이 있고 또 그 각 계층에 독립성이 나타나게 되면 매우 심오한 것이 될 수 있는 것이다. 그리고 각 계층에 있어서 그 다음 계층을 나타나게 하는 힘은 거기에 알맞은 형성에 제한되는 것이다. 그러므로 미의 크고 깊은 효과의 주요 계기는 '절대적인 깊이'가 아니라, 앞 계층과 뒷 계층이 어디까지 서로 접속하느냐에 있는 것이다.

이리하여 예술의 깊이는 현상에 상대적인 것이다. 그러나 각 계층 속에 형성된 다양성이 얼마나 들어 있는가는 미의 효과에 무관계한 것이 아니다.

바꾸어 말하면 각 계층이 가진 미적 의의는 형식유희에 있어서의 다양한 내용의 함수인 것이다. 그 점은 음악이나 문학에 있어서는 여러 중간층, 즉 세목의 다양성이 증명하며, 회화에 있어서는 외면층이 증명한다.

그러나 특정한 한 계층—예를 들면 다른 종류의 중간층—에서 형성된 다양성의 미적 의의가 이 계층 자체의 독립적인 미의 함수가 아니라는 사실을 확인해야만 한다. 물론 그렇게 생각되지 않는 것도 아니다. 왜냐하면 만일에 현상관계의 미와 따로 독립한 순수한 형식유희의 미가 있는 것이라면, 따라서 미가 관조되는 계층서열 가운데 어느 계층에서든 독립적인 형식미가 발견될 수밖에 없을 것이기 때문이다.

그렇다면 또 어느 한 계층이나 여러 계층에 미가 결여될 때에는 미적 가치가 감소하거나 전혀 없게 되는 일도 있을 것이다.

그러나 그러한 생각은 옳지 않다. 왜냐하면 전체의 미적 가치를 위해서 본질적인 것은 어디까지나 오로지 각 계층에 있어서의 세목의 충실성과 다양성 내지 그 통일성에 있는 것이지, 그 계층의 독립적인 형식미에 있는 것은 아니기 때문이다.

이러한 명제는 물론 표현예술에만 해당되는 일이다. 하지만 표현예술에서는 이 명제가 주요한 사실이 되고 있다. 이 표현예술은 물론 추한 것도 표현할 수 있고, 또 그 범위 내에 속하는 다른 종류의 제재로도 표현한다. 예를 들면 회화에서는 초상화, 그리고 문학에서는 성격과 환경의 묘사가 그것이다. 그 중간층에는 모든 것이 추한 것으로 가득 차는 경우가 있을 것이며, 그래서 미적 향락을 구하는 의젓한 독자들은 기가 막힐 것이다. 그러나 소재로서의 추한 것은 다른 계층에 있어서 형식의 미에 방해되지 않는 것이다.

d 계층적 구조 속의 형식과 내용

'형식과 내용'이 서로 떨어질 수 없고 결코 대립되는 것이 아니라는 점은 위에서 이미 언급한 바 있다. 형식 그 자체가 예술작품의 내용이라는 점은 언제 어디서나 이해가 간다. 그러므로 남은 것은 한편으로 '형식과 질료'의 대립과, 다른 한편으로 '형식과 소재'의 대립이다. 이 두 가지 대립에서 알 수 있는 것은 소재의 형성이 언제든지 다른 종류의 질료에 있어서의 그것이며 따라서 그것은 두 가지의 형성이 아니라 하나의 형성이라는 점이다.

이리하여 내용이 소재로 이해되는 만큼 '형식과 내용'의 결합에 이의가 있을 수 없다. 내용과 소재가 다른 점이 있다면 '내용'이라는 말이 어느 모로 보나 결코 '소재'라고 부를 수 없는 최후의 후경층에서 나타나는 보편적인 것에까지 적용되는 점뿐이다.

형식과 내용의 동일성을 주장하는 사람이 흔히 있거니와 이 주장의 정당한 의미가 아주 솔직하고 무해하지만 옳게 표현되고 있는 것은 아니다. 예술작품 일반의 내용(소재)은 말하자면 예술가의 형성에서 성립하는 것이다. 그러므로 예술적 형성 이전에 있는 것은 예술작품의 내용이 아니라 예술가를 자극하는 어떠한 원료에 지나지 않는다.

예술가가 아닌 사람은 예술가의 생산적 창작에 관하여 그릇된 표상을 갖기 쉽다. 예술가의 창작을 참으로 투시할 수 있는 사람이 그렇게 적다는 것을 알게 될 때가 있으리라. 또 작가는 그가 넘겨받은 소재를 간직해 두었다가 얼마 뒤에 가서 비로소 형성하는 것이 아니라, 말하자면 이 소재의 선택이 이미 그의 형성과정 속에서 음미되고 있는 것이다.

그리고 관조자로 보면, 작가의 본질은 대체로 그에게 주어지는 형식 '속'에서만 존립한다. 이 점은 소재의 미적 형성이 실재연관을 끊고 나와야만, 다시 말하면 생활 속에 널리 얽혀 있고 섞여 있는 것을 선택하고 제거하고 압축해야만 가능하다는 사실이 입증한다. 선택과 제거와 압축, 이 모든 것이 소재의 형성을 뜻하는 것이다. 이리하여 소재는 확실히 형식과 '동일'한 것은 아니지만 형식과 떨어질 수 없는 것이다.

그러므로 사실에 있어서 우리는 문학작품이나 회화작품을 형식과 내용이라는 두 부분으로 구별해서 보는 것이 아니라 어디까지나 완결된 하나의 전체로, 바꾸어 말하면 통일적으로 형성된 내용—여기서는 형식과 내용의 구별이 없다—으로 보는 것이다. 이 작품들을 형식과 내용으로 구분해서 보는 자는 해설자이며, 또 해설자라기보다는 오히려 이론가이다.

이론가가 비로소 변형이라고 부르는 작업을 하는 것이다. 이 말은 소재가 이론가에게 넘어갈 때에 이미 일정한 형식을 가졌다는 것을 뜻한다. 그리하여 이론가는 소재가 가진 이 형식을 떼어버리고 다른 형식을 이 소재에 덧붙이는 것이며, 이렇게 함으로써 그 소재가 작품의 내용이 되는 것이다. 그러나 이 점은 작품을 반성·검토하는 자라야 알고, 직관하는 자는 모르며, 창작하는 자는

'알' 필요가 없는 것이다. 창작하는 자에게 있어서는 단순한 내적 관조 그 자체가 바로 변형을 뜻한다.

비표현예술에 있어서는 사정이 그와 전혀 다르다. 음악의 내용이 내면층, 즉 심적인 것에서 시작한다고 보는 것은 맞지 않는다. 음악의 내용은 그보다 오히려 작곡에서 출발하는 것인데, 이 작곡에서는 내용이 형식과 완전히 같다.

이런 점은 약간의 변경을 가하면 건축에도 그대로 들어맞는다. 목적구성과 공간구성 내지 역학적 구성은 뛰어난 형성이다. 그러나 바로 그렇기 때문에 이 종류의 형성이 동시에 건축의 본질적인 내용이 되는 것이다. 이를테면 건축에 그 밖의 '내용'—개념적인—이 있다고 하더라도 큰 변화는 없다. 우리는 여기서 다시 한 번 미의 소재로서, 또 미의 '내용'으로서 추(醜)의 문제로 되돌아가지 않을 수 없다. 지금까지 몇몇 실례에서 본 바와 같이 모든 계층이 앞뒤로 접속해 있고 따라서 뒤의 계층이 앞 계층을 통해서 투시되는 이러한 관계 중에서는, 어느 한 계층만의 형성에 미가 있을 수밖에 없다.

표현예술에 있어서는 다른 종류의 중간층—여기서 풍부한 내용이 펼쳐진다—에 상당한 양의 추한 것이 있다고 해서 조금도 해로울 것이 없다. 초상화나 소설이나 희곡에 있어서 모두 그렇다. 왜냐하면 여기서는 형식미가 중요한 것이 아니라 풍부한 내용의 세목이 중요하기 때문이다. 그리고 그것이 중요한 이유는 미의 깊이가 우리의 시선이 통과하는 계층의 수와 다양성의 증가에 따르는 점에 있는 것이다. 그러나 이 설명도 충분한 것이 못된다. 예를 들면 표현예술에 있어서 다른 종류의 중간층에 추한 것이 나타나면 왜 작품 전체의 미가 더욱 깊어지고, 더욱 커지며, 더욱 증진하는 효과를 줄 수 있는가 하는 이유가 충분히 설명되는 것은 아니다.

⑴모든 내용에는 반대현상이 있다. 그래서 이 현상에서 미와 나란히 서서 추가 나타난다.

⑵표현예술은 살아 있는 구체적인 것을 찾는다. 그렇지 않으면 그 예술은 참다운 효과를 주지 못한다. 그런데 살아 있는 것은 소재 중에 추한 것이 들어가야만 하는 것이다.

⑶다른 종류의 사실적인 예술은 미 또는 비미(非美)에 상관없이 다양하고 풍요한 효과를 준다. 그러므로 이러한 예술은 어떤 범위 내에 축소시킬 필요가

있다.

이상의 모든 점은 그 자체가 증명이 된다. 여기서 중요한 것은 그 모든 점들의 계층서열에 있어서 앞으로 향해서나 뒤로 향해서나 모두 타당하다는 사실이다. 예를 들면 회화에 있어서는 뚜렷하게 추한 사람의 초상화에 있어서와 같이 극히 전경적(前景的)이고 감성적인 미가 중요하다. 그런데 이 전경층—따라서 공간·빛·색과 운동(프란스 할스·프란시스코 고야 등)—의 미는 그보다 더 깊은 후경층의 형성에 있어서의 비미에 의해서 침해되는 것이 아니다.

문학예술에는 대부분 그와 반대로 운동과 표정, 행위와 상황의 계층 가운데 극히 추한 것이 있을 수 있고, 또 성격적인 형성의 계층에도 추한 것이 있을 수 있다. 그렇다고 해서 이 추한 것이 바로 그다음의 계층, 예를 들면 인간적 운명의 계층에 다른 종류의 후경적인 미가 나타나는 것을 방해하지는 않는다. 여기서 빌헬름 라베와 근대의 사실소설 또는 셰익스피어나 입센의 작품 속에 나오는 인물들을 상기하라. 그들에게는 부분적으로 반감이 드는 점이 있다. 그러나 바로 그런 까닭에 그 인물들의 전체상이 매우 다채로우며 운명의 선이 깊어진다.

문학상에서는 흔히 미학적으로나 도덕적으로 반감을 주는 것이 대개는 추한 것과 혼동되고 있지만, 중간층에 나타나지는 않는다. 그리고 여기서 분명히 알아두어야 할 것은 생활에서는 '도덕적인 불미(不美)'가 흔히 미학적인 불미(不美)의 효과를 준다는 사실이다. 예를 들면 방종·나약·불결·무정·아욕 따위가 그것이다.

19) 미적 형성의 이론

a 미적 형식감정

지난 시대의 미학에서는 형식감정의 사상이 큰 역할을 했었다. 이 사상이 현상관계를 떠나서 미를 전적으로 순수형식의 유희에 귀착시키는 데 가장 큰 역할을 했었던 것은 당연한 일이었다. 이 형식감정의 사상은 작용 면에서는 예술을 다만 감정의 소관사항으로만 보고 관조의 측면을 무시하는 널리 퍼진 견해를 영합했다.

이미 위에서도 지적한 바와 같이 형식감정은 매우 소박한 형식미, 즉 기하학적인 미에서도 나타나기 시작하는 것을 볼 수 있다. 예를 들면 원·타원·쌍곡선·구형 내지 마름모형이나 정방형이 그것이다. 물론 규칙적인 다각형과 묘사가능한 별모양도 이에 추가된다.

이 점에 관해서는 더 이상 논할 것이 없거니와 만일 위에서 말한 모든 형태가 아름다운 이유를 찾는다면 그것은 엉뚱하게 형이상학적 혹은 심리학적인 간계(奸計)에서 찾을 것이 아니라 아주 단순하고 소박한 관계, 예를 들면 먼저 우리 눈에 띄는 형상의 직각적인 통일성이나 다양의 통일 속에서 찾아야 하는 것이다. 이 경우에 여러 양식의 통일이나 형상의 직각적인 통일성의 배후에는 규칙성이나 법칙성이 막연하게 의식되지만, 관조하는 의식은 그것을 알지 못한다.

여기까지는 형식감정의 사상 속에 아무런 의문점이 없다. 그러나 이에 특정한 심리학적 설명을 덧붙이자마자 의문이 뒤따른다.

이러한 심리학적 설명이 많이 있는바, 이 모든 심리학적 설명은 미의 현상과 미에 대한 희열을 미 이외의 관계로 돌려서 보는 잘못을 저지르고 있는 것이다.

예를 들면 에두아르트 폰 하르트만은 다음과 같이 설명한다. Z자형으로 진행하는 곡선을 추적하는 것은 파선형(물결선)으로 진행하는 곡선을 추적하는 것보다 곤란하므로 추적하는 안목에 대하여 불쾌하다. 그러므로 Z자형으로 진행하는 곡선은 불미(不美)로 느껴지지만 파선형은 미(美)로 느껴진다. 이리하여 Z자형이 불미로 느껴지는 근거를 각 선에서는 안구의 근육이 부단히 농락을 받을 수밖에 없는 점에서 찾는다. 일직선과 완곡선과의 대립도 그와 마찬가지로 설명한다(그리스의 건축에서 직선을 피한 이유도 그 점에 귀착시킨다).

형식감정의 이러한 인과적(因果的) 설명은 완전히 순서가 바뀐 것이다. 이 설명은 첫째 미적 가치를 저급한 쾌적(쾌락)가치로 환원시키며, 둘째 이 설명 자체가 순심리학적이라기보다는 오히려 생리학적이어서 이른바 형식감정, 즉 순전한 미적 가치에 있어서의 진정한 미적 계기를 전혀 파악하지 못하고 있으며, 셋째 내용적으로도 틀린 것이다. 왜냐하면 각 선은 일반적으로 '추적'에서 파악되는 것이 아니라 언제나 전체상과 개관에서 파악되는 것이기 때문이다. 그 점은 파선에도 타당하다. 따라서 여기에는 미적 가치의 계단 차이가 성립할 아무런 근거가 없다. 그리고 여기에 미적 가치의 계단 차이가 있다 하더라도 그 근거는 다른 데 있는 것이.

이 근거는 이미 말한 바와 같이 막연히 느껴지는 법칙성이 있는 것이며, 이 법칙성은 그처럼 단순하고 소박한 형식감정을 설명하기에 충분한 근거가 되는 것이다. 그러나 이 '감지(感知)'를 이지적인 지(知)로 알아서는 안 되며 은밀한 지(知)로 보아야 한다.

이상과 같이 보는 것이 옳다는 것을 확인하기 위하여 우리는 일체의 심리학화와 생리학화를 거부하고 이상과 같은 종류의 논거를 제시하는 실례를 들 수 있다.

이를테면 던진 돌이 그리는 곡선은 아름답게 느껴진다. 그 까닭은 여기서는 어느 순간이나 던지는 힘과 움직이는 힘과의 균형이 직관적으로 느껴지는 점에 있는 것이다. 그 밖의 다른 방면, 예를 들면 어류나 조류의 몸에서 볼 수 있는 뚜렷한 유선형에 대해서도 그와 같이 말할 수 있다. 사람은 유선을 감지하기 이전에 이 유선형의 내적 법칙에 대한 직각적인 감정을 가지고 있다.

이상의 실례들은 현실적인 미적 형식감정이 어떠한 것인가를 드러내 보이는 것이다. 미적 형식감정은 '유쾌'하다든가 또는 '홀가분'하다든가 하는 감정이 아니라 다른 종류의 내면적이며 법칙적인 근본적 관계의 객관적 감촉이다. 그리고 이러한 감촉은 다시 현상관계에 환원된다는 것을 간과하지 말아야 한다. 여기서 우리는 법칙이 구체적으로 직관되는 사물에서 '나타난다'고 말할 수 있다. 그렇다면 형식유희의 모든 미가 결국은 다시 현상에 환원된다고 생각할 수도 있을 것이다. 보다 일반적으로 공식화해서 형성의 원리를 직관하게 하는 형식이 미로 느껴지는 것이라고 말할 수 있다.

그러나 그와 반대되는 현상, 즉 어떠한 형성의 원리도 나타내지 않으면서 미로 느껴지는 형식이 있다. 불규칙하거나 무질서하면서 미가 있고, 또 미로 느껴지는 형식이 그것이다. 예를 들면 여러 세대에 걸쳐서 성립한 옛 도시는 무수한 이질적인 것들과 나란히 늘어서 있으면서 깊은 인상을 준다. 푸른 전원에서 보는 바와 같이 붉은 지붕과 불규칙한 언덕으로 이루어진 마을이나 산과 들이 서로 엇갈려 있는 논밭 등은 불규칙한 것이다. 또 밤에 총총히 반짝이는 별 무리의 질서에서 다른 원리를 발견한다는 것도 무리가 아닐 수 없다.

문제의 해결. '우연적'인 것에도 원리가 전혀 없는 것은 아니다. 비록 그 원리가 단지 '분산'의 법칙에 지나지 않는다 하더라도. 그렇지만 결국 '대수'의 법칙에 귀착하는 이 법칙은 오직 다수의 경우에서만 파악될 수 있고 소수의 경우에는 아주 희미하게 암시될 뿐이다.

전례에서 보면 마을은 사실에 있어서 불규칙한 인상을 주지만 단조한 농가에는 다른 종류의 원리가 있다. 그리고 이 원리는 물론 멀리서 바라보아야만 눈에 띄는 것이다. 도시의 모습은 매우 간결한 것이며, 성질이나 양식에 있어서 아주 비슷한 것들만이 스스로 한데 모아진 것이다.

b 감정이입과 능동성

이상으로써 형식감정의 사상에 정당한 점이 있다는 것을 알았지만 이에 관해서는 이론이 많아 갈피를 잡을 수 없다. 이 형식감정의 사상은 객관적인 측면에서 오늘날의 형태이론이 말하는 의미에 있어서의 '형태질'이라는 개념에 의해서 지지될 수 있는 것이었지만 그 무렵에는 아직 그 개념이 알려지지 않았던 것이다.

그래서 사람들은 대담한 우회로를 선택했다. 그중에서도 가장 신기한 것은 감정이입설이다. 엄밀히 말하면 감정이입이라는 개념은 미학상에서 아주 중요한 개념의 하나이다. 인물을 묘사하는 화가나 희곡을 쓰는 작가가 그 인물의 특징에 감정이입을 하지 않고서 무엇을 어떻게 할 수 있단 말인가? 여기서는 분석적이며 심리적인 모든 이해는 부족한 것이다.

여기서 중요한 것은 신속하게 본질적인 것을 파악하며, 그 외면적인 징표를 모조리 끄집어내는 직각적인 안목이다. 그러면 인간적 본질과 그 가치를 투시하는 동시에 부각시키는 직관력은 어디서 나오는 것일까?

인간을 그렇게 직접적으로 파악하는 직관은 본디 사랑하는 자에게서만 이루어진다는 것을 우리는 알고 있다. 사랑하는 자의 눈은 사랑의 대상과의 내면적인 감정과 결부되므로, 이 감정의 측면이 직관작용을 해명하는 중요한 요소가 되는 것이다. 화가와 시인이 근본적으로 그와 마찬가지라는 것은 아무런 비밀도 아니다. 여기서도 대상에 대한 어느 정도의 사랑이 대상 속으로 파고들거나 혹은 대상에 열중하기 위한 전제가 되는 것이다.

이와 같은 강렬하고 감정적이며 직각적인 열중·공생·동고동락에 감정이입의 진정한 의미가 있다.

감정이입의 이러한 의미만이 미학적 승인을 받을 수 있으며, 감정이입이라는 말의 본디 의미도 거기에 있는 것이다. 따라서 인물이나 생활관계에 있어서 감정이입이라는 말을 쓸 때에 이 말은 어떠한 감정적 이해를 의미한다.

미학은 감정이입이라는 말의 그와 같은 뜻으로 만족해야 한다. 왜냐하면 그러한 의미에 있어서의 감정이입이라는 것은 관조자의 수용작용에 대해서 만족을 주기 때문이다. 따라서 관조자는 표현된 인물이나 또는 그 인물의 생활양식에 자기의 '감정을 이입'한다고 말할 수 있는 것이다.

그런데 사람들은 감정이입이라는 말을 그러한 좋은 뜻으로 받아들이려고 하지 않는다. 더구나 유감스러운 것은 감정이입이라는 개념의 본디적인 좋은 의미를 침해하고 손상하는 이론(理論)이 있다는 사실이다. 왜냐하면 그러한 의미의 감정이입 없이 성립할 수 없는 예술이 있기 때문이다. 예를 들면 음악과 건축과 장식 따위의 예술이 그것이다. 음악에 있어서는 음악작품의 움직임과의 내면적·심적인 공명과 감정적 동조가 중요하다. 그러한 방식으로써만 음악의 심적 내용이 청중에게 전달되는 것이다. 왜냐하면 음악의 이런 심적 내용은 순수한 감정의 움직임 말고는 다른 것이 아니기 때문이다.

음악은 그처럼 사람의 마음속에 깊이 파고들어서 직접적으로 파악하며 공명하게 하는 것이다. 이 점에서 음악에는 '감정이입'이라는 개념이 반드시 필요하다. 따라서 음악의 청중은 감정을 가지고 음악과 같이 '사는' 것이다. 건축에 있어서도 우리는 적어도 형식에 대한 감정적 선율을 말할 수 있으며('형식'이란 넓은 의미에 있어서는 '구성'이라고 말할 수 있다), 장식에 있어서도 선의 유희에 대한 가벼운 동조와 어떠한 자유스런 공명을 볼 수 있다. 이리하여 여기에도 형식에 대한 동조가 떠날 수 없다.

이처럼 음악이나 건축이나 장식에 있어서도 '형식'이 중요하다. 왜냐하면 감정이입이라는 개념은 형식에 대한 동조에 의해서만 형식의 장에 속하기 때문이다. 그래야만 또 감정이입이라는 개념이 심리주의적 왜곡을 떠나서, 순수하게 발전할 수 있다.

형식감정이 주요하다는 가장 유력한 증거도 음악에서 찾을 수 있다. 소박한 음악적 감각도 무용이나 행진이나 작업에 있어서와 같이 박자의 선율과 깊은 관계가 있다. 내적 합창이나 외적 합창…… 악상·주제·곡조 등과는 더욱더 깊은 관계가 있다. 여기서는 감정이입이 훨씬 더 짙어지며 음악의 내면층이나 그 심적 내용에 대한 동조가 음악적 형식과 이에 대한 감정이입을 거치는 방도를 취하는바, 이 감정이입은 동시에 감정의 움직임에 대한 동화를 뜻한다.

건축에서도 형식감정의 이입이 성립하거니와 그것을 꼬집어 말하기는 어렵다.

여기서는 감정이입이 동조의 형태를 취하지 않는다. 바꾸어 말하면 건축은 우리의 마음속으로 파고드는 것이 아니다. 그럼에도 건축의 형식은 우리를 붙잡으며 우리의 생활이 아닌 생활 속으로 우리를 끌어당긴다. 즉 우리는 건축의 변하는 모습을 느낀다. 예를 들면 그 건물이 튼튼하다, 육중하다, 균형이 잡혔다는 것 등이 그것이다.

문학에 있어서는 소재와 내용을 중요시하는 독자의 태도가 형식감정을 흐리게 하지만, 여기서도 사정은 마찬가지로 작품 속에 등장하는 주인공에 대한 감정은 바로 그 인물의 본질적 내용을 구성(성격의 형성, 운명의 형성)하는 그러한 형식에 대한 감정이다.

그러므로 감정이입은 전적으로 형식감정에 귀착하는 것이다. 그러나 감정이입의 심리학은 여기서 멈추지 않고 그 이상의 무엇을 요구하며 설명하려고 한다.

그래서 수용하는 주관이 객관 속에서 활동한다는 설명의 방식을 꾸며냈다. 그렇다면 자기 자신의 활동에 대해서 느끼는 쾌감이 어떻게 해서 동시에 주관이 활동하고 있는 사물의 가치규준이 될 수 있는지를 이해하기가 곤란해진다.

감정이입의 심리학은 또한 실례를 너무나 마음대로 다루고 있다. 거기서는 기껏해야 심리학적 인과(因果)설명이 나올 뿐이다.

여기서 참으로 진지하고 유일한 의문은 미적 대상 속에서 과연 주관이 활동하고 있는가 하는 점이다. 이 의문은 긍정되어야 하지만 감정이입의 심리학이 생각하는 것과는 다른 뜻에서 긍정되는 것이다. 즉 이 활동은 우리의 감정이 대상 속에 들어간다든지 또는 투사된다는 것을 뜻하는 게 아니라, 보다 높은 차원의 재생산적 관조, 즉 예술작품의 후경이 점차 나타나는 관조를 뜻한다.

이러한 활동의 기능은 새로운 것이 아니다. 이 활동은 모든 객관화 작용에 고유한 4항관계에 있어서 수용하는 주관의 역할과 같은 것이다. 그러니만큼 이 활동의 기능은 아직 미적인 그 무엇이 아니다. 이 활동은 지적인 모든 해석과 이해 속에 포함되는 것이다. 차이는 다만 이 활동의 기능이 예술작품의 파악에 있어서는 예술적 형식의 직각적 인식 내지 내적·감정적 공감과 결부하는 점에 있는 것이다.

c 형성과 자기표현

끝으로 한 가지 더 유의할 점은, 본디 분명하지만 전혀 주목받지 못하고 있는 형식원리의 또 하나의 측면이다. 이것은 객관화로서의 형성, 다시 말하면 미적 대상에 있어서의 객관화 측면이라고 할 수 있다. 그러나 그것은 형식부여에서 대상화 자체가 비로소 가능하다는 것을 뜻한다. 여기서 중요한 것은 이 사태가 형식감정 및 감정이입과 연관이 있는 점이다.

대상적 주제가 이미 존재하는 경우에는 이 대상화의 작용이 본질적 구실을 하지 못한다. 이 경우에는 형식부여와 그와 동시에 객관화가 이미 위에서 본 바와 같은 변형이나 상위형성(上位形成)에 지나지 않는다. 특히 표현예술에 있어서는 그렇지만, 여기서는 형성이 결코 변형이나 전형에 그치는 것이 아니라 별개의 이념적인 것의 형성인 것이다.

그러나 음악이나 건축과 같은 비표현예술에 있어서는 대상화 작용이 최대의 의의를 지닌다. 왜냐하면 비대상적으로 존립하는 그 무엇이 우리에게 인식되려면 형식부여와 객관화를 통해서만 비로소 가능하기 때문이다. 음악은 어떠한 형식부여에 의한 대상화이며, 이 대상화는 세계 어느 곳에서도 선례가 없는 자유로 발명된 형식부여를 통해서 이루어지는 것이다. 하지만 이 형식부여에서 파악되는 것은 그 밖에 어떤 방식으로도 파악될 수 없는 심적 생활의 흐름과 물결이며, 부드럽고 경쾌한 흥분이며, 동요와 고난이며, 힘과 싸움이며, 시련과 슬픔 그리고 분노인 것이다.

객관화로서의 형식부여의 본질 및 그 참뜻이 무엇인가를 냉정히 살펴본다면 그것은 바로 인간이 자기 자신을 본다는 것, 또는 인간이 자기 자신과 대면한다는 것, 다시 말하면 인간은 살고 있을 뿐만이 아니라 자기 자신을 보고 있다는 것을 뜻한다. 그러나 인간은 오직 대상으로서만 자기 자신을 볼 수 있고, 오직 대상으로서만 자기 바깥에 있을 수 있으므로 이러한 자기 외적 존재가 대상적 형성을 일으키는 것이다.

건축에 있어서는 이러한 자기 자신의 대상화가 애매해서 쉽게 이해되지 않지만 그렇다고 부인할 수는 없다. 파악되지 않는 인간의 본질은 분명히 인간과 아무런 관계가 없는 것처럼 보이는 모든 형식 속에 보존되는 것이며, 따라서 이 형식들을 통해서 인간 본질의 특징을 눈으로 볼 수 있게 되는 것이다.

여기서는 '볼 수 있다'는 말을 문자 그대로 에누리 없이 받아들일 수 있다. 그리고 덧붙일 수 있는 말은, 이해할 수 없는 인간 본질을 가장 거친 질료를 통해서 가장 인상 깊게 두고두고 볼 수 있다는 사실이다. 사람이 자기의 집을 지을 때에는 언제든지 자기 자신을 만드는 것이다. 바꾸어 말하면 자기의 의지, 자기 이해, 또는 자기 잘못을 표현하는 것이다.

장식도 거의 그와 마찬가지이지만 어느 의미에서 보면 자기의 대상화가 한층 더 순수하다. 장식은 한갓 형식 그 자체의 유희이며 실제 목적과는 거리가 먼 것이다.

그 점에서 보면 형식문제에 있어서는 표현예술과 비표현예술과의 차이가 그리 크지 않다. 따라서 어느 예술에 있어서나 사람이 비록 그가 전혀 다른 형성에 몰두하고 있더라도 동시에 자기 자신을 표현하는 것이다.

그러나 '자기 자신'이라는 말을 여기서는 개인적인 의미로 이해할 것이 아니라 다른 종류의 인간형 내지 인간 일반의 의미로 이해해야 한다. 그 점은 화가의 자화상이나 또는 자기 자신의 생활을 표현하는 작가의 고백소설과 같이 분명히 예술가의 개인적인 자기표현에 있어서도 다르지 않다. 위대한 예술가에게 있어서는 모든 소재가 널리 초개인적으로 확장되는 것이다. 그러므로 위대한 예술가는 널리 반향을 불러일으킨다.

이 점에서 음악은 문학에 비교하면 유리하다. 음악이 그 내면층에서 심적 생활에 전달하는 것은 언제든지 다른 종류의 보편성을 갖는다. 사람들은 이 보편성을 음악의 '무규정성(無規定性)'이라고 부르며 또 음악의 단점이라고 지적한다(헤겔, 피셔). 그러나 그 점은 또한 음악의 장점이기도 하다. 왜냐하면 그 점에 해설의 자유가 있기 때문이다. 즉 다수의 청중이 같은 음악을 여러 가지로 달리 해설할 수가 있다.

그것은 음악적 형성이 어떤 개인적 대상, 곧 특정한 인간상의 형성이 아니라 하나의 유형적인 인간상의 형성이기 때문이다. 성악에서 말과 음과의 사이에 언제든지 자유의 여지가 있는 이유가 바로 이 점에 있다.

그러면서도 음악에 구체성이 있는 것은 놀랄 만한 일이다. 형식의 직관성이 음의 세계에 있어서와 색의 세계에 있어서는 원리적으로 다르다. 형식의 직관성이 색의 세계에 있어서는 개별적 대상(소재·제재)에 불가분적으로 밀착해 있지만 음의 세계에 있어서는 반대로 악상과 악곡의 구조에 의존한다. '악상'은 오직 심적 내용만을 보유한 것이지만, 전자는 후자와 같은 것이 아니라 차원에 있어서는 후자를 뛰어넘은 것이다.

d 형식을 통한 창작자와의 분리

창작자의 자기대상화로서의 형식을 과소평가해서는 안 된다. 왜냐하면 창작자의 자기의식과 자기인식의 요소는 바로 이 형식에 의존하기 때문이다. 이 형식을 헤겔은 '정신의 자각'이라고 불렀다. 그리고 한마디 덧붙여 말한다면, 자기를 인식하는 정신이 절대적인 정신이라고 내세우는 만큼 헤겔이 예술을 '절대정신'으로 간주한 것은 결코 잘못된 일이 아니었다.

그러나 이 절대라는 말은 본디 예술의 미적 성격에 관련된 것이 아니라 그보다도 예술의 일반문화적 기능 내지 형이상학적 기능에 관련이 있다고 말할 수 있다.

왜냐하면 사실에 있어서 인간이 예술을 통하지 않고서는 이해할 수 없는 그 무엇이 있기 때문이다. 물론 그 무엇은 예술 자체와 관계가 있는 것이다. 그러나 미학은 그 무엇을 바깥 테두리로만 다루었으며, 이 형이상학적 기능을 사물의 미적 핵심으로 본 것이 헤겔의 결점이자 주지주의미학의 잔재였던 것이다.

하지만 미학적으로 중요하고 핵심적인 것은 이러한 현상과는 반대 방향에서 움직인다. 즉 예술가는 예술작품에서 사라진다. 작품 속에서 자기 자신을 말하는 것이 아니라 그 어떤 다른 것을 말하는 것이다. 그리고 우리는 관조자의 관점에서 예술작품을 그 창작자와 완전히 분리해서 관조하는 것이며, 작품은 작가의 주관성을 떠나는 것이다. 곧 작가의 주관성은 그의 개성, 그의 수난과 고투, 아니 작품을 위한 그의 노력이나 노고와 더불어 작품에서 사라진다.

역사가는 물론 예술가의 독자성을 그의 작품 속에서 재인식한다. 그러나 그것은 이미 미적 인식이 아니라 이론적—역사적인 비교와 분석이고, 결국 예술학이다. 그런데 예술학은 예술감상이 아니며 더구나 미적 관조가 아니다.

예술가의 인간성을 연구하는 것이 작품적 해명에 아무런 도움도 되지 않는 이유가 바로 이 점에 있다. 물론 예술가의 인간성을 연구하는 것이 작품이나 그 제재의 이해에 도움이 될 수는 있다.

하지만 작품과 그 제재의 이해는 미적 관조가 아니며 또 미적 완성도 아니다. 작품의 성립과정은 참으로 예술적인 것을 인식하기에는 결코 완전하지 못하다. 그러니만큼 우리는 작품의 성립구조에서 참으로 예술적인 것을 찾아낼 수 없는 것이다. 그 점은 특히 건축작품에서 알 수 있다. 왜냐하면 건축의 모든 부분은 여러 세대에 걸쳐서 성립된 것이며 언제나 다시 건축에 쓰이는 것이기 때문이다.

그러므로 예술사가는 건물의 역사를 설명할 때에 건축의 연수와 도시의 운명을 고려하는데 그것은 흥미로운 일이다. 그러나 어떤 건물은 아름다운데 다른 건물은 보기 흉한 이유는 그러한 방식으로 설명되지 않는다.

예술작품을 그 작가, 또는 살아 있는 정신의 자기의식과 자기대상화의 요소와 분리해서 보게 되면 어떠한 이율배반이 성립한다. 따라서 한편으로 작품은 작가를 웅변으로 말해 주는 반면에 다른 한편으로는 작가에 대해서 완전히 침묵을 지킨다. 즉 작품은 작가를 계시하며 감춘다.

이 이율배반은 어떻게 하면 해소될 수 있는가? 이 이율배반을 내면적인 것이 아니라 외면적인 것이라고 하여 부인할 수는 있으리라. 사실에 있어서 작가는, 자기의 초상을 그리는 경우에도 자기 자신을 말하며 본디 모습으로 표현하는 것이 아니라 자신의 주장에 근거를 두고 그 입장에 서서 창작하는 전체적 정신을 말하며 증언하는 것이다. 왜냐하면 아무리 독창적인 작가라 하더라도 순전히 고립된 자기 자신의 주관성에서 창작하는 것은 아니기 때문이다. 작가는 누구든지 그를 육성한 역사적이며 객관적인 정신에 의해서 창작하는 것이다. 그 점은 작가의 예술이 역사적·객관적 정신보다 한 걸음 더 앞섰다 하더라도 변함이 없다.

이로써 이율배반은 해소된다. 왜냐하면 작품은 이 작품이 갖는 특수한 형식으로 역사적·객관적 정신을 증언하는 것이며 대상화한 것이기 때문이다. 그러나 예술가의 개인적 주관성은 소재의 형성 속에 나타나지 않는다. 이 개인적 주관성은 초상화에서는 분명히 나타나지만, 이 초상화가 자화상인지 아닌지를 우리는 알 수 없는 것이다. 그와 마찬가지로 문학작품이 묘사하는 사실도 작가가 실지로 겪은 사실인지 아닌지도 확인할 수 없는 것이다.

그 점에서 우리는 예술작품에 있어서 자기계시의 무의식성을 말할 수 있다. 예술가는 소재를 자기가 보는 방식대로 형성하지만 그는 그것을 알지 못하는 것이다. 그뿐만 아니라 예술가는 소재를 자기가 보는 방식대로 형성함으로써 자기 자신을 형성한다는 것조차 모른다.

그와 마찬가지로 작품의 관조자도 작품의 형성 속에서 한 시대의 역사적 정신의 어떤 본질적인 것을 직관하면서도 그가 보는 그것을 알지 못한다. 그는 두 가지 방면에서 착각을 일으키기 쉽다. 즉 그는 한 시대의 역사적 정신을 예술가의 개인적 정신으로 오해하거나, 혹은 작품을 생산한 정신적 자세가 작품으로 대상화·형식화된다는 것을 모른다. 그러나 작품을 관조하는 자는 그가 관조하고 감상한 것을 치밀하게 반성하는 아류이기 때문에 작품 속에 어떤 정신이 나타나는가를 작가보다는 더 잘 알아낸다.

이리하여 객관화의 법칙은 예술작품에서 채워지거니와 이 객관화의 법칙은 형성된 질료가 살아 있는 정신과의 연관 속에서 떨어져 나온다는 것을 말하는 것이다. 왜냐하면 객관화의 4항관계에 있어서 창조하는 정신은 물러가고 그 대신에 그때그때 살아서 작품을 수용하는 정신이 들어서기 때문이다. 그러나 그것을 가능하게 하는 객관화는 작품의 모든 계층이 투시되도록 지구적인 질료를 형성하는 데서 성립한다.

20) 형식의 형이상학

a 모방과 창조

지금까지 미적 형식에 관하여 여러 가지 말을 늘어놓았다. 하지만 우리가 이 미적 형식에 관해서 알고자 하는 것, 그리고 미적 형식의 정체가 무엇인가를 모조리 말한 것은 아니다. 우리는 미적 형식의 정체가 분명히 이 모든 부분적 규정의 배후에 숨어 있음을 감지한다. 그러나 그것이 무엇인지를 지적하기는 곤란한 것이다.

그 이유는 미의 인식이 불가능한 점에 있다. 그리고 미의 인식이 불가능하다는 것은 미적 관조와 이에 귀속하는 가치표징, 즉 쾌감과 향수 이외의 다른 방법으로 인식하기가 불가능하다는 것을 뜻한다. 만일 미 그 자체가 그 밖의 방법으로 인식된다고 하더라도 그것 또한 미적 인식이 아닐 것이다. 향수를 동반하는 관조 이외에 제2의 미적 인식이란 없다. 우리는 헛된 기대를 막기 위하여 이 점을 명심해야 한다. 미학은 다른 어떤 학문과 마찬가지로 불가능을 가능케 하는 것이 아니기 때문이다.

그러면 대체 형식에 관해서 우리가 알고자 하는 것이 무엇인가? 그것은 바로 어떤 것은 아름답고 어떤 것은 아름답지 않은 이유가 무엇인가 하는 점이다. 사람들은 미와 예술의 정체를 단번에 해명해 주기를 바란다. 바꾸어 말하면 사람들은 불가능한 것을 가능케 하기를, 즉 미적 관조만이 인식할 수 있는 것을 지성과 그 조잡한 도구인 개념을 가지고 인식하기를 바란다.

이 점을 분명히 말해 두면 미학에 대한 그러한 요구가 그릇된 요구임을 알고도 남을 것이다. 미학은 그러한 요구에 얽매여서는 안 되며, 따라서 부득이 형이상학적일 수밖에 없다. 예술학은 광범한 경험적 재료에서 해답을 얻을 수 있는 부분적 문제를 다루는 만큼 어느 정도 그러한 요구에 응할 수 있을 것이다. 그러나 예술학은 엄밀히 말하면 사실을 넘어서는 것이 아니며, 그러므로 특정한 형식이 그 밖의 형식과 달라서 아름다운 근거를 제시하지 못한다.

미학이론이 이 문제에 부닥치게 되어 정체상태에 빠진 것은 당연한 일이다. 여기서 미학이론은 대부분이 형이상학적으로 기울고 나머지는 심리적·발생적인 돌파구를 찾았다. 그중에는 심지어 수학적·사변적인 그릇되고 옳지 않은 길로 빠진 것도 적지 않았다. 예를 들면 '황금분할'의 이론과 음악의 수학적 분석 등이 그것이다.

앞 장에서 독일관념론 속에 그 여운이 서려 있는 고대의 이념미학으로부터 최근의 심리적인 감정이입의 미학에 이르기까지 여러 가지 미학이론을 다루었고 또 결말을 지었다.

물론 이념미학을 송두리째 뽑아버릴 수는 없다. 그 까닭은 자연미와 인간미의 문제에 있어서 특히 생물의 형태에 관해서 보다 신중한 분석을 요하는 그 사상적 동기가 그 속에 들어 있기 때문이다. 그러나 예술의 영역에 있어서는 이념미학이 전혀 허용되지 않는다. 따라서 여기서는 미학이 전적으로 현상관계에 초점을 돌릴 수밖에 없다.

물론 이 현상관계도 미의 모든 문제를 위해 충분한 것이 아니어서 우리에게서 의심스러운 생각이 아주 떠날 수는 없다. 더구나 대상의 형식 가운데 숨은 비밀에 관한 의문이 풀리지 않는다. 하지만 형성과 현상과의 사이에는 처음 예상했던 것보다 훨씬 더 밀접한 관련이 있다는 것이 분명해졌다. 또한 예술작품 가운데 모든 계층이 비교적 독립적으로 형성되면서 훨씬 깊은 후경의 모든 현상이 이에 앞서는 형식 여하에 좌우된다는 것도 분명해졌다.

지금까지 말한 현상을 넘어서 미적 형식을 다룰 가능성은 원칙상 두 가지밖에 없다. 즉 형식이 아름다운 근거가 대상 속에 있다고 보든지 그렇지 않으면 주관 속에 있다고 보든지 하는 수밖에 없는바, 전자는 이념의 형이상학에 다다르고 후자는 감정이입의 심리학에 다다른다.

절제한 사변을 통하지 않고서도 이상 두 가지 방향에서 한 걸음 더 나아갈 수는 있다. 예를 들어 객관의 방향으로는 모방설과, 주관의 방향으로는 창조설이다. 이 두 가지 이론도 별것이 아니지만 그 속에는 핵심이 있다.

'묘사'라는 말로도 번역되는 이 '모방'의 바탕에는 인간은 자연보다 더 완전한 것을 창조할 수 있고, 그것을 다만 모방할 수 있을 뿐이라는 사상이 놓여 있다. 즉 인간세계를 적용해서 말하면 작자는 현실적인 생활 이상으로 더 심각한 갈등과 운명, 혹은 현실적인 생활보다 더 위대한 사실을 창조할 수는 없고, 다만 그가 겪은 것을 묘사할 뿐이라고 보는 것이다.

그러나 창조의 바탕에는 정신은 자연과 인생에 없는 것을 창조한다는 사상이 놓여 있다. 그러한 정신적 산물은 음악·건축 또는 장식에서 분명히 볼 수 있다. 또 문학과 조형예술은 문외한이 인간생활에서 보지 못하는 것을 보여주는 만큼 거기에서도 정신의 산물을 볼 수 있다.

이 두 가지 근본사상은 저마다 제 나름대로 정당하게 성립하는 것이다. 그러면 모방사상에서 무엇을 얻게 될까? 이 문제는 표현예술에 한정하는 것이 좋다. 필요하면 우리는 다시 이 문제를 확장시킬 수도 있다. 생명체의 모든 형태를 넘어서려고 하는 것이 사실에 있어서 인간의 망상임을 생각하라. 뛰어다니는 사슴, 공중에 원을 그리는 매, 물속에서 헤엄치는 메기를 능가하는 형태를 환상하는 것은 어렵다. 그러므로 예술은 환상적인 형태를 다루는 것이 아니다. 예술이 자연형태를 '묘사'하는 한, 다만 그것을 포함하려고 한다. 하지만 '묘사'는 자연형태와 약간 다른 것이다. 그 점은 인간의 형태와 그 표현에서도 볼 수 있다.

여기서 명심할 것이 두 가지가 있다. 첫째 예술가는 생물의 형태를 그대로 모사(模寫)하는 것이 아니며 따라서 조각가나 화가는 자연과 경쟁하는 것이 아니다. 조각가는 거의 모두가 인체에 쏠리고, 화가는 인간 혹은 풍경에 쏠린다. 그러나 거기에는 별개의 형성원리가 끼어든다는 점이요, 둘째는 자연이나 생물이나 인간의 가장 완성된 형태도 그것을 충분하게 인식하는 주관 앞에 서야만 비로소 미적 대상이 된다는 점이다. 이리하여 아름다운 자연형태를 처음으로 발견하는 것이 예술가의 활동이다. 그리고 그것을 완전하게 '모사'하는 것은 예술가의 미적 사명의 아주 작은 부분에 지나지 않고, 이 완전한 것을 직관하고 발견하여 오래 두고 귀여워하며 즐기는 것이 일차적이고 중요한 일이다.

이러한 의미에서 예술가라야 '풍경'을 발견하고 문외한에게 자연 자체에 대해 보는 법을 가르친다는 것이 옳은 말이다. 또 그와 같은 뜻에서 초상화가는 얼굴 보는 것을 가르치고, 작가는 성격과 운명에 대해 보는 것을 가르치며, 조각가는 인체의 움직임에 대해 보는 것을 가르쳐 준다. 만일 모든 것을 제쳐놓고 모사를 고집하는 사람이 있다면 그런 사람에 대해서는 아무런 할 말이 없다. 그러나 그런 사람은 사물의 핵심을 보지 못하며 더구나 위에서 언급한 변형의 요소를 보지 못하는 것이다.

그러면 '창작'이라는 사상에 있어서 취할 점은 무엇인가? 그것은 비표현예술에서 말한 바 있거니와 비표현예술은 예술 이외에서 볼 수 없는 모든 형식을 창조하는 것이다. 그 점은 음악에서 가장 뚜렷하며, 여기서는 순수한 음향적 형식이 구성된다. 하지만 이 구성은 결코 재구성이 아니라 참으로 창조적인 새로운 구성이다. 거기에는 '순수한 형식유희'라는 표현이 알맞다. 건축도 그와 마찬가지다.

더 중요한 것은 표현예술도 형성의 이 창조적 특징을 보여준다는 점이다. 그러나 표현예술에 있어서는 형성이 인생 중의 그 '모델'이나 제재나 이상상(理想像)에 제약되어 있어서 모사라는 요소를 떠나지 못한다. 이 점에 미적 형식에 관한 우리의 논쟁이 출발한 변형의 요소가 있다.

'개조'니 '변형'이니 하는 말은 이 요소를 표현하기에 미약한 것이다. 아주 새로운 그 무엇을 산출하는 순전히 종합적이고 예술적인 형성도 물론 있다. 이념에서 나오는 모든 형태는 실재적이며 경험적인 것과는 반대로 창조적인 관조에서 성립한다.

르네상스 시대의 회화는 그러한 이상상을 성모·성자·그리스도의 형상으로 창조했던 것이다. 미켈란젤로는 의식적으로 인간적인 규모를 뛰어넘은 거인상을 창작했다. 고대의 신상은 말할 것도 없고, 심지어 그들의 장정상(壯丁象)도 그와 같은 예이다. 서사시도 대부분은 그와 마찬가지라고 말할 수 있다. 영웅담은 이상상을 창작하는 경향이 있다. 그리고 우리가 부인할 수 없는 것은 이러한 예술에는 부자연과 비진실로 미끄러져 나간 것도 적지 않지만, 또 내면적인 진실과 힘을 가진 진정한 작품과 한 민족의 모든 세대를 인도하는 지혜롭고 총명한 선각자상을 창작한 것도 있다는 사실이다.

이상으로 보아도 모방과 창조의 종합을 발견하기가 그리 어렵지 않다는 것을 알 수 있다. 위대한 예술은 인생과 실재를 멀리 떠날 수 없다. 그러므로 위대한 예술에는 언제나 모방의 요소가 남아 있다. 위대한 예술은 늘 실재적인 생활에 뿌리를 박고 있으며, 실재적인 생활의 형식이 또한 창작의 형식동기가 된다. 그 반면에 예술은 실재적 생활을 뛰어넘어 먼 앞날을 내다보는 전망을 가질 때에, 다시 말하면 존재하지 않으나 확신되는 것을 창조적으로 관조할 때에 그 시대를 넘어서서 위대한 예술이 될 수 있다. 왜냐하면 그것은 현실생활에서 그 이상의 무엇을 암시해 주기 때문이다. 이로 미루어 보면 모방과 창작의 갈등은 실로 진정한 이율배반이 아니었던 것이다.

b 형식발견과 양식

예술이 생활과 결부하는 동시에 예술에 독창적인 형식구성이 있는 것이 확실하다면 이 독창적인 형식구성 자체에 관한 문제가 중요성을 띠게 된다. 왜냐하면 독창적으로 구성된 형식이 발견되어야 하기 때문이다. 그러면 이 독창적 형식은 어떻게 해서 발견되는가?

여기서 우리는 다시 우리의 인식이 미칠 수는 없으나 그렇다고 우리가 인식하기를 단념할 수 없는 다른 문제 앞에 서게 된다. 우리가 알고 싶은 것은 바로 예술가가 주어지지 않은 형식을 어떻게 해서 발견하는가 하는 점이다. 사람들은 예술가의 손안을 들여다보려고도 하고, 그 독창성의 정체, 즉 예술가 자신도 의식하지 못하고 다만 해명의 순간이 오기를 기다려야 되는 그의 이해할 수 없는 활동을 구명하려고 한다. 그러나 이 해명도 예술가에게서 무엇이 일어나고 또 예술가가 그것을 어떻게 했는가를 말해 주는 것이 아니라 예술가가 찾는 형식이 어느 것이며, 또 예술가에게 그 형식이 주어진 경우에 어떻게 발견할 수 있었는가를 알려줄 뿐이다.

이것으로써 형식발견의 정체를 구명하기가 불가능하다는 것을 말했거니와 예술가의 창작활동을 해명하기 위하여 미학이 걸어갈 수 있는 길은 전혀 없는 것이다. 예술가의 창작활동처럼 해명의 길이 봉쇄된 것은 없다. 여기서 우리는 '형식의 형이상학'의 문턱에 서서 그 속에 들어갈 통로를 발견하지 못하고 있지만 작품의 내면적 목표, 자격의 우연성, 그리고 역사적인 양식 등 몇 가지 계기를 구별할 수는 있다.

제1의 계기는 작가의 의욕 속에 분명히 표현된다. 그러나 그것은 작품 그 자체 속에서 비로소 형태를 취한다. 아직 창작되지 않은 작품의 내면적인 목표가 예술가를 사로잡고 놓아주지 않으며, 휴식을 주지 않으며, 음미하며, 고안하며, 시작하도록 촉구한다는 것을 우리는 알고 있다. 하지만 그 이전에 이 목표가 어떻게 생겼는가를 말할 수는 없다. 작가의 의식 가운데에서는 이 목표가 흔히 오직 부정적으로, 바꾸어 말하면 자기의 업적에 대한 불만으로 나타난다.

제2의 요소, 즉 우연성은 어느 정도 추적할 수 있다. 우연은 자격·소재·제재를 제공한다. 그러나 이 요소는 예술가가 무엇 때문에 자기의 눈에 띄는 것을 인식하며, 무엇에 의해서 그것이 자기에게 알맞다는 것을 아는가를 말하지 않는다. 먼저 목표가 막연하게 성립하고 그 뒤에 자격이 이에 호응한다고 보아야 할 것이다. 하지만 그것이 어떻게 해서 그런지는 여전히 분명하지 않다.

작가는 평범한 일상생활 속에서 갑자기 어떤 장면이나 독특한 운명의 인간에게 주목하고 그 우연한 목격자가 되는 수가 있다. 이때에 그 무엇이 이 작가 자신 속에 뛰어든다. 그러나 작가는 이 사실을 그대로 받아들이는 것이 아니라 이미 자기의 마음속에 떠오른 내적인 형상대로 개조하는 것이다. 그리고 자기 자신을 떠나서 사실을 진실하지 않게 형성하는 것이 아니라, 자기가 관조한 진실이 나타나도록 형성할 줄 아는 작가라야만 진정한 작가인 것이다.

화가도 그와 마찬가지다. 화가는 산과 들을 거닐 때에 갑자기 어떤 광경, 즉 그가 마음속으로 그림과 같다고 관조한 다른 종류의 동기에 사로잡힌다. 다시 말하면 어떤 광경이 화가의 눈길을 끄는 것이다. 이 경우에도 우연이 얼마나 그림의 구성에 작용하는가를 알 수 있다. 우리는 우연이라는 말을 어디서나 쓰거니와 이 우연은 예술가에게도 침투한다. 그러나 예술가로 하여금 우연을 파악하고, 존중하고, 이용하며, 그림을 그리게 하는 것은 우연이 아니라 이 우연 속에 숨은 목표인 것이다.

목표와 우연은 존재적으로 서로 맞서면서 조화할 뿐 아니라, 사실에 있어서 밀접한 연관성을 가지고 형식발견을 위하여 서로 보충한다. 예술가의 목적의식적인 형식탐구는 우연의 도움 없이는 전혀 무력하다. 하지만 예술가의 목적의식적인 탐구가 없으면 더할 나위 없이 좋은 우연도 무의미하고 허무한 것이다.

그러므로 '우연'의 정당한 권리를 승인하기를 망설여서는 안 된다. 우연을 인정한다고 해서 천재를 무시하는 것이 아니다. 천재는 결국 우연을 파악하는 능력이 아니라 우연의 호의를 파악하는 능력을 가지고 있다. 본디 '우연'은 '무목적적'인 것이 아니고, 목적과 맞서는 것도 아니며, 비결정적인 것도 아니다. 이러한 의미에 있어서의 우연적인 것이 바로 존재적으로 필연적인 것이다. 그러나 이 존재적인 필연성은 미학에 아무런 관계가 없다.

양식(樣式)은 가장 중요한 요소이다. 양식이라는 것은 다른 종류의 형식성에서 성립하는 것인데 이 형식은 한 시대 전체를 규정한다. 그러므로 양식은 객관적이고 보편적이며 개별적 작품에만 그치는 것이 아니다. 특정한 양식이 '지배'하는 시대에 있어서는 이 양식이 모든 개별적인 형식을 규정한다. 또 양식현상은 분화(分化)하기도 한다. 따라서 여러 가지 특수한 양식도 있다.

하지만 가장 중요한 것이 시대양식이다. 시대양식은 모든 객관적 정신의 성격적 특징을 표시한다. 왜냐하면 양식이 그 어떤 작품 속에 살아 있는 한 그것은 객관적 정신에 속하는 것이기 때문이다. 양식의 터전은 인간의 형식발견에 있다. 그런 다음에야 비로소 이 양식이 창작하며, 관조하는 정신을 떠나서 작품 속에 나타나는 것이다. 양식은 미적 '취미'의 형식적 측면이다. 그러기에 양식은 미적 취미에 따라서 변동하며 생기고 사라진다. 그리고 작품을 통하여 양식의 변동을 가져오는 것은 언제나 예술가 개인이다. 그러나 개인이 양식을 창조하는 것이 아니라, 양식은 몇 세대에 걸쳐서 작품 속에서 서서히 형성되는 것이다. 그리고 양식이 일단 형성되면 그것은 인간의 형식요구와 형식발견을 지배한다.

양식의 지배는 그 시대와 생활에 젖은 사람에게 양식을 변경시킬 생각이 전혀 없으리만큼 강한 것이다. 그 대표적인 것이 건축인데, 양식이라는 개념은 본디 이 건축에서 생겨 그 밖의 다른 분야에 이식된 것이다. 그 이유는 실제생활 목적 외의 것에 있다(제15절 c항 참조).

그와 마찬가지로 주목할 점은 양식이 예술에만 관계가 있는 것이 아니라 사교의 형식, 담화의 형식, 행동의 형식, 의복의 유행에 이르기까지 인간의 모든 생활형식에 관계가 있다는 사실이다. 그러한 의미에서 생활양식이라는 말이 정당하게 성립하는 것이다. 그리고 이 모든 분야에 걸쳐서 양식의 포괄적·통일적인 현상이 있으리라는 점도 인정해야만 한다. 따라서 현실의 모든 방면을 포괄한 시대양식이라는 것도 있다. 예를 들면 '로코코'양식은 건축·가구·의복·담화·음악 따위에 공통하는 우아한 모양을 표시한다.

이 점에서 우리는 양식이라는 것이 미학의 테두리를 벗어나서 역사적·객관적 정신의 광범한 현상권에 속하는 개념임을 알 수 있다. 그러나 여기서 우리와 관계가 있는 것은 예술양식뿐이다. 그리고 예술양식의 특징은 가능한 개별적 형식의 형성방식이나 또는 공통적인 형성상태에 있다.

기성양식이 '지배'한다는 말은 다름 아니라 바로 이 점을 두고 하는 말이다. 그리고 아무리 객관적 정신의 형식이 지배한다 하더라도 이 지배적인 형식을 돌파하는 개인이 있다. 이러한 개인은 탈선하는 수도 있고 무형식일 수도 있다. 하지만 이러한 탈선과 무형식도 새로운 형식발견의 진정한 앞잡이가 될 수 있다.

더 이상 말하지 않거니와 객관적 정신의 다른 분야, 예를 들면 언어창조에 있어서와 같이 기성양식을 돌파하는 사람이 언제나 위대한 대가이다. 예술양식은 자유로운 형식의 발견이나 형식을 형성하며 희롱하는 환상의 한계인 것이다. 그러나 양식 그 자체가 벌써 발견되고 부각된 형식이다. 양식은 어떠한 형성유형이다.

이 밖에 또 알고 싶은 것이 있다면 그러한 새로운 형식이 어떻게 해서 발견되며 독창적인 환상이 어떻게 이 형식을 부각시키는가, 그리고 그다음에 이 특정한 형성유형이 왜 빛을 내고 호의를 끌고 다른 것을 규정하는가, 하는 점들이지만 그것은 분석이 불가능하다.

c 예술양식과 수법

형성·형식발견 내지 형식유형의 문제권을 예술작품의 계층서열에 관련시켜서 보면 이 문제권이 뚜렷하게 확대된다. 왜냐하면 모든 형식부여는 오직 특정한 계층에만 관계가 있기 때문이다. 양식도 그와 마찬가지다. 그러나 한 계층을 이룬다는 것은 다른 계층의 투시를 위한 것이며, 이 다른 계층 역시 독자적인 형식을 가지는 것이므로 모든 형식과 모든 형식유형은 서로 얽매인다.

여기서 제17절 b와 d항 내지 제18절 a항에서 언급한 형식의 계단성을 참조하라. 거기서는 각 계층의 형성이 독자적이면서 의존한다는 것, 그리고 작품의 다양한 내용은 그 독자성에 매였으나 그 현상관계는 의존성에 매였다는 것을 명시했다. 이제 그것을 양식형성에 적용시키면 어떻게 되는가? 양식은 어느 계층에 매이는 것일까? 어느 한 계층에 매이는 것인가, 그렇지 않으면 동시에 다수의 계층에 매이는 것인가?

화가에게 있어서는 형식부여가 붓의 운용, 빛의 취급, 공간의 형성, 윤곽의 우세 또는 소실, 생명과 운동을 나타내는 방법 등등에 있는 것인가? 그렇다 하더라도 형식부여가 그 모든 것 속에 있는가? 특히 이 모든 요소 가운데 어느 한 요소에 있는가? 그리고 만일 이 형식부여가 다수의 요소에 있고 따라서 작품 가운데 여러 계층에 분배되어 있는 것이라면 모든 계층에 있어서 형성의 연관은 어찌 되는가? 또 만일 이 형식부여가 어느 한 계층만을 우대한다면 그것은 무슨 까닭인가?

사람들은 위에 언급한 모든 의문에 대하여 일괄적인 해답을 기대하리라. 그러나 그러한 해답을 제공할 수는 없다. 아마 모든 계층에 있어서 형식의 의존관계는 여러 계단으로 되어 있고 또 각 계층이 구분되어 있어서 다른 계층으로 옮겨놓기가 불가능하다고 생각된다.

하지만 몇 가지에 대해서는 말할 수 있다. 예를 들면 회화작품에 있어서는 공간형성과 빛의 취급이 밀접히 관계된 것이 분명하다. 왜냐하면 공간과 빛은 자연에서 보아도 불가분적 관계에 있기 때문이다. 그러나 전경에 있어서의 착색은 공간형성과 빛의 취급에 비하면 광범한 자유의 여지를 갖고 있다. 후경에 있어서의 물적 윤곽의 취급도 그와 마찬가지다. 하지만 다시 더 깊은 내면층에 있어서는 운동성과 생명의 현상이 그 모든 것에 의해서 결정되는 것이다. 따라서 작품 자체 중에서는 외면층의 형성관계(예를 들면 공간형성과 빛의 취급)가 목적·운동·생명을 통해서 나타나고 결정된다.

미학이 이 형성관계를 개별적으로 세밀하게 추구할 수는 없다. 그렇게 하기에는 형성관계가 너무도 복잡하고 미묘하기 때문이다. 이 관계를 회화 이외의 다른 예술에 놓고 보아도 별로 얻는 바가 없다. 문학에서도 사정은 이와 마찬가지다. 다른 점이 있다면 다만 음악에서는 한 덩어리가 된 형성복합체 속에서 외면층과 내면층이 한결 뚜렷하게 구별되는 점이다.

그러나 어느 한계 내에서는 양식이 예술작품 가운데 어느 계층과 관계가 있는가를 물론 결정할 수 있다. 하지만 이 문제에 통일적인 해답을 내릴 수는 없다. 왜냐하면 양식은 형식부여의 유형으로 해석되는데, 그 속에는 차이가 있어서 전체에서 발견되는 것도 있고, 혹은 인간의 외면적인 자세에서 발견되는 것도 있기 때문이다.

그러니만큼 여러 가지 양식 사이에는 적잖은 심각한 차이가 있다. 그중에서도 시대양식이 두드러지는 때에 이 시대양식이 인간생활의 모든 방면을 파악한다는 것은 일찍부터 잘 알려져 있다. '고딕적 인간'이라는 말이 있다. 이는 좀 지나친 말이며 오해의 위험성도 있다. 현실적·역사적인 인간형에서는 출소(出所)가 다른 여러 형식이 엇갈려 뒤섞여 있는 것이다. 그렇지만 인생의 여러 측면이 참여하고 있는 이 형식통일체가 예술에 있어서의 다수의 계층을 규정한다.

이렇게 광범한 시대양식적 의미를 개념적으로 고쳐 쓰려고 애쓸 필요는 전혀 없다. 시대양식의 형식부여는 예술 이외의 다른 방법으로는 결코 표현되지 않는다. 그 점은 누구나 익히 알고 있는 양식에 주의를 돌리면 자연히 알게 된다. 양식을 '알지' 못하는 사람에게는 양식이 무엇인가를 설명할 수 없고, 이미 양식을 알고 있는 사람에게는 양식이 무엇인가를 설명할 필요가 없다. 그리고 철학자에게 남은 과제는 오직 양식에 있어서의 엄정한 형식유형에 주의를 환기하고, 이 형식유형을 위한 미적 감정에 호소하는 일뿐이다. 그러므로 독창성이 없는 우리는 제5세기의 고전적·그리스적 양식의 통일성을 사원건축·신상·돋을새김과 비극시인 및 서정시인의 작품 속에서 파악한다.

이러한 양식에서 양식유형이 특히 예술작품의 어느 계층의 형식을 결정하는가를 나타낼 수 있다. 이 형식유형은 분명히 모든 계층의 형식을 결정한다. 그 점은 실재적인 전경의 형성에서 가장 똑똑히 볼 수 있고 또 훨씬 깊은 후경의 외층과 내층에서도 얼마간의 차이는 있지만 볼 수 있으며, 순전히 이념적인 것을 포함한 최후의 계층에서는 가장 눈에 띄지 않는다.

양식은 본디 작품의 전경에서 가장 뚜렷하게 보이는 것이므로 시대양식이 건축에서 주목을 끈다. 건축에서는 전경이 그 무엇을 나타내려고 자부하는 일 없이 거의 독립적이고 순수한 질료형성인 것이다. 그러나 건물을 깊은 안목으로 보는 사람이라면 시대양식을 이 건물의 목적구성 내지 공간구성에서 발견하고, 그다음에 역학적 구성 내지 건물 전체를 지탱하는 형성의지 속에서도 발견할 것이다.

고대의 비극시는 무엇보다도 그 언어형식과 작시형식(作詩形式)을 가지고 우리에게 가까이 다가선다. 이 형식유형은 그다음에 '유희'는 말할 것도 없고 형체의 운동에서 발견되며, 또 상황과 사건의 구성 속에서도 발견되고, 인물의 심적 형성(개성)에서도 발견되며, 마지막으로 모든 인간적 운명의 형성에 이르러서 가장 힘차게 나타난다.

이와 같이 다수의 계층을 통한 완전 동질적인 형성은 위대한 양식의 지배를 말하는 것이다. 어느 한계 내에서는 위대한 예술도 이러한 양식의 지배를 받는다. 가장 위대한 작가의 예술에 있어서는 물론 예외가 있다. 왜냐하면 그는 동시에 낡은 형식을 돌파하기 때문이다. 그러나 형식은 그와 반대로 같은 권리를 현실에서 동질적으로 관철하는 것이 아니라 다만 개별적인 계층에만 편다. 이때에 형식은 흔히 외면적 계층이나 감성적인 전경에만 덧붙인다. 그러한 양식이 예술가 개인이나 그 집단 앞에 나타나며 천재적인 예술가를 만나면 어느 정도 완성될 수 있는 것이다. 하지만 이 완성은 어디까지나 외면에 머물러 있고 소재구성에는 전혀 관계가 없다.

그렇게 되면 우리는 양식이라는 말 대신에 '수법'이라는 말을 쓴다. 따라서 수법은 내면층에 의해서 결정되며 다수의 계층을 통한 형성이 없는 점에서 진정한 양식과 구별된다.

독창성 없는 양식모방에도 비슷한 점이 있다. 오늘날의 건축에 로마식이나 고딕식이 맞지 않으며 어울리지도 않고 아름답지도 않은 이유가 무엇인가를 묻는 사람이 있다. 이 의문에 대한 대답은 결국 거기에는 비유기적이고 무동기적이며 외면적이고 이해가 되지 않는 점이 있다는 데 다다른다. 그것은 옳은 대답이다. 그러면 그 점이 오늘날의 로마식이나 고딕식 건물의 어느 구석에 있는가?

이 문제에 대한 대답은 형식의 계층성에서 출발하면 얻기가 쉽다. 모방이라는 것은 목적구성에서 출발하는 것이 아니며 더구나 공간구성이나 역학적 구성에서 출발하는 것도 아니다. 모방은 단지 외면의 형성과 의미도 모르는 형식동기, 따라서 건물의 전면이나 혹은 내면의 형성의 어느 부분에서 출발하는 것이다. 그러나 이 모든 것이 (실제생활의 목적·공간·역학 등의) 구성의 모든 계층에 의해서 결정되는 것을 모른다. 왜냐하면 모방의 목적과 건축기술과는 전혀 다르기 때문이다.

그러므로 아무리 최선의 모방일지라도 비유기적인 효과를 주는 것이다. 건축에 종사하는 사람은 형식의 내면적 필연성을 전혀 모르고 이 형식의 계획을 전혀 다른 건물에 강요한다.

d 사변적 이론의 의미

지금까지 미적 형식의 형이상학을 고찰했거니와 끝으로 말해 둘 것은 우리가 이 미적 형식이 가진 긍정적인 것을 근본적으로 해명할 수 없었다는 점이다. 그러니만큼 미적 형식의 본질은 형이상학적인 문제가 아닐 수 없다. 그러나 우리는 같은 예술작품 속에 쌓여 있는 여러 가지 형성 간의 내면적 관계에서 미적 형식이 충족시켜야 할 모든 조건을 넓은 범위에 걸쳐서 지적할 수 있다.

여기서 가장 적극적인 것은 역시 성층관계와 현상관계에서 지적된다. 하지만 그 밖에 고대의 사변적인 이론이 발견한 것 가운데에도 비교적 정당한 것이 적지 않다. 예를 들면 다양의 통일이라는 고대의 사상이 그것인데 이 사상 자체는 존재론적 사상이지 순수한 미학사상은 아니다. 그러나 이 다양의 통일을 직관되는 다양의 직관적인 통일로 해석하면 그것은 알찬 미학적 의미를 갖는다.

다양의 통일도 여러 종류가 있다. 모든 개념, 모든 사물, 모든 물체, 모든 역학적 조직, 모든 유기체가 다양의 통일이다. ……그 어느 것이든지 통일이나 다양의 직관에 매여 있는 것이 아니다. 하지만 여기서 문제 삼고 있는 것은 단지 존재적 통일이 아니라 직관에서 느껴지는 통일인 것이다. 그리고 그것은 사실에 있어서 모든 종류의 미적 대상과 비표현예술의 작품 내지 아름다운 자연대상이다. 직관에 대하여 제기되는 요구는 이 다양의 통일을 음미하고 또 형식을 창조적으로 받아들일 뿐 아니라 예술적으로 파악하기 위한 노력이라고 말할 수 있다.

직관의 이와 같은 노력은 가볍고 얕은 예술에 있어서는 그리 중요하지 않지만, 그와 반대로 깊고 알찬 예술에 있어서는 내적 관조의 종합작용이 절실히 요구되는 것이다.

우리는 그 실례를 장식이나 오락소설에서는 찾을 수 없고 건축에서도 겨우 기념적 구성에서 찾을 수밖에 없다. 그러나 그 밖의 예술의 중요한 작품 가운데에서는 그 실례가 풍부하다. 예를 들면 셰익스피어의 인간묘사에는 총괄적인 관조의 개입이 요구된다. 왜냐하면 사람의 성격이라는 것은 문자화되는 것이 아니라 행동과 고난에서 나타나는 것이기 때문이다. 그러므로 사실에 있어서 미성숙한 인간은 성격의 내면적인 모습을 보지 못한다. 한스 홀바인과 프란스 할스의 초상화도 마찬가지다.

이 사실은 음악에서 가장 잘 알 수 있다. 소나타와 교향곡의 어느 악장이든지 청중에게 대형적인 음악적 종합을 요구하는 것이다. 이 악장을 듣고 황홀경에 빠졌으면서도 이 악장들의 통일성과 내면적 형상을 파악하지 못하는 청중이 많이 있다. 그러므로 이미 흘러간 소리와 이제 곧 들려올 소리를 직각적으로 상기하는 음악적 능동성이 요구된다. 이러한 요구는 둔주곡(다성)에서 가장 절실히 느껴지는 것이다. 그러므로 제아무리 음악에 능한 인간이라도 바흐의 작품을 공경하면서도 멀리하게 된다. 그들은 둔주곡의 내면적 구조를 이해할 길이 없으므로 바흐의 작품을 알지 못하는 것이다.

다양의 통일 이외에 또 고대의 본질적 형식이나 이상적 형식도 어느 정도 중요성을 잃지 않고 있다. 물론 이 형식을 일찍이 영원한 형이상학적 이상상(理想象)이라고 여겨온 실체적 형식으로만 볼 것이 아니다. 그러나 우리가 겪는 모든 유형적 형식 가운데에는 다른 종류의 이상형식이 있으며, 이 이상형식 속에서 유형이 순수하게 부각되는 것이다. 그리고 이 유형이 실재적 세계 속에 나타나든지 아니든지 상관없이 예술가의 상상력이 이 유형을 이상형식의 방향(완전성)으로 끌어올리기가 비교적 쉬운 것이다. 그것은 소재형성의 세목에 이르기까지 예술적으로 없어서는 안 되고 반드시 필요한 방법이기도 하다. 왜냐하면 그렇게 해야만 본질적인 것이 직관적으로 인식될 수 있게 단순화되며, 인간생활 속에 혼합해서 나타나는 복잡한 것이 다른 종류의 유형적인 기선(基線)으로 환원되기 때문이다.

고대의 비극시인들은 그렇게 해서 다른 영웅들을 이상적인 인간 형성에까지 끌어올렸던 것이다. 여기서 간결한 동시에 걸출한 인물들이 나오며 또 정신적으로 비장한 어조도 나타난다. 그러므로 이 유형에는 그다지 다양한 인간성이 없다. 모든 영웅시가 그렇고 모든 민족의 서사시나 조각 역시 마찬가지다.

지금까지의 실례는 형식의 형이상학과는 아무 관계가 없다. 이러한 이상형식은 실재에서 취해 온 것도, 어떤 이상적 존재의 세계에서 나온 것도 아니며 예술가의 구상에 의해서 자유로이 이루어진 것이다.

이리하여 생산적인 창작의 여지가 있거니와 예술가에게는 이념을 관조하고 관조한 것을 타인에게 계시할 능력이 있다. 물론 관조된 모든 이념(인간의 이상)이 동시대에 살고 있는 인간들이 앞으로 나아갈 길을 제시하는 것은 아니다. 물론 그러한 이념도 있다. 그런 경우에 예술가는 이념의 보유자가 된다. 그중에서도 가장 유력한 자가 시인임에 틀림없다. 한 민족의 고상한 에토스가 이루어지기 시작하는 시대에 누구보다도 먼저 인간의 이상상을 발견하는 자는 시인이다. 그런 의미에서 시인은 그 민족의 교육자이며 형성자이다.

시인이 그럴 수 있는 까닭은 그가 관조하며 창조하는 독창적인 것이 다른 종류의 자유를 누리고 있기 때문이다. 이 자유는 시 이외의 다른 데는 없으며 인간의 에토스에도 없는 것이다.

미학적이기도 하고, 예술적이기도 한 이 자유는 도덕적 자유와는 전혀 다른 것이다. 도덕적 자유는 명령(가치)과 관계가 있으며 명령에 대하여 다만 찬성하거나 혹은 반대할 수 있는 자유이다. 그러나 예술적 자유는 가치 자체를 관조하고 타인의 눈에 보여줄 수 있는 자유를 말하는 것이다.

이 예술적 자유는 실재하는 존재자를 마음대로 초월할 수 있다. 왜냐하면 예술적 자유의 임무는 관조된 가치를 실현시키는 데 있지 않기 때문이다. 예술적 자유에는 정당성이 따르지 않으며, 따라서 이 자유는 당위 같은 필연성의 자유가 아니라 반대로 가능성의 자유이다.

예술적 자유의 세계 내부에서는 실재를 추구하는 것이 아니며 따라서 아무것도 실현되지 않기 때문이다. 오히려 예술적 자유는 현실을 이탈하려고 하는 경향을 가졌다.

이 예술적 자유에 있어서 참으로 경탄할 만한 것은 관조한 이념을 구체적으로 나타나게 하는 점이다. 예술가는 그가 관조한 이 이념을 도덕이나 명령이나 이상이라고 말하지 않는다. 오히려 예술가는 이 이념을 관조자의 눈앞에서 스스로 움직이며 말하는 생생한 형태로 표시한다. 그럼으로써 예술가는 사람을 설복하는 효과를 거두며 우리를 동경하는 인간형으로 끌고 올라간다.

물론 그것은 벌써 문학의 미적 기능이 아니라 도덕적·정치적·문화적인 기능이다. 그러나 문학의 이 기능은 진정한 예술이 인간생활과 얼마나 깊은 연결을 가지고 있는가를 명시하는 것이다. 그리고 어디까지나 이상한 것은 모든 형식 형이상학에서 벗어난 뒤에야 비로소 이 간단하고 분명하며 의미 깊은 자율적 형식부여의 자유를 알 수 있다는 점이다.

이 점에 모든 위대한 예술의 초미학적 비밀이 있는 것이다.

3 미의 통일성과 진실성

21) 예술적 자유와 필연

a 자유와 방자함

예술적 자유는 무례하고 건방진 행동에 빠질 위험성을 내포하고 있다. 예술 가운데에서도 특히 표현예술이 그렇다. 왜냐하면 표현예술의 기초는 모사이며 이 예술의 독창성은 자연과 인생을 더 좋게 보이도록 노력하는 데 있기 때문이다. 그것은 그럴 수 있는 일이다. 왜냐하면 자연과 인간생활도 창조적이어서, 여러 가지 형식과 형체와 운명을 창조하여 우리의 눈앞에 보여주기 때문이다. 그런 까닭에 사람들은 흔히 세계를 창조물로 보게 되는 것이다.

그렇다고 유신론적 세계질서를 기초로 삼을 필요는 없다. 실체적 형상의 형이상학이 몰락하여 유기체의 연속적 형성(진화)의 사상에서 떨어져 나간 이래 자연에 있어서의 생산적인 것 역시 어떤 과학적 개념이 되고 말았다. 유기적 자연이라는 것은 사실에 있어서 두드러지게 창조적인 것이며 인간생활은 더욱 그러한 것이다. 그러므로 인간의 형태와 운명은 더할 나위 없이 다양한 것이다.

그러나 유기적 자연과 인간생활은 예술이 그 소재를 취하는 2대영역이다. 왜냐하면 무기적(無機的) 자연이 예술에서 노는 역할은 매우 하찮은 것이기 때문이다. 그것은 표현예술의 '소재' 자체가 벌써 다른 종류의 창조과정이 남겨놓고 간, 그리고 예술적 생산물과 비슷하고 또 여러 가지 점에서 그 예술적 생산물을 능가하는 어떤 생산물이라는 형식을 가지고 있다는 것을 뜻한다. 예술미를 제외하고 바로 자연미와 인간미가 이 존재영역에서 발견되는 것은 결코 우연한 일이 아니다. 그런 까닭에 미술에 있어서는 '자연과 도덕'이 다시 형성의 '소재'가 된다고 하는 말은 정당하다. '도덕'이라는 말은 여기서 쓰기에는 너무 좁은 개념이다. 그러므로 '자연과 인간생활'이라고 말해야 할 것이다. 왜냐하면 인간생활은 도덕에 그치는 것이 아니기 때문이다.

생산력이 어떤 형상을 이루었을 때에 거기에는 잘된 형식의 통일성과 전체성·완전성도 있고 또 잘못된 형체, 형식의 교란과 파손도 있다. 이 사실을 우리는 자연미의 문제영역에서 충분히 알고 있다. 그렇다면 표현예술은 자연현상이나 인간생활의 형성에 있어서 성공하는 경우도 있을 수 있으려니와 실패하는 경우도 있을 수 있을 것이다. 그것은 표현예술이 '진(眞)'일 수도 있고, '비진(非眞)'일 수도 있음을 뜻한다.

그리고 여기에 예술적 자유가 위험에 빠질 수 있는 점이 있는 것이다. 왜냐하면 예술의 자유가 무례하고 건방지게 변해서 자연이 이미 이룬 형성의 '통일성과 전체성'을 훼손하는 경우가 있을 수 있기 때문이다. 그러나 그렇게 되면 예술의 자유는 그 최초의 토대가 되었던 수준 밑으로 떨어져서 자연이 창조한 미를 인식할 힘조차도 잃게 된다.

표현예술이 그 소재를 가지고 추하거나 불미(不美)한 것도 나타낼 수 있다는 것을 부인할 수는 없다. 하지만 표현예술은 추하거나 불미한 것을 나타내는 데 있어서도 실패하는 경우가 있다. 그러면 무엇이 예술가를 잘못된 길로 이끌어서 그가 경험한 현실을 변조(變造)하게 하는 것일까? 예술가에 의한 이 변조의 근거로 다음의 세 가지를 들 수 있다.

⑴ 모사의 능력 부족.

⑵ 이상주의, 즉 '보다 더 아름다운' 무엇을 그리워하는 상상력.

⑶ 심미적 이외의 교육적 고려, 즉 윤리적 근거.

그중에서 가장 널리 알려진 것이 첫째 근거이다. 서투른 예술가뿐만 아니라 순진한 예술가도 그가 실지로 보았거나 그의 머리에 떠오른 형태를 잘못 그리는 수가 많다. 왜냐하면 그의 안목과 인식력이 단면적이거나 그의 표현기술이 모자라기 때문이다.

이 두 가지 점은 모든 표현예술에서 나타난다. 바야흐로 위대한 예술의 시대가 다가오고 있으나 아직 충분히 성숙하지 못한 시기에는 으레 예술가의 안목도 좁고 표현기술도 모자라기 마련이다. 대담하고 선구적인 예술가가 바로 그러한 단면성에 빠진다. 콰트로첸토(15세기 문예부흥기)라는 무대의 예술가들의 부자연스럽고 희박한 건축술과 그들이 교묘하게 선택하고 부풀린 풍경화의 동기를 떠올려 보라. 이 양자는 부수적이면서도 주제적이다. 그 뒤의 대가의 원숙한 예술을 뒤돌아보면 그들의 적극적인 업적을 알 수 있으나 그 안목이 제한되어 있는 것도 분명히 알 수 있다.

근대문학 초기의 작품 속에 나오는 인물들과 그들의 갈등도 그와 마찬가지다. 다른 종류의 인간형이 희곡이나 그 희곡에서 판치고 있지만 배후의 아기자기한 활기는 볼 수 없다. 실러의 작품에 나오는 인물들도 잘못 그려진 것이 많다(카를과 프란츠 무어, 피에스코, 부름……). 2급과 3급밖에 안 되는 예술가의 작품에는 물론 그러한 예가 허다하다.

예술가가 묘사에 실패하게 되는 제2의 이유, 즉 고상한 이상(理想)만 바라보고 경험적인 것을 무시하는 점도 적잖게 널리 알려져 있다. 특히 자연과 인생의 묘사에서 볼 수 있는 이 경향은 관조된 형식을 될 수 있는 대로 순수하게 인식하며 표현하려고 하는 정당한 욕망에서 나오는 것이다.

고대 그리스의 조각가들이 형성한 여러 신상(神像)에 있어서는 단단한 근육으로 된 모든 부분이 고조되고 연한 살로 된 모든 부분은 무시되어 있다. 이 신상들은 자연스럽지도 못하고 또 아름답지도 못하지만 일찍이 힘과 긴장과 중대한 일로 쏠렸던 인체의 이상과 일치하는 것이다. 고딕식 조소도 부자연·불미(不美)를 기피하지 않고 경건한 자세와 순종의 습성을 나타내려고 한 것이었다. 또 어느 시대에 제작된 성모상에서도 여성미의 이상이 발견되거니와 이 여성미의 이상은 분명히 그 시대에 생존하는 여성상을 나타내고 있을 뿐 아니라, 이 여성상을 몽상하는 이상형에까지 끌어올리려고 애썼으나 오히려 자연스럽지 못하고 또 믿음직지도 않은 것이 되고 말았다. 왜냐하면 이상이라는 것은 시간적 제약을 받을 뿐 아니라 예술가의 주관성에 맡겨지는 것이기 때문이다. 고전적인 비극—에우리피데스·코르네유·라신 등—속에는 이상주의적으로 채색된 형상이 헤아릴 수 없이 많다. 그러나 불행히도 이같이 확대된 형상은 결국 인간유형으로 축소되기 쉬운 것이다. 왜냐하면 이 형상은 인간의 오직 한 면만을 확대한 것이기 때문이다. 따라서 이 형상에는 생명이 없다.

셋째 근거는 비미학적인 동기에 있는데, 이 동기의 바탕에는 주로 윤리적·교육적 효과를 노리는 목적이 있다. 그것은 정치적인 목적일 수도 있고 또는 종교적인 목적일 수도 있다. 예를 들면 문학 자체는 논리적 영향을 주는 것이므로 예술가의 의도 속에 그러한 목적이 섞여들기 쉬운 것이다. 이 점은 순수한 미적 향락을 떠나서 공공연히 교훈을 일삼는 문학에서 볼 수 있다. 교육소설이나 성장소설, 예를 들면 빌헬름 마이스터의 '수업시대'나 '편력시대'를 상기하라! 또 포사 후작을 떠올려라.

미적 교육의 사상은 오래전부터 있었던 것이며, 문학뿐 아니라 예술에도 많은 영향을 끼쳤다. 그리스도교의 성화는 틀림없이 그러한 특징을 가지고 있다. 그러나 여기서 어느 점에 교육적 의도가 있고, 어느 점이 교육적 효과를 주는가를 구별하기는 쉽지 않다. 교육적 효과는 아무런 의도가 없이, 또 그 어떤 악질적인 경향과도 상관없이 나타날 수 있다. 하지만 이 구별을 원칙적으로 유지하지 않으면 안 된다. 그렇지 않고서는 예술을 진정으로 이해하지 못한다.

b 미적 이상(理想)의 구성

예술가의 무례하고 건방진 태도는 본디 제2와 제3의 경우에만 성립하는 것이다. 왜냐하면 제1의 경우는 두말할 것 없이 어떤 모자란 상태이며 따라서 예술적 기능의 수준 이하에 속하기 때문이다. 또 우리는 제3의 경우, 즉 교육적인 관점도 배제할 수 있다. 왜냐하면 그것은 비미학적인 동기를 한데 섞는 것이기 때문이다. 그리고 보면 실재적 세계에 주어진 것을 넘어서기 위해 미적 이상주의의 관점에서 자연적인 것보다 높이 추켜올리는 경우가 있다.

이 경우를 가지고 논쟁을 벌이기는 쉬운 일이 아니다. 왜냐하면 직관되는 여러 이상상(理想像)을 인간의 눈앞에 보여주려고 하는 정당한 예술적 경향도 있기 때문이다. 그리고 이 이상상은 본질에 있어서 인간적 현실을 능가하는 것이다. 또 이러한 예술이 있어야 함은 미학의 관점에서 보면 분명하다. 왜냐하면 이상이 없는 생활은 하나의 만족을 위해서는 결코 좋은 일이 아니기 때문이다. 그런데 이 이상을 눈앞에 보여줄 수 있는 것은 오직 예술뿐이다.

예술과 생활과의 이러한 관련은 자연적이고 필연적인 것이며, 따라서 예술이 이 관련을 잃어버리면 발붙일 땅이 없게 되리라는 것은 부인할 수 없다. 여기에 예술이 충족시켜야 할 최고의 문화적 사명이 있으며 또 예술이 한 민족의 생활 속에서 존립할 정당한 권리가 있는 것이다.

고대 사람들은 그 점을 깨달아 알았고, 그들의 이상이 생활과 예술에서 많은 성과를 거두었다는 사실을 의심할 수 없다.

그들의 건장한 이상은 첫째 조각에서 발견된다. 이 이상은 사람들이 그렇게 되도록 규정하는 것이다. 그렇다고 조각가의 고상한 예술이 침해되는 것은 아니다. 호메로스의 영웅상에 대해서도 그와 마찬가지로 말할 수 있다. 그중에는 뚜렷하게 부풀려진 것이 많거니와 플라톤의 대화편에 나오는 소크라테스상도 부풀린 점이 적지 않다. 중세 독일의 서사시(파르치팔·지크프리트·트리스탄)에 나타나는 기사상이나 그보다 더 소박한 고대 북구의 전설도 마찬가지다. 그러면 도스토옙스키의 백치나 알렉세이 카라마조프, 바그너의 한스 작스나 함순의 이사크는 그와 다르다 할 것인가?

그러면 이러한 실속 있고 정당한 예술적 이상이 방자하고 의문스런 이상과 어떻게 구별되는가? 이것은 매우 곤란한 문제이다. 그러나 이 문제에 대해서는 분명히 다음과 같이 대답할 수 있다. 후세의 아류는 그것을 성과에 따라 쉽게 구별할 수 있으나, 동시대인에게는 그것을 구별하기 위한 아무런 기준도 없고 다만 기껏해야 제멋대로 일의 실마리나 해결책을 찾아보는 수밖에 없다.

하지만 이런 시도는 불확실한 것이다. 그러고 보면 진정한 것과 진정하지 않은 것과의 결정은 결국 미학적인 것이 아니라 어떤 방식으로나 실천적으로 제약되는 것이다.

또 한 가지 말해 두거니와, 여기서 문제되고 있는 이상구성은 내용상으로 보면 윤리적인 것, 적어도 윤리적 이상에 가까운 것이라는 점이다. 미학적 이상구성은 다만 형식상으로만 하는 말이다. 왜냐하면 예술은 어떠한 이상이든지 또 그것을 가시적인 영역으로 옮겨놓는 것이기 때문이다. 예술만이 이상에 살아 있는 형체의 형식을 부여하는 것이다.

그러나 내용적으로 윤리적인 이상이 무엇이냐 하면, 첫째 현실적으로 존립하고 있는 가치의 세계에 관계가 있고, 둘째 한 민족의 윤리적 생활 속에 있어서의 역사적·현실적인 경향과 일치하는 이상이라야 한다고 대답해야 한다. 그중에서도 중요한 것은 둘째 조건이다. 왜냐하면 이 조건이 충족되지 않고서는 그들에게 제시된 이상에 대해서 동시대인의 가치감정이 솟아나올 수 없기 때문이다.

이 경향을 발견하고 또 모든 사람이 추구하는 가치를 인식한 작가는 그 시대에 있어서 이념의 보유자가 되는 것이다. 하지만 이것 또한 우리가 언제든지 뒷날에 가서 비로소 적용할 수 있는 기준이다.

그러나 앞에서 말한 두 가지 조건도 충분한 것이 못된다. 어떤 이상이 가치적으로나 역사적으로 합당하다는 것은 이 이상의 내용, 따라서 윤리적 측면에만 해당하는 말이기 때문이다. 그런데 이상에는 미적 측면도 있는바, 이것도 이상이 실효를 거둘 수 있게 하는 중요한 조건이 되는 것이다. 미적 측면은 구체성·유형성·직관성·감성적 가시성을 말한다. 왜냐하면 살아 있는 형상이라고 보게 되는 구체적인 이상만이 사람의 심정을 끌 수 있기 때문이다. 이상이 실효를 거둘 수 있는 이 미적 조건에 관해서는 동시대인으로서 판단을 내리기가 쉽다. 왜냐하면 자기가 정립된 이상에 성심을 다하고 있는가 아닌가는 다름 아니라 동시대인 자신이 겪는 것이기 때문이다. 객관적으로 보면 이 조건은 오로지 예술가의 능력, 즉 그가 발견한 이상을 참으로 구체적으로 파악하느냐 못하느냐, 또 그가 찾아낸 인간형이 앞으로 어떻게 움직이고, 어떻게 나타날 것인가를 환상적으로 직관할 줄 아느냐 모르느냐에 매인 것이다. 그것은 분명히 고도의 직관력을 가지고서만 이루어지는 것이다. 왜냐하면 여기서는 관조 자체가 어떤 창조이기 때문이다.

예술은 언제든지 윤리적 이상을 완전히 구체적인 형상으로 표현하는 데 성공하는 것이 아니다. 이 점에 있어서 중세의 조각은 어느 정도 성공했다. 그러나 거기에는 인체와의 생생한 촉감이 없다. 그리고 르네상스 시대 초기에 특히 회화에서 여러 형식이 발견되었지만 그것들은 이미 같은 인간의 이상이 아니었다. 역사상에 나타나는 모든 이상을 그것들이 시대감각과의 상대성을 가졌다 해서 긍정하려고 하는 것은 예술사 내지 미학의 잘못된 경향이다. 오히려 시대감각이라는 것은 특정한 이상이 지배할 때에 성립하는 것이며 적어도 지배적인 이상에 의하여 규정되는 것이다. 물론 상대성이 성립한다. 그러나 이 상대성에는 근거가 있고 이 근거는 이상구성의 있고 없음에 있는 것이다.

여기서 자유와 방자함의 문제는 결국 예술에 귀착한다. 예술이 경험적 소여를 떠나서, 다시 말하면 단순한 모방의 영역을 벗어나서 독창적인 형성에 목표를 둘 때에는 언제든지 이 문제가 뚜렷하게 중요해진다.

위에서 서술한 방자함의 실례를 다시 생각해 보고 이 실례를 예술에 있어서의 정당한 이상구성과 비교해 보면 방자함과 반대되는 예술적 필연성이 있어야 할 것이라는 사상을 포기할 수 없다. 자유와 방자함과의 구별은 자유가 아무런 저항도 받지 않고 함부로 하는 데 있는 것이 아니라, 오히려 단호한 결정을 각오하며 이 결정 위에서 솟아오르는 점에 있는 것이다.

이런 말은 가능성의 자유를 표현하는 미적 자유에 관한 상술한 규정에 어그러지는 것같이 생각된다. 왜냐하면 예술에 있어서 긴요한 것은 관조한 것을 실현하는 데 있는 것이 아니라 나타내는 데 있기 때문이다. 그럼에도 예술적 의식이나 미학 속에서는 예술작품을 지배하며 작품의 구체적 구상성과 직결되는 내적 필연성의 표상이 결코 떠나지 않는다. 이 필연성은 다른 종류의 윤리적 과제나 당위성을 말하는 것이 아니며 또 그 밖의 어떤 실천적 요청을 의미하는 것도 아니라, 법칙성처럼 예술가의 작품을 일관하며 이에 통일성을 부여하는 다른 종류의 미적 필연성을 뜻하는 것이다.

c 예술적 필연성과 통일성

만일에 예술형식이 그 독특한 법칙을 갖지 않은 것이라면 여기서는 사실에 있어서 모든 것이 제멋대로의 생각에 내맡겨지고 말 것이다. 이 법칙은 우리가 예술적 형식에 부과할 수 있고 또 부과하지 않으면 안 되는 법칙으로 이해할 것이 아니라, 그와 반대로 예술작품이 이 작품을 창작하는 자와 관조하는 자의 의식에 부과하는 법칙으로 이해해야 되는 것이다. 그것은 또 보편적 법칙이 아니라 개별적인 예술작품의 법칙에 지나지 않는다. 그러나 이 법칙은 작품 전체의 모든 부분을 결속하고 서로 바꿀 수 없게 하는 것이며 각 부분을 결합하여 서로 끌어당기게 하는 내면적 필연성인 것이다.

그러면 예술적 형식에 그러한 법칙이 과연 있는가? 물론 있다. 모든 작품은 그 내적 귀결을 가지고 있다. 대체적으로 말하면 두 개의 조상(彫像)이 가진 각 부분을 바꾸어 놓으려고 하는 사람이 있다면 그것은 당찮은 일이 아닐 수 없다. 토르소(조상의 파편)는 모양 정도에 따라서 그 위치도 아울러 결정되므로 언제든지 그 자체가 한 전체로서의 영향에 작용하는 점에 토르소의 비밀이 있다. 이것이 분명한 내면적 필연성이며 더구나 순수한 미학적 필연성이다.

토르소는 작품 전체를 살펴보려고 하는 관조자에게 특수한 자격을 주기도 한다. 이 자격은 사실적인 보충에 관련된 것이 아니라 다만 상상력의 종합적인 시도는 매우 신중을 기해야 되는 것이며 엄정한 조준을 현존하는 사실에 두어야 하는 것이다. 이 상상력의 종합적 시도는 만일 모든 부분 사이에 긴밀한 내면적 연관성—이 연관성은 필연성으로서 결여된 부분에까지 미치고 있다—이 없다면 불가능한 일이다.

우리는 이와 같은 미적 필연성이 그 밖의 무수한 현상 속에도 나타나는 것을 알고 있다. 인간성격의 문학적 구조가 그것의 한 예이다. 우리는 비통일적인 인상을 주는 성격을 알고 있다. 이 성격은 어떤 현실적인 인물이 가지고 있는 것과 같은 실재적 분열성을 말하는 것이 아니라 철저하지 않게 구성되고 묘사된 성격을 말하는 것이다. 우리는 이 비통일성을 문학적 결함으로 느끼거니와 이런 경우에는 미적 감정이 일어나지 않는다. 내용이 '지리멸렬'하거나 '큰 줄거리'가 없는 소설과 희곡 등에도 통일성이 없는 것이다. 이러한 현상은 작가가 소재구성을 포함한 중간계층의 잡다한 내용 속에서 헤어나지 못하는 경우에 나타나기 쉽다.

그 점은 음악이나 건축과 같은 비표현예술에 있어서도 마찬가지다. 음악과 건축에도 비조직적인 구성이 있으며 작품을 분석하지 않고서도 일관성의 부족을 느끼게 된다. 위대한 음악에서는 물론 이 일관성이 가장 뚜렷하게 드러날뿐더러 음악의 위대한 점은 악곡의 주제나 악구(樂句)나 악장 전체가 펼치는 내면적 필연성에 있는 것이다. 악곡의 통일성과 전체성은 바로 이와 같은 필연성을 토대로 성립하는 것이고, 내면층에 있어서의 심적 운동의 현상도 이 필연성에 의존하는 것이다.

본디 모든 예술은 그 특수한 필연성을 가지고 있으며, 이 필연성은 다른 예술에 옮겨질 수 없다. 그뿐만 아니라 표현예술은 비표현예술과는 다른 것이다. 비표현예술에 있어서는 순수한 형식통일성이 모든 계층을 지배한다. 그렇지만 내면적 필연성을 가진 보편적 법칙에는 변함이 없다.

이 필연성은 어떤 외적 조건에 의존하는 것이 아니라 '내재적 진리'와 같이 모든 부분 서로 간의 일치를 의미하느니만큼 내적 필연성이라고 부를 수 있다. 그러므로 이 필연성은 부분 서로 간의 관계에 해당하는 것이다. 이 관계를 법칙성이라고 부르든지 그렇지 않든지 그것은 사람의 취미문제이다.

그러나 이 필연성을 분명히 알아두는 것이 예술적 '자유'와의 관계에 있어서 중요하다. 자유는 첫째 예술작품에 있어서의 필연과 이율배반적으로 대립한다. 자유는 물론 형식의 유희, 즉 경험적인 것을 선택하고 없애면서 형성해 나가는 데 관계가 있다. 이 예술적 자유를 자의(恣意) 즉 형식을 제멋대로 다룰 수 있는 능력으로 아는 한, 자유와 필연과의 이율배반은 해결될 수 없다.

자유는 여기에 있어서도 소극적인 것이 아니라 적극적인 것이다. 자유는 무법칙성이나 무결정을 뜻하는 것이 아니라 독자적이고 자율적인 결정과 법칙성의 출현을 뜻하는 것이다. 좀더 간단히 말하면 독창적 형성의 세계에는 그 밖의 다른 곳에 나타나지 않는 통일성과 전체성의 독특한 원리가 있다. 이 원리에서 예술작품 가운데 엄격한 필연성이 나온다. 그러나 존재의 원리나 당위의 원리와 같은 다른 원리에 의존하는 것이 아니다. 따라서 이 원리 자체가 독창적 정신의 심미적 자유가 되는 것이다. 그리고 여기서는 실현이 문제가 아니라 현실소외와 단순한 현상이 문제이므로 이 원리는 그 밖의 다른 원리와 충돌하지 않는다.

그러므로 윤리적 자유는 하나의 큰 형이상학적 수수께끼이지만 미적 자유는 결코 그런 것이 아니다. 미적 자유에는 대립할 것이 아무것도 없다. 따라서 미적 자유는 내용상 미적 필연과 같은 것이다. 이 자유는 작가를 위해서는 그가 '하고 싶은 대로 하는 자유'이지만, 작가는 통일성과 필연성을 가진 것만 하고 싶어 한다.

d 작품의 통일성과 창작의 자유

예술적 자유 속에 내적 필연성이 들어가는 것을 허용한다면 자유를 자의와 구별하기가 쉬워진다. 왜냐하면 자의에는 내적 필연성이 없고 법칙과 통일의 원리가 없기 때문이다. 그리고 법칙과 통일의 원리가 있는가 없는가는 쉽게 알 수 있어서, 예술의 자의의 여지가 없으며 무능한 예술가의 작품은 누가 보든지 눈에 띌 수밖에 없는 것이다.

작가가 어느 경우에나 통일성을 모색하고 있다는 것은 창작활동에 통달하지 못한 사람일지라도 경험이 가르쳐 준다. 작가는 여러 가지 모양으로 구상하고, 스케치하며, 또 스케치한 것을 찢어버리고 다시 스케치한다. 그리고 흔히 관찰자의 갈채가 확신의 예증이다. 그러나 관찰자의 갈채도 확실한 증명이 못된다. 왜냐하면 작가 자신도 기준을 잘못 잡을 수가 있으며 하물며 작가보다도 의식이 뒤떨어지고 불완전한 관찰자는 훨씬 더 그럴 수 있기 때문이다.

관조라는 특수한 양상에 접근할 방법이 없는 관찰자는 예술의 문외한일 수밖에 없다. 모든 동시대인이 예술적으로 새로운 것을 몰라주는 수도 있다. 이 경우에는 천재가 그의 작품과 더불어 그 시대에 고립하게 된다. 그리고 그의 재능의 최고 시련은 그가 관조하고 내면적·필연적이라고 느끼는 것을 어디까지 물고 늘어지느냐에 있는 것이다. 이 시련에 견디지 못할 때 그는 당황한다. 자기 시대에 인정을 받지 못한 자의 운명은 비극적인 것이다.

그와 반대의 경우도 마찬가지다. 일반대상이 아무런 내면적 필연성도 없는 신기한 외면적 인상에 사로잡히는 수가 있다. 이러한 경우에는 한때 돌풍을 일으켰다가 몇 해 안 가서 잊히고 마는 사이비로 명성 높은 작품이 성립한다. 역사에 나타나는 '수법' 내지 모든 예술적 자의(恣意)의 현상이 바로 그것이다. 이러한 현상이 나타났을 때 직접 그것을 올바로 간파하고 배척하기는 전문가로서도 결코 쉬운 일이 아니다. 그것은 독창성이 희박한 시대에 흔히 볼 수 있는 형상이다.

미학은 실제에 적용할 수 있는 기준을 발견하는 과제를 가지고 있는 것이 아니다. 미학의 과제는 오히려 그러한 기준이 있지 않으며 또 이론적으로 있을 수도 없다는 것을 확인하는 데 있다. 예술학이 이따금 독단적인 판단을 가지고 나타나더라도 미학이 이에 말려들 필요는 없는 것이다.

미학의 주요 과제는 어떤 단정을 내리려는 야망을 떠나서 내적 필연성에 의존하면서 창작에 자유의 여지를 허용하는 예술작품의 통일성이 대체 무엇을 뜻하는가를 발견하는 데 있다. 이 문제는 일찍이 미학의 초창기에는 극예술을 위하여 절실한 문제였으며 여기서 '세 가지 통일'의 이론이 나왔던 것이니 바로 장소의 통일, 시간의 통일, 그리고 행동의 통일이다.

그중에서 실로 중심적인 것은 오직 행동의 통일뿐이다. 행동의 통일은 참으로 본질적인 그 무엇이며 더욱이 내적 구조의 의미에서 그런 것이다. 그러나 이 통일만으로는 충분치 못하다. 왜냐하면 행동의 통일이라는 것은 문학작품의 구조 속에서 오직 한 계층에만 관계가 있는 것이기 때문이다. 하지만 모든 계층을 포괄한 통일이 요구된다. 따라서 연극의 중간층에서만 말하더라도 행동의 통일 이편에 운동과 표정의 통일이 있고, 이 운동과 표정의 통일에는 다시 말투까지도 포함된다. 그러고 보면 행동의 통일이라는 것은 연극 속에 등장하는 인물들의 생활양식의 통일성이라고 볼 수 있는 것이다.

또 행동통일의 저편에는 성격의 통일, 다시 말해서 같은 심적 형성의 일관성이 있어야 한다. 그 밖에 한 걸음 더 나아가서 또 인간운명의 통일이 있어야 하는데, 이 통일은 물론 상황 내지 행동의 통일과 같은 것이 아니다. 그러므로 극중의 이 모든 통일을 종합해 보아야만 비로소 작품 전체의 통일성이 이해되는 것이다. 한 작품의 통일이라는 것은 이와 같이 여러 계층의 통일이며 다차원적인 통일이다.

여기서 이 다차원적 통일이면 충분한가 하는 의문이 나온다. 왜냐하면 개별적으로 나타나는 모든 계층의 통일들은 단순히 서로 늘어서 있는 것이 아니라 서로 의존하고 있기 때문이다. 왜냐하면 후층은 언제든지 전층의 형성 속에서 나타나기 때문이다. 처음부터 끝까지 나타나는 양식의 통일이 상황의 통일 내지 행동통일이 나타나기 위한 조건이 된다. 그러므로 이 양식을 이탈하면 상황의 통일과 행동의 통일이 불확실해지는 것이다. 양식의 통일은 또 통일적인 성격을 나타내기 위한 조건이 되며, 이 통일적인 성격은 다시 다른 종류의 운명통일을 나타내기 위한 조건이 된다.

이와 같은 모든 계층의 의존관계는 분명히 보편적 법칙의 역할을 하는 것이며, 모든 예술 속에 내적 필연성과 통일성을 나타내기 위한 구성적 조건이 된다. 회화작품에서는 모든 통일관계가 오직 외면층에 집중되어 있으나, 건축에 있어서는 상호제약하는 목적구성·공간구성·역학적 구성 사이에서 인식된다.

음악에서는 통일이 가장 심각하게 인식된다. 음악에 있어서는 통일이 비교적 작은 구성요소로부터 한 악장 내지 작품 전체의 통일에 이르기까지 여러 계단으로 구별된다. 또 여기서는 작품 전체의 내적 필연성이 가장 뚜렷하게 부각된다. 왜냐하면 일관성이 통일적 효과의 조건이 되기 때문이다. 음악은 모든 예술 가운데에서 자장 자유스러운 예술이다. 그러나 가장 긴밀한 내적 필연성과 통일성을 가진 예술도 이 음악이다.

음악은 작품의 통일성과 창작의 자유가 서로 일치한다는 것을 분명히 증명해 준다.

그다음에 또 통일이라는 범주를 비교분석할 수도 있다. 여기서는 분명히 조직이라는 성격을 가지고 있는 작품의 통일성이 문제가 되고 있거니와 이 문제는 결국 조직이라는 범주의 변화에 귀착한다. 이 범주의 변화는 '실재적 세계의 구조' 가운데에서 논의했지만 여기서는 조직의 모든 유형이 계시되어 있지 않으며, 따라서 예술작품의 조직에까지 언급하지 못했다. 이 조직은 통일적인 존재방식을 가진 것이 아니므로 분석이 곤란한 것이다.

하지만 이 조직이 아주 특별한 구조, 다시 말하면 매우 친밀한 내적 필연성을 가지고 짜여 있다는 것은 말할 수 있다.

전경 속에서 이미 선택이 일어난다는 것과, 이 선택을 통해서 현상관계 가운데 현실을 능가하는 다양한 내용이 전달되는 것을 고려한다면 조직의 통일적 성격에 의해서 규정되는 다른 종류의 전체성이 관조될 것이 분명해진다. 문학작품에서 관조되는 생생한 인물이 그것이며, 회화에서 보이는 활기 띤 표정이 그것이며, 음악작품에서 넘쳐흐르는 풍요한 내용이 그것이다.

예술작품의 조직체 가운데에는 다른 종류의 조직, 예를 들면 역학적 조직, 유기적 조직, 동류적 조직, 사회적 조직체 등에 있는 바와 같은 보편적인 법칙이나 규칙이나 원리가 없다는 것을 알아야 한다. 왜냐하면 모든 예술작품은 극히 개별적인 것이며 그리고 유형적인 것은 이 작품 속에 종속하기 때문이다.

예술가가 규칙이나 혹은 선배에게 구속을 받지 않고 오직 자유로이 작업할 수 있는 사실은 작품의 이 개성적인 조직성격과 관련이 있는 것이다. 그러나 이 말을 바르게 이해해야 한다. 그것은 작가에게 전통이 없고 작가가 선배에게서 배울 것이 없음을 뜻하는 것이 아니다. 그것은 다만 예술의 전통이 작가가 배우고 또 지켜나갈 수 있는 규칙에 있는 것이 아님을 뜻할 뿐이다. 그리고 한 작가가 어떻게든지 선배를 능가하고 전진했을 때에는 선배도 결코 구속되는 것이 아니다.

자유로이 창작한다는 것은 자기 마음대로의 시작이나 새롭고 신기한 것의 갈구를 말하는 게 아니라 구조 전체의 내적 통일성·필연성을 직각적으로 인식한 다음, 이에 알맞은 질료(말이나 소리나 색이나 돌 따위)의 외면적·감성적 형식을 발견하여 이로써 후경 가운데 모든 계층이 나타나게 하는 것을 말한다. 이러한 창작은 다른 종류의 새로운 가능성을 발견하고, 숨은 후경을 나타내기 위해 이용한다는 의미에 있어서 '자유'인 것이다.

22) 문학에 있어서의 진리성

a 그릇된 진리성의 요구

내면적 필연성 및 통일성의 문제와 구별해야 할 것은 표현예술에서 나타나는 진리성의 문제이다. 이 진리성은 단지 일관성·통일성·전체성과 관계가 없고 또 이론적 사고의 '내재적 진리'와 같은 것이 아니라 오히려 '초월적 진리'와 비슷한 것이다. 여기서 우리는 다시 '모방과 창조'의 문제영역에 돌아왔다. 그러나 지금 우리는 실재적인 자연과 생활에 대한 예술의 책임이라는 관점에 서 있는 것이다.

금세기 첫 무렵에 활발했던 '미학사상'은 실재의 모든 묘사를 결국 창조적 독창성으로 볼 수 없느냐 하는 문제를 가볍게 받아넘겼다. 예술가가 자유로운 구상력을 가졌다는 것은 부인할 수 없다.

개조는 모방과 대립하는바, 예술가에게는 개조의 권리가 있다. 그렇지 않고서는 여러 가지 사건이 얽히고설킨 실제생활 중에서 명민한 자만이 보고 그 밖의 많은 사람이 보지 못하는 것을 예술가가 나타낼 수는 없는 것이다.

그러면 예술이 진리성을 요구하는 권리, 또는 예술이 진리성을 가져야 할 의무는 어떻게 유지되는가? 여기서 사람들은 예술의 소여와 경험에 연결한다는 사실을 상기하리라. 그러나 이런 사실을 이론적 진리, 즉 실재적 존재자와의 일치라는 의미로 이해해서는 안 된다.

그러면 이 사실을 어떻게 이해해야 할 것인가? 여기서도 중요한 것이 형식이지만 이 문제는 형성의 원리로써 해결되지 않는다. 물론 형식이라는 것은 질료의 형성이자 소재의 형성인 것이다. 왜냐하면 이 두 가지는 서로 관련이 있어서 소재는 언제든지 다른 종류의 질료로 형성되기 마련이기 때문이다. 먼저 이 문제를 두드러진 표현예술에 한정해서 생각하면 얻는 바가 있을 것이다. 바로 그러한 예술이 시(詩)이다. 왜냐하면 시 속에서는 진리성의 요구가 가장 뚜렷하게 나타나기 때문이다. "시인은 거짓말을 너무나 많이 한다"고 니체가 말한 일이 있거니와, 이 말은 시가 인생을 보는 안목을 흐리게 하는 미혹적이고 허식적인 효과를 준다는 의미에서 나온 것이다. 시가 과연 그런 것인지 아닌지는 별문제로 치더라도 문학예술에 이러한 위험성이 있다는 사실을 부인할 수는 없다.

여기서 핵심적인 문제의 연구를 시작하자. 문제는 어떻게든지 상상욕(想像慾)을 제한하는 데 있는 것이 아니다. 상상력은 언제나 문학적 창작의 원천이다. 그리고 문학작품의 진리를 상상과 대립시켜서 이해하려고 하는 사람은 문학의 진리를 오해하고 있는 것이다. 그 점은 얼마든지 증명된다.

옛날이야기라는 형태의 서민문학이 있다. 여러 가지 신앙과 미신이 담긴 옛날이야기 속에는 불가사의한 것, 초자연적인 것이 많다. 이 옛날이야기를 진실이라고 믿든 믿지 않든 상관없이 오늘날 인간도 요부와 괴걸, 요술에 걸린 왕자와 말하는 동물이 나오는 옛날이야기를 흥미롭게 듣는다. 이것들을 그것과 맞지 않는 진리성과 결부시키려고 생각하는 사람은 아무도 없다. 사람들이 그렇게 믿고 또 그렇게 느낄 수 있다면 그것으로 충분한 것이다.

전설·설화·서사시도 그와 마찬가지다.

그러나 '기적적'인 것은 그만두고 자연적인 한계 내에서도 문학의 소재는 인물이나 사건의 현실적 실존이라는 의미에서 진실성을 요구하는 것이 아니다. 실러의 잔 다르크나 버나드 쇼의 잔 다르크는 역사적 인물과 일치하지 않는다. 그러면서도 그것들은 비상한 극적 효과를 준다. 소년들만이 이야기를 읽을 때에 실감을 느끼고 성년은 그 이야기의 비실재성, 좀더 옳게 말하면 문학이 실재성과 비실재성에 관계가 없다는 것을 잘 안다. 소설이 그렇고 연극도 그렇다. 이를테면 실재적인 인물과 사건, 역사적인 것이 소재가 되고 있는 경우에도 소재가 유명한 인물의 서술에 한정되는 수가 있더라도 역시 마찬가지다.

작가는 그 어느 것에 있어서나 최대의 자유를 가지고 있다. 이 점을 우리는 또 이렇게도 말할 수 있다. 작가는 소재구성의 광범한 영역 내에서 어디를 가나 자유형성의 한계에 부딪치는 일이 없고, 그에게 실재와의 일치를 기대하거나 요구하는 사람도 없다.

서정시에 있어서는 작가의 자유가 더 크리라는 것을 쉽게 알 수 있다. 사랑의 노래가 작가 자신의 감정에서 나왔거나 다른 사람의 감정에서 나왔거나 그 노래가 아름답고 인상적이라는 데에 어떤 변화를 주는 것이 아니다. 그 점에 있어서는 문학적인 감정표현이 모두 마찬가지다.

작가가 자기 자신이 겪지 않은 것을 만족할 만큼 표현할 수 있느냐 하는 것은 별문제이다. 이 물음에는 여러 가지 대답이 나와 있지만 그것은 일반적인 대답이 못된다.

왜냐하면 남의 감정을 자기의 감정처럼 둘러놓고 형성하는 재능은 사람에 따라서 매우 다르기 때문이다. 그러나 여기서 말할 수 있는 것은 자기의 체험이 많은 작가는 자기의 체험이 적은 작가보다 인간적인 것을 더 많이 이해할 수 있고 자신 있게 형성할 수 있는 더 많은 기회를 갖는다는 사실이다.

그 밖에도 작가에게 정당하게 요구할 길이 많다. 예를 들면 생활과 인간지(人間知)가 그것인데 이는 자기의 체험 내용과 전혀 다른 것이다. 인간지는 인간이 숨기고 있는 비밀을 간파하는 데서 성립하는 것이다. 그리고 파고드는 능력과 비판적인 안목도 이 인간지에 속하는 것이다. 풍자적인 작가와 희극작가에게는 더욱이 이러한 재간이 요구된다. 그렇다고 묘사된 인물이 현실생활에서 취해진 만큼 실물과 똑같아야 한다는 말은 결코 아니다. 물론 부당하고 이유 없는 비웃음과 탄핵 등이 많이 있고, 또 존경에도 광범한 자유의 가능성이 있는 것이다.

끝으로 우리가 잊지 말아야 할 것은 작가가 인간성의 약점과 희화적인 면만 찾지 말고 고귀한 점을 승인하고 그것을 쓰레기통에서 찾아내기를 요구한다는 사실이다. 그러나 이 요구는 문학의 에토스에 관한 것이지 문학의 진리성에 관한 것은 아니다.

b 생활의 진리

지금까지 우리는 다만 문학에 있어서 진리성의 요구가 무엇이 아니라는 것만 알았고, 그것이 무엇인가는 아직 알지 못하고 있다. 그러면 그것이 무엇인가를 여기서 따져야 하고 밝혀야 한다. 왜냐하면 우리는 이 요구의 의미를 사실주의와 자연주의의 방향에서 찾을 수 있지만, 또 그 의미와는 전혀 달리 이해할 수도 있기 때문이다.

우리가 문학에서 찾고, 또 문학에 대해서 요구하는 진리는 사실의 진리가 아니라 생활의 진리인 것이다. 생활의 진리라는 말의 뜻이 무엇인가는 어느 정도 누구나 다 알고 있지만 막상 말하기는 쉽지 않다. 동화에 나오는 교활하고 음흉한 마녀나 사랑을 받고 보답할 줄 아는 비둘기나 저명한 사람이 남겨놓은 일화에는 실감이 간다. 그러나 주인공의 모습이 나타나지 않거나 불분명한 일화에는 실감이 안 난다.

펠릭스 단·게오르크 에베르스·구스타프 프라이타크 등의 소설에 나오는 인물들은 매우 명쾌하게 구체적으로 묘사되었으면서도 전혀 실감이 안 나는 까닭은 무엇인가? 그것은 이들 작가가 본디 학자들이고 또 뚜렷한 자기의 인생관을 갖지 못한 데 있는 것이다. 그러므로 그들이 그린 인물, 상황과 행동 내지 인간의 운명이 실감을 주지 못한다. 하지만 이 작가들이 역사적 소재를 오직 기회를 통해 맺어진 인연으로만 취하고 자기와 아무 인연이 없는 한 시대상을 묘사하려고 덤벼들지 않았더라면 문제는 달라진다. 셰익스피어의 카이사르와 안토니우스·코리올라누스·헨리 4세·맥베스는 그가 뚜렷한 자기 인생관을 가지고 창작했으므로 인물이나 운명이 실감을 느끼게 한다.

여기서 우리는 생활의 진리와 사실의 진리와의 차이가 무엇인가를 알고, 또 이 차이가 실재적인 생활과의 일치에 있다는 것을 안다. 이 일치는 개인적이고 일회적인 생활과의 일치가 아니라 원칙적이고 본질적인 인간생활과의 일치를 말한다. 그러나 이 원칙적이고 본질적인 인간생활이란 다수의 인간에게 유형적인 생활, 즉 모든 인간에게 공통적인 생활이 아니라 특정한 인종에게만 공통되는 생활이다. 그리고 인간형이라는 것이 전체적이고 통일적인 그 무엇인 만큼 그것은 동시에 문학에서 요구되는 진리가 기술한 통일성과 내적 필연성의 요구에 직결된다는 것을 뜻한다. 그러므로 내적 필연성에 의해 통일되지 못한 형상들은 실감을 주지 못한다.

여기서 한 걸음 더 나아가 우리는 문학에서 요구되는 이 진리를 세밀히 추구할 수 있다. 왜냐하면 문학은 그 구체성에 있어서 오직 유형에만 관계가 있는 것이 아니라 매우 개성적인 개별적 성격과도 관계가 있기 때문이다. 햄릿과 리어 왕, 발렌슈타인, 타소와 메피스토펠레스는 다른 종류의 유형으로만 볼 것이 아니며 또 이상형으로 볼 것도 아니다. 글라안과 미슈킨, 헤다와 로스메르도 역시 마찬가지다.

단지 보편적인 인간이나 유형적인 인간만 가지고서는 충분한 직관적 효과를 기대할 수 없다. 이 양자는 본디 생명이 없는 것이다. 왜냐하면 인생 그 자체에는 순수한 유형이 없기 때문이다. 그러므로 순전히 유형적인 인물에는 전혀 실감이 안 간다.

판에 박은 듯한 고대의 희극이 한때 호평을 받았다 하더라도 결국 실감을 주지 못하는 이유가 이 점에 있다. 이 고대의 희극은 그 뒤의 세대에게는 의미가 없고 부자연스러워서 전혀 실감을 주지 못했다.

고전적인 비극도 그와 비슷한 과정을 밟아왔다. 과거에는 제왕·간신·영웅·치한·순결한 처녀·교활한 하인 등, 이러한 틀에 박힌 인간형이 모든 작품을 풍미했다. 그러나 근대희곡의 위대한 대표자들, 이를테면 셰익스피어의 작품을 보면 거기에도 위의 상세한 모든 유형이 나오지만 발랄한 개성의 소유자로 충만해 있다.

이 점이 중요한데 그것을 이해하는 비평가와 문학역사가가 적지 않다. 그들은 작품 속에서 기념적으로 인식할 수 있는 순수한 유형이 발견되지 않으면 그 작가를 좋게 평하지 않는다. 하지만 그것은 옳지 않다. 왜냐하면 유형을 탈피해서 충분히 성숙한 인간성이라야 비로소 생기가 있고, 또 실감을 주기 때문이다.

그러나 생명의 진리는 인물과 유형, 그리고 성격에만 요구되는 것이 아니라 상황, 갈등과 해결, 행동과 결과, 불의의 사실, 우연의 역할, 능숙과 졸렬 등에도 요구되는 것이다. 즉 이 모든 것도 실감을 주어야 한다. 그뿐만 아니라 행동이 일어나는 환경, 색채의 배합, 기분의 배경, 그리고 전경을 형성하는 인간, 특히 그 시대의 인간들에게 공통되는 생활양식도 실감을 주어야 한다.

사람들이 이 점을 얼마나 진지하게 생각해야 할 것인가는 '기계에서의 신(deus ex machina)'이라는 부정적인 실례에서 알 수 있다. '기계에서의 신'이라는 것은 작가가 갈등을 자연적으로 해결할 충분한 역량이 없을 때 나타난다.

그러한 수단과 파괴된 생활의 진리는 이미 옛사람의 비웃음을 받았고 또 무식한 사람에게도 의아한 불신을 갖게 했던 것이다. 그러나 현대문학에도 이 '기계에서의 신'이 '우연한 구원'이라는 형태로 나오고 있다. '기계에서의 신'이 연기의 참맛을 훼손하고 희극적인 효과밖에 주지 못한다는 것은 부인할 수 없는 사실이다.

또 그보다 한층 더 우스운 것은 우리가 영화에서 자주 보는 비속한 '해피엔드'이다. 이 '해피엔드'는 사건의 진행과는 상관이 없는, 즉 상황의 발전에서 나오지 않는 결말이다.

c 진리성의 요구와 계층문제

이 극단적인 실례에서 보더라도 생활진리의 문제가 작품 중의 소재형성에 포함되는 모든 것에 확장되는 것을 알았다. 왜냐하면 이 문제는 인물에게만 관계된 것이 아니며 따라서 진리성의 요구가 정지할 한계가 없기 때문이다. 진리성의 문제는 서사시·희곡·소설·서정시 등 모든 소재구성에 관계가 있다.

그렇다면 문학에 있어서 진리성의 요구는 작품의 어느 계층에서 중요한 것인가?

얼른 생각하면 진리성의 요구는 오직 심적 형성과 성격이라는 중간층에만 해당되는 것 같다. 그러나 이러한 제한은 근거가 없는 것이 분명하다. 왜냐하면 성격은 이 성격이 형성되는 생활관계에 무관계할 수 없으며 그것을 통해서만 이해되는 것이기 때문이다. 그리고 이 생활관계는 다시 성격에 의해서 형성되는 것이다.

그리고 보면 사태는 근본적으로 달라진다. 우리는 여기서 이제 작품의 모든 계층 가운데에서 적어도 네 개의 계층이 진리성의 요구에 응해야 된다고 대답할 수 있다.

소재의 모든 형성은 이 네 가지 계층, 즉 운동과 표정, 상황과 행동, 심적 전개, 운명에서 이루어진다. 그리고 소재형성에 있어서의 생활의 진리가 우리의 문제이다. 하지만 좀더 엄밀히 살펴보면 소재의 형성만이 아니라 전경과 동시에 언어의 형성도 진리성의 문제범위에 들어가는 것이다. 왜냐하면 일정한 소재의 취급에 있어서 모든 언어양식이 '참'되다는 효과를 주는 것이 아니기 때문이다. 그와 마찬가지로 가장 깊은 두 개의 중간층도 진리성의 문제 속으로 끌려 들어온다. 행동 속에서는 상상적인 것이 나타나서 실감을 주기도 하고 주지 않기도 하기 때문이다.

최후의 후경층은 여기서 제외해도 무방하다. 왜냐하면 거기에는 이념적인 것(개인적인 이상과 일반적인 이상)이 담겨 있기 때문이다. 그러나 그 밖의 모든 계층은 생활진리의 미적 요구하에 있고, 또 사실에 있어서 이 요구를 어느 정도 충족하는 경우에만 미적 효과를 갖는 것이다.

예를 들면 운동·말투·표정의 계층 가운데에서는 어느 보조, 어느 자세, 어느 주목도 그 시대와 환경 속에 끼어 있는 사람의 모습을 교란하거나 적어도 손상할 수 있다. 그렇게 되면 그 뒤에 따르는 계층, 예를 들면 행동의 계층이 옳게 나타날 수 없다. 즉 형성은 현상을 제약한다. 에베르스, 단, 프라이타크 등의 소설에 나오는 인물들은 특히 이 계층에서 실감을 주지 못한다. 그 좋은 실례가 쇼의 《시저와 클레오파트라》 중에 나오는 브리타누스이다. 브리타누스의 말솜씨와 거동이나 의견은 오늘날 영국인의 그것과 똑같다. 따라서 사건의 전체 내용이 현대 속으로 끌려 들어와서 실감이 안 간다. 그 이유는 이 현대적인 색조가 처음 의도했던 생활양식을 파괴하는 효과를 내는 데 있다.

그 점은 상황과 행동의 계층에서 더욱 뚜렷이 나타난다. 외면적으로 같은 상황이라도 부류가 다른 사람이나 생활방식이 전혀 다른 어린아이로 보면 결코 같은 상황이 아니다. 따라서 이 상황에 대처하는 행동도 성격이 같다고 해서 모두 같을 수는 없는 것이다.

물론 상황의 직관적 인식 여하에 따라 그 밖의 모든 것이 매였다는 것을 모르는 바는 아니지만 위대한 작가는 언제든지 이 계층의 형성에 특별히 유의한다. 묘사의 대부분을 생활상황의 전개에 바친 나머지 결국 이 상황 속에서 일어나는 사건이 무엇인지 모를 소설이 있다. 예를 들면 발자크의 작품이 대부분 그렇고, 도스토옙스키·토마스 만·골즈워디·함순의 작품도 역시 그렇다.

희곡은 매우 한정되어 있으므로 상황을 장황하게 묘사할 수 없다. 그 대신 희곡은 직접적으로 진행하는 사건을 다룰 수 있다. 왜냐하면 극적 장면의 전개는 결국 연속적인 모든 상황의 압축에 지나지 않기 때문이다. 그 반면에 행동방식은 이 상황을 통해서만 이해된다. 그러나 이 행동방식에는 죄과·공적·책임 등 몹시 중요한 결단이 따른다.

이 관계는 분명하다. 그렇기에 이 관계를 인식하고 그 법칙에 따라서 행동을 취하지 않는 작가는 거의 없다. 그러므로 실패한 실례를 들추어내기가 지못 어렵다. 만일 사람의 성격이 처음과 끝이 같다고 내세운 인물을 통해서 사람이 그렇게만 행동하고 달리 행동하지 않는 이유가 이해되지 않는다면, 그것은 상황의 묘사에 결함이 있기 때문이다.

운명형성의 계층에 이르러서는 생활진리의 요구가 더욱 중요해진다. 왜냐하면 작가가 어떤 인간의 운명을 형성할 때에는 이 작가가 마치 신자의 눈에 신성한 것이 차지하는 바와 같은 자리에 접근하기 때문이다. 그리고 그가 이 자리에 접근했을 때에 만일 서투른 신과 같은 몸가짐을 취하게 되면 그때 그가 제시하는 세계는 완전히 뒤바뀐 세계가 되기 쉽기 때문이다.

여기서 위에 나온 '기계에서의 신'이나 '해피엔드'와 같이 거의 요괴스런 인상을 주는 실례를 끌어낼 수 있다. 물론 그 실례들은 이 경우와 너무 거리가 멀다. 그러나 공통적인 특징은 요컨대 미덥지 못하거나 부자연스러우면서도 어딘지 아주 자연스럽게 보이고, 표현된 어떤 운명이 숨어 있는 점이다. 예를 들면 에밀 졸라의 《로마》라는 작품의 결말이 그것이다. 여기서는 두 애인(생과 질)이 같이 죽는 효과가 나타나야 될 것인데 실제에 있어서는 처녀가 그 애인의 뒤를 따라 죽는다.

그것은 설익은 운명의 졸작이다. 왜냐하면 여기서는 작가가 제멋대로 운명을 부자연스럽게 왜곡시키고 있는 것이 분명하기 때문이다. 어느 시대의 문학에도 그러한 부진실(不眞實)이 있지만 사람들은 대개 그것을 모른다. 왜냐하면 독자는 흔히 작가를 너그럽게 이해하는 습성을 가지고 있기 때문이다. 자신의 운명을 행동으로써 스스로 결정하면서 이 운명을 성격 탓이라고 보는 사람이 적잖게 있다. 그러나 운명이 조화 있게 그리고 노련하게 묘사되었다면, 또 운명을 결정하는 강한 감정이 튀어나온다면 그때에는 운명의 묘사가 틀린 것이다. 에른스트 비헤르트의 《단순한 생활》 속에 나오는 '오를라'는 지혜롭고 명민하면서도 최후의 순간에 가서 열려오는 새 생활을 거부한다. 그것은 사랑에 대한 부자연스럽고 비극적인 거부이다. 그것은 '해피엔드'의 반대이다.

그러면 작가가 운명의 묘사에 있어서 실패하기 쉬운 까닭이 무엇인가, 묻고 싶다. 이 물음에 대한 명쾌한 대답은 다음과 같다.

⑴인간의 생활은 운명 앞에 무력하다. 왜냐하면 운명은 생활에 있어서 인간의 이해나 의사에 절대로 의존하지 않는 원인에서 존립하는 것이기 때문이다. 문학예술에 있어서 인간은 운명을 형성할 기회를 갖는다. 작가는 여기서 이 기회를 이용하여 운명이 신의 뜻 대신에 하는 일이 무엇인가를 명시하려고 한다. 이 동기를 우리는 분수에 넘치는 의식의 동기라고 부를 수 있다.

(2)둘째는 우연에 대한 반감과 사건의 무의미성에 있다. 인간은 모든 운명을 신적 사명으로 보려고 하는 경향을 가지고 있거니와 이러한 동기를 형이상학적—목적론적 동기라고 부를 수 있다.

(3)세 번째 동기는 이 사명을 또한 구체적으로 개개인에게 마땅한 사명으로 이해하는 경향인데 그 속에는 작가 자신의 경향이 아무도 모르게 끼어든다. 이 경향은 흔히 도덕적이기 쉽고 혹은 도덕적인 것으로 느껴지게 된다. 왜냐하면 운명은 악한을 궁지에 몰아넣고 용감한 자에게 보상을 하기 때문이다. 그러나 비극적인 경우에는 그와 반대이다. 우리는 이러한 동기를 도덕적 '경향'의 동기라고 부를 수 있다.

두 번째 동기가 가장 무난한 것이다. 왜냐하면 운명을 '사명'으로 볼 이유가 전혀 없는 것은 아니기 때문이다. 물론 실제생활에 있어서 그렇다는 것이 아니라 사람은 본디 그렇게 생각하고 또 작품 가운데 인물들 역시 그렇게 생각하기 때문이라는 뜻이다. 그러한 의미에서 운명의 문학적인 형성에 있어서의 목적론은 '실감'을 준다. 그리고 가장 부자연한 것이 세 번째 동기이다. 왜냐하면 운명형성에 있어서의 도덕적인 고난은 매우 인간적이며 오히려 독자의 인간적 감정이 흔히 기뻐서 환영하는 것이기 때문이다. 그러고 보면 가장 중요한 것이 첫 번째 동기이다. 그 점은 작가가, 아니 위대한 작가까지도 의식하기가 흔치 않다는 사실이 증명한다.

d 양극단층에 있어서의 생활진리

여기서 문학에 있어서의 요구되는 진리는 첫째 작품의 모든 중간층에 매였다는 결론이 나온다. 그리고 이 진리는 물론 작품의 모든 중간층에 고르게 분포되는 것이다. 그런데 이 생활의 진리는 운명형성의 계층에서 위협을 받으며, 더구나 창작의 자유를 통해서 이 위험과 재해를 당한다. 그러면 그 이유는 비미학적이며 결국은 형이상학적인 것이다.

중간층 말고도 생활진리가 요구되는 계층이 있지만 이것에 대해서는 아직 한마디도 언급하지 않았다. 첫째, 말로 쓰인 전경층이 그것이다. 이 전경층이 문학적 '진실'에 대하여 무관심할 수 없다는 것은 이미 지적한 바 있거니와 그렇다면 이 전경과 문학적 진리와의 관계를 어떻게 이해할 것인가?

'말'이라는 것은 언제나 이 말이 가진 의미 이외의 그 무엇을 표시하는 것이다.

예를 들면 언어는 말하는 자의 기분이나 그가 말한 것에 관한 의견을 표시한다. 그는 중대한 것을 엄숙하게 말할 수도 있고 또 농담조로 말할 수도 있다. 그 점은 어느 정도 문자로 표시된 말에도 해당한다. 여기에 말과 글이 실감을 줄 수도 있고 실감을 주지 못할 수도 있는 가능성의 미묘한 차이가 있는 것이다. 그러므로 말을 어떻게 형성할 것인가는 단순히 취미의 문제에 그치는 것이 아니라 실감을 주느냐 못 주느냐에 관계가 있는 문제이다.

현대의 소설 속에서 동화 같은 문구가 발견된다면 그 소설은 우리에게 감동을 주지 못한다. 또 극적 장면에서 명상적인 고찰의 냄새를 풍기는 작품이 있다면 그런 작품도 관중을 끌지 못한다. 이와 같이 사람의 심금을 울리지 못하는 말은 진실성이 없다. 실제생활에서는 '그럴 리 없다'고 사람들은 말하거니와 이 말에는 일리가 있다. 서정시를 가지고 생각해 보자. 엉뚱한 말이 한마디라도 나오면 모처럼 말소리를 통해서 부각되던 이미지의 모든 구조가 산산조각이 난다. 작가의 예술은 오직 바른말을 적당한 곳에 맞게 쓰라는 점에 있다.

진리성의 요구는 최후의 내면층에 있어서도 전경층 못지않게 중요하다. 이 계층은 위에서 개인적 이념의 계층과 보편적 이념의 계층이라고 불렀던 것이다. 전자는 행동하며 과오를 범하는 어떤 사람에게서 번쩍 나타나는 인격성의 이념이고, 후자는 다른 종류의 작품 속에서 겉으로 드러나지 않는 내면적인 경향이며 도덕이다.

이 후자를 가지고 생각해 보자. 어느 정도의 수준에 오른 작품치고 그 후경 속에 이러한 보편적인 경향이나 이념이 없는 경우는 없다. 그러나 이러한 경향을 가진 작품에도 실감을 주지 못할 위험성이 존재한다. 이런 작품은 두 가지 방면으로 탈선할 위험성을 가지고 있다.

(1)도덕·이념, 세계관적 전제 그 자체가 틀릴 수가 있다. 즉 생활경험에 배치될 수가 있다.

(2)또 그것들이 이를테면 생활경험과는 일치한다 하더라도 올바로 나타나지 못하고 너무 노골적으로 드러나거나 그렇지 않으면 너무 깊숙하게 감추고 있어서 이해되지 못하거나 오해하기가 쉽다. 그렇게 되면 반발을 사기도 하고 혹은

그림자도 찾아볼 수 없게 된다.

이상과 같은 경우에는 보편적 이념이 아무런 감동을 주지 못하고 따라서 실감이 없게 된다. 그래서 이 양자는 객관적 '진리'와 아무런 관계가 없는 것이 되고 만다.

작가는 자기의 이념—특히 도덕—을 사건을 통해서 표시하는 수밖에 없는 것이다. 그러나 생활이 그 이념을 표시하듯이 이것을 인간의 운명 속에서 명시하는 것이다. 그러므로 그것은 다른 종류의 해설이 필요하지만 그렇다고 작가가 이 해설을 말로 표시해서는 안 된다. 작가가 자기 이념을 말로 설명하면 아무 의미 없는 효과를 주기 때문이 아니라 그것이 바로 실감을 주지 못하기 때문이다. 도덕관이나 세계관이 말로 표현되면 그 힘을 잃어버린다. 작품을 읽은 사람은 확실히 거기서 무엇인가를 배운다. 하지만 그는 학생처럼 무엇을 배워서 알려고 하는 것이 아니라 자기 스스로 보려고 배우는 것이다.

그 점은 작품 가운데 어쩌다가 나타나는 개인적 이념을 보면 더 분명히 알 수 있다. 왜냐하면 작가는 이 개인적 이념을 관조하기도 어렵거니와 표현하기도 어렵기 때문이다.

이 개인적인 이념이 작가 자신에게 나타나는 일은 매우 드물며, 나타나더라도 언제나 현실적인 인간을 관조할 때에 환상적으로 나타나는 것이다. 또한 작가가 그것을 나타나게 할 수단을 발견하는 일은 더욱 드물다.

차이는 세계관적·도덕적인 이념을 추상적으로 인식하고 구상하며 구성할 수 있지만, 개인적 이념은 구상하거나 구성할 수 없는 점에 있다.

물론 다른 종류의 선입관념을 가지고 구성된 인물이 등장하는 작품도 있다. 이를테면 복고주의의 작품이나 유형적인 희곡을 보라. 거기에는 개인적인 이념은 없고 언제나 보편적인 것과 유형적인 것이 있을 뿐이다. 이런 것은 문제가 안 되므로 도외시하고라도 단지 다른 유형을 보았을 때에 어떤 개인의 이념을 파악했다고 생각하는 작가가 많이 있는 것은 사실이다. 그러나 그것은 작가의 착각에 지나지 않는다.

위대한 작가가 그런 인물, 예를 들면 플라톤이 그린 '소크라테스'와 같이 참으로 유일무이한 특성을 지닌 개인적 이념이 인식되었다면 그것은 실재하는 인물의 깊은 개인적 체험을 토대로 관조된 것이다. 이러한 개인적 이념은 물론 경험적으로 관조되는 것이 아니라 이념적인 모든 것과 마찬가지로 경험을 넘어서 있으면서 언제든지 오직 경험의 테두리 안에서만, 말하자면 연장된 형태의 경험에서만 관조되는 것이다. 일반적으로 이념적인 것을 다룰 때에 작가가 제멋대로 생각하는 자의적 구성에 빠지기 쉬운 위험성이 거의 없는 이유가 바로 여기에 있다. 하지만 그렇기 때문에 어느 작품을 보아도 그러한 개인적인 것을 부풀리는 작가는 별로 없다.

23) 생활의 진리와 미

a 문학의 기능

여기서 우리는 문학의 진리가 그 미학적 가치 일반과 일치하며 결국 미와 같을 수밖에 없는 경계에 다다랐다. '조형예술'이라는 것이 있고, 또 이 예술이 아무리 모든 것을 개조한다 하더라도 거기에는 여전히 모방의 일면이 남아 있으므로 문학의 진리와 미와의 일치를 완전히 거부할 수 없다. 여기서 몇 걸음만 더 옮기면 완전일치에 다다르기 쉽다.

바꾸어 말하면 문학은 독자에게 얼마만큼 세계를 개시(開示)해야 되며 또 인간생활의 한 단면을 개시해야 되는 것이다. 왜냐하면 인간의 존재방식은 세계를 개시하는 존재자로서 생활하는 데 있기 때문이다. 그러나 이 세계의 개시는 모든 사람이 노력해서 성취해야 하는 과제인 것이다. 또 이 세계의 개시는 아무리 경험이 있는 자라도 생활지(生活知)와 인간지(人間知)에 대한 그의 실제적인 욕구가 충족되는 경우에서만 실행할 수 있다. 하지만 세계는 또 인간에게 폐쇄되기 쉬운 곳이다.

여기에 문학이 뛰어들어서 우리가 근접할 수 없었던 인생의 모든 부분을 개시해야 하는 것이다.

예술가의 기능이 첫째 '보는' 데 있고, 그다음에 곧 표현의 기능이 뒤따른다는 말은 옳다. 보기를 배우는 것이 모든 표현예술에 공통적인 것이다. 인간을 다루는 것이 문학이므로 인간지를 가르치는 것이 문학의 과제라는 결론을 끌어내야 되는가?

우리가 문학에 대해서 요구하는 진리의 의미는 결코 그런 게 아니다. 그것은 문학의 경향을 너무 지나치게 이론적으로 파악했을 뿐 아니라 또한 너무 지나치게 실천적 목적에 종속시키고 있는 것이다. 그러면 왜 그런가? 차이는 어디에 있는가? 문학이 만일 인간학이 아니라면 그것은 대체 무엇을 가르쳐 주어야 하는가?

이러한 물음에 대답하려면 먼저 인간학의 본질이 무엇인가를 똑똑히 알아야 한다. 그러나 그것은 미학에 속하는 일이 아니다. 인간학이라는 것은 매우 무미건조하며 냉정하다. 인간학은 눈을 똑바로 뜨고 철저하게 보는 데서 출발하는 것이 아니라, 단순한 경험에서 나오는 불신과 함께 출발하는 것이다. 그러므로 인간학자는 세계를 보는 데 있어서 흔히 회의적이기 쉽고 또 염세적이기 쉽다. 인간학자는 인간을 두루 살펴본다. 하지만 오직 특정한 성질, 예를 들면 성실성·신뢰성·견실성 등에 초점을 두고 본다. 그리고 그것도 대개는 먼저 부정적인 면에서만 본다. 인간학의 관점은 부정적이다. 물론 실천적인 이유에서 그렇다. 왜냐하면 인간은 언제든지 다른 사람에게 기대할 것이 무엇인가를 알아야 하기 때문이다. 다른 사람이 무엇을 하고 어떻게 반응하며 따라서 우리가 그를 어떻게 대할 것인가를 그때그때 미리 알아두는 일이 중요한 것이다. 그러기 위해서는 냉정한 관찰이 요구된다.

그러나 문학은 그런 것을 가르치지 않는다. 문학은 예술 일반과 마찬가지로 적극적인 자세를 취하는 것이다. 문학은 비난하기를 가르치는 것이 아니라 존경하고 사랑하며 자세하게 들여다보는 것을 가르친다. 그리고 문학이 가르치고 보는 방식은 자상하고 헌신적이며 사랑하는 마음으로 보는 것이다.

그러므로 작가는 다른 사람이 본체만체하는 것 속으로 침잠하게 된다. 이리하여 작가의 눈은 언제든지 숨은 보물로 쏠리는 것이다. 따라서 작가의 눈이 발견하고 가르쳐 주는 이 보물은 언제나 일상적인 흙모래 속에 숨어 있는 것이다. 그런 까닭에 흙모래에만 집착하고 눈여겨보며 침잠한다는 것은 소용없는 짓이다. 이러한 의미에서 문학은 세계를 '개시(開示)'하는 것이다. 그래서 문학은 실제적인 인간학 이상의 어떤 다른 것을 개발한다. 사랑의 가치를 개발한다는 것은 인간의 실제생활에서 그다지 중요한 일이 아니지만 인간생활을 윤택하게 하고 풍성하게 해준다.

문학과 인간학과의 사이에는 또 하나의 차이가 있다. 인간학은 어디까지나 다른 종류의 보편적인 지식을 추구한다. 인간학은 결코 개인의 개성에 눈을 돌리지 않으며 오로지 유형에만 눈을 돌린다.

개인이 인간학에 흥미를 갖는다면 그것은 인간학 자체를 위해서가 아니라 오로지 실제적 목적을 위해서인 것이다. 이 실제적 목적을 위해서는 규칙을 발견하거나 이미 소유하고 있는 것이 가장 중요하며, 이 규칙을 발견하는 것이 인간학이다.

그러므로 진정한 인간학자는 그가 어떤 경우에 부닥치든지 대처하기에 충분할 만큼 풍부한 모든 인간의 유형에 관한 지식을 소유한 사람이다. 그러한 까닭에 인간학자의 판단은 뛰어나며 신속하고 정확하다. 그러나 그가 알고 있는 유형 이외에는 발언권이 없다. 그것이 바로 개성인데 인간학자에게는 이 개성이 필요 없고 오직 그를 귀찮게 할 뿐이다. 따라서 인간학자는 이 개성을 무시하며 비본질적인 것이라고 배척한다. 그는 거의 인간의 개성을 보지 못한다. 아니, 그는 자기 스스로 인간의 개성을 보지 않으려고 하는 것이다.

문학의 상황은 그와는 반대이다. 여기서는 무유형적이고 일회적이며 '우연적'인 것이 중요하다. 문학에서는 개인이 어떤 인종의 대표자여서 중요한 것이 아니라 바로 개인이므로, 다시 말하면 그 특성과 개성을 가졌으므로 중요한 것이다. 더구나 이 특성이 특별히 크기 때문이 아니라, 단지 그 속에 개인의 구체적이고 다양한 생활내용이 들어 있기 때문이다.

문학은 이상과 같은 두 가지 경향(인간에게 있어서 적극적인 것과 개별적인 것)을 가지고 있으므로 인생의 깊은 속을 보며 개시한다.

그러므로 문학의 대가(大家)는 실천적인 인간학자와는 별다른 의미에서 눈이 열린 사람이라고 할 수 있다. 유형적인 것에만 눈이 가는 인간학자는 피상적인 것만 본다. 그는 은밀한 내면성을 전혀 보지 못한다. 그는 동고동락·공명 등과는 거리가 멀다. 그는 몹시 냉정하다. 이와 같이 그가 미치지 못하고 근접하지 못하는 곳에 시인의 눈이 간다. 시인의 눈매는 따뜻하고 자상하며 정답다. 그러므로 또 시인의 눈은 인간정신의 깊은 비밀을 파본다. 이 비밀은 다정하고 자상한 눈에만 개시된다. 오직 인간과 인간생활의 바로 이러한 개시에 다양한 형식과 현상과의 관조가 매여 있는 것이다.

여기서 비로소 문학예술의 개시기능이 어떠한 상태를 취하며 동시에 요구되는 생활의 진리가 예술적 가치와 어떠한 관련을 갖게 되는가를 알게 된다. 문학예술은 인간의 본질과 인생의 깊은 내면을 개시한다. 그러나 문학예술의 개시하는 방법은 인식과 같은 것이 아니며 또 인식처럼 방향을 개개의 대상이나 혹은 대상의 모든 측면으로 돌릴 수도 없는 것이다. 그와 반대로 문학은 모든 이해관계 없이 인간과 생활의 의미와 가치가 무엇인가를 가르쳐 준다. 그리고 문학예술은 관조한 것을 보여주되 아무런 설명 없이 '왜'와 '어떻게'라는 말도 없이 구체적인 모습으로 보여주는 것이다.

b 사실주의와 그 한계

심리학자처럼 문학에서 무엇을 배우려고 하는 사람이 있다면 그는 자기의 결론을 자기 스스로 끌어내야만 한다. 왜냐하면 문학이 그를 위하여 결론을 제시하지 않기 때문이다.

또 그런 사람은 자기가 들인 비용도 추리지 못한다. 왜냐하면 그가 얻는 해명이 자기가 제기한 문제의 방향에 있는 것이 아니기 때문이다. 작가는 생활과 달리 '가르쳐 주는' 것이 아니라 사건을 통해서 가르쳐 준다. 그 점에 있어서는 이 사건이 실재적인 사건이 아니더라도 차이가 없다. 만일 차이가 있다면 그것은 소재의 형성, 다시 말하면 사건을 어떻게 압축하고 선택하는가에 달려 있는 것이다.

그러므로 회화와 조각에서처럼 문학에서도 사실주의의 경향이 나타난다. 사실주의는 본디 아주 작고 각각의 특징에서 요구되는 진실성 그 밖의 다른 무엇이 아니다. 왜냐하면 창작된 사건이나 창작된 인물도 될 수 있는 대로 현실적인 사건이나 현실적인 인물과 똑같은 효과를 주어야 하기 때문이다.

이와 같은 요구를 하는 문학상의 사실주의는 건전한 경향이다. 이러한 사실주의의 요구는 소설이나 희곡이나 서사시의 경우에도 마찬가지다. 그러나 사실주의는 한계에 부닥친다.

대체 그 까닭은 무엇일까? 만일 사실주의가 진실성으로 향한 정당한 경향이라면 왜 제한을 받아야 하는가? 작가가 말에 운(韻)을 달아서 양식화하는 이유는 무엇인가? 무대감독이 포악한 군중봉기의 장면을 완화하는 이유는 무엇인가? 원숙한 소설가가 재액이나 영락만을 눈여겨보지 않는 이유는 무엇인가?

독자는 왜 자기의 비위에 거슬리는 대목이 너무 많이 나오면 언짢게 느끼는 가? 조사된 인간환경이 사실에 있어서 언짢게 느껴지기를 요구하는 때에도 과연 그렇게 느껴지는 것일까? 하지만 졸라가 그의 어떤 작품 속에서 지루하게 묘사한 뒷골목의 목로주점에서는 너무 많은 '진실'이 느껴진다. 그러면 진실성을 요구하는 경향에 반대하는 요구는 어떤 것인가? 이 물음에 대답하려면 문학 내지 예술 일반이 가진 또 하나의 측면에 유의할 필요가 있다.

예술의 의의는 훈계하고 개시하며 지혜롭게 하는 점에만 있는 것이 아니다. 예술의 본디 임무는 단순히 사람을 즐겁게 하는 데 있다. 그렇지 않고서는 예술작품에 관한 '만족'이니 '쾌감'이니 '완상'이니 하는 말은 무의미한 것이다. 인간생활의 참모습은 경우에 따라서는 즐겁지 않을 수도 있다. 그것은 오히려 우리를 위압하고 고민하게 하는 수도 있고, 또 어떤 사람에게는 작품에 대한 쾌감은 물론 생존에 대한 의욕까지도 잃게 하는 수도 있다.

여기서 앞의 물음에 대하여 우리는 총괄적으로 다음과 같이 대답할 수 있다. 즉 진실성의 경향에는 미의 요구가 대립한다고. 이에 대해서는 미가 '소재' 속에 있는 것도 아니며 또 소재 속에 있어서도 안 된다는 이유를 들어 이의를 제기할 수 없다. 왜냐하면 여기서 문제되는 것은 소재만이 아니기 때문이다. 예술적으로 평범한 것의 한계를 넘어설 수 있는 방법은 오직 소재의 형성, 곧 문학적 제시뿐이다. 그러고 보면 예술에 있어서의 사실주의는 결국 형식의 문제에 속하는 것이다.

여기서 아주 진기한 대립이 나온다. 왜냐하면 진(眞)과 미(美)가 같은 대상에 대한 서로 어긋나는 가치요구인 것같이 나타나서 작가는 이것을 취할 것이냐 그렇지 않으면 저것을 취할 것이냐는 결단을 내려야만 하기 때문이다. 그것은 당면문제에 대한 최후의 대답이 될 수 없다. 그러나 거기에는 전적으로 부인할 수 없는 그 무엇이 있는 것이다. 그러므로 작가의 임무는 언제나 올바른 중도(中道)를 발견하는 데 있다.

여기서 생각할 것이 여러 가지가 있다.

첫째, 문학의 소원 속에는 흔히 실천적 관심이 끼어든다. 왜냐하면 사회적 관계, 정치적 경향, 또는 언제 어디서나 비등한 윤리적 가치의식의 변혁 등이 문학을 무기로 삼아서 세력을 발휘하려고 하기 때문이다. 그렇게 되기 위해서는 문학이 기존관계의 폐해를 발견하지 않으면 안 된다.

둘째, 이 점에 있어서는 시대가 다르면 사람들의 견해가 뚜렷하게 달라진다. 같은 세대에 있어서도 중대한 견해의 대립을 볼 수 있다. 우리 조상들은 문학 작품에 있어서의 생활진리를 그리 좋아하지 않았다. 그러나 문학의 소재 가운데 그 시대의 공중도덕과 미풍양속에 어그러지는 것이 발견되면 곧바로 그들의 인상이 일그러진다. 그런데 오늘날의 우리는 그와 달라서 매우 너그러워졌다. 그렇다고 우리가 무제한적인 사실주의에 동감하거나 탐닉하는 것은 아니다.

셋째, 현대예술의 역사적 유래는 생활의 진리를 양식화했던 매우 이상주의적인 예술이었다. 비극의 열정, 영웅적인 것의 우세, 서사시의 종교적·무사적(武士的)인 근본기분이 거기서 나온 것이다. 빈곤이나 인간의 고통은 그 힘이 희미하기만 했다. 하지만 그 뒤 사실주의적인 것을 지지하는 독자의 소질이 꾸준히 향상되었다. 이 소질이 어느 정도까지 향상되었는가를 말하기는 곤란하지만 이와 더불어 생활의 진리를 지지하는 작품 자체의 소질도 향상되었다.

우리는 문학에 있어서의 사실주의적 요구의 한계가 시대의 예술적 감각과 매우 깊은 관계를 맺고 있음을 안다. 그러므로 일정불변한 규범을 제시할 수는 없다.

도스토옙스키의 작품에 나오는 인물들 가운데에도 문학적으로 지지할 만한 사람이 있는가, 하는 논란이 있었다.

기대는 크지만 이것에는 반가치가 맞선다. 왜냐하면 인간생활 가운데에서 위대하고 아름답고 도덕적으로 고상하고 화사한 꽃은, 이 꽃이 성장하는 평지에서 비로소 평가를 받아야 하는 것이기 때문이다.

작가는 인생의 저지대를 같이 나타내지 않고서 인생의 꽃을 말할 수 없고 나타낼 수 없는 것이다. 이러한 제약 아래에서 주요한 것이 조정(調整)이다. 문학예술의 과제는 종합이다. 왜냐하면 문학은 그때그때 필요한 소재로써 생활의 최고 진리를 형식 속에 받아들이되 예술적 형식을 깨뜨림 없이 깊은 의미관계(가치 등)를 나타낼 수 있는 것이기 때문이다.

이 과제가 얼마만큼 해결될 수 있는 것인가는 작가들 가운데에서도 도스토옙스키와 함순과 같이 모든 임의의 이상화와 미화작업을 철저하게 배제하는 위대한 사실주의자가 증명한다. 그러나 이 해결은 절대로 모방을 허락하지 않는 하나의 예술적 해결이다. 이 문제는 이념적으로는—미학의 의미에 있어서—해결되지 않는다.

c 사실적 표현의 변증법

현대문학이 이루어 놓은 어떤 위대한 것이 있다면 그것이 바로 사실주의의 덕이라는 사실을 부인할 수 없다. 하지만 현대문학은 한편 이 사실주의를 경계해야 한다. 따라서 문학의 모든 목표설정이 훨씬 더 높아졌다. 왜냐하면 사명이 커지면 그만큼 예술적 목표도 높아지기 때문이다. 그 점을 다음과 같이 설명할 수 있다.

무거운 인상을 주는 생활진리를 완화하려고 하는 경향이 있다. 그러기 위해서는 선택, 경미한 수식, 또는 언어형성과 같은 전혀 외적인 수작이 있다. 그러나 이러한 모든 수작은 결국 꾸민 허식에 지나지 않는다. 그러므로 소박한 독자일지라도 그것이 속임수임을 알아차린다.

그와는 반대로 진정한 실감을 주는 문학의 요건은 어떠한 소재든지 그 소재의 긍정적인 실질을 제시할 수 있는 형식을 발견하는 데 있다. 타협이 아니라 반감을 주는 추악한 것까지도 받아들이고 극복하는 더욱 높은 형식이 요구되는 것이다.

그러면 여기서 '극복'은 무엇을 뜻하는가? 극복은 소멸이나 무화(無化)나 부정을 뜻하는 것이 아니다. 여기서 헤겔적인 의미에 있어서의 변증법적 관계가 상기된다.

헤겔에 의하면 '지양(止揚)'이란 말에는 첫째 '없앤다'는 부정적 뜻이 있고, 둘째 '보존'한다는 뜻이 있으며, 셋째 '제고(提高)'한다는 뜻이 있다. 여기에도 틀림없이 그와 비슷한 점이 있다. 왜냐하면 눈에 거슬리는 것은 첫째 미적 감정의 반발에 부딪치기 때문이다. 그러나 그다음에는 한 전체 속에 '수용'되어 이 전체에 없어서는 안 될 한 부분이 된다. 그리고 마지막으로 그것은 자기 자신을 넘어선다. 왜냐하면 그것은 보다 더 중대한 그 무엇의 장식물로 드러나기 때문이다. 이것이 다름 아닌 문학에 있어서의 사실주의적 표현의 변증법이다. 또 이 변증법은 모든 변증법이 그렇듯이 비변증법적으로 표시된다. 하지만 그렇게 표시되면 종말, 즉 종합·제고가 시초가 되는 것이다.

작가가 처음에 냉정하게 사실적으로 관조한 그 무엇이 대체 어디로 제고될 수 있는가? 그것은 작가 자신이 이념 속에서 예견한 곳으로만 제고되는 것이다. 그러므로 작가는 미리 '이념'을 가져야 한다. 그러나 이 이념은 플라톤적인 이념도 또 헤겔적인 이념도 아니다. 그것은 초경험적이고 위대한 모든 사상, 즉 윤리적이거나 종교적인 모든 이상을 말하는 것이다.

그렇다고 여기서 곧바로 최고의 그 무엇을 인식할 필요는 없다. 오히려 인간 생활에 있어서는 먼저 상황의 형태가 개인에게 행동을 취할 수밖에 없는 충동과 기회를 제공하는 것이 사실이다. 그러므로 상황이 생활 속에 보다 더 깊이 뿌리를 박고 있으면 우리는 그만큼 더 행동자의 심정을 알게 되는 법이다. 그리고 행동자가 이 상황 속에서 더욱더 큰 불행과 싸워야만 할 때에는 그만큼 그가 자기의 행동으로써 중요한 해결을 지을 수 있는 좋은 운이 늘어나는 것이다. 그 점은 그 행동이 받아들여지지 못하고, 또 실패하는 경우에 우리의 공감이 가는 것을 봐도 알 수 있다.

이 사실은 작품 중에서 비위에 거슬리며 보기 싫은 것이 가진 요구권에 독특한 광명을 던져준다. 그러므로 인간적으로 아름다운 것, 그리고 위대한 것과 뜻있는 것은 어둡고 깊은 생활 속에서 빛을 내는 것이다. 따라서 미약하고 일상적인 인간의 행위와 비애와 분투 등에서 위대한 것, 이념적인 것을 볼 수 있으려면 심연에 빠진 인간의 불행을 똑바로 직관해야만 한다. 여기서 우리는 새로운 결론에 다다른다.

미천하고 일상적인 것 속에서 위대하고 이념적인 것을 나타나게 하는 능력이 다름 아닌 예술의 주요 기능이다. 그리고 이와 같이 나타내는 데서 예술작품의 미가 성립하는 것이다. 그렇다면 우리는 또 이렇게 말하지 않을 수 없다. 즉 미는 추한 것과 거슬리는 것의 표현을 통해서 제약되는 것이라고. 또 만일 역설을 피하기 원한다면 서로 모순대립하는 진의 요구와 미의 요구가 기묘하게도 사람들이 거의 동일시하고 싶을 정도로 접근한다고 말이다.

그렇다면 문학의 진실성과 그 문학적 성실과의 사이에는 아무런 차이도 없는 것인가? 사람들은 아마 이렇게 대답하리라. 훌륭하다는 문학적 성질은 형식의 문제이지만 진실성은 내용의 문제라고. 그러나 이러한 가르침은 충분하지 않다.

왜냐하면 문학적 형식은 본질적으로 내용을 규정하는 것이며, 그러므로 내용에 있어서 가장 중요한 것이기 때문이다. 물론 중요한 것은 '내적 형식', 즉 내적으로 형성된 상태이다. 그런데 '내용', 즉 형성된 소재의 진실성과 비진실성은 이러한 형성에 매인 것이다. 이 형성은 사실적일 수도 있고 허식적일 수도 있다. 물론 똑같은 예술적 형식이 문학적 성질, 곧 미와 동시에 진실성을 결정하는 경우도 있을 수 있다. 그런 경우에는 미와 진을 같이 보아도 무방할 것이다.

극단적으로 말하면 존재자의 본질내용을 아주 무시해 버리는, 그래서 전혀 무의미한 성질의 문학이 있는가? 좀더 온건하게 말하면 천박하거나 혹은 외면적인 본질내용만을 건드리는 문학이 있는가? 그런 것은 없다. 본질이 없는 작품이라는 것은 모든 계층의 내재적 완전성이 없는 작품이 아니라 문학적 진실성이 없는 작품이다. 이러한 작품에 본질이 없는 까닭은 이 작품을 일관하고 있는 내적 형식이 인간세계의 본질적 내용을 채우지 못하고 다만 직관하기를 요구하는 데 있는 것이다.

그것은 문학적인 질과 진(眞)의 불가분성(不可分性)을 증명한다. 그러나 이 불가분성을 일치라고 풀이할 필요는 없다. 물론 우리는 문학이 묘사한 어떤 비진실성에 깊은 감명을 받는 수가 있다. 하지만 그것이 우리에게 궁극적인 만족을 주는 것은 아니다.

이 문제를 올바로 해결하려면 미와 진의 양방에서 긍정적인 것을 취하고 단지 부정적인 것을 버리는 중용의 길을 걸어가야 하는 것이다.

d 생활의 진리와 본질의 진리

이상과 같은 결론에서는 두 가지 진리(眞理)가 겹쳐 있는 것같이 생각된다. 그 하나는 내적 일치·통일성·완결성·일관성이고, 또 하나는 생활의 진리이다. 그리고 이 생활의 진리는 그 본질의 한 극단을 문학의 바깥에, 즉 문학을 뛰어넘은 실재적 세계에 가지고 있는 것이다. 그와 같이 문학적인 질이 두 가지 진리요구에 제약되는 만큼 우리는 이제 문학적인 질도 하나의 초월적 관계라고 말할 수 있다. 그러므로 진실성 없는 문학은 아무런 감명을 주지 못하며 따라서 문학이 아니다.

진실성과 문학적인 질은 언제나 서로 변화를 준다. 예를 들면 한 작품에 있어서의 진리요구가 완성된 내적 형식·현상미·활기·풍요·다양성·통일성 등의 요구보다 훨씬 무시되는 경우가 있다. 헤벨의 작품 가운데 나오는 골로, 헤로데스, 칸다올레스가 그렇고, 와일드의 작품 《도리언 그레이의 초상》에 나오는 것 역시 어느 정도는 그렇다. 그러나 괴테의 만년 작품(《파우스트》 2부, 《빌헬름 마이스터의 편력시대》 등) 중에는 그와 반대로 인생지(人生知)와 진실성은 충일하나 직관적인 활기, 문학적 형식의 통일성은 매우 희박하다.

이 실례들은 두 가지 문학적 진리가 서로 멀리 떨어질 수 있다는 것을 명시한다. 하지만 그렇게 되면 그만큼 작품이 불완전해질 것이 분명하다. 진실성이 모자란 문학은 규칙을 벗어나기 쉽고, 직관성이 모자란 문학은 사상적 산문이 되기 쉽다. 그리고 가장 강한 외적 수단만이 어느 정도 이 결함을 숨길 수 있는 것이다.

그처럼 밀접한 관련을 가지고 서로 제약하는 진실성과 직관적 형식완성(문학적 질)을 동일시해서도 안 되거니와 또 따로따로 분리해서 독립적인 것으로 봐서도 안 된다.

그러나 여기서 또 한 가지 알 수 있는 점이 있다. 그것은 골로와 칸다올레스나 도리언 그레이의 아무런 근거도 없는 탐미적 불성실성이 그처럼 나타나기가 쉽지 않다는 사실이다. 골로와 칸다올레스에게서는 특정한 사랑의 본질 속에 있을지도 모를 그 무엇이 보이지 않는 것일까? 그리고 도리언 그레이에게서는 아무리 본성이 경솔한 자라도 다른 사람의 특정한 지도 아래에 추구할 수 있는 그 무엇이 발견되지 않는 것일까?

이 그 무엇, 즉 극단으로 보이는 본질형식의 묘사가 틀리는 수는 있을지라도 그것이 놓인 방향은 분명한 것이다. 헤벨의 실례에 있어서는 극적 형식이 극단적으로 보이는 것의 전체 내용을 형성하여 그 형상을 확신시키는 것도 성공하지 못한 채 헛된 일로 그치고 말았다. 이러한 인간생활의 극단적인 본질형식—인간 자체라든지 또 상황과 운명이 있는 것이라면 생활의 진리와 구별되는 본질의 진리—이 있어야 할 것이다. 그렇다면 또 이 본질은 진리에 직결하는 요구도 있어야 할 것이다. 그리고 그다음에는 이 요구를 그 밖의 다른 요구 이상으로 중시하는 다른 종류의 문학도 있을 수 있을 것이다. 따라서 이러한 성질의 희곡과 소설이 나올 근거도 있는 것이다. 우리는 이 점을 이렇게 말할 수 있다.

즉 작가는 다른 부류의 인물을 신화적인 형태에까지 올려놓고 표현할 수 있으며 그럼으로써 어떤 본질영역에 접근한다고……

이러한 것도 문학적으로 가능하다. 왜냐하면 그렇지 않고서는 과장된 일상적인 것, 이상형, 그리고 이상화한 개인이 문학적으로 나타날 수가 없기 때문이다. 고대 비극은 이러한 과장된 인물을 만들어 냈던 것이다. 서사시 또는 거의 모든 문학의 소재가 신화적인 것이다. 이 경우에 진실성을 요구할 대상은 실재적 생활이 아니라 이념에까지 고양된 본질형식이다. 여기서 본질진리가 생활진리와 다른 그 무엇이라는 것, 따라서 똑같은 작품에 있어서도 전자의 요구가 후자의 요구와 일치하는 것이 아니라는 결론이 나온다.

다시 말하면 작가는 인간에게 특유한 다른 종류의 본질가능성을 순수하게 직관하고 형성할 수 있다. 그러나 그것은 실제생활에 있어서는 결코 이루어질 수 없는 것이다. 그렇다고 이러한 작가의 순화작업이 모두 정당하다는 결론을 끌어낼 수는 없다. 그것은 많은 물의를 일으킨 헤벨의 인물들이 증명한다. 그러면 본질적 진리라고 인정될 수 있는 것과 조작된 허무를 가르는 기준이 무엇인가?

무엇이든지 극단적인 것은 신빙성이 없는 것이다. 이 물음에 대한 대답은 우리가 이해할 수 있는 기준이 예술이나 미의 어느 분야에도 없다는 것뿐이다. 그러므로 예술적으로 발전한 감정이나 섬세한 '취미'도 이 문제에 대해서는 아무런 도움이 되지 못한다. 예술적 감정은 그 특징을 가지고 있지만 이 특징을 마치 유희의 규칙처럼 말하거나 가르칠 수는 없다. 예를 들면 다른 종류의 본질진리가 요구되는 경우에는 예술적 사실주의와 생활진리 일반의 요구가 한정된다는 것을 알 수 있고, 사실주의적 진리요구에 반대하는 요구가 환영을 받을 수 있으며 그러므로 어느 정도의 선명한 이상주의적 경향이 인정되는 것이다.

그러나 본질진리에 있어서는 앙양과 이 앙양에 방향을 제시하는 이념이 전체로서의 한 작품 속에서 시인되고 이 전체에 속하는 것이라고 인정되는 것이지 결코 바깥에서 끌어들이는 것이 아니다. 우리는 이 점을 도리언 그레이와 헤벨의 작품 속에서 인정할 수 있다. 세르반테스에게서는 그 점이 보다 더 환상적 규모로 나타난다. 풍차와 싸우는 돈키호테의 이상주의는 모든 생활의 진리를 비웃으며 그렇기 때문에 가소로운 인상을 준다. 그렇지만 이 이상주의는 어디까지나 맹목적인 기사도의 선(線)을 떠나지 않는다. 그리고 여기서 현실적인 상황을 완전히 무시하는 그 자체도 인간생활에 본질적인 그 무엇일 수밖에 없다.

생활의 진리는 본디 작품의 중간층에 대해서 요구되는 것이라 하더라도 이 요구는 작품의 모든 계층에 뻗치는 것이다. 그러면 본질의 진실은 어떠한가? 본질의 진리는 그와 달라서 언제든지 먼저 특정한 계층에서 요구되고 그다음에 다른 계층으로 침투하는 것이다. 그렇다고 본질의 진리가 언제든지 최후의 계층(보편적인 이념)에 붙박혀 있는 것이라고 생각해서는 안 된다. 중요한 것은 이념이 어느 중간층을 직접적으로, 그리고 가장 강하게 결정하는가에 있다.

그 점은 《리어 왕》의 제1막을 실례로 들어 밝히겠다. 리어 왕은 딸들이 자기를 얼마나 사랑하는가 하는 의문으로 극심한 혼란에 빠진다. 여기에 리어 왕의 성격뿐 아니라 이 극이 진행하고 있는 바탕 전체를 이해하기 위한 열쇠가 있다. 고네릴과 리건뿐만 아니라 코델리아도 같은 무제약성을 가지고 있다. 그러나 전자는 허위에 있어서 무제약적이고, 후자는 진리의 광신(狂信)에 있어서 무제약적이다. 그들의 대답이 어이가 없을 만큼 냉혹한 것은 그 때문이다. 그렇게 해서 이 극은 내면적 필연성과 본질의 진리를 지닌다. 물론 그 이면에는 생활진리가 숨어 있지만 그것은 리어 왕에게서 더 자세하게 나타난다.

하지만 여기서 분명히 알 수 있는 것은 본질진리가 독특한 계층, 여기서 말하면 성격의 계층과 가족의 성격에 뿌리를 박고 있다는 사실이다. 이 본질진리는 그 뒤에 비로소 한편으로는 상황·장면 등의 형성과, 다른 한편으로는 운명의 형성 속에 침투한다. 셰익스피어가 그처럼 본질진리를 아주 단순한 생활진리와 결부시키는 것을 알고 있었다는 점은 놀랄 만한 일이다. 《리어 왕》에는 그 본질적 내용이 상황과 장면 등등에 나타나 있다. 그러나 헤벨의 작품에 있어서는 이 본질진리가 어느 정도 힘차게 나타나야 할 주요층에서도 부족함을 보인다.

24) 조형예술의 진리

a 기준과 척도

우리는 본질의 진리를 신중히 다루어야 한다. 모든 문학작품에는 이 진리가 들어 있어야 한다고 생각된다. 하지만 본질의 진리는 생활의 진리와 또 이것이 요구하는 사실주의의 요소와 바꿀 수 없다. 왜냐하면 본질의 진리는 사실주의에 반대하고 이상주의와 결탁하기 때문이다. 그러면 생활을 떠난 생활의 본질성이 과연 있을 수 있는가 하는 의문이 생긴다.

위에서 말한 실례에서도 알 수 있듯이 그러한 것이 어느 의미에는 있고 또 그다음에는 예술적으로도 드러나는 것이다. 그렇다고 이 점을 극한으로까지 끌고 가서는 안 된다. 예를 들면 작가는 인간의 본질적 특징을 하나하나 골라내서, 말하자면 고립시켜서 나타내는 것이 아니다.

실러가 포사 후작을 자신의 작품 안에 고립시켜서 묘사한 본질적 특징은 애오라지 무대에 등장하는 배우의 것이라고만 느껴지지 않으리만큼 우리에게 깊은 감명을 주는 고전적 악한도 다른 희곡 속에서는 필요한 경우가 있다. 그러나 이 악한이 우리에게 실감을 주려면, 그리고 이 악한으로 말미암아 벌어지는 상황이 극적으로 표현되려면 그 악한 성질이 인간적으로 옳게 나타나야 되는 것이다.

이 점에 있어서 근대문학은 완전히 성공했다. 하지만 그것은 도스토옙스키에게 와서 비로소 이루어진 것이 아니라 벌써 독일의 고전문학에서 이루어졌다. 그리고 그 뒤에 사람들은 이런 단순한 요구를 충족시키는 것이 그다지 어려운 일이 아님을 느끼게 되었다.

그러면 왜 어렵지 않은가? 그 이유는 다름 아니라 완전히 조작한 유형은 그것이 무대에 올려질 때에 갈등의 효과를 나타낼 만큼 실감을 주지 못하기 때문이다. 이 유형이 살아나려면 그것이 본질관계에서 필연적으로 나타나기만 하면, 즉 본질진리의 요구를 만족시키기만 하면 충분한 것이다. 그러나 반드시 생활진리의 요구까지 만족시켜야 할 필요는 없다.

문학상에서 두 가지 진리(본질진리와 생활진리)가 어떻게 구별될 수 있는가 하는 것이 문제로 남아 있다. 하지만 문학상에서 생활의 진리가 언제든지 본질의 진리와 일치해야 되는 것이라면, 바로 이 생활 속에서의 실재적인 것이 언제든지 그 유형의 방향에 있는 이념적인 본질과 일치해야 되는 것이다. 그러나 실재적인 것 자체의 본질은 그렇지 않다. 실재의 계층적 세계에 있어서는 상층으로 올라갈수록 그만큼 편차가 커지고 따라서 형상의 완전성과 거리가 더 멀어지는 법이다. 높은 형상일수록 그 형상은 불완전하다. 다시 말하면 높이와 완전성과 역비례한다는 법칙을 생각해 보라.

문학은 최고의 형상인 인간을 다룬다. 따라서 인간과 그 생활에 있어서는 사실적인 것과 이념적인 본질이 일치할 수 없다. 그러므로 문학의 소재인 인간에게 있어서도 생활의 진리와 본질적 진리와의 사이에 틈이 벌어질 수밖에 없는데, 여기에 서사시·희곡·소설 등 문학의 주요 소재가 되는 갈등의 대부분이 뿌리를 박고 있다는 것을 쉽게 인정할 수 있다.

그러나 생활의 진리와 본질의 진리가 두 가지 다 갖춰져야만 비로소 문학적 진리가 성립하는 것이라면, 문학적 비진리는 (1)두 진리 가운데에서 어느 하나가 모자라거나 (2)두 진리 사이에 관계가 모자랄 경우에 성립하는 것이다. 문학적 비진리는 생활의 진리 속에서 본질의 진리가 '나타나'지 않거나 혹은 후자가 전자에 환원되지 않는 경우일 것이다.

어쨌든지 생활진리의 표준은 두말할 것도 없이 있는 그대로의 생활 자체가 아니라, 그 시대의 작가가 본 대로 파악한 생활, 또는 문학이라는 특수한 형식에 매개된 생활이다.

문학의 형식은 가능한 소재의 선택을 좌우하며, 또 선택한 소재의 내부에 있어서도 동기와 세목의 선택을 좌우한다. 우리는 그 점을 일반적인 형식분석을 통해서 안다. 이 선택은 한 걸음 더 나아가서 내용적인 것이 된다. 그러므로 모든 소재가 소설이나 희곡에 적당한 것은 아니다.

문학형식의 결정적인 역할은 생활의 진리에만 그치는 것이 아니라 더 나아가서 본질의 진리에도 영향을 미친다. 다시 말하면 본질진리의 표준은 있는 대로의 이념적 본질성(현상학자의 의미에 있어서의)에 있는 것이 아니라 시대나 작가가 보고 이해하는 대로, 더구나 문학의 특수한 형식에 매개된 대로의 이념적 본질성에 있는 것이다. 여기서도 물론 있는 그대로의 이념적 본질만이 이해되지 않는 것은 아니지만, 문학의 특수한 형식에 매개된 이념적 본질성은 서정시·산문시·소설 등등의 형식이 선택한 그 형식에 맞는 특수한 이념적 본질관계를 말하는 것이다. 그러므로 '크림힐트의 복수'의 이념은 단편소설에 맞지 않으며, 셰익스피어의 '유령을 보는 왕자'의 이념은 장편소설에 맞는 것이 아니다.

여기서 한 가지 덧붙여 말해 둘 것은 문학형식의 여러 종류가 크게 하나의 유형으로 뭉쳐진다는 점이다. 실제에 있어서는 문학의 형식에 미세한 차이가 있고 이에 따라서 소재의 선택에도 차이가 있다. 예를 들면 프랑스의 고전극이 소화해 내지 못하는 소재가 많은데 그것이 셰익스피어의 극 속에서는 아주 잘 형성되어 있다. 레싱의 희곡, 실러의 희곡, 클라이스트의 희곡, 헤벨의 희곡 등 이 모든 것은 각기 선택하는 제재가 다르다.

우리는 이제 문학형식의 특수성 문제에 다다랐거니와 이 문제는 우리의 문제권(일반미학)에 속하는 것이 아니다. 여기서 확인해 둘 것은 이 모든 특수형식이 저마다 고유한 법칙을 가지고 있고, 그 형식들의 존립 여부가 이 법칙에 좌우된다는 점이다. 문제는 모든 예술의 특수성에 따라서 확대된다.

b 회화에 있어서의 생활진리

지금까지의 연구를 문학예술에만 제한시킨 까닭은 진리의 요구가 가장 뚜렷하게 드러나는 분야이기 때문이다. 그러나 그러한 제한된 관찰은 말할 것도 없이 단면적이다. 그러므로 그것을 여기서 채우지 않으면 안 된다. 그러자면 우리는 문학 이외의 다른 예술의 분야로 넘어가야 한다. 그러면 문학 이외의 다른 예술에서는 이 진리의 요구가 어떻게 되는가?

여기서는 예술의 내면적인 진리를 무시해도 괜찮다. 왜냐하면 내재적 진리라는 것은 형식의 내면적인 통일에 지나지 않고 따라서 그 밖의 형식문제와 대립하는 것이 아니기 때문이다(제21절 참조). 여기서는 예술적 필연이 이미 모든 것을 말하고 있다. 그렇지만 우리가 문학에서 깨우친 초월적 진리의 요구는 생활진리의 측면에서 보거나 본질진리의 측면에서 보거나 간에 내재적 진리와는 다르다. 생활의 진리와 본질의 진리는 회화와 조각에 있어서만 직접적으로 문제가 되고, 비표현예술에는 일치되는가 안 되는가를 따질 수 있는 초월적인 대상이 없다.

과장된 의미에 있어서는 물론 음악이나 건축에 있어서도 생활의 진리를 말할 수 있다. 왜냐하면 이 양자도 정신적 존재를 표현하기 때문이다. 그러나 음악이나 건축은 표현예술이 아니라 조형예술에 속하는 것이다. 또 이 양자 사이에도 큰 차이가 있다. 왜냐하면 그 제재권이 각기 다르기 때문이다. 조각은 거의 인체에만 한정되어 있으나 회화는 눈으로 볼 수 있고 그 형태를 파악할 수 있는 모든 것에 영향을 끼친다. 따라서 회화 속에는 진리요구의 문제가 더욱 복잡하다.

그러면 회화에 있어서는 생활의 진리가 무엇을 뜻하는가? 사람들은 이 생활의 진리를 회화작품의 현상미와 똑같은 것이라고 믿는지 모른다. "조형예술이 생명을 발산한다." 회화가 직관에 제시하는 생명 자체가 발달하면 그만큼 그 회화의 예술적 가치가 높다고 할 것이다. 그러면 사실적일수록 그만큼 아름다운가?

만일에 위의 명제가 무제한적으로 옳은 것이라면 사실주의적인 회화가 예술적으로 가장 인상 깊고 완전한 표현일 것이다. 그러나 결코 그런 것이 아니라 회화의 양식은 본질에 있어서 사실주의를 제한하는 것이다. 다시 말하면 양식은 화가가 어떻게 보고 어떻게 보여줄 것인가를 선택하는 데 달려 있다.

예술가는 그의 눈에 보이는 모든 것을 모조리 재현하는 것이 아니라 그가 중요하다고 주목하는 것만을 골라서 재현하는 것이다.

위에서 형식부여에 있어서의 관점 선택에 관해 논술한 대목을 여기서 다시 생각하게 된다(II부 제2장 제16절 c항).

그런데 모든 선택과 제거가 그만큼 사실성에 결함을 가져온다는 것은 분명하다. 왜냐하면 모든 선택과 제거는 많은 것의 재현을 배제하며 비본질적인 것이라고 보기 때문이다. 그렇다고 그 결과가 반드시 참모습을 왜곡한 것과 같은 인상을 주지는 않는다. 왜냐하면 바로 그렇게 함으로써 그 밖의 다른 세목이 더더욱 두드러지게 나타나기 때문이다.

어떤 세목이 제거되고 나면 다른 세목이 들어선다. 즉 선택에서 제거된 비본질적인 것 대신에 본질적인 것이 들어서는 것이다. 그러면 화가는 어떠한 권리를 가지고 그러한 재편성을 계획하는 것인가? 그렇지 않다면 이처럼 임의로 중점을 옮겨놓아도 좋은 것일까? 또한 여기에도 법칙과 내면적 필연성이 있는 것일까?

구체적인 실례를 들어보자. 예술가 두 명이 똑같은 상황에서 똑같은 시간에 똑같은 풍경을 그린다 하자. 이때에 그들은 이 풍경을 전혀 다르게 그리는 것이다. 즉 한 사람의 그림에서는 음영과 원근과 지형이 두드러지게 눈에 보이지만, 또 한 사람의 작품에서는 색채·빛·낙엽과 초원의 밝은 면, 푸른 원경 등이 눈에 띄게 나타난다.

그렇다면 어느 작가가 그린 작품이 이 풍경의 진정한 그림이고, 어느 작가가 그린 작품이 풍경의 진정한 그림이 아니라고 누가 말할 것인가? 만일 한 작품은 잘 그렸으나 또 하나의 작품은 서투르게 그려졌다면 그런 말을 할 수도 있을 것이다. 그러나 여기서는 잘 그렸고 잘못 그렸고를 따지는 것이 아니다. 만일 두 작품이 모두 잘 그려졌고 또 그런대로 감복할 만한 것이라면 그때에는 대답이 달라질 수밖에 없다. 이런 경우에는 어떻게 대답할 것인가? 여기서는 타당성을 요구하고, 관점의 차이를 정당화하기 위해서 충분하고 객관적인 선택의 원리가 있어야 한다. 이 경우에 있어서는 어떤 세목이 탈락되어도 비사실적이니 자의적이니 하는 인상을 주지 않는다. 또 그보다 더 흔히 있으며 더 잘 알려진 실례를 든다면, 여러 화가가 그린 똑같은 인간의 초상화가 그것이다.

그런 초상화는 과거에도 많이 있었지만 오늘날에도 많이 있다. 그것은 똑같은 인간의 초상화이지만 화가에 따라서 차이가 뚜렷하게 나타난다. 화가가 그 인간을 파악하는 방식에 차이가 있을 뿐만 아니라 묘사하는 수법과 세목의 선택(예를 들면 외곽선을 뚜렷하게 나타내든가 혹은 없애든가 하는 따위)에도 차이가 있다.

관점이나 선택이나 본질강조의 차이 이상으로 더 중요한 것은 없다. 초상화야말로 바로 여러 계층을 가진 예술작품인데, 그 계층마다 차이가 있는 것이다. 여기서도 이 인물은 그 인물임에는 틀림없지만 저 초상화는 그렇지 않다고 말할 수 없다.

그러나 화가들이 그 인물의 본질특징을 서로 다르게 그려내고 있다는 것, 따라서 감성적인 전경 속에 인물에게서 볼 수 있는 측면이 서로 달리 나타나는 것을 잘 알 수는 있다.

여기에도 풍경에서와 마찬가지로 관점의 차이·선택·생략 따위를 규정하는 그 무엇이 존재한다. 그러면 이를 규정하는 것은 무엇인가? 그것은 제재(題材)뿐만일 수도 없고 또 예술가의 주관적 태도뿐만일 수도 없다. 규정하는 것이 만일 전자만이라면 올바른 화법은 오직 하나밖에 있을 수 없고, 만일 후자만이라면 이 예술가의 태도는 관조자의 매력을 끌지 못하는 것이다.

그렇다면 화가의 관점을 규정하는 것은 전자도 아니고 후자도 아닌 제3의 그 무엇일 수밖에 없다. 그리고 이 제3자가 무엇인가는 의심할 나위도 없이 표현된 대상에 있는 다른 종류의 본질계기일 수밖에 없다. 이 본질계기와 묘사와의 일치가 본질진리라는 성격을 갖는 것이다.

따라서 절절한 본질계기의 선택에 있어서만 화가는 자유일 수 있다. 왜냐하면 화가는 어떠한 본질계기도 자기 마음대로 조작할 수 없기 때문이다. 회화적인 제재에는 다수의 본질계기가 있으므로 화가는 선택할 수 있는 것이다. 그러나 화가가 어떤 본질계기를 선택하면, 그는 어디까지나 그가 선택한 본질계기를 고집하며 그 본질계기의 관점에서 사실성을 선택하는 것이다.

c 회화에 있어서의 본질진리

위에서 얻은 결론은 주목할 만한 가치를 가지고 있다. 회화처럼 감성적인 예술이 없고 가시적(可視的)인 것을 묘사하는 예술은 없다. 이와 같이 회화에 있어서는 모든 것이 보고 또 보이게 하는 방식에 매여 있는 것이다. 그러므로 회화만큼 무조건인 사실성을 지니고 있는 예술은 없다. 그럼에도 회화에서는 본질관점에서 취해진 관점이 선택하면서 형식을 규정하는 것이다. 그러나 이 관점은 초경험적이며 예술가의 자유재량에 의해서 선택된다. 그러면 저 사실성과 이 자유선택은 어떻게 해서 서로 화합되는가? 따라서 사실성과 본질성의 관계가 어떻게 해서 긍정되는가?

형식을 선택하며 규정하는 이 관점이 만일 본질관조에서 취해지는 것이라면 이 본질관조가 대체 어떤 관조인가 하는 것이 문제된다. 이에 대해서는 이렇게 대답할 수 있다. 이 관점은 한편으로는 제재와 인물의 내용적인 선택과 다른 한편으로는 가시적인 것의 형식적 선택—예를 들면 본 것 가운데에서 회화에 '본질적'인 것으로 나타나야 되는 측면—에 관계가 있는 것이다. 이를테면 풍경의 경우에 우리가 특히 눈여겨보는 것을 선택하는 것은 형식적 선택에 속한다. 이것은 내용적 선택과 마찬가지로 이미 밝힌 바와 같이 아주 필연적인 것도 아주 임의적인 것도 아니다.

화가나 시인은 본질특징을 선택하며 또 선택된 모든 본질특징 가운데에서 다시 중요한 것을 선택할 수 있다. 그러나 그들은 현실적으로 대상에 존재하는 모든 본질특징 가운데에서만 선택할 수 있는 것이다. 그 무엇을 자유로이 조작하거나 끌어들일 수는 없다. 그러므로 그 무엇은 초상화나 풍경화와 전혀 다른 것이다. 예를 들면 연필로 사람의 얼굴을 그리려고 하는 화가는 얼굴 생김새에서 대체적인 윤곽과 빛과 그늘을 표시하는 선을 선택한다. 여기서는 한편 순전히 가시적인 것 가운데에서 선택되고 다른 한편 인간적 소여에서 선택된다. 그리고 이 양자는 선택에 의해서 결정되는 선 위에서 서로 일치한다. 그리고 이 선의 내부에서 겨우 제한된 의미에 있어서의 사실성을 말할 수 있는 것이다.

회화에 있어서는 문학에 있어서보다도 사실성의 요구가 더욱 제한될 필요가 있다.

왜냐하면 회화는 생명을 나타내야 하는 예술이며 따라서 될 수 있는 대로 직접 모사하도록 지정되어 있기 때문이다. 그런데 이 모사가 현명한 선택을 통해서만 비로소 가능하다는 것은 조금이라도 회화에 교양이 있는 자만이 인정할 수 있는 사실이다. 회화가 선택을 통해서만 가능하다 하면 그렇지 않을 경우에는 모든 것이 무한한 포화와 과잉한 자격의 상태에서 헤어나지 못하기 때문이다.

그 위에 또 분명히 알아두어야 할 것은 우리가 소박한 일상적 시각에 있어서도 그와 비슷한 선택을 실행하고 있다는 사실이다. 왜냐하면 어떤 얼굴이나 사물이나 풍경을 볼 때에 우리는 시각이 제공하는 모든 표상을 인식하는 것이 아니기 때문이다. 우리는 누구든지 자기에게 실천적으로 중요한 것만을 인식하며, 이것의 중요성은 우리가 지니고 있는 본질관점을 통해서 결정된다. 우리 인간에게 중요한 것은 정신이다. 그리고 얼굴의 특징이라는 것은 겨우 외면적으로 인식되는 것에 지나지 않는 것이다. 어쨌든 우리가 주요한 것을 선택하고 인식하지 않고서는 아무 일도 할 수 없는 것이다. 우리는 오로지 습관대로 지각(知覺)을 생략하면서 생활한다. 그러나 이 생략은 합목적적인 지도 아래 이루어지고 있다.

그와 마찬가지로 화가도 자신이 보는 모든 것을 그리는 것이 아니라 오직 약간의 것만을 그리는 것이다. 화가도 선택한다. 하지만 화가는 벌써 실천적 관점에서 선택하는 것이 아니라 특히 회화적이고 예술적인 관점에서 선택하는 것이다. 사실성의 제한이니 또는 창조활동에 있어서의 필연적인 본질성이니 하는 것은 바로 이 점을 두고 하는 말이다.

그리고 본디 창조활동이라는 것은 비본질적인 것을 없애고 본질적인 것을 선택하는 데만 그치는 것이 아니라, 선택한 것을 적극적으로 강조하고 부각시키고 때로는 부풀리는 데서 성취되는 것이다.

이러한 점은 예를 들면 만화나 또는 만화가 아니라도 약간의 근소한 선으로 모든 운동연관과 모든 장면연관을 표시하는 극단적인 그림을 보면 가장 잘 알 수 있다. 만화는 근소한 선으로써 다른 종류의 본질특징만을 '단독적'으로 나타내려고 하는 것이다.

만화는 언제나 사실성을 다분히 가지고 있으며 또 이 사실성을 부풀리고 있다. 그러나 아무리 부풀려진 만화라 하더라도 거기에는 사실적인 그 무엇이 있으며, 임의로 끌어들인 것이 아니라 그 인물의 본질에서 현실적으로 발견되는 본질적 특성이 있다.

여기서 사실성과 본질이 '선화(線畫)'뿐 아니라 회화에서까지도 서로 얽힌다는 것이 분명하다. 그러므로 선택적이고 형식규정적인 본질성이 토대가 되지 않은 회화에는 진실성이나 사실성이 있을 수 없고 아무런 감명도 주지 못하는 것이다. 하지만 여기서 중요한 점은 선택적이고 형식규정적인 효과가 작품의 내면층에 한정되는 것이 아니라 전경에 이르기까지의 모든 외면층에 미친다는 사실이다. 더구나 이 전경은 화가의 외면적인 기교 여하에 달려 있는 것이다. 그 점은 선만을 가지고 직접적으로 운동 등등을 나타내는 연필화와 판화 등에서 잘 볼 수 있다. 연필화나 판화는 선택한 본질특징이 대상이나 실재적 생활의 그것인 경우에 한해서만 만족할 만한 효과를 준다. 이 점이 선화나 판화가 정당하게 존립하는 조건이 되는 것이다. 그리고 여기서 우리는 예술적 진리의 두 부분의 관계가 역전되는 것을 발견하는데, 이 점에서 보면 생활진리는 본질진리의 조건이 된다.

이 말은 엉뚱하게 생각될는지 모른다. 왜냐하면 생활의 진리는 선택되어야 하는 것이고, 선택은 본질진리의 관점에서 일어나는 것이기 때문이다. 그러나 양자는 결코 모순이 아니라 생활진리와 본질진리의 상호제약관계에 다다르는 것이다.

회화에 있어서는 생활진리가 본질진리와 바꾸어지는 것이 아니라 다만 본질진리를 통해서만 되는 것이며 그다음에 형식과 양식이 규정하는 궤도에 오르는 것이다. 하지만 본질진리는 환상에 붙잡히는 것이 아니라 표현될 대상의 본질적 존재에서 나오는 것이다. 보다 정확하게 말하면 본질진리의 표준이 대상의 본질적 존재에서 취해지는 것이다. 그리고 그것은 이 표준이 그 지주를 실재적인 것 속에 가지고 있고 따라서 생활진리의 관심사도 된다는 것을 뜻한다. 그러나 그것은 서로 독자적으로 변화하는 두 개의 지주이며, 이 두 지주는 물론 따로따로가 아니라 함께 기능을 발휘할 수 있는 것이다.

만일에 본질관점을 마음대로 취하게 되면 그림의 본질진리나 생활진리가 성립할 수 없고 또 내부로부터 형식을 규정하는 양식이 외면적이고 부자연한 수법으로 변해서 중간층에서 그 무엇을 나타내지 못하게 되는 것이다.

d 조각에 있어서의 진리

마지막으로 여기서 조각에 관해 한마디 하지 않을 수 없다. 물론 조각에서도 회화에서와 마찬가지로 생활의 진리가 성립하는 것은 짐작이 간다. 하지만 과연 그런가 아닌가를 밝혀야 한다. 왜냐하면 이 두 조형예술에는 차이가 있기 때문이다. 그러면 먼저 이 차이를 따져보자.

회화가 아직도 겨우 요람시대를 벗어나지 못하고 있을 때에 조각이 본질을 파악하고 재현하는 데 있어서 훨씬 앞섰던 것을 잊어서는 안 될 것이다. 고대 이집트의 초상과 인습적인 형태로 장식되고 부각된 동시대의 벽면과 원기둥을 돌이켜 보라. 이러한 우월은 대체 어디서 기인한 것일까? 그 이래—그리스 이후—회화예술이 얼마나 활발하게 진보했던가. 그리고 발견과 발견이 서로 앞다투어 나가다가 최후의 5세기에 비로소 위대한 본격적 발전이 시작되었던 것을 생각하면 저 문제는 더욱 중요해진다. 그동안에 조각은 5세기의 그리스 작품보다 별로 더 나을 게 없었다. 조각이 이처럼 비교적 침체된 까닭은 무엇이었던가?

이 물음에 대해서는 이렇게 대답할 수밖에 없다. 조각은 첫째 사실적 표현의 풍부한 본질관점, 즉 현실적으로 그 제재에서 취한 것이면서도 다른 종류의 동적 발전이 가능하도록 충분한 자유의 여지를 허용하는 관점을 발견했던 것이다.

여기서 무엇보다도 중요한 것은 위대한 사상이 아니라 인물 혹은 인상의 가장 외면적이고 피상적인 형태를 순수하게 표현하려고 하는, 그리고 바로 이 단순한 공간적·외적 형태 속에서 내적인 것이 어느 정도 '나타나'게 하려고 하는 매우 단순한 사상이었다.

만일 이러한 사상이 몇 세기 뒤에 그들을 모방하는 아류집단의 입에서 나왔다면 퍽이나 단순하게 들었으리라. 그러나 우리에게 뻔한 이 단순한 사상이 복잡한 사상 못지않게 기본적이고 중요한 것이다. 이 단순한 사상이 일찍이 시작된 조각의 개척적인 사상이었고 그 뒤에 곧 본질진리의 의미를 취하게 되었던 것이다. 순전히 공간적으로 인식된 외적 형태가 또한 내적인 것의 충분한 사상이 될 수 있다는 사상은 결코 뻔한 사상이 아니다. 우리는 색채의 추상을 이 사상의 제2의 요소로 볼 수 있거니와 이 제2의 요소 역시 결코 뻔한 것이 아니며 고대에 있어서도 일반적인 승인을 받지 못했던 것이다. 그렇지만 이 색채의 추상도 그 뒤에는 일반적인 승인을 받게 되어서 조각의 위대한 발전의 길을 열어주었다.

지금까지는 자연이 인간에게 밀어붙이는 것이 아니라 인간 자신이 발견해야 되는 사상적 요소들이다. 그나저나 이 사상계기를 회화의 원칙과 비교하면 단순하고 근사하다. 회화는 물적으로 보이는 것을 평면상에 투사함으로써 출발한다. 이것은 아주 대단한 비약이다. 이 비약은 직접적인 물적 형식을 거부하고 이것을 2차원적인 형식으로 옮겨놓는다. 하지만 이 2차원적인 형식 속에서 공간의 깊이가 나타난다. 이것은 원근법의 도입을 뜻하는 것이다.

그처럼 대담한 본질계기와 비교하면 조각의 근본사상은 퍽 단순한 것이 사실이다. 그것은 동시에 극단적으로 날카로운 인상을 주는 어떤 본질진리이다. 왜냐하면 조각의 근본이념은 모든 대상을 제재(題材)에서 없애고 오직 인체만을 남겨두기 때문이다. 물론 동물의 조각이 있은 지도 이미 오래되었고(이집트) 또 상당히 볼 만한 성과를 가져왔다.

그러나 동물의 조각이 인체의 조각과 더불어 똑같은 선도적 역할을 한 것은 아니다.

결론을 말하면, 지금까지 두 가지 조형예술에 아무리 차이가 나고 회화가 아무리 조각을 능가한다 하더라도, 생활진리와 본질진리의 근본관계는 회화에 있어서나 조각에 있어서나 똑같은 것이며 본질진리의 똑같은 자유선택의 토대 위에서 성립하는 것이다. 그리고 다른 점이 있다면 그것은 조각에 있어서는

본질진리가 보다 단순하고 선택이 전혀 다르다는 것뿐이다. 보다 단순한 본질
진리 가운데서는 선택이나 형식규정을 철저하게 추구하기가 보다 쉽다. 우리는
이러한 관점에서 조각의 모든 역사를 밝혀낼 수 있고 변천하는 여러 본질진리
를 발견할 수 있으나 근본적인 본질관계에는 변화가 없는 것이다.

사람들이 운동을 현실적으로 표현할 줄 아는 정도가 다른 것은 말할 것도
없거니와 주제만으로 선택하는 정도도 심히 다르다. 그리고 이 정도가 어떠한
가에 따라서 끌려 들어오는 생활진리의 범위가 결정된다. 정신적인 것의 조형
적인 인식과 표현도 그와 비슷하다. 그러나 그 밑바닥에는 언제든지 한정하며
규정하는 본질진리가 놓여 있는 것이다. 하지만 본질진리는 변천한다.

여기서 다음 각 항이 증명된다.

⑴예술적 진리는 현실적이든 '가능적(허구적)'이든 간에 인간생활의 본질연
관을 개시한다는 것.

⑵예술적 진리는 본질적인 것과 사실적인 것의 직관적 구조 전체를 형성하
는 예술적 형식부여에 매였다는 것.

⑶이 전체성은 예술작품의 모든 계층 속에 재현할 뿐만 아니라 또 모든 계
층의 통일 속에서도 충만하고 있다는 것. 따라서 내적인 형식통일의 내재적 진
리 속에서 비로소 생활의 진리와 본질의 진리가 합치하는 것.

25) 비표현예술에 있어서의 진리

a 진리문제의 한계

음악과 건축에 있어서도 '진리'를 말할 수 있는가? 그리고 진리의 요구를 말
할 수 있는가? 이 양자는 아무것도 묘사하지 않는 순수한 형식의 유희가 아닌
가? 전자는 쓸모없는 유희이고 후자는 쓸모 있는 유희일까? 여기서는 이상의
여러 문제에서 출발하겠다.

우리가 아무런 요구도 제출할 수 없는 의미의 '진리'가 있다. 여기서는 실재적
인 원형과의 일치가 쓸모없다. 진리문제의 한계가 이 점에 있다. 물론 그것은 가
능한 생활진리의 한계에 지나지 않으며 본질진리의 한계는 아니다. 그러나 본
질진리가 선택을 통해 생활진리를 한정하는 정도에 있어서는 본질진리의 한계

도 된다.

진리에는 그 밖에 또 다른 뜻이 있다. 거실이 많고 창호가 좁고 계단이 옹색하면서 정면이 궁전 같고 현관이 화려한 도시의 셋집은 참다운 집이라고 느껴지지 않는다. 바깥 양식은 고딕식이면서 정원이나 부공간은 고딕식과는 아무런 관계가 없는 건물이나, 또 아무런 목적에도 쓸데없고 다른 건물들에서도 볼 수 없는 소탑을 쌓아올린 모퉁이집도 역시 참다운 건축이라고 느껴지지 않는다. 그것은 무슨 까닭일까? 그것은 있지도 않고 또 있어서도 안 되는 너무나 위풍당당하고 너무나 넓은 그 무엇 때문이다.

우리는 오늘날의 대도시에 흔히 있는 이런 현상을 '부실한 건물'이라고 부른다. 그러면 이 현상을 일반화할 수 있는가 없는가 하는 것이 또 문제가 된다. 음악에도 이러한 부실이 있는가? 이를테면 음악에 그런 것이 있다 하더라도 그것은 건축에 있어서의 부실과 같은 종류일 수는 없다. 왜냐하면 음악에 어떤 실천적 목적이 있어서 그 외면적 형식이 이 목적에 맞기도 하고 안 맞기도 하는 것은 아니기 때문이다.

그러나 음악에는 그와 성질이 다른 내면적 불화가 있을 수 있다. 예를 들면 변치 않은 민요를 대규모의 관현악으로 연주하기 시작하여 화려한 피날레로 끝낸다든가, 혹은 기교적인 이탈리아식 벨칸토로 노래 부르는 것이다. 또 근엄한 성격을 띠고 있는 악곡을 욕지거리하듯이 급속한 빠르기로 연주하는 것도 그와 마찬가지다.

이상은 불화가 단지 작곡과 연주 사이에서만 나타나는 실례들이지만 이 불화가 작곡의 내부에 있는 경우도 있고 또 연주의 내부에 있는 경우도 있다. 후자는 거의 모든 얼치기 음악가의 연주에서 나타난다. 그 이유는 대개 능력이 의욕에 따르지 못하는 점에 있다. 전자는 대가(大家)의 작곡기법을 익히고 본뜨기는 하지만 거기에 따르는 정신적 내용을 소화하지 못하는 재능 있는 모방가의 경우나, 또 날카로운 감각을 가지고 있으면서 아직 충분한 구성형식을 발견하지 못하고 절절매는 독창적인 대가의 경우가 그것이다. 이런 경우가 의외로 많다.

지금까지 모든 실례에 공통적인 것은 본디적인 생활진리가 필요치 않은 점이다. 거기에는 실재라는 지주(支柱)가 없다. 그럼에도 사람들이 이런 경우에도 불의나 부조화와 동일시할 수 없는 부진리의 감정을 갖는다면 그것은 무엇 때문일까? 여기에 예술적 '진리'의 절대적인 한계가 있어서 이것을 넘어서면 진리를 오직 비슷한 말로만 쓸 수 있는 것일까? 혹은 생활진리 대신에 본질진리가 있는 것일까?

여기서는 본질진리가 생활진리를 한정해서 살린다든가 또는 생물이나 실재 일반의 어떤 이상적인 형식을 예술적 제시의 표준이 되게 한다는 의의(意義)를 갖지 않았다 하더라도 그 때문에 생활진리가 불가능한 것은 아니다. 왜냐하면 예술가는 자기의 작품구성 속에 들어 있는 것 말고 다른 것을 '제시'하지는 않기 때문이다.

그렇게 되면 결국 본질진리에는 오직 비본디적인 역할만이 남는다. 왜냐하면 본질진리는 예술적 형식 자체, 다시 말하면 일관성·통일성·완전성을 요구하는 내적 형식의 '본질'과 관계가 있기 때문이다.

표현예술에서는 본질진리와 특수한 예술형식과의 관계가 분명히 우리의 눈에 띈다. 말하자면 이 관계가 두드러지게 선택적 효과를 발휘하는 효과는 본디 본질진리 그 자체보다 중요한 것이며 따라서 이 본질진리와 동일시하기 어려운 것이다. 본질관점이 예술형식과 상대적으로 나오는 것을 생각하면 여기서도 예술작품에 있어서 중요한 것이 본질진리가 아니라 내재적 진리, 좀더 옳게 말하면 이론상에서 잘 알려진 내재적 진리에 해당하는 것임이 분명하다.

그러면 여기서 내재적 진리에 해당하는 것이 무엇일까? 그것은 제21절에서도 충분히 거론한 바와 같이 내면적 필연성, 바꿔 말하면 작품의 예술적 통일인 것이다. 이것을 또 작품의 고유법칙성이라고 부를 수 있다. 거기에는 일관성·완결성·긴밀성·전체성 등이 속한다. 이것들이 일반적인 미학적 요구인 점에는 아무런 의문이 없다. 이 요구가 비표현예술(여기서는 이 요구만이 있으므로)에 있어서는 더욱 중요하다는 것도 분명하다. 그러나 그렇다고 해서 우리는 그것을 진리의 요구라고 부를 수 있을까?

b 형식착각의 비진리성과 무규정성

물론 그렇게 부를 수는 없다. 그것은 이론적인 분야에서 단지 내적인 '정당성'을 진리라고 부를 수 없는 것과 마찬가지다. 그렇지만 비표현예술의 경우에도 진리를 말할 수 있는 시점이 두 가지가 있다.

첫째는 내면적 일치와 통일의 선에 있고, 둘째는 이 예술의 내면층에서 표현되는 정신적 내용에 있다. 정신적 내용 자체는 물론 예술작품이 아니라 비록 그 표현이 막연하지만 소재의 역할을 하는 것이다. 이 정신적 내용과의 관계에서 성립할 수 있는 것이 바로 생활의 진리이다.

첫째, 시점에 관해서 말하면 예술가가 일찍이 선택한 형식원리와 그의 시점이 틀리는 것이며, 이 점이 보는 자에게 '비진리'라는 인상을 주는 것이다. 그 점에 대하여 흔히 이런 말이 쓰이거니와 그것은 결코 한계가 없는 말이 아니다. 위에서 예를 든 건축이 특히 이를 명시한다. 왜냐하면 그것은 보는 사람을 기만하고 현혹시키기를 노리고 있기 때문이다.

좀더 정확하게 말하면 여기서는 기만이라기보다 차라리 어떤 착각이라는 말을 써야 옳을 것이다. 왜냐하면 그 건물을 보는 사람은 바로 형식 자체에 속아 넘어가기 때문이다. 건물 전체의 형식에 분명히 통일성이 없을뿐더러 외면적으로 곁들인 정원이나 현관이 내면적이며 진실한 것을 숨기고 있는 것이다.

이러한 기만수단의 선택이 적정했다는 것은 그것이 기만인 줄 모르고 속는 사실로 증명된다. 이러한 의미로는 건축의 형식문제에 있어서 다른 종류의 내면적인 '진리요구'를 말해도 무방한 것이다. 그렇다고 여기서 그 점을 일반화해서 음악에까지 확장시킬 수 있다는 결론은 나오지 않는다.

왜냐하면 음악에 있어서는 조건이 다르기 때문이다. 음악은 두 가지 방면, 즉 목적과 제재에 있어서 아주 자유스런 유일한 예술이다. 건축은 실제적인 생활목적에 구속을 받고 있는 예술이다. 그러나 음악에서는 형성(形成)이 유희로서 허공에 떠서 움직인다. 특히 순수음악에 있어서는 언제든지 그렇다. 그러면 여기(음악)에서 건축에 있어서와 같이 분명히 어떤 실제적 목적을 가지고 위계수단으로 쓰는 '형식착각'에 해당하는 것이 무엇인가? 높은 수준의 음악에도 어떤 '기만'이 있을 수 있는 것일까?

만약 있다면 음악의 그것은 건축의 그것과는 확실히 다르다. 그러면 성질이 다른 것인가? 혹은 어떤 위대한 음악가의 고상한 정열에 유혹되어서 그와 똑같은 위대한 작품을 구성하려고 노력하는 작가가 없는 것인가? 예를 들면 서곡과 같은 어떤 부분에 있어서는 장엄한 음조가 발견되지만 그 뒤에는 이 양식에서 완전히 이탈해서 감상적이거나 평범한 작품이 되는, 그렇지 않으면 리스트에게서 흔히 볼 수 있는 것과 같은 노련한 작품이 되는 경우가 없을까?

이러한 경우가 있다면 그것은 앞쪽은 궁전 같으면서 실은 보잘것없는 셋집과 같은 것이다. 거기(건축)에는 첫눈에 보이는 것 뒤에 보다 고상한 목적구성이나 공간구성이 없듯이, 여기(음악)에도 장엄한 서곡의 뒤에 보다 위대한 음악적 구성이 없다. 19세기 끝 무렵 음악에는 작곡적인 형식착각이 많았다. 새로 개척된 화성학은 평범한 사람에게도 그 어떤 애교 있고 흥미로운 느낌을 불러일으킨다. 거기에는 기발한 음악사상이 있긴 하지만 아깝게도 충분히 소화되지 못했다. 그 점은 진정한 작품이 없었다는 사실을 말해 준다. 그 무렵 인기를 끌었던 사랑방음악의 문헌은 산더미같이 쌓였으나 결국 10년 동안 음악적 취미를 타락시킨 것이었다. 이것이 내재적 불일치와 무통일이라는 의미에 있어서의 음악적 비진실이다. 또 하나의 비진실은 음악의 내면층에서 부각되어 나타나는 정신적 내용—감격·친밀·팽창과 수축, 긴장과 이완·들뜸·환희, 경쾌한 정숙 따위—에 관계된 것이다.

만일에 이와 같이 막연한 정신적 동요가 음악적으로 옳게 나타날 수 있는 것이라면 또한 틀리게 나타날 수도 있으리라. 그렇다면 그것은 정신적으로 참다운 음악이 못된다는 것을 뜻한다. 그런데 이 정신적 과정은 실재적 생활의 영역—오직 이것만이 음악적으로 표현될 수 있다—에 속하는 것이므로, 여기서 우리는 다시 한 걸음 더 나아가서 음악적 비진리가 바로 이 실재적 생활의 영역과 관계가 있다는 결론을 얻을 수 있다.

그러나 음악적인 비진리가 있다면 논리적으로 음악적 진리도 있다고 봐야 할 것이다. 하지만 음악에도 표현관계가 있다. 다시 말하면 단순한 흥분과 침정으로부터 부동(浮動)과 광희(狂喜)에 이르기까지의 정신적 과정이 음악에서 표현된다는 것을 전제해야 한다.

그러면 다시 이 전제가 과연 정당한가 그렇지 않은가가 문제된다. 왜냐하면 작곡이 위에서 말한 바와 같은 정신적 과정을 나타낼 수 있을 뿐 아니라 더 나아가서 아주 뚜렷하게 나타낼 수 있다 하더라도, 그것을 작품의 '소재'와 거의 같다는 뜻에서 표현이라고 부를 수 있는가 하는 의문이 남기 때문이다.

이 점에 어떤 한계선을 뜻하는, 어느 경우에든지 유지되어야 할 차이가 있다.

이를테면 정신적인 동태를 음악의 '소재'로 간주한다 하더라도 음악이 이 동태를 우리의 내적 인식에 주어지는 것처럼 정확하게 나타내는 것이 아님을 알아야 한다.

여기서는 '정확'이라는 개념이 아주 강한 뜻으로 이해되고 있다. 그러나 부드럽고 부푼 악상을 지닌 음악은 젊은이의 사랑 표현으로 이해되기도 하거니와 신선한 아침 기분의 표현으로 이해되기도 한다. 이러한 음악에서는 감정변화의 내용이 정확하게 드러나지 않는다. 이러한 뜻에서 보면 모든 음악은 아무리 깊은 정신적 동태를 들춰내고 전달한다 하더라도 언제나 불확실한 상태 속에서 움직이는 것이다. 그러므로 작곡가가 자기 작품에 어떤 이름을 붙여서 그것이 무엇을 뜻하는가를 말해 주는 것이지 음악 자체가 말해 주는 것은 아니다.

그러나 작곡가가 말하는 것은 언제든지 매우 일반적인 것, 즉 흥분과 침정과 유연과 준엄 따위의 감정변화의 동적 측면뿐이고 그 이상 더 세밀한 내용이 아니다. 그러므로 음악도 '표현'한다고 주장하는 이론을 대할 때에는 신중을 기해야 된다. 따라서 여기서도 '표현한다'는 말을 쓰지 말아야 한다. 음악은 어떤 변하는 모습을 표현하는 것이 아니라 이 변화되는 모습에 역학적인 표현을 부여하는 것이다.

c 음악에 있어서의 생활진리

이 표현부여도 잘 맞는 경우가 있는 반면 또 그렇지 않을 때도 있다. 그리고 이 말은 바로 음악이 막연하고 일반적임에도 진실하다는 인상을 줄 수도 있고 주지 못할 수도 있다는 것을 뜻한다. 그 점은 누구나 다 잘 아는 음악의 현상에서 분명하게 증명된다.

주제를 말로 나타내지 않고서 음악적으로 이해시키기에는 너무나 복잡한 정신적 운동이 있다. 그럼에도 이것을 음악적으로 표현하려고 노력하는 작곡가가 있다면 결국 그 표현은 참다운 것이 못된다. 까닭인즉 음악적 표현의 정확성 한계를 뛰어넘었기 때문이다. 작곡가가 흔히 표제 옆에 '그 내용이 어떤 것인가'를 덧붙여 써넣는 경우가 그것이다. 사람들은 이 음악을 들은 뒤에 다시 그 표제를 읽고서야 비로소 '아! 그렇구나' 하고 말하거니와 그것은 어느 경우에나 음악이 그 내용을 말하는 것이 아님을 뜻한다.

또 일정한 정신적 운동이 울려오는 것을 분명히 알아들었지만 그 뒤에 이 운동이 이어지지 않거나 또는 생각나지 않을 때에 실망하는 경우도 있다. 그 실례는 위대한 전개와 앙양을 약속하지만 진행이 그것을 보증하지 않는 대규모의 작곡, 교향악이나 실내악에서 많이 발견된다.

이러한 결함은 단지 작품의 내적 통일성과 필연성에 관계된 것이라고 볼 수도 있으리라. 그러나 또 거기에서 느껴지는 정신적 운동에 비하여 작품이 불완전한 점에도 물론 관계가 있는 것이다. 우리는 이 점을 확증할 수는 없지만 틀림없이 미학적으로 느낄 수는 있다. 그렇지 않다면 크게 벼르고 나온 음악의 어떤 부분에서 우리가 불만이나 환멸을 느끼는 일은 없으리라. 그것은 더 이상 분석할 수 없는 사실이며 우리의 예술적 감정 자체에 맡길 수밖에 없는 것이다.

여기서 정밀하고 자세한 구별능력을 가진 사람이 있다면 그는 이러한 비진실을 얼마든지 찾아낼 수 있을 것이다. 음악은 손에 잡히지 않는 정신적인 것을 독특한 방식으로 인식하여 감성적인 것으로 돌려놓고 이것을 공통적인 감각에 제시한다. 그러나 그것은 작곡적 구성이라는 최고 수단을 익혀야만 되는 것이다.

17세기로부터 19세기 초엽에 이르기까지의 고전작곡의 본질이 비교적 근소한 정신적 감각을 풍요한 작곡의 형식으로 인식하고, 따라서 이 형식을 중요시한 점에 있다는 것을 특기할 필요가 있다. 그 뒤에는 이 경향이 뒤집혀서 그렇게도 전성하던 풍요한 작곡형식은 감소하고, 이 형식이 지녀야 되는 정신적 감정이 증가했다. 그것은 음악적 형식을 지나치게 중요시한 결과였다.

이런 경향은 단순한 의성법의 나열에 이르기까지 발전했다. 그래서 개별적인 화성의 연결이 우세했으며 화성 속에서만 본질적인 것이 표현된다고 믿고 새로운 화성을 탐구했다.

그러나 이 본질적인 것은 그것이 정신적 운동의 본질에 있는 것이 아니라 하더라도 감격적인 어떠한 순간에 한정될 수 있는 것이 아니라 시간적으로 늘려야, 다시 말하면 음악의 전개과정 전체를 일관해야 되는 것이다. 그러므로 구조적으로 잘 짜인 작곡은 정신적인 표현으로서도 우수한 것이다.

이 점에서 순수음악의 깊은 본질을 바로 볼 수 있고, 구조가 비교적 단순하면서 감정에 치중한 음악이 질적으로 의심스러울 뿐 아니라 직접적으로 실감을 주지 못하는 이유가 여기에 있는 것이다. 음악적 소양이 있는 사람이면 그 점을 쉽게 알아낸다. 이런 음악은 어떠한 대가를 치르고서라도, 예를 들면 엄숙·흥분·놀람과 같은 특정한 효과를 주어야 되는 것이며, 또 다른 외부적 작용을 통해서 그렇게 할 수밖에 없는 것이다. 하지만 아무리 애써도 그 경지에 다다르지 못한다. 왜냐하면 거기에는 깊은 정신적 감각이 너무나 부족하기 때문이다.

이것은 흔히 볼 수 있는 현상이다. 그리고 그것은 삼류 작곡가에게서 볼 수 있는 현상이 아니다. 그것은 경쾌하고 천박한 음악과는 아무런 관계도 없다. 이것과 저것을 동일시하는 것은 옳지 않다. 물론 '경음악'은 깊은 감정을 나타내려고 하는 것이 아니다. 경음악은 유치하고 악의 없는 유희일 뿐 아무것도 아니다.

음악에서 생활의 진리가 문제된다면 그것은 순수음악에서라는 것을 우리는 분명히 알았다. 다만 순수음악에서는 이 생활의 진리가 표현예술에서보다는 훨씬 희박할 뿐이다. 그 밖에 또 이 생활의 진리는 '내재적 진리'의 한계, 아니 좀더 옳게 말하면 음악작품의 통일성과 내적 필연성의 한계에 맞닿아 있는 것이다. 그러므로 미학이론으로는 그것을 똑바로 들춰내기가 어렵다. 왜냐하면 여기서는 기껏해야 미적 만족과 불만을 끌어낼 수 있을 뿐이고 이렇다 할 기준은 없기 때문이다.

그 점은 건축에 있어서는 훨씬 쉽다. 왜냐하면 거기에는 실제적인 목적이라는 지주가 있기 때문이다. 건축가가 맨 처음에 구성하는 것은 목적구성이며, 그밖의 모든 것은 이 목적구성에 좌우되는 것이므로 진리와 비진리의 관계가 아무런 무리 없이 성립한다. 즉 공간구성과 역학적 구성이 목적구성과 조화롭고 올바르게 배열되었는가, 그렇지 않으면 구질구질하게 맞지 않는 재료와 장식과 형식만을 배열했는가에 따라서 진리와 비진리가 결정되는 것이다.

물론 건축에도 음악처럼 깊은 내면층이 있다는 것을 잊어서는 안 된다. 또 여기에도 그 깊은 내면층에서 전경으로 밀고 나와서 나타내려고 하는 고상한 정신적 내용이 있다.

그러므로 건축에도 실제적 목적에 관계된 생활진리와는 다른 하나의 생활진리가 있다. 이 진리는 있을 수도 혹은 없을 수도 있다. 또 어떠한 독특한 본질진리가 이 진리와 결합하기도 한다. 왜냐하면 건축적 구성의 정신적 배경 가운데에는 고상한 본질적 이상이 있어서 이것이 선택하며 적극적으로 형식을 규정하는 작용을 하기 때문이다. 그 밖의 모든 것은 위에서 언급한 것의 되풀이에 지나지 않는다. 이 점에서 보면 건축 내지 음악과 문학과의 사이에는 정도의 차이밖에 없는 것이다.

d 주제음악의 사태

표제음악에 있어서는 순수음악에 있어서와는 사정이 다르리라는 것이 쉽게 이해된다. 여기에는 또 내용에 있어서 분명히 비음악적인 주제가 있다. 그러므로 여기서는 모든 불규정성이나 상대적 보편성이 제거된다. 그것은 이미 비음악적인 주제여서 음악이 표현하지 않고 한정하기만 할 수 있는 것이다. 음악은 주제적인 모든 것 속에서 언제든지 오직 이 주제가 수반하는 정신적 움직임만을 표현하는 것이다. 그러므로 음악이 그 밖에 또 그 무엇을 나타내려고 하면 그것은 모두 비진리가 될 수밖에 없다.

따라서 가요·합창곡·가극·종교음악, 그 밖의 말이나 시를 음악과 결부하는 모든 형태의 예술에 있어서는 생활진리와 본질진리 또는 비생활진리와 비본질진리가 성립할 광범한 여지가 있는 것이다.

예를 들면 서정시를 음악적으로 아름답게 또는 매우 흥미롭게 음악화할 수 있다. 그러나 그렇게 하면 시의 성격이 달라진다. 그것은 흔히 있는 일이다. 그런 것을 좋다고 하는 사람이 있는 반면에 특정한 시대취미에 맞지 않는다고 보는 사람도 있을 것이다. 맞기도 하고 안 맞기도 하는 이와 같은 상대성은 대상적이고 소재적인 것의 모든 음악적 인식의 '무규정성'과 부합되는 것이다. 따라서 동일한 시가 서로 다르게 음악화된다. 그렇다면 어느 종류의 음악화(音樂化)가 글렀다고 말할 수 없을 것이다. 그렇지만 시대에 제약된 특정한 시점 중에서 이것이나 혹은 저것이 틀리게 나타날 수는 있다.

그중에서 다음과 같은 두 가지 경우가 추정된다.

(1) 다른 종류의 '본질요소'가 진리라고 규정되기도 하고 비진리라고 규정되기도 하는 경우.

(2) 진실한 일치와 피상적인 일치의 차이와 음악을 통해서 받는 노랫말의 오

해가 지적되는 경우. 왜냐하면 시대에 따라서 '진실하다'는 감각 자체가 상대적이기 때문이다.

두 가지 경우는 있음 직하고 또 알아보기가 쉽다. 그렇기 때문에 이 이상 끝까지 추구하지 않겠거니와 여기서 우리에게 중요한 문제가 되는 것은 진(眞)과 비진(非眞)이 결국 노랫말과 음악과의 일치 및 불일치에 귀착한다는 근본적인 가정뿐이다. 왜냐하면 이 가정(假定)은 결코 분명한 것이 아니기 때문이다. 노랫말과 음악과의 일치 및 불일치는 또 '좋다, 나쁘다'라고 말할 수 있고, 또 '잘되었다, 틀렸다'고도 말할 수 있을 것이다. 요컨대 그것은 예술적인 수준 차이에 귀착된다.

아닌 게 아니라 위에서도 언급한 바와 같이 오늘날 예술에 있어서는 생활의 진리와 예술적인 질이 하나로 합치려는 경향이 뚜렷하다. 그러므로 여기서 지적한 근본가정이 양자의 일치를 증명하는 것같이 생각될 것이다. 그러나 그렇지 않다. 사람들이 양자를 동일시하기 쉬운 까닭은 본디 음악적 표현이 분명하지 않은 점에 있는 것이다. 그러면 실제에 있어서는 어떠한가?

그것을 알려면 대체 문학적인 원문이 어느 정도까지 음악적으로 표현될 수 있는가를 밝혀내야 한다. 이미 말했듯이(제14절 d항) 오직 정신적 동태—흥분과 침정—자체만이 표현될 수 있고, 이 흥분과 침정의 '근거'나 '내용'에 해당하는 모든 것은 표현할 수 없는 것이다. 이 점은 예외 없이 또 에누리 없이 인정된다.

하지만 이러한 관계에서 최대의 망상이 나온다. 왜냐하면 작곡가나 연주가(특히 오페라가수와 오페라지휘자)는 음악이 감당할 수 있는 것보다 훨씬 많은 것을 무심히 음악 속에 끌어넣으려고 안간힘을 쓰기 때문이다.

그렇게 함으로써 진실하지 않은 무엇이 음악 속에 들어오게 되는데, 첫째로 나타나는 것이 비본질진리이다. 그것은 음악의 본질에 위반되기 때문이다. 그러나 또 간접적으로 비생활진리도 나타난다. 왜냐하면 그런 음악은 본디 노랫말 자체가 가질 수 없는 직접적이고 심각한 표정을 노랫말 속에 끌어들이기 때문이다. 더구나 내용이 표정과 어울리지 않으며, 비교적 냉담해서 표정이 전혀 불필요한 노랫말도 있는 법이다.

예를 들면 오페라에는 사건의 진행이 냉정하기를 요구하는 대목이 헤아릴 수 없이 많다. 하지만 오페라의 원리는 음악적 수식을 강요한다. 그래서 뚜렷하게 진실하지 않은 효과가 나타난다. 현대의 거의 모든 오페라나 종교음악에 이러한 결함이 있다. 이 병폐를 아무리 교묘하게 지워버린다 하더라도(바그너·슈트라우스) 그것이 병폐인 것에는 아무런 변화도 없는 것이다.

여기서는 작곡가의 개인적인 미숙이 문제가 아니라 비본질진리와 비생활진리가 결과로서 나타나기 쉬운 원칙적인 불완전성이 문제이다. 그 위에 작곡가나 연주가의 더욱 특수한 결함이 첨가되어서 비진리가 극도에 이르게 된다. 따라서 기관(器官)이 예민한 사람으로서는 참기 힘든 그 무엇이 된다. 이러한 결함은 기악(器樂)에서는 나타나지 않는다. 왜냐하면 접합한 두 가지 예술의 내적 불완전성이 서로 다른 내적 필연성을 가지고 떨어져 나가기 때문이다.

이 근본적인 불완전성은 다음과 같은 것이다.

(1)양측에 서로 다른 측의 예술을 받아들일 수 없는 나머지가 있다. 즉 문학 측에는 특정한 내용이 있고, 음악 측에는 깊은 정신의 직접적 표현이 있으나, 문학예술은 이 깊은 정신을 오직 어느 한도 내에서 더구나 간접적으로 표현할 뿐이다.

(2)그러므로 이 두 가지 예술이 현실적으로 합치할 수 있는 범위는 몹시 좁아서 발달한 정신적 운동 자체로 제한된다. 거기에는 조화적인 계이름이 있다. 물론 그것은 작곡가와 작가가 정신적으로 어울릴 수 있는 힘이 왕성한 경우에 한해서이다. 이 선에서 조금이라도 이탈하면 비본질진리와 비생활진리로 바뀐다.

(3)그러나 다른 혼합작품, 즉 주제음악 속에는 두 가지 예술이 서로 대립할 여지가 없다는 말이 아니다. 반대로 이 두 예술은 서로 작품의 다른 측면들을 표현하는 것이다. 즉 문학은 상황·인물·극적 장면을 표현하지만 음악은 공포·창일·융해 따위를 표현한다. 그것들은 서로 모순되는 것이 아니라 예술적으로 결합하는 한 언제나 서로 보완하는 것이다. 하지만 어느 한쪽에서 다른 한쪽을 침해하면 그 작품은 진(眞)이 아닌 것이 된다.

위대한 음악 가운데에서 훌륭한 가요, 기막히게 조화된 합창곡을 만나보기는 비교적 쉬우나 비난할 점이 전혀 없는 오페라를 찾아보기가 매우 어려운 까닭이 위의 세 가지 점에 있다. 바로 여기에 서로 다른 두 가지 예술이 만날 수 있는 '좁은 골목'이 있으나 그 골목을 찾기가 어려운 것이다. 왜냐하면 음악적 표정에는 극적 장면이 동반되어야 하지만 변천하는 극적 상황이 보다 깊은 내면적 정신을 개시하기에 필요한 대규모의 음악적 전개를 허용하지 않기 때문이다. 과거의 오페라가 완결된 극적 성질을 포기하고 낭송조·이중곡·독창곡 등으로 분해된 이유가 여기에 있다. 근대의 오페라는 지금까지 아직 양쪽 예술의 동등한 타협의 길을 발견하지 못하고 있다.

III 미의 가치와 종류

1 미적 가치

26) 미적 가치의 특수성과 다양성

a 문제의 구분과 그 근거

만일 미학이 오늘날 미적 가치의 분석을 위한 길을 터놓을 만큼 진전되었다면 이제 그 길을 걸어가기에 알맞은 형편이 되었다. 앞 장의 절 가운데 '예술적 성질'이라는 용어가 진리내용과의 대립을 통해서 연속적으로 나타났다. 그러나 미적 가치를 시사하는 이 성질이 무엇인가에 대해서는 지금까지 별로 언급하지 않았다. 그러므로 우리는 이 문제를 붙잡아서 해명해야 하며 아무리 곤란하더라도 해결되어야 할 것이 무엇인가를 검토해야 한다.

미학의 지위는 서론 가운데에서도 이미 이야기한 바와 같이 아직 그럴 만큼 유리한 상태에 있는 게 아니다. 또 미학은 윤리학과 달라서 '선'에 해당하는 일반적 가치를 들추어내면 되는 게 아니라 무수한 개별적 가치를 다루어야 하므로, 여기에 미적 가치분석의 근본적인 난점이 있다. 왜냐하면 모든 예술작품과 그 밖의 거의 모든 미는 훨씬 독특한 고유가치를 지니고 있기 때문이다.

또 이용가치(재산가치)와 생명가치 및 도덕가치와 대립하는 부류의 미적 가치와 일반가치도 있다. 여기에는 앞에서 말한 두 가지 주요부분의 대상분석을 토대로 하고 어느 정도 해결가능한 과제가 있다. 적어도 미적 가치와 그 밖의 다른 가치와의 본질적 차이를 지적할 수 있다. 그뿐 아니라 미적 가치와 그 밖의 다른 가치와의 적극적인 가치관계는 틀림없이 본질적 법칙을 지적할 수 있을 것이다.

그러나 개별적인 예술작품의 가치도 아니고 일반적인 미적 가치도 아닌 '특수'한 미적 가치는 그와 다르다. 물론 이러한 가치도 있다. 하지만 이 가치는 가치의 한 종류임에도 재산가치나 도덕적 가치와 같은 역할을 하지 않는다.

우리는 이러한 가치를 인식하고 구분하고 또 어떤 성질의 대상에 소속하는 가를 지적하거나 기술하는 일에 주력해야 된다.

그러나 아무리 주력해도 그것은 결국 하나의 몽롱한 약도가 되고 말 것이다. 왜냐하면 그것은 결국 미적 가치에 있어서의 보편적인 것과 개별적인 것 사이에 끼인 것이기 때문이다. 이 양극단을 인식하기는 비교적 쉽다. 전자는 지성과 분석을 통해서, 그리고 후자는 미적 관조와 감상을 통해서 인식된다. 하지만 그 중간자는 보편자와도 또 개별자와도 멀기 때문에 말하자면 우회로를 통해서만 인식되는 것이다.

이러한 가치가 바로 미(美)라는 보다 한정된 가치집단임이 분명하다. 그리고 이 가치가 어떤 대상이나 예술 또는 미적 감정이나 반응에 밀착되는 것이다. 여기서 일반적 승인을 받고 있는 세 가지 가치구분이 나오거니와 그것은 모두 일면성을 완전히 벗어나지 못하고 또 그 한계를 가지고 있다.

첫째는 (대상에 따르는) 자연미와 인간미의 구분이다. 왜냐하면 사람들은 어떤 사람의 얼굴이나 모습의 아름다움과 어떤 풍경이나 자기가 목격한 장면의 아름다움을 구별하기 때문이다. 물론 아름다운 장면은 극적인 장면이라고 말하는 게 더 옳을 것이다. 이 구별이 그러한 대상을 표현하는 예술에도 적용될 것은 분명하다. 우리는 회화에 대해 '해양화'니 '풍경화'니, '인물화'니 하는 말을 흔히 쓰는데 이런 말들은 표현을 뜻하는 것이다. 우리는 가치의 종류를 대상의 종류에 따라서 구별하거니와 그것이 여기서는 제재의 종류에 따른 구별이 되기도 한다.

둘째는 예술의 종별이다. 그러나 이 구별은 자연미와 인간미가 제외되는 점에서 일면적이다. 하지만 예술의 내부에서만 보면 이 구별은 절대적으로 적당한 것이다. 왜냐하면 예술형식이 달라지면 그에 따라서 예술작품의 종류가 달라질 것이 분명하기 때문이다. 이유인즉 예술형식의 특수성은 미를 형성하려고 실험한 모든 형식 이외에는 아무것도 아니기 때문이다. 그러므로 예술형식의 다양성은 그것이 아무리 이질적이고 외면적인 것이 분명하다 하더라도 여전히 그 권리를 보유한다.

셋째 종류의 구분이 매우 곤란한 것이다. 그러나 이 셋째 구분은 미적 가치의 다양성에 가장 알맞다. 이 구분은 대상의 모든 외면적 근거를 배제하고 오로지 완전한 의식이 제시하는 가치반응에만 근거를 둔다. 그리하여 이 구분은 우리가 윤리학상에서 잘 알고 있으며 또 매우 큰 성과를 거둔 바 있는 가치분석의 방법에 따르고 있는 것이다.

이 구분의 원리는 발랄하게 반응하는 가치감정에서 그 특수한 성질적 차이(뉘앙스)를 찾아서 바로 이것을 가치 차이의 직접적 증거로 보는 데 있다. 이러한 방법이 옳다는 점에 관해서는 원칙적으로 아무런 이의도 없다. 왜냐하면 미적 가치와 비가치의 인식근거는 가치감정에 없기 때문이다. 이것을 쾌감이라고 부르든지 만족이라고 부르든지, 갈채라고 부르든지, 혹은 즐겨 구경하는 완상이라 부르든지 그것이 가치감정인 점에는 아무런 변화도 없는 것이다.

여기서 또 한 가지 잊지 말아야 할 것은 예술을 지배하는 역사적—경험적인 주요경향에 따른 구분도 있다는 사실이다. 이 주요경향이 흔히 '양식'이라고도 불리지만 여기서 말하는 양식이라는 말은 여러 종류의 예술에 공통하는 형식, 즉 넓은 의미의 형식을 뜻하는 것이다.

우리는 이러한 것을 예술의 역사상에서 흔히 본다. 또한 우리는 이러한 관점에도 정당성이 있다는 것을 부인할 수 없다. 다만 이 구분에서 예술의 형식에 따르는 제2의 구분원리와 마찬가지로 자연미와 인간미가 제외되는 게 유감이다. 반면에 이 구분은 예술뿐만 아니라 똑같은 역사적 시기의 그 밖의 문화적 현상에서도 발견되는 것이다. 그래서 고딕식 생활양식이니 로코코식 인간형이니 하는 말들이 나온다.

양식이라는 개념은 본디 미적 가치의 차이를 인식하기에 한편으로는 너무 좁고 다른 한편으로는 너무 넓은 개념이다. 그러므로 양식이라는 개념 자체가 먼저 규정되어야 하는데, 이 양식이라는 개념규정은 그보다 가치분석이 앞서지 않고서는 결코 이루어질 수 없는 것이다. 아무튼 양식이란 개념은 특정한 가치관념이 특정한 시대의 관점 및 취미와 결부하는 곳이면 어디에서나 끌어들일 수 있다.

b 가치감정의 질에 따른 구분

먼저 제3의 구분근거, 다시 말하면 가치반응과 감상의 성질에 따르는 미의 종별에 관하여 얼마간 언급할 필요가 있다. 이 관점에서 보면 미적 가치의 다양성이 올바로 눈에 띈다. 그러나 이 다양한 가치를 표시하기에 알맞은 말은 아주 드물다. 그리고 이 드문 말이나마 심히 막연해서 그 내용을 파악하기가 어렵다. 그 이유 가운데 하나는 일상적인 용어가 가치의 차이를 뭉개버린 데 있고, 다른 하나는 가치의 차이라는 개념이 본디 몽롱하고 일정치 않은 데 있다.

칸트는 《판단력비판》 중에서 미(美)의 한 종류인 '숭고'를 미 일반과 같게 생각하고 이것과 나란히 놓고 다룰 만큼 기본적인 것으로 인정했다. 이 책을 좀 더 신중히 읽어 보면 그가 숭고를 미의 한 종류라고 부를 수 있었던 것을 알 수 있다. 하지만 그가 이 분석에서 미의 개념을 너무나 좁게 생각한 것이 숭고를 미의 한 종류라고 본 것을 방해한 듯싶다.

그러면 우아한 것, 매력적인 것, 애교스러운 것, 감동적인 것, 목가적인 것, 해학적인 것, 희극적인 것, 비극적인 것도 숭고한 것과 근사한 특수지위를 취해서는 안 되는 이유가 무엇인가 하는 반론이 일찍이 나왔다. 이 모든 종류에 대해서도 어떤 '분석'이 있었어야 했다. 그리고 그 밖에도 기괴한 것, 진기한 것, 변덕스러운 것, 기타 많은 종류의 미가 있어서 역시 숭고한 것과 같은 권리를 내세운다. '서정적인 것', '낭만적인 것', '고전적인 것'도 이에 속한다고 생각할 수 있으리라. 그러나 이 경우에는 이미 미적 가치감정과 직결적인 접촉이 없는 예술형식과 양식이 혼란해진다는 것을 알아야 한다.

여기서 처음에 들추어낸 미적 종류를 다시 한 번 반성해 보면 그중의 어떤 것은 특수한 예술형식, 특히 문학의 형식에서 빌려온 것임이 분명하다. 예를 들면 희극적인 것과 비극적인 것, 그리고 목가적인 것과 해학적인 것이 그것이다. 보다 더 특수한 문학형식 가운데에는 기괴한 것과 진기한 것도 있다. 이렇게 보면 순수한 가치감정에서 드러나는 것 가운데에서 숭고한 것을 제외하면 오직 우아한 것, 매력적인 것, 애교스러운 것뿐이다. 왜냐하면 감동을 주는 것조차 이미 예술형식의 경계선 위에 놓여 있기 때문이다.

여기 남은 세 가지 가치의 종류는 아주 애매하고 모호한 것이다. 그래서 그것들은 분명하게 구별하기가 불가능할 만큼 서로 넘나든다. 그렇지만 그것들을 일괄해서 보면 숭고한 것과 분명히 대립된다. 그리고 이 대립은 목가적인 것, 희극적인 것, 해학적인 것에까지 이어진다. 물론 이 연속은 직선적인 것은 아니다.

숭고한 것과 반대되는 것은 다시 병행하는 다수의 변종에 이르기까지 분열된다. 따라서 이 변종들은 비중과 자립성을 상실하지만 그 반면에 숭고한 것은 모든 변종에 공통하는 대립자로서 큰 비중을 차지한다.

그렇다 하더라도 위에 늘어놓은 여러 종류의 가치 가운데에는 숭고한 것과 근접하며 이 숭고한 것의 한 종류로 여길 수 있는 가치도 있음을 알아야 한다. 예를 들면 '비극적'인 것이 그러하다. 다른 종류의 숭고한 요소가 없이 진정한 비극적 효과를 거둘 수가 없다는 것은 의심할 필요도 없다. 이 점이 매우 중요하다. 왜냐하면 비극적인 것은 어떤 종류의 예술형식에만 관계된 것이 아니라, 그 밖의 다른 예술에서 비극적으로 나타나는 가치와도 관계가 있기 때문이다. 이를테면 비극적인 것은 분명히 음악에도 있고 회화(초상화)에도 있다. 이 점에서 보면 숭고한 것의 특수지위가 한층 더 눈에 띈다. 물론 바로 칸트적인 의미에서 그렇다.

숭고한 것에 관해서도 검토가 있어야 한다. 그것은 숭고한 것이 그 밖의 가치보다도 여러 가지 점에서 중요하기 때문이다. 그러나 숭고한 것 가운데에도 특별히 검토를 요구하는 것이 있다.

이러한 방식으로 미적 가치의 전반적인 구분과 분류가 불가능하다는 것은 눈앞에 불을 보듯 뻔하다. 물론 근본적이라고 여겨지는 가치감정이 증언하는 종류의 가치도 있다. 하지만 이 종류의 가치라도 모두가 가치감정에서 나오는 것이 아니며 서로 구별되는 것도 아니다. 또 미적 가치의 세계로 파고 들어가기 위한 확실한 근거지가 이러한 형식으로 획득되는 것도 아니다. 그 점은 이러한 계열에 끼어들지 않는 예술적 가치가 있다는 것을 고려하면 더욱 확실하다. 예를 들면 극적인 것이 그렇다. 극적인 것은 흔히 생각하듯이 반드시 극예술에만 밀착하는 것이 아니라 소설의 어떤 형식에도 있고 또 우리가 눈을 돌리기만 하면 예술 이외에 인간생활 자체, 인간적인 미행(美行)에서도 발견되는 것이다.

마지막으로 위에서 말한 종류의 가치 가운데에는 미적 가치의 색채를 떠나서 우리의 인간생활 속에 나타나는 것도 적잖다는 사실을 알아야 한다. 그 좋은 실례가 비극적인 것과 희극적인 것이다.

격렬한 사건은 어떤 종류의 미적 의의와 관계없이 우리에게 비극적인 인상을 준다. 또 우리에게 희극적인 느낌을 주는 사건도 많다. 우리는 일상생활에 있어서 너무나 하찮은 것을 보고 웃는 수가 많으며 자기 자신을 비웃는 경우도 드물지 않다. 그것은 예술의 세상 안에 속하는 것이다. 이 웃음 속에서는 먼저 도덕적인 자세가 나타난다. 그러나 이 도덕적 자세는 미적 가치의 영역과는 거리가 먼 것이다.

목가적인 것과 애교스러운 것 내지 매력적인 것과 유사한 것도 그와 비슷하다. 왜냐하면 미적이지 않으면서 미적인 것과 가깝고 구별되지 않는 다른 종류의 매력도 있기 때문이다.

인간생활 속에는 우리가 즐겨 구경하지 않더라도 목가적인 것이 올 수 있으며 이렇다 할 미적 가치의 차이가 없는 감격적인 것도 있을 수 있다. 또 다른 사람의 감격이 우리에게는 희극적인 인상을 주기도 쉽다.

그렇다고 해서 우리가 이 모든 가치 가운데에서 한 가지의 가치를 파악하고 분석하는 데 걸림돌이 되는 것은 아니다. 그래서 우리는 어느 때는 숭고한 것을, 또 어느 때는 희극적이고 풍자적인 것을 분석하려고 노력하게 된다. 여기서 중요한 성과가 많이 나온다. 또 이러한 분석에서 궁극적인 생활연관이나 그 밖의 위대한 그 무엇이 나오기를 기대하는 경향도 있다. 이상주의자와 그 뒤 일부 인사들의 형이상학적 미학은 그러한 몽상에 부채질을 했던 것이다. 왜냐하면 어떤 종류의 정신형이상학을 가진 사람이 어떤 궁극적인 것에 감동하기가 쉬우리라는 것은 뻔하기 때문이다. 이 정신형이상학의 구조 중에서는 널리 늘어놓은 실을 사리는 역할이 미와 예술과 관조와 완상에 있는 것이다.

오늘날에 이르기까지 아직도 이러한 형이상학적 생각을 품고 있는 이론이 많이 있다. 그러한 이론에서 보면 모든 냉정한 노력은 불만스럽고 천박하게 보일 것이다. 그럼에도 오늘날의 미학은 차분히 이 길을 걸어가야만 한다.

그 점은 대상과 이 대상의 성층 및 형성관계에 관한 연구가 분명히 가르쳐 주고 있다.

c 미의 범위

미의 종류를 구분하고 정돈하는 이 어려운 문제는 아직까지도 결말이 나지 않았으므로 그대로 버려둔다고 해도 또 하나의 길이 남아 있다. 그것은 말하자면 경험적으로 각 종류의 미적 가치에 뛰어들어서 그것들을 인식하는 일이다. 사실 이전부터 지금까지 거의 모든 미학이 이 길을 걸어갔던 것이다.

여기서 사람들은 '아래로부터' 대상분석을 통하여 획득한 미의 보편적이며 근본적 규정에 도달하기를 희망했다. 이 두 길이 합치한다면 거기서 좋은 결실을 기대할 수도 있으리라. 그러나 이 희망은 약간의 할인을 예기해야 된다. 즉 미라는 것은 그 모든 합계와 과연 일치하는가가 큰 의문이 되는 것이다. 다시 말하면 보편적이고 근본적인 미적 가치의 범위는 그 이상 훨씬 넓은 것일는지 모른다.

그것은 우리가 광범한 가치의 모든 영역에 정통하지 않더라도 아주 뚜렷하게 확인되는 사실이다. 또 그러한 정통이 필요치 않은 것이다. 직접적으로 뻔한 미적 가치의 성격을 가진 사례가 헤아릴 수 없이 많거니와 이 사례가 바로 예술작품 자체인 것이다.

이를테면 자타가 공인하는 어떤 걸작 하나를 들고나와서 이 작품의 예술적 가치성격이 어느 종류에 속하는 것이냐고 물어보라. 그 예술적 가치의 성격이 전적으로 어떤 종류에만 속한다고 보는 사람은 드물다. 예를 들면 《카라마조프의 형제》는 어느 부류의 미적 가치에 속하는 것인가? 이 물음에 알맞는 것은 숭고도 아니고 우아도 아니며, 감격도 아니고 비장도 아니다. 또 《대지의 축복》이나 《무숙자》는 어떤가? 미학의 기성범주는 불충분하다. 《들오리》, 《사회의 주석》, 《욘 가브리엘 보르크만》, 그리고 셰익스피어의 장편소설에도 마찬가지로 결코 어떤 한 가지 예술적 가치만이 속하는 것은 아니다. 렘브란트의 자화상이나 네덜란드의 풍경화는 그와 다를까?

말의 가장 엄밀한 의미에 있어서 '미'이기는 하지만 미적 가치의 어느 종류에 속한다고 지적할 수 없는 미가 많이 있다.

이런 경우에 우리는 가치의 종류 대신에 어떤 특별한 예술형식에 붙어 있다고 믿는 성질이라는 말을 쓰거나, 성질 대신에 단지 이 예술형식의 명칭을 따서 그 작품이 예술적으로 성공했다는 것을 표시하기도 한다. 예를 들면 '회화적'이니, '극적'이니, '소설적 표현'이니, '조소적'이니 하는 말들이 그것이다. 이러한 말들이 근거가 없는 건 아니지만 단지 가치감정이 무엇을 말해 주는가를 일러줄 뿐이며, 그 무엇이 어디 있는가를 가르쳐 주지는 않는다.

가치의 차이를 드러내려고 하는 이 모든 시도는 그처럼 무력하지만 미학적 가치 일반을 뜻하는 '미'가 위에서 말한 모든 종류에 그치는 것이 아니라 예술의 내부와 외부에 헤아릴 수 없이 많다는 근본적 사실 말고는 아무런 변화도 없는 것이다. 그런데 미의 이 다양성이 본디 미의 근본가치와 가치의 종류에 중대한 관계가 있다. 여기서는 미의 개념의 확장이 문제가 아니라 어디까지나 엄밀하게 미적인 것이 문제임을 분명히 해두는 것이 중요하다. 우리는 일상생활에 있어서 단지 어떤 목적을 위해서 유용한 것, 재미있는 것, 유쾌한 것, 혹은 도덕적으로 '선'한 것 등 많은 것을 '미'라고 부르는 버릇이 있다. 그러므로 개념이 여기서처럼 널리 확장되고 있는 곳은 없다.

미의 이러한 잘못된 개념은 연구해 밝힐 필요조차 없을 만큼 일반화하고 있다. 그러나 여기서 특히 유의할 만한 가치가 있는 것 두 가지가 있다. 그 하나는 미의 개념이 도덕적인 의미로 전용되는 사실이다. 그러면 어떻게 해서 우리가 도덕적 '선'이라는 서술어를 붙여야 마땅한 행동—의로운 행동이나 너그러운 행동—에 '미'라는 서술어를 덧붙이고, 또 그와 반대되는 행동에는 '추(醜)'라는 말을 덧붙이게 되는가?

거기에는 다음의 세 가지 이유가 있다.

(1) 도덕의 근엄성을 은폐하고 완화하려고 하는 경향.

(2) 인간의 외면적이고 가시적인 자세를 내면적이고 도덕적인 것의 표현으로 보는 습관. 왜냐하면 인간의 심정·태도·근본자세는 그의 가시적인 습관·표정·행동·반복적인 몸짓과 자세에서 두드러지기 때문이다.

(3) 선과 미의 동일성을 주장하는 플라톤 이래의 편견. 여기서는 미가 예상외로 강조되고 있으며, 모든 종류의 가치가 하나의 근본가치로 환원되고 있다.

이상과 같이 뿌리 깊은 오용에 대항하기는 쉽지 않다. 또 정신적이고 내면적인 과정 자체를 '미'다, '추'다 하고 부르는, 보다 근본적으로 잘못 쓰는 경우도 있다. 여기서는 미·추가 도덕적인 의미로 쓰이고 있다. 그래서 어떤 악행을 '추태'라고 부르기도 한다. 그러나 도덕적인 의미 말고도 예를 들면 늙은이의 인정과 원숙, 혹은 젊은이의 발랄한 사랑의 생활, 타인의 생활형편과 갈등에 대한 이해력의 성장 등에 대해서 '미'라는 말을 붙인 것도 있다. 사람들은 아마 그 모든 것도 참으로 '아름다운' 것이며 더구나 좁은 미학적 의미에서 그런 것이라고 말할 것이다. 아마 '노년의 미'니, '소년의 미'니 하는 말을 그대로 받아들이고 싶은 사람은 없겠지만 미소년이라는 말은 전적으로 인정된다.

하지만 소년의 아름다움은 그 소년의 심정이나 활기에 있는 게 아니라 이 심정이나 활기가 바깥으로 나타나서 눈에 보이도록 돋을새김되는 특징에 있는 것이다. 노인의 아름다움도 마찬가지로 원숙 자체가 아니라 그런 원숙함이 얼굴이나 태도에 나타날 때에 아름다운 법이다. 그러나 '추'한 행위는 그렇지 않다. 물론 이런 행위에도 인간의 내적·도덕적인 것이 나타나지만, 추하다면 어느 편이냐 하면 오히려 행위 자체를 생각하게 된다. 하지만 그런 생각은 틀린 것이다.

엄밀히 말하면 '아름다운' 마음이라는 말은 옳지 않은 말이다. 마찬가지로 아름다운 심정이니, 아름다운 감정이니 하는 형용사도 틀린 것이다.

일반적으로 말하면 미는 감성적인 현상이나 혹은 문학에 있어서처럼 감성의 유례인 구체적이고 직관적인 환상에 붙는 말이다. 거기에 현상하는 그 무엇이 아름다운 게 아니라 오로지 현상 자체가 아름다운 것이다. 물론 이 현상관계에 있어서 현상하는 자를 제외한 그 밖의 다른, 예를 들면 도덕적인 가치내용의 비중이 두드러지게 커지면 거기에 붙는 미의 의미도 더 풍요로워지고 심원해진다. 그러나 그렇다고 이와 같은 가치내용이 현상과 바꾸어지거나 현상이 쓸모없게 되는 게 아니며, 따라서 도덕적 가치 자체가 미적 가치가 되는 것은 아니다. 이러한 주장은 여기서 처음으로 나온 것이 아니라 앞에서 주장한 미의 본질에서(제4절~제10절) 충분히 언급되었다. 하지만 이 규정의 의미는 두고두고 차차 밝혀질 것이다.

27) 가치문제의 현황

a 가치족(價値族)과 가치문제

가치와 가치관계를 연구하는 학문이 미학만 있는 것은 아니다. 미학은 이보다 앞서는 다른 가치학과 이어져 있다. 요즈음 실제로 활발하게 전진하고 있는 것은 오직 윤리학뿐이다. 아직까지 방향조차 찾지 못했던 미학이 윤리학과의 연결을 발견한 것은 큰 행운이었다. 다른 가치족과의 관계 속에서 미의 지위를 발견하기는 쉽지 않다. 왜냐하면 미라는 가치족은 아직 충분히 규정되어 있지 않기 때문이다. 그렇지만 미와 그 밖의 가치족과의 관계를 쉽게 통찰할 수 있다. 먼저 가치의 세계 전체에 눈을 돌릴 필요가 있다.

우리가 흔히 다루고 있는 가치족은 체계적 원리 없이 순전히 경험적으로 파악된 것이다. 따라서 이 가치족들은 아무런 통일적인 질서를 갖지 못하고 횡적 질서와 종적 질서 사이에서 동요하고 있는 형편이다. 또 여러 가치족 사이의 구별도 밝혀지지 못하고 있다.

아래로부터 출발하면 다음과 같은 여러 가치족이 구별된다.

(1) 재(財)가치. 이것에는 이용가치와 수단가치 내지 많은 독립적 가치영역과 다양한 사태가치가 포괄된다.

(2) 쾌적가치. 주로 생활에서 '쾌적'하다고 불리는 가치.

(3) 생명가치. 이 가치족은 생명체에 덧붙여지며 생명의 고도와 전개와 힘에 따라서 여러 계층이 구별되는 가치이다. 생명에 요구되는 모든 것도 간접적으로 생명가치를 갖는다. 그리고 생명에 유해한 것이 비생명가치이다.

(4) 도덕적 가치. '선'이라는 이름으로 총괄되는 가치족.

(5) 미적 가치. '미'라는 이름으로 총괄되는 모든 가치족.

(6) 인식가치. 인식가치는 본디 오직 하나, 즉 '진리'뿐이다.

우리는 이상의 모든 계열이 동질적인 것이 아님을 쉽게 알 수 있다. 처음에 있는 세 가지 가치족은 어느 만큼 병렬접속하는 것이 분명하지만 그 사이에 높고 낮은 차이가 있는 것을 배제하지는 않는다. 왜냐하면 이 모든 가치족은 최후의 가치를 제외하고 윤리학에서 잘 알려진, 높고 낮은 모든 계층차이를 포함하고 있기 때문이다. 미는 가치족에도 높고 낮은 차이가 있다.

그러므로 특정한 미적 가치보다 '높은' 윤리적(도덕적) 가치가 있는 동시에 특정한 윤리적 가치보다 높은 미적 가치도 있는 것이다.

사람들은 위의 세 가치족을 '정신적' 가치로 일괄한다. 예를 들면 메리 셸리와 같은 작가이다. 이 정신적 가치 속에 또 하나의 가치, 즉 종교적 가치를 귀속시킬 수도 있으리라. 그러나 이 종교적 가치의 존립 여부는 증명될 수 없는 어떤 형이상학적 가정에 달려 있다. 다시 말하면 신의 실존이 없으면 이 가치는 헛것에 지나지 않는다. 그러므로 인류의 역사 속에는 이 종교적 가치에 대응하는 문화영역이 있긴 하지만 이것을 제외해도 상관없는 것이다.

처음 세 가지 가치족 가운데에서 분명치 않은 것이 쾌적가치족이다. 이 가치족은 재가치와 겹치는 수가 있다. 왜냐하면 '쾌적'한 것은, 예를 들면 추운 겨울에 온기와 같이 '좋은 것'도 되기 때문이다. 쾌적가치를 쾌감을 환기하는 그 무엇, 즉 우리가 흔히 '쾌적'한 것이라고 부르는 그 무엇의 가치로 보지 않고 엄격하게 주관적인 쾌감의 가치로 취하면 쾌적가치와 재가치와의 구별이 뚜렷이 드러난다. 그러나 이 구별은 엄격하게 유지하기가 곤란하다. 왜냐하면 우리는 언제든지 쾌감을 어떤 대상의 성질을 가리키는 지표로 인식하고, 그다음에 이 쾌감을 일으키는 그 무엇에 따라서 이름 지어 부르기 때문이다.

여기는 이처럼 애매한 것들을 열거할 곳이 아니다. 다만 여기서는 그러한 점이 차지하는 지위가 문제이다. 쾌적가치와 생명가치의 한계도 문제가 된다. '쾌적'이라는 것은 한편으로는 분명히 생활기능에 귀속하며 말할 것도 없이 생명에 필요한 것이다. 예를 들면 맛이 좋은 음식이 영양가도 높으며 몸에 유익한 것임을 알려준다. 하지만 쾌적한 것은 그와는 전혀 달리 생명에 해를 끼치는 경우도 있다. 이를테면 모든 종류의 과음이나 과식이 그러하다.

그러나 술독이나 알코올의존증과 같이 우리의 생활에 중대한 해를 끼치지만 않는다면 쾌적가치와 생명가치를 갈라놓을 이유는 없다. 따라서 쾌적한 것을 추구한다는 것은 우리가 몸을 맡길 수 있는 가장 확실한 지도가 되는 것이다. 하지만 쾌와 불쾌는 그처럼 확실히 우리 '생활'에 유익하고 유해한 것은 결코 아니다.

그보다도 더 중요한 것이 재가치와 생명가치의 관계이다. 이 양자 사이에는 어떤 토대관계가 있다. 물론 생명가치가 재가치의, 다시 말하면 높은 가치가 낮은 가치의 밑바탕이 되는 것이다. 어떤 것은 그 자체에 있어서 '좋은 것'이 아니라 오직 그 누구를 '위해서' 좋은 것이다. 이 경우에 '그 누구'를 반드시 어떤 사람이나 정신적 존재자로 이해할 필요는 없다. 그 무엇은 어떤 동물이 식물을 위해서, 다시 말하면 어떤 생물을 위해서 좋을 수도 있다.

그러므로 '재(財)'라는 것은 반드시 그 누구를 위한 존재이며 따라서 이 관계를 떠나서 재라는 것은 없다. 이리하여 어떤 생물을 위하여 합목적적인 관계를 가진 모든 것이 재가치, 이용가치를 갖는 것이다. 그러므로 땅에 뿌린 곡물의 씨는 이것을 주워 먹는 새를 위한 재가치이며, 공기와 햇빛과 물의 순환은 지상에 있는 모든 생물을 위한 재가치이다.

이 관계에 있어서는 이 '위한다'라는 말을 객관적인 것으로 이해해야 한다.

즉 이 '위한다'는 말은 '좋다'고 여기는 어떤 지식과 결부하는 게 아니다. 이를테면 그것을 좋다고 여기는 생물이 그것을 그렇게 보고 또 이에 응하는 가치감정을 가지고 받아들이는 의식과 지성을 가지고 있는 경우에도 마찬가지다. 예를 들면 공기와 햇빛과 물 따위는 인간을 위해서 가장 필요한 생활재이지만 그것들이 결핍되었을 때에야 비로소 그렇다는 것이 느껴지는 것이다. 우리가 날마다 먹는 밥도 참으로 귀중한 것이지만 감사하는 마음으로 밥을 먹는 사람이 과연 얼마나 될까?

인간에게 관계되는 이 재가치의 '대아적(對我的) 존재'라는 것이 이른바 가치상대주의와는 아무런 관계가 없다는 것, 또 이 '대아적 존재'가 우리의 인정정도에 따라서 우리의 가치감정이나 지식에 의존하는 게 아니면서, 우리가 그것을 발견해서 이용하려고 마음만 먹는다면 언제든지 유용하다는 것을 알아두어야 한다. 예를 들면 땅속의 석탄자원은 우리가 그것을 파내기 이전에도 인간에게 귀중한 하나의 재(財)에 틀림없다. 이것은 이미 오래전부터 이용해 주기를 기다리고 있었던 것이다.

이리하여 재가치는 본디 인간에게 관계된 것이고 유익한 것이면서 인간의 이해력이 미치지 못하는 것이다. 이 결론은 중요한 것이다. 왜냐하면 재가치는 그 자체가 도덕적 가치에 있어서 토대적인 역할을 하기 때문이다. 그러므로 우리는 위에서 말한 토대관계를 다음과 같이 바로잡아야 한다. 즉 모든 재가치는 오직 생물 혹은 인간을 '위한' 가치이며 따라서 생명가치와 정신적 가치의 보유자에게 관계되고, 그런 만큼 생명가치뿐만 아니라 보다 높은 가치족의 토대가 된다고. 여기서 문제가 되는 것은 먼저 도덕적 가치뿐이다. 그러나 바로 여기서는 반대의 관계가 새롭게 나타난다.

또 하나 유의할 것은 어느 의미에서는 쾌적가치와 생명가치 사이에도 똑같은 토대관계가 틀림없이 성립한다는 점이다. 쾌적도 그 자체에 있어서 존립하는 게 아니라, 오직 '나'에게 쾌적한 것으로서만 존립한다. 좀더 엄밀히 말하면 생물에 대해서만 쾌적한 것이다. 차이가 있다면 그것은 다만 쾌적가치가 순수한 주관성, 즉 감각 자체의 가치이지 결코 객관의 가치가 아니라는 점이다.

재가치의 종류는 그 수가 매우 많다. 재가치는 생활기능을 위한 유용성처럼 낮은 가치로부터 시작하여 인격에 대한 인격의 태도만이 가질 수 있는 가장 높은 정신적 가치, 예를 들면 우정·호의·사랑에까지 이른다. 정신적 가치는 다른 인격과의 관계를 가진 윤리적 가치에 의해서 제약되고 있는 것이며, 다시 말하면 도덕성에 덧붙는 재가치인 것이다.

이러한 재가치 가운데에는 가치의 높낮이 정도에 있어서 낮은 도덕적 가치보다도 높이 솟는 가치가 있다. 이유인즉 벌써 여러 가치족이 그 높낮이에 의해서만 구별되는 게 아닌 점에 있다. 이 점에서 미적 가치까지도 재가치로서의 성격이 짙은 가치가 있을 거라고 생각할 수 있다.

마지막으로 사태가치(事態價値)에 대해 할 말이 있다. 위에서 사태가치를 재가치에 포함시킨 바 있다. 그러나 그것은 넓은 의미에서만 그렇다고 말할 수 있다. '재가치'가 일찍이(예를 들면 메리 셀러에 의하여) 그 가치 보유고의 존재층에 의해서 규정된 일이 있다. 단순한 사물·사실 또는 물적인 자연관계도 재가치의 보유자가 될 수 있다고 생각된다. 그중에는 인간이나 다른 유기체의 외면적인 생활관계도 포함된다.

이러한 규정은 너무 편협한 것이 분명하다. 그러한 규정이 재가치를 다만 사물의 이용가치로만 아는 사람에게는 충분할는지 모르지만 보다 높은 재가치에 대해서는 불충분한 것이다. 한꺼번에 일어나는 모든 사건도 재가치를 가질 수 있다. 또 도덕적으로 평가할 수 있거나 없거나에 관계없이 사람에 대한 사람의 모든 태도도 재가치를 가질 수 있으며 '우연적'인, 다시 말하면 무목적적인 모든 사실·상황·사태도 그러한 것이다.

물적 형태가 없는 모든 사정에 대해 현상학자들은 '사태가치'라는 말을 쓴다. 그러나 이 사태가치는 결코 어떤 새로운 가치족을 뜻하는 게 아니다. 만일에 '재'를 좁게 '물'로 이해하지만 않는다면 사실에 있어서 사태가치는 재가치의 개념 속에 포함되는 것이다. 그렇지 않고서는 행복이나 세력과 같은 가치를 재가치라고 간주하기가 불가능하다. 왜냐하면 '행복'이라는 것은 옛이야기 속에 나오는 보물·보석·'마법 거울'과 같은 어느 한 가지 '사물' 속에 잠겨 있는 경우가 드물고 언제든지 바로 특정한 생활형편이라는 사태(事態)에 덧붙여지는 것이기 때문이다. 이 점이 윤리학에 대해 중대한 뜻을 지니고 있다. 왜냐하면 도덕적 가치는 분명히 재가치에 속하는 것이며 더욱이 사태가치에 직결되는 것이기 때문이다.

b 모든 가치족의 친근성과 대립성

위에서 가치족을 그 가치보유자의 부류에 따라서 규정하는 데 의문이 있다는 것을 알았다. 그러나 재가치에 있어서는 그 밖에 어떻게 할 방법이 없다. 그렇다면 사물로부터 매우 미묘한 인격적 태도에 이르기까지 있을 수 있는 모든 것이 재가치의 보유자가 될 수 있다고 말할 수밖에 없다. 그 점은 '정신적 가치'에 있어서도 거의 마찬가지다.

그리하여 정신적 가치에는 적어도 도덕적 가치·미적 가치·인식가치라는 세 가치족이 포괄된다. 물론 이 모든 가치는 정신적 생활의 세계 내부에서만 성립할 수 있지만 이 모든 가치의 보유자는 결코 똑같지 않다. 도덕적 가치의 보유자는 오직 인격으로서의 인간뿐이다. 도덕적으로 '선'하거나 '악'한 것은 오직 인간뿐이며, 또 오직 인간에게만 선과 악을 가능케 하는 자유가 있다.

그러나 진리라는 가치의 보유자는 인격으로든지 인식자(認識者)로든지 인간이 아니다. 왜냐하면 인간이 가진 표상이 사실과 일치하거나 일치하지 않을 때에 참되거나 참되지 않을 수 있는 것은 인간 또는 인식하는 자가 아니라 어디까지나 그가 가진 표상·판단·인식 그 자체이다.

진(眞)이니 비진(非眞)이니 하는 말이 인간에게 덧붙여지면 그 본디 의미가 전혀 달라져서 오로지 윤리적 의미만 갖게 되는 것이다.

미적 가치에 있어서는 반대로 인간을 가치보유자로 보는 것은 넓은 게 아니라 너무 좁은 견해이다.

물론 아름다운 사람이나 추한 사람이 있을 수 있다. 하지만 사람이 아닌 동물이나 풍경도 아름다울 수 있고 추할 수가 있다. 그뿐 아니라 모든 물건, 모든 자연현상과 생활현상 내지 인간정신의 객관화인 헤아릴 수 없이 다양한 모든 예술적 대상에도 마찬가지로 미 혹은 추가 있을 수 있는 것이다.

그러므로 미적 가치에 대해서도 재가치에 대해서와 거의 같은 말을 할 수 있다. 즉 이 세계 내에 있을 수 있는 것이면 물건이나 생물이나 인격이나 세계의 모든 체계나 실재적 세계의 각각의 단면이나 무엇이든지 이 미는 가치의 보유자가 될 수 있다. 또 미적 가치의 보유자가 되기에 알맞게 사람의 손으로 만든 모든 '것'도 마찬가지다. 이 '것'을 너무 좋게 이해해서는 안 된다. 왜냐하면 환상이나 순수한 관념적 구성체와 같은 '것'도 미적 가치의 보유자가 될 수 있기 때문이다.

한편으로 미적 가치들은 재가치와 비슷한 점이 있음이 분명하다. 그래서 미적 가치는 하늘이 인간에게 내린 선물인 양, 최고의 재가치로 간주되기도 한다. 그러나 또 한편으로는 미적 가치가 쾌적가치와 비슷한 점이 있는 것도 부인할 수 없다. 그러므로 미학이 쾌와 불쾌와의 차이를 미와 추와의 차이로 넘겨버리려고 애쓴 경우도 드물지 않았다. 미를 향수하며 가치를 지시하는 작용이 분명히 유쾌한 작용임을 떠올려 보면 미적 가치와 쾌적가치와의 친근성이 그 위에 더할 나위 없이 분명해진다. 더구나 반응하는 가치감정 자체에서 보면 가치가 쾌감에 있는 게 아니라 쾌감의 대상에 있는 게 확실하다. 하지만 가치의 이러한 대상화는 모든 쾌와 불쾌의 특징이기도 하다. 왜냐하면 우리는 쾌감을 환기하는 것을 '쾌적'하다고 말하는 것이지 쾌감 자체를 쾌적한 것이라고 부르는 게 아니며, 불쾌감을 환기하는 것을 '불쾌적'한 것이라고 부르기 때문이다. 예를 들면 악취가 나는 것, 고통스러운 것, 쓴 것 따위가 그러하다.

쾌감의 성질과 대상의 성질은 어디까지나 구별되는 것이다. 미적 향수의 작용은 오직 미를 관조하는 면에서만 감성적이지 쾌감을 느끼는 면에서는 감성적이지 않다. 여기서는 쾌감이 이차적인 관조, 바꾸어 말하면 보다 높은 초감성적 관조에서 비로소 느껴지는 것이다.

그러므로 대상의 미적 가치는 쾌적에 있어서처럼 감성적 소여에 좌우되는 게 아니라 현상관계 혹은 현상관계와 같은 가치의 형식관계에 좌우된다.

여기서 중요한 것은 미적 가치를 '정신적 가치'로 봐야 한다는 점이다. 그리하여 미적 가치는 진리가치 및 도덕적 가치와 똑같은 차원으로 끌려 들어가게 되는 것이다. 그렇게 하려면 오직 고차적인 관조작용에만 치중해서는 안 된다. 바로 여기서 보다 나은 설명이 대상분석에서 나올 수 있는 것이다.

그러면 여기서 '정신적 가치'는 무슨 의미일까? 그것은 미적 가치가 정신에 속한다는 뜻이 아니다. 예술작품에는 어느 경우에나 정신이 있다. 왜냐하면 예술작품은 '객관화한 정신'이며 이 객관화한 정신은 이 세계에서 그 밖의 모든 아름다운 것에는 없기 때문이다. 그러나 정신이 미적 가치의 보유자는 아니다. 그러면 정신적 가치의 어느 의미가 남는가? 이 물음에 답하려면 제5절에서 논급한 '객관화의 법칙', 특히 객관화한 정신의 존재 가운데에서 살아 있는 정신이 하는 역할과 객관화한 정신의 '대아적 존재'를 상기해야 한다.

예술작품, 즉 객관화한 정신의 본질 속에서 눈에 띄는 것은 3항관계 내지 4항관계이다.

첫째가 실재적인 전경과 비실재적인 후경 사이의 현상관계이다. 그렇지만 이 2항관계는 오직 살아 있는 정신에 '대해서'만 성립한다. 다시 말하면 개인적이거나 객관적이거나 상관없이 살아 있는 정신이라는 제3자에게만 나타난다.

이것이 3항관계이다. 그다음에 '제4항'은 예술가의 생산적인 정신인데, 이 정신은 물론 과거에 속하는 것이라고 볼 수 있지만 언제든지 저 3항관계의 배후에 남아 있어서 어느 한계 내에서는 같이 '나타나는' 것이다.

제4항, 즉 예술가의 생산적인 정신이 자연미와 인간미에 관계가 없는 것을 보더라도 미적 가치에 어떤 역할을 하는 게 아님을 알 수 있다.

하지만 제3항, 즉 살아 있는 정신은 미적 가치 일반에 대해 중요한 것이다. 왜냐하면 미적 가치라는 것은 오직 '그 누구에 대해서'만 존립하는 것이지, 보는 주관과 관계없이 그 자체에 있어서 존립하는 것이 아니기 때문이다. '아름답다'고 보기를 요구하는 모든 것의 3항관계에 있어서 본질적인 이 정신이 바로 미에 정신적 가치라는 성격을 부여하는 것이다.

또 한 가지 덧붙일 말은 미적 가치가 재가치와도 두드러질 정도로 친근성을 가지고 있다는 사실이다. 왜냐하면 재가치도 미적 가치와 마찬가지로 주관과의 관계를 떠날 수 없고 또 주관의 현존에 제약을 받기 때문이다. 물론 재가치의 경우에는 정신적 생활이 없는 생물을 위한 가치도 있을 수 있다. 그러나 그것은 이차적인 차이에 지나지 않고 그 누구를 '위한다'는 요점에 있어서는 미적 가치와 재가치는 똑같은 것이다.

둘의 차이는 다만 재가치에 있어서는 관계의 의식에 상관없이 주관과의 실재적 관계가 중요하지만 미적 가치의 경우에는 독특한 의식관계가 중요하다는 점이다. 그 무엇이 갑을 위해서 유용한 것이기만 하면 갑이 그것을 의식하든지 않든지 간에 굳건히 갑을 위한 '재'가 되는 것이다. 하지만 미적 가치의 경우에는 관조하며 감수하는 갑에 '대하여' 어떤 현상관계가 성립하는 때에, 즉 갑이 대상의 실재적 전경을 투시하고 이 전경 속에서 후경의 계층적 관계가 갑에 '대하여' 나타날 때에 미가 갑에 '대하여' 성립하는 것이다.

이 제2의 '대하여'는 매우 주관적인 정신적 의식에 관계된다. 여기에 미적 가치와 재가치와의 중요한 차이점이 있는 것이다.

c 재가치와 도덕적 가치

지금까지 살펴본 것과 같은 규정에서 미적 가치의 지위를 알 수 있다. 그러나 우리는 이제 겨우 미적 가치의 어귀에 다다른 셈이다. 이 미적 가치를 본격적으로 추구하려면 다른 우회로를 걸어야 된다. 여기서 먼저 고찰해야만 하는 것이 도덕적 가치이다. 왜냐하면 미적 가치는 또 도덕적 가치와도 특수한 관계를 가지고 있기 때문이다. 그러므로 우선 도덕적 가치, 그 자체의 근본규정이 요구된다.

하지만 여기서는 상세한 설명은 '윤리학'으로 미루고 다만 요점만을 지적하겠다.

(1) 도덕적 가치와 비가치의 보유자는 오로지 인격이나 혹은 작용·태도·심정뿐이다. 그러므로 도덕적 가치는 인격가치와 작용가치임이 분명하다. 왜냐하면 오직 인격만이 자유를 가졌고 이 자유를 그의 작용 및 거동 등으로 실현하기 때문이다. 하지만 자연필연성에 의해 일정하게 행동하도록 강요받지 않은, 따라서 그와 다르게 행동할 수 있는 그러한 행동만이 도덕적 가치를 갖는 것이다.

(2) 도덕적 가치는 재가치의 경우처럼 그 누구를 '위한' 그 누구와 상대적인 가치가 아니다. '위한다'는 것은 단지 그 누구에게 부속하는 재가치에만 적용되는 것이다. 재가치는 그 누구에게 유용한 가치에 지나지 않는다. 그러나 이 가치를 도덕적인 가치와 혼용해서는 안 된다. 왜냐하면 갑이 정직하면 그와 더불어 사는 을에 대해서 '좋은 것'(재)이기 때문이다. 하지만 정직의 가치, 그 자체는 갑의 것이다. 즉 정직의 가치는 을이 그것을 이용하거나, 알거나, 인정하거나 상관없이 존립한다.

(3) 도덕적 가치와 비가치는 물건 이외에 인격과도 관계가 있는 활동·태도·심정에만 덧붙여지는 것이다. 그러므로 도덕적 가치와 비가치는 주체와 가치보유자인 인격에만 덧붙는 게 아니라 객체로서의 인격에도 덧붙는다. 따라서 도덕적으로 평가될 수 있는 행동은 '인격에 관한 행동', 좀더 엄밀히 말하면 인격과 관계가 있는 사물의 처리를 말하는 것이다. 이렇게 말하면 우리는 동물에 대해

서도 친절한 혹은 무자비한 행동을 할 수 있는 게 아니냐고 비난할 사람이 있으리라. 그러나 이러한 비난이 어떤 변화를 가져오지는 않는다. 왜냐하면 그것은 인간이 아닌 다른 생물도 어느 정도의 인격성을 가지고 있다는 견해에서 나오는 것이기 때문이다.

이상과 같은 근본규정보다도 더 중요한 것이 재가치와 도덕가치와의 원칙적인 관계이다. 이 관계는 이미 말했던 차이나 대립에만 그치지 않는다. 이 관계는 오히려 적극적이며, 도덕적 가치 자체에 대해서 구성적인 본질적 관계이다.

이 관계를 공식화해서 말하면 다음과 같다. 모든 도덕적 가치는 재가치를 토대로 하고 있다. 더구나 모든 도덕적 가치는 특종의 재가치를 전제로 내세운다. 그럼에도 모든 도덕적 가치의 특질은 그 토대가 되는 재가치에 대해 어디까지나 자율적인 점에 있다.

이 관계를 도덕적 가치의 토대법칙이라고 부를 수 있다. 그리고 이 법칙을 논증할 필요가 있다. 이 법의 첫 부분은 논증하기가 쉽다. 지키는 사람이 없는 남의 재물에 대해 정직한 사람이 취하는 행동과 도적이 취하는 행동이 어떻게 다른가? 전자는 남의 재물을 존중하지만 후자는 존중하지 않는 점이 다르다. 그러나 거기에는 남의 재물이 재가치를 가지고 있다는 것이 전제되고 있다. 만일 남의 물건이 재가치가 없다면 그것을 훔치려는 충동이 일어나지 않을 것이며 따라서 정직한 사람의 행동이 도적의 행동과 다를 바가 없을 것이다. 이와 같이 도덕적인 가치나 비가치는 물건의 재가치를 토대로 성립하며 이 토대에 제약을 받는다.

우리가 그 누구에게 호의를 베풀거나 또는 그 누구를 기쁘게 하는 것도 그와 마찬가지다. 왜냐하면 호의나 기쁨은 타인을 위한 재가치를 뜻하기 때문이다. 이 재가치는 대부분 사태가치라는 형태를 취하는 것이다. 예를 들면 내가 어떤 사람을 도와준다든지 또는 그에게 선물을 보낸다든지 하는 경우에 그런 생각의 가치는 오직 이 물건의 가치에만 있는 게 아니라 이 물건이 그 사람에게 유용한 점에 있는 것이다. 이것이 전형적인 사태가치이다. 도덕적 가치는 더 이상 재가치의 제약을 받지 않는다. 재가치는 다만 있어야 하고 오직 토대가 될 뿐이며 그 밖의 모든 점에 있어서 도덕적 가치는 독립적인 것이다.

이 점은 토대법칙의 둘째 부분에 해당하는 것으로, 이것은 다시 세 가지로 요약된다.

(1) 재가치를 '토대'로 성립하는 도덕적 가치에는 재가치가 그 가치요소로서 포함되는 게 아니다. 토대가 되는 가치는 그 토대 위에서 성립하는 가치 속에 재현하지 않는다. 우리가 욕심내는 물건의 재가치는 정직이라는 가치 속에 포함되지 않는다. 왜냐하면 정직이라는 가치는 정직한 사람의 인격에 속하는 것이며, 물건이 욕구의 대상이 되는 것과 똑같은 방식으로 욕구의 대상이 되는 것은 아니기 때문이다.

이리하여 도덕적 가치는 내용적으로 자율적인 것이다.

(2) 도덕적 가치의 높낮이는 토대가 되는 재가치의 높낮이에 따라서 좌우되지 않는다. 그것은 이른바 '빈자의 등불(貧者一燈)'이 증명한다. 최소의 재가치가 최고의 도덕적 가치—위대한 공헌—에 올라갈 수 있고 또 반대로 막대한 공헌이 반드시 막대한 재가치와 똑같은 것은 아니다.

(3) 도덕적 가치의 실현은 재가치의 실현에, 다시 말하면 사태가치의 실현에 의존하지 않는다.

이 점은 특별히 설명할 필요가 없다. 예를 들면 내가 어떤 엄청난 것을 가지고 그 누구를 기쁘게 하려고 했다가 그것이 제대로 들어맞지 않아서 오히려 그 사람에게 오해를 받는 경우가 있다. 즉 내가 마음속에 가졌던 사태가치가 실현되지 않는 경우가 있다. 그렇지만 내 의사·의도·의향의 도덕적 가치에는 아무런 영향도 없는 것이다. 이 실례는 나의 진심이 다만 그대로 받아들여지지 않았다는 것을 뜻한다. 그 결과는 반대로 나타날 수 있어도 기쁘게 하려고 했던 좋은 의도와 심정만은 '친절'한 것이다. 행동의 결과에 있어서 내가 의도한 상황으로 이루어지지 않았더라도 도덕적 가치는 나의 의도나 심정에서 완전히 실현될 수 있다.

결국 토대관계에서 보면 도덕적 가치는 계획 중에 있는 재가치에 의존하는 것이다. 그러나 도덕적 가치의 내용이나 높낮이나 실현이 이 재가치에 있어서 제약을 주지는 않는다.

d 지향되는 가치와 지향의 가치

위에서 이룬 성과는 매우 주목할 만한 것이다. 왜냐하면 거기서는 여러 가지 결과가 나오는데, 처음에 윤리학에만 관계가 있던 이 결과들이 그 뒤에 또 미학에도 적용되기 때문이다.

토대관계에서 모든 윤리적 의도나 행동에는 재가치와 도덕적 가치라는 전혀 이질적인 두 가지 가치가, 더구나 일정한 의존관계를 가지고 참가한다는 것을 알았다. 이 두 가지 가치는 분명히 합치할 수 없는 것이다. 그러나 그것은 진리의 반 정도에 지나지 않으며 이 진리의 또 하나의 반은 제2의 법칙에 있는 것이다.

모든 행동, 모든 의지, 모든 윤리적 지향에는 도덕적 가치나 비가치가 있다. 하지만 그것은 지향하는 방향에, 즉 지향하는 가치나 행동의 목적에 있는 게 아니라 바로 지향 자체에 나타나는 가치, 곧 지향가치인 것이다. 막스 셸러의 법칙이라고도 불리는 이 법칙을 이렇게도 말할 수 있다. 즉 행동의 목적은 도덕적 가치가 아닌 재가치이며 좀더 엄밀히 말하면 사태가치이고, 도덕적 가치는 '행동의 배후'에서 나타나는 것이다. 이러한 관계에서 보면 '지향대상'의 가치가 토대가치이고, '지향작용'의 가치는 이 토대에 의존하는 가치이다. 그리고 이 후자가 다름 아니라 바로 도덕적 가치이므로 지향관계의 법칙은 토대관계의 법칙과 합치하는 것이다.

그 이유는 간단하나 저 토대관계의 세 가지 비의존성과 합치하는 게 아니라 순수한 윤리적 성격을 가지고 있다. 예를 들면 어떤 사람을 기쁘게 하려고 하는 사람은 자기 자신이 친절한 사람이 되기 위해서가 아니라 오로지 그 사람을 기쁘게 하기 위해서인 것이다. 즉 그는 자기 자신을 생각하는 게 아니라 다른 사람을 생각하는 것이며 오직 다른 사람을 생각하는 경우에서만 그가 친절한 사람이 되는 것이다. 만일 마음속으로 조금이라도 자기 자신을 생각한다면 그의 행동은 벌써 친절한 행동이 될 수 없는 것이다.

자기가 덕(德)이 있는 사람이 되기 위해서 행동하는 사람은 일반적으로 덕인이 되지 못한다. 덕이라는 것은 정당한 지향을 가진 사람이 지니는 것이다. 그런데 정당한 지향은 그 착안점을 정당한 시대가치에 둔다. 직접적으로 도덕적 가치를 지향하면 그것은 파괴되기 쉽다. 왜냐하면 도덕적 가치가 덧붙일 지향 자체가 교란되기 때문이다. 따라서 직접적으로 도덕적 가치를 지향하는 사람은 마지막에 가서는 자기과시와 위선에 빠진다.

우리는 도덕교육의 모든 활동이 직접적으로 도덕적 가치를 지향한다는 것을 의심할 수 없다. 도덕교육이 모든 도덕적 가치에 걸쳐서 이루어질 수 있는 것인지는 별문제로 두더라도 용기나 사랑이나 희생은 배워서 얻기 어려운 것이다. 부지런함과 꾸준함과 질서의 존중과 절제와 자기훈련은, 교육적 지도를 통해서 이루어질 수 있고 성실과 신뢰와 정의감 등도 어느 정도 그럴 수 있다. 따라서 도덕적 가치가 직접적 지향의 대상이 될 수 없는 것은 아니다. 그 점은 충분히 성장한 사람이 행하는 모든 자기교육에서 볼 수 있다. 그뿐 아니라 모든 종류의 자기비판·회개·자기반성·의식적인 '추종'에서도 마찬가지다. 사람은 모범상(模範象)처럼 되고 싶어 하는 것이다.

여기서 한 가지 주의할 점은 우리가 추구하는 도덕적 가치가 요구하는 노력의 도덕적 가치와 똑같은 것이 아닌 만큼 위에서 서술한 법칙은 의연히 존속한다는 사실이다. 교육자 가운데에는 의무의식·사랑 혹은 민족과 국가에 대한 세계관적 충성심을 가지고 학생들을 다루는 사람이 있을 것이다. 그러나 그것은 그들이 학생들로 하여금 추구케 하는 도덕적 가치—예를 들면 지구성이나 질서존중 등—와 똑같은 도덕적 가치가 아니다. 여기서도 지향작용의 가치는 지향대상인 가치와 서로 다른 가치인 것이다. 그 점은 자기교육에 있어서도 마찬가지다.

이상은 우리가 다루려던 주제에서 벗어난 것 같으나 결코 그렇지 않다. 서로 다른 성질의 두 가지 가치족이 얼마나 밀접하게 연결하는가를 드러내는 것이다. 그리고 그 점은 미적 가치의 문제에 대해서 중요한 것이다. 왜냐하면 미적 가치도 허공에 떠도는 게 아니라 다른 가치족과 밀접하고 독특하게 이어지는 것이기 때문이다.

그러므로 여기서 도덕적 가치에 관해서 또 한 가지 거론하지 않을 수 없다.

도덕적 가치는 그 본질이 지향되는 점에 있는 것이 아니지만 윤리적 태도는 언제든지 지향하는 것이므로—도덕은 지향작용의 방향을 제시하는 명령의 총괄이라고도 말할 수 있다—대답을 필요로 하는 세 가지 문제가 있다.

⑴명령할 수 있는 도덕적 가치가 무엇인가?

⑵어느 도덕적 가치가 의의 있게 요구될 수 있는 것인가?

⑶노력해서 실현할 수 있는 도덕적 가치가 무엇인가?

이상의 물음에 대한 대답은 일괄적으로 말할 수 있는 게 아니라 저마다의 가치에 따라서 다른 것이다. 그것은 가치세계의 모든 법칙성이 우리에게 아무런 도움도 되지 않는 것을 뜻한다.

첫째, 명령할 수 있는 것—당위의 형식을 취할 수 있는 것—은 위에서 말한 바와 같이 가르칠 수 있는 가치, 예를 들면 근면·끈기·질서존중 내지 자기훈련·절제·정직 등이고, 명령할 수 없는 것은 사랑·신뢰 등이다.

둘째, 추구할 수 있는 것은 거의 모든 도덕적 가치이다. 그러나 그것을 직접적으로 추구하면 오히려 도덕이 그 반대의 것으로 방향을 바꾸어 추구하지 말아야 할 것이 될 위험성이 있다. 현실적으로 추구할 수 없는 것은 개성의 가치이다. 개성의 가치는 스스로 실현되어야 하는 것이다. 개성의 가치를 어떤 것의 목적인 것처럼 추구하는 사람에게는 언제든지 그것을 잃어버릴 위험성이 따른다. 여기에 재가치와 일치하는 점이 있다. 예를 들면 행복은 물론 추구할 수 있는 것이지만 이 행복은 노력한다고 해서 실현되는 게 아니다. 행복을 추구하는 사람은 거의 부자유적으로 행복을 파괴하는 것이다.

셋째, 순수성을 제외하고 거의 모든 도덕적 가치가 실현될 수 있다. 순결과 순박함은 절대로 노력에 의해서 실현될 수 있는 것이 아니다. 순결은 잃기 쉽고 회복되지 않는 것이다. 그 점에 있어서는 젊음·아름다움·천진난만과 같은 약간의 귀중한 재가치도 마찬가지다.

e 형이상학적 가치문제

지금까지 고찰하면서 일부러 형이상학적인 가치문제에 눈을 돌리지 않았다는 것을 분명히 말해 둔다. 형이상학적 가치문제는 가치의 존재방식, 그 타당성의 의미와 기원, 가치의 상대성과 절대성에 관한 문제 등을 말하는 것이다. 이 문제들을 도외시한 이유는, 중요하지 않기 때문이 아니라 당면한 문제연관에 대해 아무런 관계가 없기 때문이었다.

보다 낮은 가치족에 있어서는 존재문제와 타당성문제가 오로지 실재적인 존재관계에 밀착되어 있는 것이다. 생물이나 인간에게 유익한 것이 '선'이고, 유해한 것이 '악'이다. 그것은 분명한 객관적 관계이며 따라서 이 객관적 관계 속에 포위되어 있는 인간은 이 관계에 어떤 변경을 가하기가 불가능한 것이다. 물론 생활형편이 달라지면, 좋은 것이 나빠질 수 있고 또 반대로 나쁜 것이 좋아질 수도 있다. 그러고 보면 나쁘니 좋으니 하는 것은 상대적인 듯하지만 결코 그렇지 않다. 왜냐하면 상황 전체가 달라지면 동일한 것이 결코 동일한 것이 아니기 때문이다. 생활에 있어서는 모든 것이 존재적으로 서로 의속(依屬)하며 개별적으로 고립해서 존재하는 것은 없다.

예를 들면 재가치가 그렇다. 재가치의 근거는 어떤 주관을 '위한' 단순한 합목적성일 뿐이다. 그리고 이 합목적성이 의식적인 목적을 위한 합목적성이냐 그렇지 않으면 아무런 목적이 없는 합목적성이냐를 물을 필요가 없다. 전자는 인간의 의식적인 행동을 전제로 하는 흔하지 않은 합목적성이요, 후자는 흔히 볼 수 있는 우연적인 합목적성이다. 예를 들면 어떤 초목의 씨앗은 특히 인간을 위해서 발명된 것이 아니지만 그 영양가치가 알려지면 중요한 '재(財)'가 되는 따위가 그것이다.

그와 마찬가지로 존재문제는 재가치에 대해서 아무런 방해도 되지 않는다. 재가치는 물론 객관성을 요구하는 것은 아니지만 그 주관성의 영역에 있어서는, 즉 순수한 감정가치로서는 독재적인 것이며 상대성에 굴종하는 게 아니다. 왜냐하면 여기서는 모든 관계가 쾌·불쾌를 감수하는 주관의 상태나 소질의 정도에 따라서 쾌감이나 불쾌감의 정도에 큰 차이가 있기 때문이다. 이러한 상대성─외적관계의 상대성─은 분명한 것이어서 결코 쾌적가치의 특성, 자율성과 독립성을 위태롭게 만들지 않는다.

존재문제는 또 생명가치에 있어서도 절대 곤란한 문제가 아니다. 건강·기분·탄력성, 신속하고 정확한 반응성, 착실한 본능 등이 동물에 대하여 중요한 생명가치를 가지고 있다는 것은 이미 증명할 필요도 없이 분명한 존재관계와 합목적성의 관계인 것이다. 엄정하게 말하면 이러한 속성들은 생물의 내적이고 자연적인 재 이외의 다른 것이 아니다. 그러므로 우리는 이 속성들을 재가치라고 간주한다. 여기서도 우리는 재가치와 생명가치가 서로 옮아간다는 사실을 안다.

그러면 왜 생명 자체가 가치 있는 것이냐 하는 문제가 나오게 되는데, 이것이 바로 형이상학적인 문제이다. 생명이 가치 있는 것이라는 점에 대해서는 다른 의견은 없다. 그리고 이 생명과의 관계를 통해서 비로소 이 세계 내의 모든 존재자가 좋은 것과 나쁜 것으로 갈라지는 것도 사실이다. 이러한 가치가 고유가치인 것이다. 그러나 우리는 이 고유가치를 존재관계에서나 또 합목적성에서 끌어낼 수는 없다. 고유가치를 연역(演繹)하기는 불가능하다. 그리고 이 고유가치가 바르게만 존립한다면 그것은 절대적인 것이다.

　이 점에 관해서는 다른 의견이 많다. 그중에서 가장 간명한 것이 목적론적 설명이다. 이 설명에 의하면 생명가치의 토대는 그보다 위의 정신적 가치, 즉 정신적 생활 그 자체이다. 하지만 생명을 오직 '정신을 위한' 것이라고 하는 설명은 존재론적으로 이해되지 않는다. 왜냐하면 생명은 정신을 떠나서 그리고 정신에서 독립해도 얼마든지 존립하기 때문이다.

　이러한 문제에 대해서는 일정한 대답이 저절로 나올 수 있는 아무런 현상도 없다. 그러나 진실을 말하면 생명의 고유가치를 위한 증명은 생(生)을 긍정하고 사(死)와 멸(滅)을 부정하는 우리의 가치감정 이외에 없는 것이다.

　이 사실은 주관적으로도 해석되고 객관적으로도 해석된다. 주관적으로 해석되는 까닭은, 우리 자신이 생명이고 또 모든 생물이 자기긍정을 본질특징으로 가지고 있기 때문이다. 반면에 객관적으로 해석되는 까닭은, 생물은 무생물보다 상위의 존재층에 속하며 존재층의 '높낮이'에 따라서 가치에도 높낮이의 차이가 있다는 것을 생각할 수 있기 때문이다.

　그렇지만 이런 해석은 우리가 도덕적 가치의 존재방식과 그 효력에 관한 문제를 제기하자마자 빠질 수밖에 없는 심각한 곤란에 비하면 유치한 장난이다. 왜냐하면 여기서 문제되는 것은 이미 존재관계 속에서 나타나며 분명히 이 존재관계의 한 뒷면에 지나지 않는 가치가 아니라, 존재와 대립하고 당위성을 띠고 나와서 인간이 절대적으로 따르기를 요구하며 그 이상의 아무것에도 환원되지 않는 가치가 문제이기 때문이다.

　여기서도 우리가 의지할 수 있는 것은 우리의 가치성 말고는 아무것도 없다.

　하지만 가치감정이라는 것은 어떠한 조건에서든지 일어나는 게 아니라 성숙한 인간이 가치의 영역에 이르렀을 경우에만 일어나는 것이다. 이 가치감정은 사람의 나이에 따라 다르고, 또 민족과 환경에 따라 다르며 결국 역사적인 시대상황에 따라 다른 것이다. 가치감정의 이런 상대성은 결국 도덕적 가치 자체의 존립과 타당성에까지 옮아가서 이 도덕적 가치를 흔들리게 하는 것같이 생각된다.

그 증거를 '도덕'의 다수성에서 볼 수 있으리라.

여기서 형이상학적인 가치문제가 얼마나 신중한 것인가를 알 수 있다. 왜냐하면 인간의 '에토스'는 도덕적 가치의 초역사적 타당성과 더불어 존망(存亡)을 같이하는 것이기 때문이다. 여기서 가치감정의 동요는 가치 자체의 동요를 뜻하는 게 아니라는 사실을 알아야만 비로소 하나의 결말이 발견되는 것이다. 이 결말이 단지 부정적인 측면에서 나온 것이라 하더라도 말이다. 왜냐하면 가치감정은 결코 모순되는 것을 표시하지 않기 때문이다. 즉 가치감정은 일단 승인한 가치를 다시 거부하는 일이 없으며 비가치라는 낙인을 찍을 수가 없다.

그 점에서 '모든 가치의 가치전환'이라는 니체의 사상은 오해라고 말할 수밖에 없다. 가치감정은 다만 특정한 가치를 '거부'하거나 무시하거나 묵살할 수는 있다. 이것을 가치맹목(價値盲目)이라고 부른다. 이 가치맹목은 가치감정의 역사적 상대성을 분명히 드러내 보이고도 남음이 있다. 왜냐하면 시대가 바뀌고 민족이 다르면 가치를 선별하는 눈이 달라져서 가치세계의 어느 한쪽에 대해서는 가치맹목이 성립하기 때문이다.

도덕적 가치 자체의 긍정적인 면, 즉 진정한 존재방식과 그 시대적 제약을 뛰어넘음 타당성은 그러한 방식으로는 밝혀지지 않는다. 그러므로 형이상학적인 가치문제는 무한히 존재한다.

28) 가치세계에 있어서의 미의 지위

a 소급의 시도

미적 가치의 본질을 규정하는 것은 도덕적 가치의 본질을 규정하기보다 여러 가지 점에서 쉽다. 여기서는 첫째로 형이상학인 문제의 중압이 없다. 그렇다고 미적 가치의 본질이 여러 가지 형이상학적인 문제를 내포한 배경적인 수수께끼가 아니라는 말은 아니다. 그러나 여기서는 형이상학적인 문제가 중요하지 않다.

왜냐하면 미적 가치는 어떤 요구를 제기하거나 어떤 명령을 내리지 않으며 따라서 그 자율성의 요구에 관한 어떤 논쟁을 환기하지도 않기 때문이다.

미적 가치는 인간에 대해 도덕적 가치와는 반대의 지위를 가진 것이다. 즉 미적 가치는 인간에게 주어지기도 하고 또 인간에게서 떠나기도 하며 그럼으로써 '좋은 것'임이 증명된다. 물론 미적 가치는 간단히 재(財)에 포함시킬 수 없을 만큼 독특한 가치이다. 그러나 미적 가치는 일단 예술가에게 관조되면 그때에는 예술가에게 무언가를 요구한다. 하지만 이 요구는 도덕적인 요구가 아니므로 예술가에게는 다른 임무를 선택할 자유가 있는 것이다.

일면적인 미학이론—이런 이론은 대부분 문학예술과 그 역사에서 나온다—은 미적 가치를 원칙적으로 도덕적 가치에 환원시키려고 안간힘을 쓴다. 이러한 이론은 인간적인 것, 특히 인간에게 있어서의 도덕적인 것을 표현하는 게 문학이라고 보며, 따라서 도덕적 가치의 측면이 올바르게 다루어진 작품이라야 우리의 요구에 만족을 주는 것이라고 주장한다. 그러나 그것은 소설이나 희곡 가운데에서 반드시 착한 사람이 '승리'해야 된다는 것이 아니라 이를테면 착한 사람의 패망을 표현하더라도 이 착한 사람 측에 동정이 가도록 표현해야 된다는 말이다. 그렇지 않으면 작가는 '미'의 효과를 나타내기는커녕 오히려 반발을 사게 된다는 것이다.

오늘날에 이르기까지 많은 사람들이 이러한 견해를 겉으로는 배척하는 척하면서 사실은 언제나 지지해 왔다. 그처럼 끈질기게 지지를 받아온 까닭은 '착한 사람' 측에 동정이 가야 된다는 명제가 완전히 정당하게 성립하는 점에 있는 것이다. 그렇지만 사람들은 이 명제가 증명된 것이 아니라는 사실을 모른다. 왜냐하면 이 명제에는 미적 가치가 문학작품 속에 나타나기 위해서 필요한 전제조건이 있기는 하지만 미적 가치가 성립하기 위한 조건은 없기 때문이다. 구체적으로 말하면 도덕적으로 정당한 측에 동정이 안 가는 문학작품에 미가 있을 수는 없지만 그렇다고 이 동정만으로 작품의 미가 성립하는 것은 아니다. 미가 성립하기 위해서는 그 밖에 문학적 형식이라는 전혀 별개의 질(質)이 필요한 것이다. 그리고 정당한 윤리적 감정은 다만 이 문학적 형식을 위한 하나의 전제에 지나지 않는다.

물론 우리는 그러한 가치혼동과 다른 가치로의 '환원'에 대해 훨씬 더 엄격하게 반대할 수 있다. 지금까지는 주로 미적 가치를 도덕적 가치에 환원시키는 견해에 대해서만 언급했지만 그 밖에도 깊이 생각할 점이 있다. 그것은 문학 말고도 다른 예술이 있고 또 예술미 말고도 다른 미가 있다는 사실이다. 그것은 인간에게 덧붙지 않으며 따라서 도덕적 가치로 되돌릴 수도 없는 가치이다. 왜냐하면 미적 가치는 모든 존재에 덧붙일 수 있지만 도덕적 가치는 오직 인간에게만 덧붙기 때문이다.

아름다운 상수리나무나 늙은 사슴이나 숲속의 계곡이나 하늘 위에 반짝거리는 별자리의 아름다움을 관조하기 위해 '숨은 인간성'을 끌어댈 필요는 없다.

이로써 비표현예술이라는 대포를 들이댈 것도 없이 미적 가치가 도덕적 가치에 환원된다는 명제는 여지없이 무너지는 것이다. 그러나 그렇다고 미적 가치와 도덕적 가치의 관계가 완전히 해결된 것은 아니다.

이와 관련해서 다시 한 번 헤겔 미학의 체계를 경계해야만 한다. 헤겔의 미학에서는 '이념의 반사(反射)'에 있어서 반사보다도 이념, 더구나 이념의 내용에 역점을 두고 있다. 그리고 좀더 따져보면 이 내용이 도덕적인 것임을 알 수 있다. 따라서 미적—문학적 가치가 도덕적 가치에 환원된다는 결론이 나온다.

헤르만 코엔의 미학에서는 '자연과 도덕이 예술의 소재로 격하된다'는 명제가 나오거니와 이 명제는 매우 좋은 편이다. 이 명제 가운데에는 양측의 가치에 고차적인 지위를 인정함 없이 전제되는 두 영역 간의 관계가 내포되어 있다. 다만 그의 신칸트주의에 의한 가치개념의 거부가 거의 도달의 단계에 이른 근본관계의 규정에 걸림돌이 되고 있다.

결국 요점을 말하면 미적 가치는 작용가치가 아니라 대상가치이지만 도덕적 가치는 본질적으로 작용가치인 것이다. 어떤 작용일지라도 미적 가치를 보유하고 있다면 역시 어떤 미적 대상에 속한다고 볼 수 있으리라. 그러나 이런 경우에도 작용은 미적 대상 전체의 일부분에 지나지 않으며 그 도덕적 가치나 비가치는 미적 가치나 비가치가 아닌 것이다.

요약하면 인간적이고 내면적이며 정신적인 것 그 자체가 아름다운 것이 아니라 어디까지나 눈으로 볼 수 있는 것으로 표상되는 것, 감성적으로 나타나는 것만이 아름다울 수가 있다. 예를 들면 살아 있는 사람의 얼굴이 바로 그것이다. 살아 있는 사람의 얼굴 가운데에서 특정한 선이나 운동의 리듬이 '아름다운' 까닭은 거기에서 내적인 도덕적 가치가 투시되거나 또는 탁월한 정신이 표현되었기 때문이 아니라, 그 얼굴에 들어 있는 형성된 내면이 나타나기 때문이며 도덕적 가치와 비가치는 이 내면에 덧붙이는 것이다.

미적 가치가 합목적적인 가치에 환원된다는 견해도 널리 퍼져 있다. 이 견해는 칸트에게서 생겨난 것이 아니다. 칸트는 이 견해를 다만 선험적인 것 속으로 끌어들여서 예부터 사물 자체의 존재적 합목적성이라고 이해해 온 이 합목적성을, 주관을 '위한' 합목적성으로 지정했던 것이다. 사람들은 이 존재적 합목적성을 자연의 완전성으로 이해하고 이에 따라서 진정한 합목적성이 성립한다는 견해가 일반적으로 지배적이다. 물론 사람들은 여기서 첫째로 생물 가운데에서도 또 인간을 떠올릴 것이다. 생물의 이러한 내적 목적성의 밑바닥에는 단자론이 놓여 있는데, 칸트는 내적 목적성과 함께 단자론을 라이프니츠에게서 물려받았던 것이다.

늦긴 했지만 여기서 간결하게 《판단력비판》을 처리해 보기로 한다. 그래야만 미적 판단력과 목적론적 판단력과의 관계가 이해될 수 있다.

우리가 아름답다고 말하는 사물들은 말할 것도 없고 동물적 유기체라는 경이의 작품에서도 아무런 구성적인 목적을 인정할 수 없다. 그러면서도 모든 실천적 관심을 떠나서 우리에게 만족을 주는 기이한 성질만은 가지고 있다.

칸트의 이러한 사상은 전혀 비난할 점이 없을 만큼 엄격하게 비판적으로 짜여 있다. 그러면 또 '구상력의 유희와 오성'에 관한 칸트의 설명이 옳으냐 하면 그것은 다른 문제이다. 그렇지만 근본사상에는 아무런 변화가 없다. 그리고 이 근본사상이 미의 본질에 관하여 언급하지 않았다는 것을 부인할 수 없다. 본디 합목적성이 주관의 관조와 쾌적을 위한 합목적인 것은 뻔하다. 왜냐하면 만일 이 합목적성의 배후에 실재적으로 규정하는 아무런 목적이 없다면 이 합목적성은 대상이 관조의 눈을 끌어당기며 모든 다른 관심을 떠나서 독특한 쾌감을 불러일으키는 성질을 가졌다는 사실 그 자체를 뜻하기 때문이다.

이리하여 미적 가치문제 가운데에서 기묘한 관계가 나온다. 즉 우리가 신중하게 음미해 보면 오늘날에도 아직 칸트의 근본명제에 동의할 수밖에 없지만 이로써 진정한 미의 문제에 관하여 얻는 바가 거의 없다는 것을 부인할 수 없다.

창작하는 예술은 물론 목적적 활동이지만 그렇다고 여기서 초인간적인 오성이 우리와 더불어 추구하는 어떤 목적이 있는 게 아니라는 것을 알기에 별로 도움이 되지 않는다.

　일찍이 사람들이 믿었던 바와 같은 자연의 목적적 활동력에 서로 맞서는 것이 무엇이며 또 자연미에서 대상을 똑바로 볼 수 있는 다양한 형식의 통일이 어떻게 해서 이루어지는가? 그것은 단지 비판적인 방법에서는 알 수 없는 것이다.

b 미의 무용성과 생활의 사치

　칸트의 규정 가운데에는 미의 가치분석에 유익한 것이 하나 있는데, 그것은 만족의 무관심성이다. 그것은 결국 이런 말이 된다. 즉 오직 가치에 반응하는 종류의 작용만이 가치의 특질을 표시하는 표징이 된다. 그러므로 전자에서 후자를 이끌어 내야 한다는 말이다. 그런데 칸트는 무관심성을 그러한 작용의 특색으로 보며 따라서 이 무관심성은 가치의 특질에 일치하는 것이라고 본다. 그러면 그것은 어떠한 특질인가?

　여기서 '관심'이라는 것이 실천적 목적 내지 이론적 목적을 위한 모든 종류의 유용성이나 소유성을 뜻하는 점을 생각한다면, 만족의 무관심성이 어떤 목적을 위한 모든 종류의 재가치와 수단가치 따라서 그 무엇을 위한 합목적성을 뜻하는 것이 분명하다.

　이 점에서 보면 미의 가치는 '무목적'의 가치―문자 그대로 아무런 목적이 없는 가치―또는 무용(無用)한 것의 가치라고 규정될 수 있으며 좀더 엄격하게 말하면 '그 자체에 있어서 무용한 것'의 가치라고 보아야 한다. '그 자체에 있어서 무용한 것'이라는 말은 니체가 그의 '증여의 덕'에 대해 쓴 말인데, 여기에도 꼭 들어맞는다. 니체는 '그 자체에 있어서 무용한 것'을 금에 비유하여 '진귀한 것', '밝은 것', '부드럽고도 빛나는 것', '영원히 주는 것'이라고 말했다.

　이 모든 말, 그중에서도 특히 영원히 준다는 말은 미적 가치에 꼭 들어맞는다. 미적 가치는 실제생활에 있어서는 무용한 것이다. 즉 미적 가치는 '필요 이상'의 무엇, 다시 말하면 아무것에도 필요치 않은 것이다. 미는 우리를 즐겁게 하며 우리의 생활에 윤기를 준다. 그러니만큼 미는 확실히 귀중한 그 무엇이며 따라서 인생 전체에 의미를 부여하는 것이다. 그러나 '무용'한 그 무엇이다. '무용'이라는 말은 본디 어떤 다른 것을 위해 쓰일 수 없다는 것을 뜻하는 말이다.

왜냐하면 절대적인 고유가치의 본질은 어떤 다른 것에 소용되지 않는 점에 있기 때문이다. 그렇지 않으면 미적 가치가 고유가치일 수 없다. 그러므로 다른 모든 가치는 미적 가치에 이용될 수 있는 것이다.

그렇게 보면 무관심성이라는 것은 그 이상 아무것에도 환원될 수 없는, 즉 절대적인 미의 고유가치를 표시하는 말이 된다.

지금까지는 우리가 미학에 들어갔을 때에 말없이 가졌던 전제에 대해 확증한 것이다. 따라서 어떤 새로운 사실을 말한 것이 아니다. 그러므로 그 속에는 미적 근본가치의 진정한 적극적 규정이 없다. 이리하여 칸트에게서는 결국 아무것도 얻은 것이 없다. 칸트의 규정은 형식적이고 비판적이며 진로를 제시하기는 하지만, 뚜렷한 목표에 다다르지 못한다.

그뿐 아니라 미적 가치의 이상과 같은 소극적 규정에서는 흔히 미와 예술 전체를 우리의 인간생활에 있어서의 한 사치품으로 인식하는 견해가 나올 위험성이 있다. 그렇다면 예술적 생활 전체가 그 모든 작품과 더불어 절박하고 엄숙한 생활이나 혹은 생존경쟁과 어울리지 않는 불필요한 것같이 보이기 쉽다. 또 예술에 있어서의 '유희'의 측면이 무익하고 경솔한 것으로만 보일 것이다.

그러나 '무용'한 것은 결코 없어도 무방한 것이 아님을 인정해야 한다. 가장 높은 것은 그것이 바로 가장 높은 것이므로 무용한 것이다. 그러한 의미에서 의미를 부여하는 모든 것은 무용한 것이다. 또 도덕적 고유가치·최고가치도 대개는 무용한 것이다. 이와 같이 세계는 아래로부터의 구조를 가지고 있다. 그리하여 무생물에게는 생명이 무용한 것이며 유기체에게는 정신이 무용한 것이다. 하지만 생명과 정신은 그것이 일단 생성되면 세계에 의의와 의미를 가져온다.

미도 그 독특한 가치성격에 있어서 그와 마찬가지다. 즉 미는 유기체의 생활에도 또 정신의 생활에도 유용한 것이 아니다. 그러면서 미는 정신적 생활의 한 절정을 차지하며 이 정신적 생활 전체를 내리비쳐 주는 것이다. 그런 만큼 정신적 세계에 있어서는 최대의 효과가 미에서 나올 수 있다. 이것을 '유용성'이라고 부른다면 그것은 너무나 부족한 표현이 아닐 수 없다. 왜냐하면 그것은 의미부여이기 때문이다. 또 만일 이러한 무용성에 대해서 미의 '문화적 기능'이라는 말을 쓴다면 그것도 너무나 부족한 표현이다.

이러한 규정은 미적 가치의 외부적 측면에 일치하는 것이다. 무용성―생활에 있어서의 사치—은 미적 가치를 보유하는 작품이 생활연관에서 떨어져서 고립하고 돋을새김되고 한정되는 데서 나오는 것이다.

그러나 실재적 생활에 도움이 되기도 하는 고유가치에 있어서의 의미부여는 예술적 창작 내지 관조의 완상에 있어서의 보다 깊은 생활연관과 합치하는 것이며, 또 실재에서 이탈한 가장 높고 가장 강한 효과는 가장 강렬하고 가장 감격적인 정신생활에서 나온다는 사실과도 합치하는 것이다.

이것이 본 연구의 I부에서 보면 다만 결과로서의 성격을 가진 것이다. 그러면 이 귀결은 어느 점에서 성립하는가?

거기서는 미적 대상에 여러 계층이 있는바, 그중에서 첫째 계층, 즉 전경만이 실재적이고 그 밖의 모든 계층은 단순한 현상에 지나지 않는다는 것이 밝혀졌다. 미는 전경에만 매인 것이 아니며 그렇다고 오직 후경의 모든 계층에만 매인 것도 아니다. 따라서 실재적인 것이나 비실재적인 것에만 매인 것이 아니라 양자의 독특한 관계, 즉 현상관계 자체에 매이는 것이다. 이것이 미적 대상에 관한 이론의 주제를 요약한 것이다.

그러면 여기서 미적 가치성격과 가치세계에 있어서의 미적 가치의 지위에 대해 어떠한 결론이 나오는가? 그 결론을 말하면 미적 가치는 오로지 실재적인 그 무엇이 가진 가치가 아니며 또 재가치·생명가치·도덕적 가치처럼 자체적으로 존재하는 가치가 아니라 현상으로서만 존립하는 그 무엇이 갖는 가치, 따라서 단지 대아적 존재자만이 갖는 가치라는 것이다. 또 미적 가치는 단지 대상적 존재자 자체가 갖는 가치라고도 말할 수 있다. 이것이 지금까지 이야기한 것의 결론이다. 그러나 그것은 중요한 핵심만을 진술한 것이다. 그래서 세밀한 분석이 요구된다. 왜냐하면 여기서 중요한 것은 가치의 세계 속에서 독특한 무엇이기 때문이다.

그 밖의 모든 가치족에 있어서는 가치의 실현 그 자체가 가치 있는 것이다. 하지만 미적 가치에 있어서는 그렇지 않다. 미적 가치는 절대로 실현되지 않는 것이다.

왜냐하면 미적 가치가 덧붙이는 대상은 실재적인 대상이 아니라 복잡한 존재양식을 가진 대상이기 때문이다. 오직 전경만이 실재적이지만 이 전경은 미적 대상에 있어서 매우 작은 부분이다.

그리고 그 밖의 모든 부분은 비실재적이다. 그러나 미적 가치는 이 후경에 매이는 것이 아니라 오직 현상 자체에 매이는 것이다.

이리하여 미적 가치를 유용한 것, 유익한 것, 생활과 생활기능, 인간적 행동과 지조 등의 가치와 비교하면 가치의 본질에 있어서 눈에 띄게 다른 대립점이 발견된다. 즉 어디서나 가치보유자의 실재성이 중요한 일이 되고 어디서나 가치의 실현을 목표로 하는 경향과 작용이 나타나지만, 오직 미적 가치만은 달라서 어디까지나 현상의 가치로 머물러 있는 것이다.

그 점은 진정한 현상관계의 한계인 비표현예술의 외면층과 장식에 있어서도 마찬가지다. 이 한계는 현상 일반이 끝났음을 뜻하는 것이 아니라 이미 다른 종류의 내용이 나타나지 않는다는 것을 뜻하는 것이다. '순수한 형식의 유희'라는 표현이 그것을 말해 준다.

(실천생활의) '유희'는 엄숙과 반대되는 것이다. 유희에 있어서는 실재성이 중요한 것이 아니라 오직 질료 속에서 전개되는 형식만이 중요한 것이다. 여기서는 실재성이 중요치 않으며 단지 그것은 언제든지 질료에만 따르는 것이다. 유희는 일반적으로 '생활에 있어서의 사치'이며 아무리 아름답고 의의 있는 유희라 하더라도 그 자체에 있어서는 '무용'한 그 무엇이다. 순수하고 미적인 형식유희는 더욱 그러하다. 따라서 이 '유희'는 본디 그 존재방식에 있어서 현상관계와 서로 비슷한 것이다.

c 미적 가치와 도덕적 가치

직접적으로 결정할 수 없는 것도 그 관계를 통해서 한정될 수 있고, 보다 더 잘 알려진 현상을 통해서 규정될 수도 있다. 그 점은 미적 가치, 특히 그 근본가치인 미에 그대로 들어맞는다. 도덕적 가치에 있어서와 같이 그러한 우회로 말고도 직접적인 가치감정에 호소하는 길이 있다. 따라서 미적 가치와 도덕적 가치·생명가치와의 관계, 그리고 어느 범위 내에서는 재가치 내지 쾌적가치와의 관계를 추구할 필요가 있다.

여기서 우리는 선천적으로 기대할 수 없는 현상, 즉 토대관계가 재현하는 현상을 발견한다. 이 관계는 도덕적 가치에서 알려진 것이다. 이 토대관계는 도덕적 가치와 재가치 또는 사태가치의 사이에서 성립하는 것이다. 그 근거는 도덕적 행위에 있어서는 지향작용의 가치가 지향대상의 가치와 똑같은 것이 아니라 '지향작용'의 배후에 나타나는 데 있다(제2절 c~d항).

물론 이 관계가 여기서 같은 형태로 재현할 수는 없다. 다만 미리 이것만은 이야기해 두겠다. 자연과 도덕이 예술의 소재가 되는 것이 사실이라면 자연적인 것과 인간적이고 도덕적인 것 속에 숨어 있는 가치도 여기서 소재가 되는 것이 사실이라는 점이다. 그런데 이 점이 바로 우리가 전제하고 출발한 미적 가치의 자립성 문제에 이어지는 것이다.

도덕적 가치를 미적 가치라고 우기는 것이 과실임을 돌이켜 생각하라. 우리는 이 과실을 인간과 그 도덕적 생활 전체를 소재로 다루는 예술에서 흔히 본다. 예를 들면 영웅들의 의로운 공적을 묘사한 서사시를 읽을 때에 독자들은 영웅들의 이 도덕적 가치를 문학의 예술적 가치라고 망상하게 된다. 이러한 망상은 희곡, 그중에서도 착한 사람이 패멸할 때에 이 착한 사람에 대한 동정이 한층 더 높아지는 비극에서 가장 많이 볼 수 있다.

여기서는 틀림없이 미적 가치와 도덕적 가치와의 근본관계가 문제시되고 있다. 위에서 말한 망상은 결국 이 두 가지 가치족의 동일시에 귀착하는 것이다.

미적 가치를 도덕적 가치와 똑같게 보는 것은 진리일 수 없다. 왜냐하면 문학의 바로 이 예술형식은 도덕적 생활의 타락과 어두운 부분까지도 묘사하며, 그렇다고 해서 그 예술적 가치가 조금도 손상되는 것은 아니기 때문이다.

그러면 두 가치족 간의 진실한 근본적 관계는 어떠한 것일까? 희곡에서 생각해 보자. 여기서 무엇보다도 먼저 문제되는 미적 가치는 극적인 사실 자체, 발랄한 장면, 두드러지는 분쟁과 긴장, 갈등의 확대와 해결, 그 밖에 인간적 애정, 영웅적인 것, 비극적인 것 따위가 가진 가치를 말한다. 그러면 소재에 덧붙여져 문학적 형식 속으로 끌려 들어간 도덕적 가치와 비가치는 저 미적 가치의 성립을 위해 무엇을 하는 것인가?

도덕적 가치는 미적 가치의 성립을 위한 전제라고 대답해야만 하겠다. 진정한 극적 긴장은 자기의 도덕적 감정을 가지고 정의의 편에 서는 사람, 따라서 유능하고 용감하며 의로운 동시에 질투와 표리부동을 증오하는 사람만이 느낄 수 있는 것이다. 이러한 도덕적 가치와 비가치를 감각하지 못하는 미숙하고 가치에 눈이 어두운 관객은, 사실의 옳고 그름을 분간하지 못할뿐더러 극적 상황 자체, 긴장과 갈등과 해결, 다시 말하면 극의 진정한 미적 가치에 근거가 되는 모든 것을 모른다. 그는 무엇이 무대 위에서 진행되고 있는지도 이해하지 못한다. 그에게는 배우의 예술적 공적을 평가할 능력도 수단도 없는 것이다.

미적 가치가 도덕적 가치의 제약을 받고 있다는 의미가 바로 이 점에 있다.

이 제약은 분명히 토대관계를 뜻하는 것이다. 도덕적 가치가 오직 그 밑에 놓인 재가치의 '위'에 '솟아오를' 수 있듯이 미적 가치는 오직 어떤 도덕적 가치의 '위'에 즉 도덕적 가치를 올바르게 느끼고, 또 이에 올바르게 반응하는 곳에서 '솟아오를' 수 있는 것이다.

그런데 이런 관계는 예상외로 훨씬 일반적인 것이다.

첫째, 이 관계는 극문학뿐만 아니라 서정시·소설·서사시에 이르기까지 모든 종류의 문학에도 있는 것이다. 왜냐하면 거기서는 언제든지 도덕적 가치의 측면이 소재 속에 나오기 때문이다.

둘째, 이 관계는 인간과 인간관계를 나타내는 표현예술에서도 볼 수 있다. 반죽음 상태인 검투사를 표현한 조각과 인물을 표현한 회화가 그 예이다.

셋째, 이 관계는 내면층에서 심적 생활이 나타나는 비표현예술에서도 발견된다. 물론 여기서는 이 관계가 매우 어렴풋하고 아리송하게 느껴질 뿐이다.

넷째, 이 관계는 살아 있는 인간미에서도 재현한다. 왜냐하면 여기서도 그 전체현상에 있어서의 미와 비미를 올바로 평가하려면 인간의 겉모습에 나타나는 도덕적 공로와 과실을 올바로 느끼고 이에 반응해야만 하기 때문이다.

이상과 같은 의미에서 도덕적 가치는 미적 가치의 조건이 되는 것이다. 그러면 그것은 진정한 토대관계일까? 위에서 본 바와 같이 토대 위에서 성립하는 가치는 이 토대에 제약을 받기만 하는 것이 아니라 자립성과 가치론적 자율성을 갖고 있는 것이다. 그 점은 도덕적 가치가 재가치를 토대로 성립하면서 이 재가치에 제약을 받기만 하는 것이 아니라 이 재가치에 대해 어디까지나 자립성과 자율성을 가지고 있는 것과 같다 하겠다.

미적 가치에 대한 도덕적 가치의 토대관계에서 미적 가치의 독특한 세 가지 독립성을 지적할 수 있다.

(1) 도덕적 가치의 토대 위에서 성립하는 미적 가치에는 도덕적 가치가 가치의 색조 혹은 성분으로서 재현되지 않는다. 도덕적 가치가 미적 가치의 토대가

된다는 말은 그와는 전혀 다른 뜻이 있는 것이다. 어떤 장면의 극적 가치는 개개인의 모든 도덕적 가치로 합성되는 것이 아니라 다만 이것을 전제할 뿐이다. 따라서 그 장면에 나타나는 사람들에게 도덕적 가치가 부족했더라도 미적 가치는 성립하는 것이다(《맥베스》의 장면, 메피스토와 그 제자).

(2) 미적 가치의 높낮이는 그 토대가 되는 도덕적 가치의 높낮이에 매이는 것이 아니다.

이 점은 작가가 내세우는, 취할 점이 아무것도 없는 평범한 사람들 사이에서 눈을 비비고 볼 정도로 매우 놀랄 만하고 중요한 극적 상황이 나올 수 있는 사실이 증명한다. 과거의 극작가들은 이 점을 충분히 파악하지 못하고 저명한 인물이나 왕족·귀족만을 등장시켰다. 그러나 근대극은 등장인물을 시정의 야인에게까지 끌어내렸다. 예를 들면 《들오리》 속에는 중요한 인물이 전혀 없다.

(3) 또 미적 가치의 성립도—여기서는 '실현'이라는 말을 쓸 수 없다—그 토대가 되는 도덕적 가치의 실현에 전혀 의존하지 않는다. 만일 그렇지 않고 전자가 후자에 의존하는 것이라면 비극이나 희극은 있을 수 없으리라. 왜냐하면 비극에 있어서는 우리가 진정으로 편드는 영웅이나 착한 사람이 패배하는 반면에 악한이 승리하고, 희극에 있어서는 도덕적으로 악전고투하는 사람이 비루하고 허무해지는 반면에 비위에 거슬리는 속물들이 승리하기 때문이다. 그러한 비극이나 희극에서 미적 가치, 극적 가치, 비극적 가치와 희극적 가치가 솟아오른다. 이리하여 미적 가치는 '착한 사람의 승리', 다시 말하면 극적 진행의 내용에 있어서의 선(善)의 실현에 의존하는 것이 아니라 그와는 전혀 다른 조건, 즉 인물과 장면의 예술적 형성, 전체의 구조·계층에서 계층으로 나타나는 현상의 구체성 등에 의존하는 것이다.

그러면 미적 가치와 도덕적 가치의 토대관계에서 무엇이 의존적 요소로 남는가? 그것은 오직 소재의 형성에서만 도덕적 가치와 비가치가 성립하고 유효하며 올바른 가치감정에 반영된다는 점이다.

그 점에 있어서는 문학예술뿐만 아니라 회화와 조각에 있어서도 마찬가지임을 알아야 한다. 또 음악과 건축도 그 속에서 심적인 생활과 풍속이 나타나는 만큼 마찬가지다. 그러나 이 음악과 건축과 같은 예술에서는 인간적인 것의 표현이 몹시 애매하고 몽롱한 것이다.

d 미적 가치와 생명가치

지금까지는 미적 가치의 토대관계에 있어 오직 도덕적 가치만을 미적 가치의 토대로 보아왔다. 그러면 이로써 충분한가? 따라서 그 밖의 가치족을 끌어댈 필요가 없는지 문제가 된다. 먼저 생명가치를 미적 가치의 토대관계로 끌어들일 수 있는가를 검토해 보자. 왜냐하면 '자연', 더구나 생명이 있는 자연도 표현예술의 소재가 되기 때문이다. 또 재가치와 쾌적가치도 '소재'로서의 역할을 할 수 있다. 그러므로 문제는 다만 미적 가치의 토대관계가 어느 만큼 미칠 수 있는가에 있는 것이다.

생명가치가 토대로서의 구실을 한다는 것은 조형예술에서 가장 쉽게 알 수 있다. 왜냐하면 조형예술이라는 것은 인간이나 동물의 몸을 표현하는 일이기 때문이다. 그러나 그중에서 가장 중요한 것이 인간의 몸이다. 인체의 조각적·회화적 표현을 보면 기본적인 생명감정이 넘쳐흐른다. 거기에서는 운동·노력·탄력·육체적인 성공, 또는 휴양·긴장·행복 등이 직접적으로 느껴진다. 그런 의미에서 '감정이입'이라는 말이 실감을 준다. 생명감정이 가치를 고조하는 요소가 여기에 있거니와 이 가치가 다름 아닌 생명가치이다. 그 반면에 고민·패배·실패에는 비가치를 느끼는 요소가 있는 것이다.

또 인체를 볼 때에 일어나는 성적 감정의 요소도 있다. 이 성적 감정은 반드시 성적 충동과 같이 일어나는 것은 아니지만 그러한 예도 있는 것이다. 예술가의 가장 매섭고 가장 독창적인 안목은 본디 성적 감정에 뒤따르는 것이지만 나중에는 미학적인 미의 감정에까지 순화한다. 그런 까닭에 여기서는 생명가치와 미적 가치가 서로 밀접하게 얽히는 것이다. 따라서 생명가치는 미적 감정을 환기하고, 미적 가치는 생명감정과 성적 감정에 결정적인 영향을 미친다. 그러므로 근본적인 가치관계를 구명할 필요가 있는 것이다.

이 근본적 관계가 바로 토대관계이다. 미적 가치의 토대는 생명가치이다. 바꾸어 말하면 미적 가치는 표현된 육체가 거기에 해당하는 생명이라는 질(質)을 갖고 또 관조하는 자가 올바른 가치감정을 가지고 이 생명이라는 실을 감각하는 데 매이는 것이다. 만약 관조하는 자에게 인간의 팔다리와 몸이 가진 힘이나 탄력성에 대한 아무런 감정도 없다면 그는 조각의 미를 알 방법이 없는 것이다. 그리고 그에게 건전한 성적 감정이 모자라면 그는 젊은이의 육체미를 상상할 수 없는 것이다. 왜냐하면 여기서도 생명의 자격이 전제되기 때문이다.

예술적 관점은 모든 성적이고 애정적인 것을 피해야 한다는 고루한 느낌을 주는 이론이 있다. 이런 이론은 그 자체에 있어서 정당한 어떤 경향을 부풀린 것이다. 성적 감정이 노골적으로 나타나게 되면 예술적 향수가 불가능하리라는 것은 뻔한 사실이다. 왜냐하면 성적 감정 자체는 어떤 생명가치의 감정이며 이 생명가치의 감정은 그 야성적인 힘을 가지고, 더욱 고상하고 순수한 가치감정을 방해하기 때문이다. 그러나 이 자연적인 생명감정이 아주 없으면 미적 가치가 관찰자의 안중에 들어오지 못한다. 그때에는 감성적 자격을 받을 힘이 없고 육체적 비밀과 보다 심오한 능력에 대한 직각적인 이해력이 없게 된다. 하지만 여기서 특히 강조해 둘 것은 성적 감정이 단지 이성에 대한 직접적 감정만을 말하는 것이 아니라 자기 종족까지도 포함한 모든 종족의 생식력에 뒤따르는 감정을 말하는 것이다.

여기에 진정한 토대관계가 있다는 것을 좀더 엄밀하게 논증하려면 의존성과 합치하는 세 가지의 비의존성을 지적할 필요가 있다. 의존성의 성질을 적정하게 파악하기만 하면 비의존성을 지적하기는 매우 쉬운 일이다.

의존성은 다만 생명가치가 있어야 미적 가치가 있을 수 있음을 뜻한다. 그러므로 생명가치를 옳게 느끼지 못하고서는 형식미를 인식하지 못한다. 그러나 미적 가치는 바로 이 한 점에서만 의존적이고 그 밖의 모든 점에서는 비의존적인 것이다.

⑴미적 가치는 내용적으로 비의존적이다. 왜냐하면 생명가치는 미적 가치 속에 재현되지 않기 때문이다. 여기서는 어느 모로 보나 이 점이 매우 중요한 것이다. 왜냐하면 체력의 가치는 그 미적 가치에 재현하지 않으며 활동능력은 어디까지나 미적 가치의 전제에 지나지 않기 때문이다. 성적 가치도 그와 마찬가지로 미적 가치의 예술적 감정 속에 들지 않으며, 따라서 미적 가치와는 전혀 다른 가치로 느껴진다.

⑵가치의 높낮이에서도 미적 가치는 생명가치에 거의 의존하지 않는다. 왜냐하면 예술적 가치는 표현에 의존하는 것이지 표현된 소재에 의존하는 것은 아니기 때문이다. 더구나 그중에서도 회화는 완전히 자유이다.

⑶미적 가치는 생명가치의 '실현'에도 의존하지 않는다. 그 점은 회화에 있어

서의 책형이나 순교의 광경을 보면 잘 알 수 있다. 왜냐하면 이러한 회화들의 소재는 모두 고상한 생명가치의 패멸을 보여주기 때문이다.

미적 가치와 생명가치의 그와 같은 관계는 비단 조형예술뿐만 아니라 인격적이고 또 너무나 인간적인 것이 표현되는 어느 곳에서나 찾을 수 있으며, 첫째 문학에서 발견된다. 소재 속에 빈곤·기아·질병, 여러 고난과 싸우는 장면, 심각한 정열, 야비한 질투, 연약하고 수줍은 사랑이 싹트는 장면이 들어 있는 곳이면 어디서나 생명가치의 올바른 감각이 그 밖의 보다 높은 모든 가치감각의 토대가 되고 있는 것이다. 그리고 거기서 세 가지 비의존성을 지적하기가 어렵지 않다.

우리는 다시 한 걸음 나아가서 음악까지도 여기에 끌어들일 수 있다. 왜냐하면 음악의 내면층에서 나타나는 인간적인 모든 동태를 순전히 심적인 것이라고만 봐야 할 근거는 없기 때문이다. 거기서는 또 운동의 외적인 리듬으로부터 안락·갈망·긴장 등의 생명감정에 이르기까지의 육체적 상태도 발견된다.

e 그 밖의 가치와의 관계

일단 생명가치와의 관계에까지 내려간 이상 재가치나 쾌적가치와 같은, 보다 저급한 가치족과의 관계는 어떠한 것인가에 대한 검토를 회피할 수 없다. 왜냐하면 미적 가치와 보다 저급한 이 가치족들과의 사이에도 토대가치가 있을 수 있기 때문이다.

언제든지 '소재'는 토대에 해당하는 것이며 또 이 소재는 그것이 인간생활에 속하는 이상 그 속에 보다 저급한 이 가치족들이 침투한다. 이 사실은 일상적인 인간생활의 일반적인 지각성이 이미 쾌·불쾌의 차이에 따라서 '선택'되는 점에서 알 수 있다.

또 재가치가 미적 가치의 토대가 될 수밖에 없다는 것도 이 재가치가 도덕적 가치의 토대가 되는 사실에서 알 수 있다. 왜냐하면 도덕적 가치가 어떤 미적 가치의 토대가 되는 것이 뚜렷한 이상 재가치도 간접적으로 이 미적 가치의 토대가 되지 않을 수 없기 때문이다.

희곡과 소설은 행동이 일어나는 생활상황을 다루는 것이다. 그런데 '행동'이라는 것은 대인관계 속에서 사물을 다루는 것을 말하며, 이 행동의 올바른 이해나 또는 어떤 생활상황의 올바른 극적 평가는 올바른 가치감정을 가지고 재가치를 인식하는 사람만이 할 수 있다.

이 말은 그대로 쾌적가치에도 적용된다. 왜냐하면 특정한 상황을 이해하려면 괴로운 것이 무엇이고 달콤한 것이 무엇이며, 비위에 맞는 것이 무엇이고 거슬리는 것이 무엇인가를 느낄 줄 알아야 하기 때문이다. 인간생활에 있어서의 모든 자제는 이런 쾌·불쾌의 요소에 달려 있는 것이다. 그러므로 쾌·불쾌의 독특한 가치적 성격을 올바로 느껴야 한다. 그렇지 못하면 상황과 동시에 행동·성격 내지 운명이 본뜻과는 다르게 이해되는 것이다.

그런데 문학작품의 미는 이 모든 것이 어디까지나 올바르게 '나타나'는 데서 성립한다. 요리의 가치도 모르는 사람이 어떻게 향연을 그린 네덜란드의 그림을 감상할 수 있겠는가? 재가치나 쾌적가치는 분명히 미적 가치의 토대가 되고 미적 가치를 제약한다. 그러므로 쾌적가치에 대한 미적 가치의 이 의존성을 철저하게 끝까지 알아두는 것이 중요하다. 왜냐하면 미적 가치 자체도 쾌의 형식으로 알려지는 것이기 때문이다.

토대가 되는 가치에 대한 미적 가치의 비의존성도 도덕적 가치에 대한 비의존성과 다를 바가 없다. 여기서는 미적 가치와 그 토대가 되는 가치와의 차이가 대단히 크다. 그래서 비의존성이 도덕적 가치에 있어서 보다 더 뚜렷하게 눈에 띈다.

(1) 재가치나 쾌적가치가 미적 가치 속에 그 요소로서 뚜렷하지 않는다는 것은 직접적으로 분명하다. 왜냐하면 미에 있어서는 실재하는 상황이 아니라 나타나는 상황이 중요하지만, 재(財)나 쾌·불쾌에 있어서는 실재하는 상황이 중요하기 때문이다.

(2) 재가치나 쾌적가치의 높낮이가 미적 가치의 '높낮이'를 결정하는 게 아니라는 것은 인간의 극적인 갈등이 중대한 인생문제에서 나오기도 하고 하찮은 기회에서 나오기도 하는 사실에서 알 수 있다.

(3) 재가치나 쾌적가치의 실현은 미적 가치의 '실현'과는 전혀 관계없다. 왜냐하면 미적 가치는 실현되는 것이 아니라 오직 현상에만 덧붙는 것이기 때문이다. 그뿐 아니라 '행동'이나 운명의 의의와 미적 가치를 위해서는 재가치와 쾌적가치가 낮게 떨어지는 것이 필요한 경우도 많다.

지금까지 토대관계가 미적 가치와 그 밖의 모든 가치족과의 분계선을 지배한다는 것을 알 수 있다. 여기서는 오직 진리의 가치만이 제외된다. 왜냐하면 진리의 가치에 있어서는 위에서 우리가 '생명의 진리'와 '본질적 진리'라고 표시한 바 있는 전혀 다른 관계가 성립하기 때문이다. 그러나 이 관계 역시 토대관계와 비슷한 것이다. 왜냐하면 진리가치도 미적 가치를 제약하는 지위를 취하기 때문이다.

미적 가치의 토대관계가 도덕적 가치의 그것과 다른 점은 오직 하나뿐이다. 도덕적 가치는 보편적, 필연적으로 재가치를 토대로 하며 이 토대가 없으면 나타나지 않는다. 하지만 미적 가치는 보편적으로나 필연적으로나 도덕적 가치·생명가치·재가치와 쾌적가치를 토대로 이루어진 것이 아니며, 반드시 이 가치족들 가운데 어느 것을 토대로 하는 것도 아니다. 미적 가치는 특정한 경우, 예를 들면 미적 가치가 표현예술 작품의 가치인 경우에만 그 가치들을 토대로 한다. 따라서 토대관계의 법칙은 문학·회화·조각에만 해당되는 것이며 간접적으로는 음악에도 해당되는 것이다. 그리고 이 법칙은 건축에서는 발견되지 않으며 장식에서는 제외된다.

그러나 예술미가 비예술미와 비슷한 점이 한 가지 있다. 그것은 자연미와 인간미에 있어서도 토대관계가 표현예술에 있어서와 같은 큰 역할을 하고 있는 것이다.

이제 그 점을 쉽게 알 수 있다. 어떤 생물이 미적 가치를 획득하려면 당연히 생명가치의 감정, 즉 힘과 탄력성·건강·활기·경쾌 따위의 감정을 전제로 해야 하는 것이다. 이러한 감정은 미적 감정과 합치되지 않지만 아주 모르는 사이에 미적 감정으로 변한다. 성적 가치의 감정도 그와 마찬가지다.

그리고 인간생활 속에서 보면 도덕적 가치나 재가치도 그와 마찬가지다. 왜냐하면 희극이나 비극이나 그 밖의 극적 생활에 대한 의식은 먼저 인간적인 희열과 고난에 대한 감정이 충분히 발달하고 생활경험을 통해서 예민해진 뒤라야 비로소 우리가 겪은 사건에 뒤따르기 때문이다. 그러나 그러기 위해서는 인간의 심정이 매달리는 쾌적가치와 재가치에 대한 가치의식이 충분히 발달해야 한다.

이 점을 소극적으로 예증하는 것이 불쾌·고통·결핍·불행·도덕적 박약 등의 비가치를 꿰뚫어 보는 눈이 날카로워야 현실적인 인간생활의 희극성과 비극성이 이해되고, 또 그래야 비로소 뜻하지 않은 인생극을 발견하는 눈이 열리는 사실이다.

29) 미적 가치의 여러 계기

a 단순한 대상성의 가치

예술에 정통한 사람이 미학에 발을 들여놓았을 때에 가졌던 큰 기대는 우리가 미적 가치의 본질에 관해서 확정할 수 있는 것이 고작 앞의 글에서 언급한 것뿐임을 알게 되면 실망할 것이다. 이 사실은 맨 처음에도 말한 바와 같이 아직까지 충분히 구명되지 못하고 있는 풍부하고 다양한 그 대상영역과는 반대로 미학이 매우 무미건조하고 뒤떨어진 학문임을 증명하는 것이다. 그렇지만 이번에 몇 가지 결론만이라도 끌어내야 한다.

우리의 가치분석은 겨우 미적 가치의 근처에까지 이르렀다. 우리는 미적 가치를 가치감정, 즉 미적 관조·감상·헌신을 통하여 직접적으로 인식하는 것 말고는 다른 도리가 없다. 그다음에 우리는 관조를 근거로 미적 가치의 특수성을 '인식'할 수는 있다. 그러나 그 특수성이 어느 점에 있고 또 미적 가치의 진정한 본질이 무엇인가를 분명하게 드러내 보이지는 못한다. 왜냐하면 우리가 들추어 낼 수 있는 것은 오직 미적 가치의 개별적인 특징이며, 또 이 특징은 다른 경우에도 나타나는 비교적 일반적인 것이며 단지 유형적인 것이기 때문이다. 또한 어느 경우에나 진정한 것이며 일회적이고 오직 하나뿐인 것이다. 다시 말하면 진정한 미적 가치는 개성적이며 개별적인 대상의 가치이다.

이 말은 근본적인 미적 가치, 즉 미에도 들어맞는다. 엄밀히 말하면 보편성에는 '미'가 없다. 우리가 마땅히 보편적인 것으로 구성할 수 있고 또 그런 것으로 구성해야 되는 미의 개념은 '현실적으로 아름다운 그 무엇'에 지나지 않으며 어디서나 재현하는 공통적인 것이다. 따라서 그것이 미 자체는 아니다. 아름다움 자체가 무엇인가를 말하려면 첫째 어떤 개별적인 경우를 보고 나서 말해야 하며, 둘째 예술가가 말하듯이 즉 개념적으로 이해하고 나서가 아니라 관조하고 감수한 뒤 말해야 하는 것이다. 그러나 그렇게 되면 개념이 성립하지 않는다.

미와 미적 가치 일반이 비합리적인 근거와 의미가 바로 여기에 있다.

우리는 미학에 대해 불가능한 것을 요구해서는 안 된다. 우리는 굉장한 미의 형이상학을 거부하듯이 미적 가치의 성격 기술도 단념해야 한다. 여기서 우리가 할 수 있는 일은 고작해야 한편으로는 대상분석과 다른 한편으로는 그 밖의 가치와의 관계에서 어떤 근본적인 특징을 찾아내는 것뿐이다. 그러면 여기서 그것이 지금까지의 모든 글 가운데에서 얼마만큼 성취되었는가를 뒤돌아볼 것 없이 발견된 몇 가지 규정들을 열거하려고 한다.

그런데 곤란한 점은 첫째 미적 가치의 보유자인 대상의 존재방식에 있다. 왜냐하면 미적 대상은 복잡하기 때문이다. 미적 가치의 보유자는 주관이 아니며 또 주관의 작용이나 감정이나 상태(관조·쾌감·황홀)도 아니며 그렇다고 주관의 바깥에 자체적으로 존재하는 것도 아니라 그 밖의 어떤 제3자이다. 그리고 이것은 인식하기가 곤란하며 가치문제의 관계에 끌어들이기는 더욱 곤란하다. 구체적으로 말하면 감상과 창작이 아름다운 것이 아니라 오로지 대상이 아름다운 것이다.

그렇다고 또 사물이나 사람이나 건물이 있는 그대로 아름다운 것이 아니라 그것들이 우리에게 나타날 때에만 아름다운 것이다.

따라서 미적 가치는 쾌감과의 관계에서 기대할 수 있는 작용의 가치가 아니며 관조자나 창작자의 가치도 아니다. 그러나 그렇다고 해서 미적 가치가 자체적 존재자의 가치냐 하면 또 그것도 아니다. 왜냐하면 자체적 존재자는 반드시 대상이어야 할 필요가 없는, 말하자면 초대상적인 것이다. 미적 대상은 초대상적인 것, 즉 자체적으로 존립하는 것이 아니라 관조와 감상이라는 특정한 작용의 대상으로서만 존립하는 것이다. 작용을 떠나서 거기에 있는 것은 다른 사물들과 같이 물적인 실재적 전경이며, 이런 전경에서는 아무것도 나타나지 않는다. 특수한 종류의 관조에 대해서만 후경이 나타나는데 바로 이 후경이 미적 대상에 속하는 것이다.

따라서 미적 가치는 오직 특정한 작용의 대상이 갖는 가치이며 대상의 가치이다. 미적 가치는 마치 도덕적 가치가 인간과 그 작용의 존재에 붙듯이 그 무엇의 단적인 존재에 붙는 것이 아니라 그 무엇이 '대아적 존재'에 붙는 것이며, 이 '대아적 존재'는 그 '자체적 존재'와 구별해야 된다. 다시 말한다면 미적 가치는 우리에게 대상이 되는 그 무엇에 붙는 것이다. 인식의 대상은 오직 우연적으로 '대상'이 되고 본질적으로는 하나의 존재자인 것이다. 그리고 이 존재자는 인식주관을 통해서만 비로소 대상이 되는 것이다. 그러나 미적 대상은 본질적으로 대상이다. 그러므로 미적 가치는 대상으로서의 대상의 가치이며 단지 '대상적 존재'의 가치이다.

여기서 '본질적 대상성'이 어떻게 해서 성립하는가를 생각하면 그 근거가 현상관계에 있다는 것을 알게 된다. 왜냐하면 전경에서, 그리고 다시 각 층마다 서로 다른 그 무엇이 나타날 때에 이와 같이 층적 질서에 따라서 나타나는 것이 본질적으로 미적 대상이기 때문이다. 그리고 보면 대상의 가치는 현상의 가치라고 말할 수밖에 없다. '나타나는 것의 가치' 또는 '나타나는 것 그 자체의 가치'라는 말도 불충분한 것임이 분명하다. 그 까닭은 전경을 제외하고 오직 '후경'만의 가치인 듯한 느낌을 주기 때문이다.

그러나 미적 가치를 오직 후경만의 가치로 본다면 그것은 대상분석과 완전히 어긋나는 것이다. 왜냐하면 오직 후경만이 층에서 층으로 나타나지만 전경이 없으면 이 후경이 나타나지 못하기 때문이다. 그러므로 후경이 나타나기 위해서는 전경이 필요한 것이다. 따라서 미적 가치는 현상의 가치라고 말해야 된다. 현상에는 내용적으로 전경과 후경이 포함된다. 그러므로 전경과 후경은 서로 떠날 수 없다. 이것은 벌써 새로운 말이 아니다. 이미 대상분석에서 밝혀진 것이지만 여기서 비로소 남김없이 완전하게 확인된다.

b 현실소외의 가치

위에서 여러 번 언급한 바 있는 비현실화의 존재방식이 여기서도 다시 발견된다. 미적 대상과 같은 작품의 가치는 분명히 비현실화의 가치일 수밖에 없다. 우리는 이 비현실화라는 것을 과거의 '이념'이나 또는 '이상'이 아닌 올바른 의미로 이해해야 한다. 그러기 위해서 헤겔의 이념론을 떠올려 보자.

헤겔은 사상이라는 것을 자연적인 사물의 예술적(인공적)인 미화로 생각하는 것이 아니라 '현실 자체'라고 생각한다. 하지만 그가 말하는 이 현실 자체는 일상적인 생활상태보다 훨씬 더 진실하고 심오하게 인식된 현실, 즉 '힘과 자유가 담뿍 들어 있는 현실'을 뜻한다. 예를 들면 일상생활에서는 사람의 성격이 오직 '단편적'으로 나타나며 억압되고 속박되고 또 여러 가지 시시한 일에 시달린다. 그러므로 영웅과 주인공은 왕족이나 귀족일 수밖에 없다. 왜냐하면 그들만이 전적으로 '자유'가 있기 때문이다. 그러나 '서민의 생활'은 어느 날이나 비참하며 '멋없고 싱거운' 것이다. 그러므로 이 모든 것을 고통이 없는 하늘나라의 생존으로 승화시키는 일이 바로 예술이다.

하지만 여기서 말하는 것은 이런 비현실화가 아니다. 또한 비현실화에서 참으로 '현실적인 것'이 발견된다는 것도 옳은 말이 아니다. 그런 말은 현실을 이상의 실현으로 보는 헤겔의 형이상학적인 현실개념에만 타당하다.

그러므로 헤겔에 있어서는 현실과 이념의 실현과는 완전한 동어반복(同語反復)이다. 그뿐 아니라 모든 것을 '하늘나라'로 끌어올린다는 것은 결국 인공적 미화—이것이 전혀 멋없는 것은 아니지만—에 귀착한다. 그러나 사실에 있어서는 모든 것이 '미의 음영' 가운데 묻혀서 보이지 않게 된다. 그리고 그 속에서는 모든 것이 거세되고 단조로우며 단번에 알 수 있을 정도로 분명하고 뚜렷하며 고전적인 선(線)으로 인식될 뿐이다. 하지만 다양성이 없고 활기나 정력이 없다. 다시 말하면 생명이 없는 것이다.

과거의 문학이 대개 그러했다는 것은 의문의 여지가 없다. 그러면 과거의 문학은 이상적이고 고전적인가? 아니면 미약했던가? 진실하고 충실한 인간생활 속으로 파고들 능력이 없었던가? 물론 언제 어디서나 그랬다는 뜻은 아니다. 그러나 대부분의 경우에는 그랬다. 오늘날의 우리는 다시 비천하고 미약하며 다난한 일상생활로 내려왔다. 그리고 우리는 여기서 생활이 보다 풍부하고 위대하며 심각한 것을 안다. 주요한 것은 풍부하고 알찬 이 일상적인 생활영역을 '볼 수 있는 능력'이 있어야 하고, 그것을 보기 위한 밝은 안목을 가져야 하며, 그것을 꿰뚫어 볼 수 있어야 하고, 거기에서 영원한 의미를 찾아내야 한다.

"왜냐하면 네가 감동하는 곳에 흥미가 있기 때문이다." 우리가 예술적으로 관조하려면 '이상'이라는 의미에서 현실을 떠날 것이 아니라 다른 방법으로 현실을 떠나야 한다. 문제는 다만 그 방법이 어떤 것이냐에 있다.

이 가치의 위력과 무력과의 관계를 인식하고 그것을 도덕적 가치의 그것과 비교해 보면 비현실의 참뜻을 가장 잘 알 수 있다. 그러기 위해서는 윤리학상에서 널리 알려진 사실을 상기해야 한다.

도덕적 가치에는 마땅히 그렇게 해야 한다는 당위가 있지만 이 당위를 실현시킬 힘은 없다. 실재적 세계는 이런 명령에 따르는 것이 아니라 저 자신의 고유한 자연법칙에 따르는 것이다. 그렇지만 당위는 저 자신을 관철하지 못하고 자기 이외의 그 무엇의 힘을 요구한다. 이 점에서 도덕적 가치는 무력한 것이다. 그럼에도 도덕적 가치는 실현된다. 그러나 저 자신의 힘에 의해서가 아니라 인간의 힘을 통해서 실현되는 것이다. 왜냐하면 인간은 실재하는 존재자이고, 이 실재하는 존재자가 끼어들어야 순전히 이념적인 이 당위의 요구가 충족되며 따라서 실현되기 때문이다. 그런 만큼 도덕적 가치는 실현하는 힘에 있어서 자연법칙보다 약하다. 하지만 도덕적 가치가 인간의 의지를 결정하는 경우에 있어서는 그 결정력은 자연법칙을 넘어선다.

그런 만큼 도덕적 가치는 자연법칙보다 강한 원리인 것이다.

그러면 이 점에 있어서 미적 가치는 어떠한가? 미적 가치는 자력으로서나 타력으로서나 절대로 실현되는 것이 아니다. 왜냐하면 예술가의 작품은 미적 가치가 실현된 것이 아니라 현상관계 속에 나타난 것에 지나지 않기 때문이다. 그런 만큼 실재적 세계에 있어서는 미적 가치가 도덕적 가치보다도 무력하다. 이리하여 미적 가치는 '실재 속에 구속'되고 부착하는 것이지 실재하는 것이 아니다.

그럼에도 도덕적 가치에 있어서와 마찬가지로 여기서도 무력에는 위력이 뒤따른다. 왜냐하면 미적 가치는 오직 실재적 세계에서만 무력하기 때문이다. 다시 말하면 미적 가치도 도덕적 가치와 마찬가지로 아무것도 '창조'하지 못할 뿐 아니라 또 아무것도 추구하지 못하는 것이다.

그러므로 실재세계 내에서는 미적 가치의 세력권을 찾기가 불가능하다. 그러나 저 자신의 고유한 영역에서는 미적 가치가 결코 무력한 것이 아니다. 이 영역에는 다른 데서 찾아볼 수 없는 자유가 있다. 아무것도 이 자유를 방해하지 못하며 자연법칙도 이 자유를 막거나 해치지 못한다. 여기서는 작가가 자기 재량대로 형성할 수 있다. 그리고 그가 무엇을 '표현'할 때에 그를 견제하는 것은 가능성을 제약하는 특수하고 일회적인 실재적 조건이 아니라 오직 '생활진리'의 관점뿐이고, 그 밖의 다른 것은 작가의 자유이며 무엇이 나오든지 그것은 오로지 그의 구성 여하에 매이는 것이다.

도덕적 가치는 말썽 많은 현실을 움직이게 해야 하며 그 실현은 여러 곳에서 실재의 저항에 부딪친다.

그러나 미적 가치에 저항하는 것은 없다. 미적 대상의 실재적인 전경에 있는 '질료'도 미적 가치에 저항하는 것이 아니다. 왜냐하면 미적 가치는 실재를 개조하려는 경향을 가진 것이 아니라 다만 '질료' 속에 다른 그 무엇이 '나타나'게 할 뿐이기 때문이다. 그래서 미적 가치 앞에는 실재적 세계 속에서 발견되는 가능성과는 전혀 다른, 다시 말하면 실재적 조건에 좌우되지 않는 가능성이 열린다.

표현과 현상은 실재적 가능성을 넘어서 아무런 제지도 받지 않고 진행한다. 그러므로 미적 가치에는 극복해야 될 아무런 저항물도 없다. 물론 미적 가치의 영역에도 법칙이 없는 것은 아니다. 하지만 이 법칙은 저 자신의 고유한 법칙, 즉 미적 가치의 법칙이다. 그렇다고 이 법칙이 미적 가치에 대한 결정력을 가진 것은 아니다. 그러므로 미적 가치는 저 자신의 영역에서 자율성을 가졌을 뿐 아니라 자족성도 가지고 있다. 다시 말하면 미적 가치는 절대적이다.

이러한 의미에서 미적 가치는 현실소외의 가치, 실재적인 현실과 멀리 떨어져서 현실을 외면하는 가치라고 말할 수 있다. '현실소외'는 실재가 가진 바와 같은 가능성과 필연성과의 대립이 지양된 어떤 독특한 자유가 원인이 되는 것이다. 그러나 여기서는 가능성과 필연성과의 대립이 당위에서처럼 필연성에 유리하도록 지양되는 것이 아니라 가능성에 유리하도록 지양되는 것이다. 그러므로 여기에는 필연적인 것을 떠나서 가능적인 것만 있다. 왜냐하면 이 가능적인 것은 실재적인 모든 조건의 완결된 연쇄에 의한 것이 아니기 때문이다.

도덕에는 필연이라는 적극적 자유가 있고, 예술에는 원칙적으로 무한가능이라는 소극적 자유가 있다. 존재하지 않는 것을 나타내게 하는 예술의 힘은 이것이 원인이 되는 것이다. 그리고 여기에 '이념적인 것'의 현실적인 역할이 있는 것이다. 왜냐하면 거기에는 천재라야 관조하는 이념이 있고, 그다음에는 그가 지표를 가르쳐 줘야 할 인류가 있기 때문이다. 그렇지만 이 천재는 이 지표를 개념의 형식이 아니라 직관의 형식으로 구체적·구상적으로 가르쳐 주는 것이다.

c 상대성과 절대성

그러면 마지막으로 미적 가치의 타당성 문제에 대해 언급하지 않을 수 없다. 미적 가치는 얼마만큼 상대적 타당성을 가졌고 얼마만큼 절대적 타당성을 가졌는가? 여기서 말하는 상대성은, 예를 들면 토대관계 속에 숨은 뻔한 내적 상대성을 뜻하는 것이 아니라 상대주의라는 말 속에 숨은 외적·역사적 상대성을 뜻한다. 여기서도 도덕적 가치와의 비교에서 출발해야만 한다.

도덕적 가치를 중심으로 벌어진 기나긴 논쟁에서 밝혀진 것이 있다면 그것은 도덕과 가치의식의 역사적 변천을 반드시 시대에 대한 가치의 상대성으로만 해석할 것이 아니라 또 다른 실재적 근거가 있을 수 있다는 사실이다. 그것은 가치의식이 좁을뿐더러 다양한 가치 내부에서 이리저리 이동하므로 어느 시대든지 가치세계의 오직 한 부분만이 가치의식에 오르고 그 밖의 가치는 가치의식에 오르지 못하는 것이다.

이 경우에 가치관점의 이동은 개별적인 가치들이 가진 시대적 의의(意義)의 차이로 말미암아 일어나게 된다. 모든 도덕적 가치는 특정한 유형의 상황에 배속되는 것이며 따라서 특정한 상황이 일반적 생활 속에 쌓이고 절박해지면 그 상황에 속하는 도덕적 가치가 중요하게 되는 것이다. 예를 들면 용감이라는 가치는 목숨이 위험할 때에 무엇보다도 절실하게 요구된다. 그러나 그 자체가 역사적이고 상대적인 것이 아니라 다만 가치의 중요성에 따라서 이 중요성에 대한 가치감정만이 역사적·상대적인 것이다.

이상은 상대성의 현상을 충분히 인정하는 결론임이 분명하다. 하지만 이 결론에는 상대주의적인 해석보다 더 깊은 해석이 있다. 그러나 문제는 이 결론이 미적 가치에까지 확장될 수 있는가 아닌가 하는 점에 있다. 애당초에 그렇다고 믿어지지 않는 까닭은 예술적 취미처럼 변동이 심한 것이 다시없기 때문이다. 유행이나 끊임없이 변화하는 예술적 경향이나 또는 저마다 특별한 취미를 지닌 회화·문학·음악·건축 등 위대한 예술의 시기를 떠올려 보면 문제는 매우 복잡해진다. 칸트는 이 문제를 매우 단순하게 비역사적으로 보았다. 즉 그는 이 문제를 미적 판단력에 있어서의 '취미의 이율배반'이라고 보았다. 그는 이 이율배반을 오직 개인의 취미판단에서만 성립한다고 생각했다. 더구나 이 이율배반이라는 판단이 '개념에 입각'하고 있는가 아닌가 하는 점에만 초점을 두었다.

그러나 오늘날 우리는 이 취미판단이 보편적 원리에 입각하는 것이라고 말할 수 있다. 미적 판단의 보편타당성—간(間)주관적 보편성—은 객관적인 보편적 원형 없이, 예를 들면 감성의 제약으로부터 가장 이념적인 이성적 요청에 이르기까지 전인간적 소질의 간주관적 공통성만으로서 성립할 수 있는 것이다.

문제를 좀더 파고 들어가서 역사적으로 말을 한다면 이 이율배반은 이렇게 풀이되리라. 즉 아무리 취미가 변화해도 아름답다고 볼 확고불변한 근거가 있는가? 혹은 취미 자체가 변화를 요구하고(유행처럼) 또 언제든지 기성적인 것과 인습적인 것을 싫어하므로 그런 것(아름답다고 볼 확고부동한 근거)이 있을 수 없는 것이 아닌가? ……취미가 생활상태의 변동과 더불어 변화할 수는 있다. 그 점은 도덕적 가치에 있어서의 상황과 매우 비슷하다.

그리고 보면 상대주의의 비중이 뚜렷하게 커진다. 우리는 인간적인 미의 이상(理想)·회화·건축·희극 등에서 인식되며 역사적으로 발견되는 풍요롭고 다양한 미를 어떻게 부인할 수 있겠는가? 우리가 이렇게 변동하는 차별상을 부인할 수 없는 것은 분명하다. 문제는 다만 이것이 틀림없는 가치의 상대성인가, 그렇지 않으면 가치감정의 상대성(우리의 심금이 어느 시대의 어느 가치를 위해서나 늘 열려 있는 것이 아니므로)에 지나지 않는 것인가 하는 점에 있다 하겠다.

그런데 가치상대주의에 결정적으로 반대되는 한 가지 사실을 확인하지 않으면 안 된다. 그것은 과거에 대표적이었던 미적 가치의 의의를 재발견할 가능성이 있다는 사실이다. 예술가로서 통달하고, 교양 있고, 숙련된 사람이라면 과거의 작품을 접할 때에 이 작품의 진가에 눈이 번쩍 뜨일 것이다.

이러한 일은 가치가 역사적 시대에 불가분적으로 결부하거나 상대적인 것이 아니라 먼 후세에 생존하는, 따라서 처지가 전혀 다른 사람에게도 인정되고 감탄을 받아야만 가능한 것이다. 그런데 그것은 가치가 근본에 있어서 절대적이고 상대적인 것은 도덕적 가치에 있어서처럼 오직 가치감정뿐임을 뜻하는 것이다.

그러면 예술가의 가치감정이 이러한 태도를 취할 수 있는 그 경탄할 만한 능력이 오늘날에 있어서 얼마나 큰 역할을 하고 있는가 하는 점을 생각해 보라. 지금은 거의 취미에 대한 의식이 싹트고 있는 것이 사실이다. 우리는 우리와 관계없는 시대의 취미에 대해서도 일어나는 가치감정의 살아 있는 증인이다. 그러므로 이제야 비로소 예술과학과 예술사적 의식이 비약적으로 발달하게 될 것이다. 따라서 상대성은 궁극적인 것이 될 수 없다. 그 가장 유력한 증거는 우리가 먼 옛날의 예술에 대해 지금 우리의 예술인 양 심취하는 것이다.

마지막으로 또 한 가지 상기할 것은 '보편타당성의 요구'가 대체 무엇을 뜻하는가 하는 점이다. 이 요구는 칸트가 정당하게 보았고 또 '주관적 보편성'이라는 개념으로 확정지은 바와 같이, 어느 정도 개별적으로 개성적인 것과 절대적으로 개별적인 것도 들고나올 수 있는 요구인 것이다. 진실한 예술작품이라면 어느 것이든지 이 요구를 가질 수 있다. 그러나 이 요구는 결코 채워지는 것이 아니다. 왜냐하면 이 요구에 대응하는 사람들의 태도는 다양하기 때문이다.

'보편타당성의 요구'가 대체 무엇이냐 하는 물음에 대한 대답은 간단하다.

왜냐하면 이 대답은 이론적으로 보편적이고 선천적인 것과 같기 때문이다. 수학적 명제의 보편타당성이 교육받지 못한 모든 이가 이 명제를 이해할 수 있다는 것을 뜻하는 게 아니라, 이 명제를 이해하는 사람이라면 누구든지 이에 동의할 수밖에 없다는 것을 뜻하는 것이며 그 이상의 다른 뜻은 없다.

취미판단과 미적 가치 일반의 보편타당성도 그와 똑같다. 예술적 교양이 없거나 그 밖에 올바른 자세를 갖지 못한 모든 사람이 예술을 이해하는 개명한 사람의 가치판단에 동의하는 것이 아니라 오직 명민하고 충전한 자세를 가진 사람만이 동의하는 것이다. 그러므로 간주관적 보편성이라는 것은 결국 충전한 자세를 가진 사람의 일치 이외에는 아무것도 아니다.

이 점을 흐리게 하는 이율배반이 이로써 해결되며 따라서 미적 가치의 타당성에 있어서의 모든 그릇된 '상대성'도 해소된다.

2 숭고미와 우아미

30) 숭고의 개념과 현상

a 숭고의 현상영역

Ⅲ부 제1장 제26절에서 종래의 기성관점으로서는 미와 미적 가치의 종류가 뚜렷하게 구별되지 않는다는 것, 통일적인 구분의 원리가 서지 못하고 있다는 것을 명시했거니와 이것이 오늘날 미학의 실정이다.

미적 가치술어의 계열 가운데에서 '숭고'라는 것이 다른 가치술어보다도 중요하고 특수하다는 것, 그리고 독특하다는 것도 이미 말한 바 있다. 숭고가 미 속에 끌어들여지는 것인지 혹은 칸트와 같이 미에서 따로 독립한 것인지는 별도의 문제로 여기고 숭고한 것이 있다는 것만은 거의 틀림없는 사실이다. 요즈음의 미학은 대부분 숭고한 것에 대해 많은 흥미를 표시하고 있거니와 그 가운데 한 이유는 위대하고 진정한 모든 예술이 숭고한 것에 가까운 데 있다. 그러나 사람들은 미적으로 감상할 생각까지는 없더라도 숭고 말고도 다른 여러 가지 미가 있다는 점을 인정하고 있다. 우아한 것, 애교스러운 것, 매력적인 것, 희극적인 것, 비극적인 것 따위가 그것이다. 이것들을 숭고한 것과 같은 것이라고 볼 수는 없다.

하지만 실제로는 아무런 미적 특색도 없는 숭고한 것이 있는 게 아니냐는 반론도 있다. 이를테면 우리가 한발 물러나서 관망할 수 없는 엄청난 자연력이나 또 우리가 미적으로 관조하기에 너무나 거리가 가까운 인간의 벅찬 운명을 생각하면 저 반론이 옳다고 믿어진다. 어쨌든 숭고와 그 밖의 미적 가치와의 사이에 뚜렷한 구별이 서지 않는다.

그러나 미적 가치의 계열을 내용적으로 고찰하면 이 계열 가운데에서 숭고와 기타 모든 미적 가치와의 구별이 뚜렷하게 드러난다. 이 밖의 모든 가치—

또는 적어도 그 가치의 술어—는 어떤 유사성을 가지고 있으며 따라서 이 점에서 모든 미적 가치는 숭고와 대립한다.

그렇지만 이 모든 가치 가운데에서 비극적인 것만은 제외된다. 또 연구가 좀 더 나아가면 그 밖의 다른 몇몇 가치도 제외될 것이다.

우아한 것, 매력적인 것, 순박한 것, 애교스러운 것 등은 서로 두드러질 정도의 유사성을 가지고 있으며 그 본질에 있어서 숭고한 것과 대립한다. 그리고 이런 것과 비슷한 것 가운데에는 예를 들면 진귀하고 절묘한 것, 괴기한 것, 기발한 것, 단지 재미있기만 한 것 따위가 있고 또 이보다 거리가 얼마쯤 멀지만 우스운 것, 재치 있는 것, 유머러스한 것, 즉 한마디로 희극적인 것도 있다. 그리하여 숭고한 것은 위에 열거한 모든 것과의 대립에서 근본적으로 다르다는 것이 판명된다.

칸트의 숭고를 그처럼 기본적인 것으로 보고 미(美) 일반과 '나란히 둔' 진정한 이유가 여기에 있다. 그러나 우리는 이에 찬성할 수 없다. 칸트 자신이 그것을 변명하려고 한 이론은 아무리 심오해도 일면적이고 또 부자연스러운 점이 많다. 하지만 그것은 칸트가 '아름다운 것'을 보다 '경쾌'한 가치술어 쪽으로 몰고 가려고 하는 경향을 갖지 않았다는 것을 알기만 한다면 이해할 만하다.

숭고에 관한 칸트의 이론에 대해서는 다음에 깊이 논하겠거니와 여기서 먼저 우리가 물어야 할 것은 숭고한 것이 대체 어디 있느냐 하는 점이다. 이 물음에 대해 우리는 다음과 같이 대답할 수 있다. 즉 매우 위대하거나 더 뛰어난 것이 있는 곳이면 어디에나 있는 것이라고. 숭고한 것은 자연에도 있고 인간생활 속에도 있으며 환상이나 사상에도 있다. 환상이나 사상은 물론 실제적인 것이 아니다. 그러나 그렇다고 해서 거기에 위대하고 뛰어난 것이 있지 말라는 법은 없다. 숭고한 것은 존재방식에 무관심한 것이며, 이 무관심이 미적 대상을 숭고한 것이 될 수 있게 하는 것이다. 왜냐하면 미적 대상은 가장 큰 부분과 더불어 비실제적인 것이기 때문이다.

첫째 숭고한 것은 여러 가지 자연현상, 즉 폭풍·노도·폭포, 흰 눈으로 뒤덮인 높은 산악·황야, 고요한 숲속, 별들이 반짝이는 하늘에도 있다. 과학자들은 그것들을 숭고한 것과는 전혀 다른 것, 즉 원자의 내부구조나 혹은 세포핵 속의 미묘한 운동 내지 우주 공간의 통계법칙과 같은 것으로 볼 수 있으리라.

여기서 중요시할 것은 그것들이 미적으로 숭고한 것이 아니라는 점이다. 왜냐하면 미적으로 숭고한 것 말고도 또 숭고한 것이 있기 때문이다. 숭고한 것은 관조하며 감상하는 주관의 태도를 통해서만 비로소 미적으로 숭고한 것이 되는 법이다. 왜냐하면 미적 대상의 본질은 올바른 태도를 가진 '우리에 대하여'서만 그런 것이 되는 점에 있기 때문이다.

그러나 숭고한 것이 보다 강하고 깊은 의미에서 나타나는 것이 인간생활인데 우리 대부분은 그런 줄을 모르고 있을 뿐이다. 고통이나 비애를 각오하고 감내하는 사람은 그것을 넘어선 숭고한 사람이다. 어떤 중대한 사명을 위해 생명과 건강을 희생하는 사람은 그가 거부한 태평과 안락이라는 가치를 넘어선 숭고한 사람이다. 이 숭고한 사람의 '존재'는 숭고하다고 느끼는 '감정'과 관계가 없는 것이다. 왜냐하면 숭고한 사람은 누가 알아주거나 말거나 또 끼거나 말거나 상관없이 존재하기 때문이다.

이 숭고는 분명히 미적 숭고가 아니라 도덕적 숭고라고 부르는 게 마땅할 것이다. 참으로 위대한 공적이나 영웅이나 강한 책임능력 등도 분명히 숭고한 것이다. 왜냐하면 우리는 자연적으로 감탄하는 마음을 가지고 이를 대하기 때문이다.

우리가 숭고한 것을 대할 때에 감탄할 뿐만 아니라 일정한 거리를 두고 이 숭고한 것을 말없이 관조하며 일체의 흥분이나 긴박감을 떠나서 위대하다는 인상을 받을 때에 비로소 그 숭고는 미적 숭고가 되는 것이다.

숭고의 가장 순수한 현상은 신화·종교와 세계관 일반의 철학적인 사상이나 표상의 영역에 있다는 것을 잊어서는 안 된다. 사람들은 오랫동안 이 현상들만을 보고 숭고한 것을 규정했고, 그것이 과연 미적 숭고인가 아닌가에 대해서는 생각해 본 일조차 없었다.

그것은 물론 미적 숭고가 아니다. 신화에도 예술적으로 관조되는 시적 형식이 있지만 그것은 미적 숭고가 아니다.

그러나 종교적인 영역에 있어서는 숭고의 예술적 표현과 신앙내용 그 자체, 즉 신과 신에 의한 세계지배의 숭고성과는 결코 똑같지 않다. 이 점에 대해서는 미적 대상의 직관성과 가장 날카롭게 대립하며, 따라서 미적 가치의 보유자가 될 수 없는 교의학이 증언한다.

b 숭고의 예술적 현상

예술이나 미학적인 것의 바깥에 광범한 숭고의 영역이 있는 사실은 숭고가 특히 하나의 미적 현상만이 아니라는 것을 증명한다. 이 점에서 숭고한 것은 우아한 것, 매력적인 것, 희극적인 것, 특히 미적인 현상이 아닌 모든 종류의 '미적인 것'과 같다. 우리는 이 모든 것 속에서 특히 미적인 것만을 걸러내야 한다.

그러면 특히 미적인 것은 어느 영역에 있는가? 첫째 자연이나 인간생활 속에 있는 비예술적인 미가 그것임에 틀림없다. 우리는 바로 앞에서 열거한 모든 비미적인 숭고가 그런 것이라고 주장할 권리가 있다. 왜냐하면 이 모든 비미적인 숭고는 주관이 적당한 거리를 두고 냉정히 관조하는 자세로 대하기만 하면 틀림없이 미적인 숭고로 바뀌기 때문이다. 이것을 어떤 일반적인 원칙으로 볼 수 있다. 그리고 이 원칙은 흔히 일상생활 속에서 확인된다. 왜냐하면 처음에 우리를 위압만 하던 압도적인 것이 그다음에는 갑자기 매력 있는 것으로 나타나기 때문이다.

실러가 "인간은 절망적으로 신들의 위력에 굴복한다"고 말한 바 있거니와 이 말은 단지 패배의 표현에 지나지 않으며 미적인 것과는 전혀 맞지 않는다. 그러나 그가 이어서 "인간은 자기 작품을 허무하게 관망하고 감탄하면서 사라진다"고 말했을 때에는 태도가 갑자기 변하며 숭고미가 솔직하게 나타난다.

도덕적 숭고와 거리를 두는 일은 쉽지 않다. 자연의 위력 앞에 섰을 때 마음의 동요는 훨씬 더 클는지 모른다. 하지만 자연의 위력이 아무리 크더라도 사람의 마음속에 깊이 뚫고 들어가지는 못한다. 그러나 도덕적으로 숭고한 것—예를 들면 비범하고 의협적인 행동—은 이를 알려면 저 자신이 이에 버금갈 만해야 하는 것이며 자기에게 그럴 만한 능력이 없음을 알게 되면 위압을 느끼는 것이다. 따라서 인간이 내면적으로 알차게 된다. 하지만 그다음에 그가 도덕적 열등감에서 일정한 거리를 두고 도덕적으로 숭고한 것을 보게 되면 그만큼 더 고개가 숙여지고 존경하는 마음이 간절해지는 법이다.

이와 같이 미적 숭고는 언제든지 자연적 숭고나 도덕적 숭고의 결과로 나타나되 미를 볼 줄 아는 사람의 눈이 얼마나 열렸는가에 따라서 달라진다.

종교적 숭고에 관해서 한 가지 더 보충할 말이 있다. 종교의 영역에는 숭고가 가장 강하게 나타나는 여러 형태들이 있으므로 또 여기에서는 그 결과로 나타나는 미적 숭고가 가장 풍부하리라는 것이 기대된다.

헤겔의 미학 내지 낭만파의 미학이 대체로 종교적 숭고와 미적 숭고를 똑같이 보거나 적어도 분리할 줄 모른 까닭이 그 때문이다. 그들은 '신적인 것'을 거기에 '나타나'는 '이념'이라고 주장했다. 신이 두드러지게 숭고한 것이라는 주장은 옳다. 그러나 순전히 종교적—세계관적인 숭고를 서슴지 않고 미적 숭고라고 보는 데에 결점이 있었던 것이다.

바로 여기서 종교와 예술과의 관계에 관해서 보다 나은 교훈을 얻을 수 있다. 물론 예술은 종교적 생활에서 생겨난 것이지만 예술의 최성기(最盛期)는 종교가 벌써 쇠퇴하기 시작한 때였다. 예술은 그 이념을 종교적 생활에서 받았지만 그 감성적인 형성력에 있어서는 어디까지나 자율적이었고 종교적 이상을 인간적이며 직관적인 것으로 개조했던 것이다.

예술은 감히 신적이고 숭고한 것에 접근하지는 못한다. 조형예술이 신적이고 숭고한 것에 손대기를 금지한 일이 있었다. 그러나 그리스의 조각은 그 일을 감행했고 또 어느 정도는 그 목적을 이루었다. 하지만 그 이유는 오직 그리스의 신들이 매우 인간적이었던 점에 있다. '사람의 아들'을 그린 위대한 시대에 인간의 형상으로 나타난 그리스도도 그와 마찬가지였다. 신적이고 숭고한 것이 전적으로 침투하는 예술은 오직 음악뿐이다. 왜냐하면 음악은 대상적인 것을 파악할 필요 없이 막연하게 부각시킬 수 있기 때문이다.

그러므로 그 방면의 대가가 아닌 아류의 의식 가운데에서도 오늘날에는 순수한 미적 숭고임이 분명한 음악적 숭고가 일찍이 그것과 얽혀 있던 세계관적 이념과 분리되기 쉬운 것이다. 종교음악이나 기악이 반주하는 성악에서처럼 주제와의 관계가 방해되지 않는 것은 아니다. 그 점은 바흐나 헨델 등과 같은 대가의 순수음악과 비교하면 바로 분명히 알 수 있다. 숭고한 것을 창조한 예술이 역사적으로나 사실적—주제적으로나 신앙생활의 세계관적 내용에서 출발했다는 것은 틀림없는 사실이다.

그러면 '미적으로 숭고'할 뿐 아니라 '예술적으로도 숭고'한 것은 어느 예술에 있는 것일까? 또 그것은 예술 내부의 어느 예술형식에서 발견되는 것일까? 그것은 대상의 어느 계층에 규정되고 제약되는 것일까? 첫째 물음은 대답하기가 쉽고 또 안내나 단서로 이용될 수 있으나, 마지막 물음은 대답하기가 어렵고 또 도대체 숭고가 무엇이냐 하는 근본문제에 다다르게 된다.

본디 표현예술만이 주제를 가졌으므로 숭고한 것은 오직 이 표현예술에서만 발견된다고 먼저 생각될 것이다. 그러나 숭고한 것이 대상적인 주제에 불가분적으로 규정되고 제약된다고 생각하는 것은 잘못이다. 왜냐하면 사실에 있어서 숭고는 대상적인 주제에 의존하는 게 아니기 때문이다.

장식을 제외하고 모든 예술에 숭고한 것이 있다. 다만 이 숭고에 층차가 있을 뿐이다. 회화에는 숭고의 요소가 비교적 적지만 그렇다고 거기에 숭고한 제재가 없는 게 아니며 또 이상적인 (거인적인) 인간상이 없는 것도 아니다. 그러나 회화는 너무나 감성적인 것에 구속을 받는다. 순전히 감성적인 것은 숭고한 것과 거리가 멀다. 또 진정한 '회화적' 효과는 바로 눈으로 보는 데 있고 그 배후에 있는 게 아니다.

예를 들면 독일의 드레스덴에 있는 성당 천장에 라파엘로가 그린 성모상과 같이 참으로 숭고한 것을 포착한 회화에는 비회화적인, 도안이나 조각과 같은 그 무엇이 끼어들기 쉽다. 참으로 위대한 초인간적인 인간을 아마 이러한 방법으로밖에 인식할 수 없을는지 모른다.

물론 초상화에도 예를 들면 나중에 숨은 인간적인 것을 포착하기에 유리하도록 육감적인 색채를 될 수 있는 대로 제한한 렘브란트의 후기 작품에 있어서처럼 어떤 심오한 숭고도 있는 것이다.

여기서 조각과 회화와의 대립이 뚜렷해진다. 무엇보다도 먼저 조각이 제작한 신상들 속에서 숭고한 것이 '조형'되었음을 옳게 알아차린 사람이 헤겔이다. 여기서 경험과 현실을 뛰어넘은 인문적 이상이 창조되었다. 즉 내면적으로 관조되고 독창적 환상을 통해서 직감적인 완전성에까지 이루어진 것이 사실이다.

문학은 기타 어떤 종류의 미나 마찬가지로 숭고한 것을 나타내는 능력을 가지고 있다. 또 문학 자체의 내부에는 숭고의 다양성에 대해 가장 광범한 자유의 가능성을 가지고 있다.

서정시에도 숭고한 것이 있으며 영웅적인 서사시에는 숭고한 것이 더욱 강하게 나타난다. 인물들에게도 나타나거니와 비극적인 운명에도 나타난다.

자기의 운명을 타고난 인물들이 보다 큰 법칙 아래서 멸망해 가는 자기 자신의 영상을 겪는 비극 속에도 숭고한 것이 있다. 참으로 위대하고 고상한 것은 인간에게서 순수하게 나타난다. 이때에 인간적 규모 이상의 인간이 탄생하는 것이다. 그러나 비극적인 것 자체가 숭고하다는 뜻은 아니다.

숭고는 숭고하기를 추구하지 않는 비표현예술, 음악과 건축에서 순수하게 나타나는 것이다. 음악은 글이나 말이 미치지 못하는 깊은 정신적 움직임 속에서 숭고한 것을 드러내 보인다. 음악은 정신적으로 숭고한 것을 나타낼 수 있는 것이다. 왜냐하면 음악은 숭고한 것을 직접적으로 '말'할 수 있고 그럼으로써 듣는 자의 공명을 불러일으키며, 그의 심정을 사로잡으며 그가 자기의 체험을 감수하듯이 숭고한 것을 자기의 것과 같이 감수하기 때문이다.

건축은 그와 반대로 정적인 숭고를 보여준다. 고대의 기념건물이 그것이다. 예를 들면 도리아식 사원에서는 숭고가 다시 볼 수 없는 높이에 이르렀는데, 이 숭고는 명랑하면서도 장중하고 엄숙한 것이었다. 그 뒤에 중세의 위대한 모든 건축양식에서 또다시 최고의 공간구성과 역학적 구성이 이루어졌다. 그중에서 가장 잘 알려진 것이 '고딕양식'의 건축물이다.

c 칸트의 숭고론

우리는 숭고가 발견되는 영역을 탐색한 뒤에 숭고가 무엇이며 다른 미와의 차이점이 무엇인가 하는 문제에 들어갈 수 있다. 이것은 아직 숭고의 가치문제가 아니다. 이 숭고의 가치문제는 숭고가 무엇인가 하는 것이 구명된 뒤에 비로소 해결될 수 있는 것이다. 숭고의 고전적인 이론은 칸트에게서 나왔다. 그러므로 숭고에 관한 칸트의 이론부터 검토해 보자.

칸트는 수학적 숭고와 역학적 숭고를 구별했다. 전자는 '절대적으로 큰 것'(모든 비교를 뛰어넘은 큰 것)이며, 후자는 자연력에 해당하는 것이다. 후자에는 미적 관계가 없고 다만 어떤 결과를 낳는 생산성만이 남는다. 그러므로 칸트는 오직 수학적 숭고만을 다룬다.

어느 경우에나 숭고는 양적인 관점에서 보는 것이다. 즉 숭고는 감성의 모든 표준을 벗어나서 심정 능력이 생각할 수 있는 것만이다《판단력비판》85).

그처럼 지나치게 큰 것을 인식하려면 우리의 능력이 부적당하다는 감정, 다시 말하면 표현해야 될 전체의 이념에 대한 구상력이 나타나야 한다. 칸트는 이 전체를 직관적으로 인식되지 않는 어떤 무한자(無限者)라고 생각했다(《판단력비판》85). 이리하여 여기서는 첫째 판단력에 대한 표상의 '비합목적성'의 관계가 문제되고 있다.

그러한 경우에 있어서는 숭고한 것은 오직 불쾌감을 불러일으키며, 압도적이고 위압적인 인상을 준다. 그러나 칸트에 의하면 여기에 이성에서 출발하는 전체성의 요구가 끼어들며 구상력이 미치지 못할 때 감성의 모든 표준을 넘어서는 심정의 능력이 나타난다고 한다《판단력비판》92). 이리하여 심정이 우월성을 되찾고 낮은 차원의 불쾌감에 제약된, 보다 높은 차원의 공감을 느끼게 되는데, 이 쾌감이 다름 아니라 숭고의 감정이며《판단력비판》98) 따라서 이 쾌감은 위압받은 심정의 북돋움을 뜻하는 것이다.

여기서 중요한 것은 부적합성과 적합성, 비합목적성과 합목적성, 불쾌와 쾌의 대립이 분명하다는 점이다. '미'(칸트적인 좁은 의미)에 있어서는 적합성과 합목적성과 쾌가 직접적으로 나타나지만 반면에 숭고에 있어서는 그것들이 그와 반대의 것에 의해서 제약되고, 이 반대의 것을 극복하는 점에 중요성이 있는 것이다. 그러나 결국 최후의 결과에 있어서 더 나은 존재자는 어디까지나 인간이며 미적 쾌감은 본질적인 점에 있어서 이 우월성에 대한 쾌감이다.

판단력이 인간의 도덕적 본질, 다시 말하면 인간에게 있어서의 본체적인 것으로 향할 때에 가장 중요한 것이 이 점이다. 그리고 그 가장 순수한 것은 도덕적 생활이 예술에서 가공되는 소재가 되는 경우이다. 여기에는 또 하나의 보다 큰 우월성이 있다. 왜냐하면 인간에게 자유가 나타나서 그 예지적 본질의 진면목을 드러내기 때문이다. 여기서 우리는 '숭고가 감성의 흥미에 거슬리면서 쾌감을 주는 것'《판단력비판》115)이라는 정의를 이끌어 낼 수 있다.

칸트의 이 정의를 보게 되면, 우리는 두 가지 방면으로 불만을 느끼게 된다. 첫째, 숭고에 대한 칸트의 이 규정이 '미'의 규정보다도 더욱 주관적인 것이라는 점이다. 왜냐하면 그는 심정에 대한 효과를 과대평가하고 대상의 구조를 과소평가하고 있기 때문이다. 그러나 그가 쾌와 불쾌의 대립을 가치표시의 요소들로 이해하고 있는 경우에서 보면 이 대립은 어디까지나 유용한 것이다.

둘째, 하지만 대상에 있어서는 무엇이든지 지나치게 무한성으로 돌려서 놀리고 있다. 이와 같이 약간 경솔하게 무한을 놀리는 것이 낭만주의 사조가 대두하던 시대의 취미이다. 그러나 여기서는 무한성이 전혀 필요치 않다. '아주 큰 것'이라는 칸트의 첫 규정은 실제에 있어서 얼마나 크고 얼마나 작은지에 상관없이 '아주 큰 효과를 주는 것'으로 이해하는 게 더 나을 것이다.

칸트가 옳은 방향을 찾아나간 것이 분명하지만 숭고에 대한 칸트의 규정은 무의미하다. 이상에서 말한 두 가지 점에 따라서 숭고의 개념 가운데 다음과 같은 두 가지 요소가 중요하다는 것을 알 수 있으리라.

(1) 관조자에게는 서로 싸우는 두 감정의 요소, 즉 반대하는 감정의 요소(무능 또는 공포의 감정)와 찬성하는 감정의 요소가 있는바, 그중에서 전자는 후자의 토대가 된다. 그러므로 숭고의 가치는 비가치를 토대로 한, 다시 말하면 후자와 사이좋은 가치이다.

(2) 대상에는 오직 하나뿐인 '크기'라는 요소가 나타나는 게 사실이다. 그러면 그것이 과연 양적인 그 무엇이냐 아니냐가 문제된다.

그것은 또 다만 '우리를 능가하는 것'일 수도 있다. 그것은 외연적인 영역보다도 오히려 언제든지 살아 있는 인간이나 혹은 예술적 표현에서 나타나는 도덕적 위인에게서 볼 수 있는 숭고의 진정한 현상에 보다 더 적합한 것이다. 또 '우리를 능가하는 것'이라는 말은 비표현예술(음악과 건축)에서 나타나는 숭고의 독특한 모든 형태에도 잘 맞는 것이다.

31) 숭고미의 구조

a 숭고의 모든 특수형식

칸트가 알아낸 바와 같이 숭고한 것이 있음은 의심할 여지가 없다. 문제는 다만 숭고한 것이 있다는 이 말이 모든 종류의 숭고한 것에 마땅한가 그렇지 않으면 위에서 언급한 음악과 건축에 포함된 숭고에만 마땅한가 하는 데에 있다. 거기서는 숭고가 아마 가장 순수한 형식으로 발견될는지 모른다. 그러면 숭고를 제한할 근거가 어디 있는가?

그 근거는 한편으로는 윤리학에서 '의무'를 유일한 연구영역이라고 보는 바와 같이 부분을 전체라고 보는 칸트의 특수한 사고형식에 있고, 다른 한편으로는 숭고한 것 가운데에서 특히 압도적이고 위압적이며 공포심을 일으키는 것만을 중요시하는 점에 있다.

위의 두 가지 근거에서 칸트는 압도적인 것을 숭고한 것 이상으로 보며 또는 전자를 후자라고 주장했다. 숭고의 이러한 특수형식이 있는 것은 움직일 수 없는 사실이며 칸트가 그 실례로 든 자연관계도 어디까지나 적절한 것이다. 그러나 칸트는 숭고의 모든 종류를 몰랐다. 칸트는 특히 관상자에게 있어서의 쾌와 불쾌와의 대립관계가 일어나게 된 문제의 측면을 중요시했다. 그러므로 칸트에게 있어서는 이 대립관계가 부자연스럽게 극단화하고 있다.

칸트가 이 대립관계를 그처럼 첨예화한 이유가 무엇인가라고 묻는다면 그것은 그의 형이상학적 확신에 있다고 대답할 수 있다. 그의 이 형이상학적 확신에 의하면 신은 절대적으로 숭고한 것이며, 그에 비하면 모든 피조물은 있는지 없는지 분간할 수 없을 만큼 아주 작은 것이어서 저 숭고한 것은 자연과 정신생활 중의 부분적인 모든 숭고한 것으로서는 도저히 미칠 수 없는 무한한 것이라고 한다. 그러나 이러한 세계관적 관점은 일면적인 것이다.

이러한 일면성에도 앞의 글에서 지적한 칸트의 두 가지 공적, 즉 어떤 비가치를 토대로 하는 가치와 양적으로 이해해서는 안 되는 '아주 큰 것'을 비롯하여 영원히 남을 것이 많이 있다. 칸트보다 좀더 너그러운 관점에서 숭고의 여러 가지 현상형태를 대조해 보면 '아주 큰 것'의 의미를 가장 잘 이해할 수 있으리라. 그렇지 않고서는 미적으로 숭고한 것과 생활에 있어서 숭고한 것을 구분할 엄두가 나지 않을 것이다.

그러므로 나는 여기서 숭고의 여러 종류를 다음과 같이 열거한다.

⑴ 위대와 위대한 것—이 양자는 측정가능한 양에 관계없이, 예를 들면 외연적으로는 크지 않으면서 크다는 인상을 주는 것들과 같이 오직 '성질상의 큰 것'이다.

⑵ 엄숙한 것, 장중한 것, 탁월한 것 또는 심원한 인상을 주는 것. 여기서 엄숙한 것은 축제적이면서 명랑한 것에도 덧붙일 수 있는 뜻도 가지고 있다.

⑶ 완결한 것, 완전한 것, 그 앞에서는 인간이 빈약하게 보인다. 신비적인 침묵과 정서. 우리는 이런 것들을 다만 피상적으로 막연하게 무궁무진한 것이라고 추측할 뿐이다.

⑷ 걸출한 것(세력과 권력에 있어서)—자연에 있어서는 압도적인 것, 인간생활에 있어서는 도덕적으로 탁월한 것, 위풍당당한 것, 숭배할 만한 것(인간적으로

도량이 큰 것, 너그러운 것).

(5) 미증유한 것, 강력한 것, 가공할 만한 것—인간생활 속에 돌연히 뛰어들어서 인간이 이에 굴복할 수밖에 없는 것. 또 예술적 형식 속에서 영원히 잊을 수 없는 기념비적인 것과 형태에 있어서 '견고'하고 '거대'한 것(칸트).

(6) 인상 깊은 것과 깊은 감명을 주는 것—이 양자는 인간의 운명에 중대한 관계가 있고 문학에 전형적인 것이다.

(7) 비극적인 것—비극에 있어서뿐 아니라 그 밖의 문학이나 음악이나 예술 이전의 실생활 속에도 비극적인 것이 있다.

지금까지 숭고의 여러 특수형식을 골라냈지만 그것들은 결코 동질적인 것이 아니다. 예를 들면 마지막의 두 가지 숭고는 처음의 다섯 가지 숭고보다 훨씬 더 독특한 것이다. 거기에는 구명할 필요가 있는 것이 많다. 그중에서도 특히 위로부터 세 가지 것이 설명을 필요로 한다.

그중 대부분은 대립물과의 관계에서 뚜렷하게 알 수 있다. 왜냐하면 숭고의 특수형식은 그 어느 것이나 반드시 부정적(반가치적인 것, 흔한 것)인 것이라고 볼 수 없는 반대자를 가지고 있기 때문이다.

첫째, 외연적으로 큰 것의 반대는 '내용적으로 큰 것'이다. 내용적으로 큰 것은 사실에 있어서 외연적이 아니다. 그렇다고 무수한 별들이 반짝거리는 하늘과 같이 '외연적으로 큰 것'이 또한 내용적으로도 큰 예외가 없는 것은 아니다. 그러나 여기서는 숭고성이 운동의 일사불란한 규칙성에 있는 것이다. 그 반대는 비열한 것, 작은 것, 좀스런 것, '보잘것없는 것'이다. '내용적으로 위대한 것'—성질적으로 위대한 것—을 그 형식이 비범한 어떤 건물에서 볼 수 있다. 그 좋은 실례가 싱켈의 낡은 신위병소(新衛兵所)이다. 이 건물은 보다 큰 공공건물들 사이에 끼여 있는 조그마한 작품이면서 그 주위에 있는 보다 큰 건물들이 무색할 만큼 위대한 인상을 준다. '질이 좋은 피아노'로 연주하는 바흐의 짤막한 작곡—서곡과 둔주곡—도 그와 마찬가지라고 말할 수 있다. 이 곡을 연주하려면 보통 속도로 고작 7분 남짓밖에 안 걸리는 짧은 곡이지만, 그 내용적 구조의 위대한 점에서는 음악예술의 가장 위대한 작품과 비견할 수 있고 또 그것을 넘어서기도 한다.

둘째, 엄숙한 것은 처참한 것, 우울한 것과는 상관없는 것이다. 또 엄숙한 것은 언제든지 비극적인 것에 붙어다니지만 이것과는 관계가 없다. 엄숙한 것에 즐거운 것이 없으란 법은 없다. 엄숙한 것과 즐거운 것이 합쳐지면 장엄한 것이 된다. 그리고 우리가 알아두어야 할 점은 내용적으로 위대한 모든 것은 우리에게 위압감을 주지 않는 한 어느 정도 장엄한 것이며, 따라서 일상적인 것과 구별되고 또 '축제'가 일상생활이 아닌 예외의 상태이듯이 일상성에서 뛰어난 것이라는 사실이다. '숭고'의 첫째 의미가 바로 여기에 있고 이처럼 '탁월'한 것이 숭고한 것이다. 또 장엄하고 엄숙한 것은 위대한 음악에서 가장 순수하게 나타나는 것이다.

셋째, 우리는 완전한 것을 언제든지 숭고한 것이라고 여기지 않는다. 그러나 완전한 모든 것이 더 낫다는 인상을 주는 사실을 부인할 수 없다. 완전한 것은 또 신비적이고 불가사의한 것이라는 성질을 띠고 있어서 이것을 보는 자가 그 속에 어떤 위대한 것이 있으리라고 추측하게 되면 완전한 모든 것이 더 낫다는 인상은 더욱 강해진다.

(2)와 (3)에서 언급한 숭고의 두 가지 형식(어느 한계 내에서는 (1)도)은 순수한 원형의 숭고라고 말할 수 있는 것이며 이 숭고의 순수한 경험은 비극적인 숭고, 위협적인 숭고 등과 같이 성질이 다른 기타 숭고의 감정적 요소에 대해 중성적인 것이다. 그러나 무엇보다도 위압적인 숭고를 앞세우는 칸트의 이론에 있어서는 대립적인 것으로 본다.

또 이 두 가지 숭고를 위해서는 그 반대를 증거로 끌어들일 수 있다. 엄숙한 것과 장엄한 것의 반대는 평범한 것과 일상적인 것이지 경솔한 것과 천박한 것이 아니며, 완결과 완성의 반대는 중도판단과 미완성이며 말없는 신비의 반대는 비속과 천박이다.

다음의 (4)와 (5)는 거의 칸트적인 의미에 있어서의 숭고에 대한 것인데, 이에 공통적으로 대립하는 것이 충분히 아는 것과 상투적인 것이다.

넷째, 도덕적으로 우수한 것은 완전한 것과 비슷하다. 그러나 그런 것이 과연 전적으로 중압감을 주는 것인가가 의심스럽다. 왜냐하면 도덕적으로 우수한 것은 또한 직접적으로 감동을 주며 매력적인 효과를 주기 때문이다. 그리고 그것이 아마도 당연한 일일 것이다.

다섯째, 예술에서는 영구적인 것이 큰 역할을 한다. 건축에서만이 아니라 조각과 문학에서는 더욱 그렇다. 강력하고 알찬 것은 본디 숭고한 것의 한계에 해당하는 것이다. 왜냐하면 여기서는 우리가 받는 압박감이 너무 강해서 위대하다는 느낌이 손상되기 때문이다. 대상과의 거리가 없이는 미적 인식이 불가능하다.

마지막으로 두 가지 숭고의 형식 (6)과 (7)은 서로 비슷한 것이며, 따라서 이 양자는 다시 두려운 것과 비슷하다.

여섯째, 감격한 것은 언제든지 놀랄 만한 것과 어울리는 것이며 이것이 가장 감정적인 측면이다. '인상적(印象的)인 것'은 위압적인 것과는 거리가 멀며 흥분과도 다르다.

그러나 인상적인 것에는 놀랄 만한 것, 우러러볼 만한 것이 있다.

일곱째, 비장한 것에서는 극적인 것, 좀더 바르게 말하면 순예술적인 것의 비중이 크다. 인상적인 것에는 주로 정신이 흔들리지만 비장한 것은 주로 흥분과 특수한 미적 쾌감이 뒤따른다. 또 거기에는 비극이라는 고도로 개발된 예술형식이 뒤따른다. 하지만 그것은 비단 극에 있어서뿐만 아니라 다른 예술에 있어서도 특수한 문제인 것이다.

b 숭고의 본질특징

지금까지 언급한 것을 이제 되돌아보면 숭고의 의미와 본질이 좀더 분명해진 것을 알 수 있다. 아니 우리는 이제야 비로소 숭고의 전통적인 개념이 얼마나 애매한가를 알았다. 숭고의 여러 특수형식은 숭고한 것이 나타나는 범위를 넓혀주었을 뿐만 아니라 통일적 본질에 새로운 빛을 던져주었다. 그러므로 숭고에 대해 칸트적인 정의와 병렬되는 형식적 정의를 내릴 필요는 없다. 아니 정의를 내리고야 말겠다는 모든 야망을 버려야 한다.

그러면 미적 숭고의 철학적 규정을 위한 소득은 대체 무엇인가? 그 대답은 한편으로 부정적인 것같이 생각되지만 간접적으로 보면 두드러지게 긍정적이다. 우리는 숭고에 대한 극단적이고 일면적인 칸트적 규정을 반대하지만 그 긍정적인 것은 의연히 존립한다.

(1) 초월적이고 절대적인 것, 신(神) 또는 모든 세계관적 특수전제와 숭고한 것과의 분리, 긍정적으로 말하면 숭고한 것을 현세와 신변·자연적인 것과 인간

적인 것 속으로 끌어들여야 한다.

⑵ 양적인 것과 숭고한 것의 분리. 그 이유는 숭고한 것을 양적인 것으로 볼 수 없을뿐더러 그 대부분의 현상형태에 있어서 숭고의 성질이 서로 다르고 종류가 다른 길에 있다.

⑶ 위압적인 것과 숭고한 것의 분리. 숭고한 것에는 위압적인 것, 두려운 것, 파국적인 것이 있다. 그러나 숭고의 본질은 이런 것들이 아니다. 숭고의 첫째 요소는 더 나은 것의 직관을 통한 직접적 흥분이다.

⑷ 토대가 되는 비가치요소(비적합성, 비합목적성 따위)와 이에 따라서 주관의 가치반응에 있어서의 불쾌감 제거. 우리는 숭고의 토대를 그러한 비가치로 보지 않고 어떤 가치로 본다. 이 가치는 반드시 주관에 있는 게 아니라 대개는 대상에 있는 것이며, 이 대상이 아주 위대하고 더 나은 것이라고 느껴지는 경우에 있어서는 대상의 자기가치인 것이다.

⑸ 더 나은 대상과 인간의 심적 요구와의 사이에는 불일치나 부적합의 관계가 있는 게 아니라 본디 인간의 본성에 속하는 분명한 일치관계가 있는 것이다.

마지막으로 두 가지 점은 본디 숭고의 본질 속에서 드러나는 긍정적인 것이다. 하지만 여기서 설명할 것이 조금 있다. 예를 들면 불쾌를 통하여 제약된 쾌와 비가치를 토대로 한 가치가 나타날 수 없는 게 아니라는 점이다. 양자는 자주 나타난다. 전자는 심리학상에서 이른바 감정적 대비법칙이라는 이름으로 잘 알려진 것이다. 그러나 후자는 우리가 윤리학에서 알고 있는 사실로서 동료인간의 곤궁(비재가치)이 이웃사랑이라는 도덕적 가치의 토대가 되는 것이다. 이 점에서 보면 숭고에 있어서의 칸트적인 관계에 대해 비난할 이유가 없다고 하겠다.

문제는 다만 이 관계가 사실과 일치하지 않는다는 점에 있다. 정확하게 말하면 칸트적인 관계는 오직 일부의 현상에만 일치하고 핵심적인 현상에 일치하지 않는 것이다. 왜냐하면 자기감정의 억제와 동시에 숭고한 것이 새롭게 나타난다는 것은 특수한 경우이지 결코 일반적인 규칙이 아니기 때문이다.

여기에 마땅한 원칙은 이런 것이다. 즉 인간의 감정은 본디 위대하고 더 나은 것에 끌리는 법이다. 인정은 본디 위대하고 더 나은 것을 동경하고 추구하면서 일생을 보내는 수가 있다. 만일 그가 그것을 발견하게 되면 그의 가슴은 그리로 뛰어가는 것이다.

　적어도 악습에 물들지 않았거나 아무런 불안도 없는 정상적인 인간이라면 누구나 그러할 것이다. 불안은 비상한 것, 방대하고 압도적인 것을 보면 겁을 내는 사람에게서 흔히 볼 수 있다. 위력에 압박을 받거나 비굴해진다는 것은 자연스러운 일이기는 하지만 정상적인 인간에게는 이차적인 것이다. 왜냐하면 이런 경우에는 숭고한 것을 보는 관점이 벌써 제2의 단계에 들어가서 얼마만한 거리를 두고 위협적인 것을 대하기 때문이다.

　위대한 것, 뛰어난 것에 끌리는 경향은 도덕적으로 가장 훌륭한 인간의 특징에 속한다. 이 특징 자체는 미적인 것이 아니지만 미적 관조와 황홀한 감상으로 변화하기 쉬운 것이다. 아무튼 이 특징은 어떠한 가치 경향으로서(도덕적 가치반응) 숭고한 것의 미적 가치를 지탱하는 토대가 된다. 그러나 이 관계는 미적 가치의 일반적 토대법칙의 한 특례에 지나지 않는다(Ⅲ부 제1장 제28절 c항 참조). 위대한 것에 끌리는 이 특징은 일반적인 성질을 가지고 있다. 그리고 도덕적인 실례는 특수한 것이다. '위대한 것'은 인간의 심정을 끌어당기는 마력과 '자력'을 가진 것이다. 다시 말하면 정상적인 인간은 그 무엇을 숭상하는 경향과 또 자기 이상의 그 무엇을 우러러보는 눈을 가지고 생각하는 것이다.

　그러한 경향은 아마 인간이 자기 생활에 어떤 의미를 부여하려고 하는, 보다 더 기본적인 경향에 뿌리박고 있을는지 모른다. 왜냐하면 더 나은 모든 것은 저 자신의 우월성을 통해서 의미를 부여하는 것이며, 인간은 그로부터 막연하긴 해도 불가사의하고 심원한 뜻의 원천을 발견하기 때문이다. 더 나은 것이 제 의미를 갖는 근거가 무엇인가를 묻는 것이 철학적 반성이다. 이것을 묻는 것은 인간의 실천적 생활도 아니며 또 갓 시작한 미적 직관도 아니다. 왜냐하면 미적 직관은 직접적으로 인상(印象)에 매인 것이기 때문이다. 그러나 인상이라는 것은 미적 관계에 있어서 늘 그렇듯이 의미에서 나오는 것이다. 그리고 의미문제와 이유문제와의 사이에는 엄청난 차이가 있다.

　위대한 것으로 향한 이러한 '심정의 약동'에서 거리와 관찰과의 어떤 관계가 성립할 때에는 위대한 것은 미적 숭고로 바뀐다. 그리고 그다음에 헌신적인 정열과 말없는 동경을 거쳐서 감상적인 관조가 일어나며 그와 함께 숭고의 미적 가치가 성립하는 것이다.

여기서 중요한 것은 숭고의 토대는 비가치가 아니라 가치라는 점이다. 이렇게 보면 순수한 긍정적 관계가 회복된다.

숭고의 토대가 가치임이 분명하며 인간에게 있어서의 쾌감요소가 이를 명시하는데도 칸트와 그의 추종자들은 이를 알지 못하고 있다. 심대한 규모로 나타나는 모든 것은 중대하고 유력한 것이므로 가치 있는 것이다. 이 가치는 심적·도덕적으로 위대한 것에서 가장 강하게 느껴진다. 위대한 것이 인간의 심정을 끈다는 것은 매우 기본적인 것이므로 어떤 비가치적 계기를 덤으로 받기도 한다. 우리가 숭고한 것에서 비가치의 요소가 자주 나타나며 강조되는 것을 보게 되는 이유가 그 점에 있다.

칸트가 이 비가치의 요소를 숭고의 주요조건으로 볼 수 있었던 까닭도 이 비가치의 요소가 나타나는 숭고에서는 그 밖의 다른 미, 즉 우아와의 대립성이 특히 강하게 나타나는 점에 있었다. 칸트는 이 대립을 미 일반과의 대립으로 보았고, 또 그렇게 함으로써 미의 개념에 혼란을 가져왔던 것이다.

c 이해할 수 없는 본질특징

한때 숭고의 징표라고 일반적으로 승인되어 왔던 미와의 대립성은 탈락했다. 그렇게 된 까닭은 미의 개념이 눈에 띄게 확장되었기 때문이 아니라 숭고의 본질 가운데에서 미와 반대되는 요소가 지양되었기 때문이다. 그리해야만 비로소 미적 가치의 모든 특수한 종류가 미에 포함되는 근본적 질서가 바로잡혀짐과 함께 동시에 미의 개념이 확립되는 것이다.

따라서 숭고는 '위대'한 것, '우월'한 것에 대한 인간의 요구에 응하는 미이며, 이 경우에 우리의 내부에서 불안스러운 것, 좀스런 것의 저항이 극복되는 것이다.

그러나 숭고와 같은 특수한 미를 적정하게 다루려면 미의 일반적인 규정이 필요하다.

미의 개념을 확장하려면 미의 구조요소 가운데 현상관계를 끌어들이기만 하면 충분하다. 왜냐하면 장식에 있어서와 같이 현실관계가 없는 곳에서는 또한 숭고한 것을 찾을 수가 없기 때문이다. 미는 대상의 감성적 실재적인 전경에서 비감성적인 후경이 나타나는 때에 성립하는 것이다. 이 성립은 '우리에 대한 성립'인 만큼 우리는 대상의 성립적·실재적인 전경에, 위대한 것에 대한 인간의 바람에 적합하고 이에 배치하는 것을 압도하는 어떤 비감성적인 후경의 현상을 숭고라고 말할 수 있다.

숭고의 정의는 이렇게 성립될 수 있다. 그러나 여기서 말하는 적합 여부는 나타나는 후경 자체에 구조적으로 존재한다는 점을 주목해야 한다. 그러므로 이 점을 헤아려 말한다면 '숭고한 것은 대상의 감성적인 전경에서 감성적으로 제시할 수 없이 압도적으로 위대한 것, 또는 우월한 것이 나타남'을 말하는 것이며, 그 위대한 것이 위대한 것에 대한 정신적 요구를 영합하고 소인적인 저항을 압도하는 것이다.

후경은 그 자체가 '전경 속'에 나타나는 더 나은 것이다. 여기서는 특히 나타난다는 점에 유의해야 한다. 왜냐하면 전경과 후경과의 사이에는 큰 차이가 있기 때문이다. 오직 예술에 있어서만 그런 게 아니라 자연에 있어서도 마찬가지다. 왜냐하면 여기(자연)에 있어서도 감성적으로 주어지는 것은 오직 유한한 단편뿐이기 때문이다(눈에 보이는 바다와 별이 반짝이는 하늘). 그러면 감성적인 단편 속에 어떻게 해서 전체가 나타날 수 있는가? 바로 이 점에 이해할 수 없는 수수께끼가 있는 것이다. 하지만 이 수수께끼는 자연에서보다도 예술에서 더 이해할 수 없다.

그러면 압도적으로 위대한 것이 도대체 어떻게 해서 예술에서 표현되는 것일까 하는 것이 문제된다. 왜냐하면 그것은 어떻게든지 '나타나'야만 하기 때문이다. 전경은 감성적인 것이므로 언제나 매우 한정된 것이다. 그러면 이와 같이 매우 한정된 전경에서 어떻게 압도적으로 위대한 것이 나타날 수 있는 것일까?

이 문제는 낭만파 이래 흔히 '유한 속의 무한'이라는 말로 집약되어 왔다. 모든 소여를 절대자에까지 끌어올리며 과대평가하는 것이 낭만주의자의 나쁜 버릇이다. 문제를 올바로 이해하려면 이러한 낭만주의사상까지 언급할 수밖에 없을 것이다.

그러나 요점은 감성직으로 볼 수 있는 매우 한정된 것 속에서 뛰어나게 위대한 것을 인식하는 데 있다. 여기에 모방의 궁극적인 한계가 있다는 깃은 위에서 이미 지적한 바 있다. 왜냐하면 자연에는 압도적으로 위대한 것이 있지만 이것을 본뜨기가 불가능하며, 사상에는 뛰어나게 위대한 것이 있지만 이것을 객관화한 형태로 인식하기가 불가능하기 때문이다.

중요한 것은 미의 일반적인 본질에 있는 것이지 여기서 그 무엇이 실현된다는 뜻에 있어서의 모방이나 혹은 표현에 있는 것이 아니다. 미적인 대상—숭고한 것까지 포함해서—이 되기 위해서는 '나타나'기만 하면 되는 것이다. 하지만 압도적으로 위대한 것이 나타나기 위해서는 어떠한 뜻에서든지 그것이 개조되거나 '완성'될 필요는 없고 표상이 분명하며 불가피적·직관적으로 또렷하게 상기되기만 하면 충분하다.

그러나 바로 이 현상의 직관성이 어디까지나 수수께끼인 것이다. 왜냐하면 비감성적인 것이 어떻게 해서 직관되는가는 이해할 도리가 없기 때문이다. 물론 미적 관조에는 '고차적인 직관'이 있고 이 고차적 직관은 감성의 한계 내에 붙잡혀 있는 게 아니다. 하지만 이 고차적 직관은 소여성의 인상을 제공한다. 왜냐하면 관상자는 미적 대상에 대한 자기 자신의 기여가 얼마나 큰가를 모르기 때문이다.

그렇지만 오직 관상자 자신의 상상력만으로써 이루어지는 것을 대상에 귀속시키는 현상관계를 해명할 관건이 여기에 있다. 이리하여 매우 한정된 대상적인 것이 표상의 작용을 통해서 압도적으로 위대한 것으로 변형된다.

숭고의 모든 표현이 불완전한 것은 분명한 사실이다. 하지만 이 불완전성은 숭고의 표현에서 느껴지는 것이며 따라서 간접적으로 숭고가 직관되게 하는 것이다. 예를 들면 사업이나 정열의 도덕적 숭고 내지 자연적 숭고가 그것이다. 즉 그는 사실에 있어서 그와 같이 활동하는 것이다. 다시 말해 그는 감성적 구체성을 가진 보잘것없는 단편 속에서 인간의 숭고한 운명을 나타내는 것이며, 이 숭고가 나타날 때에 그것이 미적 숭고가 되는 것이다.

숭고는 감성과 거리가 멀기 때문에 미의 한 양상으로서의 역할을 할 수 있는 여지를 갖고 있다. 왜냐하면 미는 감성적인 것 속에 나타나는 것이기 때문이다. 이 (감성적인 것과 숭고한 것과의) 대립성은 어느 곳에서나 완전히 극복되지 않는다. 모든 예술 가운데에서 가장 감성적인 쾌감을 주는 예술, 즉 전적으로 '색채의 마력' 속에서 움직이는 회화가, 종교적으로 가장 숭고한 제재까지도 감성적인 마력 속으로 끌어넣을 만큼 숭고를 표현하기에 무능한 것은 결코 우연한 일이 아니다.

이러한 방향에서 더욱 중요한 것이 음악과 건축의 긍정적인 증언이다. 이 두 가지 '비표현'예술이 숭고의 표현에 있어서 가장 우수한 것은 놀랄 만한 일이다. 그 까닭은 이 예술들이 비교적 비감성적인 예술이기 때문도, 또 본디 '표현'하는 예술이 아니기 때문도 아니라, 이 예술들이 그 자율적인 형성에서 표현하는 것이 오직 애매하고 모호하게 느껴지는 예술이기 때문이다.

따라서 현상의 매력이 감성적인 면을 떠나서 비감성적인 것 속으로 옮아간 것이다.

32) 계층구조 속 숭고의 지위

a 내면층의 우세

숭고미의 구조분석은 인식하기 곤란한, 다시 말하면 현상의 측면에서는 물론 포착되지만 이해되지 않는 약간의 본질요소에 다다랐다.

여기서는 이 초현상적인 것을 그 이상 분석할 수 없지만 우리가 그 참모습을 분석적으로 규명할 수 있는 몇 가지 점을 지적할 수는 있다. 그중에서도 가장 나중에 취급한 점이 중요하다. 그 점은 예술에 있어서 미적 숭고와 미의 기초가 되는 현상관계와의 관계를 말하는 것이다. 이 관계는 바로 앞에서 언급한 바와 같이 우리가 얼른 생각하기보다는, 그리고 숭고의 이론이 인용하고 있는 것보다는 훨씬 더 깊고 빈틈이 없는 것이다. 왜냐하면 그 어느 다른 '소재'에 있어서보다도 '압도적으로 위대한 것'에 있어서는 현상은 결국 '현상' 이상의 아무것도 아니라는 점이 중요하기 때문이다. 현상 이외의 어떤 방법으로서나 숭고의 '표현'은 불가능한 것이다.

그러면 숭고는 예술작품의 어느 계층에 덧붙는 것일까? 또 만일 숭고가 오로지 어느 한 가지 계층에만 덧붙는 것이 아니라면 이 숭고는 주로 어느 계층에 덧붙는 것일까? 여기서 계층과 계층과의 차이가 순전히 외면적인 경우를 생각할 수 있을 것이다. 그렇다면 숭고는 그 소재가 어떠한가에 따라서 어느 계층에나 덧붙을 수 있고 혹은 모든 계층 간의 관계 전체에 뿌리를 박는 경우도 있다고 생각된다. 그러나 그러한 경우는 모두가 있을 성싶지 않다. 왜냐하면 첫째 모든 예술이 다 같이 숭고에 참여하는 게 아니고, 둘째 '우월한 것' 자체와 감성적인 것과의 사이에 거리가 있기 때문이다. 그러므로 문제는 숭고한 것과 감성적 소여와의 관계, 숭고한 것과 '형식의 유희'와의 관계에까지 확대될 수밖에 없거니와, 후자의 경우에는 결국 현상관계가 해소되나 전자의 경우에는 감성적 소여와 뛰어나게 위대한 것과는 대립하는 것이다.

이상주의적 미학은 숭고의 본질이 무형태나 무형식에 있다고 말한다. 그리고 그 근거를 '무한정자'에 대한 칸트의 언급에서 찾을 수 있다고 믿는 사람이 있다(쿠노 피셔). 또 '보편적인 것'을 숭고의 본질이라고 주장하는 사람도 있다. 이러한 주장은 공간적이며 시각적인 세계의 양적 표상을 근거로 하는 것이다. 이 헤겔 추종자들은 헤겔이 말하는 '악무한(惡無限)'이나 자연에 있어서의 '권태' 따위를 상기하고 있을는지 모른다. 그들은 고요한 바다를 권태의 실례로 자주 든다. 그래서 그들은 그와 반대로 어떤 모양이 다른 것(숭고)이 돌발하는 운동 형태를 요구한다.

우리는 이 요구가 아무런 정당한 근거 없는 암중모색임을 잘 안다. '돌발'은 분명히 숭고와 전혀 관련이 없는 것이다. 그렇다면 '존엄'한 것이나 '장중'한 것이 어떻게 해서 있을 수 있는가?

'권태'는 숭고의 한 인접현상에 지나지 않는다. 그러나 여기서 '보편성'을 끌어 댄 것은 틀렸으며 개별적인 문학적 형상과 전혀 맞지 않는 것이다. 그리고 '무형식성'은 오해이다. 왜냐하면 참으로 무형식적인 것은 미적으로 있을 수 없는 것이기 때문이다. 무형식적인 것은 예술에도 없고 또 자연에도 없다.

이상에서 지적한 모든 요소의 참모습은 그와는 전혀 다른 것이다. 사람들이 말하는 숭고의 불투명성이라는 것은 숭고한 것에 덧붙는 어떤 무규정성·불가해성·은밀성을 말하는 것이며, 관상자를 경건한 의심으로 채워주는 심연이나 혹은 아직 발달되지 않은 깊이를 말하는 것이다. 숭고한 것에는 어디까지나 우리와 거리가 먼, 모양이 다른 것이 있다. 그러므로 숭고한 것에는 낱낱의 조항이 소멸한다. 그래서 숭고한 것에는 자질구레한 것이 없다. 작가가 까마득한 미래의 이상을 포착하는 이유가 여기에 있다. 개인이 사멸하면 이념성으로 승화한다고 보는 것도 그와 마찬가지 이유에서인 것이다. 그러나 숭고한 것은 보편적인 것이 아니며 더구나 '무형식'적인 것도 아니다. 도리어 숭고한 것은 어디까지나 개별적인 형태에 덧붙으며 그 속에서만 포착될 수 있는 것이다.

이제 우리는 예술작품 가운데 어느 계층에 숭고한 것이 덧붙느냐 하는 물음과 동시에, 감성적인 소여나 형식적 유희에 대한 숭고의 지위에 관한 물음에 대답할 수 있다.

(1) 숭고한 것의 감성적 소여성은 모든 후경적인 것의 감성적 소여와 마찬가지로 간접적인 것이다. 왜냐하면 뛰어나게 위대한 것 자체가 감성적 소여의 영역에 들어오는 게 아니라—그것은 불가능한 일이다—오직 그 현상만이 들어오기 때문이다. 그리고 그것은 형태가 나타나는 것이 가능하듯이 가능한 것이다.

(2) 숭고한 것에서는 형식의 유희가 물러간다. 왜냐하면 숭고한 것에는 일반적으로 세세한 조항이 없기 때문이다. 그리고 장식에 있어서처럼 세세한 조항은 남아 있으나 현상관계가 없으면 숭고한 것에 아무것도 남는 게 없다. 왜냐하면 숭고는 유희와 대립하는 것이기 때문이다.

(3) 미적 대상의 모든 계층 가운데에는 비교적 깊은 계층—내면층—이 있는바, 이 내면층이 숭고의 보유자로 나타난다. 숭고한 것이 감성적인 외면층에 나타날 때에는 언제나 일부분만이 나타난다. 그러므로 숭고한 것은 '불분명'하고 무규정하며, 은밀하고 깊이 숨은 것같이 생각된다. 그것은 무형식적인 것과는 전혀 다르다. 은밀한 것 자체에 어떤 다른 표현을 부여하려고 아무리 노력해도 결국 물거품으로 돌아가고 만다. 숭고한 것의 표현은 결국 은폐되고 만다. 비록 간접적이기는 하지만 은폐도 어떠한 형식부여이다. 이상한 것은 다른 것과 달라서 성질이 다른 형식을 요구한다. 이상한 것 대부분은 바로 감성과 직관에 대해서 은폐되어 있으므로 오직 감성과 직관에 대해서만 개시될 수 있는 것이다.

그 점은 예술에 있어서 숭고의 현상을 좀더 따져보면 잘 알 수 있다. 숭고한 것, 즉 예술작품의 보다 깊은 계층에 속하는 것은 미적 관조, 다시 말하면 외면층에 나타나는 현상을 통하는 것 말고 다른 방법으로는 충분히 파악되지 않는다.

희곡·서사시·소설에 있어서는 숭고한 것이 결코 외면층에 있지 않다. 작가는 문체를 통해서 숭고한 것을 어느 정도 역설하거나 '중요성'을 부여하거나 암시할 수 있다. 그러나 그렇게 함으로써 숭고한 것이 직관되는 게 아니다. 또 숭고한 것은 운동이나 표정의 계층에 있는 것이 아니며 상황이나 사건의 계층에 있는 것도 아니다. 작품의 보다 깊은 계층에 숭고한 것이 있을 때에는 그 모든 것 속에 숭고한 것이 '나타날' 수 있으리라. 왜냐하면 사건도 여기서는 그 어떤 다른 것의 현상형태에 지나지 않기 때문이다.

이 다른 것은 인물의 심적 형성과 성격에 따라서 인간생활의 운명이라는, 보다 깊은 계층에서 성립하는 것이다. 여기서 비로소 선하거나 악하거나 간에 압도적으로 위대한 인간이 나타날 수 있다.

그것은 아직 이념적인 것의 계층이 아니지만 작품에 특유한 내면층인 것이다. 그리하여 여기서는 내용적인 것이 어디까지나 구체적·직관적으로 형성되며 일반적인 외관을 취하는 게 아니다. 그리고 이 내용적인 것에 분명하지 않은 점이 있다면 그것은 이 내용적인 것 자체에 있는 게 아니라 오직 이 내용적인 것이 외면층에 나타난 현상에 있는 것이다.

조각에 있어서도 그와 크게 다른 점이 없다. 여기서는 고대 그리스인의 손에 의해 제작된 모든 신상(神像)이 헤겔 이래 숭고의 유명한 실례가 되어 있다. 그러면 여기서는 숭고한 것이 어디 있는가? 사람들은 이 숭고한 것을 어느 한 가지 태도나 상징이나 표상에서 찾았다. 그러나 그것은 쓸모없는 노력이었다. 왜냐하면 숭고한 것은 자세 전체에서만 표현되기 때문이다. 그리고 그중에서 결정적인 역할을 하는 것이 다름이 아니라 추종을 불허하는 침정(沈靜)과 준엄과 선량과 지혜의 표현인 면상(面像)인 것이다.

올림포스의 아폴로, 코린트의 아테네의 머리뼈를 보라. 여기서 나타나는 신(神)의 숭고가 어느 층에 있는가를 분명히 알 수 있다. 그것은 최후의 계층이며 보편적 이념의 계층이다.

여기서는 초인에까지 북돋워진 위대한 인간적 이상이 눈에 보이도록 석재에 확보되어 있는 것이다.

그러면 음악에서는 숭고가 어디에 있는가? 음악의 작곡적 구조에 관한 우리의 이해가 아무리 깊다 하더라도 외면층의 순수한 형식유희에 숭고가 있는 것을 발견하기는 어렵다. 음악에 있어서의 숭고는 그와는 다른 것, 즉 형식유희의 배후에 있는 어떤 통일적 전체, 더욱이 역학적인 전체에 있는 것이다. 따라서 이 숭고는 심적 생활의 동태가 전개되는 내면층의 범위 안에 속한다.

우리가 교향곡의 제1장이나 4부합주곡 또는 소나타에서 구체적으로 느끼는 바와 같은 강한 위력은 심적 생활이라는 내면층에서 비롯되는 것이다. 그것은 우리가 임의로 무시할 수도 있는 숭고가 아니다. 음악을 '이해'했다면 그것은 음악에 있어서 위대한 양식의 숭고함을 이해했다는 사실을 말하는 것이며, 음악을 이해하지 못했다면 그것은 음악에 있어서의 진정한 것을 놓쳐버렸다는 사실을 뜻하는 것이다. 그러므로 그것은 가장 작은 테두리 안에 있어서의 가장 깊고 가장 큰 것의 나타남이며, 사람들이 흔히 '형이상학적'이라고 말하는 숭고의 감명을 주는 것이다.

음악에 있어서 놀라운 점은 오직 음악만이 그 외면층에서 숭고한 것에 다른 예술이 도저히 근접할 수 없는 거의 완전에 가까운 표현을 줄 수 있는 점에 있다. 그러한 표현은 음악작품 전체에 이르기까지 음악적 구성에 있어서 형식유희의 절대적 자유를 통해서 성취된다. 그것은 다른 방면에 있어서는 본디적인 의미의 '표현'을 단념함으로써 이루어지는 것이다. 왜냐하면 여기서는 심적 운동이라고 인정되는 내용은 어디까지나 무규정성의 상태에 머물러 있고 다만 운동의 성격만이 표현되기 때문이다. 그런데 내용의 이 무규정성은 숭고한 것이 나타날 때의 불투명성에 대응하는 것이다.

마지막으로 우리의 이해가 미치지 못하는 이러한 내면층은 기념적인 숭고미의 효과를 주는 모든 건축에서 우세를 차지하는 것이다. 예를 들면 궁전과 교회당, 고대의 사원, 탑이나 성벽 따위가 그러한 유형의 형식구성이다.

'친밀'감을 주는 내부공간과 '비위에 거슬리'는 내부공간이 있거니와 후자는 고딕식의 대건축물에서 볼 수 있다. 이 건물은 엄청나게 크고 높다는 느낌을 준다. 그리고 초기 로마네스크양식의 건물은 그보다도 오히려 육중하다는 인상을 준다. 그러나 여기서 표현되는 '위대'는 세계관적 영역에 속하는 것이며 작품의 마지막 후경에서 비롯되는 것이다.

b 비극에 있어서의 숭고

지금까지 미적으로 숭고한 대상에 있어서는 내면층이 우세를 차지한다는 것을 예증했다. 여기서 만일 비극적인 것이 가진 숭고의 측면을 고려한다면 아마도 그 심증이 더욱 굳어질 것이다. 왜냐하면 진정한 비극적 효과를 주는 것에는 언제나 숭고의 측면이 있기 때문이다. 비극적인 것은 숭고한 것도 그렇지만 결코 순전한 미적 현상만이 아니며 비극을 다룬 이론 속에는 언제든지 순전한 윤리적인 것이 끼어들기 마련이다.

비극적인 것의 범위 안에서 숭고에 관련된 몇 가지 문제만을 추린다면 다음과 같다. 어떻게 정열의 숭고가 있을 수 있는가? 도덕적인 악이 어떻게 숭고할 수 있는가? 인간적인 운명이 어떻게 숭고할 수 있는가? 죄책과 인간의 운명이 어떻게 숭고할 수 있는가? 그리고 착한 사람의 패망이 어떻게 숭고할 수 있는가? 아무런 의의도 없는 승리가 어떻게 숭고 속에 끼어들 수 있는가?

위에 열거한 모든 문제가 똑같은 문제점을 중심으로 맴돌고 있다는 것, 그리고 이 문제가 바로 비극적인 것 자체의 본질, 즉 비극적인 것이 모든 숭고한 것과 다른 점이 무엇이냐 하는 점에 있는 것을 우리는 안다. 이제 문제점이 무엇인가는 의문의 여지가 없다. 그러므로 비극적인 것의 본질규정에 있어서 먼저 이 문제점을 밝혀보자.

인간생활에 비극적인 것이 있다면 그것은 인간적으로 고귀한 것의 패멸이며 이러한 것에 쾌감을 느낀다는 것은 도덕적 결과이다. 그러나 비극적이라는 것은 그 패멸 자체에 있는 게 아니라 패멸의 현상에 있는 것이다. 인간적으로 고귀한 것이 패멸하는 이런 현상은 물론 미적 가치를 가질 수 있고 또 관조의 쾌감을 불러일으킬 수도 있다. 하지만 그렇다고 도덕적 감정이 침해되는 것은 아니다. 이때에 이 쾌감이 다름 아니라 숭고의 가치감정인 것이다.

그러면 왜 위대한 인간의 패멸이 그처럼 독특하게 느껴지는 것일까? 그것은 위대한 인간이 드물고 또 늘 있는 게 아니기 때문이라고 생각되리라. 그러나 주목할 것은 인간의 심정이 위대한 인간의 한정성을 긍정적으로 보는 사실이다. 그 밑바탕에는 어떤 심리법칙이 있다.

고귀한 것의 가치는 우리가 그것을 빼앗겼거나 잃어버렸을 때에 가장 강하게 느껴지는 것이며, 손실의 고통이 고귀한 것의 가치를 최고도로 느끼게 하는 것이다.

그것은 부정적인 것이 비극적인 것 속에 나타나는 형식이다. 그것은 패멸이라는 비가치가 취하는 긍정적 인식이라고도 말할 수 있으리라. 왜냐하면 가치와 관조자의 미적 쾌감은 패멸 자체에 매여 있는 것이 아니라 위대한 인간 자체에 매인 것이기 때문이다. 그러나 이 위대한 인간의 패멸은 애통에 대한 공감을 통해서만 비로소 우리의 관심과 흥미, 그리고 강한 가치감정의 주목을 받게 되는 것이다.

우리는 이것을 비극적인 것이 가진 미적 마력이라고 부를 수 있으리라. 그것은 또 인간적인 것이 바뀌게 되는 한 방식이다. 그것은 석양이 가시적인 세계에 노란 금박을 입히는 것과 같다 하겠다. 이 점에서 보면 희곡의 구성에 있어서, 닥쳐오는 패멸이 영웅적인 인간에게 참으로 뛰어난 태도로 비약할 기회를 제공한다는 사실은 비교적 이차적인 것이다. 참으로 가공할 위력만이 인간에게 최고의 시련을 준다. 이러한 시련을 받아야 비로소 인간에게 위대한 그 무엇이 '나타날' 수 있다. 그리고 나타나는 이 현상에 바로 미적 가치가 붙는 것이다.

이로써 비극적인 것이 지닌 아포리아(aporia)의 하나가 해결되었다. 고귀한 것의 패멸 자체가 숭고한 게 아니라 고귀한 것 자체가 패멸할 때에 숭고한 것으로 바뀌는 것이다. 그리고 악전고투하는 인간의 고난과 열세 속에 패망의 징후가 뚜렷해질수록 그만큼 비극적인 것이 지닌 마력은 강해진다. 왜냐하면 그만큼 더욱 관조자의 내면적인 공감이 강요되기 때문이다.

위에서 지적한 그 밖의 다른 아포리아도 같은 방식으로 해결된다.

단순한 운명이 어떻게 숭고한 것이 될 수 있는가? 운명도 파멸과 마찬가지다. 모든 운명이 숭고한 게 아니며, 아무리 큰 비운이라도 그것이 모두 숭고한 것이 아니라 어디까지나 비극적인, 다시 말하면 위대한 인간의 운명만이 숭고한 것이다. 그 좋은 실례가 위대한 사람의 비극적인 출발이다.

이별의 운명이 얼마나 숭고한 인상을 주는가는 '해피엔드'가 위대한 모든 것을 망쳐 놓는 것을 보고 알 수 있다. 그리고 보면 패멸 자체가 모두 숭고한 것이 아닌 것과 마찬가지로 운명 자체가 모두 숭고한 것이 아니라 운명 속에서 머리를 들고 나타나는 위대한 인간만이 숭고한 것이다.

그 밖의 다른 형태의 아포리아, 즉 무의의(無意義)한 승리가 어떻게 숭고 속에 끼어들 수 있는가도 마찬가지다. 무의의한 승리가 숭고 속에 한몫 낄 수 있다면 그것은 위대한 인간의 인상적인 출현이 그의 패배에 의해서 제약되는 경우이다. 이 경우에 그의 패배는 무의의한 자의 승리로 나타난다.

숭고한 정열은 어떻게 있을 수 있는가? 그리고 숭고한 악은 어떻게 있는 것인가? 이 두 가지 의문은 성질이 아주 다르다. 왜냐하면 정열이라는 것은 선을 취한 것도 있을 수 있고 고귀한 목표를 위한 것도 있을 수 있기 때문이다. 이 두 가지 의문은 그와 같이 성질이 다르지만 해답에 있어서는 서로 밀접한 관계를 가지고 있다. 이 아포리아들에 대한 그릇된 해답이 있다. 그것은 정열의 극복에 숭고가 있다는 해답이다. 그리고 작품 속에 등장하는 주인공의 자기극복에서 비극적인 갈등의 해결을 탐색하는 작가가 있다. 그러나 이러한 해결은 '이성적'이고 냉정하며 '도덕적'인 것이다. 그러므로 그것은 작가로서는 잘못된 해결 방법이다.

진정한 해결은 그와는 전혀 다르다. 숭고한 것 속에는 부정적인 것이, 칸트가 생각하고 있었듯이 그렇게 보편적으로 있는 게 아니다. 하지만 '가공한' 것 또는 위협적인 것과 같이 부정적인 것이 들어 있는 숭고도 있다. 이러한 숭고에는 이미 지적한 바와 같이 비극적인 것이 있다. 그러나 여기서는 이 부정적인 것이 반드시 인간과 대립하는 바깥에만 있다고 생각해서는 안 된다. 왜냐하면 인간 자체의 내부에도 부정적인 것이 있을 수 있기 때문이다.

요컨대 정열 자체는 중립적인 것이어서 파괴적일 수도 건설적일 수도 있다. 정열에 있어서는 그 강도가 중요한 것이다. 예를 들면 로미오와 오셀로에게 있어서는 사랑이 중요하고, 맥베스에게 있어서는 지배욕과 공명심이 중요하다. 방관자도 어느 정도까지는 이 정열에 동조할 수 있고 이 정열이 정도를 벗어나도 여전히 추종하며 그 위대함에 경탄한다.

숭고한 악(惡)에 있어서는 그 정도에 그치는 게 아니다. 우리는 악을 기피하며 격퇴한다. 그러면서도 우리는 악 속에 위대함이 있음을 느낀다. 예를 들면 리처드 3세는 사람들이 무모한 모험과 활동력에 감탄하고 '좋은' 것이라고 평가하는 것에 대해 통탄한다. 그 때문에 악이 두드러지게 성행한다. 그렇다면 악 자체가 숭고한가? 그렇다고 말할 수는 없다.

이 의문에 대답하거니와 악한 인간의 패멸 자체에 비극적인 숭고성이 있을지언정 인간에게 있는 악이 숭고한 것은 아니다. 위대한 인간이 비록 악으로 기울고 결정적으로 악하게 되었다 하더라도 인간으로서 위대한 것은 숭고한 것이다. 인간적으로 위대한 것 자체는 메피스토펠레스라는 비극적인 형상 속에서 최고도로 승화하고 있는 것이다. 거기에는 그 밖에 격앙·분노·집념·울적한 질투심의 분방 등 악이 취할 수 있는 여러 형태의 정열이 뒤따른다. 위대한 인물은 결국 어떤 자연력과 같은 것이다.

악의 비극 속에 숨은 궁극적인 비밀은 자유이다. 오직 선으로만 향하는 자유란 없고, 선으로 향하기도 하고 또 악으로 향하기도 하는 자유만 있는 것이다. 그러므로 자유는 악으로도 나타나고 선으로도 나타난다. 그러나 자유를 의욕 자체의 자유로 이해한다면 이 자유는 인간의 근본적인 속성인 동시에 선도 될 수 있고 악도 될 수 있는 도덕 일반의 근본조건인 것이다.

마지막으로 또 하나의 아포리아가 남아 있다. 그것은 선과 인간적 약점이 어떻게 숭고할 수 있는가 하는 문제이다.

이것은 이미 말했던 문제와 결코 똑같은 문제는 아니다. 왜냐하면 죄책이라는 것은 인간에게 있는 악이 아니라 자유의 증거이기 때문이다. 100여 년 전에 진정한 비극적인 운명이 인간 자신이 초래하는 죄책이냐, 그렇지 않으면 바깥에서 내습하는 것이냐 하는 문제를 가지고 논쟁한 일이 있었다. 이 논쟁에서 후자라고 단정하는 발언이 없지 않았거니와 이러한 발언의 근거는 고대의 운명비극이었다.

오직 아무런 죄과가 없는 사람하고만 공감할 수 있다고 생각하는 사람도 있으리라. 그러나 그런 생각은 틀린 것이다. 서로 부딪치면서 전혀 죄과가 없는 인간은 인간적인 인간이 아니기 때문이다. 왜냐하면 첫째 인간은 생활과 상황과 정열 속에서 행동하며, 둘째 현실적인 생활상황은 인간이 아무런 죄책도 없이 그 속에서 빠져나올 수 있는 것이 아니기 때문이다. 가치는 언제든지 가치와 대립하는 것이며 그러므로 그는 어느 가치를 버리고 어느 가치를 취할 것인가를 결정할 수밖에 없는 것이다.

죄책 자체 속에 비극적인 그 무엇이 있는 이유가 바로 여기에 있다. 하지만 인간의 일생을 결정하며 일생을 통하여 무거운 짐이 되는 중대한 죄책은 이 비극적인 것을 숭고한 것에까지 쳐들어 올리는 것이다. 왜냐하면 이런 죄책은 인간이 부담하기에 너무나 무겁기 때문이다. 이때에 그 죄책은 인간이 자초한 내부적인 운명으로서의 느낌을 갖게 한다. 그리고 보면 문제는 운명과 패멸의 문제로 합류되어 이미 같은 결과로 해결된 것이다.

c 숭고의 한계문제

비극적인 것을 여기에 끌어들인 까닭은 비극적인 것 자체를 위해서가 아니라 그것이 숭고의 한 특례가 되기 때문이다. 그러므로 숭고는 비극적인 것의 한 측면에 지나지 않는다. 그리고 비극적인 것이 가진 다른 측면은 미적 가치의 한 독특한 부분이라고 해야 되는 극적 영역에 속하는 것이다. 왜냐하면 비극적인 갈등이 가장 활기 있고 또 가장 집중적인 행동을 돌이켜 생각하기에 특히 유리하다는 것은 결코 우연이 아니기 때문이다. 그러나 여기서 이러한 연극의 이론을 따질 필요는 없다. 우리의 문제영역을 위해서 그보다 더 중요한 것은 비극적인 것이 그 속의 부정적 요소에서 발견되는 숭고의 한 단면이 되는 점이다.

비극적인 것은 그 자체가 숭고한 것이 아니다. 《니벨룽겐의 노래》에 나오는 지크프리트와 같이 한 인물에게 비극적인 것과 동시에 숭고한 것이 있다. 하지만 이 두 가지는 결코 똑같은 특징이 있는 것은 아니다. 즉 숭고한 것은 절대불굴의 힘, 노골적이고 솔직하며 쾌활하면서도 침착하고 태연한 점에 있고, 비극적인 것은 기만당하고서도 자기가 그 책임을 지는 점에 있다. 그와 같이 기만당하고서도 모든 책임을 자기가 지는 바로 그 점에서 그의 숭고성이 나타나는 것이지만 그렇다고 그것이 위대하며 숭고하다고 말할 수는 없다. 그리고 이 비극성과 숭고성은 어느 의미에서는 대립한다. 이 점에 모든 비극미의 특징이 있는 것이다.

그러한 뜻에서 참으로 비극적인 것은 숭고한 것과 밀접한 관련이 있으면서도 이것과 대립하며 대항하는 것이다. 그 점은 이 두 요소에 대해서 가치감정이 또 어디까지나 반대로 반응하는 데에서 분명히 찾아볼 수 있다. 우리의 가치감정은 비극적인 요소에서는 과오와 파멸에 대해 애처로워하고 슬퍼하며, 숭고의 요소에서는 비극적인 것 속에서 파멸되는 위대한 것에 대해 감탄하며 열광하는 것이다.

미적 현상으로서의 비극적인 것이 인간적, 도덕적으로 위대한 것과 관계있는 미적 숭고의 형식을 취하는 사실을 생각해 보라. 비극미는 미적 숭고의 유일한 형식이 아니다. 그러나 이 미적 숭고의 특색을 가장 선명하게 나타내는 것이 비극미의 현상이다. 음악에서는 이러한 미적 숭고가 비교적 강하게 나타나지만 막연한 반면에, 문학에서는 이 미적 숭고가 대상적, 개성적으로 아주 정확하게 드러난다. 이 형태의 미적 숭고가 바로 숭고의 한계현상임이 분명하거니와 그러므로 숭고의 이 한계현상이 특히 중요한 것이다.

숭고의 본질에서 볼 수 있는 한계현상의 둘째 형식은 권태이다. 이 권태는 눈에 띄게 두드러진 현상이 아니며 그러므로 미학에서 아무리 찾아보아도 어디서나 발견되지 않는다. 숭고가 바로 권태로 변하는 수가 있다면 누구나 얼른 믿어지지 않을 것이다. 하지만 그러한 가능성이 전혀 없는 것은 아니다.

권태의 반대는 흥겨운 것, 다채로운 것, 변화무쌍한 것이다. 숭고한 것에는 그 모든 것이 없고 음악적으로 숭고한 것이 흔히 그렇듯이 변화에 대한 흥미가 있을 수 없다. 그러나 그것은 숭고의 본질이 아니며 또 매우 단조로운 숭고성도 있는 것이다. 예를 들면 파동도 없고 바다나 육지의 대조도 없고 따라서 아무런 다양성이 없는 고요하고 이상야릇한 바다가 그것이며 사막이나 북극의 설원도 마찬가지다.

이상의 실례에서 우리가 만일 숭고하고 격렬한 것과 단조하고 냉담한 것과의 경계선을 인정한다면 한 걸음만 옮겨놓아도 한쪽에서 다른 한쪽으로 넘어가기에 충분할 것이다. 이 사실은 숭고미를 위하여 참으로 위험스러운 일이다. 왜냐하면 권태에 빠졌을 때에는 아무리 미적으로 숭고한 것도 매력과 흥미가 없어지고 따라서 허무하게 사라지기 때문이다.

숭고한 것이 지닌 압도적으로 위대한 측면을 낭만적인 유의에 따라서 무한적인 것이라고 이해한다면 그것은 오해임에 틀림없다. 그러나 이 압도적으로 위대한 것이 참으로 실제에 있어서 무한한 것처럼 느껴지는 경우가 전혀 없는 것은 아니다. 예를 들면 위에서 말한 고요한 바다, 사막, 설원 등이 그것이다. 하지만 이러한 무한—헤겔은 이것을 악무한이라고 부른다—이 아주 지루한 것은 의심할 여지가 없다.

이를테면 우리가 최고의 대상을 붙잡고 권태 대신에 그의 숭고성을 아무리 소리 높여 외친다 해도 우리는 이 무한의 저주를 피하지 못할 것이다. 만일 우리가 신(神)의 무한성을 조금이라도 정확하게 인식하지 못해 참으로 경건한 동경심을 가지고 신을 대하지 않으면, 그때에는 신도 또한 지루한 것이다. 예를 들면 도스토옙스키의 작품 속에서 복자(福者)가 하늘 위에 앉아서 천년 동안 신을 예찬하고 또 그다음 천년 동안 신을 예찬하고 그러기를 한없이 되풀이했을 때 그 신은 지루한 것이다.

플라톤은 숭고한 것이 피할 수 없는 이 위험성을, 그 시대의 영원히 엄숙한 비극시에서 발견했다. 그는 《향연》의 끝에 가서 그 시의 비극시인들에게 비극시인은 동시에 희극시인이어야 한다고 제언했다.

단조하고 근엄한 것 속에 다양한 생활과 운동을 끌어들이는 것은 희극밖에 없거니와 그것은 마땅한 일이다. 왜냐하면 본디 인간생활이 그런 것이기 때문이다. 셰익스피어는 플라톤의 그 제언이 결코 공상적인 것이 아님을 입증했다.

숭고한 것과 인접한 현상 가운데에서 가장 중요한 것이 희극적인 것, 혹은 사람들이 흔히 말하는 우스꽝스러운 것이다. "숭고한 것과 가소로운 것과의 사이에는 오직 한 걸음의 거리밖에 없다." 모든 사람은 두 가지의 인접관계를 이렇게 알고 있다. 그리고 생활에서든지 예술에서든지 자기 자신은 변변치 못하면서 '위대한 것을 헐뜯고 숭고한 것을 단죄'하기 위해서 놀리기를 좋아하는 사람이 있다. 만화·풍자·조롱·농담 등은 그러한 효과를 노리는 것이다. 이 모든 것은 빛을 잃고 잊히고 말살된다. 아리스토파네스의 《개구리》 중 저승에 나오는 에우리피데스, 《헨리 4세》의 흉내 내는 장면, 폴스타프가 왕을 우롱하는 대목 등을 생각해 보라.

이 모든 것은 숭고한 것 자체가 이미 그럴 만한 단서를 제공하는, 다시 말하면 자기 약점을 드러내는 경우에만 가능한 것이다. 그것은 자기 자신에게 어떤 결점이 있다는 것을 뜻한다. 그러면 숭고한 것이 그러한 실수를 저지르기 쉬운 까닭은 무엇인가? 그것은 숭고한 것이 지나치게 큰 권리를 요구하기 때문일까? 그렇지 않으면 단지 사람들이 자기 역량이 모자란데도 숭고한 것을 표현하려고 하는 유혹을 쉽게 받기 때문일까? 그것도 아니라면 숭고한 것을 자기 자신의 생활 속에서 표현하려고 하는 것이 어리석은 일이기 때문일까? 우리는 이 점을 긍정하지 않을 수 없다. 왜냐하면 얌전치 못한 사람이 얌전한 체하면 웃음이 나올 수밖에 없기 때문이다.

우리 주변에는 숭고한 것이 헤아릴 수 없이 많다. 먼저 자연 속에도 숭고한 것이 허다하다. 그러면 자연 속에 숭고한 것이 있는 까닭은 무엇인가? 그것은 자연이 인간처럼 숭고하기를 바라지 않는데도 그 속에는 숭고한 것들만 가득 차 있기 때문이다. 숭고한 것은 인간에게도 없고 예술이나 표현에도 없다.

그러면 숭고한 것과 가소로운 것과의 사이에는 왜 한 걸음의 자리밖에 없는 것일까?

그 이유는 숭고한 것이 최고·최대의 청구권을 요구하는 점에 있다. 그러나 이러한 요구는 몹시 실망하기 쉬운 것이다. 이런 점에서 숭고한 것은 전락할 가능성이 가장 많은 것이다.

그런데 희극의 본질은 바로 이러한 전락—즉 중대하고 존엄한 것이 허무하고 저속한 것으로 전락하는 점—에 있다. 그것은 압도적으로 위대한 것이 뜻밖에 갑자기 평범하고 좀스런 것임이 분명해지는 것을 뜻한다. 예를 들면 디오게네스가 알렉산더 대왕에게 "햇빛을 가리지 말고 비켜서 주십시오" 하고 말했을 때 떨어진 숭고는 '폐하'의 그것이었다.

인간적·비극적으로 위대한 것 치고 가소로운 것으로 전락하지 않는 것이 없고 좀스러운 결점이 새어나오는 구멍이 있기 마련이다. 그럼에도 인간의 손으로 만들어진 것 가운데 이러한 위험성이 없는 숭고한 것이 있을까?

물론 있다. 비표현예술, 예를 들면 음악과 건축에는 그렇게 숭고한 것이 있다. 여기에도 결점과 흠이 없지는 않다. 그러나 그것은 오직 전경, 좀더 옳게 말하면 외면층에만 있는 것이다. 따라서 이 결점이나 흠이 최악의 경우에는 그 작품이 실패했다는 인상을 주지만, 희극적인 인상을 주는 일은 없다. 그 이유는 음성이나 재료의 중립성 또는 음악적 표현과 건축적 표현의 무규정성에 있다. 왜냐하면 음악이나 건축은 주제의 내용을 표현하는 게 아니라 다만 심적 운동을 전달하는 것이기 때문이다. 음악과 건축은 이 점에서 보면 그 밖의 다른 예술보다도 더 직접적이고 더 효과적일 뿐 아니라 훨씬 완전한 것이다.

여기서 한 가지 더 지적해야 될 것이 있다. 그것은 규모가 웅대한 음악에 있어서는 숭고와 인접하는 바로 이 현상이 참으로 중대한 위험이 된다는 점이다. 이러한 문학은 숭고한 것이 가소로운 것으로 갑자기 달라질 때에 가장 깊은 내면적 본질에 위협을 받는다. 그리고 문학은 이와 같은 위협을 막아내기가 어려운 것이다. 왜냐하면 기지가 있거나 또 비열한 험구가라면 언제든지 비극적인 것을 손쉽게 희극적인 것으로 변조해서 공격할 가능성을 가지고 있기 때문이다.

그러면 이에 대한 구제방법이 있는가? 또 적극적으로 예방할 수는 없는가?

물론 확실한 방법이 있다. 그러나, 그러려면 최고도의 문학적 재능이 전제되는 것이다. 비극작가는 인접한 희극적인 것을 발견하여 이것을 비극적인 것의 부정적 측면으로 취할 수 있다. 그는 그렇게 함으로써 비극성을 완화시키기도 하며, 또 불행하고 비참한 주인공에게 비웃음을 퍼부음으로써 그의 비극성을 한층 더 부추기기도 한다.

그 점은 《리어 왕》의 익살 장면이 예증한다. 궁정광대는 리어 왕에게 "당신은 딸들에게 회초리를 내주고 바지를 벗어 엉덩이를 돌려댔으니까요"라고 말한다. 셰익스피어의 어느 비극에나 '궁정광대'가 나오거니와 그렇다고 그를 야유할 수는 없다. 그는 숭고한 것을 말하기 전에 이것과 인접한 희극적인 것을 먼저 들추어내며 악의를 품은 조소자 이상으로 매우 심하게 다룬다. 여기서도 플라톤이 지적한 비극적인 것과 희극적인 것과의 통일의 법칙이 상기된다.

33) 우아와 그 변종

a 숭고와의 대립

앞에서도 이미 지적한 바와 같이 미(美) 일반의 내부에서는 숭고한 것이 그 밖의 모든 미적 가치와 대립하고 있다(Ⅲ부 제2장 제30절 a항).

그리하여 숭고한 것은 우아한 것, 매력적인 것, 목가적인 것, 애교스러운 것, 사랑스러운 것 등과 대립하며 그뿐만 아니라 숭고한 것은 또 청초한 것, 진묘한 것, 괴기한 것, 환상적인 것, 재미있는 것 등과도 대립한다. 숭고한 것과 대립하는 것은 얼마든지 다시 세분된다. 그러나 여기서 그보다 더 중요한 것은 숭고한 것과 대립하는 그 모든 것이 오직 하나뿐인 것도 아니고 또 동질적인 것도 아닌 점이다.

숭고한 것이 그 중요성에 있어서나 또 그 유일성에 있어서나 미 일반의 내부에서 독특한 지위를 차지하고 있다는 사실을 우리는 알았다. 그러므로 숭고한 것은 다원적인 대립관계 중에서 종류도 다르고 중요성에도 차이가 있는 여러 대립자와 맞선다. 이 대립자들은 각자가 하나의 집단을 이루고 있는 것이다. 그러나 이 모든 집단은 그중에서 가장 잘 알려진 대표자의 이름으로 불린다.

여기서는 네 가지 대립차원이 구별되는데, 숭고한 것은 그 속에서 공통적인 한 극단을 차지한다. 따라서 숭고한 것과 대립하는 것은 다음과 같다.

(1) 일상적인 것, 세속적인 것, 중성적인 것.

(2) 경쾌한 것, 아주 작은 것, 무의미한 것, 무게가 없는 것, 섬세한 것, 목가적인 것도 아마 이 집단 속에 노출될 수 있을 것이며 청초한 것, 진기한 것도 확실히 이에 속한다.

(3) 우아한 것과 그 변종, 즉 매력적인 것, 애교스러운 것, 사랑스러운 것, 화려한 것, 그 밖에 또 재미있는 것, 괴이한 것, 환상적인 것.

(4) 희극적인 것(이것은 쾌활한 것, 우스운 것, 해학 따위를 포괄하여 넓은 뜻으로 이해해야 한다).

희극적인 것은 따로 떼어서 다루겠지만 이것은 아마 미학의 문제영역 가운데에서 가장 어려운 것이라고 생각된다. 그러므로 보다 단순한 것이 끝날 때까지 잘 지니고 있어야만 한다. 숭고한 것과 대립하는 위에 서술된 네 가지 집단 가운데에서 첫째 것은, 즉 '일상적'인 것과 세속적인 것은 여기서 다룰 필요가 없다. 그 까닭은 그것이 아무런 미적 특색도 가지고 있지 않기 때문이 아니라 미적 가치에 대해 중성적이기 때문이다. 여기서 직접적인 흥미를 끄는 것은 중간에 있는 두 집단, 즉 경쾌한 것과 우아한 것뿐이다. 이 두 가지는 그 특수한 형식을 가지고 그 밖의 다른 집단과 접촉하고 있다.

경쾌한 것은 숭고한 것이 가진 '중대'한 측면과 대립한다. 미학자들 가운데에는 이 측면을 중요시하고 우아한 것과 대립시키는 학자도 더러 있다. 예를 들면 E.V. 하르트만이 그중 한 사람이다. 숭고한 것은 매우 '강대'한 반면에 우아한 것은 매우 '미약'한 것이라고 생각된다. 그래서 사람들은 전자를 우러러보는 반면에 후자를 내려다본다.

그러나 이 관계를 좀더 정밀하게 관찰하면 둘째 대립, 즉 숭고한 것 대 경쾌한 것, 아주 작은 것, 섬세한 것의 대립과 셋째 대립, 즉 숭고한 것 대 우아한 것, 사랑스러운 것의 대립이 혼동되고 있음을 알게 되리라. 이 두 가지가 똑같지 않다는 것은 크고 작음의 차이를 가지고 이 우아하고 매력적인 것이 무엇인가를 결정할 수 없는 사실에서 알 수 있다. '섬세'한 것과 우아한 것은 다 같이 숭고한 것과 대립한다. 그러나 섬세한 것과 숭고한 것의 대립은 우아한 것과 숭고한 것의 대립과는 다른 것이다. 그러므로 섬세한 것은 우아한 것의 가치 집단과는 다른 가치의 구역에 속하는 것이다.

하지만 숭고한 것과 가소로운 것과의 관계가 성립하듯이 숭고한 것과 우아한 것과의 관계도 성립하리라고 생각할 수 있다. 그러면 여기서 우아한 것을 숭고한 것과 인접하는 또 하나의 현상이라고 볼 수 있다. 따라서 숭고한 것에서 우아한 것으로 직접 옮아갈 수 있을 것이다. 그러나 이 이행은 결코 연속적인 이행이 아니며 그렇다고 비약도 아니다.

그것은 숭고한 것과 우아한 것과의 한계가 준엄하기 때문이 아니다. 그러면 그 이유는 어디에 있는 것일까?

숭고한 것과 우아한 것과의 대립 속에는 부정적이며 배타적인 그 무엇이, 다시 말하면 모순관계에 가까운 그 무엇이 있다. 그래서 숭고한 것은 우아한 것을 배척하며, 인간적 태도에 나타나는 매혹적인 것과 부자연한 애교는 숭고한 것을 배척한다. 이와 같이 배타적인 요소가 양측에 있으므로, 이러한 모순되는 요소는 이행이나 비약을 불가능하게 한다. 따라서 양자 사이에 인접관계가 있지 않느냐 하는 의심스러운 생각이 해소된다. 우아한 것은 숭고한 것에 위협을 주거나 숭고의 영역 내에 침투하지 못한다. 숭고한 것에는 위압하는 부정적인 요소가 있으나 우아한 것에는 그러한 요소가 전혀 없다.

우아한 것의 우아한 점이 무엇인가를 말하기는, 숭고한 것의 숭고한 점이 무엇인가를 말하기보다 훨씬 더 어렵다.

숭고한 것의 '위대'한 요소가 어느 점에 있다는 것을 말하기는 쉽지 않지만 위대한 요소가 있다는 것만은 쉽게 알 수 있다. 우아한 것을 숭고한 것과 대조해 보면 우아한 것이 숭고한 것보다 '아주 작다'고 생각된다.

그러나 그렇게 생각하면 우아한 것이 아주 작은 것, 청초한 것과 혼동된다. 그러므로 여기서 우아한 것의 본질규정을 획득하기가 불가능하다.

b 우아의 본질

숭고미와 우아미가 미의 전부가 아니라 그 밖에도 다른 미가 많이 있다. 희곡에도 있고, 소설에도 있고, 건축과 회화에도 있고, 음악에도 있고, 생활에도 있다. 그 점은 이미 앞에서 연구해서 밝힌 바가 있다. 그럼에도 여기에 남아 있는 문제가 있다. 그것은 숭고와 나머지 모든 미와의 대립성이다.

이 대립은 아직도 충분히 밝혀지지 않고 있다. 그리고 지금까지의 연구를 실패라고 봐야 된다면 그 연구의 방법을 바꾸어야 할 것이다. 그러기 위해서는 다음의 세 가지 가능한 방도가 있다. 첫째는 직접적인 기술이고, 둘째는 우아한 것이 나타나는 '장소'의 탐사이며, 셋째는 우아한 것의 근거가 미적 대상의 어느 계층에 있는가를 찾는 것이다.

먼저 기술의 관점에서 보자. '우아'한 것은 우리의 흥미를 끄는 것이다. 그러면 예를 들어서 어떤 풍경이 우리의 흥미를 끌 때에 그 속에서는 무엇이 우리의 흥미를 끄는 것일까?

우리가 아름다운 풍경이나 풍경화 앞에 섰을 때에는 그것이 무엇인가를 하나하나 집어 말하기가 쉬울 것이다. 그러나 풍경이나 풍경화를 떠나서 생각만으로 그것을 말하기는 쉽지 않다.

풍경은 인간의 욕구에 들어맞아야 우아한 것이 될 수 있는 것일까? 그렇다고 말할 수는 없다. 왜냐하면 그때에 우리는 실용성의 관계 속에 빠지게 되기 때문이다. 그러나 만일 그 풍경이 우아한 이유가 평화롭고 명랑하기 때문이라고 말한다면 다시 평화롭고 명랑한 인상을 불러일으키는 것이 무엇인가를 물을 수밖에 없다.

이에 대해 사람들은 이렇게 대답할 수 있으리라. 기복이 험하지 않은 땅바닥, 사람의 흔적이 엿보이는 주택·농장·도로, 흐르는 물줄기, 맑은 거울과 같은 바다, 우거진 숲과 논밭과 초원의 매력적인 배치, 그 밖에 흰 구름이 떠도는 여름 하늘 등이 그것이라고. 이러한 말들을 들으면 우아한 풍경이 어떤 것인지 틀림없이 짐작될 것이다. 그렇다면 이러한 말들이 우아한 것에 보편적으로 타당한 것인가? 그렇다고 말할 수는 없다. 왜냐하면 위에서 말한 것은 우아한 풍경의 한 특례이자, 기껏해야 한 유형에 지나지 않기 때문이다. 진실을 말하면 우아한 것은 개성적인 것이며 어느 경우에나 서로 다른 것이다. 이 점은 우아미에만 그런 것이 아니라 모든 미에 공통하는 것이다.

우아한 얼굴에는 다른 점이 많을까? 여기서 우리 마음을 끌 우아한 것은 무엇인가? 매력적인 표정·미소 등이 그것이다. 흘러넘치는 눈빛, 아래로 숙여진 눈썹 등도 아마 그것일 것이다. 그것은 분명히 서로 다르다. 뿐만 아니라 그것들은 똑같은 얼굴에 있어서도 때에 따라서 변화하거니와 이 변화가 그 얼굴이 생기 있고 다양하며 충실하다는 인상을 준다.

예쁜 얼굴이나 예쁜 사람에게 있어서의 예쁜 점은 본디 인상을 통해서 나타나는 마음씨에 있다. 여기서 우아미는 도덕적 가치의 영역으로 다가서게 되거니와 그것을 가로막을 수 없다. 왜냐하면 어떤 도덕적 가치가 우아미를 제약하며 받쳐주고 있는 게 사실이기 때문이다. 그것은 절대 괴이한 일이 아니다. 인간이나 인간관계의 미가 문제되는 곳이면 그 밖의 어디서나 도덕적 가치가 토대로서 전제되기 때문이다.

그러나 어느 한 가지 도덕적 가치를 우아미의 토대로 고정시킬 수는 없다. 왜냐하면 우아미의 토대가 되는 도덕적 가치는 경우에 따라서 다르기 때문이다. 즉 겸손이나 순결이 우아미의 토대가 되는 경우가 있는가 하면 자부나 위엄, 또 정직이나 쾌활이 우아미의 토대가 되는 경우도 있다.

그리고 여기서는 반드시 가치만이 아니라 비가치도 토대가 되는 수가 있다. 예를 들면 공포·불안·의혹 등이 그것이다. 이러한 부정적인 것이 나타나면 큰 감동을 받는 수가 있는바, 이 감동 가운데에는 도덕적인 것만이 아니라 미적인 것도 있다. 왜냐하면 이러한 부정적인 것의 표현은 동정과 도움을 요구하며 따라서 애교의 한 요소가 되기 때문이다.

그리고 보면 현상의 기술을 통해서 인간적인 것의 내부보다도 인간적으로 우아한 것의 범위 내에서 얻는 것이 더 많다고 생각된다. 왜냐하면 여기서는 아마 현상 자체가 현상관계를 지시하기 때문이리라. 이로써 이미 우리는 연구의 제2단계에 다다르거니와 여기서는 우아한 것이 예술 가운데에서 나타난다.

어느 예술에도 우아한 것이 있다. 장식에도 우아한 것이 있고, 건축에도 우아한 것이 있거니와 그중에서도 특히 풍경과 잘 조화되는 조그만 건물이 그러하다. 조각에 있어서는 요염한 사랑의 신으로부터 경쾌한 무희에 이르기까지 인물의 자태나 표정이 우아하다.

그러나 우아한 것이 존립할 여지가 가장 광범한 것은 회화이다. 거기에는 깊은 근거가 있다. 우아한 것은 감성적인 것의 영역에서 나타나며 이 감성적인 것은 가치의 토대도 될 수 있는 것이다. 회화는 모든 것을 감성적이고 가시적인 것 속으로 포괄한다. 회화는 얼굴에 나타나는 모든 표정을 파악할 수 있고, 또 인상에 나타나는 것이면 무엇이든지 표현해 낼 수 있다. 하지만 회화에 있어서의 우아한 것은 인간적이고 내용적인 점에 있는 것이 아니라, 형태와 형체의 감성적인 표현에 있는 것이다.

내용적인 것을 가장 잘 펴 나가는 것은 문학예술이다.

그러나 여기서도 비중은 결국 현상에 있는 것이다. 왜냐하면 애교나 화려함은 인물의 자태에서 나타나기 때문이다. 그리고 이 '현상'—미적 가치는 오직 여기에 덧붙는다—도 분명히 감성적인 것이다. 《피가로의 결혼》속에 나오는 수잔나의 애교, 실신한 모습 따위는 문장으로 서술되거나 연출된 사건 속에 나타나지만 화면에 묘사된 표정에서처럼 감성적·직관적으로 나타나지 않는다. 하지만 문학예술은 어느 한순간에 한정되는 것이 아니라 시간적으로 길게 늘어날 수 있는 장점을 가지고 있다. 그러므로 문학예술은 자극적인 것, 마력적인 것, 황홀한 것과 같은 미묘한 특징을 나타낼 수 있고 그 점에서 회화예술과 우열을 다투지만 육감적인 점에서는 회화예술을 따르지 못한다.

마지막으로 음악인데 특정한 내용에 구속받지 않는 정신적 차이가 음악의 밑바탕이다. 미묘한 것과 섬세한 것, 번영과 팽창, 온화와 냉담, 명랑과 순결 등이 모든 것을 운동의 차이에 있어서 한없는 절대자유의 형식유희로 충분히 표현할 수 있는 것이 음악이다.

이러한 성과를 숭고한 것에 관해서 탐지한 상황과 비교하면, 우아한 것이나 숭고한 것에 대해 똑같은 역할을 하는 것은 오직 음악뿐임을 알 수 있다. 왜냐하면 음악은 그 어느 경우에나 가장 미묘한 효과를 나타낼 수 있기 때문이다. 그러나 문학예술이 숭고한 것과 우아한 것의 표현에 있어서 나타내는 효과에는 약간의 차이가 있다. 즉 문학에 있어서는 우아한 것이 인간의 모든 형태에서 충분히 전개되지만 숭고한 것은 오직 비극적인 형식으로만 표현된다. 조각에 있어서는 숭고한 측면의 비중이 크고, 회화에 있어서는 우아한 측면의 비중이 크다. 건축에 있어서는 숭고한 것이 중심이 되지만 장식에 있어서는 반대로 우아한 것이 중심이 된다.

음악을 정상에 두고 그다음에 시와 조형예술을 거쳐서 건축과 장식에까지 내려갈수록 숭고한 것에 대한 예술가의 적성과 우아한 것에 대한 예술가의 적성과의 격차가 점점 커진다. 이미 지적한 바와 같이 이 사실은 모든 예술 사이에 감성과의 원근 차이에 관련이 있는 것이다.

그러면 이러한 현상을 어떻게 설명할 것인가 하는 점이 다음의 문제가 된다. 여기서 우리는 위에서 언급한 셋째 문제의 영역으로 발을 들여놓지 않거니와 이 문제는 예술작품에 있어서 숭고한 것과 우아한 것에 참여하는 계층에 관계가 있는 것이다.

c 외면층의 우세

우아한 것은 대상의 어느 계층 속에 있는 것인가? 이 문제는 숭고한 것에 있어서와 똑같이 이해되어야 한다. 즉 여기서도 대상의 모든 계층을 구별하여 우아한 것의 소재가 그 어느 계층에 있는가라고 물을 게 아니라, 그 어느 계층이 주로 우아한 것에 관계가 있는가를 물어야 한다. 이것은 의미가 있으며 또 해결될 수 있는 문제이다.

숭고한 것에 있어서는 대상의 내면층이 결정적으로 우세했다. 압도적으로 위대한 것은 어디까지나 후경적인 것이며 흔히 이념적인 것이었다. 숭고한 것 속에서 칸트 이래 많은 학자들이 언급한 부정적 요소는 다름 아니라 숭고한 것이 감성적인 것을 허용하지 않는 점에 있는 것이다.

그러나 우아한 것과 그 변종에 있어서는 그와 다르다. 그리고 미학상에서 오래 두고 찾으려고 애써왔던 숭고한 것과의 대립점이 여기서 발견된다. 왜냐하면 우아한 것에 있어서는 대상의 외면층이 우세하기 때문이다. 즉 우아한 것은 주로 대상의 이면적인 모든 부분에서 나타나는 것이다.

그리하여 문학예술에서는 인물의 유혹적이고 사랑스러운 점이 운명의 계층에 부속하는 것이 아니며 또 성격과 그 비밀의 계층에 부속하는 것도 아니다. 더러는 상황과 행동의 계층에 속하는 수도 있지만 그것은 아주 작은 부분에 지나지 않고 대부분은 전경의 바로 뒤에 쌓이는 운동과 표정, 외면적인 거동과 말씨 등의 계층에 부속하는 것이다. 그것은 연극에서 재연되기도 하는 계층이다. 왜냐하면 계층은 방면을 직접적으로 감성, 좀더 정확하게 말하면 감성적인 환상으로 돌리고 있기 때문이다. 그 점은 이 계층 가운데에서 애교가 노는 역할이 얼마나 큰 것인가를 고려하면 쉽게 알 수 있다. 그러나 유화한 것, 감미한 것, 매력적인 것, 사랑스러운 것 등과 같은 가치도 이 계층에 뿌리가 있는 것이다.

미학이 성공한 것은 우아한 것의 최초이며 유일한 긍정적 규정이라고 나는 생각한다. 미학은 미적 대상에 처음으로 계층구별을 끌어들임으로써 이에 성공할 수 있었다. 이 계층구별이 없으면 우아한 것의 문제조차 인식할 아무런 단서도 없다. 그것은 문학의 영역에 있어서와 똑같이 모든 예술부문에서 확증된다.

가장 유력한 증거는 회화에 있다. 회화는 숭고한 것과 인연이 먼 것이다. 그것은 회화가 숭고한 것을 위해 필요한 계층을 가지고 있지 않기 때문이 아니라—회화에도 물론 어떤 초상화가 보여주듯이 심층이 있다—회화가 모든 것을 육감적인 색과 빛 속으로 끌어들이기 때문이다. 전경의 이러한 특징은 숭고한 것과는 맞지 않으나 우아한 것에는 잘 어울린다. 왜냐하면 애교스러운 것이나 우아한 것은 가시적인 면에서 나타나는데, 바로 이 가시적인 면이 회화를 지배하기 때문이다. 그 점은 모든 종류의 자극적인 것, 화려한 것, 유혹적인 것도 마찬가지여서 이런 것들은 우리 눈에만 잘 띈다. 문학예술은 대상에 있는 모든 요소의 시간적 순서와 변천을 보여주는 장점을 가지고 있다 하더라도 구체적인 세목을 충분히 보여주는 점에 있어서는 회화를 따르지 못한다. 모나리자의 웃음은 오직 회화만이 그려낼 수 있는 것이다.

숭고한 것과 우아한 것에 관해서 예술들의 다른 점을 상기하라. 음악은 숭고한 것이나 우아한 것을 다 같이 나타낼 수 있는 재능을 가졌지만, 건축과 장식은 그 어느 한쪽으로만 불린다. 그 근거는 예술에 있어서의 지배적인 계층이 서로 다른 점에 있는 것이다.

이 점에서 보면 어떤 독특한 자유를 가진 것이 음악이다. 왜냐하면 음악은 가장 깊고 가장 후경적인 것이 직접 느껴지도록 끌어올릴 수 있고, 또 가장 경쾌하고 가장 고무적인 것이 직접 고무적인 곡조로 울리도록 할 수도 있다. 그러므로 '방대한 음악', 즉 다수의 악장으로 구성된 작품 가운데서는 숭고한 것과 우아한 것이 서로 번갈아 나타나는 것이 보통의 실례로 되어 있다.

소나타와 교향곡의 중간 악장에 해학과 무용이 나타나는 반면에 특히 제1악장에서는 거의 예외 없이 숭고한 것이 나타나는 것이 그 까닭이다. 오직 어떤 인간생활에만 고유한 모든 것을 동반하며 올바른 기분의 표현으로써 감쌀 수 있는 음악의 불가사의한 능력은 음악의 이 자유에 의한 것이다. 그러므로 음악은 경쾌한 가요나 무용이나 소가극 속에 애교스러운 것, 사랑스러운 것, 부드러운 것, 명랑하고 따뜻한 것을 끌어들이고 엄숙한 오페라와 오라토리오 속에 정신적으로 숭고한 것을 끌어들이기가 힘들지 않은 것이다. 음악은 임의로 내면층군을 강조할 수도 외면층군을 강조할 수도 있다. 그런 만큼 음악은 다른 예술보다 보편적인 예술이라고 할 수 있으리라.

조각에서도 어느 한계 내에서는 숭고한 것 말고 우아한 것이 능히 나타날 수 있지만 무엇보다도 숭고한 것이 두드러지게 큰 비중을 차지한다. 따라서 조각은 회화와는 반대의 장점을 가지고 있다. 그러면 조각의 이 장점도 내면층이 우아한 점에 있다고 말할 수 있을까? 숭고성이 뚜렷하게 나타나는 그리스의 고전적인 신상들을 보면 그렇다고 긍정할 수 있을 것이다. 왜냐하면 거기에는 종교적인 의식이 나타나는 계층이 있기 때문이다. 조각은 음악과 같은 특권을 가지고 있는 것이 아니지만 그렇지 않을 수도 있다. 조각은 음악처럼 일시적인 것과 소홀한 것을 인식하기가 쉽지 않다. 그러나 일단 인식되면 그것은 언제까지나 그대로 남아 있을 수 있다. 이것으로써 조각에서도 외면층이 중요하다는 것을 알 수 있다.

이 점에서 보면 건축의 지위도 또한 중요한 것임을 알 수 있다. 비교적 규모가 큰 건물은 그 자체에 있어서 중대한 무엇이며 그런 만큼 우아한 것과는 반대가 된다. 하지만 비교적 규모가 작으면서도 기념적인, 다시 말하면 숭고한 건물이 있다. 그것은 고대 로마 귀족의 집 현관이나 문 앞 계단과 큰 길거리가 말해 준다. 그러나 이러한 건물에서 우아한 맛이 나타나는 일은 드물다. 그런 것은 오직 서민적인 그러면서 풍경과 조화되는 건물이나 또는 목가적인 인상을 주는 전원도시의 건물에만 있는 것이다. 즉 우아한 맛은 언제든지 농가와 목조 건물에만 있을 수 있다.

이 법칙을 마지막으로 실증하는 것은 숭고한 것이 전혀 문제시되지 않는 장식이다. 장식에는 나타날 수 있는 보다 깊은 계층이 없고 오직 자유스러운 형식의 유희만 있을 뿐이다. 그리고 이러한 유희의 특징은 다분히 우아할 수 있고 감각적 자격을 줄 수 있으며 공간형식을 희롱하려고 하는 충동을 직접 환기할 수 있는 점이라 하겠다. 즉 장식에는 우아한 것이 직접적으로 전경 가운데 놓여 있다. 왜냐하면 거기에는 본디 후경이 없기 때문이다.

34) 우아의 주변문제

a 숭고한 것과 우아한 것과의 관계

미적 가치의 주요문제는 잡다한 주변문제를 동반한다. 엄격하게 말하면 우리는 주요문제가 무엇인가를 아직도 잘 모르고 있는 형편이다. 우리가 숭고한 것과 우아한 것을 아직 충분히 인식하지 못했고, 따라서 그것들의 개념과 관련 현상이 전혀 핵심적인 것이 아님을 알게 될 날이 올 것이다. 오랫동안 낙후상태에 머물러 있던 연구분야에서 흔히 그러했듯이 여기서도 그날을 쉽게 볼 수 있을 것이다. 참으로 주요한 문제가 우리의 주목을 받지 못했던 주변문제에서 전개될지도 모른다. 우리는 그것을 예측할 수는 없지만 그러한 날이 올 경우를 위해서 주변문제들을 탐사할 수는 있다.

이 주변문제들 가운데에서 탐사해야 할 것은 대립하는 미적 가치들이 서로 결합할 가능성이 있는가, 또 있다면 어디에 있는가 하는 문제이다. 구체적으로 말하면 그것은 똑같은 미적 대상이 동시에 숭고하고 우아할 수 있는가 하는 문제이다.

이 문제에 대해서 긍정적인 대답이 기대되는 두 가지 이유가 있다. 첫째 이유는 우리가 이미 본 바와 같이 예술 가운데 숭고한 것이 우세하기도 하고, 우아한 것이 우세하기도 한 예술이 있는 것이다. 그 가장 대표적인 것이 음악과 문학이며 그 밖에 다른 예술에도 정도의 차이는 있지만 그러한 예술이 있다. 그렇다면 똑같은 예술작품이 숭고한 것과 우아한 것을 나타내서는 안 될 이유가 없으리라. 그리고 둘째 이유는 생활 내지 자연 가운데에서 숭고한 것과 우아한 것이 결합한 대상을 흔히 볼 수 있는 점이다. 어디까지나 완강한 저항을 물리치고 나간 인간의 두 노력은 참으로 숭고한 것이다. 그럼에도 그에게서는 많은 연륜을 쌓은 교양미의 매력과 명랑하고 원숙한 인품의 빛이 저 숭고한 것이 가진 엄숙한 맛과 대조적으로 나타나면서 서로 반발하지 않는다. 그러면 이 관계가 예술에서 원리적으로 어떻게 형상화되는 것일까?

우리는 이 문제를 다른 궤도 위에 옮겨놓아서는 안 된다. 예를 들면 우아한 것과 숭고한 것의 관계를 '우아미와 존엄'의 관계와 같이 생각해서는 안 되는 것이다. 그렇게 생각하는 것이 실러 이래로 보통의 예로 되어 있지만 같은 게 아니다. 왜냐하면 존엄은 숭고와 비슷할 뿐이지 숭고의 한 변종으로 볼 것은 아니기 때문이다. 존엄은 말할 나위 없이 윤리적인 현상이므로 여기(미적 현상)에 뛰어들 수 없는 것이다. 존엄성을 '자기의 숭고성 의식'이라고 이해하는 이론가도 있다. 그러나 그렇게 이해하면 자의식이 자기 반영 내지 자기 숭배로 변할 위험성이 있다.

얼른 생각하면 숭고한 것과 우아한 것은 서로 배척하는 것같이 보여진다. 그런 만큼 숭고한 대상은 우아한 것이 아니고 우아한 대상은 숭고한 것이 아니다. 전자는 중압감을 주고 후자는 경쾌감을 주며 전자에는 신랄하고 엄숙한 것이 있으나 후자에는 담백하고 감미한 것이 있다.

하지만 폭이 넓고 내용이 다양한 대상이 있다. 이 종류의 대상이 바로 인간이며 따라서 인간생활의 어느 한 부분이다. 왜냐하면 인간과 그의 생활에서는 성질이 다른 여러 가지 관계가 서로 얽히고설켜 있기 때문이다. 이러한 대상에는 물론 숭고한 것도 있을 수 있고 우아한 점도 있을 수 있다. 대인관계에 있어서 매우 섬세하고 친절한 사람이면서 사업의 계획과 실행하는 정력에 있어서 참으로 비범한 사람이 있다. 문화 수준이 비교적 높은 시대에는 그러한 사람이 드물지 않다. 왜냐하면 이런 시대에는 어떤 우아한 수완이 없이는 도저히 이룰 수 없는 정치적 과제와 같이 커다란 인생과업이 있기 마련이기 때문이다. 예를 들면 작가가 소설 속에서 그려내는 인간생활의 한 부분은 매력적이고 우아하면서 그 속에서 개인적이거나 역사적이거나 간에 엄청난 운명의 숭고함을 느끼게 하는 것이 있다.

이런 관계가 무엇을 뜻하는가를 충분히 고려한다면 표현예술에서 나타나는 인간생활의 참모습이 언제든지 반드시 그럴 수밖에 없다는 점을 인정하게 될 것이다. 왜냐하면 인간생활에 있어서는 모든 것이 서로 얽혀 있기 때문이다.

다만 여기서 우리가 잊지 말아야 할 것은 표현예술이 자르고 제거하고 분리하는, 즉 혼합한 것을 갈라놓고 또 그리함으로써 개개의 측면과 관련을 입체적으로 나타나게 하는 단순화 작업으로써 다시 시작한다는 사실이다.

그러므로 예술에 있어서 숭고한 것과 우아한 것과의 결합이란 결국 매우 한정될 수밖에 없는 것이다. 따라서 숭고한 것과 우아한 것과의 결합은 예술가나 관조자가 채우기 쉽지 않은 요구이다. 왜냐하면 이러한 작품을 소화하려면 원숙한 생활과 폭넓은 심정을 가져야 하기 때문이다.

이로써 숭고한 것과 우아한 것과의 결합이 가능하냐, 불가능하냐 하는 문제가 근본적으로 해결된 것은 아니다. 그러나 이제 우리는 이 문제의 해결이 어떠한 결과에 이르고 또 어떠한 토대 위에 서야 할 것인가를 알았다. 여기서 우리는 미가 성층과 현상의 관계에 다다르게 된다는 우리의 근본명제로 돌아온 것이다.

이미 지적한 바와 같이 숭고한 것과 우아한 것과의 참으로 주요한 차이는 대상의 계층질서에 있어서 깊이의 차이이다.

왜냐하면 숭고의 근거는 대상의 내면층에 있고 우아의 근거는 반대로 그 외면층에 있기 때문이다. 양자가 서로 결합할 수 있는 근거가 또 이 점에 있는 것이다.

만일 양자의 근거와 기반이 대상의 똑같은 계층에 있다면 이 계층의 현상상태는 서로 침해를 받을 것이다. 왜냐하면 똑같은 대상에 있어서 똑같은 것이 동시에 숭고하고 우아할 수 없기 때문이다. 이리하여 그 무엇의 깊은 계층에 있어서는 숭고하지만 표면층에 있어서는 우아할 수가 있는 것이다. 그리고 그것이 그럴 수 있으려면 대상의 계층이 수효가 많으며 그중에서 숭고한 것을 지지하는 계층과 우아한 것을 지지하는 계층이 달라야 한다.

그러므로 이러한 조건을 가진 개인을 전제해야 한 개인의 생활에 있어서 또는 어떤 인물 내지 어떤 인간 운명의 문학적 묘사에 있어서 우아한 것과 숭고한 것과의 결합에 지장이 없다. 그러나 그로 말미암아 자연 또는 예술에 있어서 계층의 수가 적은 대상일수록 숭고한 것과 우아한 것과의 결합이 곤란하고 결국 조각에 있어서와 같이 불가능하거나 혹은 풍경에 있어서와 같이 외면적인 공존에 그치고 만다.

문제의 이러한 해결과 동시에 예부터의 논쟁점 하나가 해소될 수 있다. 이 문제를 중심으로 한 논쟁이 그처럼 오래 끌 수 있었던 까닭은 이전부터 지금까지 유효한 해결의 근거지를 발견하지 못한 데 있는 것이다. 그래서 결국 숭고한 것과 우아한 것과의 결합가능성뿐만 아니라 이 양자의 내면적 본질까지도 분명하지 못했다. 그리고 양자의 이 내면적 본질은 미적 대상의 모든 계층을 알맞게 분해하지 않고서는 간파될 수 없는 것이었다.

계층이론을 통하여 구명된 이 새로운 사태는 향수하는 주관이 반응하는 감정에 계층 차이가 있는 것을 보아도 확인된다. 여기서 중요한 것이 미적 쾌감이나 만족인데 이것들은 그 근거가 되는 가치(도덕적 가치·생명가치·재가치 따위)의 종류에 따라서 깊고 얕은 차이가 있을 수 있다. 따라서 근거가 보다 깊은 가치는 대상의 보다 깊은 계층에 속한다. 예를 들면 도덕적 가치는 특히 내면적인 계층에 속하는 것이다. 그것이 그럴 수 있는 까닭은 이 가치가 관조자의 보다 깊은 향수를 요구하는 점에 있다.

이 점은 또한 도덕적 가치를 토대로 성립하는 미적 가치에도 깊고 얕은 계층 차이가 있음을 뜻한다. 왜냐하면 대상의 보다 깊은 계층에 매인 가치는 보다 깊은 감정을 환기하며 자아의 보다 강한 참여를 요구하기 때문이다. 다시 말하면 대상의 보다 깊은 계층에 속하는 가치일수록 보다 깊은 미적 쾌감과 보다 진실하고 풍부한 만족을 주는 것이다.

숭고한 것은 깊은 향수와 내면적인 참여를 통해 두드러진다. 그 까닭은 숭고한 것의 근거가 대상의 심층에 있기 때문이다. 그리고 우아한 것은 반대로 표면적인 효과와 얕은 만족을 준다. 그 까닭은 우아한 것의 근거가 대상의 외면층에 있기 때문이다.

똑같은 대상에 있어서 숭고한 것과 우아한 것과의 결합이 가능한 까닭도, 바로 똑같은 대상에서 느껴지는 서로 반발하는 이 두 가지 쾌감이 저마다 다른 계층에 소속하고 있어서 서로 피할 수 있기 때문인 것이다. 그리고 똑같은 대상에 대한 이질적인 두 가지 감정은 심적 감정이라는 똑같은 계급에서만 서로 반발하는 것이다(이를테면 깊은 사상을 가진 사람이 그 사상을 서툴게 자주 되풀이하면 똑같은 사람이 고무적인 동시에 지루한 느낌이 들 수 있다).

b 우아미의 인접현상

또 하나의 문제군은 우아미의 인접현상이다. 우아미의 인접현상은 숭고미의 그것과 같이 뚜렷한 특색을 가진 것이 아니지만 이것과 조금 비슷한 점이 있고 그 밖에 대립차원이 전혀 다르다. 비슷한 점은 오직 우아한 것이 상반되는 그 무엇으로 눈에 띄지 않게 이행하거나 혹은 돌변하는 경우가 드물지 않은 것에 있다. 그와 같이 돌변하는 형태는 많이 있지만 여기서는 그중 세 가지 형태만을 고찰하겠다. 왜냐하면 그것이 갑자기 달라지는 이 세 가지 형태는 우아미 자체의 본질에 어떤 광명을 되던져주기 때문이다.

우아한 것, 애교스러운 것, 매력적인 것 등 이 모든 것이 그 형식에 있어서 어느 정도 완성되어 있는 점을 고려한다면 여기서는 미가 언제든지 균열, 바꾸어 말하면 '적도'에 있는 것이 분명하다. 이 점에서 우아미는 압도적으로 위대한 것, 따라서 분명히 '과도'에 근거를 둔 숭고미와 날카롭게 대립한다.

과도가 숭고한 것에 있어서는 비적도를 뜻하는 게 아니지만 우아한 것에 있어서는 물론 비적도, 즉 적도와 균세의 반대를 뜻하는 것이다. 그러므로 여기서 과도는 파괴적인 것이어서 우아한 것을 깨뜨려 버린다. 그러고도 남는 것이 있다면 그것은 완성된 형식 대신 무형식이다.

이 점에서 우리는 우아한 것의 인접현상이 과도에 있다는 것을 알았다. 예술가가 만일 매력적이고 유혹적인 것을 더욱더 아름답게 꾸미기 위해서 사실성이나 박진성(迫眞性)이 전혀 없을 만큼 그 정도를 지나치게 되면 그때에는 우아한 것이 갑자기 반대의 것으로 바뀌고 만다. 그것은 믿어지지 않으므로 흥미를 끌지 못하며, 또 그것은 진실한 효과를 주지 못하므로 믿어지지 않는다. 그러면 이것이 무엇을 뜻하는가를 실례를 들어 설명해야겠다.

그림을 될 수 있는 대로 인상적으로 그리려고 하는 순수한 예술가의 충동에서 과장된 그림이 나오기 쉽고 우아미의 미묘한 차이를 나타내려고 할 때 이것을 흔히 과장한다.

열정적이며 감격하기 쉽고 의협심이 강한 것은 영웅을 과장해서 그린 그림처럼 흔하다. 이러한 본질요소를 올바로 평가한다는 것은 최고도로 노련한 재능과 풍부한 생활경험을 통해서 원숙해진 섬세한 감정을 가진 예술가의 일이다. 그러한 예술가가 없을 경우에는 동화 속에 나오는 왕자처럼 아무런 진실한 인상도 주지 못하는 어떤 이상이 나올 뿐이다. 일찍이 실러와 같은 위대한 작가도 그러한 결점을 완전히 피하지 못했다.

100여 년 전에 낭만파의 소설문학 속에 나오는 천사형의 처녀들도 그와 유사한 실례이다. 이러한 인물들은 감정의 이상(理想)에는 들어맞지만 사실적인 인상을 주지 못하며, 오늘날의 우리로 보면 약간 우습기도 하고 심하면 권태를 느끼게 된다. 제3의 실례는 중세기 첫 무렵 회화뿐만 아니라 르네상스시대의 회화에도 나타나는 어떤 성모상이다. 이 성모상에는 순결과 공순(恭順)과 경건의 빛이 감돌지만 혈기가 없고 또 약간 죽은 듯한 인상을 풍기기도 한다. 이 성모상에는 여러 가지 선의도 포함되어 있으련만 오직 시대현상에만 눈길을 돌리는 예술사가처럼 그 점을 무시하고 있다.

이 실례가 예술사가에게 잘못된 미적 이상상같이 보이는 것은 결코 우연한 일이 아니다. 우아한 것이 비사실적인 것으로 탈선하는 현상과 그릇된 이상의 현상이 일치하는 경우가 많거니와 그것은 서로 다른 두 개의 문제점을 가지고 있는 하나의 근본현상이다.

우아한 것이 가진 또 하나의 인접현상은 어떤 직접적인 감정효과의 지나친 과장인데, 이 현상은 소재의 현실적인 형성을 통해서 인정되지 않는다. 우아한 것이 가진 특별한 형태들 대부분은 그러한 감정효과를 환기할 그 무엇을 가졌고 또 그러한 경우에 있어서는 이 감정효과가 전혀 부당한 것이 아니다. 아니 이 형태들 대부분은 그러한 감정효과에 따라서 불리고 있다. 예컨대 '매력'적인 것, '가련'한 것, '황홀'한 것, '애교'스러운 것들이 그것이다.

그러나 이러한 감정효과들은 그 자체가 독립하기 쉬우며 그래서 표적을 잃어버리거나 놓치는 특성을 가지고 있다. 왜냐하면 예술가는 어느 정도 이 감정효과를 높일 수 있기 때문이다. 하지만 그렇게 되면 이 감정효과가 죽고 만다. 매우 섬세한 느낌을 가진 형식감정이나 박자감정이 정당한 한계를 벗어나지 않도록 유의하지 않으면 그렇게 된다. 그때에는 가련한 것은 눈물을 짜는 것으로 변하고, 부드럽고 따뜻하고 맛있는 것은 달콤한 것으로, 그리고 연약한 것은 유약한 것으로 또 강렬한 감정과 풍부한 정서가 감상으로 변해서 감정 때문에 감정 속에서 고정되어 있지 못하고 움직이게 된다. 만일 이러한 방향으로의 변화가 심하면 예술작품 대상에 저속한 만화와 같은 것이 나온다. 저속한 사이비 예술작품은 예술가의 의욕이 밖에서 실현될 수단을 갖지 못하며 안에서 탈선한 것 이외의 다른 것이 아니다. 그러나 저속한 작품일수록 충실한 형식을 회피하고 어디까지나 중심에 떠오르는 어떤 특정한 효과를 나타내려고 버티는 것이다. 이 효과가 만일 눈물을 짜내거나 혹은 그 밖에 사람의 마음을 끄는 힘이 강한 감정효과인 경우에는 이런 효과를 나타내기가 아주 쉬울 것이다. 위험스런 것은 저속한 사이비 예술작품이다. 예술에 있어서 그처럼 형식과 법도에 대해 적정한 감정을 갖지 못한 사람은 그것이 어디까지나 사이비 예술작품인 것을 알아채지 못하기 때문이다. 그래서 많은 사람이 저속한 사이비 예술작품에 현혹되고 타락하게 된다.

저속한 사이비 예술작품은 오직 우아한 것 또는 이와 비슷한 것에만 위협이 되고 숭고한 것을 위협하지는 못한다. 왜냐하면 헛된 진행과 권태나 골계는 숭고한 것을 무너뜨려 상하게 하기 때문이다. 그러나 우아한 것은 저속한 사이비 예술작품을 통해서 도리어 변변치 못한 재간을 부리는 오락물이 되고 만다. 바꾸어 말하면 예술에 있어서 외면적이고 비교적 학습가능한 것의 악용을 막기는 훨씬 더 어려운 것이다. 왜냐하면 이 학습가능한 것이 바로 악용되기 때문이다.

저속한 작품은 예술상에서 여러 가지 모양으로 나타난다. 저속한 작품이라는 개념은 우아한 것이라는 가치군이 우세를 차지하는 회화에서 나온 것이다. 여기서는 저열한 작품이 순전히 회화적 재주와 솜씨, 즉 가시적인 것을 본디 그대로 인식할 능력의 모자람을 뜻한다. 그러므로 그다음에 이 시각능력의 모자람이 인위적으로 고안된 얄팍하고 평범한 색의 대조로써 채워진다. 문학과 음악에서도 저열한 작품이 활개를 치고 유행한다. 전자에 있어서는 (저속한 오락소설에서 보듯이) 저속한 소재가 다루어지고 후자에 있어서는 감정을 돋우기에 알맞은 개별적 효과를 좀더 엄격하게 관철하는 자세가 부족하다. 장식에서는 저열한 작품이 가장 힘을 못 쓴다. 그 까닭은 여기서는 나타날 아무런 후경 없이 순수한 형식의 유희가 중요한 점에 있거니와 이 자유는 위험스러운 것이기 때문이다. 이 자유는 아무런 재능도 없는 방관자로 타락하기 쉽다.

셋째로 성질이 전혀 다른 인접현상이 또 하나 있다. 그것은 의식이나 의욕의 대상에 있다. 이 인접현상은 위에서 지적한 두 가지 인접현상과는 근본적으로 달라서 우아한 것을 서술하거나 표현하는 예술에 있는 게 아니라 생활 자체, 특히 인간에게 있는 것이다. 그러나 그것은 인간이나 인간생활을 통해서 간접적으로 이것을 표현하는 예술, 즉 문학, 특히 희곡과 소설에까지 이어지며 회화예술에서도 약간 발견된다.

인간에게 있어서 우아한 것이 숭고한 것과 다른 점은 우아한 것이 그 자체의 의식을 배제하며, 만일 그것이 충분히 의식되면 그와 전혀 다른 것으로 돌변한다는 점이다. 반면에 숭고한 것은 어느 정도 자기의식을 지닐 수 있고 또 그렇게 함으로써 인간적 태도에서 존엄성으로 부각되는 점에 있다.

존엄성은 오직 자기의 과대평가·오만불손 따위에 의해서만 위협을 받는다. 하지만 이 과대평가·오만불손 따위는 비웃음과 비난을 자초하고 그렇게 되면 여지없이 위축되는 것이다. 그러나 우아한 것이 만일 자기의식을 갖게 되면 그것은 매력을 잃고 흔히 자멸한다. 우아한 것은 의식을 통한 반성을 견디어 내지 못하므로 이 반성 속에서 녹게 되고 그 대신에 사이비 우아, 다시 말하면 미태(媚態)가 나타나는 것이다.

그중에서 가장 두드러진 것이 선정적인 여성의 우아미이다. 이러한 여성이 의식적으로 애정을 표시하고 애교를 부리면 그 애정과 애교는 일부러 조작한 애정과 애교, 다시 말하면 미태로 변하는 것이다. 이 미태를 진정한 애교로 착각하는 무경험자에게는 이 애교가 참으로 요염하게 보이리라. 그러나 그 애교가 '조작'된 애교임이 들통나면 그 애교는 아무런 힘도 없게 된다.

위장된 존엄(숭고)과 위장된 우아에는 비슷한 점이 약간 있기도 하다. 하지만 후자가 희극적인 인상을 주는 반면에 전자는 한갓 밉살스럽기만 하고 후자는 해학에 속하며 좋은 인상을 줄 수도 있으나, 전자는 어느 예술에도 끼일 곳이 없는 점에 차이가 있다.

이 점에서 우리는 우아한 것과 숭고한 것이 흔히 서로 거부하고 밀쳐내는 이유를 잘 알 수 있다. 이 두 가지가 합하여 다채로운 독창성을 발휘하려면 대상의 폭이 넓어야 된다.

c 그 외 미적 가치의 대립

여기서, 한편으로는 숭고한 것과 우아한 것 자체에 관계가 있고 다른 한편으로는 미적 가치 일반에도 관계가 있는 또 하나의 그 무엇을 고찰하지 않고서 끝맺을 수는 없다. 그러나 미학의 문제는 아직까지 이에 관심을 돌리고 있는 것 같지 않다. 미학은 아직 미숙한 단계에 있으므로 아주 일반적인 것밖에 기대할 수 없는 형편이다.

숭고한 것과 우아한 것과의 대립은 또 하나의 구명을 요한다. 이 대립이 미 전체를 갈라놓는 것이 아니라는 점은 이미 지적한 바 있다. 하지만 그렇다고 요즈음의 몇몇 미학자들이 생각하고 있듯이, 아름다운 것은 숭고한 것으로 기울거나 우아한 것으로 기우는 것이 아니라 이 양자에 대해 무차별한 것이다. 이러한 중립성은 매우 무의미한 것이라고 생각되리라.

그러나 숭고한 것과 우아한 것은 두 개의 극단을 가진 양극성을 이루고 있는 것이며, 적어도 미(美)라는 이름이 붙은 것이면 대부분 이 양극의 중간에 끼어 들어가게 되는 것이다.

아름다운 모든 것은 그 성격에 있어서 양극단 가운데 어느 한 극단에 더 가깝다.

이 점에 관해서는 많은 실례를 끌어댈 수 있다. 물론 숭고와 우아 이외의 다른 요소가 우세한 미의 경우가 없는 게 아니다. 예를 들면 연극에 있어서의 희곡과 무대, 회화에 있어서의 활기, 조각에 있어서의 운동 따위가 그것이다.

그리고 이 모든 것을 위에서 말한 양극의 중간에 편입시킨다는 것은 터무니없는 일이다.

그러면 숭고한 것과 우아한 것과의 대립 전체가 단지 외면적인 것일까 하는 의문이 생긴다. 이 양자의 분석에서도 그 구조적 본질의 특징들이 알려진 이상 그렇다고 말하기는 어렵다. 그러나 그 밖에 다른 가치대립이 있을 수 있는데 그것도 구명해야만 할 것이다. 따라서 이 대립이 숭고한 것과 우아한 것과의 대립과 더불어, 보다 큰 하나의 체계—차원체계—를 구성하고 모든 것은 이 체계 속에 편입될 수도 있을 것이다.

하지만 신중히 생각하면 그것이 그릇된 희망임이 분명해질 수도 있으리라. 이 문제는 아마도 미학상의 다른 여러 가지 문제와 같이 아직 해명될 단계에 이르지 못한 듯싶다. 그러면 이른바 '그 밖의 가치대립'이란 어떤 것일까?

여기서 예를 들면 숭고한 것과 우아한 것과의 대립을 포함하여 하나의 다원적 체계를 구성하는 숭고한 것과의 네 가지 대립을 생각하게 될 것이다(Ⅲ부 제2장 제33절 a항). 우리는 일상적인 것, 경쾌한 것, 우아한 것, 희극적인 것들이 원칙적으로 숭고한 것과의 대립이라는 것, 따라서 이 네 가지 대립의 체계에서 '숭고한 것'이라는 공통적인 대립항이 제거되면 관계 전체가 허물어진다는 것을 알 수 있다.

희극적인 것에서는 하나의 다른 대립차원이 인식된다고 쉽게 생각될 것이다.

왜냐하면 희극적인 것의 대립자는 엄밀히 따지면 비극적인 것이 아니라 오직 엄숙한 것, 소극적으로 말하면 비희극적인 것이기 때문이다. 우리는 이 대립을 보다 더 근본적인 대립이라고 여기게 될 것이며 또 이 대립차원에도 여러 가지 것을 편입시킬 수 있을 것이다. 그러나 이 대립의 결함은 너무 지나치게 모순성이 있는바, 이것은 그 대립항이 부정적인 점을 말한다. 그리고 이 대립항을 어떻게든지 긍정적으로 채울 수 없을 경우, 이 대립은 무의의한 것이어서 뚜렷한 적극적 가치로 성립되고 비가치까지도 내용적·적극적인 규정성을 갖는 가치의 세계를 연구하기 위하여 무용한 것이다.

따라서 우리는 여기서 다시 미적 가치가 인식되지 않는 오래된 궁지에 빠진다. 그리고 그 어느 곳에서 미적 가치를 인식할 수 있는 근거지가 발견되면 기쁨을 참을 수 없으리라.

그러한 가능성이 전혀 없는 게 아니며 사실에 있어서 미학 속에 새로운 가치 대립을 이끌어 들이려고 시도하는 사람이 때때로 발견된다. 예를 들면 '고전적'과 '낭만적'과의 대립이 그것이다(헤겔과 그의 학파). 이러한 시도는 물론 쓸모없는 노력이다. 왜냐하면 이 대립은 이차적인 요소에 지나지 않으며 따지면 결국 미학적인 대립이 아니라 소재에 속하는 어떤 세계관적 대립이기 때문이다.

그 밖에 역시 소재에서 나타나는 또 하나의 대립이 있다. 그것은 무갈등과 유갈등과의 대립인데 이 대립은 신중히 생각할 만한 것이다. 이 대립은 여러 가지의 순수한 미적 형식과 구성의 결과에 관계되는 만큼 보다 깊은 근거가 있다고 여겨진다. 그러나 이 대립은 문학, 그중에서도 또 서사시와 소설과 연극에만 직접 관계가 있는 것이므로 그것이 나타나는 범위가 매우 좁다. 더구나 조형예술의 어떤 분야에서는 이 대립이 아주 희박하다. '갈등'이라는 것을 보다 넓은 뜻으로 이해하면 음악에 있어서의 불화의 요소까지도 갈등으로 여기게 될 테지만, 그렇게 되면 갈등이라는 개념이 형상적이어서 아주 무의의한 것이 되고 만다.

마지막으로 또 생각할 수 있는 것은 I부에서 구명한 현상미와 직접적인 형식미와의 대립이다. 이 대립은 근본적인 대립의 하나이다. 왜냐하면 '하나가 다른 하나에 나타나는 현상'으로서의 미는 '순수한 형식의 유희'로서의 미와 근본적으로 다른 것이기 때문이다. 그러나 이 대립은 가치의 종류보다도 오히려 미적 대상의 구조와 조건의 이론에 관계가 있다. 대부분의 미적 가치에 있어서는 하나가 다른 하나와 밀접한 관계를 가지고 있는 것이다(이 점은 II부 제2장 제17절과 제18절 속에서 지적되었다). 더욱이 음악과 건축에 있어서는 이 양자의 관계가 더 심각하다. 그러나 장식만은 예외이다. 바로 그러므로 장식은 깊이가 없는 제2급의 예술인 것이다.

35) 미적 가치의 의미부여

a 세계의 의미

미적 가치 전체를 다시 한 번 돌아보지 않고서 미의 구조 및 가치문제와 작별할 수 없다. 이제는 미가 처음과는 달리, 즉 세계관적으로 그리고 인간생활 전체와의 관련에서 이해될 수 있다. 왜냐하면 인간생활 전체 속에서 하나의 독특한 역할을 하는 것이 미적 가치이기 때문이다. 우리의 이러한 고찰은 희극적인 것이 구명된 뒤로 미룰 수밖에 없다. 하지만 이 희극적인 것을 선행시킬 수 있었더라면 우리의 고찰은 간단했으리라.

숭고한 것과 우아한 것에 관한 우리의 연구가 미적 가치에 관해서 우리에게 말해 줄 수 있었던 것은 미적 가치의 특수한 점이었다. 그리고 이것조차 그리 충분한 것은 아니었다. 그 까닭은 우리의 가치구분이 그 이상 더 나아갈 수 없었기 때문이다.

따라서 우리의 연구로 알 수 있는 것은 기껏해야 미적 가치 일반의 본질에 관한 것이었다. 사실을 말하면 보다 더 특수한 미적 가치의 경우에는 오직 우리의 발랄한 가치감정을 예시하는, 다시 말하면 구체적인 사례를 직관적으로 볼 때에 다시 살아나지 않는 것에 호소하는 수밖에 없다. 그 점은 숭고한 것과 우아한 것의 경우에도 마찬가지다.

그러나 우리가 이런 것들을 관찰하고 그 불가해성을 이해하고 난 다음에는 미적 가치 일반은 어떤가 하는 문제를 새로 제기할 수 있다. 각각의 가치군을 탐사한 다음에는 그 무엇이든 근본가치로 보이지 않을 테니까 말이다.

사실 그러한 결과가 여기에 있다. 그것은 숭고한 것이나 우아한 것이 의미를 부여하는 성격이다. 하지만 이러한 성격을 명시하려면 세계관적이고 형이상학적인 것 속으로 다시 더 파고들어야 한다. 그러나 내가 말하는 형이상학적인 것은 어떤 경험에 의하지 않고 이성에 의해 인식하고 설명하는 사변적인 형이상학이 아니라 단념하려야 단념할 수 없는 형이상학적 문제이다.

이 형이상학적인 문제 가운데에서 가장 오래되고 가장 난처한 것의 하나가 세계와 인생의 의미문제이다. 인간 이상의 위대한 존재에 대한 신앙이 존재하는 경우에는 그러한 문제가 나오지 않는다. 왜냐하면 이 문제는 신앙을 통해서 이미 풀렸기 때문이다. 그러나 신앙이 존재하면 어떻게 해서 무에서 유가 나오는가 하는 문제가 생긴다. 그렇게 되면 곧바로 위협을 받는 것이 인간생활이다. 왜냐하면 그것은 아마도 '무의미'한 생활을 바라지 않기 때문이다.

플라톤철학은 '이데아'를 가지고 이 문제를 풀었다. 그에 의하면 모든 이데아가 순수한 완전성의 왕국을 이루고 있고, 우리가 사는 이 세계의 모든 것은 자연이나 인간이나 다 같이 이 이데아의 왕국으로 방향을 취하고 있다는 것이다. 그리고 자연이 인간과 다른 점은 전자가 어디까지나 이데아의 지시에 따르고 있는 반면에, 후자는 자기 의욕을 가지고 이데아의 지시를 어기고 나가는 데 있다고 한다. 그가 암흑 중에 승인하고 있는 이 목적론적 형이상학에 대해 아무런 불신도 없는 동안에는 누구나 그렇게 생각할 수 있을 것이다.

이리하여 활동적인 목적원리가 세계의 밑바탕에 놓이고, 세계 자체가 인간과 같이 오성과 목적 의식을 통해서 지배된다고 이해되고 있다. 왜냐하면 목적은 '정립'되어야 하고, 그 실현의 수단은 '선택'되어야 하는바, 무엇을 '정립'하고 '선택'할 수 있는 것은 오직 정신적인 인간뿐이기 때문이다. 고대의 이념형상학은 이와 같이 위장된 의인관(擬人觀)에서 실패한 동시에 사상의 모든 조잡한 형식뿐만 아니라 세계의 의미부여 근거를 목적론적 원리에 두는 낙천적인 원리까지도 무너뜨리고 말았다.

그러면 남은 것은 무엇인가? 무의미한 세계가 그것인가? 인간은 그러한 세계에서는, 적어도 이 세계의 무의미함을 의식하고서는 살 수 없는 것이다. 그러므로 사람들은 의미를 부여할 수 있는 것을 다른 그 무엇에서 찾았다.

그러나 그들은 여전히 똑같은 방향에서 계속 찾고 있다. 말하자면 사람들은 강제로 그 방향에 붙잡혀 있는 것이다. 여기서는 두 가지 가정(假定)이 암묵 중에 승인되고 있다. 첫째는 의미가 오직 시원에만 있고 그 뒤에는 어떠한 의미도 이 세계에 들어올 수 없다는 것이며, 둘째는 의미가 오직 세계 전체에만 있고 이 전체에서, 예를 들면 인간생활과 같은 부분에까지 미치는 것이지, 부분에서 나타나거나 혹은 부분에서 전체로 옮아가는 것이 아니라는 것이다.

지금까지 두 가지 가정이 몇 세기에 걸쳐서 형이상학적 사상을 지배해 왔다. 이 두 가정에서 의미부여를 오직 보편적 원리에서만 찾고 가까운 인간생활과 인간의 행위나 활동 속에서 찾지 않는 결과가 나왔다.

그러나 바로 여기에 의미문제가 해결될 더 큰 기회가 있는 것이다. 왜냐하면 위에서 말한 두 가지 암묵적인 가정이 편견임이 밝혀졌기 때문이다. 의미와 가치에 대한 우리의 감정은, 인간생활 속의 원리나 혹은 보다 큰 전체에 귀속시키지 않아도, 한정된 개별적인 것이면서 유의미한 것이 헤아릴 수 없이 많다는 것을 말해 준다.

그리하여 인간생활 중에서 도덕적으로 선(善)한 모든 행위, 현명한 모든 사상, 충전한 모든 가치반응은 순전히 그 자체에 있어서 의미를 갖는 것이며 또 의미를 부여하는 것이다.

여기서 '그 자체에 있어서'라는 것은 '어떤 다른 것을 위해서'가 아니라는 의미에서다. 따라서 모든 호의, 심적·내면적인 것에의 모든 참여—여기서는 얼음처럼 냉정한 고독감을 타파하는 모든 이해와 합의가 존중된다—가 그 자체에 있어서 의미 있고 다른 사람에게 의미를 부여하는 것이다. 왜냐하면 의미 충실에 대한 인간 심정의 깊고도 큰 요구가 이로써 만족되기 때문이다.

이 모든 것은 그 자체에 있어서 몰의미한 세계가 부분, 더욱이 이차적이고 부속적인 부분으로부터 받는 의미 충실이다. 부속적인 것에도 어떤 자립성이 있음이 바로 여기서 증명된 것이다. 이 명제는 범주론이 '자유의 법칙'을 통해서보다 더 일반적으로 변호할 수 있는 것이다.

만일에 인간에게 가치감정과 가치실현을 통해서 의미를 부여할 능력이 있다면 그에게는 전체로서의 세계의 무의미가 의미를 갖게 될 터이며, 따라서 그는 세계의 의미부여자가 될 것이다. 인간은 의미를 반대하는 세계에 의미를 줄 수는 없지만—왜냐하면 그런 세계는 의미를 받지 않을 것이므로—의미에 무관심한 '무의미'의 세계는 의미부여에 대해 문호를 개방한다. 이 점이 형이상학자가 생각하는 것과 정반대이다. 왜냐하면 인간과 같은 존재자에게는 의미 없는 세계가 유일한 의미 있는 세계이고, 인간 없이도 이미 의미가 충만한 세계에는 의미부여의 능력을 가진 인간이 아주 소용없기 때문이다.

이 능력이 무엇보다도 먼저 인간을 윤리적 존재자가 되게 하는 자기 결정·결단(자유)·예견·목적설정·가치의식, 좀더 정확히 말하면 가치감정 따위의 능력이다. 또 동감하며, 이해하며, 사건을 처리하는 능력도 이에 속한다.

그러나 이것이 전부는 아니다. 왜냐하면 세계와 세계 내의 이것저것을 아름답다고 볼 줄 아는 능력, 즉 심미적 능력 또한 뛰어난 의미부여의 능력이기 때문이다. 그리고 그것만이 아니라 보는 능력과 창작하는 능력이 유행하는 것이다. 인간은 독창성을 가지고 자연산물을 넘어서 미지의 형식을 찾아내며 이것을 자연적인 형식과 나란히 놓기도 하고 또 그 위에 올려놓기도 한다.

b 인간과 예술의 의미

세계 내의 모든 의미는 가치와 관련 있는 것, 아니 본질적으로 가치관계·가치실현, 그리고 가치이해에서 성립한다. 이 점은 이미 윤리적인 의미부여의 모든 형식에서 분명히 알 수 있었다. 그러나 사실은 도덕적 가치만이 아니라 그 밖의 가치족들도 의미부여에 참가하는 것이다. 그리고 이러한 그 밖의 가치족 가운데에는 생명가치처럼 비교적 낮은 가치도 있거니와 인식가치나 미적 가치처럼 비교적 높은, 적어도 도덕적 가치와 같은 가치도 있다. 미적 가치는 물론 도덕적 가치만큼 긴박감과 절실감을 주는 것이 아니지만, 특히 의미부여의 순수한 위력을 가지고 있다. 미적 가치를 통해서 인간생활 속으로 들어오는 의미부여는 결국 어떤 절대적인 고유가치—우리의 생활이 이전에 어떠했는지 오직 그것만으로써 산 보람이 있는 그 무엇—와 대면하여 기쁜 마음으로 복종하는 감정 말고는 아무것도 아니다. 그것은 아무런 실용적 관심이나 이용이나 소유가 아니라 결국은 대상에 대한 희열이며 그처럼 뛰어나게 아름다운 것이 있는 이 세계에서 사는 쾌감이다.

이 요소—가장 순수한 의미부여—는 도덕적 가치에서보다도 미적 가치에서 더 강한 것이다. 칸트는 일찍이 이 요소를 '무관심적 만족'이라고 표현한 바 있거니와 순수한 의미부여의 본디적이고 궁극적인 의미가 바로 여기에 있다. 여기서는 인간의 공동생활을 위하여 요구되는 도덕적 가치에서처럼 '실천적'인 것이 문제가 되고 있는 게 아니다.

　예술적 창작에 종사하는 사람으로서 의식적으로 가치 있는 것, 더구나 절대적 고유가치가 있는 것을 창작하려고 하는 인간에게서는 이러한 의미부여가 더욱 눈에 띄게 강한 법이다. 그러나 의미부여는 오직 창작하는 자에게만 매인 것이 아니라 관조하는 자에게도 역시 자기 생활에 의미를 부여하는 것이다. 미(美)를 볼 수 있는 것은 많고, 보는 자가 없으면 미가 없으며, 보는 자는 특수한 방식으로 보는 것이다. 이와 같이 미는 미적 대상에 있어서의 3자관계와 관련되어 있다. 그런 만큼 가치를 인식하는 자와 가치를 창작하는 자와도 관련이 있다.

　예술과 인간적 작품 말고도 이 세계에 '아름다운 것'이 한없이 많다는 것을 생각한다면 미적 관조자가 이러한 세계에서 어느 범위까지 의미를 부여하는가를 알 수 있다.

　인간생활에 있어서 최고가치는 증여의 성격을 가지고 있다. 니체는 이 성격을 '증여의 덕'에서 지적했는데, 증여의 덕은 '진기하고 무용하며 광채가 있고 찬란하면서 유화'한 점에서 금과 같다. 증여의 덕은 영원히 주기만 한다. 이 네 가지 규정은 미적 가치에도 꼭 맞는다. 미적 가치도 '진기하고 무용'하며 이 가치를 나누어 갖는 모든 것은 진기하고 무용한 것이 된다. 무용이라는 것은 어떠한 목적에도 소용되지 않는 것을 뜻한다. 그러나 진기는 흔하지 않은 것을 말한다. 그 까닭은 미를 관조하려면 순수한 안목이 필요하므로, 그러한 안목을 가진 관조자는 사람들이 생각하듯이 그리 흔치 않기 때문이다.

　미에 열중하는 사람이 누구나 참으로 미를 '볼' 줄 아는 것은 아니다. 모든 쾌감이 미적 쾌감은 아니다. 미적 쾌감인가, 아닌가를 구별하기 어려운 경우가 흔하다. 다른 쾌감이 미적 쾌감이라고 오해되는 근거가 많이 있다. 따라서 여러 가지의 사이비 미적 태도가 있거니와 이에 대해서는 뒤에 가서 다시 언급하겠다.

　'광채' 있다는 것, 찬란하면서 '유화'하다는 것, '증여'한다는 것도 마찬가지다. 미적 가치의 특징은 이 가치가 마치 하늘에서 내려주는 선물—행복과 은총, 인간에 대한 사랑—처럼 우리 인간의 손안에 떨어지는 점에 있다. 거기에는 또 대부분 의외라는 요소가 있다. 왜냐하면 인간의 마음속에 떠오르는 예술적인 것은 그가 그것을 부를 때에 오는 게 아니라 기대하지 않는 때에 갑자기 찾아오기 때문이다.

윗부분에서 말한 모든 점은 예술적으로 눈이 뜨인 인간의 미적 경험에서만 알 수 있다. 여기서는 철학자도 발달한 미적 가치의 감정에 호소하는 것 말고는 다른 도리가 없는 것이다. 경이로운 예술작품의 증거는 이 작품을 환희와 감사하는 마음으로 향수하는 인간의 심정 이외에는 없다.

그러나 객관적으로 보면 이 증거와 환희가 이미 미적 대상의 효과, 다시 말하면 미적 대상이 인간생활, 즉 타협과 애매와 곤궁의 생활 속으로 빛을 발사한 효과인 것이다.

아름다운 것, 즉 숭고한 것이나 사랑스러운 것이나 호기심을 끄는 것들에게서 출발하는 의미부여는 비애와 곤궁이라는 어둠 속—다른 세력들을 여기서 끌어낼 아무런 힘도 없다—으로 뚫고 들어가는 아름다운 것들의 빛에서 반영되는 것이다.

왜냐하면 미적 가치가 성취하는 것은 실재적인 변동이 아니라 인간의 내면적 정신의 변화이기 때문이다. 미적 가치는 그 무엇을 폐기하는 일은 없고 정신적으로 헤아릴 수 없이 귀중한 것을 우리에게 준다.

미적 가치가 발휘하는 힘은 실재적인 것이 아니지만 실재적인 심정을 파악하고 생명을 실증하며 변호하는 힘, 즉 어떤 세계관적인 폭을 가진 힘이다.

미의 모든 체험은 결국 세계관적 의의를 갖는다. 그것은 우리의 생활에 의미를 부여하기 때문이다. 따라서 우리는 생활의 의미를 발견하지 못하고서는 오래 계속해서 살 수 없다.

이 점에서 미적 대상이 어수선한 일상생활, 무거운 의무의 생활과 고정된 습관 속에서 뛰어나게 두드러지는 근본현상을 상기하라. 여기서는 반대로 부각된 것이 우리의 생활 속에 다시 나타나되 생활 속에서 해소되는 것이 아니라 생활이 요구하는 가장 중요한 것, 즉 의미내용을 부여하며 좀더 옳게 말하면 그 의미내용을 알려주고 관조되게 하는 것이다.

아무튼 미적 가치는 도덕적 가치와 근본적으로 다르다. 도덕적 가치는 언제나 무거운 짐을 지워주고 어떤 임무를 제시하며 책임을 환기한다. 도덕적 가치는 언제든지 무엇을 '지망하고 요청하며 부과한다.'

그리고 그것이 받는 것은 결국에 가서 인간을 향상시킬 수 있는 것이지만 위험스러운 것이다.

미적 가치는 그와 전혀 반대인 어떤 중책을 지워주는 것이 아니다. 왜냐하면 그것은 인간이 관조하는 것이 아니라 인간이 관조하고 참여하며 그리고 참여함으로써 순수한 기회를 받고 느낄 수 있는 것이기 때문이다. 미적 가치는 인간에게 오직 주기만 한다…… 그러나 그것이 줄 수 있으려면 언제나 그렇듯이 받는 자가 받아야 하고 또 필요한 두 가지를 갖추어야 한다. 그 하나는 받으려고 하는 마음가짐이며, 또 하나는 충분히 관조할 수 있는 개방된 태도이다. 그러나 이것을 최고의 예술적 이해의 뜻으로 알아야 할 필요는 없다. 왜냐하면 인간이 안정과 정심을 갖기만 하면 충분하고 따라서 얻는 바가 많을 터이기 때문이다.

c 사이비 심미적 태도

이와 같은 요구조건을 충족시키는 것은 적어도 우리가 이해할 수 있는 한 결코 어려운 일이 아니다. 인간에게 미적 가치를 강요할 수는 없다. 하지만 인간 생활에서는 전혀 기대하지 않던 여러 가지의 미적 이해가 서서히 나타날 수도 있고, 또 우리가 열린 마음을 가지고 이를 도울 수도 있다. 그러나 여기에는 이 미적 이해를 잡쳐버릴 위험성이 있는바, 그것이 사이비 심미적 태도에 있다.

언뜻 생각하기에는 이 사이비 심미적 태도가 하찮은 것 같다. 왜냐하면 거기에는 아무런 진실성이 없기 때문이다. 그러면서도 이 사이비 심미적 태도는 인간생활에 있어서의 최대 요소, 즉 의미부여와 같이 형이상학적으로 중요한 것을 파괴한다. 우리는 누군가에게 진정한 미적 태도가 없다고 해서 그를 비도덕적이라고 나무랄 수 없다. 그러나 그 사람의 생활에 명랑한 기색이나 윤채가 없고 진귀하고도 무용한 것이 없다면 책임의 일부분을 그에게 돌릴 수는 있다.

그처럼 사이비 심미적 태도는 위태로울 만큼 약한 것이어서 결정적인 의미가 발견되거나 또는 인간의 자질이자 위력인 의미부여의 본질이 관조될 수 있을 때에는 쉽사리 해소되는 것이다. 이 자질은 독창적인, 따라서 흔하지 않고 뛰어난 인간만의 자질일 뿐 아니라 관조할 미에 대해 참으로 깊은 동경심을 가진 사람이면 누구나 가지고 있는 자질이다.

그러면 이 사이비 심미적 태도는 어떠한 태도인가? 그것은 미적 대상 자체를 즐겨 구경하는 것이 아니라 그것을 엉뚱한 다른 것으로 돌려놓고 이에 보다 큰 쾌감─이 쾌감 역시 진정한 미적 대상으로부터 받는 쾌감과는 전혀 다른 것이다─을 발견하는 태도이다. 그러한 태도를 들추면 다음과 같다.

(1) 오직 소재에만 열중하는, 또는 열중이 아니더라도 흥미를 갖는 태도, 이것이 오늘날의 소설 독자에게서 흔히 볼 수 있는 태도이다. 그들은 일상적인 것에 좌우되고 흥미를 가지며 작품의 예술적인 질(質)에는 관심이 없다. 그들은 작품에 예술성이 있어도 그것을 전혀 모른다. 또 예술성이 없어도 그것이 없는 것을 모른다. 몹시 미숙한 인간은 소설을 그렇게 '읽는다.' 그들은 마치 배고픈 사람처럼 소재를 '탐식'하는 것이다.

(2) 아무리 심오한 작품도 지닐 수 있는 얄팍한 표면적 효과에 집착하는 태도. 이러한 태도는 언제든지 감격성과 감상성과 같은 비교적 평범하고 비속한 감정적 효과만을 노린다. 특히 문학과 음악에서 그렇게 되기 쉽다. 음악에는 또 하나의 결함이 있다. 그것은 음악이 어떤 암시를 주기 위한 즉흥연주의 기회를 통하여 맺어진 인연으로 악용되거나 그 자격수단으로서 이용되는 경우가 있기 때문이다. 사실을 말하면 이런 경우에 존중되고 즐겨 감상되는 것은 음악이 아니라 기발한 환상이다. 예술작품을 통해서 흥미를 불러일으키는 그 밖의 다른 모든 것도 거의 마찬가지다. 예를 들면 비슷한 소재로 저 자신의 환영을 그려내는 연극이나 소설이 그것이다.

(3) 대상이 아니라 자기 자신의 쾌감을 즐겨 감상하며 혹은 자기 내부에 주의를 집중하는 태도. 심리학에서는 이러한 태도를 자기류(自己流)의 심미적 태도라고 부른다. 이러한 태도를 우리는 흔히 볼 수 있는데, 가장 잘 알려진 것이 니체의 저술 가운데에서 '바그너의 음악에 심취한 소녀가 비참함을 참는 태도'이다. 그것은 결국 자기 감정 속에서 헤엄치는 태도이며 여기서는 음악의 본디적인 모든 구조가 자취도 없이 사라진다. 이와 같은 자기류의 심미적 태도는 그밖에 회화·서정시 등의 예술에도 있다(가이거의 《미학에의 통로》 참조).

그 밖에도 또 다른 사이비 심미적 태도가 있다. 이를테면 세계관에 좌우되는 심미적 태도가 그것이다. 예술작품의 후경 속에 종교적인 표상이 나타나는 것을 흔히 볼 수 있거니와 철학적으로 포장된 표상도 드물지 않다.

그중에는 미학에서 오랫동안 매우 심오하다고 인정되었던 낭만파의 통속철학적 세습이 있다. 이 사상은 그 무렵의 문학예술을 매혹했고, 이런 사람에 의하여 낭만파의 예술과 거의 동일시되었던 것이다. 그것은 이러한 표상이 얼마나 미혹적인 효과를 줄 수 있고, 한 시대 전체를 파악하며, 학문에서의 원리나 이론으로 변하며, 나중에는 보다 더 고상한 예술의 표준으로 자부하고 나온다는 것을 보여주는 하나의 굵직한 실례이다.

　소재의 향수에 있었거나 얄팍한 감정적 만족에 있었거나 또는 자기 완상에 있었거나 간에 계속적으로 사이비 심적 태도를 취하므로 미적 허위의 생활을 하는 사람이 적지 않다. 첫째 태도는 참다운 심미적 태도가 아니지만 언제나 자연적이고, 둘째 태도는 이미 해소되어 가고 있으며, 셋째 태도는 말하자면 수그러져 가고 있지만 심미적 도착(倒錯)이므로 파괴적인 것이다.

　또 다른 형태의 사이비 심미적 태도도 있다. 예를 들면 예술을 정치적·종교적 또는 물질적으로 어떤 실제적 목적에 이용하려고 하는 태도가 그것이다. 그것은 예술과 미적 가치의 오해로서 심미적 태도라고 부를 수 없고, 사이비 심미적 태도도 아니다. 온 힘을 다해서 이러한 태도에 저항하지 않으면 그것은 예술가에게 있어서 가장 큰 해독을 주는 것이다. 왜냐하면 사이비 미적 태도에 흔들리는 사람이 언제나 있기 마련이기 때문이다. 그렇게 되면 미적 가치에서 출발하는 모든 의미부여가 끝나거나 없어지고 만다.

3 희극미

36) 희극의 의미와 그 모든 형식

a 비정한 쾌감과 다정한 쾌감

미학의 주제가 되는 희극미는 숭고미와 우아미보다 그 범위가 훨씬 좁아서 주로 문학예술에서 많이 나타난다. 물론 회화에도 희극적인 것—만화를 상기해 보라—이 있다. 그러나 회화에서는 희극적인 것이 큰 역할을 하는 것이 아니다. 그리고 음악과 건축은 본질적으로 희극적인 것과 거리가 멀다. 오직 주제음악에만 희극적인 것이 음악에 뒤따르는 가사를 통해서 끼어드는 수가 많다. 또 인간생활에도 희극이 풍부하다. 문제는 다만 작가의 안목을 가져야만 그것을 볼 수 있는가 하는 점에 있다.

어느 한계에서는 그렇다고 말할 수 있다. 우리는 의외로 인간의 희극적인 행동에서 해학을 발견하는 경우가 많다. 졸렬한 것, 가식적인 것, 무의미한 동작 등이 모든 것은 우리를 웃긴다.

이런 경우에 웃는다는 것은 비정하다고 말할 수 있으리라. 왜냐하면 악의를 품은 사람이 흔히 냉소하기를 서슴지 않기 때문이다.

'냉소'란 무엇인가? 냉소는 다름 아니라 인간생활 속의 뜻하지 않은 희극에 환희를 느끼는 것이다. 한 걸음 더 나아가서 고의로 남의 약점을 찾아내고 그것을 온 세상의 웃음거리가 되게 하기 위해서 부풀리는 냉소는 매우 불유쾌할 것이다. 그러므로 냉소는 정당치 않은 것이다.

그러나 만일 우리가 인생의 희극적인 면을 보고 쾌감을 느낀다면 이 쾌감은 정당한가? 이 쾌감도 냉정하고 무정한 것이 아닐까? 동료의 실책—그다지 중대치 않은—을 보고 웃는 사람이 있다. 이때에 비록 그 사람에게 아무런 악의가 없다 하더라도 그러한 태도는 비난받아 마땅한 것이며 그렇게 해서는 안 되는 것이다. 웃음이 사람을 '죽일' 수 있다는 것은 누구나 다 알고 있다. 남을 놀리기를 좋아하는 사람이 있다. 이런 사람은 남의 조그마한 실수를 부풀리고 험담을 일삼으며 그 사람을 헐뜯는다.

그러한 사실로 볼 때에 희극적인 것에 과연 미적 가치가 있고 미적 감상이나 미적 현상이 있는가 하는 의문이 나온다.

이 물음에 대해 그렇다고 대답할 수밖에 없다. 왜냐하면 여기서 묻는 것은 심미적 태도의 도덕적 가치나 비가치가 아니라 그 순수한 미적 성격이기 때문이다. 이를테면 그 태도가 도덕적 의혹을 살 만한 점이 있다 하더라도 미적 성격은 존립할 수 있고, 또 미적 가치를 가질 수도 있는 것이다.

심미적 태도에는 그런 것들이 없을 수 없다. 희극이 불러일으키는 쾌감은 어디까지나 무해한 것이다. 인간생활 속의 희극적인 것에 쾌감을 느끼는 사람이 바로 남의 불행을 좋아하는 경향을 가진 사람은 아니다. 만일 그런 사람이 있다면 그것은 아직 도덕적으로 미성숙한 사람일 뿐이며 비교적 성숙한 사람의 태도에는 그것과는 다른 미묘한 차이가 있는 것이다. 그는 한순간을 보고 웃으며 혹은 가볍고 의미심장하게 웃으며 그다음에는 잊어버린다. 사람들은 물론 악의 없는 이러한 곤혹을 좋게 볼 것이다.

이 사실은 희극적인 쾌감이 바로 미적 쾌감임을 증명하는 것은 아니지만 희극적인 쾌감이 미적 쾌감도 될 수 있다는 것, 다시 말하면 냉정과 무정에 가까운 태도가 반드시, 희극적인 쾌감이 미적 쾌감이 되는 것을 가로막는 게 아님을 증명한다. 심미적 태도에서는 언제나 희극적인 것에 대한 냉정한 쾌감과 다정하고 의미심장한 쾌감이 구별될 수 있다. 그래서 전자나 후자가 다 같이 희극적인 것, 그 자체에 대한 미적 쾌감인 것이다. 그리고 심미적 태도에 차이가 있다면 그것은 무엇보다도 먼저 도덕적인 것이어서 전자가 경솔하고 교만하다면 후자는 지혜의 단면을 보여주는 점에 있다.

이 두 가지 경우에 쾌감의 진정한 미적 성격은 실천적인 관심 없이 순전히 대상적인 점에 있다. 이 쾌감은 결코 관련된 인물에 대한 것이 아니라 현상이나 사실, 그 자체에 대한 것이다. 그리고 이 현상이나 사건에 붙일 수 있는 연민과 악의는 미적 현상에 속하는 게 아니라 윤리적인 태도의 결정에 속하는 것이다.

이 윤리적인 태도 결정이 요구되는 근거는 사실의 본질에 있다. 우리를 웃도록 충동하는 것은 언제나 치사하며 좀스럽고 교만하거나 우둔한 인간의 약점이다. 더구나 대학자라고 뽐내는 사람이 한마디라도 주책없는 말을 하게 되면 저절로 웃음이 나온다. 간단히 말하면 여기서 문제되는 것이 거드름 피는 것을 비롯해서 망상하며 자만하는 온갖 병적인 도착이다. 그러나 한갓 졸렬하기만 한 것은 비교적 악의가 없으며, 오히려 외면적이고 우연적인 조건을 탓할 수밖에 없는 것이다.

이상과 같은 인간적 약점을 눈여겨본다면 그것이 본질에 있어서 도덕적 약점이라는 것, 그리고 도덕적 비난을 받을 만한 것임을 알게 되리라. 따라서 생활 속에서 교만이 드러나고 얼치기 철학자, 사이비 성자의 가면이 벗겨지는 것을 볼 때에 느껴지는 쾌감은 그렇게 아주 비정한 것이 아니며 또 이때에 나오는 웃음은 정당한 것이다.

비극적인 것과 감격적인 것도 그 모든 것과 관계가 없는 것은 아니다. 왜냐하면 교만과 망상과 비열과 부조리는 인간생활 속에 참으로 엄숙한 결과를 가져올 수 있기 때문이다. 그리고 이 모든 것은 저마다 그것들이 발견되는 영역에 따라서 사람의 심정을 사로잡거나 크게 흔들어 놓는 것이다. 여기서 중요한 것은 오직 똑같은 것이 전혀 다른 측면에서 보여지는 점이다. 이 다른 측면은 보다 넓은 생활연관 속에 있고 여기서는 인간이 자기 행동의 결과를 벌써 자기 손안에 가지고 있는 게 아니다. 바로 그렇기 때문에 인간행동의 결과는 엄숙성과 중대성을 갖는 것이다. 그리고 희극과 희극이 주는 쾌감은 그처럼 광범하게 전망되는 생활연관이 있는 이 세상을 떠나지 않는 것이다. 그러므로 희극은 똑같은 현상을 경쾌한 측면에서, 즉 문자 그대로 큰 도덕적 비중을 떠나서 파악할 수 있는 것이다.

그러면 인간은 실제생활에 있어서 벌써 예술가라고 말할 수 있을까?

유머는 누구나 다 가질 수 없는 특수한 자질이며 순수한 예술적 소질과 같이 인간이 본디 타고나야 되는 것이다. 그러나 신중하게 받아들여야 할 긍정적 해답도 있을 수 있다. 왜냐하면 어느 정도의 생활경험을 가진 성숙한 사람들 가운데에는 그러한 재능을 가진 사람이 적잖이 있기 때문이다.

예를 들면 모든 심미적 상황에 있는 이 세상에서도 인생을 가소로운 측면에서 보려고 하는 경향이 있거니와 거기에는 그럴듯한 이유가 있다. 일반적으로 사람들은 자기와 거의 관계없는 일이면 그다지 대수롭게 여기지 않는 법이지만, 분주한 일상생활 속에서 모든 것이 엄숙한 면과 가소로운 면을 가지고 있을 때에 될 수 있는 대로 후자를 택하려고 하는 것은 어떤 도덕적 태만임에 틀림없다.

b 비정한 희극과 유머

'희극적인 것과 유머'는 확실히 밀접한 관계를 가지고 있다. 그러나 그것들은 같은 것이 아닐 뿐 아니라 일치하는 것도 아니다. 희극적인 것은 대상에 속하는 것이고 대상의 성질이지만 유머는 관조하는 자나 참작하는 자(작가·배우)에게 속하는 것이다. 왜냐하면 유머는 인간이 희극적인 것을 보고 붙잡고 재현하거나 혹은 이용하는 방식이기 때문이다. 그러므로 상호관계를 가진 이 두 가지 현상을 지나치게 한군데 얼버무리지 말아야 한다. 희극적인 것과 유머는 음악과 연극, 수의 법칙성과 산술(암산의 숙련)처럼 그렇게 근사한 게 아니다.

미학자들 속에서는 그 점이 전혀 무시되고 있다. 따라서 사람들은 유머를 희극적인 것과 종류가 같은 제2의 현상인 것처럼 보기도 하고 희극적인 것의 한 종류로 보기도 한다. 그러나 그것은 모두 옳지 않다. 유머가 있는 사람은 희극적인 사람이거나 또는 희극적인 것에 웃음 짓는 사람이 아니라 이 희극적인 것과 함께 다른 무엇, 즉 유머의 대상에 웃음 짓는 사람이다. 왜냐하면 그는 이 대상에서 희극적인 것을 지적할 줄 알기 때문이다. 또 '유머' 자체가 희극적인 것도 아니다.

그와 반대도 역시 희극적인 사람이 반드시 유머가 있는 사람이 아니며 대부분은 자기 자신의 희극성을 볼 유머가 없는 사람이다. 그 사람의 희극적인 점이 바로 여기에 있다. 왜냐하면 그는 유머가 섞인 웃음이 나오면 기분이 좀 나쁘거나 성을 내기 때문이다.

일상생활 속에서 발견되는 모든 진정한 희극은 자기 마음대로 할 수 없는, 뜻을 이루지 못한 희극이다. 그러나 우리가 가설극장에서 흔히 보는 것은 마음대로 할 수 있는 뜻을 이룬 희극이다. 여기서는 인간이 의식적으로 희극적인 대상이 된다. 하지만 그것은 흉내 내는 희극이다. 뜻을 이룬 희극이 뜻을 이루지 못한 희극을 눈에 띄게 넘어서는 경우가 있다. 하지만 전자와 후자의 관계는 마치 유희와 생활과의 관계와 매우 비슷하다. 여기서 희극하는 자에게는 어느 배우에게도 없는 독특한 자질이 필요한데, 그것이 유머의 자질이다.

물론 그에게 필요한 유머는 어떤 특정한 유머(표현하는 유머)이다. 일화를 잘 말하는 사람에게 필요한 유머(상대를 즐겁게 하는 유머)가 다르고, 인간의 우둔함을 관찰하는 자에게 필요한 유머(미소하는 유머)가 다르며, 재치 있는 말 한마디로써 쳐들어오는 적병의 큰 피해를 피하는 병사의 유머도 또한 다르다.

그와 같이 연극이나 소설 속에 나오는 인물들의 희극은 언제든지 뜻을 이루지 못한 희극이다. 왜냐하면 실제생활에서는 오직 뜻을 이루지 못한 희극만이 진실한 효과를 발휘하므로 문학이나 가설극장에서도 자연히 그럴 수밖에 없기 때문이다.

이를테면 연기자가 무대 위에서 기교를 부리면서 뜻을 이루지 못한 희극을 연출한대도 사정은 전혀 다름이 없다. 그것은 뜻을 이루지 못한 희극을 작가가 예술적으로 묘사하기에 근심하는 경우도 마찬가지다. 왜냐하면 여기서는 실재가 문제인 것이 아니라 현상(現象)이 문제이기 때문이다.

그러므로 문학과 연극에 있어서 중요한 점은 희극의 진정한 '효과'를 나타내는 데 있다. 즉 우리 문학작품을 대할 때에 정신을 충분히 집중해서 관조한다면 문학에서도 희극이 실제생활에서와 똑같은 효과를 발휘하는 것이다. 다시 원리적으로 말하면 예술에는 싱싱한 효과를 주어야 되는 현상이 중요한 만큼 작가가 창작하는 인물(상황)에게서 나타나는 희극도 반드시 뜻을 이루지 못한 희극이어야 되는 것이다. 그러므로 희극은 작가가 제'멋'대로 구성해 내는 것이 아니며, 더구나 배우가 기법대로 연출하는 것이 아니라 사건들의 우연한 해후에서 뜻밖에 생기는 것이다.

작가가 희극적인 인물들을 묘사하되, 그것을 자신이 조작하지 않은 것처럼 묘사하고 나타나도록 하기 위해서 필요한 자질이 유머이다. 그러면 그에게 필요한 유머는 어떠한 유머일까? 그것은 그 작가가 다루어야 할 희극의 종류가 어떠한가에 따라 다르다.

작가는 미소 섞인 유머든, 처량한 유머든, 또는 정관하는 유머든 모든 종류의 유머를 쓸 수 있고 또 이 모든 유머를 구사할 줄 알아야 한다.

이제 우리는 서로 비슷한 이 두 가지 현상, 즉 희극과 유머가 서로 나란히 서는 것이 아니라 앞서거니 뒤서거니 하는 이유를 알았다. 그래서 모든 유머는 현존하는 희극에 관계되어서 이것이 없으면 저것이 나타날 수 없으나 모든 희극은 유머를, 다시 말하자면 주관의 충전한 반응을 요구하는 것이다.

이리하여 양자의 관계는 어디까지나 일방적이다. 왜냐하면 사람의 유머는 반드시 대상의 희극성 이상으로 고조될 수 없고, 완전한 반응이 없을 수 있으며, 주관을 거부할 수 있기 때문이다. 희극의 모든 조건이 대상에 있게 되면 그것을 받아들여야 할 주관이 꼭 존재할 필요는 없다. 그렇게 되면 미적 대상으로서의 희극적인 것을 위해서 주관에 속하는 반대조건이 없게 된다. 그리고 그런 경우에서는 희극적인 것이 대상으로서 성립하지 않는다고 말할 수 있다.

엄밀히 미학적 의미에서 말하면 희극은 주관의 유머가 없이는 성립하지 못한다. 그 점은 모든 미적 대상이 그렇듯이 주관의 반대급부를 요구하는 것이다. 주관은 분명히 그 무엇을 불러들여야만 한다. 그리고 그 무엇은 명랑하고 안온한 태도일 뿐만 아니라 또한 희극 자체를 위하는 의미도 갖는 것이다. 그런데 정상적인 경우에는 이 의미가 본질적으로 유머와 똑같은 것이다.

요약해서 말하면, 대상의 희극성이 없으면 대상파악(혹은 표현)의 유머는 없다. 그러나 또 대상파악의 유머가 없으면 대상의 희극성도 없는 것이다.

그럼에도 이 명제의 둘째 부분은 정확한 것 같지 않다. 물론 미적 대상으로서의 희극적인 것에는 주관의 반대급부가 따르기 마련이다. 그리고 이 주관의 반대급부는 물론 희극을 위해 정당한 의미에서 성립하는 것이다.

그러나 주관의 이 반대급부를 덮어놓고 '유머'라고 단정할 수는 없다. 더구나 이 유머의 개념을 엄정하고 좁은 뜻으로 해석하면 더욱 그런 것이다. 그 밖에도 희극적인 것을 평가하는 다른 방법이 있을 수 있다. 그리고 이 방법도 유머와 같이 희극적인 것에 대한 주관의 반대급부로 볼 수 있는 것이다.

희극적인 것을 평가하기 위한 다른 방법이 사실상 있다. 이 방법도 희극을 해명하는 섬에서 유머와 비슷하며 나란히 선다. 그러나 그것은 희극적인 것에 대한 태도 결정에 있어서 유머와 매우 다르며 혹은 정면으로 대립하는 경우도 있다. 그중에서 가장 중요한 것은 다음과 같다.

(1) 어떤 목적 없이 희극적인 것을 즐겨하는 것.

(2) 기지(機智)—희극의 이용만을 노리는 것.

(3) 아이러니—외면적으로 자기 자신을 낮춤으로써 오히려 자기의 우월성을 내세우는 것.

(4) 풍자—과분한 승인의 형식으로 신랄하게 놀리며 무시하는 것.

마지막으로 두 가지는 유머와 날카롭게 대립하는 것이다. 왜냐하면 유머는 언제나 기분을 좋게 하는 그 무엇이기 때문이다. 아이러니는 반드시 나쁜 것이라고 싫어할 필요는 없지만 기묘하고 이상야릇한 뒷맛을 남겨주며 자기 자신이 말려 들어가는 점에서 좋지 않다.

기지도 그와 마찬가지다. 기지는 그 자체가 나쁜 것이 아니지만 그렇다고 우리가 열중할 만큼 아름다운 것도 아니다.

기지는 그보다도 희극을 돋우어 주며 그 누구를 웃기는 데 관심을 가진 것이다. '만연한 오락'도 그와 마찬가지로 오직 흥겹기만 할 뿐이지 다른 사람의 기분이 상하는 일에는 관심이 없다.

c 웃음의 에토스

희극적인 것을 받아들이는 이상과 같은 방식들을 유머와 대비해 보면 유머에는 언제든지 에토스의 본질적 요소가 들어 있다는 것, 그리고 바로 이 점에 전자와의 대립성이 있다는 것을 분명히 알 수 있다. 유머의 바탕에 어떤 특정한 에토스가 있다는 점은 쉽게 이해가 안 갈 것이다. 그러나 그 점을 지적하고 또 밝힐 수는 있다.

인간의 유머는, 그 밖의 재능도 그렇지만, 생활이 어느 정도 성숙한 시기에 발현하며 일단 그런 다음에는 얼마 동안 지속하기 일쑤이고, 흔히 생활이 끝날 때까지 그 사람에게서 떠나지 않는 하나의 자질이다. 물론 사람은 자기 유머를 다시 잃어버리는 수가 있다. 하지만 이런 일은 사람이 그 타격을 받았을 경우에만 있는 것이다.

유머에는 사람의 성격에 따라서 달라지는 인생관의 에토스가 있거니와 희극적 취미의 배후에는 이러한 에토스가 숨어 있으며, 이 에토스에서 비로소 희극적 취미가 나오는 것이다. 이 희극적 취미에는 언제나 인자하고 순박한 성격적 색채가 있으며, 이 희극적 취미에 어떤 형식과 방향을 부여하는 에토스는 정답고 상냥하고 부드럽고 친절한 것이며, 그렇기에 또 희극적인 것 속에는 인간적으로 매력 있고 사랑스러운 것을 볼 수 있는 것이다.

그 밖의 순수한 미적 관계 속에도 이와 같은 윤리적 계기가 유력한 구실을 하는 것을 보고 속상해할 필요는 없다. 우리는 도덕적 가치가 미적 가치의 토대가 되는 것을 많이 보아 왔거니와(III부 제1장 제28절 c항) 그것은 결국 미적 가치의 관조자가 사람다운 사람, 다시 말하면 도덕적으로 정당한 측면에 대해 가치감정을 가진 사람임을 뜻하는 것이다. 그가 만일 그렇지 않은 사람이라면 그는 또한 미적 가치도 모르는 것이다.

유머에 있어서도 근본 조건은 그와 마찬가지다. 어리석은 사람과 표리부동한 사람에게서도 흥미를 끄는 것이 있고 배울 점이 있는 것을 보지 못하는 사람은 희극성을 다만 외면적으로만 볼 줄 아는 사람이다. 예를 들면 할 일 없이 괜히 오락만 탐하는 사람이 그렇다. 그러나 유머는 그와 전혀 달라서 희극과 동시에 어떤 깊은 뜻을 들추어내고 밝혀내는 것이다.

유머 속에 숨어 있는 이러한 에토스를 간단히 '웃음의 에토스'라고 부를 수 있다. 하지만 이 에토스는 본디 웃음에만 관계가 있는 게 아니라 전인간적 생활태도도 되는 것이다. 그러나 현실에 있어서는 웃는 모습이 인생태도 전체를 표현하는 것이 아닐까? 우리는 웃는 모습에서 흔히 모든 인생태도를 알아듣는 게 아닐까? 사람의 웃음에서 무엇인들 간파되지 않을 수 있으랴! 구체적으로 이 사람이나 저 사람이 '어떻게' 웃는가를 보고 웃음이 무엇을 뜻하는가를 진지하게 물어보라. 사람의 행동·동작·말과 침묵이 다르듯이 그의 웃음도 다른 것이다.

유머는 희극적인 것을 향수하는 그 밖의 방식, 즉 괜한 오락·기지·아이러니 그리고 풍자와 비슷한 것이다. 그러므로 '웃음의 에토스'가 오직 유머에만 있고 그 밖의 방식에는 없다고 말한다면 그것은 옳지 않다. 어떤 에토스는 어디에나 있으며 이것이 내적 태도를 희극적인 것이 되게 하고 또 그리함으로써 이 희극적인 것 자체가 동시에 형성되는 것이다.

'웃음의 에토스'는 윤리적으로 수긍되지 않는 것 또는 우리의 반감이 가는 것에도 있다.

사실 희극적인 것을 향수하는 이 모든 방식에는 어떤 에토스가 있다. 모든 희극적 취미에는 특정한 에토스가 있을 수 있다. 대부분의 경우에는 이 에토스가 버려야 될 것, 나쁘다고 말할 수 있는 것이다. 왜냐하면 희극은 인간적 약점에서 기인하는 것이기 때문이다.

'웃음의 에토스'가 지닌 부정성은 위에서 열거한 네 가지 형식과 특질이다. 왜냐하면 이 네 가지 형식에 있어서는 웃음 그 자체나 못된 장난과 조롱이 비난·멸시·우월감의 수단이 되기 때문이다. 이러한 에토스는 이미 말한 바 있듯이 '비정한 쾌감'이라는 낙인이 찍혀 있다.

비정한 에토스의 보다 특수한 형식을 더 이상 추구할 필요는 없으며 그 근본자세를 파악하기만 하면 충분한 것이다. 이 비정한 에토스의 근본자세는 특히 스스로 신성하다고 자처하는 자의 몰염치함을 명시할 수 있는 풍자에서 두드러진다. 그러나 본의 아닌 희극을 '재치' 있게 이용하는 자도 결국은 마찬가지다. 다른 점이 있다면 재치가 남을 '비방하거나 정신적으로 무시'하는 게 아니라 단지 웃기는 효과만을 노리는 점이라 하겠다. 하지만 재담은 그 속에서 적발되는 인격에 대한 고려가 적을수록 그만큼 거침없이 탈선하기 쉬운 것이므로 '재치'도 간접적으로 '정신적 무시'의 경향을 가지고 있는 것이다. 따라서 재치도 간접적으로 악질적인 것이 될 수 있다.

그 점은 재치 있는 사람들이 비교적 순박한 느낌을 주는 점에서 알 수 있다. 재담가는 사람을 흥분시키고 또 그럼으로써 역시 비정으로 이끌어 간다. 그러나 어느 한계에 다다르면 반감을 산다. 왜냐하면 그는 정의감을 손상하기 때문이다. 또 우리의 정상적인 도덕적 감정은 모든 것을 우습게 보는 것을 반대한다.

재치 있는 자의 행위는 미학적으로 어느 정도 천재의 역할에 다다를 수 있으나 동시에 도덕적으로 의혹을 사게 된다. 이러한 양면성은 순수한 기지에서 떨어질 수 없으며 그런 만큼 기지의 본질에 속하는 것이다. 왜냐하면 희극을 이용하는 기지는 반드시 인간적 자세에 있어서의 부정적인 것, 즉 좀스럽고 취약하며 어리석고 불합리한 것을 지나치게 부풀리는 데서 기인하기 때문이다. 이 관계는 유머 속에서만 비로소 완화된다. 그러나 유머의 바탕에 있는 웃음의 에토스는 다른 것이다.

사람들은 재치 있는 사람의 말을 듣기는 좋아하나 재치 있는 사람 자체를 좋아하지는 않는다. 왜냐하면 사람들은 재치 있는 사람이 폭로하는 약점을 거의 누구나 가지고 있어서 영리한 사람일수록 자기의 약점이 그에게 폭로될까봐 경계하기 때문이다.

희극적인 것의 모든 예술적 이용에 대해서 위에서 말한 바의 결론은, 모든 희극 자체가 이미 희극적인 것을 인식하는 어떤 에토스를 토대로 하고 있다는 데 다다른다. 이러한 결론은 미적 대상에 있어서의 3항관계에서, 다시 말하면 현상관계에 대해 인식하는 주관의 기여에서 나오는 것이다.

지금까지 우리는 오직 인간생활 속의 희극, 그리고 이 희극을 체험하는 자— 오직 이런 자에게 '대해서'만 희극은 성립한다—의 내면적 자세에 대해서만 언급했다.

이 점은 작가의 경우에 있어서 더욱 중요한 것이다. 왜냐하면 작가는 자기 체험에 객관화의 형식을 부여하며, 그렇게 함으로써 말하자면 체험이라는 유동 액체를 견고한 역사적 실체로, 그리고 현상(現象)하는 이념성에까지 올려놓기 때문이다. 그래서 작가의 행동에는 또 무한한 도덕적 책임이 따른다.

그러므로 오직 재치만 있던가 오직 풍자만 하는 따위의 순수한 '희극작가'는 없었다. 풍자는 흔히 생활 속에서 성행하며, 기지는 그 밖에 보다 큰 문학적 연관 속에 뿌리를 뻗고 있다. 박력 있는 재능은 우리의 음울한 기분을 씻어준다. 왜냐하면 그것은 우리의 무거운 짐을 덜어주며 번거롭지 않은 '웃음의 에토스'를 마련해 주기 때문이다. 그러나 책 한 권 전부를 순수한 기지(機智)만으로 쓰려고 하는 작가가 있다면 그런 작가에게는 권태를 느낄 것이다. 그런데 이 권태는 기지가 배척하는 바로 그것이다.

진실한 희극작가는 흥겹게 하는 예술, 즉 아이러니·기지·풍자 따위의 재능을 가져야 한다. 그는 유머를 가져야 한다.

그리고 그것은 그가 차원이 보다 높은 '웃음의 에토스'를 가져야 한다는 것을 뜻한다. 그런데 이 '웃음의 에토스'는 사랑도 없고 정(情)도 없는 순전히 부정적인 것이 아니라, 다양하고 풍요한 인간 공동체 속에서 어리석고 좀스런 사람과도 연대감을 느끼며, 모든 사람에게 흥미를 주는 희극으로써 표현할 능력을 가진 것이다.

37) 희극의 본질

a 빗나간 이론과 유용한 이론

우리는 윤리적 방면으로부터 희극적 문제 속으로 뛰어들어서 희극이 이 희극을 감각하고 향수하며 내면적으로 대응하는 자의 정신적 자세에 제약을 받는다는 것을 알았다. 이것은 준비작업으로 필요하지만 앞길을 개척하는 작업에 지나지 않는다. 희극적인 것이 무엇인가는 그러한 방식으로 밝혀질 수 없다. 그러면 희극적인 것 자체가 무엇인가?

그것을 말하기는 위와 같은 논의가 있은 뒤인지라, 정교하게 수립된 이론들 가운데에서 생각되고 있듯이 그렇게 어려운 문제는 아니다. 여기서 사람들은 대부분 문제를 너무나 크게 벌였고, 따라서 너무나 막연하고 보편적인 이론에 다다랐다.

이리하여 이론이 어떤 간단한 개요를 서두르면 그 반면에 사실 그 자체가 이해하기 곤란해진다. 왜냐하면 이론이 너무 긴 설명을 필요로 하게 되고 따라서 다시 복잡해지기 때문이다.

먼저 헤겔을 따르는 사람들의 관념론적인 이론, 다시 말하면 헤겔 자신이 아니라 바이세·루게·피셔 등의 이론에 대해서 그렇게 말할 수 있다. 그들은 '이념'을 전제로 하고 희극적인 것을 이끌어 내려고 시도했다. 여기서는 숭고한 것에서 변증법적으로 '갈등'이 전개되고 그다음에 어느 점에서는 보다 더 완전에 가깝다고 보는 '희극적 해결'에 다다른다. 이러한 이론이 얼마나 지지를 받을 수 있는 것인지 모르지만 여기서는 이 점을 따지지 않겠다. 그러나 이 문제는 결국 순수한 미학적 문제가 아니라 어떤 형이상학적(세계관적) 문제인 것이다.

희극적인 것을 내포하는 문제는 미(美) 일반의 문제가 그렇듯이 결코 깊은 형이상학적 문제가 아니라는, 바로 이 점이 중요한 것이다. 그리고 이 문제는 끝까지 해결되지 않는 것이다. 왜냐하면 이 문제는 해결될 수 없는 어떤 궁극적인 문제에 귀착하기 때문이다. 하지만 희극적인 것은 매우 복잡하다. 희극적인 것도 아름다운 것에 속하는 만큼 거기에 비합리적인 것이 남아 있지만 그렇다고 그 남아 있는 것에 희극적인 것의 특징이 있는 게 아니다.

여기서 보면 희극적인 것은 숭고한 것이나 우아한 것과 비슷한 점이 있다. 거기서나 여기서나 다 같이 유(類)의 특수한 성격이 잘 드러난다. 그리고 희극적인 것의 유는 숭고한 것과 우아한 것이라는 두 가지 유와의 대립에서 분석이 잘되는 것이다. 그러나 우리는 이 희극적인 것의 유에 대해서 이론이나 체계성이나 세습관과 같은 너무나 지나친 기대를 가져서는 안 된다.

여기서는 복잡하고 체계성을 띤 이론을 피하고 몇 가지 겸손한 견해의 요점만을 말했다. 이 견해들은 거의 모두 희극적인 것의 '정의'에 관한 것이지만 이 희극적인 현상권의 한계를 정당하게 획정하지 못하고 있다. 이 점을 바로잡기는 쉽다. 그런데 주목할 만한 것은 희극적인 것의 이 모든 본질규정이 여러 가지 중요한 점에 있어서 하나로 합쳐지는 점이다.

아리스토텔레스의 견해부터 살펴보자. 그의 규정은 물론 '희극'에만 관계되어 있는 것이지만, 사실에 있어서는 희극적인 모든 것에까지 타당한 것이다. 그의 견해에 의하면 (인간에게 있는) 희극은 '약점의 표현'이라고 한다. 그렇지만 희극은 결점 있는 모든 사람에게 관계되는 게 아니라 오직 우스운 사람에게만 관련된 것이다.

그러면 우습다는 것은 무슨 뜻인가? 그의 대답에 따르면 '우스운 것은 어떤 잘못된 것, 그리고 언짢은 것이지만 그렇다고 지나치게 고통스럽거나 나쁘다고 할 것이 없는 것'이다. 우리는 물론 이 '우스운 것'이라는 말을 '약점'이라는 말로 번역할 수 있으리라. 그러나 약점은 나쁜 것이다. 고통스러운 것에서는 반드시 미적 색채가 예상되지 않는다. 고통이라는 것은 넓은 의미에 있어서 싫은 것, 도덕적으로 가치가 적은 것, 사람들이 부끄러워하는 것이다.

이리하여 여기서는 '우스운 것'이 도덕적 기반 위에서 규정되고 있다. 우스운 것의 이러한 규정은 너무 편협하기는 해도 인간적 약점의 윤곽을 매우 적절하게 그려낸 것이다. 그리고 그와 마찬가지로 우스운 것은 지나치게 고통스럽지 않은 것 따위에 한정시킨 점도 이해가 간다. 왜냐하면 극심한 고통과 진정한 비애가 끼어들 때 희극이 중단될 것은 뻔한 사실이기 때문이다.

하지만 이러한 고대의 규정에는 매우 중요한 그 무엇, 즉 희극적인 것이 가진 주관적인 측면, 다시 말하면 희극을 감각하는 주관의 역할이 빠져 있다. 그 점을 알게 되기까지에는 오랜 세월이 지났다. 근대에 이르러서야 비로소 희극 속에 다른 무엇이 숨어 있다는 것, 말하자면 우리가 '착각'하고 있었다는 것을 알았다는 생각을 한다.

홉스는 희극적인 것을 이렇게 말했다. "희극적인 것은 기대하지 않았던 것의 개입이지만 자기 자신의 우월감과 결부한 것이다……"라고. 홉스의 이 말 속에는 멸시하는 주관의 견해에 관련된 도덕적 요소가 들어 있다.

이 말은 누구나 꺼림칙하게 생각될 것이다. 왜냐하면 그것은 비정한 쾌감만을 두고 나온 말이기 때문이다. 남의 약점을 보고 웃는 자에게서 무조건적으로 자기의 우월감이 뒤따라서 나오는 게 아니다. 만일 그러한 우월감이 뒤따른다면 그것은 벌써 희극의 진정한 감각에 속하는 게 아니다.

그러나 '기대하지 않았던 것의 개입'이라는 것은 희극적인 것의 기본적 요소를 표현한 새로운 말이다. 그 말은 이 요소의 표현치고는 너무나 약한 표현일 뿐이다. 기대하지 않았다는 말만 가지고는 불충분한 것이다. 왜냐하면 우리는 인간의 자세에 있어서 보다 위대하고 보다 중요한 것을 기대했고, 약점이나 비열한 점을 기대하지 않았기 때문이다. 기대했던 중요한 것이 지극히 허무한 것으로 굴러떨어지면 그것이 다름 아니라 희극적인 것이다.

많은 사람들이 희극적인 것의 이 본질규정에 들어 있는 이상 두 가지 요소를 발견하고 검토하며 수정했다. 여기서 진실로 중요한 것이라고 밝혀진 것은 '기대하지 않았다'는 요소이다. 이 요소는 아리스토텔레스의 두 가지 규정—고통이 없고 나쁘지 않은 것—과 아울러 그 뒤의 모든 (희극의) 성격 규정의 기초가 되고 있는 것이다.

18세기에 이르자 희극의 이러한 요소들이 널리 채용되었다. 볼프·바움가르텐·에베르하르트는 희극에 있어서의 대조효과를 알아냈다. 그 무렵에는 희극이 엄숙한 의리로부터 벗어나는 효력을 가졌다는 점이 인정되고 화제에 오르기도 했다(섀프츠베리).

이상과 같은 해석에서 무르익은 결실로 튀어나온 것이 희극적인 것에 대한 다음과 같은 칸트의 규정이다(《판단력비판》 225 이하). "감명 깊은 생생한 웃음을 환기하는 모든 것에는 우리의 지성이 만족할 수 없는 부조리한 무엇이 있다. 웃음이라는 것은 긴장한 기대가 갑자기 허무로 돌아갈 때 느껴지는 어떠한 감정이다."

웃음에 관한 칸트의 이 말은 그대로 희극에도 적용될 수 있다. 왜냐하면 여기서 중요한 것은 '감정' 자체가 아니라 처음에는 '긴장된 기대'를 환기하지만 그다음에는 뜻밖에 허무로 전락하는 객관적이고도 기이한 대상이기 때문이다. 다름 아니라 바로 이 점이 중요하다는 것은 칸트도 잘 알고 있었다. 그러므로 칸트는 또 다음과 같이 말했다. "기대가 기대하는 대상의 적극적인 반대로 달라지는 게 아니라—그렇게 되면 그것은 여전히 있는 그 무엇이며 또 우리는 흔히 실망하게 된다—허무로 변한다는 것을 알아야 한다. 왜냐하면 만일 그 누가 역사를 이야기할 때에 우리가 큰 기대를 가졌다가 결국 그것이 현실이 아닌 것을 알게 되면 우리는 불쾌하기 때문이다." 그리고 나서 사업에 실패하고 너무나 마음 아픈 나머지 가발이 백발이 된 상인의 이야기가 나온다.

아리스토텔레스가 '약점'이라고 표시한 또 하나의 희극적 요소를 칸트는 '부조리'로 이해하고 있거니와 그것은 보다 넓은 견해이다. 왜냐하면 칸트의 이 견해는 도덕적 영역에만 적용되는 것이 아니기 때문이다. 그리고 가발의 실례는 도덕적 약점이 없어도 희극이 될 수 있다는 것을 말해 준다. 그러므로 고대의 정의는 확장되어야만 한다. 왜냐하면 부조리가 해소될 때 웃음에서 분명히 알 수 있는 것처럼 긴장이 풀리기 때문이다.

희극이론은 이와 같은 상태에 머물러 있다. 장 파울은 희극 속에서 '감성적으로 직관되는 무분별'—행위자의 형편과 모순되는 '행위'—을 발견했고, 쇼펜하우어는 비교적 엄정한 칸트적 관점에서, 희극은 기묘한 것과 도래한 것과의 사이—또는 개념과 허무하게 보이는 실재적 대상과의 사이—에 갑자기 나타나는 불일치라고 말한 바 있지만 결과는 허무하게 된다. 낭만파인 셸링과 슐라이어마허는 위대한 이념과 허무한 가상과의 대조를 너무나 경솔하게 끌어냈다. 그보다 더 중요한 것은 쿠노 피셔와 그 밖의 몇 사람이 중심으로 밀어넣은 자기해소의 요소이다. 모순과 왜곡과 불합리가 오래 머무르면 혼란과 불만이 일어나게 되고 그것들이 모순되는 것에 부딪쳐서 타파될 때에 비로소 긴장이 풀리고, 그리고 이럴 때에 우리는 그것을 희극이라고 느끼게 된다. E.V. 하르트만은 약점 대신에 비논리적(이 말은 칸트의 '부조리'라는 말에 해당한다)인 것이 앞서야 한다고 말하며, 폴켈트는 자기해소 속에서 직관적으로 표현되는 것을 사이비 가치라고 말했다.

b 부조리의 종류

지금까지 희극의 본질적 요소들을 열거했거니와 이 본질적 요소들은 역사적 선후관계를 가지고 있다. 그러나 이 본질요소들이 구전되어야만 비로소 희극의 완전한 모습이 드러나는 것이다. 그것은 적어도 먼저 존립해야 될 부조리한 것(약점)과 중요한 것 같으면서 아닌 것, 그리고 가상의 자기해소와 기대하지 않았던 것 등이다. 이상 네 가지 요소는 언제나 엄연하게 분리되어 있는 것이 아니라 상호침투하고 있는 것이어서 오직 이것들을 희극에까지 몰고 가는 예술적으로 원숙한 기지에서만 순수하게 드러난다. 하지만 바로 그렇기 때문에 이 요소들은 서투른 사람들이 뭉개버릴 수도 있는 위험성을 가지고 있다.

아리스토텔레스가 지적한 '약점'은 오로지(E.V. 하르트만처럼) '비논리적인 것'에만 한정시킬 것이 아니다. 생활이나 문학에 희극적인 것에 무더기로 있는 모든 하찮은 도덕적 결함에도 비논리적인 요소가 있는 것이 사실이지만 그렇다고 비논리적인 것만이 희극적인 것은 아니다. 왜냐하면 오직 합리적인 것만이 갑자기 허무로 돌아가게 하는 효력을 가진 것이 아니기 때문이다. 그보다는 단지 논리적인 것으로만 이해되어질 수 없는 '부조리'는 칸트적인 용어가 좋다. 그러나 부조리라는 말을 쓸 때에 유의해야 할 점은, 이 부조리가 처음에는 숨어 있어서 적어도 한때 부조리가 아닌 것처럼 여겨져야 한다는 것이다. 이 점은 희극의 소재를 제공하는 모든 내용적 현상에서, 다시 말하면 '약점'이라는 성격을 지닌 모든 속에서 실증되는 것이다.

희극적인 것과 숭고한 것을 비교해 보면 전자에서는 왜소하고 허무한 인간이 문제가 되고, 후자에서는 압도적으로 위대한 인간이 문제가 되고 있는 것이 분명하다. 숭고한 것의 '과대'에 우스운 것의 '과소'가 대립하고 있는 것이다. 그러나 우스운 것의 우스운 근거는 인간의 과소한 점에만 있는 게 아니라 과소가 도리어 과대로 여겨지기를 요구하는 점에 있는 것이다. 그리고 희극이 실감을 주게 되면 이 요구는 어느 정도 인정을 받게 된다.

이러한 조건을 충족시키는 인간의 생활현상을 다음과 같은 세 그룹으로 나눌 수 있다.

첫째 그룹은 호언장담하기를 좋아하며 따라서 아무리 숨기려고 애써도 결국 폭로되고 마는 도덕적으로 모자라거나 옹졸한 그룹이다. 이 그룹 가운데에는 불철저·무절조·태만·안일·초조·불안·비겁·공포·경솔·과신·방종·분노·격분·요설·다변·거드름·표리부동 따위가 있고, 그 밖에 고뇌·부유·근심·탐욕 따위도 이에 속하거니와 이 후자들은 이미 도덕적으로 중대한 결함이라고 볼 수 있는 것이다.

위에서 열거한 것은 물론 불완전하지만 이 실례들 속에서 우리는 인간의 약점이 어떠한 성질인가를 알게 된다. 아리스토텔레스의 말에 의하면 그것들은 인간의 결점이기는 하지만 중대한 과실을 뜻하거나 파멸을 초래할 만한 정도의 결점이 아니다. 따라서 이 결점을 소유한 자에게도 어느 정도 사랑할 만한 가치가 있을 수 있는 것이다. 물론 이 사랑할 만한 가치에는 정도의 차이가 있다. 그러나 고뇌와 탐욕은 이미 그 한도를 벗어난 것이다.

위에서 말한 여러 가지 결함이 생활이나 문학이나 일화 속에서 희극의 무진장한 제재가 된다는 것은 이미 많은 사람들이 알고 있는 사실이다.

하지만 왜 그러냐고 물을 때에 지나치게 고통스럽지 않고 나쁘지 않다는 점만 끌어댄다면 불충분한 것이다.

결점들이 가진 참으로 희극적인 점은 이 결점을 숨기고 될 수 있는 대로 그 반대인 체하는 경향에 있다. 그리고 그 희극적인 효과는 가면이 벗겨지고 너무나 인간적인 약점이 드러나는 순간에 나타나는 것이다.

이리하여 나태나 안일은 그 자체 희극적인 것이 아니라 쉽게 알아볼 수 없도록 부지런함으로 꾸미고 나올 때, 그리고 이 가식이 탄로 나서 변명의 여지가 없을 때에 희극적인 것이 되는 것이다.

그와 마찬가지로 경솔은 그것이 아주 신중한 체할 때에만 희극적이고, 방자와 분노가 정당하다는 것을 자기도 믿고 남도 믿도록 할 때에만 희극적이며, 요설은 주로 자기가 그것을 다른 사람의 담화보다 훨씬 고상하다고 생각할 때에 희극적이고, 거드름도 그것이 거드름이 아닌 줄 믿을 때에만 희극적이다. 이와 같이 어느 경우에나 희극적이 되려면 부조리한 것의 자기해소나 '허무'로 돌변해야 한다.

둘째 그룹은 그보다 더 두드러진 지적 결함의 요소를 가지며, 부조리한 것 중의 비논리적인 요소와 비슷한 것이다. 그러나 여기서도 중요한 것은 자기의 과오에 대해서 알지 못하거나 자기 과오를 숨겨 두려고 하는 경향이다.

이 그룹 가운데에는 부주의에서 나오는 비논리·우둔·무사려·천치·편협·현혹 따위가 속하며, 그다음에는 언제든지 어리석고 둔한 요소를 가지고 아는 체하는 것, 고집·망상·참월·암중모색, 함부로 덤벙거리는 것들이 있고 끝으로 융통성 없이 세습적인 것을 고집하여 그와 동시에 객관적으로 살아남은 모든 풍습을 고집하는 것 또는 부자연스럽게 유지되고 있는 허식(미풍양속)과 모든 도덕적 불순 따위가 있다.

이 밖에 희극적인 것을 더욱 두드러지게 해주는 것이 많다. 예를 들면 허장성세, 중상모략, 고루한 편견을 가지고 억지 쓰는 것, 영원히 예상조차 할 수 없는 것을 알려고 애쓰는 것, 지적 결함이 뒤따르는 도덕적 결함과 더욱 눈에 띄게 두드러진 정신적 부조리 따위가 그것이다.

여기서 또 중요한 것은 우둔하고 비논리적인 것들에서 무엇보다도 먼저 영리하고 신중한 듯한 그 무엇이 보여야 한다는 점이다. 왜냐하면 단지 우둔하기만 한 것이 희극적이 아니라 사람들이 나중에 인정할 수 있는 것이 희극적이기 때문이다. 또 어느 정도 공인할 수 있는 것만이 희극적인 것이며, 여기서 비로소 희극적 효과를 주는 '허무로의 돌변'이 나오기 때문이다.

그러므로 어느 정도 지능을 필요로 하는 지혜와 예민함이 바로 희극적인 것이 아닌 것처럼 단순한 우둔이 희극적인 것도 아니다. 그 점은 특히 천치, 즉 아무리 생각에 생각을 거듭해도 원리적이고 뚜렷한 것을 이해하지 못하는 우둔에서 알 수 있다. 여기서는 사건의 진행을 통한 부조리의 해소가 '속았다'는 형식을 취하는데, 이 형식은 특별한 실감을 주는 것이며 예술적으로 가장 이용할 만한 가치가 있는 것이다. 왜냐하면 '속았다'는 이 형식은 그 본질상 '극적'인 것이기 때문이다.

기만의 내용적 전제를 의심하지 않고 거짓말하는 사람은 그러한 형식으로 속이는 것이며 희극 속에 나오는 사기꾼·위선자·'가짜(假者)'도 그렇게 속이는 것이다. 정체 폭로는, 더구나 자기 내부의 부조리 자체에서 기인하고 따라서 어떤 자기해소에까지 다다르는 경우의 것이라면, 그것은 희극의 무궁무진한 제재가 된다.

이 그룹 가운데에서 어떤 특별한 구실을 하는 것은 인습적인 것이며 또 이 인습적인 것을 마치 신성한 질서인 것처럼 굳게 지키는 것은 인간의 버릇이다.

이러한 인습에 입각한 가짜 세계가 있다. 가짜 덕, 가짜 도덕, 가짜 위엄, 가짜 존대 따위가 그것이다. 도덕적 감각의 진실한 원류(선과 사랑과 관용 따위)가 막히면 인습적인 가상이 널리 퍼진다. 화석화된 형식, 넋 없는 의식, 허위의 위엄, 엄중한 감시, 냉혹한 인간, 압박 따위가 그것이다.

희극은 여기서도 그 자체(예절)에 있는 게 아니다. 왜냐하면 인습 같은 것은 어느 때나 있기 때문이다. 그렇다고 희극적인 것은 이 인습의 지구성에 있는 것도 아니다. 왜냐하면 위엄이 하는 것은 다만 멋없는 인상을 주는 것이 아니라, 이 인습의 지구성에 맞서 돌격하는 단순하고 자연적인 것과 대조되는 것이기 때문이다. 더구나 신성한 훈계의 신성성이 갑자기 박탈되고 편협한 인간의 작품이 판명될 때에 그러한 것이다.

이 현상은 비록 방향은 반대지만 세계개혁가의 무리한 행동과 너무 비슷하다. 세계개혁가는 현재 존재하고 있는 모든 것을 뒤집고, 모든 것을 구식이라고 주장하며 필요한 경각심을 가져야 한다고 믿는다. 세계개혁가는 그가 개혁하려고 하는 분야에 있어서 언제나 미숙자인 것이다. 이 세계개혁가의 희극성은 그가 세상사 자체를 더할 수 없이 작은 사건을 통해서 불합리하다고 보는 바로 그 점에서 가장 정확하게 나타난다.

셋째 그룹은 가장 무해한 것이다. 이 그룹에서는 결함이 지성에 있는 것도, 그렇다고 도덕에 있는 것도 아니라 어떤 중성적인 부지(不知)나 인간의 무능에 있다. 이런 것도 적잖게 있으며 그것이 우스운 점은 정상적인 인간이면 누구나 언제든지 그 교정수단, 다시 말하면 지성인으로서 보상할 수단을 어느 정도까지 손안에 가지고 있는 데서 기인하는 것이다.

여기서는 모든 종류의 미숙련, 단순한 좌절과 더듬거림으로부터 재난에 이르기까지의 실천적 곤란과, 뻔하고 단순한 옳은 것에 대한 철저한 몰이해 따위를 나열할 수 있고 그 밖에 행동의 외면적인 부정, 사회적 형식에서의 이탈(반대해서가 아니라 서툴러서), 그다음에 지나친 수치와 사양·비겁, 사람들을 두려워하거나 꺼리며 언제나 남의 의견을 따르는 것, 그리고 끝으로 침착성의 부족, 사상의 부재, 내용 없는 공상을 취하는 것, 방심, 합목적적인 사고, 훈련의 부족 따위가 여기에 속한다.

이상의 모든 것은 세상 사람이 알고 있는 유형의 희극 속에서 쉽게 재인식될 수 있다. 거기에는 보다 더 무해한 희극이 있으나 그 속에서는 옳지 않은 웃음이 가장 쉽게 나올 수 있다. 빌헬름 부슈에게는 그러한 희극이 많다. 그는 이러한 희극을 취하여 삽화들의 관련을 맺되 그 속에서 또 인간의 불운에 어떤 도덕적 광명이 비치도록 힘썼다.

그러므로 이러한 희극 속에서는 우월성의 가상이 물러가고 다만 인간이 자기의 서투른 정도를 모르는 상태에서 그 무엇이 희미하게나마 울려나올 뿐이다. 그러나 그것만으로도 넉넉히 돌변할 수 있는 것이다.

c 부조리의 자기해소

희극적인 것의 세 요소 가운데에서 처음 두 가지 요소를 화제에 올렸다. 그 까닭은 둘째 요소인 '의미 없는 것이면서 의미 있는 체하고, 중대한 점이 아니면서 중대한 체하는 것'이 첫째 요소인 '부조리 및 인간적 약점'과 떨어질 수 없기 때문이다. 모든 결함과 약점은 그것들을 숨기고 인정하지 않기 위한 특수한 방식들을 수반하고 있는 것이다. 그리고 이 방식들은 공허한 자기의식과 환상 따위에 빠지기 쉬운 결점을 가지고 있다. 잠재적인 희극 속에서 비로소 올바르게 드러나며 인정되는 셋째 요소도 부조리의 자기해소를 그르치는 수가 있다.

고대의 학자들은 추(醜)한 것을 희극의 소재가 되는 부조리의 여러 가지 형태의 하나로 보는 일이 정당하다는 것을 알았다. 이와 같은 사실을 알게 된 것은, 모든 반가치가 해소되어야 하며, 세계가 결국 아무런 반가치도 없는 '순수'한 세계가 되고 세계가 그렇게 되기 위해서 크나큰 청소수단을 제공하는 것이 희극이라는 이론 때문이었다.

앞에서는 이 점을 의식적으로 가리지 않았다. 추한 것은 그것만으로도 능히 미학 속에서 따로 한몫을 차지하는 것이며 그러므로 그곳에서 언급될 성질의 것이다.

문제되는 점은 결국 추한 것이 가진 부족의 양상이다. 추한 것이 희극적인 것과 접촉하는 점은 다만 추한 것에도 불일치, 다시 말하면 '부조리', 형태의 불균형이 있다는 점이다. 그러나 추한 것이 가진 이 부조리는 스스로 해소할 능력을 가지고 있는 게 아니며 또 본질상 잘못된 자기의식을 통해서 첨예화될 수도 없는 것이다. 그러므로 여기서는 허무로의 돌변이 있을 수 없고 급작스럽게 바뀌지도 않을 것이다.

그래서 여기서는 추한 것을 전혀 가리지 않았던 것이다.

그러면 추한 것과 자기해소와의 관계점은 무엇인가?

인간생활에 있어서 불합리한 모든 일은 사물의 진행과정을 통해서 어떠한 방식으로든지 반드시 벌을 받기 마련이다. 그 까닭은 공평한 세계이성이 세상 만사를 지배하기 때문이 아니라 그 인과질서가 멈출 수 없기 때문이다. 세계의 인과질서는 언제든지 반드시 이 법을 어긴 장본인이나 혹은 관계된 책임자를 벌하는 것이 아니라, 때로는 관계가 없는 타인이 벌을 받는 수도 있다. 그러나 이러한 착오도 그 참모습을 따지면 어느 정도의 책임이 자기에게 있는 것이며 '벌'은 간접적일망정 결국 책임자에게 떨어지고 마는 법이다. 이러한 사건은 그 자체에 있어서 순전히 윤리적인 것이며 자못 엄숙하고 흔히는 비극적인 것이다. 그것은 희극과는 아무런 관계가 없다. 죄책이나 도착(倒錯)이나 부조리의 자기 해소는 우스운 그 무엇과 거리가 먼 것이다.

그러면 그런 것들을 우습게 하는 것은 무엇인가? 이에 대해 사람들은 먼저 이렇게 대답하리라. 즉 그것은 우스운 것의 세 그룹 가운데에서 중요치 않은 것, 하찮은 것, 무의미한 것이 가진 성격이라고. 그러므로 세상사의 보복이 중요치 않은 영역으로 옮겨지고 따라서 이 보복이 완강한 현실 속의 엄숙한 기풍이나 관습으로 인정된다.

그러나 이러한 대답은 충분치 못하다. 희극은 경쾌한 것만으로 되는 게 아니다. 희극에는 부조리의 자기해소나 혹은 사건의 보복이 끌어들이는 특수한 효과가 필요할 것이다. 이 효과는 도착이 처음에 복면하고 나타나서 마치 엄숙한 것이나 이성적인 것처럼 보이다가 갑자기 제 정체를 드러낼 때에 생기는 것이다. 그것은 이른바 '허무로의 돌변'이며, 굉장하게 보이던 것이 결국은 허무로 돌아가는 것을 말한다. 그것은 또 도착의 돌연한 폭로이기도 하고 따라서 부조리의 해소이기도 한 것이다.

고대부터의 이론이 주장하는 깃은 희극 속에는 언제든지 첫째 위대한, 아니 그보다도 숭고한 인상을 주는 그 무엇이 있고, 그다음에 이 숭고한 것이 허무 속으로 전락한다는 것이었다. 낭만파의 이론이 그러했고 헤겔과 피셔의 이론도 그러했으며, 쇼펜하우어나 후기관념론자의 일부 역시 그러했다.

그러나 이러한 이론은 특종의 희극적인 것, 즉 희극적인 것이 가장 날카롭게 나타나는 기지에서 나온 것인데 여기서는 타락의 정도가 중요하다. 즉 '허무 속으로' 가라앉는 것이 보다 더 중요한 것일수록 그만큼 희극적인 것의 효과가 보다 더 크다. '기지'에는 급경사가 필요하다. 그런 것이 없으면 기대한 바의 폭소가 나오지 않는다. 그렇기에 기지에는 노리는 초점이 중요해서 만일 이것이 없거나 빠지면 희극이 파괴된다. 이것은 자기해소가 한순간이라도 너무 일찍 나타나면 기지가 죽어버린다는 것을 뜻한다. 진정한 예술적 재능은 바로 이 점을 볼 줄 아는 안목과 적절한 화술에 있는데 이 초점을 옳게 살리지 못하는 사람이 많다.

'기지'에서 성립하는 이 관계를 일반화시켜서 아무 데나 적용해서는 안 된다.

대부분의 희극은 숭고한 것으로부터의 급격한 타락을 요하는 것이 아니다. 이를테면 숭고한 것으로부터 희극적인 것에 이르는 거리가 단지 한 걸음에 지나지 않는다는 것이 옳다 하더라도 이 한 걸음이 모든 희극적인 것의 조건이 되고, 따라서 모든 희극에서 숭고성이 선행되어야 한다는 것은 옳지 않다. 대부분의 희극은 보다 단순한 것이다.

예를 들면 하찮은 불운에 대한 울분, 가상적인 위험 앞에서의 불안, 오해한 것, 또는 현존하지 않는 것에 대한 흥분, 남이 쓸데없이 말을 많이 하면 싫어하면서 자기 자신은 쓸데없이 말을 많이 하는 것을 좋아하는 사람이 있다. 이러한 경우에는 선행하는 '고자세'가 불필요한 것이다.

솔직한 선의도 전혀 불충분한 수단을 쓰거나 매우 소박한 선(善)의 관념에 입각했을 때에는 웃음거리가 될 수 있다. 전자는 어린아이와 같은 무경험자의 경우이며, 후자는 세상 물정을 모르는 이상주의자의 경우이다.

마지막으로 여기에 속하는 것이 또 있는데, 도덕적인 선의 속에 숨어드는 이기주의적 동기, 충분한 이해타산을 거쳐서 나오는 동기, 의욕하며 행동하는 자, 자신도 모르게 숨은 동기가 그것이다. 예를 들면 전자는 어떤 사람에게 물건을 줄 때, 그의 행운을 빌면서도 그에게 은혜를 베풀었다는 속셈이 없지 않아서 뒷날에 그 사람이 감사의 뜻을 표시하지 않으면 분개하게 되는 경우이고, 후자는 '공을 위한 자선'이면서 실은 자기의 사회적 지위에 도움이 되는 경우이다.

이 모든 경우의 특징은 그 희극성을 위해서 '고자세의 전략'이 필요 없고 아무런 폭소도 필요 없는 점이다. 여기에도 물론 영역의 대조, 즉 엄숙한 것과 허무한 것과의 대립이 있다. 그러나 이 대립이 첨예화하지 않아도, 그리고 '돌변'이라는 결정적 순간으로 압축되지 않아도, 또 진정한 '초점'이 없어도 희극이 성립하는 것이다.

급히 옷을 갈아입어야 할 때에 와이셔츠 단추 하나가 떨어진 것을 보고 노발대발하는 꼴은 그 자체가 이미 희극적이다. 계획의 중요성과 대상의 허무성과의 대조는 날카롭지 않아도 우스운 것이다. 부조리의 자기해소는 급한 볼일이 있어서 서두르는 사람의(그의 시간손실이 바로 치명적이 아닌 때에) 초조와 불안을 통해서도 넉넉히 일어나는 것이다. 속셈이 있어서 남에게 선물을 보내는 사람의 숨은 이기심, 헛된 기대를 가진 사람의 초조한 마음, 사랑하는 사람에게서 일어나기 쉬운 질책, 예상되는 재난을 괴로워하는 불안, 사이비 신자의 교란되기 쉬운 신앙 따위도 그와 마찬가지다.

그러므로 '허무로의 돌변'이라는 칸트적 정의를 비롯해서 희극적인 것에 대한 저명한 정의들을 경멸해서는 안 된다.

진기한 현상의 내면적인 본질은 무엇보다도 가장 첨예화한 형태에서 발견된다는 말은 조금도 틀리지 않은 것이다. 이 말은 여기에도 적용된다. 왜냐하면 참으로 첨예화한 객관적 희극의 형태가 바로 '기지'이기 때문이다.

그럼에도 첨예화 자체를 희극의 기타 모든 형식에 적용시키는 것은 옳지 않다. 오히려 여기서 중요한 점은 긴장과 '추락'('대조'라고 말할 수도 있다)에 무수한 계단이 있고 또 우습다고 느껴지는 감정이 매우 둔화한 대립에까지도 미친다는 사실이다.

희극적인 것은 언제나 반드시 폭소를 환기할 필요가 없을뿐더러 또 반드시 첨예화할 필요도 없는 것이다. 물론 희극에 대한 인간의 감각에도 여러 계단이 있어서 야비한 사람은 언제든지 야비한 효과를 존중하기 마련인데, 여러 가지 '추락'을 인위적으로 명시하는 것도 이에 속한다. 그러나 고상한 인간은 희극 중에서 보다 정숙하고 고무적이며 깊이 숨은 요소를 우선시한다.

이에 따라서 희극의 두 종류가 구별되는데, 하나는 괴기·해학·뒤떠들어서 소란함으로 변하기 쉬운 야비한 희극이고, 또 하나는 언제든지 우아한 것과 결부하여 전자와 반대로 흥미롭고 재치 있는 경향으로 기울어지는 고상한 희극이다.

d 유머 속의 탁월한 것

우리는 희극적인 것의 규정을 한정하기 위해서 그 본질의 특징에 어떤 변경을 가할 필요가 없다. 사실을 말하면 중요한 것은 그보다도 제한조건의 타파, 따라서 타당영역의 확장에 있다. 부조리, 중요한 것 같은 가상과 자기해소는 어디까지나 존속한다. 중요한 것 같은 가상에도 이미 중요한 것처럼 느껴지지 않는 정도에 이르기까지 아래로 향해서 여러 계단이 있다. 그러나 그렇다 하더라도 여전히 비슷한 그 무엇, 즉 중요한 듯한 그 무엇이 있어야 할 것이다.

실제생활에 있어서나 문학에 있어서나 마찬가지로 유머의 특징은 그것이 부자연스럽게 첨예화한 대립 속에서 나타나는 게 아니라 직접 생활 속에서 나타나는 점이며, 그보다 더 중요한 것은 '추락'을, 말하자면 그것이 스스로 나타나는 때에만 끌어들이는 점이다. 이러한 특징은 유머가 담긴 안목의 내면적 본질에 관련된 것이다. 유머가 담긴 안목은 기지가 담긴 안목처럼 쌀쌀하고 냉랭하며 애교 없는 것이 아니라 애교스럽고 동정적인 것이다. 이러한 안목은 그것이 적발하는 인간적 약점을 동정적으로 보는 것이다. 그러므로 유머가 담긴 안목은 인간적 약점 자체를 부풀리는 것이 아니며 또 그와 대조되는 것을 부풀리는 것도 아니다. 그리고 유머는 '숭고'한 것—이것과 비교하면 인간적 약점은 추락이다—이라고 믿어지는 것을 추켜올리는 일이 없다.

유머가 있어 보이는 희극은 부드러운 희극이다. 그러므로 이러한 희극은 오직 섬세한 감각을 소유한 인간만이 흥미를 끈다. 언제나 긴장하고 엄숙한 생활 속에는 이러한 희극에 대한 요구가 심각한 것이다. 이 희극을 대하면 정이 솟고 긴장이 풀린다. 왜냐하면 진정한 유머가 있는 사람이 인생을 보는 안목은 침착하고 태연한 데 있기 때문이다.

이 같은 침착성에서 언제나 바쁘고 복잡한 인간생활에 대해 여유 있는 태도가 나온다. 침착한 태도를 취한다고 해서 반드시 큰 운명을 물리칠 수 있는 것은 아니지만 나름대로 우리를 괴롭히고 우리가 견디기 어려운 조그마한 불운을 멀리할 수는 있다. 유머는 그러한 불운이 아무것도 아니라는 것을 직관적으로 우리 눈앞에서 실증해 주는 유일한 효과를 가진 것이다. 그런 만큼 유머는 하찮은 모든 약점을 적발하지만 그러면서도 인류에게 진정한 도움이 되게 하는 이익을 주는 것이다.

물론 이러한 도움과 이익을 음미하고 즐긴다는 것은 순수한 미적 향수가 아니라 오히려 미적 현상에 뒤따르는 윤리적 효과이다. 그러므로 진정한 유머의 전제조건은 무엇보다도 먼저 에토스에 뿌리를 박고 있는 것이다.

그러므로 실제생활에 있어서 참으로 유머가 풍부한 사람은 보다 나은 사람이고, 유머가 없는 사람은 졸렬한 사람이다.

그 이유는 오직 유머에 특유한 생산적 자질(이 자질은 언제나 희소한 것이다)에만 있는 것이 아니라 무엇보다도 유머에 대한 기호와 감수성, 즉 언제 어느 상황에서가 아니더라도 누구나가 가질 수 있는 단순한 개방성과 융통성에 있는 것이다.

유머에 대한 기호는 순수한 심미적 태도이지만 어떤 에토스에 기인하고 있다. 이 에토스는 육성되어야 하며 말하자면 내부로부터 일어나야 되는 것이다. 왜냐하면 이 에토스는 긴축에서의 이탈 또는 적어도 그 마음가짐을 뜻하는 것이기 때문이다. 긴축에서의 이탈이나 그렇게 하려고 마음먹는 것은 쉬운 일이 아니다. 왜냐하면 어느 구석에 있어서나 사람들은 모두 제 나름대로의 긴축—고집·울분·자기도취—을 가지고 있으며 그것을 웃음으로써 풀어버린다는 것은 진정한 자기 극복 없이는 불가능하기 때문이다.

그러므로 유머가 없는 인간—유머에 대한 감수성이 없는 인간이란 뜻에서—은 사실에 있어서 윤리적으로 모자란 인간이다. 그 인간은 너무나 긴축된 나머지 스스로 이 긴축을 풀려고 하는 의욕조차 없는 것이다. 그는 결국 유머를 대할 때에 두려움을 느끼기 일쑤이다. 왜냐하면 그는 이 유머를 자기에 대한 것으로 느끼기 때문이다. 그것은 또 자기 자신을 희극적 대상으로 표시하는 뜻도 된다.

따라서 유머가 없는 인간은 그 자체가 희극의 걸출한 대표자이다. 유머가 없는 사람은 유머가에게 본의 아닌 유머의 좋은 실례를 제공하는 것이다. 왜냐하면 유머를 기피한다는 것은 엄숙과 존대의 가식—이 가식의 배후에는 순전한 '허무'가 숨어 있을 뿐이다—을 고집하는 것과 똑같기 때문이다.

그러므로 인간의 우수성은 그가 자기 자신을 웃길 수 있는가 없는가를 보거나 혹은 좀더 부드럽게 말하면 그가 자기에 대한 농담에 동조하느냐 하지 않느냐를 보면 알 수 있다. 왜냐하면 여기서 동조하는 것은 좋은 것을 나쁘게 말하는 것이 아니기 때문이다. 이러한 사실은 그와 전혀 반대되는 사실과 더불어 일찍부터 알려져 있는 것이다.

예를 들면 아리스토텔레스도 그의 《니코마코스 윤리학》 속에서 이 사실을 분명히 하고 있다. 그는 여기서 두 가지 인간형을 구별하고 있는데, 하나는 모든 것을 우습게만 보며 엄숙한 것을 무시하는 인간이고, 또 하나는 농담이라는 것을 전혀 모르고 오로지 모든 것을 지나치게 엄숙하게만 보는 인간이다. 후자는 분명히 유머가 없는 인간이며 그러므로 자기 자신에 관한 농담에 화를 낸다. 《테오프라스토스》 가운데에서 이에 관련되는 대목을 인용하면 아리스토텔레스가 이 인간형을 가장 우스운 인간으로 보았다는 것을 알 수 있다. 중요한 것은 바로 이 점이다. 왜냐하면 자기 것이든 자기 것에 가까운 것이든 간에 약점에 대해서 같이 웃을 수 있는 바로 그 사람이 희극적 대상이 되기 때문이다.

38) 희극적인 것과 엄숙한 것

a 희극의 형이상학적 측면

희극은 그 자체가 세계관문제와 그리 큰 관계가 없다. 이 세계관문제는 희극과 반대되는 모든 숭고한 것에 가까운 것이다. 얼른 보면 그렇게 생각된다. 그러나 좀더 따져보면 사정이 달라진다. 희극을 감각하는 방식을 규정하는 에토스가 이미 뿌리 깊은 것을 알 수 있다. 유머를 가진 사람은(비록 완전히 대상적 의식에까지 파고 들어간 세계는 아니더라도) 어떤 세계관적 토대 위에 서 있는 것이다. 그것은 몇 가지 문학형식에서 충분히 지적할 수 있다.

정관적인 풍자와 자살하는 듯한 풍자와의 차이가 잘 알려져 있거니와 이 차이의 배후에는 인생을 긍정하는 태도와 인생을 부정하는 태도, 다시 말하면 반낙관적이고 유쾌하며 '자기도 살고 남도 살리는' 태도와, 인생 전반에 대한 분노에까지 극단화할 수 있는 비관적 태도와의 대립이 숨어 있다. 호라티우스적인 풍자의 깨알 같은 유머는 전자에 관한 좋은 증거이다. 후자는 그러한 훌륭한 성과를 거둘 수가 없다. 왜냐하면 기대한 바의 효과가 매우 야비하고 또 그 배후의 인생관이 너무나 부정적이기 때문이다.

그처럼 뚜렷하게 두드러지는 양극단을 제외한다 하더라도 희극적인 것을 보는 안목의 배후에는 언제든지 어떤 세계관과 인생관이 숨어 있는 것이다. 그 점은 이 안목이 하나의 형이상학적 배경을 가지고 있다는 것을 뜻하는데, 이 형이상학적 배경이라는 것은 인간에 대한 애증 말고는 아무것도 아니다. 그러므로 그 바탕에 놓여 있는 세계관은 어느 영역에서나 똑같아야 할 것이다. 그러나 이 세계관은 반드시 똑같은 것이 아니다. 세계 내에 있어서 인간의 지위가 그처럼 통일적으로 다루어지는 일은 무척 드물다. 하지만 통일로 향하는 내면적 경향은 언제나 있다. 그러므로 희극, 특히 보다 깊은 그 형식인 유머에 관한 모든 기호에는 어느 때나 도덕적이고 형이상학적이며 종교적인 측면이 있는 것이다.

이러한 측면들은 장 파울·빌헬름 라베·크리스티안 로이터 등과 같은 위대한 유머작가들에게서 발견되며 그들의 세계상에서 증명되거니와, 이 세계상은 그들이 인간생활 속에서 희극을 발견하고 형상화하는 방식에서 더욱 적절하게 구체적으로 접하게 된다.

그러나 형이상학과 희극과는 그 밖에 또 하나의 관련을 가지고 있다. 그것은 우리가 살고 있는 이 세계구조의 어떤 특징이 희극적이라고 느껴질 때 이 특징 자체에 관계된 것이다. 그리고 이 특징이 세계에 있어서의 자기 지위나 혹은 자기가 세계과정이라는 보다 큰 연관 속에 끼어 있다는 것이 중요한 문제가 될 때에 발견되는 것은 당연한 일이다.

예민한 형이상학자 가운데에는 인간의 지위에서 어떤 비극을 발견하고 이에 염세주의적 표현을 부여한 사람이 많다. 그리고 똑같은 인간의 지위에서 희극을 발견하는 사람도 있다. 이 양자는 거의 똑같은 근거, 즉 인간은 언제든지 '행복'을 추구할 수밖에 없지만, 인간 자신의 본질이나 세계의 진행이 운명의 못된 장난 때문에 행복에의 길이 막히는 데서 나오는 것이다. 이 종류의 형이상학적 이론은 주로 행복론적이며, 거기서는 '쾌와 불쾌의 청산'에서 영원히 떠나지 않는 인간의 실망이 중대한 역할을 하고 있다. 그 점은 이러한 형이상학적 이론의 발전과정에서 어떤 광폭한 유머를 흔하게 펼치는 쇼펜하우어에게서 발견된다. '냉혹한 세계의지'에서 출발하는 전 세계연관이 하나의 커다란 기지와 같이 보인다.

슐레겔은 그와는 전혀 다른 토대 위에서 기지를 철학 속에 끌어들였다. 그의 방법은 셸링이나 헤겔의 변증법과 비슷한데, 이 변증법에 있어서도 돌변의 요소가 본질적인 요소로 되어 있고, 기지의 특징은 헤겔 철학의 모든 체계에 가득 차 있다.

그러나 희극의 형이상학을 발전시킬 순수한 미학적 형식도 있다. 셸링은 그 무렵에 미적 직관을 형이상학 인식의 보편적인 기관으로 삼아서 철학 속에 끌어들인 선구자였다. 물론 이 실례는 겨우 제2선의 사상가들에게서만 본받을 만한 가치가 있다는 인정을 받았던 것이다. 하지만 미학 자체 내에서는 약간의 반대자가 나타났다.

낭만파는 인간이 이 세계 안에 놓여 있으면서 실은 이 세계의 배후에 서서 세계를 움직여 나가고 있는 점에 심오한 아이러니를 발견했다. 왜냐하면 인간이 자기의 본질을 자기와 성질이 다른 자연 속에서 재발견한다는 것은 영원히 이루어질 수 없는 일이기 때문이다. 그래서 인간이 세계의 본질 속에서 저 자신을 오인한다는 것은 어떤 희비극이 아닐 수 없다. 이 점에서 '마술적 관념론'을 들고나온 노발리스는 한 걸음 앞으로 나아갔다고 볼 수 있다. 그의 마술적 관념론은 인간에게 원하는 대로 세계를 창조하라고 허용하는 것이었다. 예술가가 감각을, 화가가 눈을, 음악가가 귀를 제 손아귀에 쥐듯이 인간은 다만 마술봉(또드락 방망이)만 가지면, 즉 '중심기관'을 손아귀에 넣기만 하면 된다.

슈체의 사상은 특별한 흥미를 끈다(《희극이론의 연구》). 그에 의하면 희극이라는 것은 자신이 자유롭게 행동한다고 믿고 있는 인간과 공연하는 어떤 유희이다. 따라서 이것은 자연이 인간의 자유와 공연하는 유희이다. 자못 요지경 같기도 하고 실로 도깨비에 홀리는 것 같기도 한 이 사상을 완화한 것은 그러한 유희의 '지각 또는 표상'이 희극이라는 견해이다. 그러나 이러한 견해도 인간의 책임과 본무(本務), 인간의 품위와 습성을 위한 가소롭고 형이상학적이며 희비극적인 기만과 다름없다.

이러한 사상을 호평하는 사람도 없지만 그러한 사상이 희극적인 것의 정의로서는 너무 편협하다는 것을 우리는 잘 알고 있다. 왜냐하면 그 밖에도 해로움이 없고 또 그러한 인간기만과 아무런 관계가 없는 다른 희극적인 것이 분명히 많이 있기 때문이다.

그러나 굉장한 기지의 형식을 취하는 인간형이상학의 큼직한 실례가 남아 있다. 여기서는 인간이 바르고 착하게 살려고 노력하며, 아무리 하찮은 과실이라도 자기의 잘못임을 믿고 자기를 질책하고 양심의 가책을 받으며, 자기의 죄과에 대한 어떠한 중벌도 감수하지만, 실은 그것이 자기의 죄가 아니라 자기도 모르게 결정되며 자기를 통해서 효력을 발휘하면서 선악에 대해서는 어디까지나 끝없이 무관심한 인과연쇄인 것이다.

이와 같은 '희극적'인 세계상 속에서는 인간이 보잘것없는 물건으로 낮아지고, 비이성적인 유희, 바꾸어 말하면 영원한 기계적 운동의 노리개로까지 낮아질 뿐 아니라, 또 내용적으로도 인간이 솔직하게 자기의 것이라고 믿었던 고귀한 목표가 산산조각이 나고 허무한 것이라는 각인이 찍히며, 소인적이고 이기적인 인간의 더할 나위 없이 평범한 동기로 바뀐다.

모든 목적론적 세계상에 착 달라붙는 형이상학적 희극도 크게 다르지 않다. 이 세계상이 더 높고 의인관(擬人觀)이나 혹은 인간중심주의의 특징을 지니고 나오게 되면 저 형이상학적 희극은 더욱 사기를 드높이게 된다. 의인관이라는 것은 세계과정 속에서 의지와 예정을 발견하는 세계상이며, 인간중심주의라는 것은 인간을 세계과정의 최고의의와 목적으로 보며 모든 것을 이 인간에 관련시켜서 보는 세계상이다.

여기서 나타나는 괴기한 희극성은 이 세계상이 뜻있게 완성되는—이 세계가 더욱 알맞고 아름답게 이루어졌다고 생각되는—동시에 인간이 바로 그 반대의, 즉 이 세계에 있어서의 영광스럽고 보람 있는 유일한 자리를 자기 스스로 차버리는 결과에 다다르는 점에 있는 것이다.

그 결과가 어떻게 맺어지게 될 것인지는 본디 형이상학에서 다루어야 할 부분이다. 그러나 요점은 인간은 보다 훌륭한 두 가지 자질, 즉 목적적으로 활동하는 능력과 의지결정의 자유를 가지고 이 세계에서 동물에 비하여 '보다 높은 존재자'로서의 특별한 지위를 차지하고 있다는 점이다. 인간이 세계 전체의 목적활동을 결정형식으로 인정할 때 그는 자기가 지닌 두 가지 자질을 스스로 거부하고 잃어버리는 것이다. 왜냐하면 첫째 목적활동의 능력을 거부하는 까닭은 목적이라는 것이 이 목적에 대해 무저항적으로 대기하고 있는 수단을 통해서만 실현될 수 있는 것인데, 이러한 중립적인 수단은 오직 인과적으로 결정된 세계에서만 발견되는 것이고, 모든 것이 이미 그 무엇이 되도록 예정되어 있는 목적적으로 결정된 세계에서는 결코 발견되지 않기 때문이다.

이리하여 목적활동의 능력이 없어져서 능동성이라는 특질을 잃어버리고 어떤 수동적인 것이 되고 만다.

그리고 둘째 의지결정의 자유를 잃어버리는 까닭은 목적론적으로 예정된 세계에는 '자유결정'의 여지가 없기 때문이다. 왜냐하면 이러한 세계에서는 인간의 결정도 예정된 것이며, 따라서 결정의 자유는 어떤 피상적인 것이기 때문이다.

'목적론의 희극'은 인간적인 명상과 탐구의 오랜 역사 전체 속에서 들춰낼 수 있는 것이다. 이 희극은 일상생활에도 있고, 신화에도 있고, 종교사상에도 있고, 철학에도 있다. 거의 모든 형이상학 '체계'는 목적론적인 것이다. 목적론의 희극은 언제나 두고두고 인간을 자기기만으로 끌고 가는 하나의 신비력이다.

우리는 여기서 '희극의 형이상학적 측면'만 볼 것이 아니라 형이상학의 희극적 측면도 보아야 한다. 그와 동시에 모든 인간적 세계상과 인생관의 희극적인 측면, 신화와 종교의 희극적인 측면도 볼 줄 알아야 한다.

인간이 창조한 이런 하늘이 무너지는 곳이면 어디서나 희극이 보이고 비웃는 자가 있다. 그러나 그의 비웃음은 새삼스럽게 말할 것도 없이 정당한 것이다. 하지만 이 하늘이 존속하는 동안에는 아무도 이 희극을 발견하지 못한 채 엄숙하고 경건하고 놀라워하는데, 바로 이 놀라움 속에서 저 하늘이 형이상학적이고 희극적인 대상이 되는 것이다.

이 모든 것은 의미문제에 있어서 인간의 터무니없는 자기기만이 귀착하는 바, 이 자기기만은 의미를 부여하는 존재자인 인간으로 보면 이미 의미가 충만한 세계는 부조리한 세계이고, 우리가 살고 있는 무의미한 세계가 도리어 인간에게 어울리며 의미 있는 유일한 세계인 점에서 비롯되는 것이다. 그런데도 역사가 시작되고 나서 이 관계에 눈이 어두운 인간은 무의미한 이 세계를 부인하고 '보다 좋은' 세계를 탐색하면서 결국 부조리한 세계 속으로 기어 들어간 것이다. 이 점에 희극이 있는 것을 인정할 수밖에 없다. 그러나 이 희극은 희비극에 가까운 것이다.

b 희극의 인접현상

우리가 숭고한 것과 우아한 것의 경우에 알아낸 바와 같은 방식으로 희극적인 것에도 또 인접현상이 있는가 하고 묻는다면 얼른 듣기에 좀 이상한 생각이 들 것이다. 만일 희극적인 것에도 그런 것이 있다면 그것은 희극적인 것이 스스로 그 반대의 어떤 엄숙한 것이나 그 비슷한 무엇으로 돌변하는 경우이리라. 이 문제가 이상하게 여겨지는 까닭은, 우리가 희극적인 것 자체를 다만 숭고한 것이 돌변할 때의 산물로만 알고 있기 때문이다. 그러나 이미 지적한 바와 같이 모든 희극적인 것이 숭고한 것에서 유래하지는 않는다.

희극적인 것과 인접한 것은 여러 가지가 있다. 미리 한 가지 말해 두거니와 희극적인 것의 인접현상은 특히 문학과 관련된 것이며, 간접적으로는 유머가 풍부한 생활·기지·조소 따위의 태도에도 관계가 있는 것이다. 희극적인 것의 본질은 길게 늘여서 다루어지기를 싫어하며 따라서 저 자신을 시간적으로 단축시키려고 하는 경향이 있다.

그 이유는 희극적인 것의 구조 속에 있다. 왜냐하면 희극적인 것에 있어서는 모든 것이 하나의 '초점'으로 밀집하는 것이며, 이 초점을 임의로 바꾸면 그것을 맞히기가 어려워지기 때문이다. 그리고 이 초점이 달라지면 희극이 맥 빠져서 오래도록 사람들의 흥미를 끌지 못하는 것이다. 예를 들면 한 번 써먹은 추락을 다시 한 번 되살려낼 수 없는 것이다.

희극문학이 그 밖의 문학과 질적으로 다른 점이 여기에 있다. 모든 희곡, 모든 소설, 거의 모든 대서사시(여기서는 '초점'이 전혀 고려되지 않는다)에는 언제든지 '갈등의 해결'이 있기 마련이다. 그러나 내용이 엄숙한 경우에는 언제든지 거기에 끌려드는 소재가 광범하여 숙고를 필요로 하는데, 이 숙고는 긍정적이고 대부분은 전적으로 필요한 그 무엇이다. 희극적인 것의 경우에는 사정이 달라서 준비적 긴장이나 긴장된 기분의 해소나 미적 쾌적함 따위가 급격한 변화와 주관의 이해를 통한 평가가 요구하는 이상으로 연장되어서는 안 된다. 그것이 조금이라도 한도를 벗어나면—비록 적절한 말이라도 이 말이 한마디라도 더 나오면—희극의 효과가 약화되거나 말살되는 것이다. 일단 향수된 희극을 무리로 고집한다는 것은 아무 소용이 없다.

그러므로 희극의 제재는 짤막하며 언제나 일화와 같은 그 무엇을 보유한다.

희극적인 제재는 한 권의 책을 채우지 못한다. 비록 그 속에 넓은 배경이 있고 깊은 세계관이 있다고 하더라도 마찬가지다.

유머작가가 만일 한 권의 책을 채우고 싶다면 그는 언제든지 새로운 희극을 가져와야 된다. 그렇게 되면 한없이 단조한 작품이 되고 만다. 따라서 그는 희극이 달라붙을 수 있는 다른 소재를 찾아내야만 한다. 이 소재는 매우 엄숙한 것일 수도 있고 또 희극적인 것과는 반대되는 것일 수도 있다(로이터). 이러한 인접현상은 희극적인 것의 연장을 제한할 뿐만 아니라 희극적인 것의 가능한 내용적 주제도 제한하는 것이다.

그러나 그와 다른 인접현상들도 있다. 그중에서 누구나 잘 알고 있는 것은 남을 중상하는, 더욱이 실제생활에서 인격에 관계된 성격을 띤 희극이다. 모든 야유와 우롱은 중상, 즉 남을 헐뜯기 좋아하는 데서 나오는 것이다. 모든 야유에는 두 가지 측면이 있다. 하나는 야유하는 자가 가져야 하는 기교, 예를 들면 재주와 슬기이고, 또 하나는 야유를 받는 자에게 요구되는 조건이다. 이 조건은 야유를 잘 받아넘기는 재주나 슬기이거나 혹은 자기의 약점을 같이 웃어버릴 수 있는 순진한 마음가짐이다. 하지만 이 양자에는 한계가 있다.

이 한계가 바로 희극의 진정한 인접현상이다. 왜냐하면 여기서는 야유가 인격을 모욕하고 마음에 깊은 상처를 입히는 것을 볼 때에는 아무리 상관없는 제3자라 하더라도 갑자기 웃음을 멈추고 비난의 화살을 던지게 되는 일이 있을 수 있기 때문이다. 정신적으로 뛰어난 사람이라면 물론 야유를 당해도 상심하는 흔적을 나타내지 않고 도리어 반격을 가하여 웃는 사람들을 자기편으로 돌려놓고 난 다음에 점잖게 그 자리를 물러날 것이다. 그러나 사람이 누구나 다 그처럼 뛰어난 것은 아니다. 이를테면 그렇게 뛰어난 사람이라 하더라도 야유를 받았을 때에는 무척 속상한 것이 사실이다.

이러한 인접현상은 희극이 사람을 크게 비웃는(소살하는) 힘을 가진 데서 비롯되는 것이다. 웃음거리가 된 사람의 진정한 마음속을 깊이 생각해야 한다. 사람이 너무나 큰 정신적 고통에 빠지게 되면 바늘에 찔린 것 같은 조그마한 상해가 매우 큰 모욕이 되고 '농담이 진담'으로 변해서 웃음이 나오지 않는 법이다.

이러한 인접현상—모욕으로의 비약—이 인간생활 속에서 적지 않은 구실을 한다. 기지(機智) 있는 사람의 보잘것없는 악의가 타인에게 큰 변화를 주는 탈선의 출발점이 되는 수가 있다. 야유하기를 좋아하며 기지를 남용하는 사람은 이 점을 모른다.

기지가 가진 매력에 끌려가다가 큰일을 저질러 놓고도 일이 끝난 뒤에 가서야 겨우 그것을 알게 된다.

이 인접현상의 변화는 아주 다양하다. 그 변화는 결국 사려분별이 모자라고 남의 약점을 경솔하게 놀리는 등 윤리적 결함에서 비롯되는 것이다. 이 현상의 한 변종이 부정한 자에 찬동하는 농담이다. 이 농담은 '부정한 자'의 의미 정도에 따라서 부정한 그에게 나쁜 결과를 가져오기도 하고 혹은 자기 자신에게 나쁜 결과를 가져오기도 한다. 기지가 많은 사람의 농담은 예상외의 큰 화를 불러오는 수가 있으며 또 스스로 화약통에 빠져서 공중으로 날아가는 수도 있다. 예를 들면 도스토옙스키의 작품 가운데 나오는 스타브로긴은 추밀원 고문관을 '속여먹고'도 큰 해가 돌아올 줄을 몰랐다.

또 하나의 인접현상은 재치 있는 자의 탈선인데, 이것은 무더기로 많이 쌓인 희극 속에 뿌리를 박고 있다. 이 현상은 모든 것을 비웃고 근엄한 것을 냉대하는 것이 아니라 오히려 연속적인 해학이라고 말할 수 있다. 이 연속적인 해학은 비록 보다 중요한 것을 교란하는 일은 없다 하더라도 오래 두고 보면 흥미가 없고 지루하기만 한 것이다. 왜냐하면 사람은 누구나 순전히 극단적인 것과 초점과 폭소에 오랫동안 끌려갈 수 없고, 그 어떤 확고한 바탕으로 빠져들기를 바라기 때문이다.

희극적인 것과 유머러스한 것의 여러 인접현상 가운데에서 가장 주목할 만한 것이 이것이다. 왜냐하면 여기서는 의식적으로 부각시킨 흥미진진한 것이 무미건조한 것으로 급변하기 때문이다. 따라서 희극의 진정한 효과가 아리스토텔레스적인 중용의 덕에 매여서 순수한 양적 과다나 과소가 미적 효과를 파괴하여 그 반대물로 바뀌게 되는 것같이 생각된다.

권태는 숭고한 것이나 비극적인 것보다도 더 날카롭게 희극적인 것과 대립한다. 왜냐하면 이 대립은 전적으로 부정적이고 모순적이기 때문이다. 그 점은 경험과도 잘 들어맞는다.

왜냐하면 인간비극의 어느 부분은 가소로운 것과 보기 좋게 어울리기 때문이다. 그 점은 실제생활 속에서 우리에게 깊은 감명을 주며 우리를 두 방향으로 갈라놓는 희비극에서 알게 된다. 그러나 권태로운 것과 희극적인 것과는 어울리지 않는다. 권태감이 일어나는 때에 사라지는 웃음은 엄숙한 것 앞에서 사라지는 웃음과 전혀 다르다.

또 하나의 인접현상은 희극적인 것이 평범하고, 천박하며, 무취미한 것으로 급변하는 현상이다. 물론 거의 모든 소재가 평범한 것으로 전락하는 수가 있다. 예를 들면 가련한 것이나 비통한 것이 평범한 것으로 전락하기는 매우 쉽다. 그러나 희극적인 것처럼 평범한 것으로 전락할 위험성이 큰 것은 없다.

대체 무슨 까닭일까?

그 까닭은 희극적인 것이 의식적으로 인식되고 표현되어서 교묘한 것, 신기한 것, 아니 적어도 재미있는 것이라고 자부하고 나오지만 이 자부심이 채워지지 못하면 무미건조한 느낌을 주기 때문이다. 희극적인 것은 오로지 이 자부심의 충족에 의해서 살아나는 것이며, 희극적인 것의 이 자부심이 이유 없다고 뚜렷하게 밝혀질 때에는 희극적인 것에서 아무것도 남는 것이 없다.

그러면 희극적인 것은 어느 경우에 평범한 것으로 변하는가? 그것은 분명히 대조의 첨예화—초점—가 실패로 돌아갔을 뿐 아니라 차이를 표시하는 대립 자체가 소멸된 경우이다.

그래서 대립이 진짜가 아니라 인위적인 것임이 분명해지면 자기해소가 불가능해질 뿐 아니라 또 부조리마저 없어지게 된다.

그러면 이러한 그 무엇이 과연 있는가 하고 묻는 사람이 있으리라. 기지를 남발하고 일화를 늘어놓으며 억지로 유머를 일삼는 사람들, 지나치게 사회 일에 덤벙거리는 사람들을 비롯해 그 밖에도 얼마든지 있다. 호평을 받은 재담이 곧장 모방을 불러일으키는 사실을 상기하라! 똑같은 효과를 재현시키기는 불가능한 일이므로 모방이라는 것은 언제든지 결국 천박한 것이 되고 만다.

이와 같은 현상은 더 늘어날 수 있다. 기지와 희극과 교묘한 것은 단지 평범한 것으로 변하는 게 아니라 유치한 것과 어리석은 것으로도 변한다. 물론 이 변화는 거의 진실한 급변이 아니다. 왜냐하면 거기에는 원래 이렇다 할 만한 기지가 없기 때문이다. 유머가 아주 없는 사람, 희극의 소질을 타고나지 못한 사람이 그럴듯한 착상이 전혀 생각나지 않는데도 억지로 농담을 하려고 할 때 흔히 그러하다. 예를 들면 아이들이 자기가 얼마나 농담을 잘할 수 있는가를 보여주려고 하는 경우가 그것이다.

이 계통의 인접현상 가운데에는 사람들이 희극적인 체험이나, 일화나, 기지 따위를 이야기할 때 흔히 초점을 맞추지 못하는 것은 누구나 겪은 바이다. 여기서 요구되는 재간을 갖지 못한 사람일수록 아무리 그가 훌륭한 표본을 물고 늘어져도 초점의 일탈이 뚜렷한 것이다.

여기서는 일화의 발명자나 체험자와 이야기하는 사람과의 관계가 극작가와 배우와의 관계와 같다. 이야기하는 사람도 일화를 말할 때에 얼마쯤 자기의 것을 보태야 하며 그래서 조작하는 것이다. 그것은 누구나가 다 할 수 있는 일이 아니다. 이 관계를 아는 사람이 드물기 때문에 흔히 사람들은 영문도 모르고 자기의 힘이 미치지 못하는 과제 속으로 뛰어드는 것이다. 그는 그런 줄을 '알고 있지' 못하므로 나중에 가서 초점이 틀린 것을 발견하고 자못 당황하는 것이다.

희극을 말할 때에 단 한순간이라도 너무 일찍 웃으면 틀림없이 초점을 잃게 되는 까닭은 무엇인가? 순수하고 노련한 희극작가는 가장 우스운 사건에 대해서도 자신은 어디까지나 진중한 자세를 유지하고 웃음은 오로지 독자에게 맡기는 이유는 무엇인가?

그 이유 가운데 하나는 희극의 초점이 그 효과를 나타내기 전에 미리 간파되어서는 안 되고 느닷없이 불의에 나타나야 되는 점에 있다. 그러나 그렇게 하려면 '이 초점이 나타날 때'까지 연출자가 웃음을 억제해야 하고 또 그때를 넘기지 말아야 한다. 만일 희극작가가 초점이 나타난 '뒤'에도 여전히 신중한 자세를 유지한다면 거기에는 어떤 다른 뜻이 있을 것이다. 그 뜻은 아마 희극작가가 진중한 태도를 취함으로써 독자가 그 초점을 이해한 뒤에도 아직 이해하지 못한 독자의 호기심을 확보하고 그 정도의 차이가 이 독자에게서 얼마 동안 떠나지 않도록 보존하려는 점에 있을는지 모른다.

똑같은 방향에서 말하자면 그 뒤에 접속하는 둘째 인접현상이 있다. 이 현상은 서술자가 그의 마음속에서 떠나지 않는 희극에 심취해서, 말하자면 포복절도해서 자기의 기지를 도저히 서술하지 못하는 경우에 성립하는 것이다. 이 경우에 그는 썼다가 찢고 다시 또 쓰기 시작하나 웃음이 멎는 어느 한 점에서 더 이상 나아가지 못한다.

　여기서 주목할 것은 희극성이 사실, 즉 기지나 일화로부터 서술자에게로 넘어가서 서술자 자신이 희극적 대상—매우 엄밀한, 뜻을 이루지 못한 희극이라는 의미에서—이 되는 점이다.

c 인생과 문학에 있어서의 희비극

　희극의 인접현상과 비슷하면서 이것과 전혀 성질이 다른 그 무엇은 인간적으로 엄숙한 것, 운명적인 것, 순수한 비극이나 희비극과의 관련이다. 여기서 희비극이라는 것은 능력이 모자란 작가들에게서 흔히 볼 수 있는 서투른 혼합형식을 말하는 것이 아니라, 인간생활 자체 속에서 자연적으로 일어나는 감격적인 것과 가소로운 것과의 통일을 말한다. 우리는 누구나 그런 것을 가지고 있으면서도 그것을 모르며 또 아무도 그 묘미를 느끼지 못하고 있다. 이 통일은 다시 한 번 문제가 될 것이다.

　희비극에 있어서는 희극이 자못 엄숙하고 중대한 거동·업적·인격이나 그 생활방식과 밀접한 것이다. 희극은 또 참으로 숭고한 인물과 그 운명에도 부착할 수 있다. 비웃는 자가 '숭고한 자에 대한 학대'를 누워서 떡 먹듯 하는 이유가 바로 여기에 있는 것이다.

　그러나 지금 다루고자 하는 것은 그것이 아니라 첫째는 인간생활에, 그다음은 문학작품에 부착하며 한데 섞이는 희극이다. 그러면 이 희극은 어떤 것일까? 그것은 생활이나 문학과 근본적으로 구별되는 것이 아닌가? 의아한 점은 바로 이것이다.

　일찍이 옛사람들은 문학의 두 형식, 즉 비극과 희극을 창조했고, 또 소규모로는 소름이 끼치는 글과 세속을 풍자하는 글을 썼던 것이다. 문학예술의 이러한 구분은 대체로 오늘날도 여전히 남아 있다.

　여기서 민속극과 같은 중간적인 모든 형식은 모조리 엄숙한 쪽으로 기울 수밖에 없었다.

　이 구분을 인간생활 자체 속으로 옮겨놓기는 불가능한 것이다. 생활은 그러한 모든 구분을 배제한다. 그러나 그것은 생활 자체가 그렇게 구별되지 않는다는 것을 뜻하는 것이다. 생활 속에는 깨끗한 구별이 없으며 모든 것은 서로 혼잡하게 섞여 있다. 여기서는 희극이 어디서나 엄격한 것에 붙으며, 언제나 엄숙한 것의 뒤를 충실하게 따른다. 아무리 숭고한 영웅호걸이라도 소인적인 일면이 있으며, 아무리 현명한 사람이라도 어리석은 구석이 있고, 아무리 도덕적으로 우수한 사람, 아무리 자제심이 강한 사람이라도 약점이 있다.

이 모든 것이 희극적이고 유머를 환기한다는 것은 의문의 여지가 없다. 그러나 유머가 위대한 모든 것을 축소시키고 심지어는 허무하게 만드는 것도 의심할 수 없다.

이리하여 위대한 사람의 위대한 점과 고상한 사람의 고상한 점이 줄어들 위험성이 커진다. 그러므로 사람이 숭고한 것을 희생시키기를 원하지 않는다면 결국 인위적인 구분을 통해서라도 숭고한 것을 가소로운 것과 멀리 떨어뜨려 놓을 필요가 있다.

예술에 있어서의 진실한 구분의 근거가 여기에 있는 것이다. 예술은 뭉쳐서는 안 될 것이 뭉쳐져 있는 것을 발견하면 그것을 갈라놓는다.

그런데 이렇게 한데 붙어 있는 것은 희비극이 아니다. 희비극이라는 것은 희극적인 것과 비극적인 것이 혼합된 것이 아니라 내면적으로 깊이 얽힌 것을 말하는 것이다. 왜냐하면 인간은 순전한 어리석음이나 혹은 그 자체에 있어서 가소로운 그 밖의 약점(공상·자부·아집·낭패)을 통해서 자기의 하찮은 과실에 비교도 안 될 만큼 엄청나게 큰 결과를 끌어들일 수 있기 때문이다. 이때에 인간의 운명은 참으로 비극적인 것이지만, 사건의 결과는 위에서 말한 불균형 속에서 사라지지 않는 희극이 책임져야 하는 것이다. 따라서 여기서 아리스토텔레스가 지적한 '잘못된 것'과 '밉살스런 것'이 없어진다. 아마 이것이 비극적인 것을 막기 위해 쌓은 벽일는지 모른다.

그러므로 진정한 희비극 속에서는 비극적인 것이 동시에 희극적인 것이다. 그래서 비극적인 것과 희극적인 것은 서로 상대방을 파기하는 것이 아니라 불안정한 동일성을 보유하고 있는 것이다. 물론 양자는 똑같은 사건의 서로 다른 측면이지만 서로 떨어질 수 없다. 만일 예술이 이 둘을 깨끗하게 갈라놓으려고 한다면 예술은 두 가지 모두를 그르치고 말 것이다.

그 점은 문학 속에서 분명하게 반영되고 있다. 문학에는 희비극의 소재가 드물고 또 본래 다루기 어렵다고 여겨지고 있다. 그러나 어리석게 모든 권력을 포기하고 허위의 서약에 넘어간 대규모의 실례가 있는데, 바로 리어 왕이다. 그 결과는 참으로 헤아릴 수 없는 큰 비극을 불러왔다. 셰익스피어는 어떻게 그러한 모험을 감히 할 수 있었을까?

그것은 결국 인간생활이 그렇고 또 작가인 셰익스피어가 순수한 작가보다도 그러한 방식으로 인생에 더 접근했기 때문이라고 대답할 수 있으리라. 실로 모든 작업가가 그럴 수 있는 게 아니다. 셰익스피어는 그러한 모험을 감행할 만한 천재, 즉 내면적인 넓이를 가지는 동시에 또 나타낼 수 있는 모든 사악과 혼란을 찾아낼 수 있는 통일과 종합의 역량을 가지고 있었다. 하지만 셰익스피어가 이러한 종합을 감행할 수 있었던 까닭은 언제나 비극적인 결과를 가진 가소롭고도 어리석은 것이 인생에 있었기 때문이다.

플라톤적인 요망도 이 과제를 목표로 한 것인지는 말할 수 없다. 그러나 그 요망의 실현이 셰익스피어와 똑같은 형식을 취했다는 것은 결코 우연한 일이 아니다.

셰익스피어에게 있어서는 이 실현이 이중적인 형식을 띠고 있다. 왜냐하면 그 속에는 인간생활에 있어서 엄숙한 모든 것에 수반하는 희극이 포함되어 있기 때문이다. 그리고 이 형식은 그 뒤 오늘날에 이르기까지 문학예술 속에 널리 침투하고 있는 것이다. 울리크 브렌델의 희극이 바로 그러한 것으로서 주요 인물들에게 의미심장한 광명을 던져준다. 렐링의 희극과 베를레의 '들오리', 또는 테스만의 '헤다 가블레르'도 그와 비슷한 것이다.[1]

우리가 인간생활에 잘 맞게 짜여진 그러한 희극을 이해하지 못하던 시대가 있었다. 우리가 일단 정중한 것을 알게 되면 그것이 조금이라도 손상되는 것을 허용할 수 없기 때문이리라. 그러나 이러한 종류의 중압감을 주는 것은 이미 지나갔고, 작품 전체를 통해서 어디까지나 단지 명랑하기만 한 기분, 또는 단지 엄숙하기만 한 기분에 대한 요구는 결국 버려야 마땅했다.

이러한 방향에서 지금으로부터 300년 전에 전혀 희극적인 성격 없이 순전히 부수적인 희극으로서 선구적 역할을 할 수 있었던 것이 《헨리 4세》 속의 폴스타프의 장면이다. 이 희극은 결국 희극적인 것과 비극적인 것과의 양면에 통하

---

1) 모두 헨리크 입센 작품 속 인물들. 브렌델은 《로스메르 저택》, 렐링과 베를레는 《들오리》, 테스만은 《헤다 가블레르》에 나온다.

는 것이었다. 이 점에 보다 더 위대한 작품의 보다 더 고차적인 형식이 숨어 있다. 그리고 여러 가지 방식의 종합이 있을 수 있는 것이다.

39) 계층구조에 있어서의 희극적인 것의 지위

a 외층과 내층과의 균형

희극적인 것의 문제에 있어서는 얼마 동안 될 수 있는 대로 광범하게 현상을 추구하고 난 다음에 미학적인 근본문제로 향하는 것이 좋다.

이 점은 현상 자체가 아직도 연구되지 않고 또 기록되지 않고 있는 반면에, 여러 가지 학설이 나와서 서로 다투고 있는 문제상황으로 봐서 어쩔 수 없는 일이다. 이 여러 학설에 대해서는 위에서 이미 언급한 바 있거니와 거기서는 별로 큰 소득이 없었다.

이제야말로 근본문제로 다시 돌아올 때이다. 우리는 이 근본문제를 숭고한 것과 우아한 것의 경우에 다룬 것과 아주 비슷한 방식으로 다룰 수가 있다.

희극적인 것에 관한 체계적인 근본문제는 이 희극적인 것이 미적 대상의 어느 계층에 위치하고 있느냐의 문제이다.

이 문제는 숭고한 것과 우아한 것에 있어서도 마찬가지였다. 아니 이 문제는 본디 미의 일반적인 문제에 속하는 것으로서 결국 성층관계와 현상관계에 이르는 것이다.

그러면 희극적인 것이 계층서열 가운데에서 적어도 중간보다는 얼마만큼 높은 위치를 차지할 것이라는 기대를 가질 수 있을까? 숭고한 것은 그 중요성에 알맞게 내면층에 뿌리를 박고 있으며, 우아한 것과 또 이와 비슷한 것은 그 경쾌한 부동성에 알맞은 외면층에 뿌리를 박고 있는 것이었다.

여기서 사람들은 먼저 희극적인 것이 우아한 것보다도 더 외면적인 쪽에 뿌리를 박고 있을 것이라고 생각하리라. 왜냐하면 희극적인 것도 움직이는 것, 유희와 같은 것, 거의 무책임한 것이며 경쾌한 것임에 틀림없기 때문이다. 그러므로 희극적인 것은 대상의 깊은 계층에 뿌리를 박기가 곤란한 것이다.

그러나 경쾌한 유머 말고도 의미심장한, 아니 세계관적인 유머도 있다는 것, 또 대체로 희극(더구나 신랄한 것과 악의가 담긴 것)이 매우 깊은 인간생활 속에서 튀어나오는 수가 있다는 것을 우리는 알고 있다.

이 점에서 보면 희극은 언제나 악의 없는, 그리고 후경적인 것을 억지로 밝은 빛 속에 끌어내지 않는 우아한 것과 비슷한 것이 아니다.

또 희비극이나 또는 이에 맞먹을 정도로 급하고 세차게 움직이는 현상에 비슷한 희극도 없다.

자격적인 것은 언제나 감성적인 것에 가까운 표면을 떠나지 않는 것이다. 따라서 이 표면에서 직접적으로 두드러지는 것이며, 그러므로 의미심장한 것과는 거리가 멀다.

그러므로 우리는 여기서 희극이 전적으로 미적 대상의 계층에 속박되어 있는 것이 아니라 그것이 입각하고 있는 에토스에 따라서 임의로 혹은 얕은 표면에 뿌리를 박기도 하고, 또는 깊은 내면에 뿌리를 박기도 하는 것이라고 생각할 수 있다. 어느 한계 내에서는 물론 그럴 수가 있다. 그 점은 특질이 아주 다른 여러 가지 유머나 풍자와 희극이 증언한다. 그러나 사실의 본질은 단순히 위치의 높낮이 차이만으로 결정되는 게 아니다. 위치의 높낮이 차이는 언제나 뚜렷하게 자유의 여지를 보여주는 우아한 것에도 얼마쯤 관계가 있다. 그러므로 우리는 여기서 다른 방법을 찾아내야만 한다.

대상의 계층서열 속에서 희극적인 것이 차지하는 위치는 다음과 같이 생각될 수 있다. 즉 희극적인 본질에 있어서 내면층에만 매여 있는 것도, 또 외면층에만 매여 있는 것도 아니라 내면층과 외면층과의 어떤 관계에 매인 것이라고.

왜냐하면 희극이 쓰는 대조의 높이차는 원칙적으로 언제든지 중대한 것과 허무한 것, 깊은 것과 얕은 것, 유의미한 것과 무의미한 것과의 사이에서 성립하기 때문이다.

여기서 상기할 것은 '높이차'가 희극적 효과 속에서 자기해소에까지 다다르는 부조리의 성질 정도에서 나온다는 점이다. 모든 부조리의 해소가 희극적인 것이 아니라 오직 허무한 것을 중요한 것같이 현혹하다가 그것이 느닷없이 '허무한 것'으로 해소되는, 오직 이러한 부조리의 해소만이 희극적이다.

그런데 대상(예를 들면 문학작품과 같은 것)의 외면층을 '허무한 것'이라고 말할 수 없고, 또 내면층에 있는 모든 것을 '중요한 것'이라고 말할 수 없다. 그러나 참으로 중요한 것과 의미 있는 것은 오직 내면층에서만 나타날 수 있는 것이다. 그와 마찬가지로 비교적 허무한 것은 오직 외면층에서만 어느 정도의 인정을 받을 수 있는 것이다. 문학작품의 표면에 가까운 것, 예를 들면 인물들의 동작과 표정 또는 상황과 활동 따위는 감성적인 것과 맞닿아 있는 것이며, 이 감성적인 것 가운데에서 가장 우세한 것이 직관이다. 그러므로 무의미한 것은 여기에 뿌리를 박을 수 있는 것이다. 반대로 유의미한 것과 중요한 것이 위치를 차지할 수 있는 것은 오직 자유의 여지가 있는 곳, 따라서 행동의 내면적 본질이 인물들의 심정과 성격에서 유래하는 곳, 또는 그것이 우리가 인간의 운명이라고 느끼는 보다 큰 생활연관과 잇대어지는 곳이다.

여기에 희극적 '높이차'가 원하는 대로 힘을 발휘할 수 있는 게 아니라 미적 대상의 계층적 질서에 있어서의 깊음과 얕음의 차이에 좌우될 수밖에 없는 이유가 있는 것이다. 그러므로 희극의 영역 내에서는 오직 한 계층이나 계층군이 우세를 차지하는 것이 아니다. 즉 숭고한 것에 있어서는 내면층이 우세를 차지하고 우아한 것에 있어서는 외면층이 우세를 차지하지만, 희극적인 것에 있어서는 모든 계층군이 어떤 균형을 취한다. 이 점에서 보면 희극적인 것은 분명히 숭고한 것과 우아한 것보다도 더 일반적인 미에 가까운 것이다.

물론 여기서는 관계 자체가 미를 결정하는 모든 계층에 있어서의 근본관계와 전혀 다른 것이다. 거기에 있어서는 관계가 앞에 있는 계층이 뒤에 있는 계층을 투영하는 관계, 곧 미적 효과를 나타내는 단순히 직관적인 현상관계이다.

희극에 있어서는 계층상호 간의 관계가 복잡하다. 왜냐하면 여기서는 관조자가 먼저 미혹하고 현혹하되 보다 깊은 계층에 속하는 훨씬 위대하고 중요한 것으로 현혹하고, 그다음에 이 위대하고 중요한 것이 전경에 가까운 계층에 속하는 평범하고 무의미한 것으로 해소하는 것이다.

그것은 적어도 어느 한 외면층에 올바른 투시 대신 투시의 착각이 일어나는데, 바로 이 착각을 통해서 한때 '위대하고 중요한 것'이 '나타나는 것같이 나타나'지만 사실 그런 것이 '나타나'는 게 아님을 뜻한다. 이런 반(反)부조리한 표현은 현상관계의 그릇된 관계가 미 속에 끼어들어서 미를 혼란스럽게 한다는 것을 분명히 말해 주는 것이다.

물론 그릇된 관계는 혼란스럽게 만드는 데에만 그치는 것이 아니다. 혼란스러움만이라면 희극적인 것이 아니라 '착각에 지나지 않는 것'이며 어쩌면 '추한 것'일 수도 있다. 희극이라는 것은 착각이 알려지게 되고 환영이나 기만 혹은 우롱으로 판명될 때 이 착각의 해소에서 성립한다. 이때에 '허무로의 해소'가 나타나는 것이다.

여기서 '나타나는 현상'이라는 말이 나왔다고 해서 못마땅하게 여길 필요는 없다. 이것은 같은 말의 되풀이가 아니다. 왜냐하면 현상이라는 것은 가상과는 거리가 멀기 때문이다. 계층관계에 있어서의 정상적인 현상은 정당한 것이며 거기에는 현혹할 아무것도 없다. 그러나 '현상의 가상' 속에는 우리를 속이는 그 무엇이 있다. 즉 보다 깊은 계층 속에 현실적으로 존재하며 또 그렇게 생각되는 그 무엇이 마땅히 정당하게 나타나야 될 텐데 전혀 그렇지 않다.

착각 자체는 인간생활 속에서 흔히 볼 수 있듯이 투시가 근사한 방식으로 방해되고 혼탁해지며 혹은 곤란한 데서 일어난다. 허무한 것이 가득 차 있는 현실, 더구나 이 실재적인 현실 속에서도 우리가 그 무엇을 중대하고 의미심장한 것같이 착각하므로 인생의 새로운 희극이 끊임없이 만들어지는 것이다.

정체를 파악하는 것은 예술적으로 형성된 기지나 우수한 희극의 상황 등에 있어서와 마찬가지로 인간생활에 있어서도 어려운 일이다. 거기(희극의 여러 상황들)에서와 마찬가지로 여기(인간생활)서도 먼저 깊고도 큰 것이 나타난 다음에 그것이 아주 작고 평범한 것으로 전락한다. 유머작가가 의식적으로 형성한 모든 희극은 일상생활 속에서 우리가 흔히 넘어가는 독특한 기만을 철저하게 묘사한 것이다. 이 기만에는 의식적으로 우리를 속이려고 하는 인간에 의한 것도 있으려니와 우리가 부주의한 탓으로 당하는 우연한 기만도 있을 것이다. 그와 반대로 인간생활 속에 나타나는 여러 가지 하찮은 기만이, 악마와 같은 악한이나 교활한 냉소자나 혹은 자기도 즐겁고 우리도 즐겁게 하는 신(神) 등의 교활한 유희처럼 생각되는 이유도 여기에 있다.

b 희극과 인생이 진리

문학 가운데 희극이 인생의 진리를 표현하는 뛰어난 형식이라는 것도 여기서 이해할 수 있다. 인간생활 속에는 무어라고 말하기 어려운 것, 아름답다고 말하거나 표현하기 불가능한 것이 많이 있다. 그럼에도 또 이런 것들을 인식하고, 표현하고, 진상을 규명할 필요도 있다. 왜냐하면 그것들은 인생 전체에 속하는 것이며 그것들을 그르치면 인생의 비진리를 불러오기 때문이다.

직접적으로 표현할 수 없는 것은 간접적으로 희극, 그중에서도 특히 원숙한 유머의 형식으로 표현할 수 있다. 비열하고 허무한 것, 보잘것없는 것, 가련한 것, 비참한 것을 유머 있게 인식하기 위하여 문학예술은 대체 무엇을 하는 것일까? 그것을 미화하고 그 색채를 바꾸어 놓는 것일까? 아니면 그것을 거짓으로 꾸미고 숨기며 포장하는 것일까? 그렇게 하면 그것들은 직관될 수 없을 것이며, 아주 다른 그 무엇이 되고 말 것이다.

낡고 뒤떨어진 것을 그럴듯하게 꾸며 본질을 가리는 모든 미화분식에는 실감이 가지 않는다. 참된 것에 맞지 않는 것처럼 희극과 거리가 먼 것은 다시없다. 희극이라는 것은 우리의 냉담한 현실생활을 갑자기 들이닥치는 뜻밖의 죽음에서 나타내는 것이다. 바꾸어 말하면 희극은 '있음직하지 않은 것', 즉 예지하지 않은 자에게는 전혀 믿음직하게 생각되지 않는 사실에서 생기는 것이다. 왜냐하면 있음직하지 않은 것은 언제나 참스럽지 않은 것과는 거리가 멀기 때문이다.

이 점에 곧 희극이 지닌 비밀의 하나가 있다. 이 비밀은 문학에 대한 진실성의 요구와 희극과의 문제와 관련이 있다. 언제나 작은 일을 떠벌리기 쉽고 그러므로 실생활의 솔직한 참모습을 똑바로 보지 못하는 바로 이 희극은, 눈 뜨고는 볼 수 없을 만큼 가련하고 비참한 인간의 모습을 긍정적으로 그려내지 않고서도 인간생활의 어떤 특징을 객관적으로 또 사정 봐줄 것 없이 표현할 수 있는 것이다. 이 경우에 그 특징이 어떤 것인가를 다시 말할 필요는 없다. 이 특징 가운데에는 이미 열거한 바 있는(Ⅲ부 제3장 제37절 b항) 인간의 모든 약점과 어리석음과 둔함, 상상할 수 있는 모든 부조리가 속한다. 왜냐하면 이 모든 것은 솔직히 말해서 가련하고 비참한 모습을 가진 그 무엇이기 때문이다.

문학예술이 좀스런 인간을 유머 있게 인식할 때에 성취되는 것이 바로 그것이다. 문학예술은 부조리한 것을, 그것이 생활 속에서 변장된 그대로, 다시 말하면 의미심장하고 의의 있으며 적어도 형식이 좋은 것으로 표현하되, 그것들을 이처럼 변장된 대로 방치하는 것이 아니라, 실제생활에서도 때때로 그렇듯이 그 가면을 벗겨버리는 것이다. 다른 점이 있다면 다만 작가가 그것을 자기 뜻대로 할 수 있고 또 허무화의 효과를 가장 잘 나타낼 수 있는 점이라고 하겠다.

그렇게 함으로써 작가가 이루는 것이 무엇인가는 쉽게 알 수 없다. 작가는 가련하고 비참한 것을 묘사하되 직관이 요구하는 대로 세목을 불쾌하게 묘사하는 것이 아니라 오직 그 부정성에서, 다시 말하면 그 허무성을 느낄 수 있도록 묘사하는 것이다.

이렇게 해서 허무한 것, 아니 비참한 것이 미적 가치관계에서 어떤 중요한 뜻이 있는 것으로 높여지는 놀랄 만한 일이 이루어진다. 그런데 윤리적 가치관계에서는 허무하고 비참한 것이 중요한 뜻을 갖는다는 것은 결코 있을 수 없는 일이며, 만일 거기에 그런 일이 있다면 그것이야말로 뒤바뀐 세계라고 하지 않을 수 없으리라. 그러나 미적 가치관계 가운데 뒤바뀐 것은 없다. 왜냐하면 이 중요한 의미는 인간에게 있어서 허무한 것과 부조리한 것 자체가 참으로 인간다운 것을 나타내는 거울이 되는 점에 근거를 두고 있기 때문이다. 바로 이 점을 가장 구체적으로 느낄 수 있게 증명해 보여주는 것이 희극이다. 왜냐하면 웃음에서 인간은 허무한 것 이상으로 높이 솟아서 이 허무한 것을 다시 허무로 돌려보낼 수 있기 때문이다.

그럴 수 있는 까닭은 오직 그것이 현상관계에 관한 일이기 때문이며 비열한 것과 비위에 거슬리는 것이 아무런 실재성을 가진 게 아니고, 따라서 우리가 아무리 비위에 거슬리는 것을 거부하고 가증한 것을 증오하더라도 실제에 있어서 위축되는 자는 없기 때문이다. 현상관계에 있어서는 비실재성의 인식이 중요한 것이다. 다시 말하면 현상관계에 있어서는 어디서나 마찬가지로 실재성의 정도가 어떠한가에 현혹됨 없이 다만 나타나는 것을 가볍고 즐겁게 그대로 받아들이면 되는 것이다.

그와 마찬가지로 연극에 있어서도 무대 위에서 벌어지는 음모와 살해사건이 실재적인 것이라고 느껴지지 않으므로 관중이 태연하게 향수하는 태도를 취할 수 있는 것이지, 그렇지 않으면 불가능한 것이다. 그러므로 귀에 거슬리는 것과 부조리한 것도 오직 비실재적인 것이므로 청중이 그것들을 듣고 흥겨워할 수 있는 것이다. 만일 그런 것을 실제생활 속에서 현실적으로 만나게 되면 이때에는 그것을 기대하기가 매우 어려워진다. 적어도 도덕적으로 바른 자세를 지닌 사람이라면 엄숙한 면이 함께 울려나오게 될 것이다. 만일 이 엄숙한 면이 흘러나오는 소리가 강하면 그때에는 희극이 희비극으로 변하는 것이다. 인간생활 속에 이러한 희비극이 얼마나 많은가는 경험이 가르쳐 준다.

인간이 그날그날의 비참한 상태에 빠지지 않기 위해서는 쾌활하고 명랑한 생활이 존중되듯이 문학, 더욱이 '희극적'인 문학이 아니라 바로 엄격한 문학에 있어서도 희극에 특수한 임무가 있다. 이 기능은 인간생활의 진리에 대한 문학의 요구에 관한 것이다.

문학의 중요한 형식, 그중에서도 특히 소설·연극과 자질구레한 수필의 여러 형식도 인생의 진리에 대한 큰 요구를 가지고 있다. 우리는 이 요구를 바로 '인생친근'의 요구처럼 느낀다. 이 요구는 직접적 묘사로써 채워질 수 있는 것이 아니다. 왜냐하면 직접적 묘사라는 것은 결국 윤락·비참·분노 따위에 대한 불쾌하고 고통스러운 숙제를 필요로 하기 때문이다. 무정한 것 속으로 깊이 파고들기는 하지만 오래 두고 이 무정한 것을 참지 못하는 작가가 있다. 엄격한 문학은 이러한 한계에 부딪쳐도 언제나 멈추지 않고 불쾌한 것 속으로 파고들거니와, 여기서는 얼마만한 실효를 거두느냐가 매우 중요한 문제가 된다.

여기에 유머, 즉 긍정적이고 동정적인 에토스에 입각한 희극이라는 대규모 수단이 있다. 왜냐하면 희극의 특수성은 그 소재에 있어서 바로 위에서 말한 미약하고 왜소하며, 부조리하고 우둔하며, 비참하고 가련한 인간과 그 생활의 진리에 대한 요구가 강한 점에 있기 때문이다.

이 모든 것이 얼마나 냉혹한 것인가를 상세하게 논술하지 않더라도 희극적인 색채로써 능히 제시할 수 있는 것이다. 그러나 그렇게 함으로써 그것들을 이겨낼 수 있는 한계가 뚜렷하게 확장된다. 유머는 불쾌한 것이 가진 쓰고 괴로운 맛을 없애는 동시에 그가 폭로한 것 위로 솟아오른다. 그리고 이때에 웃음이 난다.

이 점은 인간의 깊은 내면으로 파고드는 작가일수록 유머에 능하다는 사실이 증명한다. 함순이 그렇고 입센의 희곡도 그와 같다. 작가치고 본디 유머작가가 아닌 사람이 없는 것은 결코 우연한 일이 아니다. 그들이 희극적인 것과 전혀 다른 비극적인 것에 중점을 두는 경우가 흔히 있다 하더라도 이 점에는 변함이 없다.

c 결론

대상의 계층적 구조 속에서 차지하는 희극의 지위에서 그 밖에 여러 가지 결론을 끌어낼 수 있다. 이상에서 연구한 것 자체가 벌써 희극의 지위에서 나오는 귀결이지만 그 점에 대해서 지금까지 충분히 언급한 바가 없었다. 그 점을 다음과 같이 말할 수 있다.

대상의 계층적 구조 속에서 희극이 차지하는 지위에 관해서 말한 것이 틀림없음을 알 수 있다. 여기서는 문제가 희극적인 것의 절대적인 깊이에 있는 것이 아니고—희극적인 것에는 두 부분이 있으므로—또 현혹되는 유의미한 것에 있는 것도 아니며, 그렇다고 이 유의미한 것의 배후에 숨은 무의미한 것에 있는 것도 아니라 결국 대상의 계층적 서열 내부에 있어서의 이 두 가지 요소의 깊음과 얕음의 차이에 있다.

이 깊음과 얕음의 차이는 소재상에서 보면 그것이 존재적이거나 단지 논리적이거나, 또는 도덕적이거나 간에 언제든지 높낮이의 차이와 일치한다. 더구나 도덕적인 경우에는 이 높낮이의 차이가 언제든지 가치와 비가치의 차원 내부가 아니라 가치의 등급 내부에 있어서의 높낮이의 차이인 것이다.

이 높낮이의 차이에서 희극적인 것의 '높이차'가 성립한다. 그러므로 문제가 간격에만 있는 것도 아니고 절대적인 높이에 있는 것도 아닌 이유를 알 수 있다. 따라서 희극—이를테면 적절한 기지—의 효과가 오직 '허무로의 전락'의 정도에 매이는 동시에 희극의 의미내용은 여러 가지로 다룰 수 있다는 것을 직접적으로 느낄 수 있다.

여기에 희극이 미리 어떤 표준을 정해 놓지 않고 볼 만한 것이라고 인정하는 임의의 모든 내용을 활용할 수 있는 이유가 있는 것이다. 다만 한 가지 조건은 내용(소재)이 높이에도 불구하고 어떤 부조리나 약점이나 우둔이나, 그 밖의 이러한 것들이 나타날 소지를 가져야 한다는 점이다. 왜냐하면 이 모든 것은 높고 낮은 정도의 차이가 있어서 예를 들면 질투심이 강한 자의 고민은 추문을 터뜨린 공직자의 고민과는 전혀 다른 정신적 면에 속하는 것이기 때문이다.

여기서 유머는 능히 이 모든 것에 접근할 수 있는 것이다. 또 유머는 가장 중대한 세계관적 소재에 대해서도 결코 멈출 줄 모른다.

우리는 희극적인 것의 계층적 지위에서 나오는 결론이 어느 방향으로 기우는가를 알 수 있다. 희극에서는 중요하고 심오한 것이 가상에 지나지 않으므로 그 가상이 탈락할 때에는 그 반대의 것, 즉 허무한 것이 '나타날' 수밖에 없는 것이다. 그러나 여기 나타나는 것이 부정적인 것이므로 이 부정적인 것에 대한 거부가 웃음이라는 형태로 나오게 된다. 이리하여 처음에 현혹되던 중요한 것 (계층적으로 보다 깊은 것)의 가상이 탈락하고 그 정당한 지위로, 다시 말하면 그것에 적당한 계층으로 돌아간다.

이것이 최후의 결말이다. 여기에 이르기까지에는 기구한 여러 계단을 거쳐야 했다. 그리고 희극적 효과의 진리가치는 바로 이 최후의 결말에 매이는 것이다. 왜냐하면 이 진리가치는 비실재적인 것의 실재적 접근, 다시 말하면 환상한 것, 구상한 것의 진실성에서 성립하기 때문이다.

이 관계는 가볍게 움직이며 아무런 구속력도 없으면서 중요한 것, 바꾸어 말하면 농담 속에서 불의에 나타나는 진실성에서 성립하는 것이다. 왜냐하면 중요한 것은 희극적 효과 속에 숨었다가 갑자기 나타나서 허무로 추락할 때 우리를 기습하기 때문이다.

그 밖에 또 희극적인 것에는 순수한 표현적 가치가 있어서 참을 수 없는 것을 참을 수 있게 된다. 좀더 극단적으로 말하면 완전히 무자격적이고 반자격적인 것이 자격성을 획득한다고 해야 할까? 여기서는 언어적 표현이 문제가 아니며, 또 우리가 희극적인 것 속에서 역설을 말할 수 있는 한계도 언제나 의문의 여지가 있다.

그러나 희극적인 것 속에서 중요한 것과 중요치 않은 것과의 깊은 차이를 형성하는 원리는 어디서나 똑같은 것, 즉 부조리의 추락과 자기해소이다.

그러한 의미에서 우리는 '무의미한 것에 있어서 의미 있는 것'을 말할 수 있다. 이것은 흔히 쓰는 말이다. 또 '소멸하는 현상'이라는 말도 있거니와 이러한 말들은 약간의 설명을 필요로 한다. 첫째 희극은 전도(顚倒)이다. 자기해소는 의미 있는 자의 소멸이며 의미 있는 자 대신 무의미한 자의 나타남이므로, 우리는 '의미 있는 자에게서 무의미한 자'가 나타나며 '현상 속에 소멸'이 들어온다는 말도 할 수 있다.

이 관계는 그렇게 단순한 것이 아니다. 이 관계는 적어도 이중적이다. 희극적인 것의 현상관계 속에서 부조리한 것이나 악질적인 것은 어떠한가? 이런 것들은 실제에 있어서 희극 속에서 소멸한다. 왜냐하면 희극 속에서는 이것들이 자칭 의미 있는 것으로 보이고, 따라서 자칭 의미 있는 것이 해소되기 때문이다. 까닭인즉 허무하게 나타나는 것이 동시에 그것의 소멸을 뜻하기 때문이다. 그러므로 부조리한 것이나 악질적인 것이 나타날 때에는 스스로 해소된다. 그러나 그것은 오히려 어떤 다른 것이 나타난다는 것을 뜻한다. 따라서 그것은 결국 '소멸하는 현상'이다. 그렇다면 이중적 관계라는 것은 유의미한 것이 무의미한 것 속에 나타남을 말하는 것이다.

물론 말이라는 것은 모든 것을 표현하기에는 너무나 부족하다. 변증법적으로 이 관계를 좀더 뚜렷하게 표현할 수는 있다. 하지만 인위적인 개념형식은 그 나름대로의 위험성을 가지고 있으므로 여기서는 상관하지 않겠다. 그러나 비유를 쓰는 것에는 할애하겠다. 따라서 매우 불충분하나마 개념으로써 기록하는 수밖에 없다. 그렇지만 여기서 쓰는 개념은 본디 이 관계를 기록하기 위해서 주조된 것이 아니므로 적합하다고 할 수는 없는 것이다.

여러 개념이 쓰이지만 결국 이러한 개념으로 말할 수 있는 것은 몇 가지 안 된다. 그것은 심오한 것이 천박한 것 속에 나타나는 것이 아니라 천박한 것이 심오한 것 속에 나타나며, 중요한 것의 배후에 허무한 것이 나타나며, 숭고한 것의 배후에 가소로운 것이 나타나는 사실이다. 그것은 뒤바뀐 현상관계이다. 하지만 그것은 처음도 끝도 아니다.

즉 처음에 심오한 것이 나타난다. 그러나 그것은 기만에 지나지 않고 사실은 오직 천박한 것뿐이었다. 그래서 심오한 것은 천박한 것 '속'에서만 나타날 수 있었던 것이다. 하지만 인식하는 주관은 그런 줄을 몰랐다. 이때에 제1의 현상관계가 제2의 현상관계로 돌변하고 이 제2의 현상관계(전도된) 자체가 효력을 멈추자, 이때에 천박한 것이 소멸하기 시작한다(천박한 것은 제2의 관계 속에서 처음 나타난 뒤인지라 그 소멸은 재소멸이다).

그러나 천박한 것은 이미 심오한 것 자체가 소멸한 뒤이므로 이 심오한 것의 배후로 소멸하는 것이 아니라 바로 가소로운 것 자체의 배후로 소멸하는 것이다. 대상적으로 표현하면 심오한 것이라고 자부한 자기의 배후로 소멸하는 것이다.

40) 의념과 이론

a 희극의 쾌감과 미의 쾌감

희극적인 것의 연구는 그 자체가 희극적인 것이 아니다. 희극의 연구에서 흥겹기를 바라는 사람이 있다면 그는 밑천을 찾지 못한다. 그와 마찬가지로 숭고한 것의 연구도 숭고한 것이 아니며 우아한 것의 연구도 우아한 것이 아니다. 그리고 통틀어 말하면 미의 연구는 미가 아니다. 미인이 되기 위해서 미를 연구하는 사람은 없다. 그러나 미가 무엇이고 숭고함이 무엇이며 우아함과 희극이 무엇인가를 인식하려고 하는 사람은 미를 연구한다. 미학은 실망을 줄 수밖에 없는 것이 그 운명이다. 왜냐하면 미학의 문에 들어오는 사람은 누구나 미를 위해서, 그리고 숭고한 것과 우아한 것과 희극적인 것을 위해서 들어오기 때문이다.

이 점에서 미학은 철학적인 다른 학문과 아주 다른 것이다. 윤리학은 도덕적으로 선하기 위해서 노력하는 사람에게 도움이 된다. 윤리학의 문제가 풀리지 않는 수수께끼로 남으면 실천생활 자체에 중대한 지장을 준다. 명찰은 인생의 지표를 제공한다. 논리학은 사상가가 사상에서 탈선할 위험성을 막아준다. 인식론은 가능한 인식의 한계와 조건을 제시하며 인식의 보다 높은 계단에서 그것을 규정한다. 존재론은 존재자를 인식하려고 하는 사람에게 단서를 제공하며 역사철학과 법철학은 간접적으로 역사인식과 법인식을 돕는다.

미학의 특수지위는 이 점에서 미학을 곤란하게 한다. 여기서는 문제연관이 그처럼 독특해서 이 특수지위가 바로 희극의 영역에서 가장 뚜렷하게 나타난다. 희극적인 것은 미적 성격이 가장 멀리 후퇴한 미의 영역이다. 그래서 희극적인 것을 미적인 것으로 여기는 일조차 이미 크게 의문시된다. 그러나 희극이 끼어들면 틀림없이 혼란스러워지는 미가 있을까?

미에는 여러 가지가 있으며, 마치 똑같은 부류에 속하는 여러 종이 언제나 서로 배척하듯이, 그 여러 가지 미가 서로 배척한다는 이론은 옳지 않다. 사람들은 첫째 숭고한 것이나 혹은 숭고에 관한 미의 경우에는 그러한 이론을 당연하게 생각한다. 그 실례를 너무 멀리 찾아 헤맬 필요는 없다. 엄숙하고도 침착한 미가 비치는 모든 얼굴, 널리 트인 정숙한 모든 풍경이 그 실례이다. 하지만 숭고한 것 말고도 희극의 뒷맛이 나면 혼란스러워지는 것이 많이 있다. 예를 들면 우아미·매력·애교가 그러한 것이다.

그러면 희극에서 미적 성격이 가장 멀리 후퇴한다는 말은 무슨 뜻인가? 이말은 단순히 미의 소멸을 뜻하는 것은 아니다. 그렇게 보기에는 희극의 쾌감이미의 쾌감과 너무나 비슷하기 때문이다.

그러나 희극의 쾌감과 미의 쾌감과는 전혀 다른 것이 아닌가? 양자의 공통점은 대체 무엇인가? 이 공통점은 양자가 순전히 대상적이며 실재성 정도가 어떠한가에 상관없이 다만 현상에 무관심적 만족을 느끼는 점이다.

그리고 그 차이점은 무엇인가? 우리가 알기로는 희극의 관조는 불쾌감에서출발한다. 왜냐하면 부조리한 것 자체나 우둔하고 유약한 것에 쾌감을 느끼는사람은 없기 때문이다. 그렇지만 희극을 즐기는 쾌감이 부조리한 것에 달려 있는 것이 아니라 부조리한 것의 가면을 벗기는—그것은 동시에 부조리한 것의해소와 말살이다—것에 달려 있다고 주장하는 사람은 아직 없다. 이러한 견해속에 함축된 것은, 더욱이 부조리 자체의 귀결이 나오는 경우에 있어서는 쾌감이 어디까지나 두고두고 향수하는 성격을 부여하는 적극적인 그 무엇임에 틀림없다. 우리는 그러한 것을 어떤 적절한 기지, 유머 있는 말솜씨, 희극적인 모습,인상 깊은 비유에서 발견한다.

이리하여 희극적인 것에 대한 쾌감과 중성적인 미에 대한 쾌감과의 차이는결국 쾌감 자체 내의 차이에 지나지 않는다. 주관적으로 본다면 이 차이는 주로 기분의 차이다. 왜냐하면 가소로운 것은 명랑한 기분을 안겨주지만 그 밖의 미적 영역에서는 더할 나위 없이 엄숙한 기분을 풍기는 경우도 있기 때문이다.

그러므로 여기에 하나의 분할선을 그을 이유는 없다. 희극적인 것은 정당하게 미 속에 끼어 들어가는 것이다. 희극적인 것은 또 어떤 '멋'을 갖기 쉬운데,이 멋도 직접적으로 느껴지는 어떤 미—유머작가의 독창적인 예술—이다. 그반면에 유머가 풍부한 사람이 우아한 것—고상한 희극의 독특한 작품—에 끌리는 것도 결코 무리가 아니다.

그렇다면 또 희극적인 것 속에서 미가 뒤로 물러난다는 것은 무슨 뜻인가?이에 대한 해답이 앞 절(제39절 b·c항)의 소득, 즉 감정이 상하거나 비굴해지는 일 없이 역겨운 것과 천한 것을 생생하게 전달할 수 있는 희극의 특유한 힘이다.

다시 말하면 여기서 희극이 전달하는 '것'—순전히 소재나 내용에서 보면—은 아름다운 것과는 거리가 멀다. 오히려 추한 것이라고 보아야 마땅할 것이다. 위에서도 언급한 바와 같이 무엇 때문에 '추'한가에 대해서는 아직까지 주의 깊게 살펴지지는 않지만 인간에게 있어서 결국 약한 것, 천한 것, 야비한 것, 부조리한 것 때문이며, 우리가 실제생활에서 어쩌다가 마주치게 되면 눈길을 돌리게 되는 것 때문이다.

이런 것들이 희극의 소재가 되는 이유에 대해서는 충분히 설명했다. 그러므로 이제 남은 일은 이 소재적인 요소가 희극적인 것 속에서 미와 대립하는 것, 다시 말하면 '희극적인 것 속에서 미적인 것을 물러가게' 하는 것이 된다는 귀결을 끌어내는 일뿐이다.

그러면 이 점이 올바르게 표현되었는가? 오직 희극적인 것 속에서만 소재가 미와 불미(不美)를 결정하고, 그 밖에 다른 데에서는 예술작품의 어느 한 계층에 있어서의 특수한 형식이었거나 또는 극단적으로 말해서 순수한 형식유희였거나 아니면 계층서열에서 투시되는 형식이었거나 간에 형식의 비중이 큰 것일까?

물론 그것이 나의 의견일 수는 없다. 미는 어디서나 마찬가지로 여기서도 형식에 달려 있는 것이며, 더구나 형식의 유희에 달려 있는 것이 아니라 어떤 다른 것을 나타내는 형식의 능력에 달려 있는 것이다.

그리고 바로 그 때문에 희극적인 것에 대한 미적 쾌감—이것이 우리를 웃게 한다—은 결국 그 밖의 모든 미적 향수의 쾌감과 성질이 같은 것이다.

이 희극적인 것에 대한 쾌감이 가진 특수성—그것이 바로 우리를 웃게 한다—은 어디까지나 미적 쾌감이라는 부류의 내부에 머물러 있는 것이지 결코 내용적인 것에만 국한되는 것이 아니다. 왜냐하면 여기서 어떤 효과가 일어난다는 것, 또 이 효과가 중요한 그 무엇에 현혹하고, 그다음에 이 중요한 것이 허무로 돌아가는 데 달려 있다는 것은 모두 똑같은 현상관계 내부에 있는 요소들이기 때문이다. 오직 이 요소들 때문에 현상관계가 복잡해져서 처음에 반대로 나타났다가(전도현상) 다음에 다시 처음의 방향으로 돌아가게 되는 것이다. 이

때에 어떤 독특한 기쁨이 나오거니와 이 기쁨은 이미 소재와는 아무런 관계가 없고, 이 기쁨의 특성 또한 소재에서 연유하는 것이 아니다. 그러한 기쁨이 바로 희극에 대한 쾌감이다.

b 회화와 음악에 있어서의 희극

지금까지 머리에 떠오르는 의심스러운 생각을 추구한 것이 헛된 수고가 아니었음을 증명했다. 좀더 특수한 것을 고찰하면 그 밖에도 몇 가지 의심스러운 점이 떠오른다. 지금까지는 다만 문학과 생활에 있어서 희극적인 것만 가지고 이야기했는데, 그럴 수밖에 없는 것이 희극적인 것의 비중은 본디 여기에 있기 때문이다. 그러나 희극적인 것은 그 밖의 다른 곳에도 있다. 그러면 예컨대 만화에서는 희극이 어떻게 되는가? 여기서는 만화를 만화와 비슷한 모든 것을 포함시켜서 넓은 뜻으로 이해해야 한다.

기록된 모든 규정은 희극적인 그림에도 적용되는가? 왜냐하면 여기서는 그림만이 문제이기 때문이다. 색채는 보조수단에 지나지 않으며, 희극을 누그러뜨리기조차 하는 것이다. 색채는 또 회화에 사실성을 부여하기도 한다. 그것은 우리가 받아들일 수 없는 효과를 나타내는 셈이 된다.

기록된 규정이 희극적인 그림에도 맞느냐 하는 문제는 여기에도 필요한 '대조물'이 있느냐? 또 이 대조물이 적정한 차원에 놓여 있느냐? 대체 여기에도 처음에 위대하고 귀중하게 나타났다가 '추락'하는 그 무엇이 있는가? 여기에도 스스로 해소하는 어떤 부조리가 있는가? 등이다.

두 가지 문제에는 의문의 여지가 없다. 솜씨 있는 회화는 그 속에서 놀림의 대상이 된 어떤 실물을 우리가 미리 알고 있을 때에는 물론 대비가 된다. 왜냐하면 본디 실물은 보기 좋은 것인데 회화 속에 그려진 것은 보기 싫은 것이기 때문이다. 이로써 또 대립의 차원이 알맞고 바른 것도 확실하다.

그러면 '추락'은 어떠한가? 그림 속에서는 이전이나 이후가 없고 모든 것이 동시에 존재한다. 그러나 그림이 이 그림을 보는 사람으로 하여금 먼저 몇 가지 특징을 보고 그 실물을 알도록 예술적으로 잘 짜여져 있다고 말할 수 있다면, 그때에 비로소 일그러진 모습이 드러날 수 있으며, 귀한 것이 허무한 것으로 낮게 떨어진 듯한 느낌을 주게 된다. 이때에 일그러진 모습을 통해서 그처럼 허무해진 것이 실물과 똑같이 중요하고 귀한 것처럼 자부하고 싶어 하는 점에 부조리가 있는 것이다.

그 점은 모든 만화에 타당한 것이 아니다. 전혀 반대의 순서도 있다. 여기서는 일그러진 모습이 먼저 눈에 보이고 그다음에 그 기괴망측한 모습에 분개한다. 그리고 난 뒤에 비로소 우리는 그 모습이 누구와 같다는 것을 알게 된다. 그러면서도 이 만화가 희극적인 인상을 풍긴다는 것을 부인할 수는 없다.

우리는 여기서 희극적 효과가 관조의 순서와는 관계가 없다는 것 말고는 다른 결론을 끌어낼 수 없다. 그렇다면 이때에도 '추락'과 대립의 자기해소가 유지되는가?

그렇다고 말할 수 있다. '추락'이라는 것을 반드시 시간적인 것이라고 볼 필요는 없다. 그 점은 어떤 간단한 비교와 직각적으로 간파되는 비유가 웃음을 환기하는 어떤 유머의 형식에서 알 수 있다. 그러나 우리는 이 사실을 또 달리 설명할 수 있다. 즉 우리는 '타락'을 얼마쯤 시간이 지난 뒤에 느끼고 평가하며 그 희극성을 즐길 수 있다. 파괴된 우상의 남은 조각을 보면 그 우상이 얼마나 위대하고 분수에 넘쳤던가를 잘 알게 된다.

또 우리가 잘 알고 있던 실물의 일그러지지 않은 모습이 얼마의 시간이 흐른 뒤에 갑자기 생각나는 경우도 있다. 이때에도 대조는 반대의 순서에 있어서와 똑같은 것이다. 따라서 부조리도 그렇고, 그릇된 자부심의 소멸을 뜻하는 부조리의 자기해소도 물론 그런 것이다.

음악에서도 희극적인 것은 여러 문제에 부닥친다. 순수음악이 희극적인 것이 될 수 없는 이유는 앞에서 이미 말한 바 있거니와 이 희극성은 물론 주제음악에 개입할 수 있다. 그러면 그것을 어떻게 설명할 것인가? 적어도 가사나 장면 속에 들어 있는 희극적인 것이 알맞게 음악으로 반주될 가능성이 있는 것이다.

그러나 순수음악에 관해서도 어떤 작품 속에는 희극적인 것과 아주 비슷한 순수음악이 있다는 것을 말해야만 한다. 그러한 순수음악을 들으면 명랑하고, 유쾌해지고, 경쾌하고, 기분이 들뜨고, 발걸음이 가벼워지고, 뛰고 싶고, 분방하고, 아무 걱정 없이 홀가분해진다. 그러한 순수음악과 희극적인 것과는 불과 몇 걸음의 차이밖에 없는 것이 아닌가?

그렇다고 여기서 음악 자체도 희극적인 것이 될 수 있다는 귀결을 끌어내려고 하는 사람이 있다면 그는 올바른 길에서 빗나가는 것이다.

그는 자기가 '유쾌한 것, 경쾌한 것, 발걸음이 가벼워지는 것'을 우아한 것의 어떤 특수형식, 예를 들면 명랑한 것, 경솔한 것, 호의가 가는 것, '애교'스러운 것이나 '매력'적인 것과 거의 동일시하고 있다는 사실을 모른다. 따라서 그는 희극적인 것의 영역을 떠나서 전혀 별개의 영역으로 발을 옮겨놓는 것이다. 순수 음악은 물론 우아한 것이 될 수 있고, 또 우아한 것의 모든 특수형식까지도 취할 수 있다. 하지만 그것이 문제가 아니다.

주제음악에 관해서는 뚜렷이 드러난 실례가 있다. 모차르트의 오페라 속에는 가장 좋은 실례가 있다(《피가로의 결혼식》의 여성2중창 '문이 잠겨져 있네'의 대목). 그다음에 바그너의 〈뉘른베르크의 명가수〉 중 베크메서 장면, 특히 제2막의 한스 작스의 장면과 리하르트 슈트라우스의 〈장미의 기사〉, 한스 피츠너의 〈팔레스트리나〉(제2막)와 엥겔베르트 훔퍼딩크, 약간의 해학가극 등이 있다. 그러나 여기서 신중을 기해야 된다. 왜냐하면 희극의 희극성은 대개 음악과 '나란히' 진행하는 것이지 접촉하는 것이 아니기 때문이다. 이 점에 대해서는 가요 문학 가운데에서 몇 가지 실례를 인용할 수 있다.

요약해서 말하면 지금까지의 실례들이 무엇을 말하느냐가 문제이다. 이 실례들은 희극적인 대사나 희극적인 장면을 동반하는 음악 자체가 희극적임을 말하는 것일까? 그렇지 않으면 이 음악의 대사나 혹은 장면의 희극성과 불가분적으로 결부한 쾌감과 광희와 풍자와 해학을 구체적으로 표현한다는 것을 말하는 걸까?

위에서 설명한 실례들을 가지고 충분히 생각하면 후자라고 단정을 내릴 수밖에 없으리라. 하지만 이 단정이 좀더 상세하게 논증되지는 않는다. 그러려면 해당하는 부분을 음성으로 올려가지고 마치 우리가 요술사의 마술에 속듯이 오로지 희극의 희극성에만 속하는 것을 음악에 귀속시키는 착오를 범했나 범하지 않았나를 냉정히 결정해야만 할 것이다.

음악은 기이하게도 모든 종류의 기분과 잘 어울린다. 따라서 이 착각을 피하는 일은 거의 불가능하다.

바그너의 음악에 있어서는 이 착각이 가장 천재적인 솜씨로 처음부터 끝까지 한결같다.

그러나 만일 베크메서의 노래를 가사나 장면이나 희극적인 인물의 표정을 떠나서 생각한다면 아무리 군데군데 독특한 미가 있다 하더라도 그것이 '희극적'인 음악이었다고 말하기는 어려울 것이다.

c 여러 계층마다의 희극성

예술작품에 속하거나 생활의 희극에 속하거나 상관없이 모든 희극적 대상 전체에 관한 보다 엄중한 이론이 있다. 하지만 이 이론은 첫째 예술작품에 관계가 있는 것이다. 이 이론은 희극적인 것이 과연 언제나 대상의 모든 계층의 '높이차'에서 기인하는 것이냐고 묻는다. 이 물음에 대해서는 III부 제3장 제39절 a항에서 대답했지만 아주 불충분했다.

왜냐하면 이 대답에 어긋나는 듯한 현상이 보였기 때문이다. 희극이나 유머소설의 경우를 가지고 생각해 보자. 여기에는 과연 여러 계층으로 구성되었고 또 어떤 높이차가 성립할 충분한 여지가 있는 사건 전체의 통일적인 희극성만이 있는 것일까? 또는 그보다도 외적 현상의 특수한 희극성이나, 상황과 행동의 희극이나, 성격과 태도의 희극성이나 운명의 희극성이 있는 것이 아닐까?

이 문제는 여러 가지 희극적인 것을 불가분적인 한 전체의 부분으로 설명함으로써 결말이 날 수는 없는 것이다. 사실에 있어서 이 여러 가지 희극적인 것들은 분리되는 것이며, 그러므로 어느 한 각본이 상연되었을 때에 어느 부분은 성공하고 어느 부분은 실패하는 경우가 있을 수 있는 것이다.

《십이야》 속에서 애처로운 사랑의 표정에 이르기까지 말볼리오의 외면적 현상은 훌륭하게 성공했지만, 그 반면에 '처녀'와의 만남과 같은 상황의 희극성에는 아쉬운 점이 있다. 그 점은 성격 또는 태도의 희극성과 운명의 희극성에서도 인정된다(전자는 '인물' 전체가 믿음직스러운 점에서 성공했고, 후자는 비올라와 마리아와의 본의 아닌 싸움의 장면에 아쉬운 점이 있다).

그와 마찬가지로 희극적인 소유에 있어서도 이 모든 요소가 거의 다 제멋대로 할 수 있다. 그리고 사실에 있어서 소설의 특수한 성격은 대부분이 바로 이런 점에 매달려 있는 것이며, 또 그런 점에서 가장 미묘한 차이에 이르기까지 작가의 특성이 나타나는 것이다(장 파울·라베·로이터······).

그러므로 각 계층에 있어서 희극이 가진 상대적 독립성을 비본질적이라고 볼 수는 없다. 이 독립성은 오히려 사실의 본질에 관한 설명을 요구하는데, 그 설명의 근거는 어떤 종류의 높이차를 위해서도 자유의 여지가 있는 전체의 희극성을 깊이 연구해서 밝히는 데 있거나, 그렇지 않으면 각 계층에 관한 보다 더 특별한 숙고에 있거나 둘 가운데 하나일 것이다. 그런데 이 후자는 참으로 의심스러운 것이라고 말하지 않을 수 없다. 왜냐하면 그런 생각은 혹시 틀리는 수도 있는 이론과 충돌하기 때문이 아니라 각 계층의 독특한 희극성을 분리하기가 그리 쉬운 일이 아니기 때문이다.

희극성에 대한 관조자의 기묘한 감정 자체가 관조자에게 확인되는 독립성의 배후에 언제든지 큰 연관이 있다는 것을 예고해 주며 그것이 바로 미적 감정—가치감정이라고 말해도 좋다—자체의 암시이다. 가치감정이라는 것은 물론 너무 좁은 것이어서 그보다도 오히려 구조감정으로 나타나는 것이다. 이론이 그런 것까지 물을 수는 없지만 이러한 감정의 현상을 바탕으로 추정할 수 있는 모든 것이 그 속에 매여 있는 것이다.

그러므로 다시 독립시킬 수 있는 계층(예를 들면 외면적인 거동이나 표정이나 자세 따위)의 희극성이 대체 어느 점에 있는가를 물을 수밖에 없다. 이런 것들은 그 뒤에 오는 계층의 희극성에 대해 어느 정도의 독립성을 가졌으므로 그것만으로서 현실적으로 존립하는 것일까?

외면적인 자세는 그것이 표현하려고 하는 것과 뚜렷하게 대조될 때에만 희극적인 것이다. 말볼리오의 외면적 현상은 그가 보여주려고 애쓰는 인격적 존엄성은 물론 그의 대조가 되는 것이다. 이 인격적 존엄성은 그의 외면적인 자세 속에 나타나지만 본디는 이 외면적인 자세와 전혀 다른 계층, 예를 들면 성격이나 도덕적 태도의 계층에 속하는 것이다. 따라서 희극성의 '높이차'는 작품 전체에서와 마찬가지로 여기서도 모든 계층의 깊고 얕은 차원에 정립한다.

만일 그것이 확실한 사실이라면 문제는 지금까지 전개된 이론의 의미에서 결말이 난 것이다. 다시 말하면 어느 정도 고립시킬 수 있는 각 계층의 희극성은 그것이 비록 한 계층에서만 나타난다 하더라도 그 희극성은 그 근거가 해당되는 계층에만 가지고 있는 것이 아니라 개별의 소재내용을 가진 서로 다른 계층을 전제로 하는 것이다.

해명될 때까지 진지하게 물어보라. 상황(어떤 장면)의 희극성이 이 상황에 참가하는 성격의 특수한 형성을 떠나서 성립할 수 있는가? 본질적으로 인간의 특성·단점·장점·불안과 희망을 통해서 규정되지 않은 인간의 외면적인 상황이 있는가? 절대로 그렇지 않다. 구체적 상황은 사람들의 본질특성을 통해서만 있는 것이며 엄밀히 말하면 전혀 다른 사람들 사이에는 똑같은 상황이 절대로 없는 것이다.

그럴 경우 각 계층의 희극성이 분리해서 나타나는 이유는 무엇인가 하는 문제가 여전히 남아 있다. 이 현상은 우리의 출발점이 되었던 것인데, 이 문제에 대해서는 여러 가지 착각이나 무의식적 전제—그중에는 작용에 속하는 주관적인 것도 있으려니와 대상에 속하는 객관적인 것도 있다—를 끌어낼 수 있으나 그것은 이미 새로운 것이 아니므로 그대로 덮어두자.

여기서 한 가지 더 이야기해야 될 것은 예술적으로 구성된 어떤 작품의 한 계층에서 다른 계층이 나타나는 것과 같은 보다 큰 관계의 전체 속에는 언제든지 여러 가지 특수관계가 있다는 점이다. 우리가 이 특수관계를 사실상 보다 큰 그 연관 속에서 떼어낼 수는 없지만, 그러면서도 그것은 어느 정도 따로 떨어져서 우리에게 나타날 수 있다. 여기서는 사실 어느 경우에나 일어난다.

더욱이 이 '현상' 자체는 어디까지나 객관적으로 승인받을 수 있는 것이다. 한 배우의 연기 가운데에서 어느 부분을 칭찬하고 어느 부분을 비난하는 것은 결코 잘못된 일이 아니다. 왜냐하면 연기는 똑같은 역할, 아니 똑같은 장면에 있어서도 더할 나위 없이 복잡해서 그 부분적 연기들이 독립적으로 변화할 수 있는 가능성이 있기 때문이다. 그러나 그러면서도 모든 부분적 연기는 전체 속에서 결부되어 있는 것이며, 오직 이 전체 속에서만 평가될 수 있는 것이다.

부록

41) 미적 대상의 존재론

a 미적 대상의 계층과 존재의 계층

예술은 모방이 아니다. 그 이유는 이미 위에서 밝혔다. 모든 예술이 표현은 아니다. 그러나 표현예술과 비표현예술과의 사이에는 어떠한 동질성이 있다. 비표현예술은 그 어떤 기존형식과 아무런 유사점도 없는 형식의 자유유희인 장식에까지 이어진다. 그럼에도 모든 예술은 어디까지나 현실적인 것과 밀접한 관계가 있다. 예술이 현실적인 것과 너무 멀어지면 그런 예술에는 실감이 가지 않는 것이다.

그러면 예술은 왜 생활이나 존재와 밀접한 것인가? 문학과 회화만이 아니라 음악과 건축도 그런가? 그 까닭은 모든 예술이 존재자를 반영하기 때문이다. 모든 예술은 생활의 진리를 표방하는 깃발을 높이 들고 있다. 다시 말하면 예술은 우리가 실제생활 속에서 보는 것처럼 보려고 하는, 즉 외면적인 현상을 통해서 구체적·직관적으로 보기도 하고, 또 현상을 통해서 거짓으로 꾸며지고 숨겨진 것을 보려고 하는 경향이 있다. 음악과 건축에서도 그와 마찬가지다. 하지만 여기서는 다만 이 관계가 그것들을 이루는 특수한 소재를 통해서 숨어 있을 뿐이다. 표현예술에서는 그 관계가 가장 잘 보인다. 그러면 표현예술은 이것을 어떻게 표현하는 것일까?

표현예술이 현상관계를 통해서 표현한다는 것은 분명해졌다. 그런데 이 현상관계는 계층적 질서 중에서 일어나는 것이며 계층에서 계층으로 진행하는 것이다(II부 제1장 제11절 또는 제15절 참조). 이만큼 대상의 구조가 확인되었다. 그러나 여기에 또 하나의 문제가 남아 있다. 그것은 이 계층들이 어떤 계층들이며 또 미적 대상은 이 계층들 속에서 어떻게 되는가 하는 문제이다. 이에 대한 해답은 모든 계층의 기술에서 찾을 수 있다. 그렇지만 여기서는 미적 대상의 모든 계층이 실재적 세계의 일반존재적 계층과 어떤 관계를 가지고 있는가 하는 원칙적인 문제가 중요한 것이다.

미적 대상의 모든 계층은 한편으로 보면 실재적 세계의 모든 존재층과 비슷하지만 다른 한편으로 보면 그것과 다르다. 그리고 계층 사이의 큰 차이만이 중요한 것이 아니라 아주 보잘것없는 비약도 중요한 것이다. 이 문제는 미학적으로는 중요치 않을는지 모르나 존재론적으로는 매우 큰 관심사가 된다. 왜냐하면 여기에는 존재층의 효과를 음미할 기회가 있기 때문이다.

그러나 미적 대상에도 결국 실재적 세계의 구조를 결정하는 모든 존재층이 있다는 것을 분명히 말해야만 한다. 그것을 간추리면 (감성적인) 물(物)과 생(生)과 심(心)과 정신적 세계라는 네 가지 계층이다. 여기서는 다만 이 계층들이 다시 세분되며 또 세분되는 방식이 예술의 종류에 따라서 다를 뿐이다.

예를 들면 회화에 있어서는 가장 낮은 존재층이 다시 여러 층으로 나누어진다. (1) 2차원의 화면, (2) 나타나는 공간과 빛을 가진 3차원의 공간, (3) 나타나는 형태의 운동, (4) 나타나기 시작하는 생명 등이 그것이다. 회화에 있어서 가장 중요한 것이 바로 외면층이다.

그다음에 더욱 높은 존재층에 해당하는 모든 요소, 즉 심적인 것, 장면 등등이 나타나기 시작한다. 회화와 성질이 전혀 다른, 즉 희곡이나 서사시나 소설과 같이 규모가 보다 큰 문학과 대질시켜 보면 얻는 것이 많을 것이다. 물론 여기에도 똑같은 존재자의 계층적 질서가 바탕에 놓여 있다. 하지만 분열하는 방식이 다르고 또 중점이 달리 분산된다.

여기서는 물적이고 감성적인 것이 말 또는 글 이외의 다른 것을 통해서 나타날 수 없다. 그와 마찬가지로 생명의 계층은 운동과 표정을 통해서만 나타나고 심적인 계층은 성격과 반응에서 나타난다. 그러나 정신적 계층은 (1) 상황과 행동, (2) 운명, (3) 이상적 인격, (4) 보편적 이념…… 등 여러 방면으로 분산된다. 여기서 주의할 점은 정신적 계층의 한 부분이 심적 계층에 앞선다(심적계층의 전경에 나타난다)는 사실이다. 그 이유는 상황과 행동을 성격적인 것보다도 더 식접적으로 직관할 수 있는 인간의 안목에 있는 것이다.

음악에 있어서도 다르다. 음악의 외면층에서는 청각적으로 받아들일 수 있는 한계가 매우 좁으며 그 밖에는 이미 그렇게 감각되지 않는 보다 큰 음악적 통일이 놓여 있다. 그다음에 비로소 다시 성질이 아주 다른 계층질서가 나타나는데, 여기서는 심적인 것이 훨씬 큰 비중을 차지한다. 그러나 거기에는 또 생명의 계층이 빠질 수 없고 또다시 여러 층으로 분열되는 정신의 계층이 없을 수 없다.

이러한 내면층에서 존재의 계층질서를 재인식하기는 쉽지만 외면층에서는 그것이 그렇게 쉽지 않다. 그 이유는 이 외면층이 전혀 별개의 질료로써 이루어지고 또 무엇을 표현한다고 자부하지 않는 점에 있다. 이런 점은 거의 그대로 건축에도 적용된다.

이것으로 보면 문학에서처럼 세계의 일반적인 계층질서를 재인식하기가 쉬운 곳은 없다. 그리고 가장 유동적이고 가장 편차가 심한 것이 전경에 속하는 모든 계층이다.

그러면 실재하는 존재의 모든 계층이 예술작품의 모든 계층 가운데서도 재인식되는 이유가 대체 무엇인가? 그 까닭은 예술작품 속에서 표현되는 대상이 모두 똑같은 존재적 계층질서를 포함하고 있기 때문이다. 표현예술에 있어서는 거의 모든 소재가 인간적 영역 속으로 들어오며, 또 인간 자체가 네 계층을 모조리 가지고 있으므로, 이 네 계층이 인간적인 것의 표현 속에서도 다시 나타날 수밖에 없는 것이다.

그러므로 예술가는 어느 계층도 무시하지 말아야 한다. 그가 만일 어느 계층을 무시하면 그 결과는 곧 추상적이고 비직관적이며 개념적인 것이 되고 만다. 그것은 마치 작품 속의 인물들을 스스로 말하고 행동하면서 나타나도록 하는 것이 아니라 심리학적으로 행동하는 작가와 같다 하겠다. 우리가 인간생활 속에서 보고 듣고 겪는 마음과 정신은 물질적이고 물리적인 존재층에 매개된 것 이외의 다른 것이 아니며, 오직 이 존재층만이 우리의 감각을 통해서 우리와 직접적으로 결부하는 것이다. 그리고 인간생활에 있어서 그 밖의 다른 모든 것이 이미 매개되어서 우리에게 주어져 있듯이 예술에 있어서도 역시 그러한 것이다. 예술은 바로 이 점을 이용하며, 여기에 현상관계의 존재적 의의가 있다.

b 위대한 모든 예술의 일치

대체적으로 말하면 훌륭한 예술에 있어서는 존재적으로 상위 계층이 작품 속에 깊이 숨어 있고 오직 투명한 외면층에서만 나타나도록 배치된다. 여기에는 존재적인 이유가 있다. 왜냐하면 예술은 감각에 호소하며 감각은 물적인 것과 결부하고 오직 이 물적인 것의 매개를 통해서만 그 밖의 다른 것을 인식할 수 있게 되기 때문이다. 시발점은 회피할 수도, 다른 것과 바꿀 수도 없는 것이다. 감각은 직접적으로 마음적인 것을 전달하는 것도 아니고, 또 살아 있는 것을 전달하는 것도 아니라, 어디까지나 오직 광범한 물리적 영역에 속하는 물적인 것만을 전달한다. 그러므로 존재적으로 보다 높은 계층일수록 미학적으로 '보다 깊은' 계층일 수밖에 없다. 또 이 관계는 절대로 흥정의 대상이 될 수 없다. 그 점은 거의 그대로 예술의 모든 영역에서, 즉 인간미에서도 인정되고 자연미에서도 인정된다.

이 경우에 주목할 만한 점이 있다. 그것은 이미 지적한 바와 같이 어디서나 외면층이 다르다는 점이다. 예술 내부에 있어서 쓰이는 질료가 근본적으로 다르듯이 그 외면층도 예술에 따라서 다른 것이다. 왜냐하면 예술의 외면층은 질료를 통해서 결정되기 때문이다. 돌로 이루어지는 형식을 음(音)으로 이룰 수 없고, 색(色)으로 이루어지는 형식을 말로 이룰 수 없다.

그러나 최후의 내면층은 매우 근사하고 대개는 똑같은 것이다. 최후의 계층은 물론 그렇지 않은 경우도 있겠지만 보다 깊은 중간층에 합치하는 점이 있다. 이 점은 그리 주목을 받지 못하고 있는 것 같다.

최후의 내면층은 이론적인 것의 층이며 인간적으로 보편적인 것은 모든 예술에 공통하는 것이다. 하지만 개인적·이념적인 것—인격성의 이념—은 위대하고 심오한 예술작품에서는 보기 드물다. 만일 그런 것이 있다 하더라도 그것은 이념적·보편적인 것에 대항하는 것이 아니라 오히려 그 대립성을 통해서 더욱 뚜렷하게 드러나는 것이다.

그러나 그 밖의 내면층—보다 얕은—에서도 우리는 똑같은 경향을 본다. 인간적인 운명은 어디서나 재현한다. 하지만 전혀 다른 형태로 재인식되는 것이다. 인간의 성격은 우리가 손쉽게 찾아낼 수 있는 어떤 유형에 속한다. 여기서는 쉽게 우리 눈에 띄는 이 공통적 특징이 우세한데, 이에 비하면 그 밖의 것은 중요성이 없는 것같이 무시된다.

내면층에 있어서 그 점은 외면층에 있어서와 다르다. 그리고 이 점은 비표현 예술에서도 인정되는 것이다. 왜냐하면 이 예술의 내면층에서도 똑같은 심적 존재가 표현되며 더구나 보다 고차적인 보편성을 가지고 표현하기 때문이다.

이 점에서 예술적 창작의 세계 전체를 일관하는 어떤 유사현상이 있는 이유를 이해할 수 있다. 감성적 또는 감성적인 것과 비슷한 현상형식에 있어서 예술의 엄청난 다양성은 그 내면적인 실질(이것을 오직 소재로만 이해할 것이 아니라 형성된 내용으로 이해해야 한다)의 단일성과 좋은 대조가 된다.

그리고 여기서 우리는 애당초에 밝혀지지 않은 채 자주 미학자들의 주목을 끌어온 현상, 즉 이질적인 모든 예술이나 성질이 전혀 다른 모든 예술작품 사이의 유동성을 발견한다.

그 점을 우리는 또 이렇게 표현할 수 있으리라. 즉 하찮은, 그리고 평범한 모든 예술은 헤아릴 수 없을 만큼 다양해서 거의 비교가 안 될 정도이지만, 참으로 위대한 모든 예술은 그와 반대로 거의 이해가 안 될 만큼 똑같은 것이라고.

이와 같은 일치점은 다름 아니라, 그 밖의 다른 점에 있어서 아무리 다르더라도 우리가 그것들을 비슷하다고 느끼는 데서 나타나는 것이다. 파르테논 신전과 둔주곡의 예술, 라파엘로의 〈성모상〉과 셰익스피어의 《헨리 4세》, 렘브란트의 〈노년의 자화상〉과 올림포스산의 〈아폴로〉, 베토벤의 〈교향곡 제5번〉과 〈교향곡 제7번〉 등이 그것이다.

전혀 이질적인 것들의 비슷한 점이 무엇인가를 꼬집어서 말할 수는 없지만 우리가 그 점을 그렇게 느낄 때 그렇게 느낀다는 것만은 증언할 수 있다. 왜냐하면 누구나 그렇게 느낄 수 있는 것도 아니고, 오직 궁극적이고 가장 핵심적인 것을 투시하는 자만이 그렇게 느낄 수 있기 때문이다.

피상적으로 보면 위에서 설명한 불후의 작품들 서로 간에는 아무런 관계가 없고, 성질이 전혀 달라서 공통적인 부류를 찾을 수 없을 듯하나 깊이 파고 들어가서 보면 그 유동성을 확인하게 될 것이다.

이 유동성을 간단히 말할 수는 없다. 이를테면 렘브란트의 〈노년의 자화상〉을 보라. 그것은 좀 다르게 보이지만 어디까지나 일상을 보는 평범한 인간이며 그 이상 아무것도 아니다. 그러나 거기에는 우리의 눈길을 끄는 무언가가 있다.

그것은 작품 전체가 풍기는 비장하고 운명적인 그 무엇이 얼굴에 나타난 흔적이다. 그리고 그 속에서는 어렴풋이나마 우리 자신의 운명이 엿보이는 것이다.

또 둔주곡의 예술을 가지고 생각해 보라. 음악도 그것이 최대 규모로 나타나기만 하면 가장 깊은 투시력을 가질 수 있다. 바흐의 둔주곡이 놀라움의 적이 되는 까닭이 그 점에 있다. 바흐의 둔주곡은 작곡 속에서 우리가 생각할 수 있는 외면적으로 가장 무미건조하고 일정한 규칙적인 것과, 내면적으로는 가장 인상 깊고 의미 있으며 열렬하고 정서가 풍부한 것을 인식하고 적용해서 인간이 자기를 뛰어넘을 수 있게 하는 형이상학적인 힘을 가지고 있다. 바흐의 둔주곡은 다양한 요구를 내포하고 있으며, 누구나 다 가지고 있지 않은 조건에 제약을 받고 있으면서 가장 직접적인 방식으로 그 무엇을 나타내 보인다.

이 점이 천년에 겨우 한 번 있을까 말까 한 위대한 모든 예술의 특징이다. 그렇다고 위대한 모든 예술이 이 둔주곡처럼 그렇게 배타적인 활동범위를 가지고 있는 것은 아니다. 그러므로 이 둔주곡은 모든 영역에서 그처럼 뚜렷하게 두드러지지 않는다.

그러면 이 기이한 현상을 어떻게 설명할 것인가? 그것을 이제 간단히 설명할 수 있다. 모든 예술분야에 있어서 비교적 같은 것, 또는 최고도로 합치하는 것이 있다면 그것은 최후의 내면층이나 혹은 바로 그 앞에 놓이는 부분이다. 왜냐하면 여기서는 그것이 언제든지 인간에 관계되기 때문이다. 그러나 인간이라는 존재자의 배후에는 언제 어디서나 도덕적이고 형이상학적인 그 무엇이 있다. 따라서 위대한 예술은 깊이 여기까지 파고들어서 그것을 제 나름대로 나타낼 수 있는 만큼—참으로 위대한 모든 예술은 그렇게 한다—서로 합치하는 방향으로 기울 수밖에 없다.

그래서 모든 위대한 예술은 전혀 이질적이면서도 비슷한 인상을 주는 것이며, 최후의 내면층을 중요시하는 점에서 합치하는 것이다. 왜냐하면 우리가 일단 최후의 내면층에까지 다다르자마자, 이에 비하여 경박하고 외면적인 계층들이 아무리 다양하고 독특하더라도 무시되는 것이 사실이기 때문이다.

또 한 가지 이에 관련해서 말할 것은 위대한 모든 예술에 있어서 최대의 합치는 숭고한 것에 대한 합치라는 점이다.

왜냐하면 숭고미는 내면층이 무조건적으로 우세를 차지하는 미(美)이기 때문이다.

그 점은 이론(理論)이 말한다. 지금까지 열거한 도리아식 사원, 바흐의 중복 선율법, 셰익스피어의 희곡(《헨리 4세》) 등이 합치하는 실례를 이 이론과 대조해서 생각해 보자. 그것들은 순전히 숭고한 것들의 실례이다. 그리고 미켈란젤로의 〈예언자와 젊은이〉, 렘브란트의 〈노년의 자화상〉, 올림포스산의 〈아폴로〉, 베토벤의 교향곡 등도 역시 숭고한 것의 실례들이다.

이 모든 것 속에는 수수께끼같이 이해할 수 없는 그 무엇이 남아 있다. 위대한 예술, 더구나 그 조건 가운데에는 한갓 우세한 내면층만이 있는 것이 아니다. 이러한 작품은 그 외면층에 있어서도 동시에 깊은 내면층이 직관될 수 있고 구체적으로 나타날 수 있도록 충분한 형식을 갖추어야만 바로 예술작품으로서 완성될 수 있는 것이다.

그러면 위대한 예술작품 속에서는 어떻게 해서 완전한 형식이 심오한 이념과 더불어 공존하게 되는 것일까? 이 양자는 예술가에게 전혀 별개의 자질을 요구하는 것이 아닌가 하는 의문이 든다.

모든 예술에 있어서 왜 뛰어나게 위대한 대가에게서는 심오한 내용(이념)과 이것을 이루는 기교가 동반하는 반면에 재능이 졸렬한 예술가에게서는 이 두 가지가 서로 떨어져서 쉽게 맞지 않는 것일까? 우리는 이 두 요소가 오직 미완성의 소질에서만 분리되고, 완성하면 그것이 이질적인 두 개의 자질이 아니라 똑같은 자질의 내면인 것으로만 알고 있다.

그러면 그것이 왜 그렇게 되는가? 이에 대한 답은 간단하다. 잘 생각해 보라. 예술가는 자기 작품의 이념을 추상적—상상적으로, 다시 말하면 개념적으로 구상하는 것이 아니라 내적으로 관조한다. 그런데 이 관조는 동시에 감성적인 전경에 이르기까지 형식부여의 속생각도 된다. 그리고 여기서 덧붙여 말할 것은 내적 관조의 이 두 측면이 처음부터 공존하여 적절하게 서로 채워질 때에만 위대한 예술작품이 성립한다는 점이다. 그러나 그것은 아주 드문 일이다. 그리고 가장 걸출한 대가에게 있어서도 언제나 늘 있는 일이 아니라 오직 특별히 운이 좋은 경우에만 있을 수 있는 것이다. 그러한 천재성을 흔히 살아 있는 것으로 생각한다면 그것은 틀린 견해이다. 그리고 우리가 이러한 틀린 견해를 내놓게 되는 까닭은 오직 우리의 예술적 판단이 방만하여 명색 없는 것을 아주 위대한 것이라고 주장하는 데 있다.

c 한 계층의 소멸과 비약

존재적 대상층과 미적 대상층과의 관계—이 관계는 결국 똑같은 계층의 관계지만 전자에 있어서는 비교적 엄격하고, 후자에 있어서는 비교적 완만하다—를 너무 고루하게 인식해서는 안 된다. 이 모든 계층은 첫눈에 따로따로 재인식되는 것이 아니다. 왜냐하면 대부분은 여러 개의 미적 계층이 어떤 한 존재적 계층에 나타나기 때문이다. 이것이 존재적 계층과 미적 계층과의 관계를 흐리게 하는 계층의 분열이다.

아무튼 존재론적인 일반범주분석과 미학적인 대상분석과의 사이에 관련이 있다는 점은 원칙적으로 승인되어야 한다. 미학의 토대와 존재론의 토대를 분리시키는 것은 전혀 틀린 일이며, 또 범주론의 의의에 완전히 배치되는 일이다. 범주론은 실존적 존재의 영역에만 국한되는 것이 아니라 간접적으로 모든 현상영역에까지 미치는 것이다.

이에 대해서는 이러한 반문이 일어나리라. 예술작품에서 어떠한 존재층이 빠졌을 때에도 현상영역 가운데 어느 것은 일어날 대로 일어난다고. 물론 현상관계는 비약 없이 각 계층을 거쳐서 진행하는 것이다. 그러나 생명의 계층—개인의 적극적인 동작과 표정—을 뛰어넘어서 작가가 직접 심적 상황으로 파고드는 경우가 있다. 그 위에 또 인간의 내면적인 것이 직접적으로 언어능력을 꾀어내기도 한다. 그래서 언어능력이 얼마간 개념적·추상적으로 이 내면적인 것에 접근한다. 하지만 이러한 경우에는 그 이상의 투시가 성립되지 않는다는 점을 꼭 알아야만 한다. 따라서 비직관적이고 비예술적인 것이 되기 쉽다. 그 점은 회화에서 더욱 분명하다. 왜냐하면 인물의 생명이 인상적으로 나타나지 않으면 심적인 것, 성격적인 것과 도덕적인 것이 직관되지 않기 때문이다.

그러나 이 귀결을 극단에까지 몰고 가서는 안 된다. 왜냐하면 반드시 모든 계층을 모조리 제재로 삼아서 부각시켜야 할 필요는 없기 때문이다. 다음 계층의 투시가 우세하면 이와 접속한 한 계층이 '무시'되는 경우가 있다. 하지만 그것은 중간계층이 '없다'는 것을 뜻하는 게 아니라 이 중간계층은 여전히 있는 것이며, 그것이 여기서 다만 대상적으로 나타나지 않을 따름이다.

그러나 이와 같은 무시에는 한도가 있어서 이 한도를 벗어나면 현상의 구상성이 혼란스러워지는 것이다.

음악에 있어서도 이와 비슷한 점이 있다. 그것은 작곡가가 어떤 감정적 효과를 음적 구성의 구조 속에서 유기적으로 생기도록 하지 않고 직접적으로 끌어내려고 하는 경우이다. 이러한 음악의 효과는 졸렬하며 무리한 것이다. 이러한 과오를 가장 저지르기 쉬운 것이 문학이다. 이러한 소설가는 생생하고 직관적인 묘사 대신에 개념을 늘어놓는다. 사상도 매우 아름답게 표현될 수 있고, 제 나름대로 구상을 가질 수도 있다. 그러나 이 경우에는 구상성이 소재구성 속에서 생기는 것이 아니라 다만 이 소재구성 위에 따로 얹힐 뿐이다. 그렇게 되면 작곡의 통일성이 파괴될 위험성이 있다.

뛰어난 작가에게는 이러한 위험성이 없다. 경험이 많은 노련한 사람이나 상상력이 풍부한 사람, 더구나 세계관에 많은 흥미를 가진 사람은 형상과 장면 대신 상상을 가지고 창작한다. 그 가장 좋은 실례가 만년의 괴테로서, 그는 소품이나 서정시 말고는 이렇다 할 엄격한 예술형식을 취한 일이 전혀 없다.

이 실례는 상상적인 것도 만일 그것이 중요하고 또 그 형식이 잘 짜인 것이라면 어느 정도 볼 만한 것이 될 수 있음을 말해 준다. 사상은 그 전체구성에서 어떠한 형상이 나타나지 않는 때에도 그 자체가 구상적으로 두드러질 수 있는 것이다. 이 경우에는 다만 보다 큰 전체의 통일성이 없어지고 작품이 구상적인 사상의 나열과 비슷하게 될 뿐이다. 그 결과 우리는 작가가 생활연관의 한 부분을 전개하는 대신, 자기의 일가견을 길게 말하는 것과 같은 느낌을 받게 되리라.

위대하고 순수한 예술은 직관을 통해서 효과를 나타내고 말을 다만 상상력을 환기하기 위한 수단으로 써서 독자가 인물이 오가는 형상을 알아보게 하며, 말하고 침묵하는 것을 알아듣도록 하는 것이다. 이것이 본디 순수하게 나타내는 예술가의 길이며 문학예술이 조형예술과 근본적으로 다른 점이다. 그러나 우리가 실망하기 쉬운 것이 문학예술이다. 왜냐하면 여기서는 우리가 상상에 사로잡혀서 문학의 진정한 의의를 쉽게 잊어버리기 때문이다.

어느 한계 안에서는 환상이 환기되면 비어 있거나 혹은 미약하게 보이는 계층을 뛰어넘는다.

그렇게 되면 본디 직관적인 현상이 저지되고 구체성이 파괴된다. 그러나 모든 것이 산산이 무너지는 것은 아니다. 오히려 전에 마땅히 '나타나'야 했던 것이 이제는 암시를 통해서 '추측'된다. 그리고 그 추측도 직관적인 현상관계 속에서 어떠한 큰 역할을 하는 것이므로 이 요구가 곧 예술적 통일을 파괴하는 것은 아니다.

그런데 추측이 가능하려면 현상관계가 손상되지 말아야만, 즉 계층질서에 있어서 서열의 차안과 피안을 잇는 데 필요한 직관성의 힘이 있어야만 한다. 만일 그렇지 않으면 문학은 이치를 따져 논하게 되고, 예술은 생활경험의 사상적 표현으로 변한다. 그리고 이러한 한계를 벗어나기가 얼마나 쉬운가는 누구나 잘 아는 바이다.

이 경우에 우리의 눈에 띄게 되는 것이 문학의 인접현상인데, 이 현상은 매우 유동적인 인접관계여서 거기에 분명히 한계가 있다는 걸 느낄 수는 있어도 지적해서 말하기는 쉽지 않다. 하지만 여러 가지 학문적 논술 속에도 문학적 요소가 있다. 이 요소는 역사적 논술에서 가장 뚜렷하게 나타나며 철학적 논술 속에도 있다.

위대한 모든 철학자의 철학 속에는 문학적 요소가 충분할 정도로 많다. 까닭인즉 철학자는 언제나 기성개념에 만족하지 않고 직관적인 표상들을 쓸 수밖에 없기 때문이다. 플라톤과 니체는 말할 것도 없고 헤겔과 칸트도 결국 얼마쯤 문학적인 요소를 가지고 있다. 이 문학적 요소가 지나치게 뚜렷하면 철학자가 환상의 유희에 빠질 위험성도 있다.

그러나 유동적인 한계 밖에 속하는 것은 분명히 환상의 유희를 도외시하고 그 한계 내에서도 현상관계가 중단될 수 있는데, 이 '중단'이라는 것은 본디 손상이 없는 모든 중간층을 끊임없이 통과해야 될 투시의 공백을 말하는 것이다.

그렇다고 현상관계 전체가 곧바로 저지되는 것이 아니다. 왜냐하면 적극적인 표상력이 그 공동을 뛰어넘기 때문이다. 우리는 지금까지 실제생활 속에서 이러한 공백에 너무나 흔히 부딪쳐 왔고 말하자면 이 공백을 뛰어넘는 것에 적응해 왔다. 그리고 이러한 환상 속에는 언제나 완성한 형태를 제공하는 보충재료가 손쉽게 끼어든다.

한 계층을 뛰어넘는다는 것이 문학의 특수한 기술적 수단이 되는 경우가 있다. 이 경우에는 독자가 적극적으로 환상에 참가하기를 요구하며, 독자는 이 요구를 북돋아 주는 것으로 느끼고 사랑의 마음으로 같이 환상할 줄 알아야 하는 것이다.

d 예술적 능력의 두 가지 한계

이와 관련해서 예술적 능력의 한계가 문제된다. 우리가 예술적 능력에 관해서 아는 것이 무엇인가? 돌이켜 본다면 우리가 아는 것이 별로 없음을 고백하지 않을 수 없다. 왜냐하면 특정한 재간이나 어떤 독특한 특징이 없다는 것은 우리가 알지 못한다는 것, 또는 이미 '재능'이라고 알고 있었던 것을 말하는 게 아니기 때문이다. 그보다는 오히려 대상적 조건에 주의를 돌릴 필요가 있다.

계층적 관점에서 분명히 말할 수 있는 것은, 한 작품의 청구권이 거부당하는 근거가 중간층의 탈락이나 실재적인 전경의 결함에 있는 것이지 결코 깊은 내면층의 부족에 있는 것이 아니라는 사실이다. 가능한 최후의 계층을 앞에 두고 계층서열이 끊어져도 그것은 예술적인 결점이나 결함이 되지 않는다. 그러한 예술품이 있다면 이 작품은 경박하고 평범한 풍속화의 계열에 속하게 되고 따라서 보다 깊이 있는 위대한 작품이기를 단념해야 한다. 그러한 작품은 숭고한 작품이 될 수는 없으나 얼마쯤 우아한 것, 희극적인 것, 또는 일반적으로 아름다운 것이 될 수는 있다. 우리는 그러한 작품을 어느 정도의 수준에 올라선 경쾌한 모든 예술분야에서 찾아볼 수 있다. 그러나 어느 분야에 있어서든지 경쾌한 예술은 이 수준에 떨어지는 경향을 가지고 있는 것이다.

그 이유는 무엇일까? 그것은 독창적인 것을 가장 엄정하게 보장할 사명을 가진 것이 다름 아니라 보다 깊은 계층이기 때문이다. 외면층은 자유의 여지가 많고 단독으로도 효력을 발휘할 수 있지만, 깊은 내면층은 엄격한 형식과 통일과 현상관계를 명령적으로 요구하는 것이다. 깊은 내면층이 없는 작품은 숭고한 것으로 집약되는 가장 높은 단계에서의 미를 지닐 수 없다. 그러나 모든 예술에 대해서 그러한 미를 기대할 수 있는 것도 아니다(Ⅱ부 제2장 제18절 c항 '얕은 예술과 깊은 예술' 참조).

그처럼 최후의 내면층 부족은 미적 가치와 맞서는 반면에 전경 또는 바로 그다음의 외면층에 결함이 있으면 구체성과 직관성이 없어지고 생생한 맛도 잃게 된다. 우리는 그것을 투시의 결함이라고 말할 수 있으리라. 그렇게 되면 현상관계 자체가 침해되고 혼란스러워지며 중단되는 것이다. 외면층에 결함이 있으면 아름답지 못하고 추해지거나 아니면 미적 대상이 되지 못한다.

이 점에서 보면 예술적 능력의 한계는 서로 반대되는 두 측면에 있다. (1)주로 내면층이 모자라면 천박해진다. 이 경우에는 보다 깊은 효과가 없어지는 것이지 미적 자격의 일반이 없어지는 것은 아니다. 거기에는 위대한 것, 숭고에 가까운 것이 없는 것이지 그렇다고 우아한 것, 매력적인 것, 애교스러운 것, 명랑하고 순수한 것이 없는 것은 아니다. (2)외면층의 형성에 결함이 있거나 외면층의 너무나 많은 부분이 모자라면 비직관적인 것이 된다. 이것은 예술성의 진정한 거부, 바꿔 말하면 예술이 추상적인 또는 의욕적인 것으로 전락함을 뜻하는 것이며 여기서 모든 졸렬한 작품과 모든 사이비 예술이 나온다.

그러면 어느 점이 졸렬한가? 그것은 작가가 자기 마음속에 떠오르는 그 무엇을 표현할 능력이 모자라거나 그릇된 수단으로써 억지로 나타내려고 하는 데 있다. 더구나 그 무엇이 갑자기 머리에 떠올랐을 때, 그리고 그것을 이루는 자기 자신이 무엇을 이루고 있는지 모를 때에 그러한 것이다.

본디 '능력'을 뜻하는 예술의 본질은 작가가 몽유병자와 같은 확신을 가지고 오직 올바른 수단을 포착하며 또 그가 추구하는 형식을 발견하는 점에 있다. 작가는 이 형식을 찾아내기 위해 애태우며 생각할 것이다. 그러나 그가 일단 어떤 형식을 발견하면 그는 또 이 형식을 굳게 믿는다. 다시 말하면 직각적인 확신을 가지고 그 형식이 적합하다는 사실을 아는 것이다.

여기서 또 밝혀두어야 할 것이 하나 있다. 그것은 예술가가 원하는 욕망이 아무리 성취되었다 하더라도 완성되었다고 인정되는 일은 매우 드물다는 점이다. 물론 예술가의 능력은 그가 할 일이 많을수록 늘어나는 것이다. 그의 능력에는 두 가지 면(깊이의 면과 직관의 면)에서 한계가 있다. 인간의 모든 사업과 마찬가지로 예술에도 불완전이 있고, 바꾸어 말하면 영원히 이루어질 수 없는 과업이 있다.

이러한 통찰은 두 가지 방면으로 중요한 것이다.

(1)예술적 창작가는 이 관계에 대해 뚜렷한 의식을 가지고 있다. 이 의식은 여러 가지의 불충분한 것과 실패한 것에 대한 어떤 비판적 지식이며, 그 이상

더 잘할 수 없다는 고민의 의식이자 관조한 것 또는 몽상한 것과 실현된 것과 서로 다른 것에 대한 견식이다. 위대한 예술가일수록 흔히 이러한 거부의식이 강하다. 그 까닭은 예술가의 목표가 보다 더 높은 데 있기 때문이다. 그리고 위대한 예술가를 유능한 예술가라고 말할 수 있다면 우리는 다시 유능하다고 평가되는 예술가일수록 그만큼 무능하다는 의식이 강할 것이라고 말할 수 있으리라.

여기에 또 예술가 대부분이 남의 비평에 예민한 이유가 있다. 실패했다는 것을 누구보다도 자기 자신이 더 잘 알고 있으며, 적어도 자기의 의욕이 알려지고 이해되었는지 알고 싶어 하는 열렬한 요구를 가지고 있기 때문이다.

비평가는 그와 반대로 잘된 것, 훌륭한 것까지도 비난한다. 왜냐하면 그가 이 작품이 노리는 목표가 어디에 있고, 또 이 작품 속에서 본디 이루어졌어야 할 것이 무엇인가를 보지 못하기 때문이다. 이렇게 해서 비평가는 가슴 아픈 점을 건드린다.

(2)그러나 관조자에게는 그와 반대되는 현상도 있다. 그것은 거부의 진정한 요소에 관한 막연한 지식과, 이 지식에서 결과되는 본디 의도와 목표를 알아차리는 투시이다. 관조자에게서 일어나는 이 과정에서 보면 작품의 결함은 순전히 부정적인 것이 아니라 관조자 자신의 예술적 활동력의 귀중한 긍정적인 소질이 되는데, 이 소질을 반드시 예술가적으로 가르칠 필요는 없다. 또 자발적으로 창조할 필요도 없이 감성적 소여가 이끄는 대로 활동해서 예술가의 독창적인 상념에까지 이르면 되는 것이다.

이것이 위대한 예술작품을 향수하는 보다 고차적인 방식이라고 불리는 것이다. 결함이 그처럼 강하게 느껴지면 도리어 가장 적극적인 장려가 된다. 그리고 관조자는 자기가 능동적으로 향수한다는 것을 모르면서 자기 자신의 능동성을 가지고 향수하는 것이다. 마치 작가의 걸작을 무대에서 연출하는 배우가 그 걸작의 공동작가에까지 승진하는 방식으로 관조자도 미완성된 작품을 완성하는 공동작가에까지 승진하는 것이다.

42) 예술의 역사성

a 위대한 예술의 안정성과 변동성

우리는 무엇에 의해서 '위대한 예술'을 아는가? 이것은 굉장한 문제이다. 우리가 위대한 예술을 마주하게 되면 그것이 위대함을 직접적으로 느끼고, 혹은 느끼지 않는다. 후자의 경우에 만일 우리가 그것을 느낄 만한 기관을 가지고 있지 않다면 우리는 그것을 알 필요가 없는 것이다. 왜냐하면 기관과 지식은 서로 바꿀 수 없고, 또 우리에게는 본디 기관이 없기 때문이다. 그럼에도 우리가 이 문제를 객관적으로, 즉 '위대한 예술'을 실천적으로 쓰기 위해서가 아니라 그 외면에 나타난 본질징표에 관한 문제로 이해한다면 거기에는 어떤 뜻이 있다. 그러나 위대한 예술에 있어서는 최후의 내면층이 우세하고 또 외면층에서 투시가 충전한 점을 본질징표로 인정하는 것을 전제해야 한다.

외면적인 본질징표는 앞 절에서 이미 언급한 바 있거니와 합치하는 현상에서 성립하며, 이 합치의 초점은 숭고한 것의 영역 내에 있다. 이 징표는 매우 섬세한 예술적 감정에 입각하고 있으며, 이보다 더 포착하기 쉬운 다른 징표가 없다면 놀라지 않을 수 없는 일이다.

물론 그러한 징표가 있다. 그러나 이 징표는 우리가 전혀 꿈도 꾸지 못할 곳에 있다. 그중에서 가장 중요한 것이 예술작품의 역사성에서 발견된다. 그리고 이상한 점은 가장 위대한 예술작품이 역사 속에서 위축되는 게 아니며 또 시일이 지나감에 따라서 잊히는 것이 아니라 반대로 성장한다는 사실이다.

여기서 성장이라는 말은 그 작품이 살아 있는 객관적 정신을 붙들고 놓지 않을 뿐 아니라, 또 충실해지며 두고두고 새롭게 해석된다는 것을 뜻한다.

이리하여 위대한 예술은 시대가 다르면 언제든지 다른 새로운 작품을 산출한다. 그러므로 위대한 작품은 무궁무진한 것임이 분명하다.

그처럼 작품에 나타나는 위대한 인물들도 성장한다. 고대의 서사시에 나오는 인물들, 유명한 소설과 희극 속에 나오는 인물들이 그렇게 성장하며 아이스킬로스와 소포클레스, 셰익스피어와 실러가 그려낸 인물들도 그러한 성장을 보여준다.

이러한 인물들은 여러 시대를 거친 경력으로 언제나 새로운 '멋'을 가지고 무대 위에 등장한다. 작가가 그 인물들을 과연 그렇게 생각했는지 하지 않았는지는 중요한 문제가 아니다. 이 인물들은 이미 그 작가와 시대를 넘어서 성장하고 있는 것이다. 이 인물들은 언제나 두고두고 새로운 무엇을 제공한다. 그러므로 이 인물들의 전체 모습은 어느 한 시대에서만 드러나는 것이 아니다.

객관화한 모든 것이 내용 전부를 그 자체 속에 가지고 있는 것이 아니라, 자체 밖에 가지고 역사 속으로 침몰한다는 것은 위에서 이미 언급한 바 있거니와 개념도 그와 같이 침투하는 것이다. 왜냐하면 개념은 직관으로써 채워져야 하며 모든 사상가에 의해서 똑같은 직관내용으로써 채워지는 한에서만 살아 있는 개념이 되기 때문이다.

이러한 개념의 내용은 그 내부에 있는 것이 아니라 개념의 바깥에, 즉 모든 이론의 연관 속에 있는 것이다. 그러나 이론 자체는 개념판단 따위의 체계로서만 성립한다. 그리고 하나하나의 개념은 그러한 개념의 체계 속에서 제 생명, 제 의미와 내용을 받는 것이다. 그러므로 개념이 그 체계 속에서 떨어져 나오면 이 개념은 내용이 없어지고 그 의미를 회복하지 못한다. 의미의 회복이라는 것은 개념이 본디 발생되어 나온 개념체계로 되돌아가야만 가능한 것이다.

모든 내용을 그 자신 속에 가지고 있는 것만이 성장할 수 있다. 다시 말하면 성장할 수 있는 것은 오직 제 형성법칙뿐 아니라 자기의 세세한 내용과 내면적 다양성을 그 자신 속에 지닌 것뿐이다. 그래야만 비로소 작품 가운데 인물들이 두고두고 새로운 이해를 허용할 수 있고 따라서 구체적 해석의 가능성을 제공할 수 있으며, 음악작품은 언제나 새로운 해설을 받음으로써 그 자신을 넘어 성장할 수 있고, 새 시대의 회화는 언제나 새로운 것을 보여줄 수 있으며, 건물은 언제나 새로운 장엄한 모습을 사람들에게 말해 줄 수 있는 것이다.

이러한 점들은 참으로 위대한 예술작품에서만 인정된다. 위대한 예술작품만이 그 내용이나 형성법칙이나 그 밖의 모든 것을 그 자체 속에 가지고 있다. 졸렬한 작품은 정신이 교체되는 역사 속에서 견디어내지 못한다. 이 점에 '위대한 예술'의 진실한 규준이 있다. 이 점은 실제적으로도 중요한 것이다.

왜냐하면 개인의 자발적인 가치감정만으로는 반드시 뛰어난 것을 알지 못하기 때문이다. 여기서 생활과 예술과의 밀접한 연관, 즉 역사적인 정신생활과 역사적으로 제약된, 따라서 그때그때의 특수한 경향과 취미와 목표와 양식을 가진 한 시대의 특수한 예술과의 연관을 알 수 있는 요점에 다다랐다.

모든 객관화한 정신과 마찬가지로 예술은 생활 속에서 나와 다시 생활 속으로 돌아간다는 것, 이것 자체로는 그다지 신기하게 여길 일이 아니다. 예술이 아무리 실제생활을 떠나서 고립한 것같이 보이더라도 예술은 생활에서 멀리 떠날 수 없는 법이다. 그러나 주목할 만한 것은 예술적으로 최고인 것이 역사적으로도 최강이라는 점이다.

이 점이 예술의 고립화 경향과는 정반대가 된다는 것을 승인할 수밖에 없다. 그리고 이 고립화 경향이 참으로 무엇을 말하는 것이냐 하면 그것은 분명히 개별적인 예술작품이 생활연관 속에서 떨어져 나가는 것을 말하는 것이다.

그러나 그것은 큰 착각이다. 왜냐하면 우리가 관조자로서 예술작품을 대할 때에는 나 자신이 생활연관 속에서 떨어져 나가는 것처럼 느껴지기 때문이다. 작품은 우리를 별세계로, 다시 말하면 다른 공간과 다른 시간, 다른 사건과 다른 생활로 끌어들인다.

그래서 우리는 실제적 생활관련 속에서 떨어져 나와 전혀 다른 세계로 끌려들어간 것같이 믿게 되는 것이다. 하지만 우리가 실재적 연관 속에서 떨어져 나간 것은 참으로 한순간과 한 지점에 지나지 않는다. 우리가 아무리 속세를 떠났다 하더라도 의연히 속세에서 생활하고 있는 것이다. 그렇지 않고는 예술작품에 대해 생활의 진리를 요구한다는 것은 무의미한 일이다.

위대한 예술작품이 시간의 진행과정 속에서 성장한다는 것은, 예술이 역사적 생활 속에 뿌리를 박는 것은 예술을 위해서나 생활을 위해서나 중요하다는 사실을 명시하는 것이다. 예술은 생활로부터 받은 것을 이자를 쳐서 갚는다. 아무리 위대한 예술의 시대라 할지라도 극소수의 작품만이 위대한 것이고, 나머지 모든 작품은 역사의 쓰레기통에 들어가는 것이다. 그러나 이 극소수의 위대한 작품만으로도 예술이 역사적 생활에 진 빚을 갚기에 충분하다.

이에 관련해서 한 가지 더 말할 것이 있다. 그것은 위대한 걸작의 역사적인 '성장'에 있어서는 불완전성이라는 계기가 아주 긍정적인 역할을 한다는 사실이다. 위에서도 부정적인 것이 적극적인 것으로 변하는 현상을 본 바 있다. 그러므로 이제 그 비슷한 현상이 있다고 해서 그다지 이상할 것은 없다. 그렇지만 여기서는 이 현상이 하는 역할이 전혀 다른 것이다.

위대한 작품의 불완전성이라는 것은 어떤 결함이나 실책에 기인하는 것이 아니라, 그보다도 관조자나 해설자나 연출자의 환상을 통해서 채워지고 충족되어야 할 어떤 무규정성과 일반성에서 비롯되는 것이다.

위대한 작품은 겨우 그 윤곽이 자리잡혔을 뿐이며 그것이 제대로 되려면 작품을 다시 더 써야 하고, 다시 그려야 하며, 다시 구성해야 한다. 그것은 단지 보거나 듣거나 읽거나 하는 가운데 이루어지는 수도 있을 테고, 혹은 모방적으로 표현되거나 음악적으로 재연되는 가운데 이루어지는 수도 있을 것이다.

이와 같이 두드러지게 능동적으로 받아들이는 활동을 수용하는 자는 단순한 수용의 상태에서 끌어올리는 것이다. 그것은 물론 그가 그럴 만한 전제조건을 공유한 경우에 한해서 그렇다. 그 위에 이 전제조건이 일찍부터 위대한 작품이 제기하는 요구의 중압을 받고 있을 때에도 그것이 성숙하기까지에는 한 세대가 몽땅 걸리는 수가 있다. 바로 이러한 경우에 어떤 종류의 또는 어떤 '정도'의 불충전성이 예술작품 자체에 약이 되는 것이다. 다시 말하면 예술작품 가운데 언제나 완성시켜야 할 또는 채워야 할 그 무엇이 남아 있다는 것은 결코 이 작품의 단점이 아니라 도리어 장점이 된다.

b 질곡과 결실

역사 속에서 예술과 심미적 생활 일반이 가진 기능은 그것이 생활로 돌아가려고 하는 경향에 달려 있다. 여기서 예술의 기능이란 뛰어나게 위대한 예술에 귀속할지도 모를 최고의 과제, 즉 시대의 정신적 지도와 도표, 이상구성, 구상적 표현과 윤리적 교육 등만이 아니라 매우 평범한 원인까지도 포함하는 것이다.

이 평범한 원인은 언제 어디서나 볼 수 있고, 또 중류급의 작품에 덧붙는 것이므로 눈에 띄게 중요한 것이다. 왜냐하면 객관화한 모든 정신적 재산은 결국 생활로 돌아가는 경향을 가졌기 때문이다.

그것은 예술이 고정한 재료가 단단히 달라붙는 결과라고 볼 수 있다.

예술은 왜 생활로 돌아가는 경향을 갖는가? 이것은 절대 풀기 어려운 문제가 아니다. 3항관계를 생각해 보라. 예술에는 언제든지 재료와 형식 말고도 개인에게 나타나는 개인적 정신이거나 혹은 시대에 나타나는 객관적 정신이거나

간에 살아서 관조하는 정신이 있다. 이 정신은 변화하며 끊임없이 달라진다. 그리고 이 정신이 특별히 관조하는 조건을 가졌느냐 못 가졌느냐에 따라서 예술작품이 실존하기도 하고 실존하지 않기도 하는 것이다. 그러나 객관화 일반이라는 것은 오직 그 누구에 '대해서'만 실존하는 것이므로 그 누구가 있느냐 없느냐에 따라서 예술작품이 실존하기도 하고 실존하지 않기도 하는 것이라고 말할 수 있다.

여기서 역사적으로 주목되는 점은 예술작품의 실존에 시간적 공간이 있다는 사실이다. 즉 예술품이 지상에서 사라지고 다만 물적이며 실재적인 '전경'만이 박물관이나 도서관에서 서성거리는 때도 있고, 또 예술작품이 현존하여 최대의 호평을 받는 때도 있다. 이 모든 사실은 적당히 받아들이는 정신이 현존하느냐 현존하지 않느냐에 의해서 결정되는 것이다. 예술작품을 받아들이는 정신이 현존하지 않는 때에는 아무리 우리가 그것을 환기해도 나타나지 않는다. 그러나 예술작품에는 영원히 현존하는 그 무엇이 있어서 이것이 말하자면 진행 중에 있는 정신생활의 피안에서 충전한 정신의 출현을 '기다리고 바라는' 것이다. 만일 이 정신이 나타나게 되면 예술작품들은 새로운 겉모습을 가지고 현존하고 부활하며 재생하는 것이다(이 점에 관해서는 《정신적 존재의 문제》 제 53~54절 참조).

그런데 살아 있는 정신은 늘 움직이고 있는 것이며, 또 이 정신이 전성기에 돌입할 때에는 언제나 다시 특수한 예술적 관조의 기관을 획득하는 것이므로 과거 예술의 르네상스는 언제든지 있기 마련이다. 반대로 예술은 언제든지 생활로 돌아가는 것이라고 말할 수 있다.

이와 같이 예술이 생활로 돌아갈 때에는 여러 가지 효과를 가져올 수 있다. 즉 과거의 정신적 재산의 결실을 가져올 잠재력을 환기하여 자발적 활동을 고취하거나 또는 살아 있는 정신을 구속, 혹은 마비시키기도 하는 것이다. 전자는 진정한 르네상스 시대에 볼 수 있는 일이고, 후자는 아직 충분히 발달하지 못한 나이 어린 문화가 고도로 원숙한 낡은 문학에 압도될 때에 흔히 있는 일이다. 예를 들면 일찍이 로마문학은 그리스문학에 압도되었고, 그 뒤 게르만문화는 후기 로마문화에 압도되었다. 그 점은 오직 예술에서만 볼 수 있는 일이 아니라 모든 정신적 생활에서 볼 수 있는 것이다. 그리고 그 점을 예술에서 찾아보기 쉬운 까닭은 어디까지나 과정의 모든 양상을 증언하는 것이 오직 예술작품뿐이기 때문이다.

그러나 이상 두 가지 효과는 그렇게 위대한 현상에만 국한되는 것이 아니다. 그보다도 규모가 작은 속박과 해방은 언제 어디나 있는 것이다. 예술에 진정 살아 있는 것이 있다면 그것은 언제나 자유이기 위해서 전래적인 형식과 싸우는 동시에 위대한 선례를 찾아본다. 왜냐하면 그에게는 격려가 필요하기 때문이다.

여기서 기이하게 생각되는 것은 언제든지 졸렬한 예술이 최대의 질곡이 될 수는 있어도, 위대한 예술이 질곡이 될 수는 없다는 점이다. 그리고 그 뒤 정당한 반발이 일어날 때, 다시 말하면 살아 있는 정신이 속박에 항거하고 속박에서 해방되려고 할 때에는 언제든지 위대하고 뛰어난 예술과 대결하는 것이 아니라 압도적으로 다수인 무가치하고 평범한 예술과 대결하는 것이다. 왜냐하면 본디 위대한 예술이 주는 정신적 영향이 훨씬 중요하지만 성가신 것은 전자가 아니라 바로 후자이기 때문이다.

그것이 왜 그런지는 얼른 알아볼 수 없다. 그리고 사람들을 여기서 정신역사 속에, 다행히 인간이 예측할 수 없는 미로에 빠지는 것을 막아주는 선견의 능력이 있다고 믿을 수도 있으리라. 그러나 문제는 참으로 간단한 것이다.

질이 낮은 작품들이 지닌 수많은 위력은 오직 그 시대에 한해서만 우세한 것이다. 어느 시대를 막론하고 그 시대에는 천재와 범재가 섞여 있어서 동시대인으로서는 그것들을 구별하기가 몹시 어렵다. 왜냐하면 그들은 문외한인 동시대인이 따라갈 수 없는 여러 가지의 신기한 것을 다루고 있기 때문이다.

그들은, 아니 사기세계의 전문가라도, 어떤 새로운 경향이 결국 어디로 도달하는가를 얼른 보아 알 수 없는 것이다. 그러므로 그들은 파보고 되살피면서 기다려야만 한다. 하지만 그 결말이 나려면 한평생을 바쳐도 모자란 법이다.

그 시대를 넘어서 여러 세대가 지나가면 사정이 달라진다. 그때에는 천재와 범재를 선별할 일이 없어지고, 무가치한 작품이 대부분 자취도 없이 사라지므로 이제는 그런 것이 사람들 눈에 띄지 않으며 또 사람들이 그런 것과 대결할 필요도 없는 것이다. 그리고 남은 것은 여전히 그리고 있는 위대한 작품들이다. 그러나 남은 것이 반드시 최고로 위대한 작품만은 아니다. 왜냐하면 거기에는 경쟁에서 대결해야 할 많은 상대자가 남아 있기 때문이다. 그렇지만 전통적인 정신적 재산 가운데서는 구속하는 힘보다 해방하는 힘이 우세한 법이다.

이제 위대한 작품이 존속한다는 것이 무엇을 뜻하느냐고 묻는다면 그것은 두고두고 용기를 북돋워 주고 감동을 주며 갈 길을 가르쳐 주지만, 구속하는 일이 없다는 것을 뜻하는 것이라고 대답할 수밖에 없다. 위대한 작품은 결코 '구속'하지 않는다. 왜냐하면 그것은 향수자 자신의 활동을 엄밀하게 규제하는 것이 아니며, 또 외면층에 어떤 형식을 부여하기를 고집하는 것도 아니기 때문이다. 위대한 작품이 이를 향수하는 자에게 특정한 영향을 준다면 그것은 오히려 깊은 인상을 주는 점이라 하겠다. 그리고 이러한 인상을 받을 때에 예술의 기교가 늘기는 할망정 결코 압박받는 일은 없다.

작품이 역사적인 연륜을 쌓을수록 이 작품의 권위가 뚜렷하게 증대하는 사실도 위에서 설명한 것과 밀접한 관련이 있다.

우리는 작품의 연륜 자체를 영광으로 느끼며, 따라서 뛰어난 영향력을 준다고 생각한다. 위대한 작품은 그것이 오랜 '역사'를 가졌을 때에 우리에게 가장 강한 인상을 안겨주는 것이다. 이때에 그 작품과 그 속의 인물들은 말하자면 하나의 다른 세계를 이루는 신화가 된다. 그리고 작가 자신도 신화에까지 오를 수 있다. 그러나 그렇게 되면 작품이나 작가의 모습이 살아 있는 정신 속에서 다른 그 무엇으로 바뀌게 되는 것이다.

c 이념적 생활

예술가가 작품을 창작하고 감상자가 올바로 감상할 수 있게 하는 것이 '이념의 생활'이라는 견해가 널리 퍼져 있고, 그것은 거의 전설이 되다시피 했다. 이 경우에 우리가 생각해 낼 수 있는 것은 세상 사람에게 깊은 감명을 주는 드물고 '위대한 예술'이지, 결코 대량의 졸렬한 작품이 아니다. 사람들은 이념에서 나온 작품이 후자가 아니라 전자라고 말하지만, '이념'이 무엇이냐에 대해서는 전혀 아는 바가 없다. 그러면 도대체 이념이라는 것은 무엇인가?

물론 이념에서의 '생활', 아니 좀더 옳게 말하면 이념에서의 창작이 있다. 여기서 말하는 이념에서의 창작이란 모든 이념주의자가 생각하는 따위의 그런 것이 아니다. 그러한 창작은 결코 모든 예술에 해당하는 것이 아니라 오직 위대한 예술에만 해당하는 것이다. 왜냐하면 여기서 말하는 이념적 생활은 플라톤적이거나 현상학적인 의미의 이념관조도, 또 헤겔적인 의미에 있어서의 이념 파악(이것은 그의 전제가 되어 있다)도 아닌, 그와는 성질이 전혀 다른 무엇이다.

그것은 다름 아니라 존재하는 모든 것을 뛰어넘은 그 무엇을 능동적으로 창조하며 종합적·조형적으로 관조하는 것이다. 따라서 이 관조는 이미 존재자의 파악과 아무런 관계없이 비존재자, 다시 말하면 현존하지 않는 것을 이 세계 속으로 끌어들인다.

이러한 관조는 오직 예술가만의 것이 아니다. 그것은 윤리적인 인간에게도 있고 미래에 큰 목표를 설정하는 정치가, 아니 그보다 규모가 작은 모든 사업가에게도 있는 것이다. 이 모든 관조가 예술가의 그것과 다른 점은 오직 그들이 관조한 것을 실현시켜야 할 무거운 짐을 지고 허덕거리는 것뿐이다. 예술가는 그럴 필요가 없다. 예술가는 그 무엇을 실현시키는 것이 아니라 오직 나타내는 것이며, 오직 표현할 뿐이다. 그러므로 예술가는 필연성과 복잡한 현실적 조건을 떠나서 순수한 가능성 속에서만 존립하는 어떤 독특한 자유를 가지고 있다.

그러나 예술인이 실천적인 생활인이기 이전에 먼저 가져야 할 것은 그것만이 아니라 또 있다. 예술가는 그가 인식할 이념이 어떠한 것인가를 직관할 수 있도록, 즉 객관적으로 표현해야 한다. 이것이 다른 사람에게는 없고 오직 예술가에게만 있는 가장 독특한 점이다. 예술가만이 아니라 윤리적인 인간이나 정치가나 그 밖의 온갖 사업가도 어느 정도는 앞을 내다보는 한 '이념적인 생활'을 하고 있는 것이다. 하지만 그들 모두가 관조된 이념을 구체적으로 볼 수 있고, 느낄 수 있으며, 따라서 생활을 규정하는 원인이 될 수 있도록 전달하지 못한다. 그것을 전달할 수 있는 자는 오직 예술가뿐이다.

왜냐하면 이념이라는 것은 어디까지나 비실재적인 것이지만, 예술가는 이것을 혈기 있고 생기 있게 확신하도록 '나타내'는 능력을 지녔기 때문이다. 이리하여 오직 예술가만이 그 무엇을 계시할 수 있거니와, 이 요소는 오직 신만이 신자의 신앙 정도가 어떠한가에 따라서 가능한 것이다.

예술가는 이념의 생활만을 가지고 있는 것이 아니라 그 생활에서 다른 인간의 현실생활 속으로 파고들어서 사람들이 마땅히 무엇을 해야 하고, 또 어떻게 있어야 할 것인가를 명시하는 광명과 모습을 눈앞에 보여주는 힘을 갖고 있다.

그러나 예술가는 사람들에게 '너는 마땅히 이렇게 해야 한다'고 명령하지 않고, 사람들의 가슴속에 영원히 가시지 않는 동경심을 심어준다.

우리는 여기서 예술가에게 예언자, 윤리적 선구자, 이념의 소유자로서의 일면이 있는 것을 발견한다. 예술가 자신에게는 반드시 지식이 필요하지 않다. 예술가는 관조된 이념이 자기 작품을 통해서 살아 나오도록만 하면 되는 것이다.

수많은 계층과 다양한 내용을 통해서 이념을 알아차리게 될 때 예술가에 의한 계시가 이루어진다. 이러한 간파는 위대한 작품 속에서 때때로 이루어지는 여러 심층을 통과하는 투시와 같은 것이다. 왜냐하면 예술가는 바로 여기서 최후의 심층에까지 다다르며, 이 심층 속에 있던 것이 관조된 형상으로 발랄하게 나타나기 때문이다.

미의 수많은 단계 가운데에서 그처럼 깊은 투시력을 가진 것은 말할 것도 없이 오직 미의 최고단계뿐이다. 우리는 이 사실을 겨우 내용적으로만 알아서는 안 된다. 왜냐하면 바로 여기서 외면층의 형식에 대한 최대 요구가 생기기 때문이다. 다시 말하면 최고의 투시력을 가져야 하는 것이 형식이다. 그 밖에 다른 것은 아무것도 성취할 수 없는 것을 이루어야 되는 것이 바로 이 형식이기 때문이다. 형식은 존재하지 않는 것, 따라서 무엇이라고 한마디로 말할 수 없는 것을 처음으로 볼 수 있게 하는 것이다.

대부분의 예술가들은 이처럼 중대한 과제를 회피한다. 그들이야말로 바로 보는 자도 아니며 이념을 가지고 있는 자도 아니다. 그들은 대체로 고상한 윤리적 안목과 심원한 예언자적 안목을 가진, 다시 말하면 이념을 가지고 있는 경우에도 먼저 말한 중대한 과제를 회피하는 것이다. 그 밖에도 요구되는 것이 있다. 표현능력, 깊은 투시력, 현상의 직관성 등이 그것이다.

이상의 양자를 놀랄 만큼 완전하게 결부시킬 줄 아는 사람이 가장 위대한 예술가라는 말은 물론 옳다. 그러나 다른 한쪽이 모자란, 따라서 그 이념을 직관적으로 표현할 능력이 없는 예언자적인 예술가도 많이 있다. 이 점에서 예를 들면 니체를 작가라고 부르기가 어색하다. 왜냐하면 그는 인간의 새로운 이상을 높이 받들고 좋아했지만 그것을 직관적·구상적으로 객관화하지 못했기 때문이다. 그래서 니체는 훌륭한 경구와 표어를 수집했음에도 전과 다름없이 반추상성에서 움직이지 않았던 것이다.

d 인간에게 있어서 창조적인 것

앞의 항에서 고찰한 것은 인간이 창조하는 것에도 관련이 있다. 작은 규모에서 본다면 말할 것도 없이 인간은 어디서나 창조적이다. 모든 작업활동, 목표설정과 목표추구에 있어서 창조적인 것이 있다. 그러나 여기서 말하려고 하는 것은 소규모의 그러한 창조가 아니라 인간이 자기 자신의 운명을 걸고 또 실패할 수도 있는 큰 모험, 먼 앞날의 역사창조와 같은 대규모의 창조이다. 이러한 창조적 악전고투, 인간이 자기창조에 있어서는 예술가의 요소가 다른 것과 바꿀 수 없는 결정적인 구실을 하는 것이다.

역사에 있어서의 이러한 창조적 기능은 순전히 실천적인 것, 넓은 뜻에서 윤리적인 것이어서 예술가의 창조와 절대 일치하지 않는다. 역사에 있어서 창조와 예술적 창조와의 관계는 목적과 수단과의 관계이다. 그럼에도 이 관계는 수단이 목적의 달성에만 그치는 그런 관계가 아니다. 이 수단은 역사의 목적을 위하여 강구되고 발명된 것이 아니라, 어디까지나 자주적인 것이다. 이 관계를 밝히려면 한 걸음 더 나아가서 우리가 알고 있는 창조적인 것의 종류를 다시금 살펴봐야만 한다.

우리는 먼저 이 세계에 있어서 창조적인 것의 두 종류를 알고 있다. 이 두 가지의 창조적인 것은 서로 비교가 안 될 만큼 큰 차이를 보이고 있다. 또 이 두 가지의 창조적인 것은 하나를 다른 하나로 되돌리려고 하는 철학적 시도가 가끔 나올 만큼 비슷한 점도 가지고 있다. 그 하나는 의식도 없고 목표도 없는 불투명한 충동이기는 하지만, 가능한 여러 형식을 취하면서 끊임없이 위로 향하여 진행하는 자연의 창조이다.

이러한 창조는 참으로 '경향'도 없고 의미도 없이 다만 생존경쟁과 불필요한 것은 가려서 버리는 냉혹한 도태에 끌려가는 것이다. 또 하나는 인간의 창조이다. 이 창조는 전자와는 정반대로 목적적이고 의식적이며 유의적이고, 방향의 선택과 목적의 결정에 있어서 어느 정도 융통성을 가지고 있다. 그러나 앞을 내다보는 인간적 안목이 한정되어 있듯이 이 또한 매우 한정되어 있는 것이다. 반면에 자연의 '창조'는 한없이 진행한다.

본디 상태로 되돌아가는 것으로 말하면 양자가 거의 비슷하게 하나가 다른 하나로 되돌려진다. '인간적'인 목적활동을 자연에까지 확대시켜서 이것을 신이니 조물주니 섭리라고 부르며, 이렇게 해서 자연의 창조를 인간의 창조로 되돌리는 사람들이 있다. 여기서 나오는 세계상은 불가피적으로 의인관이 될 수밖에 없다. 또 인간의 의식적인 목적창조를 자연과정 속으로 끌어들여서 이 자연의 한 부분과정이라고 알고 있는 사람들도 있다. 여기서는 목적정립이 인간의 자연성에 뿌리박은 동기를 통해서 결정된 이차적인 그 무엇이 된다. 이 경우에는 인간의 의사에서 시작되는 결정의 특질이 말살되고, 따라서 인간존재의 특수성 자체도 말살된다.

이상의 두 가지 되돌림을 우리는 여기서 무시할 수 있다. 우리는 이러한 되돌림이 일면적일 뿐 아니라 전자는 '강약'의 법칙을 위반하고, 후자는 '자유'의 법칙을 위반함으로써 양자가 다 같이 범주법칙을 어긴 것을 알고 있다. 이보다도 중요한 것은 이 두 가지 되돌림이 근본적으로 다르므로 서로 본디 상태로 돌아가지 않는다는 점이다. 즉 창조자로서의 인간은 의식적으로 활동하는 반면에 자연은 무한히 강대하고, '독창적인 재간'이 많기는 하지만 그 대신에 맹목적인 충동에서 창조하는 것이다.

실제생활에 있어서는 인간의 창조력은 언제 어디서나 긴요하다. 인간활동의 모든 분야, 즉 사물을 자기목적에 적합하도록 바꾸는 데 있어서나, 합성화학 내지 기술에 있어서나, 식물과 동물의 지배와 사육에 있어서나, 같은 종류의 교화와 교육에 있어서나, 가능한 범위 내에서 역사과정을 조종하는 데 있어서나 정신이 자연에 없는 새로운 종합을 성취하는 것이다.

그러나 인간의 창조력은 이상과 같은 현상생활의 어느 분야에서 그 최고 형식을 취하는 것이 아니다. 이 최고의 형식은 실재적인 그 무엇을 창조하는 데서 출현하는 것이 아니라, 한갓 그 무엇을 나타내는 데서만 정립하는 것이다. 인간의 창조가 필요로 하는 미적 형식은 그가 관조를 통해서 얻은 것을 반드시 실현시켜야 할 필요가 없는 점에서, 창조의 다른 모든 형식을 넘어서는 것이다.

그가 관조한 것을 반드시 이루지 않아도 된다는 바로 이 점에, 예술적인 관조자와 창작자의 위대하고 독특한 자유가 있다. 이 자유는 공허한 공간 속에서 아무런 저항도 받지 않고, 자유자재로 움직이는 것과 같은 것이다. 그리고 사실에 있어서 예술적 표현은 '현실을 외면'하면서 진행되는 것이다. 실재적 현실을 위한 노력을 뜻하는 '실현'과는 반대로, 실재적 현실로부터의 자기소외를 뜻하는 '현실소외'라는 말의 참뜻이 여기에 있다.

그러면서도 놀라운 일은 예술이 현실생활을 기피하는 것이 아니라, 도리어 비현실적인 것 속에서 움직이지 않는 창조력을 현상생활, 더구나 규모가 큰 역사적 생활로 되돌려서 한없이 순수하게 규정하는 것이다.

이 창조력은 어떠한 논증이나 어떠한 철학으로도 인간을 굴복시키지 못할 때에 우리를 일깨우고 수긍하게 하는 순수한 정신력이며, 무엇보다도 먼저 우리의 눈길을 관조할 것으로 돌려놓는 힘이다. 왜냐하면 중요한 것은 관조이기 때문이다. 그리고 관조가 중요한 까닭은 인간생활 속에는 현실생활 말고도 '이념의 생활'이 있기 때문이다. 또 인간이 이념의 생활을 할 수 있는 까닭은 그가 예술적 관조의 능력을 지니고 있기 때문이다.

발문

　니콜라이 하르트만은 1945년 여름에 포츠담-바벨스베르크에서 《미학(이란 무엇인가)》의 초고를 썼다. 그는 이해 3월 9일에 원고를 쓰기 시작하여 9월 11일에 끝냈다. 그때는 포츠담이 쑥대밭이 되고 베를린이 포위 점령되었으며, 전반적으로 굶주림과 불안과 혼란이 극심한 시기였다. 그 반면에 외부세계의 사슬이 완전히 풀려서 일에 온 정신을 기울이기에는 유리한 시기이기도 했다. 이러한 붕괴의 와중에서 그는 나날이 원고를 써내려 갔다.

　1945~46년 겨울에 완성된 원고가 처음으로 괴팅겐 대학의 강의 자료로 쓰였고, 이 기회에 다시 한 번 글이 다듬어졌다. 평생의 버릇이 되다시피한 작업 순서에 따라서 적당한 휴식을 취한 뒤에 다시 원고를 고쳐서 인쇄에 넘길 예정이었다. 그러나 세계대전이 끝나자마자 새로운 과제와 난제가 넘쳐서 1950년 봄 이전에는 이 일을 시작할 수가 없었다. 그리고 이해 여름에는 미학과 함께 진행 중인 논리학 강의 노트를 다시 작성하는 일에 시달리고 있었다. 그것은 강의 노트가 모조리 불타 버린 뒤인지라 어쩔 수 없는 일이었다.

　이러한 일로 말미암아 하르트만은 미학의 결정적인 원고를 완성하지 못했다. 그것은 본문 제182쪽의 표제인 '문학의 이념'이라는 말에서 멈추었다. 그것은 저자 자신이 분명히 발표하기로 확정한 이 저서의 3분의 1에 해당된다.

　제182쪽 이하는 초고 그대로 인쇄되었다.

　원고의 교열과 교정을 도와준 하인츠 하임죄트 박사에게 무한한 감사를 드린다.

1953년 6월 괴팅겐에서
프리다 하르트만

하르트만과 미학

미학

미학(美學, Aesthetics)은 미와 예술을 대상으로 다루는 학문이다. 예술이란 인간이 수행하는 많은 활동 가운데 사물의 창조와 같은 특수한 활동을 지시하는 개념이며, 미(美)는 진(眞)·선(善)과 더불어 인간이 추구하는 많은 가치 가운데 하나를 지시하는 개념이다. 여기서 미학이라는 학문은, 아름다움이 참됨이나 착함과 구별되며 예술은 과학이나 도덕과 구별되는 고유한 가치의 활동으로서 하나의 독립된 영역을 이루고 있다는 가정 아래 성립된 근대적 생각의 소산이다.

역사적으로 볼 때 미는 뜻이나 결과가 같은 것이 아니며, '예술'이라는 말과 그 말이 대변하는 체제는 18세기에 와서 확립되었다. 예술로 번역해서 쓰고 있는 영어의 'fine arts'가 프랑스어인 'beaux-arts'를 옮긴 말임을 돌이켜볼 때 예술은 'beauty'와 'arts'가 결합되어 만들어진 합성어라고 할 수 있다. 이 같은 사실은 18세기 이전에는 '예술'이라는 말도 없었을뿐더러, 현재 그 말로 부르는 인간의 활동(시·음악·회화·조각·건축 등)과 미와의 관계가 그다지 긴밀하지 않았음을 뜻한다. 그러므로 예부터 18세기 전까지는 미의 개념에 관련하여 위의 활동이 언급되는 경우가 있더라도 미가 예술만을 통해서 실현되는 가치라는 의미는 아니었다.

이러한 관점에서 17세기까지는 하나의 독립된 영역을 다루는 형식적 교과로서 미학이라는 별도의 학문이 성립할 수도 없었고, 그럴 필요도 없었다. 근대적 형태의 미학이론은 없었지만 미학이론의 내용을 구성하고 있는 미학사상들, 곧 미와 나중에 예술이라 부르게 된 활동과 그 소산에 대한 철학적 논의는 고대에도 있었다. 형식상 새로운 것일 뿐 미학이론의 쟁점들은 모두 예부터 전해 내려온 것들이다.

고대 미학사상의 중심개념

미는 우리 마음에 즐거움과 감탄을 불러일으키는 것으로서, 이 말을 가리키는 고대 그리스어에는 명사 'kallos(로마어로는 pulchritudo)'와 형용사 'kalos(로마어로는 pulcher)'가 있다. 미의 추상적 성질을 지시하고자 할 때는 앞엣말을 썼고, 개별적인 아름다운 사물을 가리키고자 할 때는 형용사의 명사형인 'to kalon(the beautiful)'을 썼다.

이와 같은 미의 개념은 현대 서유럽인들이 이해하고 있는 것보다 훨씬 넓은 의미였다. 고대인들은 아름다운 사물이나 아름다운 색, 아름다운 음만이 아니라 아름다운 생각이나 아름다운 제도라는 말을 썼으며, 플라톤은 미의 사례들로서 아름다운 성격이나 아름다운 법, 그리고 《향연》에서는 미의 이념이라는 말을 쓰고 있다. 또한 플로티노스는 아름다운 과학, 아름다운 덕을 말하고 있다. 따라서 고대인들은 시각과 청각에 국한되는 좁은 의미의 미의 개념을 지니고 있지 않았으며, 청각적인 미에 해당하는 것에 대해서는 화음(harmonia), 시각적인 미에 해당하는 것에 대해서는 비례(symmetria)라는 말을 썼다. 이처럼 감각적인 대상들 속에 구현된 화음이나 비례는 오늘날 좁은 의미의 미를 뜻하는 말로 쓰인다. 이런 미의 개념이 맨 처음 제기된 것은 피타고라스의 음악론을 통해서였으며, 이 음악론은 건축·조각·회화에 영향을 미쳐 그들이 지켜야 할 규범(kanon)의 하나로서 완전한 비례의 이론을 낳게 했다.

그러나 지각에 대한 사유의 우월성이 신봉되고 있고, 사유와 지각과의 밀접한 관계가 인정되고 있는 가운데 시각·지각만이 그러한 것으로 받아들여지고 있었으므로, 미의 개념을 감각적인 것에 국한시키고자 했을 때 고대 그리스인들은 시각·지각에 기초하여 미의 개념을 정립했다. 따라서 미는 수와 척도에 비례한다는 이론을 발전시키게 되었고, 이것이 모든 미이론의 기초가 되고 있다는 점에서 W. 타타르키에비치는 이것을 서유럽 미학의 대이론(great theory of beauty)이라 규정짓고 있다.

이 이론은 미의 이성적 본질, 형이상학적 기초, 객관성 및 가치 따위에 관련되면서 많은 명제들을 낳고 있다. 참된 미는 감각이나 상상이 아니라 이성이나 마음에 의해 파악된다는 미의 이성적 본질에 대한 주장은 비례에 기초한 미의 개념과 아주 자연스럽게 결합되는 것이어서, '미는 곧 진'이라는 명제를 표방

《향연》의 한 장면　플라톤은 이 작품에서 '미의 이념'이란 말을 썼다.

했던 르네상스를 통해 아주 강력히 옹호되어 왔다. 미의 형이상학적 기초란 피타고라스에게는 수적 본질의 우주론, 플라톤에게는 이원론적 이데아론이었으며, 플로티노스에게는 일원론적 일자론이었고, 중세를 통해서는 신학이론이었다. 이와 같은 형이상학적 기초의 차이에 따라 이념으로서 완전한 정신적인 미와 불완전한 감각적 미를 구분하게 되었고, 여기서 뒤엣것은 앞엣것의 모방이라는 플라톤의 모방설과 뒤엣것은 앞엣것의 유출이라는 플로티노스의 유출설이 제기되었다.

플로티노스의 사상은 그대로 중세의 미론(美論)으로 이어지면서 미는 비례뿐 아니라 빛에 있다는 이론이 나타났다. 결과적으로 유출설은 비례를 미의 한 요소로 상대화하는 결과를 가져왔다. 그러나 이것은 대이론을 거부한 것이 아니라 그것을 보완하고 제한한 것이다. 하지만 아무리 그러한 논의가 새롭게 나타나고 있다 해도 같은 시기를 통해 비례의 이론은 여전히 고수되는 모습을 보여 주고 있다.

미가 아름다운 사물들의 객관적 성질, 곧 비례에 있다는 주장은 고대의 소피스트들을 제외하고는 누구에게나 당연한 것으로 받아들여졌다. 우리에게 즐거움을 주기 때문에 아름다운 것이 아니라 그 자체가 아름다운 것이기 때문에 즐거운 것이라는 객관주의적 생각은 미로부터 일체의 상대성 요소를 배제하고 있다. 이 밖에도 고전적인 대이론은 그것 자체가 또한 여러 형태로 발전해 왔

잠자는 비너스 부르크하르트는 '인간 발견'이야말로 르네상스 시대의 특징이라고 하면서, 이를 바탕으로 르네상스 미술에 나타나 있는 여성미를 논했다. 16세기 조르조네가 그린 이 작품은 '누워 있는 나부(裸婦) 그림'의 본보기가 되었다. 드레스덴 국립 미술관.

다. 예컨대 다양의 통일이나 완전성·적합성으로 변형되기도 했고, 내용으로서의 이념과 형식으로서의 비례가 결합되는 형태로 발전되면서 후대의 미학이론에 나타나기도 했다. 이러한 객관적인 미의 개념으로부터 18세기에 이르러 미란 비례와 같은 객관적 성질을 가리키는 말이 아니라, '우리의 마음속에 일어난 하나의 관념'(프랜시스 허치슨)을 지시하는 말이라는 뜻으로의 코페르니쿠스적인 전환이 일어났다. 즉 미란 불을 쬘 때 불과는 비슷함이 없는 따스함의 관념을 얻는 것처럼 비례와 같은 형식적 성질을 깨달을 때 그에 반응해서 일어나는 즐거움의 관념을 말한다.

이와 같은 미의 개념 전환은 존 로크의 영향을 받은 18세기의 사상가들, 이를테면 조지프 애디슨 등이 신고전주의를 통해 옹호된 것과는 다른 취미와 경험을 근거로 미의 문제를 경험주의 철학방식으로 접근한 결과로서, 이러한 미학적 작업에 참여한 사상가들은 18세기를 통해 계속 나타났다. 대표적인 인물로는 애디슨을 포함하여 허치슨, 데이비드 흄, 에드먼드 버크, 알렉산더 제라드, 헨리 홈 등이 있다. 이들의 미학적 작업의 두드러진 특징은 미를 정의하는 데 있어서 마음속에 활기 띤 즐거움이 객관적 미의 개념에 있어서처럼 뒤따르는 성질이 아니라 정의적인 성질로 바뀌고 있다는 점이다. 이 새로운 개념 또한 한편에서는 여전히 객관적인 대상의 형식적 요소를 받아들이고 있는 점에서 전통적 주장을 그대로 따라 하고는 있으나 이제 그것은 미의 관념, 곧 주관적인 즐거움을 구성하는 한 요소일 뿐 미 자체는 아니게 되었다.

이 경우 미의 경험은 대상으로부터 그러한 미를 판단할 수 있는 능력이 상정되어야만 한다. 여기서 내적 감관으로서의 취미(taste)라는 새로운 개념이 미학사에 도입되었다. 그러나 모든 즐거움이 아름다움일 수는 없다. 바로 이 점에서 케임브리지 플라톤주의자인 섀프츠베리가 제기한 무관심성의 개념을 경험주의 관점에서 재해석하여, 미의 즐거움은 대상의 유용성이나 감각적 성질처럼 어떤 관심과 결부되지 않은 채 순전히 형식에 대해 반응하는 취미에 의해 환기되는 것

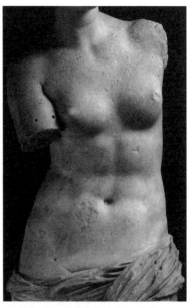

영원한 이상 세계에서 가장 유명한 조각상인 밀로의 비너스는 여성의 아름다움에 대한 고대 그리스의 이상을 반영한 미의 여신 아프로디테를 보여준다.

이기에, 그것은 '이해가 동기되어 있지 않은' 순수한 무관심적 심리상태에서 갖게 되는 즐거움이라는 특징이 부여되고 있다.

더 나아가 여기서 무관심적 심리상태에 처해 있기만 하면 형식적 성질인 비례와는 거리가 먼 대상의 성질들, 오히려 통제하고 측량하기 힘든 커다란 힘을 지닌 대상으로부터도 어떤 즐거움을 누릴 수 있지 않을까 하는 논의가 제기되었다. 그 결과 숭고한 것(the sublime), 그림 같은 것(the picturesque)과 같은 새로운 미적 범주가 등장했다. 버크의 숭고론은 그 대표적 예라 할 수 있다. 이와 같은 새로운 논의는 주관적으로 뜻이 바뀐 전통적인 미의 개념을 또한 상대화함으로써 그것을 퇴조시킨 계기가 되었다. 이 사실은 기원전 5세기 무렵부터 18세기까지 2300여 년 동안의 미(美)개념으로부터의 일탈을 뜻한다.

이러한 경향은 마침내 이론의 체계에도 심각한 변화를 일으켜 전통적으로 객관주의적이었던 미의 대이론은 새로운 취미론으로 바뀌게 되었다. 이것은 이론 또한 '주관화한' 방향으로 진로를 바꾸었음을 알려주고 있다. 미가 이처럼

미적 가치범주의 하나로 전락할 수밖에 없는 방식으로 미학이론이 발전되었다면 이는 이제 미학이론의 축이 될 수 없다. 따라서 미와 함께 숭고함·생생함 등과 같은 여러 즐거움을 묶는 통합적 개념이 필요해졌다. 미의 즐거움이나 숭고의 즐거움이 모두 취미라는 내적 기관에 의해 환기되는 무관심적 즐거움의 한 방식들로 정당화한 것이고 보면, 새로운 미학이론의 주춧돌은 차라리 그러한 무관심적 즐거움의 경험에 놓이게 되지 않을까?

제롬 스톨니츠에 의하면 영국의 취미론자들이 이러한 경험에 비록 '미적(aesthetic)'이라는 말을 쓰지는 않았으나 예술이나 자연에 대한 그들의 미학적 논의는 바로 이 미적 경험의 개념을 남이 모르는 사이에 상정하고 전개한 것이라 한다. 여기서 섀프츠베리가 제기했으나 그 뒤 충분한 설명이 주어지지 않은 채 취미론자들에게 당연한 것으로 전제되기만 했던 무관심적 심리상태에 대한 생각은 임마누엘 칸트에 의해 해명·확립됨으로써 이른바 미적 태도라는 개념이 새롭게 나타나 발전하게 되었다. 곧 프리드리히 실러의 유희론에서 '미적 가상'에 대한 '미적 상태'의 생각, 아르투어 쇼펜하우어의 플라톤적 이념에 대한 '미적 관조' 등의 생각을 거쳐 '미적 태도'라는 현대적 개념이 성립했다. 그러한 무관심적—미적 태도를 가진다면 취미론처럼 대상의 특정한 성질에 얽매이지 않고 모든 것이 미적인 만족을 환기하는 미적 대상이 될 수 있다는 것이 미적 태도론의 기본관점이다.

20세기에 크게 유행한 미적 태도론은 이와 같은 과정을 통해 나타났다. 결과적으로 고대 미의 대이론은 18세기 취미론으로, 취미론의 기본구조는 그것을 예술에 적용한 클라이브 벨이나 아이버 리처즈 등의 형식주의적 예술론에 의해 이어지고 있지만, 칸트를 분수령으로 해서 미적 태도론으로 대체되어 그 기본구조가 완전히 무너지고 말았다. 에드워드 벌로우의 '심적 거리', 스톨니츠의 '미적인 주목', 버질 올드리치의 '미적 지각' 등은 여러 형태로 발전된 미적 태도론의 기본개념이 되고 있다.

시와 회화

이처럼 전통적인 객관적 미가 주관적인 것으로 뜻이 바뀌고, 숭고 등 다른 미적 가치의 대두로 상대화하면서 미의 대이론은 천천히 퇴조하기 시작했다. 그러나 그러한 퇴조를 몰고 온 18세기의 취미론조차도 취미의 기준으로서 객관적 미의 공식을 찾으려는 시도가 여전히 주된 관심거리였다. 리처드 페인 나이트나 듀걸드 스튜어트 등이 미의 개념을 분석하여 이러한 작업이 무익하며, 동시에 불가능한 것이라는 사실을 판명할 때까지 '미'는 서유럽 미학사를 통해 가장 중요한 논의의 대상이 되어 왔다. 그러나 역설적이게도 21세기 현대에 이르러 '미'는 미학적 논의에서 사라졌거나, 기껏해야 같은 문맥의 미적 경험에 대한

버크(1729~1797)
1757년에 출판된 《숭고함과 아름다움에 관한 우리의 이상들의 기원에 대한 철학적 탐구》는 미학 분야에서 새로운 이론을 개진했다.

논의 속의 한 요소로 없어져 버렸고, 대신 예술이 주된 관심거리로 새롭게 나타나고 있다. 그러한 가운데 미적 경험은 예술을 통해서만 얻어지는 것이 아니며 자연에서나 인간에게서도 얻을 수 있다고 보는 경향이 짙어졌다. 이것은 개념적으로 미적인 것과 예술적인 것 사이에 근본적인 구별이 있음을 뜻하는 것으로, 이 구별은 단순히 두 개념의 외연(外延)이 아니라 내포(內包)의 차이에서 찾아야 할 것이다.

본디 '미적'이라는 말은 우리가 세계에 대해 어떻게 지각할 것인가를 결정하기 위해 취하는 어떤 태도의 특성을 가리키기 위한 것이고, '예술적'이라는 말은 우리가 무엇을 창조(그것이 제작이든 표현이든)한다 할 때 그 창조활동의 특성을 지적하기 위한 말이다. 따라서 '미적 경험'이라든가 '예술적 창조'라는 말이 나오게 된 것이다. 그러므로 창조도 경험의 하나라 생각하여 창조적 경험이라는 말을 할 수도 있지만 그 경우 원칙적으로는 창조를 위한 전 단계의 예술가의 경험을 뜻하는 것으로 이해해야 한다.

이와 같은 사실은 서유럽 미학사상의 초기단계에서 미론과 예술론의 문맥이 저마다 달리 발전하고 있다는 사실에서 비롯된다. 곧 미적 경험은 미론의 문

맥이고, 예술은 창조론(영감론이든 제작의 하나로서 모방론이든)의 문맥에 속한다. 두 이론이 긴밀한 관계를 맺으며 많은 이론을 낳고 있는 것은 사실이지만 그것은 근대 이후 서유럽 미학이론의 특징이지 처음부터 그랬던 것은 아니다. 오늘날에는 예술이 주된 관심거리이지만 고대 이후 근대에 이르기까지는 미가 주된 관심사였다. 그러므로 미를 논할 때 예술이라 할 만한 것이 거론되는 경우가 있다 해도 그것은 곁가지에 지나지 않거나, 그나마도 부정적인 관점에서였다. 그렇다면 고대를 통해서 예술이라 할 만한 것들은 어떻게 이해되었을까? 예술이란 말과 그 근대적 체계가 없었음은 이미 말한 바이다. 그렇다면 서유럽 근대인들이 예술이라 부른 활동을 고대인들은 어떻게 이해하고 있었을까? 맨 처음에는 없었던 말과 체제가 성립되었다면 그 성립 과정을 알아보는 것은 서유럽 미학사상 발전의 중요한 문맥을 파악하는 일이 된다.

영감으로서의 시·음악·춤

발생 초기에 시·음악·춤은 서로 미분화된 활동이었다. 이처럼 말(시)과 리듬(음악)과 동작(춤)이 미분화된 채 통합된 인간활동의 특수한 형태를 고대 그리스인들은 '코레이아(choreia)'라 불렀다. 이 말은 오늘날 합창을 뜻하는 'chorus'에서 파생된 것으로 그 무렵에는 군무를 뜻하는 말이었다. 그러므로 코레이아란 특히 춤과 깊이 관련된 말이다. 이러한 사실에서 짐작할 수 있듯 그것은 고대 원시종교 형태인 제의로서의 축제와 떼어 생각할 수 없는 인간활동이다. 제의가 신의 메시지가 실현되도록 빌고 바라는 행사라면 축제는 그러한 바람을 촉진하기 위해 뒤따르는 행사이다. 이처럼 제의와 축제가 서로 분리되지 않은 채 진행된 것이 초기에는 인간 삶의 중요한 부분이었다. 따라서 제의는 오늘날의 관점에서 볼 때 종교적 측면과 예술적 측면이 분리되지 않은 상태에서 공존하고 있었다. 이러한 의미에서 헬무트 쿤은 이렇게 말한 바 있다.

"축제는 예술의 모태이다."

고대 그리스인들은 이러한 종교행사에서 사제가 신과 교감하는 신적인 상태가 되는 것을 엔토우시아스모스(enthousiasmos)라고 했다. 이 말이 오늘날 영어 'enthusiasm'의 어원이 되는 점으로 미루어 볼 때 신적인 상태란 열광적인 상태, 곧 제정신이 아닌 상태를 뜻하는 것임을 알 수 있다. 고대 미학사상에서 이 같

은 사실이 중요한 의미를 지니는 까
닭은 종교현상을 설명하기 위해 쓰
인 이 말이 예술현상이라 할 코레이
아를 설명하는 데에도 적용되고 있
기 때문이다. 이것은 코레이아가 똑
같은 종교행사의 하나로서 참여되고
있다는 사실에서뿐 아니라 사제로부
터 신의 메시지를 전달받기 위해 축
제에 참가한 사람들 또한 사제와 같
이 신에 열광된 상태에 빠져야 하며,
코레이아는 그러한 상태를 촉진하는
마력을 지니고 있었음을 암시해 준다.

디오니소스의 신앙 세계 주신 디오니소스를 숭
배하는 축제 의식으로 광란의 춤을 추고 있는 마
이나스. 뮌헨 고대조각미술관.

　이러한 엔토우시아스모스가 춤과 음악이 미분화된 상태이기는 하지만 시의
발생에 적용될 때 '시적 정열'이 되기도 했고 라틴어 'inspirare'로 번역되면서 영
어의 '시적 영감'이라는 말로 발전하여 오늘에 이르고 있다. 그렇다면 시적 영감
은 어떠한 의미로 고대 미학사상에 받아들여졌을까? 플라톤에 의하면 시인이
된다는 것은 시인 바깥의 어떤 신적인 존재, 즉 뮤즈 여신에게 사로잡힌 상태
임을 뜻한다. 이것은 시인이 뮤즈에 홀렸음을 의미하는 것이며 정신이 나간 어
떤 광기(mania)의 상태임을 뜻한다. 시인에 대한 플라톤의 이 같은 설명은 호메
로스나 헤시오도스에게서도 언급되고 있는데, 이는 그 이전부터 내려온 오래
된 생각으로서 플라톤 역시 이성으로서는 설명할 수 없는 어떤 비밀스러운 요
소가 끼어들고 있음을 인식한 결과라 할 수 있다. 그러나 이러한 기원 때문에
시에 대한 플라톤의 평가는 긍정적이거나 호의적인 것이 아니었다. 플라톤은
시에 지식의 자격을 부여할 수 없다는 인식론적 관점과 아울러 순전히 이성에
의해 인도되어야 할 젊은이에게 격정을 불러일으켜 그들의 영혼을 타락시킨다
는 윤리적 관점에서 시인추방론을 역설하게 되었다.

　이처럼 시인과 시를 부정적으로 여기는 플라톤의 태도를 두고 그가 시적 창
조와 경험을 너무 천박하게 이해한다고 비난해서는 안 된다. 그가 시의 창조를
영감에 결부시키고자 했던 것은 시의 창조가 이성으로는 설명될 수 없는 어떤

특별한 힘에 의한 것이라는 사실을 비유적으로 표현한 것이며, 시가 지니는 불가항력적인 힘, 곧 시의 매력을 너무도 잘 알고 있었기 때문이다. 그럼에도 플라톤이 시에 대한 부정적 시각을 털어놓고 말하게 된 것은 시의 발생과 그 경험이 그러한 것이라고 해서 반드시 찬미될 수는 없다는 시대적·사회적 요구 때문이었다. 반대로 이러한 요구 때문에 플라톤이 비난하게 된 바로 그러한 시를 찬미하게 된 낭만주의 철학자들의 태도는 플라톤과 좋은 대조를 이룬다. 이 점에서 플라톤의 시적 영감론은 오랜 세월을 거친 뒤 19세기 낭만주의에 이르러 상상과 무의식의 관점에서 그 현대적 형태로 되살아나고 있다.

모방으로서의 회화·조각

시가 영감의 개념에 관련해 이해되었던 데 반해 회화와 조각은 고대 그리스적인 의미의 '테크네(techne)'라는 개념에 관련해 이해되었다. 테크네란 동물과는 다른 인간의 한 특징을 이루는 기억에 의해 인간이 어떤 일을 하거나 어떤 것을 만들면서 경험을 쌓고, 그렇게 경험을 쌓는 가운데 그것이 지성에 의해 조명됨으로써 그로부터 이끌어지는 한 무리의 규칙체계에 기초한 기술(craft)을 뜻하는 말이다. 이러한 의미의 테크네가 라틴어 'ars'에서 영어 'art'가 되었지만 본디의 테크네는 오늘날 예술이라고 불리는 회화·조각·건축과 같은 활동뿐 아니라 제약·농업과 같은 과학, 목공·제화·요리와 같은 단순한 기능(technique)에 적용되는 넓은 의미로 쓰이고 있다. 여기서 제작(making)은 실천(doing)과 함께 테크네의 하나가 되고 있다.

플라톤은 이러한 테크네를 여러 방식으로 분류했는데, 미학적 논의에 관련되어서는 《소피스트》편에 나오는 것을 들 수 있다. 여기서 제작기술은 실물을 제작하는 기술과 실물의 이미지를 만드는 기술, 달리 말해 실물을 본뜨는 기술로 나누어져 설명되고 있다. 당연히 건축은 앞엣것에 속하며, 회화나 조각은 뒤엣것인 모방에 속한다. 플라톤은 이러한 모방기술을 다시 분류하여 실물을 실물 그대로 닮은 이미지(eikon)의 제작과 실물을 변형함으로써 실물처럼 보이도록 하는 이미지(phantasma)의 제작으로 나누고 있다. 플라톤이 회화를 모방이라고 했을 때는 우리의 눈을 기만하는 이미지 제작이라는 뒤의 의미에서였다. 그러나 플라톤에게 모방이라는 말은 어느 점에서는 회화나 조각만이 아니라 시에도 적용되고 있다. 시인의 시는 시인의 창조가 아니라 신의 말씀을 대변하는 것일 뿐이다.

이처럼 시인은 신의 통로 역할을 하지만 마치 자기가 아킬레우스인 양 시 속의 인물을 흉내 내고 있다. 또 시인이 아킬레우스를 흉내 내고 있지 않다 해도 그의 시는 아킬레우스에 관한 것이다. 이처럼 시인은 시 속의 인물을 흉내 내고 있다는 행위에서, 또 시는 시 속의 인물에 관한 것이라는 내용에서 시 역시 모방적이라 할 수 있다. 그러나 플라톤은 시인의 모방을 회화나 조각과 같은 모방기술의 하나로 보지는 않는다. 시의 발생은 어디까지나 영감의 소산이고, 회화와 조각은 테크네 가운데

헤시오도스와 뮤즈　하프를 든 젊은 시인 헤시오도스와 시적 영감을 주는 뮤즈 여신.

하나로서 모방기술의 소산임을 분명히 하고 있다. 이 점에서 신적 영감으로서의 시와 인간적 제작으로서의 회화, 곧 시적 창조와 기술적 창조라는 서유럽 미학의 이원적 창조관이 출발한다.

그렇다면 모방으로서의 회화·조각에 대한 플라톤의 평가는 어떠했을까? 플라톤은 회화를 다음과 같이 규정한다.

"회화는 눈을 뜨고 있는 사람을 위해 사람이 만든 꿈이다."

이 규정은 이념계와 현상계를 엄격히 구분하고 있는 그의 이원론적 형이상학의 관점에서 내린 회화에 대한 비난을 함축하고 있다. 왜냐하면 이것은 회화가 진정한 실재인 이념으로부터 두 단계나 떨어진 이중의 모방이고, 실재와 아무 관계가 없는 한낱 꿈같은 사물에 지나지 않는다는 것을 의도한 표현이기 때문이다. 이것이 모방적이라고 규정한 시를 포함하여 모방기술로서 회화에 대해 플라톤이 《국가》 10권에서 행한 공격의 기본입장이었다. 결론적으로 말해 플라

톤은 영감된 시에 대해서는 인식론적 자격을, 모방된 회화·조각에 대해서는 존
재론적 자격을 인정하지 않고 있다. 시가 비합리적 과정의 소산이라면, 회화와
조각에 대해서는 그 제작과정이 합리적임을 주장하고 있는 점에서 그의 모방
론은 그 뒤 르네상스 및 신고전주의 예술관으로 이어진다.

예술과 체제와 개념

플라톤의 설명을 통해 알 수 있듯이, 고대 그리스 시대에 시 부류의 표현적
예술과 회화 부류의 조형적 예술은 그들이 존재하는 방식을 달리하고 있다. 따
라서 두 가지 부류의 활동을 하나로 묶는 개념이 없었다. 모방이 거론되는 경
우에도 앞서 언급한 사실 때문에 모방은 양자를 실질적으로 종합하는 통일적
인 개념으로 강조되기 힘들며, 동시에 거기에는 건축이 빠져 있다. 설령 건축이
포함되고 음악과 춤이 분리되는 과정을 고려할 때라도 모방은 근대 이후 서유
럽인들이 예술이라고 부르고 있는 두 가지 부류의 활동에만 국한된 개념은 아
니었다.

플라톤이나 아리스토텔레스가 테크네의 하나로서 모방기술을 논하고 있는 경우에는 예술 말고도 궤변, 거울이나 마술의 사용, 나아가 동물 울음소리 흉내 내기와 같은 도저히 '아름답다(fine)'고 할 수 없는 그 밖의 활동을 포함하고 있다.

그렇다면 모방 말고 오늘날 예술이라는 활동을 받아들이고 있는 것으로 볼 만한 다른 개념은 없을까? 이 점에서 이따금씩 유용한 기술과 오락술의 구분이 거론되기도 하지만 여기서 오락술은 예술을 받아들이는 점에서는 모방기술만도 못하다. 그러므로 시와 회화의 활동이 같은 부류로

플라톤(왼쪽)과 아리스토텔레스―스승과 제자 플라톤은 시의 발생을 영감의 소산으로 보았다. 아리스토텔레스는 《시학》에서 시를 인간행위의 모방이라 했다.

여겨져 근대적인 예술체계가 확립되기 위해서는 역사적으로 여러 형태의 단계적 논의가 있어야 한다.

먼저 뮤즈에 의한 비합리적 창조로 이해되던 시가 규칙에 입각한 인간의 제작으로 바뀐다든가, 아니면 그 반대이든가 하는 계기가 마련되어야 한다. 여기서 아리스토텔레스는 시를 보편적 인간행위의 모방으로 재해석함으로써 시가 앞의 의미로 뜻이 바뀔 수 있는 이론적 기초를 마련했다. 그의 《시학》은 이러한 관점에서 시, 특히 비극적인 시가 제작될 수 있는 근거를 제시하기 위해 시가 지켜야 할 규칙을 논한 시의 입법서이다. 한 걸음 더 나아가 아리스토텔레스는 그러한 시를 보편적인 인간행위의 모방으로 규정함으로써 시가 역사보다 더욱 철학적이라고 했다. 결과적으로 아리스토텔레스는 플라톤이 거부했던 인식적인 자격을 시에 부여하고 있으며, 플라톤의 비난으로부터 시를 되살려 놓고 있다.

그러나 아리스토텔레스는 플라톤의 비난으로부터 회화를 되살려 놓지는 못했다. 즉 《시학》에 해당되는 화론(畵論)을 남겨 놓지 않았다. 이러한 사실은 앞으로 전개될 회화의 운명에 치명적이었다. 피타고라스주의자들에 의해 이론적 계기가 부여되기 시작한 음악과 함께 시는 정신적 활동과 깊은 관련이 있다고 긍정적으로 이해되는 데 반해, 회화는 여전히 일체의 존재론적 의미를 찾아볼 수 없는 사이비 기술(kolakeia)로서 순전한 수공(手工)의 의미를 벗어날 수가 없었다. 다시 말해 신체를 경멸하는 철학적 관점과 신체노동을 하지 않는 귀족정치의 체제 때문에 화가의 사회적 지위는 시인과 같은 것이 될 수 없었다.

그러므로 아리스토텔레스의 《시학》이 시를 인간행위의 모방이라고 규정했다고 해서 시와 음악이 곧 회화와 조각과 같은 종류의 활동으로 간주되지는 않았다. 그렇게 되기 위해서는 플라톤의 비난으로부터 회화나 조각이 구제되어야 했다. 먼저 플라톤의 이원론적 형이상학이 일원론적인 것으로 달라져야 했는데, 아리스토텔레스의 형이상학에서 실체 개념이 회화를 구제할 수 있는 가능성을 지니고는 있었다. 그러나 아리스토텔레스는 자신의 철학적 관점에서 회화를 논하지는 않았다. 그러므로 새로운 철학적 관점에서 회화에 대한 논의는 그리스 문화를 이어 나가려는 과정에서 수행된 키케로나 세네카의 조각에 대한 논의가 있은 뒤에야 등장했다.

위의 두 가지 계기, 즉 아리스토텔레스의 형이상학과 회화나 조각에 대한 재평가를 일자(一者)의 개념을 기초로 새로운 일원론적 형이상학 속에 종합해 놓은 사람이 바로 플로티노스이다. 그는 정신적이고 가치적인 이념과 감각적인 미 사이의 연속성을 말하는 중에 예술만을 열거하고 있는 것은 아니지만 근대인들이 예술이라고 하는 활동들을 늘어놓고 있다. 이것은 여러 예술을 처음으로 일정한 원리 아래에 체계적으로 종합하고 있으며, 이념과 예술 간에 긴밀한 등식이 성립될 수 있는 첫 계기를 마련해 놓고 있다는 점에서 미학사적으로 중요한 의미를 지닌다.

그러나 헬레니즘 시대를 통한 이러한 접근은 불안정한 것이었으며, 회화나 조각에 대해서는 이내 고대적 생각으로 되돌아갔다. 그러한 회귀는 곧 찾아오는 그리스도교의 교회철학과 결부되어 일어났다. 복음서의 정신과 금욕주의로 말미암아 예술은 고대 그리스 이래 오랫동안 조금씩 획득해 온 중요성을 잃

그리스도 교회가 인정한 이교도 철학자 플로티노스 궁극적인 실재가 플라톤의 이상적 형상으로 설명된 이래, 존재하는 것은 궁극적으로 정신적이며 창조된 만물은 생각되어진 것이라고 했다. 플라티노스 석관, 바티칸 박물관.

게 되었다. 곧 그리스도교 정신은 감각을 매개로 하는 감각적인 아름다움을 인정하지 않았으며, 미는 신과 그 창조물인 자연 속에서만 볼 수 있고 인간의 불완전한 작품 속에는 존재할 수 없는 것으로 보았기 때문이다. 그러므로 중세에도 많은 미학적 저술을 통해 미학적 사상을 제기했다고 해도 그것은 미 자체에 관한 논의일 뿐 예술에 관한 것은 아니었다는 점에 주목해야 한다. 그러는 가운데 회화나 조각에 관한 고대의 모방 개념 또한 사라지게 되었다. 신성으로서의 미를 모방하는 일은 우상을 조장하는 일이 되며, 따라서 미에 관해서만은 아니지만 설령 정신성을 드러내기 위해 가시적·감각적인 예술이 요구될 때라면 모방 대신 상징이 강조되고 있다.

　이러한 관점에서 예술이라는 것은 고대의 전통을 이어 발전시킨 7가지 리버럴 아츠(liberal arts)[1]와 7가지 메커니컬 아츠(mechanical arts)[2]의 체제 속에서나 겨우 그 언급을 찾아볼 수 있을 뿐이다. 그것도 앞엣것에는 음악, 뒤엣것에는 건축이 포함되어 있다. 물론 시는 문법이나 수사에 관련되어 언급되고 있으나 회화와 조각은 메커니컬 아츠에도 포함될 수 없을 만큼 그 중요성이 낮게 평가되고 있다. 여기서 말하는 중요성은 유용성으로, 회화나 조각은 아주 미미한 것

---

1) 자유칠과(自由七科)라고도 하며 문법, 수사학, 변증법, 산술, 기하, 음악, 천문의 7과목을 말한다.
2) 기술학에 관련된 재단, 농업, 건축, 전투(사냥), 무역, 요리, 금속공학(대장장이)의 7과목을 일컫는다.

으로 생각되어 빅토르 위고도 회화나 조각에 대해서는 언급하지 않고 있다. 따라서 조각가와 화가는 고대처럼 물질적 재료를 가지고 육체노동을 하는 직조인이나 석수와 똑같은 일을 하는 사람으로 분류되고 있다. 그러므로 예술이라는 근대적 체제가 성립되기 위한 다음 단계의 논의는 회화나 조각이 시나 음악처럼 리버럴 아츠의 자격을 획득하자는 데서 비롯되었다. 사실 천년의 한을 실현한 것은 르네상스 시대를 통해서였다.

르네상스 시대는 신의 은총으로서의 이성이 아니라 인간이 지닌 자연적인 힘으로서 이성의 능력을 깨달아 알고 발견해 가는 시대이기도 했다. 따라서 인간은 신의 말씀인 성서에 입각해 세계를 이해하는 것이 아니라 자기이성으로 세계를 파악하게 되었다. 근대의 과학적 발견과 발명을 위한 철학적 기초가 서서히 확립되는 가운데 화가에게도 자기 앞에 펼쳐진 풍요로운 자연과 그 풍경이 소재가 되었다. 그래서 까맣게 잊혔던 고대의 모방 개념이 다시 나타나기 시작했으며, 바로 이 같은 문맥에서 르네상스의 화가들은 고대의 모방론을 되살려내고 있다. 먼저 과학에서 정확한 관찰이 요구되듯 회화에서도 정확한 모방이 문제가 되었다. 이를 위해 르네상스인들은 고대의 문헌을 통해 모방에 관한 여러 규칙들을 찾아내고 연구했으며, 따라서 원근법·해부학·심리학·인상학 등의 규칙을 수립하기에 이르렀다.

이러한 바탕에서 얼마 뒤 미술론(theory of art)으로 발전된 새로운 교과의 싹이 나타나기 시작했다. 다음으로 회화는 미를 추구하는 것이라는 논의가 발전되었다. 과학자가 자연을 관찰한 뒤에 이성적으로 통찰할 때 그 배후로부터 보편적인 법칙, 곧 진리를 발견해 내듯 화가도 이성을 가지고 자연을 꿰뚫어 볼 때 자연의 보편적인 모습인 미를 본뜰 수 있다고 믿었으며, 그러한 보편적인 자연을 곧 플라톤이 이념이라고 말한 것이라고 해석함으로써 초월적 의미로서의 전통적인 이념을 심리적인 것으로 바꿔놓고 있다.

이 같은 과정을 통해 참됨과 아름다움은 같은 자연의 서로 다른 양상이고 과학자와 화가는 같은 지적 활동을 하는 사람이라는 인식이 확립되었다. 그리고 화가에 의해 모방되는 보편적 자연인 이념은 그에게도 이성적으로 파악되는 것이기에 이념은 일단 화가에 의해 구성되어 화가의 머리에 떠오르는 것이어야만 한다고 믿었다. 이처럼 머리에 떠오른 생각을 르네상스 화가들은 디자인(disegno)이라고 불렀으며, 그러한 디자인을 갖고 모방작업을 한다는 점에서 회화나 조각은 물론 건축까지도 똑같은 활동이라고 생각했다. 여기서 미술(Arti del disegno)의 체제가 처음 만들어지게 되었고, 이때부터 범주적으로 달리 분류되었던 건축이 회화와 조각과 함께 미를 구현하는 같은 활동으로 여겨졌다.

이제 미술은 이론적으로는 과학과 같은 지적 활동의 자격을 획득하게 되었으므로 그러한 이론적 기초 위에서 미술가의 사회적 지위를 올려야 하는 문제가 남았다. 미술가를 길드(guild) 구성원으로부터 분리시켜 시인처럼 아카데미에서 교육해야 한다는 요구가 일어났고, 이에 따

레다와 백조(1504~1513)
레오나르도 다빈치 작. 르네상스 시대에는 근대 과학적 발견과 발명을 위한 철학적 기초가 확립되자, 회화에서도 정확한 모방이 연구과제가 되어 원근법·해부학 등의 규칙을 확립하기에 이르렀다.

라 1563년 피렌체에 미술학원(Accademia del Disegno)이 세워졌다. 이론적으로 회화는 과학과 같은 정신활동이며 사회적인 관점에서 화가는 더 이상 직인이 아니므로, 최종적으로 남은 문제는 미술도 시처럼 리버럴 아츠의 하나임을 당당히 주장해야 하는 일이었다. 이러한 실제적 목적을 위해 취해진 이론적 기도가 호라티우스의 시구에서 따온 '시는 그림과 같이(Ut pictura poesis)'의 이설이다. 왜냐하면 미술도 리버럴 아츠의 하나임을 주장하기 위해서는 르네상스를 통해 리버럴 아츠 가운데 3과(triuium : 문법·수사학·변증법)를 확대한 인문과학(studia humanitatis)에 변증법을 대체한 시와 회화가 평행이라는 생각을 발전시켜 양자가 같은 활동이라는 이론을 세우면 되기 때문이다. 시와 회화의 평행론에 관한 샤를 알퐁스 뒤프레누아의 《미술론 De arte graphica》은 이러한 논의의 귀결인 셈이며, 그 결과 회화는 최소한 논리적으로는 시와 같은 활동으로서 리버럴 아츠의 하나일 수 있는 가능성이 열리게 되었다.

시에 있어서 이러한 긍정적 논의는 이미 아리스토텔레스에 의해 제기된 바 있다. 그러나 르네상스 시대를 통해 발전된 시적 모방의 개념에는 엄격한 규칙과 함께 플라톤에 의해 논의된 바 있는 영감의 요소가 끼어들고 있다는 특징이 있다. 이 점에서 음악과 시는 둘 다 보편적인 아름다움을 본뜨는 같은 활동으로 이해되고 있다. 과학으로서의 회화에 대한 생각에 있어서도 영감의 요소가 개입되고 있다. 그러므로 자연의 비밀을 드러내 주는 점에 있어서 회화와 과학은 다를 바 없으나 둘 사이의 그러한 차이 때문에 구별되는 것으로 여겨지고 있다. 그럼에도 양자를 다 같이 이성의 활동이라고 생각하고 있는 점이 르네상스인들의 이성개념의 특징이다. 그들에게 있어서 이성은 과학적 진리뿐 아니라 아름다움과 착함과 같은 가치까지 파악하는 폭넓은 뜻으로 이해되고 있었다. 이러한 의미에서 J. 베이트는 선(善)과 같은 최고의 가치를 파악하는 것이 르네상스적 이성개념의 특징이라고 말하면서 그것을 윤리적 이성이라 규정하고 있다. 바로 이 점에서 수학적 이성의 개념을 정립하는 문제가 그 뒤 데카르트 철학의 기본과제가 되었다. 이제 '시는 그림과 같이'의 이성을 통해 시와 음악과 함께 회화를 꼭 필요로 하는 미술 역시 리버럴 아츠의 체제 속에 포함되었다. 그리고 이 5가지 리버럴 아츠는 미를 본뜨고 있다는 점에서 18세기를 통해 '예술(beaux-art)'이라는 어법이 만들어졌다.

위에서 살핀 것이 미학의 한 문제로서 예술이라는 말과 체제와 개념이 만들어진 역사적 과정이다. 그러나 주의해야 할 사실은 예술이라는 말과 체제는 근대적 생각의 소산이며 그 개념은 비록 심리적인 것으로 바뀌었지만 형이상학적인 이념·자연·미라는 점에서 여전히 고전적인 전통을 이어 나가고 있다는 것이다. 이러한 고전적 개념에 기초한 미의 모방을 데카르트 철학의 엄격한 이성의 개념으로 옹호하고자 한 것이 바로 신고전주의 예술관이다. 그러나 신고전주의 예술관은 오래 지속될 수 없는 한계를 지니고 있었다. 계속적인 과학의 발달은 예술을 이성의 이름으로 정당화하는 데 커다란 어려움을 갖게 했고, 따라서 진과 미는 똑같은 것일 수 없게 되었다. 결과적으로 전통적인 리버럴 아츠의 체제가 붕괴되기에 이르렀으며, 예술은 자신의 정당성을 과학과는 다른 데서 구해야 했다. 여기서 예술은 이성이 아니라 상상의 문제이며 미는 비례와 같은 규칙에 의해서가 아니라 우리의 마음에 환기시키는 즐거움에 의해 평가되어야 한다는 근대적 예술의 개념이 싹트기 시작했다. 이 새로운 경향은 경제적으로는 중산계급의 대두와 사회적으로는 개인주의적 성향에 편승하여 전통적인 경향을 조금씩 대체하게 되었다.

근대미학의 성립

신고전주의 예술관이 변모하는 과정에서 형식적 교과로서의 근대적 형태를 띤 미학이론이 성립되었음을 주의 깊게 살펴보아야 한다. 예술이 상상에 관련된 활동이며, 미가 감정에 관련된 가치라고 깨달아지는 과정을 통해 예술과 미의 문제는 과거처럼 진리의 문제를 다루는 형이상학에 덧붙는 문제가 아니라 그 자체가 하나의 고유한 영역을 이루는 특수

데카르트(1596~1650)
내가 나의 이성을 온전히 사용하고 필요한 주의를 기울이고, 사유의 훈련을 한다면, 나는 무엇이든지 분명하고 명백하게 보이는 것이 참임을 확신할 수 있다. 데카르트는 이 방법이 인간에게 세계에 대한 믿을 수 있는 지식을 주는 수학적 원리에 바탕한 과학을 가능하게 한다고 생각했다.

한 문제로 두드러지게 되었다. 여기서 로크의 경험주의적 철학에 기초하여 미의 문제를 중심으로 전개된 미학적 논의가 앞서 미론의 항목에서 다루었던 취미론이고, 라이프니츠·볼프의 합리주의적 철학에 기초하여 예술(시)의 문제를 중심으로 전개된 미학적 논의가 알렉산데르 바움가르텐이 주장하는 '감성적 인식의 학(學)'으로서의 '에스테티카(aesthetica)'이다.

근본적으로 취미론은 두 가지 신념에 근거를 두고 있다. 하나는 "미는 대상의 성질 속에 있는 것이 아니라 그것을 지각하는 사람의 마음에 있다"는 흄의 표현에서 알 수 있듯이 미의 주관성에 대한 영국 취미론자들의 신념이다. 다른 하나는 미가 주관적인 즐거움의 문제임을 인식하고 있음에도 그러한 미의 감정을 환기시키는 객관적 기준, 곧 취미의 기준이 있으리라는 신념이다. 이러한 두 가지 신념에서 취미론자들은 주관적인 감정의 문제인 미를 감각적 성질의 문제로 되돌려 놓음으로써 미의 공식을 확립하려 했다.

이에 비해 바움가르텐은 예술을 이성이 아닌 감성의 문제로 파악하고 있다.

이성을 통해 얻게 되는 분명한 관념만이 세계에 대한 유일한 인식이라는 데카르트의 주장을 수정·보완하여, 명석하지만 혼란스러운 관념의 획득도 이 세계를 파악하는 또 다른 방식이라는 라이프니츠의 주장을 발전시킴으로써 바움가르텐은 뒤의 관념을 획득하는 능력을 이성에 대해 감성이라고 말했다. 그는 판명하기보다는 불분명하게 세계를 파악하는 능력이라는 점에서, 고급 인식능력인 이성에 비해 감성을 '저급한 인식능력'이라고 불렀다. 그러나 감성은 여전히 사유능력의 한 형태이므로 '의사이성(analogi rationis)'이라고도 했다. 여기서 바움가르

바움가르텐(1714~1762)
《미학 *Aesthetica*》(1750~58)의 저자. 미학을 다른 철학으로부터 독립시켰다.

텐은 사유능력으로서의 이성 법칙을 연구하는 학으로서 논리학이 있듯이 비록 저급하지만 사유능력인 감성 또한 어떤 원리에 따라 사유하는 능력이라고 한다면 그러한 원리에 대한 학이 있어야 한다는 의미에서 에스테티카라는 학명을 붙였다. 그리고 그는 예술을 이러한 사유능력인 감성에 의한 어떤 인식활동으로 생각했다. 따라서 예술가들은 감성 자체의 원리로부터 연역된 규칙을 지켜야 하며, 시학·회화론·음악론 등에서 언급되는 여러 규칙들이 바로 그러한 규칙이라고 주장했다.

이런 논의 속에서 미는 감성을 통해 파악된 세계의 완전성(vollkommenheit)으로 규정되었다. 이처럼 미를 객관적인 완전성의 개념에 결부시킨다는 점에서, 그리고 예술을 비록 저급하지만 과학과 같은 인식의 한 방식으로 보고 철저한 규칙준수를 주장하고 있다는 점에서 바움가르텐은 신고전주의 예술관을 여전히 대변하고 있다고 할 수 있다. 그러나 이성 대신 데카르트에게서는 도저히 허용될 수 없는 또 다른 인식능력으로서의 감성을 주장하고, 따라서 예술이 과학과 같은 이성의 활동일 수 없다는 주장을 펴고 있다는 점에서 그의 미학이론은 매우 근대적인 계기를 담고 있다. 이처럼 18세기는 미의 공식이라든가 예

술의 규칙과 같은 고전적인 요소가 여
전히 이어지고 있는가 하면, 한편으로는
19세기를 통해 전개되는 다양한 미학이
론의 노선을 갖추어 놓고 있는 징후가
미나 예술의 개념에서 나타나고 있었다.
이런 사실은 영국의 취미론과 독일의 에
스테티카와 같은 근대적인 형태의 미학
적 기도 속에서도 찾아볼 수 있다.

근대미학의 최종적인 귀결로서 18세
기 끝 무렵의 칸트라는 거목이 자리를
잡고 있다. 그의 《판단력비판 *Kritik der
Urteilskraft*》(1790)은 영국의 취미론이나
바움가르텐의 에스테티카를 통해 논의
된 미학적 문제들을 받아들이고 있다.
더불어 그는 그 문제들을 자기 비판철학

AESTHETICA

SCRIPSIT
**ALEXAND: GOTTLIEB
BAVMGARTEN**

PROF. PHILOSOPHIAE.

TRAIECTI CIS VIADRVM.
IMPENS. IOANNIS CHRISTIANI KLEYB
CIƆCICCL.

《미학》(2권, 1750~58) 바움가르텐 저.

의 관점에서 새롭게 조명·해석하여 미의 예술이 진정으로 독자적인 고유영역
을 이루고 있음을 보증해 줌으로써 미학이라는 학문이 문자 그대로 하나의 독
립된 자율적인 교과로 발전될 수 있는 철학적 밑바탕을 마련했다. 따라서 칸트
를 분수령으로 그에게 귀결되는 18세기의 여러 미학적 논의들을 근대미학이
라 규정하고, 그러한 근대미학적 논의들 속에서 어떤 특수한 사상을 새로운 방
법론의 관점에서 더욱 철저히 밀고 나간 그 뒤의 다양한 미학이론들을 현대미
학이라 규정할 수 있다. 여기서 현대미학은 형이상학적 이론의 전통을 이은 예
술철학, 취미론에서의 경험주의적 전통을 보다 과학적으로 발전시킨 19세기 끝
무렵부터의 예술학, 그리고 1950년대 언어분석의 방법이 미학에 들어오면서 새
롭게 나타난 비평철학이라는 세 가지 경향으로 압축된다.

현대 예술철학

예술의 본질을 묻는 미학이론으로서 칸트의 《판단력비판》 후반부에 나오는
예술의 개념, 곧 미적 이념을 표현하는 천재의 소산으로서 예술의 개념을 관념

칸트(1724~1804)
전통적 형이상학을 비판하며 비판철학을 탄생시켰다.

론의 중요한 계기로 수용·발전시킬 때 형이상학적인 예술철학이 성립한다. 즉 인간의 정신에 세계를 구성하는 힘을 부여하고, 유일한 실재는 그러한 정신적 실체로서의 절대적 이념일 뿐이라는 관념론적 철학의 관점에서 볼 때 예술이야말로 그 고유한 방식으로 이념을 파악 또는 구현하는 정신활동으로서 관념론의 기본주장을 실증해 주는 적합한 사례로 받아들여지고 있다. 결과적으로 예술은 이념을 파악하여 진리를 획득하는 정신활동의 하나로서 형이상학의 체계 속에 수용되고 있다.

프리드리히 빌헬름 셸링 같은 철학자에게 있어서 가장 고차적인 진리획득의 기관으로서의 예술은 곧 철학이다. 이러한 사실로부터 예술철학이라는 학명이 나왔지만, 그렇다고 그의 예술철학이 유일한 예술철학은 아니다. 상상적 직관보다는 이념을 파악하는 방식으로서 개념을 우위에 둘 때 게오르크 헤겔의 예술철학이 성립하기 때문이다. 셸링과 헤겔을 출발점으로 이념을 말하는 형이상학의 특성에 따라 온갖 형태의 예술철학이 전개되어 왔는데, 흔히 신관념론자로 불리는 베네데토 크로체, 로빈 조지 콜링우드와 신칸트주의자로 불리는 에른스트 카시러 등이 대표적인 사람이라 할 수 있다. 그렇다고 예술철학이 관념론적 형이상학자들에 의해서만 전개되는 것은 아니다. 예술이 고유한 인식의 한 방식이라는 기본가정에 근거를 두고 발전된 교과인 한, 예술철학은 레닌의 유물론적 인식론에 입각하여 예술을 사회적 실재의 반영이라고 주장하는 마르크스주의자들, 예컨대 G.V. 플레하노프나 죄르지 루카치 등에게서도 강력히 구성되고 있다. 또한 존재론의 관점에서 예술을 존재(Sein) 해명의 수단으로 보는 마르틴 하이데거의 시론 및 예술을 세계와의 일차적 접촉을 통한 근원적 의미의 개시로 보는 현상학적 관점의 모리스 메를로퐁티 등은 모두 예술철학적 경향의 미학이론을 개진하고 있다고 할 수 있다.

이와 달리 이념이나 절대자, 실재나 존재 등과 같은 실체들이 사실상은 존재하지 않는다는 경험주의적 관점에서 역시 예술을 어떤 특수한 의미의 활동으로 보고, 예술작품을 고유한 의미의 담지체(기호)로 간주함으로써 예술철학의 기초를 마련하려는 시도도 있다. 실용주의 관점의 존 듀이, 기호론적 관점의 수잔 랭거, 그리고 새로운 지각철학의 관점에서 '회화적 의미'라는 개념을 주장하고 있는 버질 올드리치, 예술을 세계파악의 상징체계로 보는 유명론적 관점의 넬슨 굿맨 등도 예술을 고유한 의미의 담지자

헤겔(1770~1831)
역사를 지배하는 법칙에 대해 관념론적 형이상학을 주장했다.

로 보는 예술철학적 관점의 미학자들이다. 이처럼 예술을 인식의 한 방식으로 보는 점에서 예술철학은 고전적 전통을 잇는 바움가르텐의 에스테티카 이념을 계승·발전시키고 있다.

현대 예술학

예술학의 성립에는 전에 볼 수 없는 몇몇 이론적 원인이 배경으로 작용하고 있다.

첫째, 19세기 중반부터 형이상학 자체 내에서 나타나기 시작한 자기 변모와 함께 등장한 자연주의적 철학 경향은 미와 예술의 문제에 있어서 역시 자연주의적 설명을 허용함으로써 형이상학적인 온갖 예술철학을 위기로 이끌고 있다. 찰스 다윈의 진화론과 허버트 스펜서의 유희론은 예술과 미의 발생에 관한 이러한 설명을 촉진시켰으며, 구스타프 페히너의 '밑으로부터의 미학(Äesthetik von unten)'은 미와 예술과 같은 특수한 심리현상에 대해서 심리학과 같은 과학이 접근될 수 있는 길을 터주고 있다.

둘째, 미의 문제와 예술의 문제는 분리되어야 한다는 주장이 K. 피들러나 K. 랑게 등에 의해 새롭게 나타났다. 이어 예술은 미의 문제로 환원될 수 없는 그

자체의 고유성이 있다는 점에서 예술에 대한 독자적인 연구를 수행해야 한다는 주장이 나타났다. 이 같은 주장과 함께 예술에 대한 과학적인 설명방법이 도입될 수 있는 전기가 마련된 이상, 심리학의 계속적인 발전과 사회학·인류학·인종학 및 역사(특히 미술사) 등에서 성취한 발전들이 예술의 문제에 계속 끼어들게 되었고, 따라서 마지막으로 근대적인 예술의 체제와 개념에 심한 변화가 일어났다.

결과적으로 미학의 경향은 '미'라는 획일적인 규범미학이 아니라 기술미학의 성격을 띠면서 예술에 대한 구체적·경험적 연구가 진행되는 방향으로 발전하게 되었다. 그러한 연구가 이어질수록 종래의 미학이론, 특히 형이상학적 예술철학을 떠받치고 있던 기본가정들은 점차 거짓으로 밝혀졌고, 결국 붕괴되기에 이르렀다. 이러한 때에 예술에 대한 여러 과학적인 연구자료를 바탕으로 그들 자료를 체계적으로 종합함으로써 일반법칙을 찾고자 하는 기술적 경험과학으로서의 미학, 곧 예술학이 나타났다. 물론 예술학에서도 학자에 따라 체계 구성의 원리와 과정이 다르므로 여러 형태로 시도되었다. 에밀 우티츠, 막스 데소이어, 프리드리히 카인츠 등이 대표적 인물이다. 그러나 이들의 이론은 종래의 예술철학이 지니고 있는 경험적 허구성에 대한 비판으로부터 발전된 것이라는 데에서 공통점을 지니고 있으며 바로 그러한 점에서 예술학은 경험주의적인 취미론의 전통을 계승·발전시키는 미학적 노력이라 할 수 있다.

하지만 예술학에는 심각한 어려움이 있다. 왜냐하면 예술학을 수립하려는 예술학자들은 그 작업이 예술의 이해를 위한 것이므로 분명하건 분명하지 않건간에 예술의 개념을 전제로 출발해야 한다는 것을 알기 때문이다. 여기서 예술학은 그 개념을 어떻게 마련할 수 있을까? 이 점에서 예술학은 예술의 본질을 규정하고자 하는 예술철학을 전제로 하거나 그와 제휴하여 구성될 수밖에 없다. 그러나 아무리 예술의 개념이 요청된다 하더라도 예술학 자신이 비판하고 나선 형이상학적인 이론으로부터 그것을 빌려올 수는 없다. 허구라고 해서 앞문에서 차버린 것을 필요 때문에 뒷문으로 슬그머니 받아들일 수는 없는 일이기 때문이다. 따라서 예술학자들은 그들 스스로가 동시에 예술철학적 관점에서 예술의 개념을 정의하고 있거나 혹은 그것을 예술철학으로부터 빌려오는 수밖에 없다. 이 점에 바로 학문으로서 예술학의 한계가 있는 것이다.

현대 비평철학

예술철학이 예술학의 정립에 필요한 타당한 예술의 개념을 제공하지 못한다면, 자신의 한계를 해결하기 위해서 탐구할 대상을 제공해 주는 예술가들과 그들의 소신에 의지할 수밖에 없다. 하지만 예술가임을 자부하는 사람들이라고 해서 그들의 소산 모두가 예술작품으로 여겨질 수는 없다. 이 점에서 예술에 대해 훌륭한 취미와 풍부한 조예를 지니고 있는 사람, 즉 어느 대상을 예술로 가치화하고 평가할 수 있는 비평가의 존재가 끼어들게 된다. 과학으로서의 예술학

비트겐슈타인(1889~1951)
일상언어 분석에서 철학적 의의를 발견했다.

은 비평가를 통해 자기의 연구대상을 제공받을 수 있다. 그러나 비평가마다 서로 다른 기준을 가지고 있다면 또 다른 문제로서 올바른 비평의 기준을 구해야 할 필요가 있다. 비평철학은 바로 이와 같은 관점에서 리처즈를 비롯한 신비평의 실제와 비트겐슈타인의 언어분석 방법을 배경으로 발전된 미학의 새로운 경향이다.

하지만 여기서도 올바른 비평의 기준을 어떻게 설정하느냐에 따라 서로 다른 형태의 이론이 있게 된다. 이를테면 전통적으로 취미론의 문맥인 미적 태도론의 기본가정을 받아들여 미적 태도를 취할 때의 지각대상을 올바른 비평의 고유한 대상으로 설정하고 있는 것이 스톨니츠의 이론이다. 한편 미적이라 규정되는 특수한 태도는 없으며, 따라서 실제 비평가의 비평적 진술을 분석함으로써 고유한 비평적 진술을 가려내고, 그러한 진술 대상으로서의 미적 대상을 비평 대상으로 설정하고 있는 먼로 비어즐리의 이론도 있다. 그러므로 스톨니츠는 미적 태도에 입각한 미적 자각을, 비어즐리는 미적 대상이 지니고 있는 특수한 성질을 비평의 기준으로 제시하고 있다. 이와 같은 비평철학은 근본적으로 대부분의 전통적 미학이론이 저지르고 있는 본질론자의 오류를 지적하는 언어분석의 관점으로부터 발전된 더할 나위 없이 새로운 경향이다. 이러한

분석은 18세기 영국 취미론의 최종적인 귀결로서, '미'가 정의될 수 없다는 식의 미에 대한 스튜어트의 분석과 일치하고 있는 미학적 전통이라고 할 수 있다.

따라서 비평철학은 예술이 정의될 수 없는 열려진 개념임을 논리적으로 분석해 냄으로써 예술의 정의를 기초로 한 체계적인 예술철학이 가능하지 않음을 주장하게 되었다. 그렇다고 해서 전통적인 예술철학의 근본문제였던 예술의 정의 문제를 다루지 않을 수는 없다. 이 문제는 예술학에서와 마찬가지로 예술비평가들에게도 전제되어 있는 것이기 때문이다. 그러므로 예술이란 무엇인가, 이 물음은 여전히 대답을 기다리고 있다. 답하기 어려운 이 문제에 부딪치고 있는 것이 바로 오늘날 미학의 상황이다. 문제를 해결하기 위한 시도가 여러모로 일어나고 있지만 이 문제는 미학 자체가 아니라 현대철학에서 형이상학의 전개와 깊은 관련을 맺고 있으므로 앞으로 계속 주목해야 하리라.

니콜라이 하르트만에 대하여

1882년 2월 20일 러시아 라트비아 리가에서 태어난 하르트만(Nicolai Hartmann)은 페트로그라드(상트페테르부르크의 옛 이름)에서 고등학교를 다녔다. 도르파트대학교(지금의 타르투대학교)와 마르부르크대학교에서 공부한 뒤, 마르부르크대학교(1920~25)·쾰른대학교(1925~31)·베를린대학교(1931~45)·괴팅겐대학교(1945~50) 등에서 철학을 가르쳤다.

첫번째 작품 《플라톤의 존재논리 *Platos Logik des Seins*》(1909)에는 그의 초기 칸트주의가 나타나 있다. 그러나 《독일 관념론 철학 *Die Philosophie des deutschen Idealismus*》(2권, 1923~29)에서는 신칸트주의의 견해를 거부하는 조짐을 보였으며, 나아가 《존재론의 새로운 길 *Neue Wege der Ontologie*》(1942)에서는 정신이 생각을 통해 실재를 구성한다는 칸트의 견해를 뒤집어 버림으로써 이러한 거부를 완성했다.

이 과정에서 에드문트 후설의 현상학적 방법에 영향을 받았지만, 그것을 보다 대상 중심의 방향으로 밀고 나갔고, 또한 끝까지 실재에 붙어 다니는 비합리적 성격을 주장한 점에서는 후설과 다르다.

그의 새로운 존재론에 따르면, 인식론은 존재론에 의존하지만 존재론은 인식론에 의존하지 않는다. 따라서 대상의 '존재'는 그것에 대한 생각이나 지식에 없어서는 안 되는 것이다. 실재에 관한 지식 자체는 실재의 일부로서 다른 모든 사건들 가운데 하나일 뿐이다.

하르트만이 '주관적 범주'라고 부른 인간 생각의 기본 형식들은 실재의 기본 구조 또는 '객관적 범주'와 같은 것이 아니다. 정신 활동을 혼란스럽게 만드는 비합리적 의지와 순수시간·공간의 제한 때문에, 인간 존재는 대상화될 수 없는 존재의 방대한 공간 속에 영원히 갇혀 있을 것이다. 따라서 과학자나 철학자가 목적한 바가 이루어지기를 바랄 수 있는 것은, 자기의 주관적 범주를 대상의 범주에 부분적으로 맞추는 것뿐이다.

하르트만(1882~1950)
관념론적·주관주의 입장에서 객관주의·실재론적 입장으로 전환하였다. 이 전환에서 후설의 현상학적 방법의 영향을 받았다. 유고작품으로 《미학》(1953)이 있다.

하르트만은 막스 셸러처럼 실재란 규칙적이고, 부분적으로 합리적이지만 의미는 없는 것이며, 따라서 인류는 인간의 열망과는 완전히 낯선 세계 속에서 살아 있는 인간 생명의 영웅적 위업을 실행해야 한다고 보았다. 주요 작품으로는 《인식의 형이상학 Grundzüge einer Metaphysik der Erkenntnis》(1921), 《윤리학 Ethik》(1926), 《존재의 기초 Zur Grundlegung der Ontologie》(1935), 《자연철학 Philosophie der Natur》(1950) 등이 있고, 1950년 10월 9일 독일 괴팅겐에서 하르트만이 세상을 떠난 뒤 1953년 《미학 Ästhetik》이 출간되었다.

옮긴이 김성윤

단국대학교 행정학과 졸업. 동대학원 행정학 석사. 독일 자유베를린대대학원 정치학
박사. 단국대학교 법정대학 교수 및 법정대학장. 한국정책과학학회 회장 및 한국정
치학회 부회장 역임. 국민훈장 석류장 수훈. 지은책에 《정책학의 이해》《정책형성론》
《혁신정당론》《사이버 사회통일교육》, 논문에 《교육·패러다임의 변화와 사이버대학
관리정책》 등. 옮긴책에 하르트만 《미학이란 무엇인가》 등이 있다.

세계사상전집097
Nicolai Hartmann
ÄSTHETIK
미학이란 무엇인가
니콜라이 하르트만/김성윤 옮김
동서문화창업60주년특별출판
1판 1쇄 발행/2017. 1. 20
1판 2쇄 발행/2022. 8. 1
발행인 고윤주
발행처 동서문화사
창업 1956. 12. 12. 등록 16-3799
서울 중구 마른내로 144(쌍림동)
☎ 546-0331~3 Fax. 545-0331
www.dongsuhbook.com
✳
사업자등록번호 211-87-75330
ISBN 978-89-497-1612-1 04080
ISBN 978-89-497-1514-8 (세트)